RESTAVEC HAÏTIEN OU ESCLAVAGE ENFANTIN CONTEMPORAIN

UNE ÉTUDE DES RAPPORTS HISTORIQUES DES AUTORITÉS POLITIQUES ET RELIGIEUSES AVEC L'ESCLAVAGE IMPOSÉ EN AMÉRIQUE ET EN HAÏTI DEPUIS LE XVE SIÈCLE

BEGUENS THÉUS

ÉDITIONS
CHARESSO

Titre : Restavec haïtien ou esclavage enfantin contemporain : Une étude des rapports historiques des autorités politiques et religieuses avec l'esclavage imposé en Amérique et en Haïti depuis le XVe siècle

Auteur : Beguens Théus

Publié par : Éditions Charesso

Première édition : 2025

Éditions Charesso / Recto Books
255 S Orange Avenue Suite 104 #1927, Orlando, FL 32801 États-Unis

Éditions Charesso / CHARESSO
7 rue Jean Baptiste 12, Delmas 33, Delmas, Haïti

Email : info@editionscharesso.com
Site web : www.editionscharesso.com

Édition brochée (softcover) : ISBN 978-1-964862-10-1
Édition reliée (hardcover) : ISBN 978-1-964862-11-8
Édition numérique (ebook) : ISBN 978-1-964862-12-5

TABLE DES MATIÈRES

AVERTISSEMENTS

Dans la culture linguistique et éducative haïtienne valorisant le créole et le français, plusieurs noms emblématiques sont communément utilisés pour désigner et représenter la catégorie sociale des enfants en servitude domestique : *Ti Bòn* (petite fille en domesticité), *Ti Sentaniz* (petite fille en domesticité) ou *Ti Restavèk* (petit garçon/petite fille en domesticité). Applicable autant au petit garçon qu'à la petite fille en servitude domestique, le terme *restavèk* (créole haïtien) ou *restavec* (français haïtien) est dérivé de deux mots français : « reste » et « avec ». Il provient de l'ancien rapport colonial français, dans le sens étymologique d'une personne qui « reste avec » une autre ou qui « appartient à » une autre. On ne le retrouve pas dans les encyclopédies ni dans les dictionnaires spécialisés, bien qu'il soit abondamment cité et largement utilisé dans la culture linguistique populaire haïtienne.

Dans leurs travaux, certains auteurs emploient la graphie créole *restavèk* ; d'autres chercheurs préfèrent utiliser l'orthographe française *restavec*. Le double usage de la graphie *vodou* (créole) et *vaudou* (français) est également constaté dans la littérature traitant des rapports historiques des acteurs vaudouisants avec l'esclavagisme, du passé au présent. Pour notre travail scientifique rédigé en français, nous privilégions les terminologies étymologiques françaises *restavec* et *vaudou*.

Par ailleurs, nous constatons également, dans la littérature portant sur les peuples indigènes spoliés et asservis, le même type d'usage terminologique.

Certains auteurs utilisent le terme « autochtone » ou celui d'« indigène », tandis que les archives inventoriées recourent souvent au terme « amérindien ». Nous utilisons ces différents termes selon que nous faisons référence aux archives répertoriées ou aux auteurs de référence.

En effet, l'usage de la terminologie *restavec* est un choix épistémique conscient, non seulement justifié par la langue de rédaction et l'étymologie française (« reste avec »), mais aussi validé par la littérature et les écrits recensés, dans lesquels cette terminologie est utilisée avec la même graphie et la même orthographe lexicale (*restavec*). Employé à la fois pour les garçons et les filles en servitude domestique, le terme *restavec* se décline tantôt en nom commun, tantôt en adjectif qualificatif, selon le sujet (pluriel ou singulier) avec lequel il est associé.

Par exemple, *le(s) restavec(s)* est employé comme nom pour désigner l'(es) enfant(s) en domesticité. Comme adjectif, il est utilisé pour qualifier, par exemple, le système traditionnel qui reproduit le *restavec* (*système restavec* = système esclavagiste local), le marché informel où s'opèrent les transactions marchandes, la cession et l'exploitation des enfants *restavecs* (*marché restavec* = marché esclavagiste local), ou encore le rapport domestique de travail qui entretient le phénomène *restavec* (*rapport restavec* = rapport domestique local).

S'intéressant particulièrement aux rapports historiques des autorités morales et religieuses avec l'esclavagisme du passé au présent, cette étude scientifique, croisant recherches sociologiques et religieuses, fait référence à plusieurs textes et versets bibliques enseignés dans le christianisme, notamment ceux [interprétés] en lien avec la captivité et la déportation, la servitude et l'esclavage des Juifs, les devoirs domestiques et les rapports hiérarchiques maîtres-esclaves (Exode 1 ; Éphésiens 6), puis ceux [expliqués] en lien avec le détachement des chaînes de la méchanceté, le dénouement des liens de la servitude, la rupture de toute espèce de joug, la liberté et l'affranchissement auxquels Dieu prend plaisir (Ésaïe 58 ; Philémon, v. 16).

Sans avoir l'intention de procéder à des examens théologiques et exégétiques approfondis de ces versets bibliques de référence, il importe de considérer les aspects moraux et socioreligieux dégagés de ces textes, enseignés notamment dans le catholicisme et le protestantisme, afin de mieux analyser et expliquer leurs rapports avec l'esclavagisme du passé au présent.

En outre, surgit dans la rédaction une certaine redondance assumée – mais aussi justifiée – car, d'une part, l'approche déductive privilégiée nous incite, de manière récurrente, à faire appel (ou rappel) au général (traite et esclavage noir) lorsque nous abordons le particulier (trafic et restavec noir). D'autre part, l'analyse comparative valorisée nous oblige, pour assurer la comparabilité, à présenter des situations similaires de servitude : d'une catégorie d'esclaves à une autre, d'une époque à une autre, d'une société à une autre. Ce procédé peut entraîner la répétition de situations identiques exprimées avec des termes synonymiques. Cette redondance assumée s'annonce dès la formulation même du titre et du sous-titre, lesquels mettent en relation des variables chacune circonscrite dans une temporalité respective.

Le dernier avertissement concerne l'usage épistémique des termes controversés liés à la négritude, tels que *les Nègres* ou *les Noirs, la traite négrière* ou *l'esclavage noir, le trafic négrier* ou *le restavec noir*. En l'occurrence, le nom de *l'homme nègre*, parfois décliné en *homme noir*, n'est pas utilisé dans un sens idéologico-dichotomique visant à diviser artificiellement la société entre Noirs et Blancs, ni dans celui d'une quelconque couleur de peau – sachant, d'ailleurs, qu'il n'existe aucun être humain de couleur blanche telle que nous l'apprenons et la connaissons depuis la maternelle.

Dans le cadre de notre étude, les termes en lien avec la négritude sont employés, d'une part, pour exprimer – à l'instar de Etzer Vilaire dans *Les dix hommes noirs* (2011) –l'histoire douloureuse et tragique des Noirs, arrachés à leur terre natale, puis transplantés de force dans des territoires jusqu'alors inconnus, où, de génération en génération, ils passèrent plusieurs siècles dans l'esclavage colonial et postcolonial. Ces termes sont employés, d'autre part, dans un sens identitaire, en tant que manière d'être, de prise de conscience de la différence, de mémoire, de révolte, de dignité, de fidélité et de solidarité, tel que défini de manière magistrale par Césaire (1987, 2005) s'identifiant ainsi : « Nègre je suis, nègre je resterai ».

Évidemment, cette thèse doctorale rééditée sous forme de livre subit certaines modifications considérables. Parmi les modifications apportées, il y a le réaménagement dans sa structure normative et sa rigueur académique, la redistribution des contenus méthodologiques au travers des chapitres thématiques, l'ajout de nouveaux points et sous-points de contenus thématiques, la suppression des annexes avec les pièces d'archives et les documents historiques importants. Ces documents comprenaient notamment la bulle *Romanus Pontifex* (Nicolas V) de 1454 ordonnant la « servitude perpétuelle » des Nègres, ainsi que les bulles de confirmation et d'application de 1456, de

1481 et de 1493 attestant la « validité perpétuelle » de la bulle mère de 1454. La version originale avec ces annexes riches en informations additionnelles est accessible dans Érudit, OneDrive, Savoirs UdeS, Bibliothèques et Archives de l'Université de Sherbrooke.

PROLOGUE

La publication du présent ouvrage intellectuel s'inscrit dans le cadre du processus de vulgarisation scientifique de notre travail de thèse doctorale sur l'esclavagisme du passé au présent, ce qui répond aux principaux objectifs dudit travail visant non seulement à analyser les aspects socio-politico-religieux entourant le phénomène de la servitude enfantine noire du système restavec et ses liens historiques avec la « servitude perpétuelle » des Nègres autorisée par la bulle *Romanus Pontifex* (Nicolas V) de 1454, mais aussi à stimuler l'innovation sociale dans les rapports sociaux domestiques contemporains par la production et la vulgarisation de connaissances enrichies sur ce phénomène sociétal, y compris une parole morale publique de ce qui manque à cette vulgarisation scientifique. Évidemment, cette thèse rééditée sous forme de livre subit certaines modifications substantielles considérables. La version originale (2024), dans sa structure normative et sa rigueur académique, est accessible dans Érudit, OneDrive, Savoirs UdeS, Bibliothèques et Archives de l'Université de Sherbrooke.

En guise d'avant-propos ou de prologue, nous tenons à rapporter de préférence des extraits des commentaires du jury d'évaluation de cette thèse rééditée sous forme de livre.

Menée à la lumière des perspectives émanant de la sociologie et des études religieuses, cette étude compte mettre à l'avant-plan la place et la fonction de l'acteur religieux dans le système esclavagiste colonial et postcolonial haïtien [...]. [Monsieur Théus] s'est engagé envers un sujet qui lui tient à cœur, et ce, suivant une volonté de favoriser le changement social, ce qui est tout à son honneur. Cet engagement, par ailleurs, ne l'a pas empêché de produire une thèse qui présente une facture d'objectivité. [...] Il convient de souligner la très grande qualité d'écriture qui rend la lecture de la thèse fort agréable. Les standards de présentation sont également respectés et l'on note une grande uniformité dans la présentation.

Claude Gélinas, rapport d'évaluation [extrait], 29 janvier 2024, Codirecteur de la recherche & Professeur à l'Université de Sherbrooke, Codirecteur du Centre de recherche Société, Droit et Religions

———

L'originalité de ce travail réside dans la complexité et la délicatesse du sujet choisi, ainsi que dans la manière dont Monsieur Théus a conduit sa démarche scientifique. [...] Il maîtrise l'écriture académique. Son travail est bien structuré et documenté. Les conclusions partielles et la conclusion générale sont convaincantes. Les références bibliographiques sont conformes aux normes en vigueur. L'auteur a construit un cadre théorique bien articulé en présentant son choix théorique (théorie des acteurs sociaux) et en définissant quelques concepts fondamentaux comme le rapport d'autorité et le rapport de domination. [...] Cette thèse n'est pas seulement rigoureuse sur le plan théorique, mais aussi du point de vue méthodologique. Pour produire une réflexion originale sur le phénomène multidimensionnel qu'est le restavec, Monsieur Théus a procédé à « la triangulation de méthodes de recherche documentaire et de recherche en archivistique, de recherche comparative et de recherche empirique répondant chacune au besoin de collecte de données pertinentes relatives à l'esclavage noir du passé au présent et à la position des autorités morales et religieuses sur cette question ».

Obrillant Damus, rapport d'évaluation [extrait], 20 février 2024, Directeur de la recherche, Auteur-Expert de l'UNESCO, Professeur à l'Université d'État d'Haïti, à l'Université de Sherbrooke et à l'Université Laval, Directeur de la Revue universitaire Anthropologie des savoirs des Suds

———

L'originalité et la pertinence du sujet sont indéniables : cette problématique « locale » de la persistance de la tradition du restavec haïtien sur laquelle la thèse se penche revêt rapidement un caractère universel à propos de l'esclavage des enfants, de l'héritage persistant du colonialisme, de la dissonance créée par les discours religieux au fil du temps et l'exercice d'un pouvoir ayant des répercussions sur des communautés vulnérables. [...] La méthode permet de débroussailler ce vaste sujet et de le circonscrire. Les lignes historiques sont claires, le fil conducteur habilement tracé. La cohérence de la structure de la thèse ressort notamment dans les conclusions de chaque chapitre, depuis l'entrée en matière par l'exposé du contexte et de la démarche, pour conduire au cœur de la thèse sur les contextes historique, sociologique et religieux liés à l'esclavage enfantin en Haïti, pour parvenir enfin à exposer l'impact criant du silence autour de ce système maintenu pour servir les intérêts « de factions sociales dominantes ». [...] L'ensemble se montre très convaincant : la multidisciplinarité fluide de l'approche couvre efficacement de nombreuses facettes de la problématique du phénomène restavec pour proposer d'envisager, grâce à la recherche en sciences sociales et humaines, l'éveil d'une conscience morale pour obtenir « un système non restavec. »

Annick Girard, examinatrice, rapport d'évaluation [extrait], 18 mars 2024, Professeure et Doyenne à l'enseignement au Collège militaire royal de Saint-Jean

———

C'est une thèse originale qui contribuera à faire avancer les connaissances sur le restavec, ses liens avec le passé colonial et esclavagiste en Haïti. Elle aborde un sujet pertinent qui vient combler une lacune importante dans les études historiques et socioreligieuses haïtiennes. [...]. Le travail de M. Beguens Théus est très bien documenté. Son argumentaire est clairement élaboré. Il a bien contextualisé son sujet. Il maitrise bien les concepts auxquels il se réfère. Il propose une nouvelle manière d'aborder cette problématique [du restavec] et plaide pour la construction d'une société haïtienne sans restavec et plus juste. Il a fourni un travail colossal. Je recommande la publication de cette thèse sous forme de livre [...].

Jean Ronald Augustin, examinateur, rapport d'évaluation [extrait], 18 mars 2024, Professeur à l'Université d'État d'Haïti (expertise sur la mémoire de l'esclavage)

Peu de chercheurs en sciences sociales se sont lancés dans une recherche approfondie sur l'esclavage enfantin contemporain à travers la figure du *restavec*, enfant issu en Haïti de la paysannerie et livré à une famille urbaine pour des tâches ménagères sans rétribution aucune. Pour aborder ce sujet et plus exactement pour le faire sortir de l'obscurité, Beguens Théus n'hésite pas à questionner le comportement des autorités charismatiques et politiques sur ce phénomène. La stratégie mise en œuvre pour cette tâche consiste à l'inscrire dans le temps long de l'histoire de la Traite atlantique et de l'esclavage, sans perdre de vue les traces de ce passé dans le présent, et donc d'étudier le phénomène sur une base diachronique et synchronique à la fois. Le sujet est alors cerné sous la thématique de ce que l'auteur appelle « l'involution de l'esclavage endogène en Haïti ». [...] Finalement, Beguens Théus parvient bien à mener avec rigueur sa démonstration sur la complicité des autorités morales et politiques dans la perpétuation de l'esclavage enfantin qu'est le restavec en Haïti. La thèse mérite d'être soutenue. Elle manifeste une excellente connaissance de l'histoire de la traite et de l'esclavage. La bibliographie et les annexes sont exhaustifs et témoignent d'une recherche patiente, témoin d'une nette aptitude à la recherche scientifique.

Laënnec Hurbon, examinateur, rapport d'évaluation [extrait], 2 avril 2024, Professeur à l'UniQ et à l'EHESS de Paris, Directeur de recherche au CNRS

INTRODUCTION GÉNÉRALE

L'histoire d'Haïti coïncide avec celle de la traite négrière et de l'esclavage noir. Fondé officiellement le 1er janvier 1804 par la proclamation de son indépendance nationale, l'édifice de l'État d'Haïti demeure l'œuvre des esclaves Nègres révoltés contre l'ancien régime colonialiste, ségrégationniste et esclavagiste longtemps instauré par les autorités coloniales européennes. Hormis la civilisation précolombienne, cette histoire s'échelonne sur deux grandes périodes : la période de la domination coloniale et celle de la domination postcoloniale.

Dans la course européenne à la conquête et à la colonisation des Amériques, les Espagnols (1492-1697), puis les Français (1697-1803), débarquent successivement en Haïti, avant d'y établir, pendant trois siècles, la traite et l'esclavage des Nègres – et ce, conformément à la teneur incitative de la bulle *Romanus Pontifex* (Nicolas V, 1454), accordant aux autorités royales et coloniales européennes la faculté pleine et entière de conquérir et de réduire les Nègres en « servitude perpétuelle ». Devenue donc perpétuelle, cette servitude des Nègres persiste jusqu'aux temps contemporains où, particulièrement en Haïti, des milliers d'enfants descendants de Nègres sont encore asservis par de nouveaux maîtres du système restavec postcolonial, au-delà de l'abolition de l'esclavage colonial et de la Révolution haïtienne de 1803.

Après l'abolition de l'esclavage colonial sur son territoire et la contribution décisive d'Haïti à la libération d'autres peuples du joug colonialiste européen, comment cette société arrive-t-elle à renouer, au présent, avec des

pratiques d'esclavage du passé ? Comment expliquer la persistance de l'esclavage noir en Haïti, en contexte abolitionniste postcolonial de libertés et de
droits humains ? Comment la « servitude perpétuelle » des Nègres, autorisée
depuis le XVe siècle par l'autorité pontificale, rebondit-elle sur l'Haïti contemporaine ? Comment le restavec, comme forme d'esclavage noir, s'inscrit-il
dans les filières contemporaines d'échange et de trafic de main-d'œuvre
domestique servile ? Voilà un ensemble de questions connexes, assez préoccupantes, autour desquelles gravitent nos réflexions. Ces questions s'ouvrent,
plus loin, sur le problème fondamental cherchant à déceler les rapports historiques des autorités politiques et religieuses avec l'esclavagisme du passé au
présent.

Voulant sortir du paradoxe entre l'abolition et l'involution de l'esclavage,
nous tâchons, par un choix réfléchi, d'examiner de préférence l'involution de
l'esclavage endogène persistant en Haïti, c'est-à-dire son mouvement de repli
vers l'intérieur du système même, facilitant sa reproduction locale sous la
forme contemporaine du restavec, en contexte de domination postcoloniale.
Cet examen heuristique entend mettre en lumière non seulement les rapports
historiques des autorités politiques et religieuses avec la servitude perpétuelle
des Nègres et de leurs descendants Nègres, mais aussi « Cela » qui fait reproduire et retenir encore cet esclavage noir en Haïti.

Dans ce « Cela » soumis à l'examen, il y a des traditions et des pratiques,
des valeurs et des intérêts, des personnes et des individus, des familles et des
groupes sociaux, des acteurs et des institutions, des autorités et des pouvoirs,
des discours et des positions en lien avec l'esclavagisme du passé au présent.
L'analyse de tout « Cela » amène sûrement à déceler leur place dans le
système esclavagiste colonial et postcolonial, ainsi que leur fonction respective dans la perpétuation de l'esclavage noir en Haïti. En d'autres termes,
l'étude de tout « Cela » nous conduit à retracer les rapports historiques des
autorités politiques et religieuses avec l'esclavagisme du passé au présent, et
surtout leurs comportements envers la servitude enfantine contemporaine du
système restavec.

À première vue, le présent travail de recherche paraît aussi immense
qu'ambitieux, aussi sensible que complexe, la question de l'esclavage du
passé au présent étant abordée dans ses contours historiques et socioreligieux. Dans sa structure, il se subdivise en huit chapitres interreliés les uns
aux autres. Le premier chapitre (normatif et instrumental) consiste en des
diagnostics situationnels des éléments contextuels, hypothétiques, théoriques

et disciplinaires sous-jacents à la problématique du restavec en Haïti. Théoriquement, il met en lumière la place des acteurs dans le système, et surtout la fonction des autorités charismatiques enchevêtrées avec les autorités politiques dans les processus décisionnels liés à l'esclavagisation des Nègres et à la perpétuation des rapports esclavagistes dans la société haïtienne depuis le XVe siècle.

Les chapitres deux à sept (thématiques) traitent des processus d'institutionnalisation et de légitimation de l'asservissement perpétuel des Nègres dans les Amériques et les Antilles, depuis le XVe siècle, laissant des traces tenaces et des répercussions vives sur l'Haïti contemporaine. Ces chapitres passent en revue les rapports du catholicisme avec le colonialisme et l'esclavagisme du passé (colonial), avant d'examiner, au présent (postcolonial), les comportements des autorités politiques et religieuses locales envers la servitude contemporaine du système restavec.

Quant au dernier chapitre (thématique et conclusif), il rappelle « Cela » qui retient encore le système restavec postcolonial, assis sur le travail servile gratuit des enfants domestiques de manière permanente. Après avoir passé en revue les rapports des autorités morales concernées avec l'esclavagisme du passé au présent, ainsi que tout « Cela » qui maintient continuellement la servitude enfantine du système restavec en Haïti, ce chapitre conclusif apporte une parole morale publique liée à une conscience morale de ce qui manque au projet du vivre-ensemble pour un autre système [non restavec].

Le présent travail scientifique cherche à comprendre la réalité complexe du phénomène de l'esclavage noir du passé au présent à travers une approche interdisciplinaire touchant aux dimensions morale et socioreligieuse de ce phénomène social persistant dans la société haïtienne. Il vise spécifiquement à :

1. analyser les aspects historiques et socioreligieux entourant le phénomène de la servitude enfantine noire du système restavec, ainsi que ses liens historiques avec la « servitude perpétuelle » des Nègres, autorisée par la bulle *Romanus Pontifex* (Nicolas V, 1454) ;

2. examiner, à partir d'une perspective synchronique et diachronique, les comportements des autorités politiques et religieuses envers l'esclavagisme du passé au présent ;

3. contribuer à l'innovation sociale dans les rapports sociaux domestiques contemporains par la recherche sur le restavec et le

développement de nouveaux savoirs éclairant la position des
autorités morales et religieuses sur cette question, par le
questionnement et la quête scientifique de sens et de réponses à ce
problème social, ainsi que par la production et la vulgarisation de
connaissances enrichies sur ce phénomène sociétal – y compris
une parole morale publique sur ce qui manque à cette
vulgarisation scientifique.

La poursuite de ces objectifs vise évidemment à faire progresser les
connaissances sur le restavec et à enrichir les savoirs sur l'esclavagisme du
passé au présent, en mettant en lumière le rôle potentiel de l'attachement des
autorités morales locales à cette tradition esclavagiste, en contradiction avec
les valeurs et les discours moraux d'humanité, de solidarité, de pitié, de
charité, de fraternité, d'égalité, de liberté et de dignité de la personne
humaine en contexte postcolonial.

Si, dans sa complexité, l'étude du phénomène du restavec requiert une
approche interdisciplinaire mobilisant des savoirs instrumentaux et réflexifs
en études sociologiques et religieuses, la documentation de ce phénomène
social, dans ses contours historiques et socioreligieux, s'ouvre à une démarche
déductive partant de l'histoire de la traite des Nègres jusqu'à celle du trafic
des enfants descendants de Nègres, avant de retracer les rapports historiques
des autorités politiques et religieuses avec l'esclavage noir imposé depuis le
XVe siècle en Amérique en général, et en Haïti en particulier.

Cette démarche déductive demeure, pour nous, la meilleure façon stratégique de procéder, en partant de la généralité de la « servitude perpétuelle »
des Nègres imposée depuis le XVe siècle dans les Amériques et les Antilles,
pour parvenir méthodiquement à concilier cette généralité avec la particularité de la servitude contemporaine des enfants descendants de Nègres dans la
société haïtienne. Elle permet de faire ressortir les liens historiques des institutions politiques et religieuses avec l'esclavagisme du passé au présent, en
allant de la généralité de la « servitude perpétuelle » des Nègres en Amérique,
autorisée par la bulle *Romanus Pontifex* (Nicolas V, 1454), à la particularité de la
servitude continuelle des Nègres perpétuée en Haïti depuis ce même XVe
siècle.

La documentation de ce phénomène sociétal complexe exige, en outre,
une triangulation de méthodes : recherche documentaire et recherche archivistique, recherche comparative et recherche empirique. Chacune répond à

un besoin spécifique de collecte et d'analyse de données pertinentes et abondantes relatives à l'esclavagisme du passé au présent.

Les méthodes de recherche documentaire et de recherche archivistique nous permettent d'accéder à des archives rares et à des documents historiques conservant la mémoire de l'esclavage noir en Amérique et en Haïti. Nos recherches archivistiques, associées aux recherches documentaires, nous mènent à un inventaire de pièces d'archives officielles et institutionnelles relatives à l'esclavage du passé au présent, à une analyse de contenu de ces pièces d'archives, ainsi qu'à l'examen des traces de la posture dynamique des autorités politiques et religieuses sur cette question historique.

Menées auprès des autorités morales et religieuses haïtiennes, nos recherches empiriques, quant à elles, nous permettent de collecter des données récentes et pertinentes sur la servitude contemporaine des enfants domestiques du système restavec, et surtout sur les comportements des autorités morales et religieuses locales face à cette tradition de servitude domestique en Haïti.

Enfin, nos recherches comparatives nous fournissent des données additionnelles relatives à d'autres formes similaires de servitude enfantine dans des sociétés traditionnelles comparables ; ce qui contribue, sans conteste, à une productivité scientifique plus significative et plus riche dans le cadre de cette entreprise de recherche, orientée vers l'innovation sociale dans les rapports sociaux domestiques contemporains.

Conscients de la délicatesse du sujet et de la complexité du phénomène de l'esclavage noir, du passé au présent, en Amérique et en Haïti, nous nous efforçons de mener, avec éthique et rigueur, nos recherches et démarches scientifiques, en exploitant à bon escient des données pertinentes, essentielles à la documentation de ce phénomène social complexe dans ses contours socioreligieux et historiques.

Évidemment, aussi ambitieuses et fructueuses soient-elles pour notre entreprise scientifique, nos démarches et nos recherches ne sauraient être sans limites ni sans embûches. En effet, les principales contraintes à notre travail de recherche sont, d'une part, les difficultés à trouver sur place (au Canada) des fonds d'archives spécifiques et adéquats en lien avec l'objet principal d'étude ; d'autre part, les conditions non propices à la conduite, en toute quiétude, de recherches empiriques de terrain et à l'observation (armée) de la situation actuelle du restavec, avec des témoignages de serviteurs domestiques (actuels et anciens), en raison de l'aggravation de la situation d'insécurité et de la recrudescence des kidnappings en Haïti (2023).

En dépit de ces contraintes et de ces limites, les stratégies méthodologiques sciemment mobilisées et triangulées nous permettent de débroussailler ce sujet sensible qui nous tient à cœur et de le circonscrire de manière raisonnable, suivant une volonté explicite favorable à l'avancement des connaissances sur le restavec, ainsi qu'au changement social que revendiquent les sciences sociales et humaines.

PREMIÈRE PARTIE

UN
ÉLÉMENTS DE DIAGNOSTICS SITUATIONNELS SOUS-JACENTS À LA PROBLÉMATIQUE DU RESTAVEC

L a présentation succincte d'un état des connaissances sur le restavec sert d'introduction au premier chapitre. Nos lectures révèlent qu'il existe une immense littérature de sources fiables traitant de la question de l'esclavage en général. Cependant, l'état des connaissances particulièrement sur le restavec n'est pas abondant. Il n'existe pas beaucoup de recherches et de productions scientifiques sur le restavec, hormis l'autobiographie de Cadet et quelques rares travaux recensés sur cette thématique.

La revue de littérature fait ressortir certaines préoccupations exprimées par les auteurs de ces travaux qui, selon leur champ disciplinaire, considèrent:

1. la dimension politique du système restavec, critiquant la mauvaise gouvernance et le laxisme des autorités locales faisant renouveler ce système esclavagiste postcolonial en Haïti (Lubin, 2002 ; Breyer, 2016) ;

2. son aspect juridique portant sur les droits fondamentaux des enfants assujettis à la servitude domestique contemporaine (Restavèk Freedom, 2011 ; Clouet, 2013) ;

3. au sens large, la dimension économique du travail domestique informel comme valeur ajoutée à l'économie domestique familiale traditionnelle haïtienne (Aspilaire, 2014 ; Lundahl, 2013, 2014) ;

4. certains aspects sociologiques et ethnographiques en lien avec la rupture définitive des liens sociofamiliaux des enfants restavecs,

leur condition critique de travail, de servitude et de non-liberté (Cadet, 2002 ; Frazil, 2020 ; Cius, 2017).

Les dimensions morale et socioreligieuse entourant ce phénomène social ne sont pas prises en considération dans ces travaux de référence, ce qui nous incite à la construction du présent édifice scientifique, en apportant de nouvelles pierres contribuant à combler ce vide identifié, à commencer par des éléments de diagnostics situationnels sous-jacents à la problématique du *restavec* noir ou de la servitude enfantine en Haïti.

1.1. Contexte contemporain : environ 250 000 enfants restavecs nègres asservis en Haïti

Malgré l'abolition de l'esclavage (*de jure*) et le contexte postcolonial dominé par les idéaux de libertés et de droits pour tous, des recherches empiriques et des observations récentes révèlent paradoxalement aux temps contemporains des pratiques assimilées à l'esclavage (*de facto*). Dans la société haïtienne de vieille tradition esclavagiste, ces pratiques sont observées ou identifiées sous le label local du restavec : une forme d'esclavage enfantin contemporain (Clouet, 2013 ; Lundahl, 2013 ; Wagner, 2008).

Les manifestations du phénomène du restavec sont rapportées tant par des acteurs onusiens spécialisés que par des chercheurs contemporains suivant leur perspective disciplinaire respective, avant d'être aussi analysées par nous dans un cadre interdisciplinaire mobilisant des savoirs en études sociologiques et religieuses.

Selon un rapport sur la situation des enfants dans le monde publié par le Fonds des Nations Unies pour l'enfance (UNICEF) (1997), il y aurait environ 250 000 enfants restavecs en Haïti. Le rapport de l'Organisation internationale du Travail (OIT) (2004) reprend les mêmes chiffres sur la quantité d'enfants haïtiens en servitude domestique, avant de classer cette pratique parmi les pires formes de travail des enfants. D'après une enquête plus récente sur les droits humains en Haïti publiée conjointement par la Pan American Development Foundation (PADF) et la United States Agency for International Development (USAID) en 2009, le nombre serait d'environ un quart de million d'enfants *restavecs* (environ 250 000), forcés de travailler en permanence sans rémunération.

En contexte post-sismique en Haïti (2010), « le travail forcé des enfants est devenu plus enraciné depuis le séisme de 2010, qui a laissé des milliers d'enfants sans maisons ou sans parents pour s'occuper d'eux », révèlent Borysthen-Tkacz, Zumbach et Akram (2015, p. 4). Dans un tel contexte, il nous vient à l'esprit de questionner les comportements des autorités politiques et religieuses envers la servitude enfantine contemporaine dans la société haïtienne de manière à déceler leur place et leur fonction dans ce système esclavagiste restavec et leur niveau d'attachement à la tradition esclavagiste du passé au présent, considérant l'autorité morale dont elles se réclament pour éveiller la conscience morale et agir contre le mal dans la société, y compris le mal de la pratique de la servitude enfantine du système restavec en Haïti.

De prime abord, nous entendons par restavec le nom donné à des petites filles et des petits garçons qui sont placés chez des familles de placement où ils travaillent dans des conditions critiques de maltraitance et d'humiliation relevant de l'esclavage (Lubin, 2002). Il désigne, en outre, une situation de servitude dans laquelle un enfant accomplit, loin de sa famille biologique et en dehors de son choix, de multiples tâches obligatoires, ménagères ou non, sous la violence et l'autorité de domination directe de son maître de la famille de placement. Il se décline par ailleurs en un marché domestique traditionnel où s'opèrent les transactions marchandes entre les groupes sociaux des familles de placement qui demandent de la main-d'œuvre domestique et ceux des familles d'origine qui offrent les restavecs.

En termes synonymiques, le restavec désigne un enfant domestique, un enfant en domesticité, un enfant en servitude ou un enfant au travail forcé. Il s'applique juridiquement aux serviteurs domestiques de moins de 18 ans (OIT, 1999, art. 2). En termes sociodémographiques, il touche les enfants des différents groupes d'âges : moins de 18 ans (domesticité juvénile) ; moins de 5 ans (domesticité infantile) ; ensemble des groupes d'âges de moins de 18 ans (servitude infanto-juvénile). En cela, la servitude domestique fait des victimes tant parmi les petits enfants à peine sevrés du groupe d'âge le plus tendre de 3-7 ans que parmi les enfants-adolescents les plus grands de 13-17 ans.

Le terme « restavèk » (créole haïtien) ou restavec (français haïtien) est dérivé de deux mots français : « reste avec ». Cette expression tirée de l'ancien rapport colonial français signifie, étymologiquement, une personne qui reste avec une autre personne. Dans le sens d'appropriation, elle désigne une personne qui appartient à une autre personne. Suivant ce rapport domestique d'appropriation, l'autre personne (possédante) s'approprie cette personne (dépendante) et le fruit de son travail (usufruit). Le restavec renvoie également à une description ethnographique d'une catégorie de travailleurs domestiques en marge de la société, dont l'organisation du travail repose sur la permanence et la gratuité des services fournis (sans congé ni salaire), sur les caractéristiques sociodémographiques d'âge (mineur), d'origine sociale (pauvre) et géographique (paysanne) de ces derniers.

En d'autres termes, la notion de restavec renvoie à la description ethnographique d'une catégorie de travailleurs (domestiques) en marge de la société. Elle renvoie particulièrement à une forme d'organisation du travail reposant sur l'âge (mineur), l'origine sociale (paysanne) et géographique (rurale) de ces serviteurs domestiques (Vatin, 2014 ; Wagner, 2008). Les travailleurs de cette catégorie subissent plusieurs formes d'oppression basées : sur l'âge mineur comme catégorie sociale la plus facile à exploiter et la plus docile à abuser ; sur le sexe (pour les enfants victimes d'abus sexuels) ; sur l'origine géographique éloignée de leurs parents sans pouvoir bénéficier de leur empathie ou de leur sympathie ; sur la situation sociale marginale où ils sont dépourvus d'assistance sociale [des acteurs sociaux locaux], de solidarité interne [de la famille de placement], de solidarité externe [de l'Église] et de solidarité publique [de l'État].

Fixé à des tâches obligatoires en permanence sans salaire, ni congé, ni possibilité d'aller à l'école convenablement, ni liberté de pouvoir revoir sa famille d'origine, l'enfant restavec travaille dans des conditions relevant de la servitude ou de l'esclavage au profit de son maître qui dispose de sa personne et de son travail, en exerçant sur lui les attributs du droit de propriété et les abus de pouvoir. Cette définition préliminaire met en relief le double statut de l'enfant restavec, c'est-à-dire son double portrait d'*enfant* contraint de rompre ses liens familiaux avec sa famille d'origine, et de *domestique* fixé au travail obligatoire en permanence chez une famille de placement dans des conditions relevant de l'esclavage enfantin contemporain.

Comme les esclaves du passé, les enfants domestiques reçoivent de nouveaux noms (en créole) : *Ti Bòn* (petite bonne) ou *Ti Sentaniz* (petite fille domestique) ou *Ti Restavèk* (petit garçon/petite fille domestique). Le terme *restavec* (*restavèk*) est un épicène, c'est-à-dire qu'il désigne soit une fille ou un garçon en servitude domestique. Chez la famille de placement, d'un regard sociologique genré, l'organisation du travail et la distribution des tâches ne reposent pas sur des critères biologiques de sexe des enfants domestiques, mais sur leur force de travail, leur disponibilité en tout temps, leur docilité, leur obéissance et leur polyvalence à exécuter toutes les tâches assignées, ménagères ou non, et « l'on sait d'ailleurs qu'ils le faisaient » (Biezunska-Malowist et Malowist, 1989, p. 20). En témoigne le triste récit de vie de Cadet (2002), orphelin de mère, abandonné de père et devenu restavec dès son âge le plus tendre (4 ans) chez une femme en ville, ayant une multiplicité de tâches obligatoires à sa charge en permanence (*Tableau 1*).

No	Tâches assignées	Fréquences
	Tableau 1. Multiplicité de tâches obligatoires à la charge du restavec (Cadet)	
1	Faire le ménage dans toute la maison (p. 42)	Au quotidien
2	Laver le sol de la maison et de la cuisine (p. 20)	Au quotidien
3	Préparer des repas, notamment repas à part pour restavecs (Anita et Cadet) (p. 52)	Au quotidien
4	Cirer les chaussures des parents-fils-maitres (p. 53; 77)	Au besoin
5	Faire des lessives (assiettes, linges) (p. 20)	Au quotidien
6	Laver les linges en sang du cycle mensuel de la maitresse (p. 20)	Au besoin
7	Laver les pieds de la maitresse et parfois les gratter jusqu'à ce qu'elle s'endorme (p. 21; 24)	Au besoin
8	Jeter le pot de chambre (vase à pipi, à urine) et le laver (p. 31)	Au quotidien
9	Aller au marché (à pied) (p. 27)	Au besoin
10	Aller chercher de l'eau et la transporter (à pied) (p. 27; 77)	Au besoin
11	Remplir les bouteilles, les réservoirs et les baignoires d'eau (p. 29; 77)	Au besoin
12	Laver la voiture du propriétaire-maitre (p. 53; 77)	Au besoin
13	Arroser les plantes (p. 27)	Au quotidien
14	Balayer toute la cour (p. 27)	Au quotidien
15	Garder le bébé et nettoyer ses couches (urines, selles) (p. 59)	Au quotidien
16	Transporter les messages et les objets d'un lieu à l'autre (voisin ou lointain)	Au besoin
17	Être prêté pour exécuter d'autres tâches additionnelles pour d'autres maitres-voisins (p. 26)	Au besoin

Ce tableau est reproduit à partir du récit de vie restavec de Cadet (2002) qui raconte avoir été contraint d'exécuter gratuitement toutes ces tâches journalières assignées, ménagères ou non. Cette liste de tâches obligatoires imposées, assimilées à des travaux forcés, est partielle. À cette liste partielle de tâches obligatoires à la charge du restavec, nous ajoutons plus loin (*Tableau 6*) d'autres tâches supplémentaires réservées à des enfants restavecs cédés à des familles de placement menant parallèlement des activités commerciales ou agricoles où les lourdes charges d'activités commerciales ou agricoles reposent sur le dos de cette catégorie de serviteurs domestiques, à côté des dures tâches ménagères assignées.

Par-delà la multiplicité de tâches obligatoires imposées au restavec, il y a la diversité de formes de violences et de maltraitances infligées à la victime. C'est, en l'occurrence, ce que raconte l'ancien restavec Cadet exécutant les multiples tâches obligatoires assignées, sous la domination directe de sa maîtresse Florence, sous toutes formes et toutes sortes de violences et de maltraitances subies de la part de sa maîtresse l'injuriant avec des mots grossiers sales et le frappant habituellement par des coups de pied, des coups de poing, des coups de balai, des coups de *rigoise* (fouet en cuir), des coups de chaussure ou des coups de chaise, laissant sur sa peau enfantine et dans sa mémoire vivante des cicatrices indélébiles inoubliables, etc. (*Tableau 2*).

Tableau 2. Diversité de formes de violences et de maltraitances subies par le restavec (Cadet)		
No	**Violences/maltraitances**	**Types/formes**
1	[Le] frapper habituellement avec des coups et des fouets de toutes sortes (p. 21; 27; 73)	Physique/psychologique
2	[Le] pincer à la peau et [le] tirer au ventre (créole : « pichkennen ») (p. 20)	Physique/psychologique
3	[Le] trainer par les oreilles, en [le] maltraitant (p. 27)	Physique/psychologique
4	[Le] gifler et [le] fouetter avec rigoise, balai, chaise laissant des cicatrises (p. 33; 27; 71)	Physique/psychologique
5	[Le] battre et [le] briser violemment le doigt et la tête, remplis de sang (p. 39)	Physique/psychologique
6	[Le] frapper à la tête et au visage avec des chaussures (p. 51)	Physique/psychologique
7	[L]'étouffer avec un pied sur la gorge, en le battant (p. 71)	Physique/psychologique
8	[Le] battre tous les jours pendant un temps, sans [lui] donner à manger (p. 34; 72)	Physique/psychologique
9	[Le] priver de ses droits et libertés fondamentaux (p. 45; 47)	Physique/psychologique
10	[Le] laisser se coucher seul le plus tard et [le] réveiller le plus tôt pour travailler (p. 45)	Physique/psychologique
11	[L]' interdire de jouer avec les enfants protégés de la maison (p. 80; 81)	Physique/psychologique
12	[Le] faire dormir à part dans un coin au sol de la cuisine habituellement (p. 45)	Physique/psychologique
13	[L]' interdire d'utiliser les ustensiles réservés aux parents-maitres-fils (p. 45)	Physique/psychologique
14	[L]' empêcher de se nourrir des mets délicieux préparés pour eux (p. 45)	Physique/psychologique
15	[Le] maltraiter et [le] forcer à travailler en permanence sans salaire comme esclave (p. 17)	Physique/économique
16	[L]' accuser faussement de ce qu'il ignore (p. 55)	Psychologique/morale
17	[L]' injurier de toutes sortes d'injures grossières (p. 21 ; 25 ; 31 ; 53 ; 55 ; 71)	Psychologique/morale

Élaborée également à partir de l'expérience de vie restavec de Cadet (2002), cette liste partielle ne contient pas toutes les formes de violences subies par les enfants restavecs. Nous avons omis d'y ajouter, par exemple, les violences sexuelles et les viols subis couramment par les filles domestiques, car la présente liste est dressée à partir de l'expérience de vie domestique d'un garçon (Cadet) en servitude chez une femme où, dans son récit (autobiographie), il ne signale pas des situations de violences sexuelles subies personnellement. Plus loin, sont considérées ces situations de violences sexuelles et de viols subis habituellement et généralement par des filles domestiques, rapportées tant par d'autres chercheurs contemporains (Lubin, 2002 ; Annequin, 2008 ; Damus, 2019) que par des acteurs spécialisés onusiens (OIT, 2004 ; UNICEF, 1997).

Les violences psychologiques sont aussi horribles que les violences physiques et sexuelles subies. Parmi les principales injures en lien avec les violences psychologiques subies, Cadet se souvient de celles-ci (p. 21, 25, 31, 53, 55, 71) :

« Je te fais sauter la tête »

« Extrait caca »

« Fils de pute »

« Espèce de saloperie »

« Cireur de godasses »

« Ta mère est une chienne »

« Ta mère est une pute »

« Pédé »

« Petit porc »

« Petit voleur »

De toutes les facettes sombres de son portrait de restavec, retenons enfin cette partie qui semble être la plus triste (p. 38-39) :

Un jour, sans défense devant Florence, je posai mes genoux nus sur la marche de ciment, les yeux humides, les bras croisés sur la poitrine. Elle plongea sa main entre mes jambes et me saisit par les testicules [...] Elle retira une de ses chaussures et me frappa au visage. Le talon aiguille me fit une profonde coupure au coin de l'œil droit, et une très vive douleur me pénétra le crâne, avec du sang coulé sur ma figure. Pendant plusieurs jours, je n'y voyais plus que de l'œil gauche.

Et, parfois, elle ne cesse de me battre que lorsque le manche à balai s'est brisé, rappelle Cadet (2002, p. 34).

Le récit de vie restavec de Jean-Robert Cadet, retranscrit et publié aux éditions du Seuil (2002), devient une source enrichissante d'écrits pertinents et de matériels informationnels exploitables pour notre entreprise de recherche scientifique. Il est aussi retransmis et diffusé à travers des plate-formes numériques des réseaux sociaux et des espaces universitaires, laissant ainsi des traces de données autobiographiques, discographiques et audiovi-suelles sur le portrait ethnographique du restavec en Haïti. Ces traces sont produites et laissées tant par Cadet lui-même, racontant publiquement son histoire et son expérience de vie domestique sur les médias-réseaux sociaux, que par des universités où il donne des conférences sur la tradition du restavec en Haïti. Repérables en formats écrits et audiovisuels, ces traces sont à bon escient exploitées dans le cadre de l'étude diachronique du système esclavagiste restavec postcolonial élevé sur les ruines du système esclavagiste colonial, également dans une perspective de vulgarisation scientifique et de lutte humaine pour un système non-restavec.[1] Dans son récit et ses confé-

---

1. Les traces écrites et audiovisuelles en lien avec le portrait ethnographique du restavec à partir

rences, l'ancien restavec Cadet raconte ses expériences particulières et ses connaissances empiriques du restavec, avant d'aller expliquer de manière inductive la situation générale des enfants victimes du système restavec. Il retrace non seulement ses expériences inoubliables de vie domestique, mais aussi il rapporte, comme témoin oculaire, les expériences vécues par d'autres enfants restavecs partageant avec lui la même cour et victimes comme lui du même sort de la servitude enfantine contemporaine du système restavec.

En passant, je dois avouer que même si je n'ai pas vécu l'expérience de vie restavec comme victime, je suis pareillement témoin oculaire des pratiques du restavec dans le voisinage et le milieu où j'ai grandi en Haïti (La Gonâve puis Port-au-Prince). Dans mon enfance et ma jeunesse au cours des années 1990, je l'ai vécue par empathie comme témoin observant la condition critique de vie et de travail d'autres enfants domestiques placés chez des familles voisines. Cette expérience de témoin ou d'observateur me place, quant au sujet étudié, dans une position privilégiée singulière contribuant à redessiner, de manière conforme à la véracité du récit de vie domestique de Cadet, le portrait ethnographique de la catégorie sociale des petits travailleurs restavecs, sachant que les conditions serviles de ces travailleurs domestiques sont similaires. Dans mes observations (non armées), je me souviens de quatre familles de placement de restavec à La Gonâve et à Port-au-Prince, dont trois dirigées par trois leaders protestants et l'autre par une religieuse catholique. Deux avaient un caractère moins sévère dans leurs rapports avec leurs domestiques. Deux autres n'avaient presque rien à envier à des « tyrans », abusant de leur autorité pour opprimer et maltraiter impitoyablement les enfants restavecs possédés ; ce que j'ai vécu par empathie et qui reste gravé dans ma mémoire vivante.

Les observations que nous avons effectuées au cours des années 1990 sur le terrain (La Gonâve puis Port-au-Prince) ne remplacent pas la recherche empirique sur le terrain ni l'observation participante en soi utilisée en socio-

des conférences et des témoignages de Cadet considérées ici sont celles authentifiées et reproduites par University of Arkansas (UALRTV, 2014) et Universidad Francisco Marroquín (UFM, 2017).

logie comme dispositif de recherche caractérisé par des interactions sociales intenses entre le chercheur et le sujet pris dans son milieu (Lapassade, 2002 ; Mialaret, 2004). Toutefois, ces observations (non armées) sur le terrain nous fournissent, à côté des recherches empiriques effectuées auprès des autorités morales et religieuses haïtiennes, une marge de connaissances métacognitives importantes (connaissance et conscience de ce que vit l'enfant restavec dans le voisinage) et de ressources émotionnelles et informationnelles sûres (connaissance et compréhension par empathie du restavec dans sa situation critique) facilitant une analyse plus lucide de la réalité du restavec dans la société haïtienne. En d'autres termes, ces observations (non armées), ajoutées aux traces lisibles, visibles et audibles repérées sous forme de textes ou d'archives, de commentaires ou de témoignages, d'images ou de symboles sur le restavec, nous font revivre par empathie ce que vivent ces victimes du système restavec. Pour paraphraser les propos de Bonneau (2020), nous essayons de nous mettre dans la peau des victimes pour essayer de comprendre la situation de servitude, de maltraitance, de déshumanisation, de démoralisation, de domination, d'oppression et d'exploitation dont elles sont l'objet.

Les psychologues ayant travaillé avec des restavecs rescapés signalent des états dépressifs, des troubles physiques et psychologiques, des troubles du sommeil et de l'alimentation, un sentiment d'aliénation et de repli sur soi par absence d'affection, une peur et une anxiété chroniques. Selon le rapport de l'UNICEF (1997), 80 % de ces enfants en service souffrent de maux de tête ou d'estomac provoqués par les traumatismes émotionnels. Les domestiques interviewés souffraient tous de maux consécutifs à leur travail physique difficile, révèle le travail d'enquête de Rollins (1990). Et, souligne l'auteure, ces domestiques n'oublient jamais les abus de pouvoir de leurs employeurs. Les abus répétés et les situations choquantes vécues en permanence par les enfants domestiques constituent – leur vie durant – des risques d'anomie ou des pierres d'achoppement à leur intégration sociale, à l'instar de ce qui a été observé chez des enfants enfermés dans des sectes religieuses (Derocher, 2008). Au sujet de l'asservissement au passé inoubliable de Jean-Robert Cadet et sa condition post-traumatique après son affranchissement, Cynthia Cadet explique (avant-propos) : « Quand son sommeil est troublé par des moments cliniquement déprimés, quand j'entends sa respiration oppressée, ses cris étouffés [...], je sais que la réalité des décennies passées plane à nouveau sur nous ».

L'étude ethnographique de la catégorie sociale des petits travailleurs restavecs, tant par des savoirs instrumentaux et critiques que par des savoirs réflexifs et humanisés, laisse apercevoir un portrait accablant de ces enfants domestiques fixés au travail servile en permanence (Breyer, 2016 ; Wagner, 2008 ; Lubin, 2002). Dans l'ensemble, elle fait dessiner un tableau sombre de la situation du restavec, contraint d'exécuter de multiples tâches domestiques, sans salaire ni congé ni repos ni loisir ni possibilité d'aller à l'école convenablement. Elle fait décrire les pires conditions de travail et de vie de cet enfant domestiqué et surexploité, victime de traitements inhumains, de tortures et d'oppressions, de violences physiques et psychologiques. Elle fait apparaître l'état d'un enfant moralement déprimé et abandonné dans une situation de misère et de souffrance, physiquement blessé et cicatrisé, son visage marqué d'isolement, de tristesse et de chagrin. Elle laisse capter l'image d'un enfant visiblement maigri, mal entretenu, maltraité, mal coiffé, mal vêtu, mal logé, mal soigné, mal nourri. Elle fait retracer son repère géographique du milieu dénudé en dehors, son origine familiale de souche paysanne, son appartenance sociale au plus bas de l'échelle sociale, son statut de chose, de marchandise, de propriété ou d'étranger chez la famille de placement.

Le portrait ethnographique des enfants domestiques élucidé s'apparente au portrait autobiographique du restavec dressé par Cadet (2002). Cela se comprend aisément, puisque le rapport de travail servile qui explique la condition de chose des domestiques est partout semblable (Fiume, 2018). Dans sa situation critique d'oppression et d'isolement, l'enfant restavec, après la rupture définitive avec sa famille d'origine, ne bénéficie pas de solidarité organique dans le milieu de travail de la part des parents-maîtres-fils de la famille de placement, ni de solidarité publique de l'État comme force coercitive qui devrait faire respecter la loi sur la protection de l'enfance, ni de solidarité externe de l'Église comme force morale qui devrait prendre position contre le mal de l'esclavagisme du passé au présent. C'est particulièrement la posture ou la position de cette dernière force morale religieuse chevauchée avec la force morale politique qui retient en priorité notre attention. En effet, considérant la fonction sociale de l'institution religieuse dans la société et l'autorité morale dont elle se réclame pour éveiller la conscience morale contre le mal et prolonger le vivre-ensemble au-delà des murs des églises (Habermas, 2008 ; Goudreault, 2018 ; Marchessault *et al.*, 2018), il nous revient donc de questionner la place historique des autorités politiques et religieuses dans le système de domination coloniale et postcoloniale, les comportements de ces autorités morales compétentes envers l'esclavagisme du passé au présent, particulièrement leur position sur la question du restavec ou de la servitude enfantine en Haïti.

1.2. Tradition du restavec : entre phénomène social et problème social fondamental

Le restavec est un phénomène social, considérant les rapports sociaux domestiques de domination traditionnelle des nouveaux maîtres sur leurs restavecs. C'est aussi un phénomène sociétal, renvoyant aux aspects institutionnels liés à la fonction des acteurs politiques et socioreligieux dans le système restavec et surtout leur rôle dans les processus décisionnels liés à la perpétuation de la tradition du restavec dans la société haïtienne. C'est également un problème social majeur qui nous préoccupe grandement, considérant l'ampleur de ce phénomène social et la somme humaine d'enfants restavecs en situation de servitude contemporaine en Haïti. Après avoir mis en exergue la situation contextuelle de la problématique du restavec en Haïti où environ 250 000 enfants seraient réduits en servitude domestique contemporaine, il importe à présent de chercher à comprendre en profondeur ce phénomène social et sociétal complexe par un effort intellectuel de débroussaillement de ce sujet sensible pour bien le circonscrire et le canaliser à partir d'un problème spécifique suivi d'un cadre théorique et disciplinaire explicatif.

En effet, voulant aborder la problématique du restavec haïtien comme forme d'esclavage enfantin contemporain, nous cherchons à connaître par la question spécifique suivante : comment les autorités politiques et charismatiques, en tant qu'acteurs influents du système de domination coloniale au système de domination postcoloniale, envisagent-elles dans leur fonction et leur position le phénomène de la servitude enfantine du système restavec en Haïti ? C'est autour de ce problème fondamental que gravite notre entreprise scientifique cherchant à développer de nouvelles connaissances sur le phénomène du restavec avec les aspects historiques et socio-politico-religieux qui l'entourent. Par une double vue synchronique et diachronique, il nous amène à mettre en lumière les rapports historiques des institutions politiques et religieuses avec l'esclavagisme du passé au présent. En d'autres termes, il nous conduit à déceler la place des autorités politiques et charismatiques dans le système de domination du passé au présent, leur position institutionnelle par rapport à la question de la servitude noire du système esclavagiste colonial au système esclavagiste restavec postcolonial, leur fonction traditionnelle ou leur attitude (laisser-faire) quant au fonctionnement du marché restavec haïtien.

Considérant, d'une part, l'influence des acteurs politiques et religieux dans les processus décisionnels et, d'autre part, l'importance du travail restavec gratuit des enfants domestiques pour les groupes sociaux dominants des familles de placement, nous pensons que les autorités charismatiques chevauchées avec les autorités politiques, envisageant en majorité la tradition du restavec non comme pratique condamnable, contribuent à la perpétuation de cette tradition de la servitude enfantine tant par leur rapport historique avec l'esclavagisme du passé au présent que par leur fonction d'autorité patriarcale dans la société haïtienne ; ce qui les place dans une position d'autorité hiérarchique traditionnelle susceptible d'avoir sous leur domination directe des serviteurs domestiques. Ainsi, nous avançons que le restavec haïtien, inscrit dans les filières contemporaines d'échange et de trafic de main-d'œuvre domestique locale, persiste en raison des intérêts des factions sociales dominantes des familles de placement qui en profitent. La culture générale du silence des autorités morales politiques et religieuses sur le restavec stimule « cela » qui cultive cette tradition de la servitude enfantine en Haïti.

À première vue, intervenant habituellement dans la vie socioculturelle, religieuse, politique et économique, les autorités charismatiques chevauchées avec les pouvoirs étatiques possèdent des compétences institutionnelles, des ressources politiques et des marges de manœuvre susceptibles de façonner les rapports sociaux, d'influencer les processus décisionnels et les comportements individuels (Weber, 2014a ; Morin, 2013 ; Dahl, 1971). Or, à notre connaissance, cette influence des autorités morales et cléricales quant aux processus décisionnels liés à la reproduction des rapports de domination et de servitude du système restavec n'a jamais été, jusque-là, étudiée de manière exhaustive. Autrement dit, les aspects moraux et socioreligieux, ici abordés, ne sont pas traités de manière exhaustive par les travaux académiques et les écrits scientifiques recensés sur l'esclavage noir du passé au présent. D'où l'originalité et l'intérêt de la présente entreprise de recherche voulant examiner ces aspects socioreligieux et historiques entourant le phénomène de la servitude enfantine du système restavec par l'étude synchronique et diachronique des comportements de ces autorités morales compétentes envers l'esclavagisme du passé au présent, considérant leur influence remarquable et leur place déterminante dans le système de domination des temps coloniaux aux temps postcoloniaux. Cette originalité repose, en effet, sur les aspects socioreligieux et historiques de la servitude noire abordés à partir d'un cadre interdisciplinaire priorisant les études sociologiques et religieuses. Elle s'appuie également sur les données informationnelles issues de nos recherches archivistiques, particulièrement des archives rares non numérisées, considérant l'importance et la pertinence des archives dans la production des connaissances et de leur seconde vie dans la construction du savoir (Cornu, Fromageau et Müller, 2014). Elle s'appuie enfin sur les données expérientielles nouvelles pertinentes issues de nos recherches empiriques sur la tradition du restavec et surtout celles relatives à la position des autorités morales et religieuses locales sur cette tradition de la servitude domestique persistant dans la société haïtienne.

1.3. Examen théorique du restavec comme phénomène social observable et explicable

Objet d'étude sociologique, le restavec est un phénomène social et sociétal, empiriquement « observable » et théoriquement « explicable » (Durkheim, 1967 ; Cicchelli-Pugeault et Cicchelli, 1998). Plus loin considérées, nos observations et nos recherches empiriques récentes sur le restavec renvoient à l'observabilité et à la réalité de ce phénomène traditionnel persistant dans la société haïtienne. Quant à l'explicabilité ou mieux à l'explication théorique du phénomène du restavec, le cadre théorico-conceptuel mobilisé pour l'expliquer est celui des *acteurs sociaux*. Il nous conduit à l'étude des comportements des autorités politiques et charismatiques, en tant qu'acteurs puissants, influents et dominants, envers les victimes du système restavec. Viscéralement enchevêtrées par des alliances historiques durables, ces autorités politiques et religieuses sont moralement concernées par cette situation problématique de la servitude enfantine noire longtemps perpétuée en Haïti. Voilà pourquoi, à partir du cadre théorique convoqué, nous tâchons de mettre en lumière la fonction et la position des acteurs institutionnels concernés par cette situation alarmante, en portant le regard ou mieux l'étude sur les rapports des autorités politiques et charismatiques compétentes avec l'esclavagisme du passé au présent, notamment avec la tradition de la servitude enfantine du système restavec en Haïti.

En passant, il faut signaler que la notion de la position des autorités morales politiques et religieuses ressurgit tant dans les objectifs préalablement définis que dans le cadre théorique et disciplinaire, les hypothèses et le problème de recherche antérieurement avancés. Elle revêt ici une triple connotation que nous tenons d'abord à clarifier brièvement. Dans une quête de sens (préliminaire), elle renvoie premièrement à la position hiérarchique de domination traditionnelle des autorités politiques et charismatiques dans le système ; deuxièmement, à la position idéologique qu'elles partagent en commun quant à la question de l'esclavage noir du passé au présent ; troisiè-mement, à la position des autorités morales locales sur la question du restavec en Haïti. À chaque fois que nous parlons de l'autorité charismatique dans le sens wébérien du terme, nous voulons parler évidemment de l'autorité reli-gieuse ; mais, à chaque fois que nous parlons de sa position, nous tenons donc à préciser le sens de cette notion polysémique considérée puis mise en lumière dans la présente étude. Définissant les rapports de domination des autorités charismatiques chevauchées avec les pouvoirs politiques, le cadre théorique mobilisé autour des *acteurs sociaux* éclaire le sens de la position des acteurs sociaux moraux en question (politiques et religieux), quant à leur place déterminante dans le système, quant à leur rapport d'autorité hiérar-chique et de domination charismatique dans la société, surtout quant à leurs comportements envers l'esclavagisme du passé au présent.

1.3.1. Rapports sociaux restavecs mis en lumière par la théorie des acteurs sociaux

L'assise théorique sur laquelle repose notre étude est celle des *acteurs sociaux* (Morin, 2013 ; Turmel, 1996 ; Defois, 1984). Il s'agit d'un nécessaire cadre théorique répondant à un besoin basique de pénétration du monde complexe du restavec et d'explication des rapports sociaux domestiques serviles contemporains. Ce cadre théorique consiste en un effort de concep-tualisation et de systématisation permettant d'élucider les rapports des acteurs sociaux et moraux locaux avec la servitude domestique du système restavec. Globalement, les acteurs sociaux incluent l'ensemble des acteurs des institutions sociales majeures, à savoir les institutions familiale, politique, religieuse, éducative, récréative, sanitaire et économique (Rocher, 1969 ; Fich-ter, 1957). Parmi ces acteurs sociaux des institutions sociales majeures de la société, nous portons le regard particulièrement sur ceux des institutions politiques et religieuses suivant leurs rapports historiques avec l'esclavagisme du passé au présent. S'agissant des institutions religieuses en question en particulier, le regard est fixé notamment sur les autorités institutionnelles du catholicisme, du protestantisme et du vaudou – trois principales structures religieuses dominantes dans la société haïtienne contemporaine (Hurbon, 2004 ; Fontus, 2001) – suivant leurs rapports contemporains avec la servitude domestique du système restavec, leurs rapports historiques avec l'esclavagisme du passé au présent (Corten, 2014 ; Mpisi, 2008a ; Salifou, 2006). En d'autres termes, les autorités charismatiques enchevêtrées avec les autorités politiques constituent les principaux acteurs dont il faut examiner l'influence et la place dans le système de domination du passé colonial au présent post-colonial, la fonction dans l'institutionnalisation de l'esclavage noir et surtout dans la construction durable des rapports esclavagistes domestiques dans la société haïtienne.

L'appel à la théorie des *acteurs sociaux* nous amène à identifier et à analyser les vecteurs traditionnels et les facteurs socio-structurels contribuant à la pérennisation des rapports sociaux esclavagistes du système restavec, c'est-à-dire « cela » qui retient encore les rapports sociaux domestiques serviles dans la société haïtienne. Elle permet aussi de dissiper l'ombre autour des rapports publics et externes des autorités politiques et charismatiques avec les autorités traditionnelles des familles de placement directement impliquées dans l'opération domestique marchande sur le marché restavec. Il s'agit de rapports sociaux et institutionnels où se posent les problèmes du déni de protection publique des institutions étatiques et de l'absence de solidarité morale externe des institutions religieuses locales – du moins en apparence – envers les enfants restavecs, condamnés de fait au travail forcé après leur cession et leur abandon chez les familles de placement. Les analyses structuro-fonctionnalistes mettent en lumière ces rapports publics et externes rappelant notamment les fonctions institutionnelles de l'État et de l'Église dans la sauvegarde des institutions familiales (Bawin-Legros, 1996 ; Parsons et Bales, 1956), y compris celles dévastées par l'opération marchande de la traite contemporaine des enfants. Elles expliquent aussi l'importance de l'environnement familial et des liens familiaux pour la sociabilité durable, l'élévation morale et le développement holistique de l'enfance (Segalen, 1993 ; Cicchelli-Pugeault et Cicchelli, 1998), pourtant rompus dans le cas des enfants restavecs en Haïti.

Fig. 1. Rapports des acteurs sociaux et moraux locaux attachés à la tradition du restavec

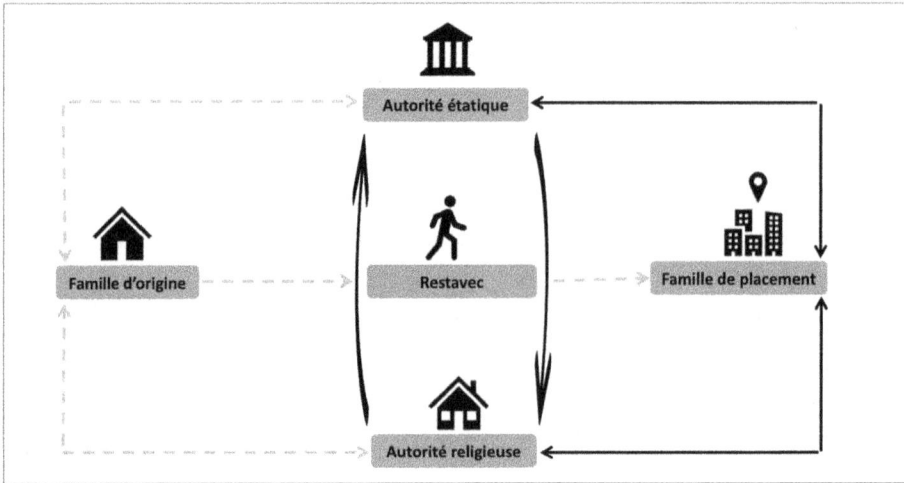

La schématisation des rapports des acteurs sociaux comprend un ensemble d'objets symboliques à la fois représentatifs, significatifs et explicatifs de la tradition du restavec à laquelle restent attachés ces acteurs traditionnels locaux. Elle laisse apercevoir, d'un côté, les rapports sociaux cordiaux (représentés par des flèches en noir foncé) entre les fractions sociales dominantes (Poulantzas, 1972 ; Bourdieu, 1974 ; Léger, 1976), notamment entre l'autorité charismatique de l'institution religieuse, l'autorité étatique de l'institution politique et l'autorité traditionnelle de l'institution familiale de placement (Weber, 2014b) ; de l'autre côté, les rapports sociaux inégaux (représentés par des flèches en noir pâle pointillé) de ces fractions sociales dominantes avec les groupes sociaux vulnérables de la famille d'origine du restavec. Elle fait apparaître le portrait symbolique solitaire de l'enfant restavec, issu d'une famille d'origine pauvre, d'un petit toit modeste simple caractéristique du milieu paysan dénudé. Comme l'indique la flèche à sens unique (en noir pâle pointillé), cet enfant restavec est contraint de rompre définitivement ses liens intrafamiliaux avec sa famille biologique du monde paysan, sans espoir de revoir un jour ses parents, ses frères et sœurs. Venu de loin de l'univers rural haïtien, il suit le chemin solitaire d'un voyage sans retour à destination inconnue d'une famille de placement du milieu citadin où il est finalement réduit en servitude domestique, en absence de solidarité publique des autorités étatiques et de solidarité morale des autorités charismatiques envers la victime. Conformément à notre objectif préalablement défini, notre étude s'intéresse particulièrement aux comportements des autorités politiques et religieuses envers le restavec, avec ambition de revenir plus loin sur l'attachement des autres acteurs sociaux familiaux locaux à la tradition du restavec en Haïti.

L'institution religieuse désigne un élément central dans le développement de la société moderne (Houtart, 1986). Et, dotés de légitimité et d'autorité morale pour représenter cette institution majeure avec ses organismes et organes subsidiaires (églises locales, organisations charismatiques d'aide au développement local, organismes religieux de promotion de droits humains), les acteurs religieux sont socialement construits à partir des valeurs, des normes, des règles, des principes, des savoirs et des modèles institutionnalisés inculqués. Ces valeurs et modèles de référence sont ainsi devenus le point nodal de la constitution de leur personne (Turmel, 1996, p. 11). Ils acquièrent leur habitus socioculturel, professionnel, familial, moral et religieux par et à travers les institutions sociales de base, qui remplissent la fonction d'agents socialisateurs : la famille, l'école, l'Église.[2] D'après Turmel (1996, p. 2), « c'est par et à travers ces institutions sociales qu'une personne devient un acteur social, doté d'habiletés et de capacités pouvant en faire un membre actif dans une société ».

À partir de son double regard sociologique et théologique, Defois (1984) voit dans l'institution religieuse un acteur social, et dans le fait ecclésial un phénomène religieux. Selon l'auteur, l'institution ecclésiale est une pratique sociale, l'organisation et la répartition de pouvoirs, le fonctionnement d'échanges et de communications, l'action culturelle dans une société donnée. Elle est un lieu de production et de reproduction culturelles. Elle joue un rôle social et culturel en apportant depuis des siècles des formes de socialisation, c'est-à-dire des structures de rassemblement des hommes et des valeurs signifiantes de l'existence. Dans son analyse des rites de passage et des pratiques religieuses, Lemieux (1990) reconnaît dans l'institution religieuse une entité culturelle impliquée dans la construction d'une identité culturelle

---

2. Par *habitus* (latin *habere* = avoir), emprunté à Bourdieu (1980), on entend un ensemble de manières d'être, de dispositions à agir, penser et percevoir d'une façon déterminée, de savoirs et d'expériences, de sensibilités, de comportements et de traits caractéristiques acquis lors des processus de socialisation primaire, secondaire et professionnelle des agents sociaux. Ces dispositions sont si incorporées en nous qu'elles sont devenues nous-mêmes ; et qu'elles ne sont pas dissociables de notre être, à un point tel que nous avons l'impression d'être nés avec cette manière d'être qui nous caractérise, ce type de sensibilité, cette façon de penser, d'agir ou de réagir. L'habitus primaire ou familial, acquis dès notre enfance, est le plus précoce, donc le plus durable.

et religieuse à l'échelle des agents socialisés. La définition de Lemieux concorde bien avec celle de Geertz (1972) identifiant l'institution religieuse à un système culturel. Et, dans ce système culturel, Tillich (1990) identifie une dimension religieuse. Donc, la liaison entre la culture et la religion est telle qu'il se trouve dans la culture une dimension socioreligieuse, et dans la religion une dimension socioculturelle.

L'acteur religieux renvoie, chez Weber (2014a), à la notion d'autorité : l'autorité charismatique légitime. À cette notion d'autorité s'associe celle de puissance, de pouvoir, d'influence ou de domination légitime du chef charismatique. L'autorité religieuse ou charismatique se construit en vertu de l'adhésion émotionnelle et de l'abandon affectif à la personne du maître ou du chef charismatique, ses facultés, ses révélations, son héroïsme, sa puissance de l'esprit et de la parole (p. 297-298). Autrement dit, l'autorité de domination légitime du chef charismatique repose sur ses qualités distinctives, sa position hiérarchique privilégiée, sa force héroïque, son charisme, son tempérament, son apparence, son attitude, son statut, son discours et surtout sur la croyance des masses en ces qualités exceptionnelles du chef charismatique. Donc, c'est un homme puissant, capable d'influencer les comportements des individus, en dominant sur eux (fidèles, adeptes, suivants, sujets, serviteurs, domestiques).

Les analyses marxistes, dont celles d'Althusser (2015), identifient l'institution religieuse et ses organes subsidiaires à une superstructure soutenant les intérêts des classes dominantes, un appareil idéologique d'État diffusant des attitudes et des messages qui ont un poids socioculturel sur les comportements individuels ou collectifs. Comme appareil idéologique, elle a souvent servi à justifier les relations sociales dominantes, explique Houtart (1980), aussi bien dans les sociétés féodales et esclavagistes que dans les sociétés capitalistes. Il s'agit donc d'un acteur social conservateur dominant qui œuvre pour le maintien du statu quo en lien avec les rapports de domination dans la société, s'éloignant ainsi de toute idée de révolution systémique et violente contre le système traditionnel d'oppression en place. De cette tendance à généraliser, à prendre l'institution religieuse pour une superstructure consolidant habituellement les rapports de domination et les intérêts des classes dominantes, il faut toutefois reconnaître, en toute honnêteté intellectuelle, la conviction d'un *faible reste*[3] de religieux qui, par un effort de conciliation de sa

---

3. Le « faible reste » est emprunté aux discours prophétiques d'Ésaïe (1 : 9 ; 41 : 14) et de Zacharie

rationalité avec la moralité judéo-chrétienne, s'adonne aux saines pratiques morales et religieuses, en luttant – même à contre-courant des forces dominantes en présence, à l'instar des mouvements et des discours religieux des Quakers, des Wesleyens, des Méthodistes ou des Théologiens de la libération[4] – contre l'injustice, l'oppression, l'esclavage ou l'asservissement de l'homme par l'homme. Dans un paragraphe plus loin, nous revenons brièvement sur ce faible reste, n'étant pas la cible ni l'objet principal de notre étude.

L'un des principaux postulats des théories libérales est la primauté des acteurs sociaux. Ces acteurs sont capables d'influencer les processus décisionnels par leur chevauchement ou leur enchevêtrement avec les pouvoirs étatiques. Leur primauté ou leur influence est telle que les intérêts défendus par l'État n'émanent pas de l'esprit de ses dirigeants, mais plutôt des préférences des *acteurs sociaux*, d'après Morin (2013). À cet égard, le rapport d'enchevêtrement des acteurs décisionnels des institutions religieuses avec les pouvoirs politiques aurait pour résultat le renforcement de leur primauté et de leur autorité de domination dans la société.

Dans sa réflexion, Valadier (2007) voit se dégager – à partir d'un tel rapport de chevauchement – une force du lien qui unit religion et politique, en particulier christianisme et politique. De là, les acteurs influents des institutions religieuses ont pu bénéficier des ressources matérielles et des supports politiques nécessaires (terres, dons, subventions, revenus budgétisés et soutiens de l'État) assurant leur domination et leur influence dans les processus décisionnels.[5] En d'autres termes, ils profitent rationnellement des ressources stratégiques tirées de leur rapport de chevauchement avec le pouvoir étatique pour renforcer leur autorité, leur primauté, leur influence, leur place prépondérante et leur position hiérarchique au sommet pyramidal de la société.

Les ressources politiques emmagasinées par les autorités religieuses à

(13 : 8) au sujet d'un *faible reste* d'Israël appelé, en des temps messianiques, à se tourner vers Dieu et les saines pratiques religieuses.

4. Les théologiens de la libération adhèrent au courant de pensée théologique chrétienne émergé en Amérique latine, assis sur un discours promoteur de la dignité de la personne humaine et de l'espoir des pauvres et des exclus, pour leur libération des intolérables conditions de vie. Bien avant, les Wesleyens, les Méthodistes et les Quakers sont connus pour leur position non conformiste et leur prise de position contre l'esclavage, la peine capitale et la guerre.

5. L'exemple qui nous vient à l'esprit est celui du concordat de 1860 liant l'État haïtien et le Vatican, prévoyant les ressources matérielles et budgétaires à donner à l'Église catholique (art. 3). En effet, une part du budget national (fonds curiaux) est allouée annuellement à l'institution catholique, à côté d'autres avantages matériels qui lui sont octroyés.

partir de leur rapport d'enchevêtrement et de coopération avec le pouvoir étatique, combinées avec les forces charismatiques propres dont elles disposent, déterminent leur degré de puissance et d'influence dans la société. Par ressources politiques, telles que définies par Dahl (1971), on entend un ensemble de ressources matérielles et immatérielles significatives à la disposition des acteurs socioreligieux leur permettant d'influencer les comportements individuels et les processus décisionnels.

No	Ressources et moyens d'influence exploitables	Nature
1	Statut d'autorité morale et légitime	Immatérielle/symbolique
2	Position hiérarchique d'autorité et de domination	Immatérielle/matérielle
3	Capacités cognitives, spirituelles et morales d'intervention	Immatérielle/symbolique
4	Capitaux symboliques et culturels	Immatérielle/symbolique
5	Qualités charismatiques à gagner la confiance et la soumission des suivants	Immatérielle/symbolique
6	Intelligence individuelle et compétence institutionnelle	Immatérielle/matérielle
7	Niveau d'instruction et de formation	Immatérielle/matérielle
8	Standing social, prestige, notoriété, titre et estime de soi	Immatérielle/symbolique
9	Pouvoirs de relation, d'organisation et de décision	Immatérielle/matérielle
10	Capacités oratoires à mobiliser et influencer la masse à voter dans tel ou tel sens	Immatérielle/symbolique
11	Liberté d'expression et capacité de réaction	Immatérielle/matérielle
12	Droits de vote et d'éligibilité à des postes électifs et nominatifs	Immatérielle/matérielle
13	Capacités d'ester en justice et de produire des actes juridico-politiques applicables	Immatérielle/matérielle
14	Capacités d'influencer les processus décisionnels et les politiques publiques	Immatérielle/matérielle
15	Privilèges associés à des fonctions politico-diplomatiques (nonciature apostolique)	Immatérielle/matérielle
16	Possibilités de voyager d'un pays à l'autre	Immatérielle/matérielle
17	Réseaux d'influence et de solidarité	Immatérielle/matérielle
18	Accès aux ressources matérielles, technologiques et communicationnelles	Immatérielle/matérielle
19	Accès à l'argent, à la fortune, à la richesse, à la propriété et à la prospérité	Immatérielle/matérielle

Tableau 3. Ressources politiques et moyens stratégiques d'influence des autorités charismatiques

Reconstitué à partir du raisonnement de Dahl (1971), ce listage étale les ressources politiques, les pouvoirs organisationnels et décisionnels, les moyens stratégiques et efficaces d'influence dont disposent les autorités religieuses. Exploitables, ces ressources matérielles et immatérielles mises en valeur contribuent à faire des autorités charismatiques en question des acteurs sociaux puissants et dominants du système, des éléments déterminants des processus décisionnels. En tant qu'acteurs institutionnels rationnels, ces autorités morales religieuses chevauchées avec les autorités morales politiques sont aptes à combiner leurs ressources politiques et leurs moyens stratégiques d'influence pour atteindre leur but, défendre leur intérêt et maintenir leur pouvoir de domination dans la société.

Selon Crozier et Friedberg (1977), les acteurs sociaux sont des éléments fondamentaux des processus décisionnels. Ils disposent d'une rationalité limitée certes, mais aussi d'une marge de liberté significative pour influencer les autres, coopérer avec leur environnement interne et externe. Olson (1978) va dans le même sens de la rationalité des acteurs qu'il inscrit dans le cadre de l'action collective. Dans leur action collective, explique l'auteur, ils parviennent à poser des actions communes, à mettre ensemble les intérêts qu'ils partagent en commun, en influençant ainsi les comportements individuels. March (1991) reprend la rationalité des acteurs, mais l'adapte à la dynamique de la situation présente et au contexte dans lequel ils évoluent, avant d'admettre qu'il n'y a pas de rationalité parfaite. Évoluant à l'intérieur d'un système de contraintes et d'actions, souligne-t-il, les acteurs usent de leur liberté et de leur rationalité adaptative ou stratégique pour agir et protéger leurs intérêts.

En tant qu'éléments fondamentaux du système et des processus décisionnels, les acteurs rationnels des institutions religieuses usent de leur rationalité pour prendre des décisions correspondant aux intérêts qu'ils partagent en commun avec d'autres groupes sociaux dominants, alignés au sommet de la société. Cette attitude des acteurs religieux orientée en fonction de leurs intérêts se comprend aisément, puisqu'à l'avis d'Allison (1971), les acteurs rationnels défendent toujours leurs intérêts. Dans *Politics and the Architecture of Choice*, Jones (2001) expose cinq postulats en lien avec les comportements des acteurs décisionnels et rationnels : le premier est axé sur les objectifs et les intérêts des acteurs ; le second sur leur capacité et leur degré d'influence dans les processus décisionnels ; le troisième sur l'adaptation de leurs comportements à la situation contextuelle présente ; le quatrième sur les contraintes et les limites d'adaptabilité ; le cinquième sur la réaction disproportionnée de ces acteurs institutionnels aux informations reçues en lien avec les problèmes existants. En général, soutient-il, les comportements humains sont axés sur l'intérêt. À cet égard, l'intérêt (matériel) se trouve ancré et entré profondément dans « cela » (Buber, 1959) qui retient longtemps l'esclavage domestique infanto-juvénile dans la société haïtienne. Voilà, partiellement, un ensemble d'éléments théoriques et conceptuels servant à la quête de sens de « cela » qui garde encore le système restavec en Haïti ainsi qu'à l'explication de la rationalité des acteurs sociaux moraux des institutions religieuses, précisément ceux identifiés aux traits caractéristiques de l'homme de l'arbitraire donc motivés par leurs intérêts et ceux des groupes dominants d'appartenance au détriment de ceux des groupes dominés et opprimés, victimes de l'esclavagisme du passé au présent.

Défini comme acteur rationnel, dominant et influent, le chef charismatique, figure emblématique et représentative de l'institution religieuse, ne se confond pas avec une masse quelconque d'adeptes religieux, de même que le chef politique de l'élite politique ne se confond pas avec la masse de votants et de mandants populaires mais se définit comme un *leader* qui pratique la politique et qui dispose d'autorité pour exercer son métier de politique. Au contraire, dans la sociologie wébérienne, le chef charismatique se distingue par sa puissance et son influence reposant sur la croyance de cette masse (croyants, suivants, domestiques) à sa qualité exceptionnelle, fondée sur son caractère sacré et héroïque. Au-delà des croyances et des pratiques religieuses auxquelles tous s'invitent à exercer, il se différencie de « tous » par sa position élitiste de *leader* religieux, investi d'autorité pour dominer et orienter cette masse de fidèles – parmi eux des esclavagistes – dans l'exercice de sa fonction de dirigeant d'institution religieuse. Il se distingue par sa rationalité à rechercher des intérêts matériels et des gains périssables, son leadership à diriger ses suivants par contrainte (mesures disciplinaires et symboliques, sanction, punition, excommunication), en les dominant.[6] Il se distingue enfin par son autorité de domination dans la société, son influence dans les processus décisionnels et sa place prépondérante dans le système esclavagiste colonial et postcolonial, aussi par son silence significatif notamment face au mal de la servitude enfantine contemporaine du système esclavagiste restavec perpétué en Haïti.

1.3.2. Rapport d'autorité des acteurs politiques et religieux dans le système

Dans le cadre des réflexions théoriques amorcées sur les acteurs sociaux et leurs rapports avec l'esclavagisme du passé au présent, les acteurs priorisés demeurent les autorités charismatiques enchevêtrées avec les autorités bureaucratico-étatiques, telles que définies par Weber (2014a), suivant leur autorité de domination légitime respective. À travers ces réflexions théoriques et analytiques antérieures et présentes, survient momentanément l'irruption de l'homme politique [métamorphosé en *homo religiosus*], lorsque nous parlons de l'homme religieux [transformé en *homo civicus*, *homo politicus*]. Cette irruption fait ressortir, tant dans le système féodal et postféodal que dans le système colonial et postcolonial, une sorte de rapport d'enchevêtre-

---

6. Contrairement à la rationalité du religieux traditionnel exhibant son pouvoir de domination et priorisant son intérêt sur celui d'autrui, la première épître de Pierre (chapitre 5 : 2-3) enseigne aux chefs religieux de prendre soin des fidèles non en les dominant, les dirigeant par contrainte ou par recherche de gain sordide.

ment de l'autorité morale religieuse avec l'autorité bureaucratique étatique. En effet, elle fait transposer l'étude du rapport d'autorité à celle du rapport de chevauchement de l'autorité charismatique avec l'autorité politique. Dans son analyse, Morin (2013) a mis en lumière le rapport d'autorité et d'influence des acteurs sociaux dominants chevauchés avec les acteurs étatiques. C'est donc au travers de ce rapport de chevauchement qu'apparaît le rapport d'autorité des dirigeants charismatiques enchevêtrés avec les pouvoirs politiques. C'est également au travers d'un tel rapport d'entremêlement que ces autorités charismatiques rationnelles des institutions religieuses réussissent intelligemment à se procurer des ressources et des moyens matériels nécessaires les rendant plus influentes, plus puissantes et plus fortes (Valadier, 2007), donc capables de faire prévaloir leur pouvoir de domination sur le corps social.

Le rapport d'autorité se décline ici en rapport d'enchevêtrement. Plusieurs paramètres et facteurs servent, de manière déductive, à l'explication et à l'illustration du rapport de chevauchement des autorités religieuses avec les autorités politiques en Haïti :

- Dans la société, les acteurs décisionnels des institutions politiques et religieuses constituent, d'un point de vue théorique, deux autorités morales et légitimes de domination (Coutant, 2005 ; Weber, 2014a). Cette conception théorique sert à l'explication de la réalité dynamique du rapport de chevauchement des autorités charismatiques et politiques en position de force, d'influence et de domination dans la société haïtienne.
- Dans le système polyarchique (Dahl, 1971) instauré dans les sociétés dites démocratiques dont la société haïtienne, les *leaders* charismatiques et les chefs politiques s'identifient à deux acteurs influents et puissants, deux acteurs institutionnels et décisionnels rationnels partageant entre eux les ressources politiques et les moyens stratégiques d'influence dans les processus décisionnels (Allison, 1971 ; Crozier et Friedberg, 1977).
- Dans le système esclavagiste imposé en Haïti depuis le XVe siècle, les dirigeants charismatiques des institutions religieuses comme appareils idéologiques d'État (Althusser, 2015) et les dirigeants étatiques régnant au pouvoir font partie des fractions de classe dominantes (Poulantzas, 1972 ; Léger, 1976).

- Dans la coutume juive et judéo-chrétienne, certains leaders religieux occupent des fonctions politiques, pendant que d'autres chefs politiques s'adonnent habituellement à des pratiques religieuses, au point de confondre parfois l'un (*homo religiosus*) avec l'autre (*homo politicus*) intuitivement, surtout chez ceux qui combinent dans leur trajectoire professionnelle à la fois des activités civiques, politiques et religieuses (ex. : rapport d'autorité du chef religieux de l'Église catholique de Rome entremêlé avec le pouvoir étatique du Vatican ou, dans le cas des mouvances politico-religieuses contemporaines en Haïti, celui des autorités religieuses des Églises protestantes locales enchevêtrées avec le pouvoir politique que leur confère leur position ou leur fonction de chefs de partis politiques dont Mouvement chrétien pour une nouvelle Haïti et Union nationale chrétienne pour la reconstruction d'Haïti, des partis politiques dirigés par des pasteurs évangéliques).

- Dans la culture haïtienne, il y a encore une persistance de la tradition théocratique dans l'exercice pratique du pouvoir politique, notamment dans la tradition d'intronisation des chefs politiques ou la pratique du *Te Deum* avec l'irruption du pouvoir religieux lors des processus décisionnels de prise de pouvoir politique (ex. : tradition de *Te Deum* et d'assermentation sur une Bible lors du processus de passation de pouvoir).

- Dans l'histoire du rapport État-Religion, les autorités religieuses et étatiques se mêlent historiquement par des alliances humaines (Daniel 2 : 43 ; 9 : 27). Il s'agit tantôt d'alliances religieuses qui engagent les acteurs étatiques (ex. : alliances des empereurs Constantin (IIIe siècle) et Charlemagne (IXe siècle) avec l'Église catholique ; bulle pontificale de 1454 faisant injonction aux puissances royales européennes ; concordat de 1860 engageant l'État haïtien), tantôt d'accords politiques qui engagent les acteurs religieux (ex. : accords politiques paraphés par l'autorité religieuse dont celui baptisé *Accord d'El Rancho* de 2014 pour une sortie de crise en Haïti, conclu entre représentants des pouvoirs exécutif et législatif, partis politiques et Religions pour la Paix sous les auspices de la Conférence épiscopale).

- Pour la colonisation, la traite négrière et l'esclavage noir dans les Amériques, les autorités cléricales et étatiques coloniales partagent toutes deux une position colonialiste-esclavagiste commune (bulle pontificale de 1454 ; code noir de 1685) ; ce qui fait en sorte que lorsque nous abordons la question d'institutionnalisation et de légitimation de l'esclavage noir en Haïti, surgit tantôt l'autorité religieuse l'autorisant et le légitimant, tantôt l'autorité politique l'institutionnalisant et le réglementant.

- Sur la même question de l'esclavagisme du passé au présent, des leaders religieux comme d'autres chefs politiques ont à leur disposition des domestiques ou mieux sous leur domination des esclaves (Corten, 2014 ; code noir de 1685) ; ce qui, de fait, confère à cette dernière catégorie de leaders charismatiques et de chefs politiques le statut de maîtres également, par-delà leur statut d'autorité morale et légitime.

- Quant à l'attachement à la tradition esclavagiste aux temps contemporains, il y a une sorte d'indifférence dans les comportements complaisants des autorités religieuses non différents des comportements laxistes des autorités politiques gardant le silence sur les pratiques déshumanisantes et démoralisantes du système restavec (Lubin, 2002 ; Breyer, 2016).

- Dans une quête de connaissance sur le statut des enfants restavecs – venus de loin du pays en dehors de l'univers rural haïtien (Barthélémy, 1991) – les autorités religieuses et étatiques nationales valident conjointement, par leur signature sur l'acte d'état civil de ces enfants, le statut de paysan et naturel (illégitime) par opposition au statut d'enfants citadins et légitimes (héritiers) attribué à ceux issus des milieux villageois et bourgeois (*Réf. : 3.3.2*).

Voilà autant de faits et d'éléments probants faisant apparaître, d'une part, le rapport d'autorité du chef religieux enchevêtré avec le pouvoir politique, et ressortir, d'autre part, le côté politique du religieux ou le côté religieux du politique, lorsque nous examinons les comportements des autorités morales et religieuses envers l'esclavagisme du passé au présent en Haïti.

Les études sociologiques de l'engagement public et de l'agir collectif soutiennent la position selon laquelle les personnes dotées de compétence (professionnelle) et de capacité (intellectuelle) disposent aussi de liberté leur permettant de s'engager dans des fonctions chevauchées et des activités collectives combinées (Mathieu, 2015 ; McAdam, 2008 ; Lebaron et Mauger, 1999). À l'avis de Becker (1960), elles peuvent s'engager dans des trajectoires d'activités et de fonctions combinées, qu'elles soient fort différentes ou diamétralement opposées. Cette perspective sociologique concorde bien avec la posture morale des autorités charismatiques enchevêtrées avec les autorités politiques au point qu'il nous paraît difficile de les dissocier totalement dans la quête de sens et d'explication des comportements de ces autorités morales et religieuses envers l'esclavagisme du passé au présent.

D'un regard diachronique, il est possible de remonter à l'Antiquité juive et au Moyen Âge judéo-chrétien pour comprendre le mélange théocratique dans l'Occident chrétien, avant d'expliquer par un raisonnement déductif la synchronisation du pouvoir religieux avec le pouvoir politique dans l'Haïti chrétienne ou christianisée.[7] Dans l'Antiquité juive, avant la période de la royauté en Israël, des juges remplissant la fonction de chef politique occupaient la multiple fonction de prophète, de sacrificateur et de juge.[8]

Pendant la royauté, l'influence du religieux (sacrificateur) s'étendait depuis le choix des premiers rois d'Israël (Saül, David, Salomon) jusqu'aux derniers rois (Josias, Jojakim, Sédécias) régnant au pouvoir avant la captivité juive à Babylone (2 Rois 24 ; 25). Le religieux juif jouait un rôle prépondérant dans la prise, la gestion et la pérennité du pouvoir politique, comme conseiller ou voyant du roi, ou chef religieux compétent pour choisir et oindre le roi. Dans le premier livre de Samuel, est rapportée l'implication politique du prophète Samuel dans le choix divinement révélé et le sacre des deux premiers rois d'Israël, Saül et David : « Samuel prit une fiole d'huile, qu'il répandit sur la tête de Saül. Il le baisa, et dit : L'Éternel ne t'a-t-il pas oint pour que tu sois le chef de son héritage ? » (1 Sam. 10 : 1).

Par la suite, le prophète Samuel se rendit à Bethléhem pour le choix et le sacre de David comme nouveau roi d'Israël, en remplacement du roi Saül : « Samuel prit la corne d'huile, et l'oignit au milieu de ses frères. L'esprit de

---

7. Les pourcentages très élevés des croyants du catholicisme et du protestantisme représentant plus de 80 % d'Haïtiens s'identifiant au christianisme donnent du sens à l'Haïti chrétienne ou christianisée, même si la plupart d'entre eux pratiquent parallèlement le vaudou (Corten, 2014).
8. Premier livre de Samuel (chap. 5) : « Samuel, prophète et juge en Israël ». Par sa fonction de sacrificateur, « Samuel offrit un agneau tout entier en holocauste à l'Éternel » (chap. 7 : 9). Le récit des rois d'Israël mentionnés est rapporté dans les livres de Samuel, des Rois et des Chroniques de l'Ancien Testament.

l'Éternel saisit David, à partir de ce jour et dans la suite. Samuel se leva, et s'en alla à Rama. » (1 Sam. 16 : 13).

Se réclamant de l'héritage culturel judéo-chrétien, l'Occident chrétien (Fontenay, 2006) ne rompt pas totalement avec les pratiques traditionnelles assimilées ou analogues à celles de la culture théocratique juive où, dans des sociétés occidentales, le chef religieux préserve et conserve encore un rôle politique non négligeable. En effet, en témoignent l'irruption politique du pape Léon III et son rôle important dans le couronnement impérial du roi Charlemagne à titre d'empereur romain d'Occident, en l'an 800 (Levillain, 1932). Cette tradition théocratique persiste pendant tout le Moyen Âge ; elle perdure jusqu'à nos jours dans des sociétés occidentalisées. Elle traduit et conserve le rapport traditionnel de l'autorité religieuse avec la politique ou le rapport traditionnel de l'autorité politique avec la religion. Par exemple, le *Te Deum* et l'assermentation sur une Bible demeurent coutumièrement des pratiques courantes dans les processus décisionnels de légitimation et de prise de pouvoir en Haïti et ailleurs dans des sociétés occidentales contemporaines.

Les études herméneutiques et eschatologiques du discours prophétique de Daniel (chap. 2) et de la vision apocalyptique de Jean (Apocalypse 13) apportent un éclairage sur l'alliance historique durable du religieux avec le politique des anciens temps jusqu'aux derniers temps. À la lumière de ces études, cette alliance historique perdure jusqu'à ce qu'elle atteigne son apogée vers la mondialisation d'un système économique numérique contrôlé et programmé pour tous (Apocalypse 13 : 16-17), d'une forme de gouvernance politique de pouvoir et d'autorité imposable à tous (Apocalypse 13 : 4-5), et d'un modèle de religion confectionné et agencé pour tous, donc pour tous les habitants de la terre (Apocalypse 13 : 8, 12-16).

Déjà, dans ses œuvres intellectuelles, Gorbatchev publie un ensemble de travaux s'apparentant à une sorte de monographie cataloguée en plusieurs volumes consacrés au nouvel ordre mondial. Parmi ces travaux intellectuels, il y a : *Le Futur du monde global* (Gorbatchev, 2019) ; Préface de *Le Pari d'un gouvernement mondial* (Gorbatchev, 2011) ; *Perestroïka - Vues neuves sur notre pays et le monde* (Gorbatchev, 1987). Dans ces œuvres monographiques autour du nouvel ordre mondial, l'ancien chef d'État russe (1985-1991) présente le prototype d'un système mondial de gouvernance économique, politique et religieuse. L'auteur russe identifie globalement trois principales racines causant les guerres dans le monde : 1) les conflits politiques ; 2) les conflits religieux ; 3) les conflits économiques. Pour pallier ces conflits bouleversant le monde, il propose : 1) un gouvernement mondial ; 2) une religion universelle ; 3) un système économique mondial. Voilà la proposition de Mikhaïl Gorbatchev, prix Nobel de la paix en 1990 pour sa contribution à la fin de la guerre froide : une proposition de nature politique, religieuse et économique qui, en toute logique, n'est envisageable ni pensable ni faisable en dehors d'une « solide alliance » du pouvoir religieux avec le pouvoir politique (Daniel 9 : 27). Car, il est question avant tout d'un système de gouvernance politique et religieuse mondiale en dehors duquel, économiquement, « personne ne [pourra] acheter ni vendre » (Apocalypse 13 : 17). Une proposition allant étroitement dans le sens de la vision prophétique de Daniel anciennement annoncée depuis plus de deux millénaires, puis de Jean depuis environ deux millénaires.

Si pendant plusieurs siècles il paraissait hermétique de comprendre en termes herméneutiques la vision prophétique de Daniel et de Jean prévoyant un système mondial de gouvernance économique, politique et religieuse, aujourd'hui un pareil système d'alliance se rend de plus en plus à l'évidence. Sur le plan politique, les blocs géopolitiques régionaux des cinq continents se ramifient et se rallient les uns après les autres au cours des dernières décennies, sans oublier la géante structure onusienne créée en 1945 regroupant aujourd'hui l'ensemble des États souverains du monde. Sur le plan religieux, se multiplient les mouvements œcuméniques interconfessionnels et interreligieux orientés au fur et à mesure vers une forme d'universalisation de modèle de religion agencé pour tous. Sur le plan économique, la mondialisation s'opère activement tant au travers des blocs géoéconomiques régionaux qu'au travers des systèmes monétaires et financiers informatisés sautant toutes les frontières planétaires (cartes de crédit, transactions électroniques, transferts et virements Interac). À bien examiner ce système ramifié, informatisé donc contrôlé, il semble qu'un simple *clic* suffirait pour arriver à l'apogée des processus opérationnels liés à une solide alliance de gouvernance politique, religieuse et économique mondialisée donc imposable à tous les habitants de la terre, telle que prévue et prophétisée longtemps par Daniel et Jean.

Le rapport historique du religieux enchevêtré avec le politique se traduit, d'après l'interprétation du discours prophétique de Daniel, comme un mélange symbolique du fer (politique) avec l'argile (religion), opéré par des alliances humaines (Daniel 2). Un mélange qui, selon la même interprétation de l'analyse herméneutique, symbolise le régime théocratique de l'empire romain longtemps annoncé par le prophète Daniel, finalement instauré aux environs du IIIe siècle avec l'irruption et l'immixtion de l'empereur Constantin dans les affaires doctrinales internes de l'Église. Cela devient une tradition occidentale avec l'intronisation de Charlemagne au rang d'empereur romain d'Occident, au IXe siècle, par le pape Léon III (Levillain, 1932). Depuis cette irruption constantino-politique, passant par le sacre emblématique de Charlemagne et pendant tout le Moyen Âge, prédomine la théocratie où s'entremêle continuellement le religieux avec le politique ou le politique avec le religieux. La relecture de la bulle pontificale de 1454 fait ressortir la profondeur du rapport de chevauchement de l'autorité religieuse du Vatican avec l'autorité politique royale européenne : la première accorde la « plénitude du pouvoir apostolique » avec celle du pouvoir politique des royaumes européens pour imposer la traite négrière et l'esclavage noir dans les Amériques et les Antilles depuis le XVe siècle. Ce rapport d'enchevêtrement perdure voire s'amplifie plus viscéralement à l'époque contemporaine, considérant par exemple l'autorité religieuse de l'Église catholique qu'est aussi l'autorité politique de l'État du Vatican.

Le rapport d'enchevêtrement est tel que, dans le catholicisme, on a tendance à confondre l'autorité politique du Saint-Siège avec l'autorité religieuse de l'Église catholique. Cette tendance se justifie par le fait que le pontife est à la fois le représentant officiel de l'État du Vatican et de l'Église catholique de Rome.[9] En termes plus significatifs mais plus nuancés, depuis la création officielle de l'État du Vatican en 1929, le chef religieux de l'Église catholique gouverne l'État du Vatican, et le chef d'État de l'État du Vatican dirige l'Église catholique. Dans le même ordre de combinaison, l'acteur religieux (nonce apostolique) qui représente l'Église catholique sur le terrain religieux, c'est aussi lui le représentant de l'État du Vatican dans les processus décisionnels diplomatiques et internationaux. En Haïti comme ailleurs dans d'autres États d'accueil, le nonce apostolique s'est classé au premier rang diplomatique. Il jouit de la préséance dans les rencontres officielles et diplomatiques. Il est non seulement le représentant officiel de l'État du Vatican, mais également une figure représentative de l'Église catholique de Rome

---

9. L'État du Vatican, sujet de droit international, membre-observateur de l'ONU depuis 1964, a été créé le 11 février 1929, suite à la signature par le Saint-Siège et l'Italie des accords du Latran reconnaissant officiellement au Vatican le statut géo-politico-juridique d'un État souverain. Sa superficie est de 44 ha. Sa population est de 825 habitants (2019). Sa capitale est le Vatican. Son chef de gouvernement est : Giuseppe Bertello (2019). Son chef d'État (à vie = durée illimitée) : Jorge Mario Bergoglio (pape François).

donc de l'autorité cléricale dans son rapport religieux avec les autres autorités religieuses locales. Voilà, de plus, tout ce qui explique la force du religieux (Valadier, 2007), enchevêtré avec le politique.

Géopolitiquement, le religieux catholique se révèle de plus en plus influent, puissant et fort depuis l'irruption de l'empereur Constantin dans les affaires de l'Église catholique (IIIe siècle). Il se croit une puissance de domination mondiale au point de s'attribuer la responsabilité d'avoir « un regard paternel sur toutes les régions du monde et l'état des nations qui y vivent », nous référant à la teneur du discours du pape Nicolas V dans la bulle de 1454. Et, dans le même discours exhibant son plein pouvoir, il dit – « en vertu de la plénitude du pouvoir apostolique » – avoir décidé et conféré aux rois des royaumes du Portugal et de l'Algarve ainsi qu'à leurs successeurs la faculté pleine et entière d'aller conquérir des territoires non occidentaux et assujettir des peuples païens qu'il juge infidèles. C'est, à proprement parler, une force réelle de domination historique constituée d'un mélange symbolique solide de fer et d'argile, capable d'influencer les processus décisionnels dans le sens de son choix et son intérêt.

Le rapport d'enchevêtrement de l'autorité politique du Vatican avec l'autorité catholique de Rome est pareil au rapport d'enchevêtrement de l'autorité royale du Royaume-Uni avec l'autorité anglicane de Londres. La récente passation de pouvoir en Angleterre éclaire suffisamment ce rapport d'enchevêtrement, d'entremêlement ou de chevauchement. Nommé à la tête de l'Église anglicane en 2012 par la reine Elizabeth II, l'archevêque Justin Welby s'est chargé, à son tour, du couronnement du roi Charles III, successeur de la reine décédée en septembre 2022. Après son intronisation, le prince héritier Charles devient à la fois roi du Royaume-Uni et chef de l'Église anglicane. Par sa fonction de chef religieux, il entérine la nomination des prélats et hauts dignitaires anglicans. C'est aussi le même monarque qui est le chef politique royal, aussi le chef des armées. Dans ses attributions politiques, il nomme le Premier ministre anglais issu de la majorité parlementaire ; il dispose du pouvoir de s'opposer à des lois, accepter ou refuser la dissolution du Parlement. Il a également pour fonction de nommer le gouverneur général du Canada sur la recommandation du Premier ministre, puis par délégation de pouvoir les lieutenant-gouverneurs remplissant les responsabilités royales dans les provinces canadiennes. Par tous ces actes éminemment politiques, il ne peut s'empêcher d'influer sur la vie politique et les processus décisionnels, quoiqu'invité à tenir une sorte d'impartialité politique théoriquement ou symboliquement. Il est aussi le souverain officiel d'une quinzaine d'autres Royaumes ou États membres du Commonwealth de régime monarchique reconnaissant la souveraineté du monarque britannique dont : Canada, Australie, Nouvelle-Zélande, Barbade, Bahamas, Grenadines, Jamaïque, Antigua-et-Barbuda, Belize, Grenade, Papouasie-Nouvelle-Guinée, Saint-Kitts-et-Nevis, Sainte-Lucie, Saint-Vincent-et-les-Grenadines, Îles Salomon et Tuvalu.[10]

À dire vrai, César reste César. Donc, l'autorité religieuse n'est pas le pouvoir politique en soi ; l'institution religieuse n'est pas l'acteur étatique non plus. Pour reprendre l'explication de Daniel (chap. 2 : 43) : « Le fer [politique] et l'argile [religion] se mêleront par des alliances humaines ; mais ils ne seront point unis l'un à l'autre, de même que le fer ne s'allie point avec l'argile [de manière homogène]. »

Sur le rapport historique de l'État avec l'Église, la Parole de Jésus-Christ est interprétée dans le même sens (Luc 20 : 25) : « Rendez donc à César ce qui est à César, et à Dieu ce qui est à Dieu. »

Pour paraphraser Reinhard (2011) réfléchissant sur le rapport entre le pouvoir médiatique et le pouvoir politique, l'entité religieuse et l'acteur politique ne forment pas un couple véritable, parfaitement uni. Mais ils se trouvent évolués par défaut dans la dynamique de rapport historique d'un vieux couple symbolique interdépendant ou enchevêtré. Leurs relations historiques balancent complicité et détestation, appréciation et critique, amour et haine, confiance et méfiance, accord et désaccord. Les deux s'aiment autant qu'ils se détestent, mais, finalement, ils sont incapables de rompre définitivement leur alliance historique pour se passer l'un de l'autre ou se séparer totalement.

1.3.3. Rapport de domination des autorités politiques et charismatiques sur le marché

À bien des égards, le rapport d'autorité se décline en rapport de domination lorsqu'il repose sur la contrainte, l'arbitraire, l'abus, l'injustice, la maltraitance, l'exploitation, l'oppression, la servitude, le mépris de l'autre ou la soumission totale de l'autre sur qui est exercée cette autorité, ou mieux, cette domination (Weber, 2014a ; Salvat, 2008 ; Rousseau, 1964). Pour éviter de transformer le rapport d'autorité en rapport de domination, l'apôtre Pierre

---

10. Pour plus de détails, voir https://www.universalis.fr/encyclopedie/commonwealth/

exhorte le religieux en position d'autorité à agir « non par contrainte, mais volontairement, selon Dieu ; non pour un gain sordide, mais avec dévouement ; non comme dominant sur ceux qui vous sont échus en partage, mais en étant les modèles du troupeau » (1 Pierre 5:2-3). En cela, toute autorité morale et religieuse qui entend observer les Écritures s'invite par là à exercer son autorité non par contrainte ni pour un gain périssable ni comme dominant sur l'autre, mais dans la droiture, la justice et l'amour fraternel.

Dans son raisonnement théologique et philosophique, Buber (1959) fait ressortir la dimension relationnelle et fraternelle assise sur le rapport dialogique entre « Je, Tu [et] Toi éternel ». À son avis, cette relation, rendue possible par la rencontre, se réalise à trois niveaux : l'homme dans sa relation avec la nature ; l'homme dans sa relation avec la spiritualité ; l'homme dans sa relation avec ses semblables. Le rapport « Je-Tu » (sujet-sujet) établi par Buber amène non seulement à la découverte d'autrui par le dialogue, mais rend aussi possible la condition d'existence du « Je », puisque c'est la rencontre du « Tu » qui constitue le « Je » comme personne. C'est par le « Tu » (par l'autre) que l'homme devient lui-même un « Je ». Et, dit-il, « Je deviens Je en disant Tu ». Le raisonnement de Buber pour la relation « Je-Tu » (personne-personne) n'est pas en désaccord avec l'enseignement de Pierre contre la « domination sur » – déduisons-le – contre cette forme de relation arbitraire inégale « Je-Cela » (sujet-chose), ou mieux, contre cette forme de domination tyrannique caractérisant le rapport maître-serviteur (personne-non-personne).

Dans leur analyse des rapports organisationnels et des processus décisionnels, Lacroix, Marchildon et Bégin (2017) identifient à la « domination sur » et l'exercice de l'autorité par contrainte des entraves à la liberté individuelle. Cette domination qui enfreint la liberté d'autrui se définit par l'usage du « pouvoir sur », c'est-à-dire un pouvoir qui contraint l'autre à la soumission (p. 124). À la lumière des éléments théoriques présentés, il importe maintenant d'identifier qui opprime qui ou qui domine sur qui, en contexte de domination postcoloniale.

Dans son raisonnement théologique et philosophique, Buber (1959) fait ressortir la dimension relationnelle et fraternelle assise sur le rapport dialogique entre « Je, Tu [et] Toi éternel ». À son avis, cette relation, rendue possible par la rencontre, se réalise à trois niveaux : l'homme dans sa relation avec la nature ; l'homme dans sa relation avec la spiritualité ; l'homme dans sa relation avec ses semblables. Le rapport « Je-Tu » (sujet-sujet) établi par Buber amène non seulement à la découverte d'autrui par le dialogue, mais rend aussi possible la condition d'existence du « Je », puisque c'est la rencontre du « Tu » qui constitue le « Je » comme personne. C'est par le « Tu » (par l'autre) que l'homme devient lui-même un « Je ». Et, dit-il, « Je deviens Je en disant Tu ». Le raisonnement de Buber pour la relation « Je-Tu » (personne-personne) n'est pas en désaccord avec l'enseignement de Pierre contre la « domination sur » – déduisons-le – contre cette forme de relation arbitraire inégale « Je-Cela » (sujet-chose), ou mieux, contre cette forme de domination tyrannique caractérisant le rapport maître-serviteur (personne-non-personne).

Dans leur analyse des rapports organisationnels et des processus décisionnels, Lacroix, Marchildon et Bégin (2017) identifient à la « domination sur » et l'exercice de l'autorité par contrainte des entraves à la liberté individuelle. Cette domination qui enfreint la liberté d'autrui se définit par l'usage du « pouvoir sur », c'est-à-dire un pouvoir qui contraint l'autre à la soumission (p. 124). À la lumière des éléments théoriques présentés, il importe maintenant d'identifier qui opprime qui ou qui domine sur qui, en contexte de domination postcoloniale.

Dans ses réflexions sociologiques sur les classes sociales et les rapports sociaux contemporains, Poulantzas (1972; 2013) utilise la notion de bloc au pouvoir pour conceptualiser et représenter les différentes fractions sociales dominantes qui composent ce bloc et qui « dominent sur ». D'après lui, l'espace du pouvoir politique étatique ne constitue pas un bloc monolithique, mais un champ stratégique. Dans ce champ ou ce bloc stratégique, sont identifiées : les fractions des classes dirigeantes et régnantes au pouvoir, qui sont celles dans lesquelles se recrute le haut personnel dignitaire des appareils d'État (autorités étatiques, pouvoirs politiques décisionnels) ; celles des classes tenantes et aspirantes au pouvoir (partis politiques, acteurs politiques influents) ; celles des classes hégémoniques et dominantes influant sur les pouvoirs politiques et les processus décisionnels (acteurs socioéconomiques dominants, appareils idéologiques et dirigeants religieux influents). Érigées en bloc et animées par leur conscience de classe, ces différentes fractions sociales dominantes du bloc au pouvoir arrivent aisément à trouver des compromis nécessaires sur la manière de distribuer entre elles les ressources politiques, de partager le pouvoir, de diriger l'État, d'orienter les masses, d'influencer les processus décisionnels, de maintenir leur hégémonie dans la société et d'assurer leur domination sur les groupes sociaux dominés, incluant les opprimés du système de domination postcoloniale. En ramenant ces réflexions sociologiques à l'explication des rapports domestiques de domination, les propriétaires des domestiques font partie des fractions des classes sociales dominantes du système restavec. Par leur statut privilégié et leur position hégémonique dans la société haïtienne, ils arrivent aisément à posséder des enfants restavecs, en exerçant pleinement leur domination traditionnelle sur ces victimes. Et, placés sous la domination directe de leurs propriétaires, ces serviteurs domestiques sont contraints d'obéir à tous les ordres des parents-fils-maîtres des familles de placement.

Dans ses études sociologiques contribuant à la compréhension et à l'explication des rapports de domination dans la société, Weber (2014a) énumère trois types de domination : 1) la domination bureaucratique légale assise sur la violence légitime (codification des normes, appropriation par les acteurs décisionnels du pouvoir administratif et rationnel) ; 2) la domination charismatique reposant sur l'obéissance des fidèles et la croyance des masses dans la force héroïque et la qualité d'une personne exceptionnelle qu'est le chef charismatique ; 3) la domination traditionnelle reposant sur le caractère sacré de la tradition, le respect de la coutume, le pouvoir du maître qui existe depuis toujours et la soumission des sujets à l'autorité patriarcale ou à l'autorité du chef traditionnel.

L'examen théorique de ces trois dominations – charismatique, bureaucratique et traditionnelle – apporte un éclairage additionnel sur les rapports de domination qui expriment les rapports esclavagistes dans la société haïtienne. L'examen des deux premiers types fait ressortir la domination des autorités charismatiques institutionnelles et celle des autorités étatiques décisionnelles, harmonieusement chevauchées quant à leur position sur la question de l'esclavage noir imposé depuis le XVe siècle. Ces rapports de domination bureaucratico-étatique et charismatique sont assez élucidés aussi bien dans ces derniers paragraphes que dans l'examen théorique précédent mettant en lumière, dans les processus décisionnels, la primauté des acteurs sociaux et le pouvoir de domination des autorités charismatiques enchevêtrées avec les autorités étatiques. Maintenant, examinons un peu le dernier type de domination traditionnelle pratiquée dans le système esclavagiste restavec postcolonial. Cet examen met en relief, d'une part, le pouvoir de domination du maître sur son serviteur domestique depuis longtemps et, d'autre part, la force caractéristique de la tradition esclavagiste à laquelle se rattachent les acteurs dominants traditionnels locaux, au point de ne plus considérer la servitude domestique comme pratique déplorable.

Le restavec se décline en un système traditionnel d'organisation hiérarchique de la société où interagissent en permanence les acteurs sociaux et moraux locaux, renouvelant continuellement les rapports de domination entre propriétaire et domestique, maître et restavec nègre. Il s'agit d'un système d'esclavage noir, basé sur des relations sociales inégales et sur la domination du propriétaire sur son serviteur nègre. Dans son étude, Boutang (1998) identifie l'esclavage noir aux temps contemporains à un esclavage inter-générationnel fondé sur le rapport de domination du maître sur son serviteur. Cet esclavage intergénérationnel, calqué au moyen des rapports de domina-tion et d'oppression des nouveaux maîtres sur leurs serviteurs nègres, semble satisfaire le vœu ou la position exprimée dans la bulle pontificale de 1454 optant pour l'asservissement perpétuel des Nègres et de leurs descendants.

Dans ce système traditionnel de domination postcoloniale, se construisent et se développent des rapports dichotomiques (Wagner, 2008 ; Barthélémy, 1991) : citadin *versus* paysan, nègre en ville *versus* nègre en dehors, mulâtre *versus* nègre, héritier *versus* non-héritier, lettré *versus* analphabète, riche *versus* pauvre, propriétaire *versus* propriété, oppresseur *versus* opprimé, domi-nant *versus* dominé, maître *versus* serviteur. Dans ce système de domination postcoloniale, le maître donne des ordres ; les restavecs en situation de totale dépendance vis-à-vis du maître n'ont qu'à lui obéir. Donc, ce système tradi-tionnel ne garantit pas la protection des droits et libertés des enfants resta-vecs, gardés sous le joug de la servitude domestique contemporaine. Au contraire, il laisse perpétuer l'exploitation, l'oppression et la domination des enfants domestiques par leurs maîtres, en privant ces victimes capturées de leur liberté. Cette privation de liberté en contexte abolitionniste postcolonial explique la force de la tradition esclavagiste et la puissance de la domination des nouveaux maîtres sur leurs esclaves : les restavecs.

Le restavec comme esclave est un « individu qui appartient à un autre individu, dont le travail a une valeur économique reconnue, et qui lui-même a une valeur marchande » (Fage, 1981, p. 7). Il est un individu non libre qui appartient à quelqu'un d'autre (son maître) et qui se trouve dans un lien de dépendance envers ce dernier à qui il appartient et de qui il dépend. Dépourvu de droits et de recours, il est totalement dépendant de celui qui le possède, et qui domine entièrement sur lui. Ce lien de dépendance est tel qu'il se transforme en un rapport d'appartenance faisant de l'enfant restavec la propriété de son maître. Comme esclave domestique, il est un être non libre placé sous la domination directe de son propriétaire, par opposition à une personne libre, c'est-à-dire qui n'appartient pas à quelqu'un d'autre ou qui n'est pas dans un lien de dépendance envers une autre personne. Relevant de la nature du rapport de domination dans la société, écrit McAll (2009, p. 182), « la non-liberté frappe à des degrés divers les serfs et les esclaves, les journaliers et les apprentis, les femmes et les enfants ». Frappé aux temps contemporains par cette non-liberté, l'enfant restavec devient un prisonnier de son maître qui, par sa force de domination traditionnelle, arrive facilement à enlever à cet enfant captif ses droits et libertés.

Selon Biezunska-Malowist et Malowist (1989), l'esclave au sens strict du mot est un individu qui vit dans une relation de dépendance totale et qui appartient en toute propriété à un autre homme qui a pleine liberté de disposer de sa personne, de son travail et de sa vie. Cette relation de dépendance totale qui traduit le rapport d'appartenance explique aussi le sens de domination et le statut de propriété de l'enfant-restavec : un enfant-esclave entièrement à la disposition du propriétaire, totalement soumis à l'autorité de domination du maître. La force tyrannique avec laquelle le maître exerce la domination entraîne, de fait, la soumission totale de l'enfant domestique. Cette domination traditionnelle est si forte qu'elle ne laisse à la victime qu'un choix imposé, celui de la soumission en toute chose et en toute circonstance à tous les ordres du maître, même si ces ordres sont parmi les plus injustes causant chez la victime des souffrances et des maux parmi les plus durs.

Réfléchissant sur la vulnérabilité au mal moral dans la société, Ricœur (2004) associe le mal au péché, mais aussi et surtout à la souffrance infligée par l'homme à son semblable.[11] Sans omettre la liaison du péché avec le mal (dimension verticale), il insiste sur la domination de l'homme par l'homme (dimension horizontale). Dans sa lecture du nouveau système de domination et de la course effrénée à l'accumulation, retient-il, « plus le système est prospère, plus les victimes sont marginalisées » (p. 33). Dans son discours consacré à la question sociale, Tillich (1992) établit les fondements anthropologiques de sa philosophie politique et sa vision transformatrice du monde valorisant l'être humain dans ses dimensions ontologiques. Il considère l'homme, en tant qu'être total, conscient de soi, capable de se transcender en questionnant son propre être ; un être naturel, créé avec ses impulsions vitales, ses formes

---

11. Le philosophe et théologien Ricœur examine, dans *Le mal : un défi à la philosophie et à la théologie*, la question du mal posée par la théodicée (justification de la bonté divine par la réfutation des arguments tirés de l'existence du mal), avant d'associer le mal à la fois au péché et à la souffrance. Se bornant à offrir une solution contre le mal, l'auteur y voit une énigme, un défi à la philosophie et à la théologie (p. 13-44).

spirituelles et sociales, aussi lié aux conditionnements de sa situation historique (p. 175). Cependant, se trouvant dans une situation d'aliénation et d'oppression, explique-t-il, l'homme aliéné, dominé et opprimé est soumis au syndrome de l'impersonnalité (p. 66).

À l'instar de Ricœur (2004), Tillich (1994) et Buber (1959), nous accordons beaucoup d'attention à la dimension horizontale de l'homme dans son rapport avec son semblable, sans toutefois oublier l'importance de la dimension relationnelle verticale. Car elle permet de comprendre la dynamique socio-anthropologique de la souffrance infligée par l'homme à son semblable, le mal de la servitude et de l'oppression imposé à l'enfant domestique par son maître. Un mal social et moral qui, à tous les points de vue socio-anthropologique, psychologique, philosophique et théologique, dépersonnalise, démoralise, déshumanise et déprime la victime. Ce mal traduit l'expression de la force de domination du *démonique*[12] des esclavagistes contemporains contre la victime.

Somme toute, le rapport d'autorité, dans ses manifestations et ses expressions arbitraires courantes, se décline en rapport de domination qui, lui-même, se transforme à travers les âges en rapport esclavagiste d'exploitation et d'oppression. Ce rapport esclavagiste d'oppression se prolonge jusqu'en plein cœur des temps modernes de l'Occident chrétien (Fontenay, 2006). Dans l'Haïti christianisée à hauteur de plus de 80 % d'Haïtiens se réclamant du christianisme (Corten, 2014), le rapport esclavagiste de domination s'inscrit particulièrement dans les filières contemporaines de trafic et d'échange du système restavec où les parents-fils-maîtres exercent sans inquiétude leur domination sur leurs domestiques. Enfermés dans ce rapport rigide et tyrannique de domination qui définit le rapport servile de travail restavec, les enfants domestiques placés sous la domination directe de leurs propriétaires subissent quotidiennement les maux de l'oppression, de la violence, de la maltraitance et de la souffrance que leur infligent les parents-fils-maîtres des familles de placement.

---

12. Le philosophe et théologien américain d'origine allemande Paul Tillich (1994) développe le terme *démonique*, dans le contexte de la montée en puissance des nazis, pour parler de la force maléfique qui se cache derrière l'idéologie du nazisme et les actions destructrices des nazis ayant molesté les Juifs injustement, en prenant position contre la domination de cette force maléfique du nazisme, du moins contre le mal infligé aux Juifs par les nazis, comparable à la force du mal des maîtres qui oppriment les enfants domestiques.

1.3.4. *Dimension morale de l'examen théorique du phénomène du restavec*

La morale, dans le sens classique du terme, est un ensemble de règles de conduite, de devoirs, de savoirs, de valeurs et de principes de jugement permettant à l'homme de distinguer le bien du mal et de s'engager contre le mal. L'engagement moral contre le mal fait écho dans les discours et les travaux de beaucoup de chercheurs contemporains de divers horizons disciplinaires, admettant qu'il ne suffit pas de distinguer le bien du mal, mais qu'il faut aussi combattre le mal par le bien (Tillich, 1994 ; Pontoizeau, 2019 ; Pfefferkorn, 2014 ; Châtel, 2002 ; Lebaron et Mauger, 1999).

Les valeurs et les lois morales servent à la fois de guide (de conduite) et de grille (d'évaluation) pour l'étude des comportements des autorités politiques et charismatiques qui s'identifient à la morale. Elles peuvent être de source naturelle ou divine ; elles peuvent être d'origine humaine. Et elles varient, dans un sens relativiste, d'une société à l'autre. Voici quelques exemples des plus connus de source divine ou de commandements divins :

- « Tu ne tueras point. » (Exode 20:13)
- « Tu ne déroberas point. » (Exode 20:15)
- « Tu aimeras ton prochain comme toi-même. » (Matthieu 22:39 ; Exode 20:17)
- « Tu ne maltraiteras pas l'étranger et tu ne l'opprimeras pas. » (Exode 22:21)
- « Honore ton père et ta mère. » (Éphésiens 6:2 ; Exode 20:12)

Éditées depuis plusieurs millénaires dans la Bible ou la Torah[13], ces lois morales de source divine constituent – de par leur caractère universel ou universaliste, ou mieux, universalisable – des références pour les acteurs sociaux politiques et religieux contemporains. Elles renferment les valeurs morales judéo-chrétiennes d'amour, de pitié, de charité, de fraternité, de solidarité, d'hospitalité et d'humanité. Les sociétés judaïsées et christianisées s'en inspirent pour produire leurs règles de conduite, de même que les sociétés islamisées s'inspirent du Coran pour produire leurs propres règles morales.

Dans la société haïtienne, les anciennes règles morales judéo-chrétiennes

---

13. La Torah est, selon la tradition du judaïsme, l'enseignement divin transmis par Dieu à Moïse. Elle compte les cinq premiers livres de l'Ancien Testament de la Bible.

serviraient de sources d'inspiration à l'élaboration d'un ensemble de nouvelles règles de droit constitutionnel. Cela se comprend aisément, puisqu'elle est une société largement christianisée, que ce soit par l'officialisation du catholicisme en Haïti d'abord par le Code noir de 1685 puis par le concordat de 1860, ou par la représentation socioreligieuse de la population haïtienne avec des pourcentages majoritaires d'Haïtiens qui se réclament du christianisme (catholicisme, protestantisme). Consciemment ou inconsciemment, le législateur haïtien intègre les règles morales dans le droit positif haïtien ; ces règles morales sont aussi reproduites dans des manuels scolaires puis enseignées aux écoliers haïtiens, notamment dans le manuel *Instruction civique et morale*, édité par les Frères de l'Instruction chrétienne (FIC). Par exemple, aux termes de l'article 190-1 de la Constitution de 1987 : « Pour être membre du conseil constitutionnel, il faut être de bonne moralité et de grande probité ». Dans le rapport historique État-Religion en Haïti, si la bonne moralité préconisée par la Constitution haïtienne n'est pas purement celle enseignée dans le christianisme, la première ne s'oppose donc pas à la seconde. En d'autres termes, cette bonne moralité civico-citoyenne n'est pas en opposition avec la moralité judéo-chrétienne, lorsqu'elle fait obligation tant aux membres du conseil constitutionnel qu'aux candidats aux postes électifs (présidentiels, législatifs, municipaux) d'être de bonne moralité ou de n'avoir jamais été condamnés à une peine afflictive et infamante pour crime de droit commun (art. 135, 96, 91, 70, 65), par exemple pour meurtre (« Tu ne tueras point ») ou pour vol (« Tu ne déroberas point »).

Dans son étude panoramique sur le phénomène religieux (*l'homo religiosus*), Fontan (2001, p. 100) souligne plusieurs valeurs communes ou universalisables entre les religions dont : celles de l'humanité et de l'amour pour les enfants ; celles de l'amour du prochain, de la liberté et de la dignité de l'homme ; celles de la représentation des modèles à suivre, du sens de la vie et de la mort.[14] Buber (1959) identifie au phénomène religieux une vie réelle de rencontre, de dialogue et d'amour où l'être humain s'accomplit en communiant avec l'humanité, la création et le Créateur, car il est par essence *homo dialogus*, aussi *homo religiosus*. En Haïti, les religions dominantes sont le catholicisme, le protestantisme et le vaudou (Hurbon, 2006b ; Corten, 2014). Qu'il soit chef catholique, leader protestant ou prêtre vaudouisant, « chacun trouve dans sa foi [ou sa religion] une règle de conduite morale qui se concilie avec la

---

14. Ces points communs entre les religions ont été repérés par Hans Küng, cité par Fontan (2001).

vie civile » (Salvat, 2008, p. 76). En cela, toute violation ou toute répudiation ou toute déviation de cet ordre moral conciliateur par la conduite instinctive et arbitraire des distinguées autorités en question entraîne donc un déclin de la morale revendiquée.

Dans son texte *À la recherche d'une autorité morale*, Coutant (2005) dresse une liste[15] d'acteurs investis de l'autorité morale, en fonction de leurs positions institutionnelles respectives. Nous retenons, entre autres : le politique, par sa fonction institutionnelle de promulgation et d'application des lois conformes aux règles morales et aux valeurs de justice, d'équité et de dignité humaine ; le religieux, par la croyance en soi (en sa personne) et par sa fonction institutionnelle d'inculcation et de promotion des valeurs morales dans les assemblées religieuses. Également, la vision critique et surtout la fonction d'éducation et d'enseignement des règles de conduite dans les assemblées religieuses et les espaces publics dotent l'intellectuel ecclésiastique d'une autorité morale reconnue. Cette fonction d'éducation et d'enseignement qui dote l'intellectuel ecclésiastique de l'autorité morale s'étend également aux autres intellectuels d'horizons disciplinaires divers. À ce titre, l'autorité morale est reconnue non seulement aux acteurs politiques et religieux en raison de la fonction de chacun d'eux dans la société, mais aussi aux scientifiques des différents champs disciplinaires. L'autorité intellectuelle dote le scientifique d'une autorité morale reconnue pour exercer en toute autonomie son métier dans son champ disciplinaire respectif (Abbott, 2018 ; Burawoy, 2009 ; Lebaron et Mauger, 1999). Leur vision morale trouve sa légitimation dans leur distanciation critique, leur positionnement épistémologique et leur responsabilité morale (Châtel, 2002). Nous revenons à la fin sur l'autorité morale de l'intellectuel lorsqu'il faut ajouter une parole morale publique à ce qui manque au projet sociétal de vivre-ensemble. Gardons le regard sur l'autorité morale du religieux dans son rapport d'enchevêtrement avec le politique.

L'autorité morale est partagée entre le politique et le religieux suivant la fonction institutionnelle de l'un à produire, appliquer et faire appliquer des lois justes qui s'accordent avec la loi morale, et de l'autre à enseigner, observer et faire observer les règles morales préservant l'ordre et la tranquillité dans la

_____

15. Il s'agit d'une liste non exhaustive, donc relative. Là-dedans, les éducateurs et les magistrats sont aussi reconnus comme autorité morale, auxquels s'imposent des règles morales, éthiques et déontologiques à respecter et à faire respecter.

société. Cependant, alerte Coutant (2005), cette morale peut être dilapidée le jour où l'autorité en question dévie et sort de l'ordre moral préalablement établi pour se tourner vers l'arbitraire, le mal, l'abus, l'oppression ou l'injustice. Et lorsqu'il y a rupture ou déviation de l'ordre moral, cela débouche sur un problème de société traduisant l'inculture religieuse liée à l'effondrement de la pratique religieuse (Estivalèzes, 2005), ou mieux, le déclin de la pratique religieuse dans notre société sécularisée (Taylor, 2011). En d'autres termes, lorsque le religieux se détourne des règles morales pour agir de manière contraire à ces règles de conduite, il est devenu un transgresseur de la loi morale et, à l'instar du politique autoritaire, une « autorité arbitraire », ou plus exactement un « pouvoir déguisé » (Rousseau, 1964).

Dans sa réflexion, Salvat (2008) distingue l'autorité morale de l'autorité (arbitraire), en considérant les inégalités morales, selon lui, liées au jugement de l'autre dans la construction de l'identité de l'agent. Dans sa philosophie morale et de la nature, Rousseau (1964) voit un caractère moral dans le religieux qui s'applique réellement à l'observation de la Parole divine ou de la loi morale, révélée dans la Bible ou la nature, tout en critiquant le dogme religieux ainsi que l'arbitraire de l'autorité qui se réclame de la morale et qui opère des choix contraires à la morale.[16] À son avis, « l'autorité morale de la Parole divine, révélée par la Bible, est parfaitement légitime » (p. 694). Pour le philosophe Buber (1959), cette Parole divine révélée dans la Bible témoigne d'un véritable dialogue entre le Créateur et ses créatures, d'une Présence divine réelle à laquelle il faut répondre, et qui participe à toute rencontre authentique entre les êtres humains. Et selon lui, l'être humain ne peut accéder à la vie authentique que s'il entre dans la relation « Je-Tu » (deux êtres, deux personnes). Dans cette relation dialogique reposant sur la réciprocité et la responsabilité, dit-il, Dieu écoute l'homme, quand il intercède en faveur de ceux sur lesquels la colère divine doit s'abattre ou lorsqu'il le supplie de manifester sa providence divine.

Les philosophes Schleiermacher et Tillich, quant à eux, trouvent dans la

---

16. Critique fondée sur le dogme religieux dans le catholicisme voulant, au Moyen Âge, imposer des croyances aux fidèles catholiques dont certaines d'entre elles relèvent de la superstition ou de la tromperie, selon l'auteur. Il critique la sujétion instituée par cette interprétation, et non la morale ni la foi des chrétiens. Au contraire, il trouve une dimension morale dans le comportement du religieux chrétien qui lit et observe la Parole divine, telle qu'elle est révélée. Sa critique concorde avec sa philosophie de la nature, selon laquelle « l'homme naît bon, c'est la société qui le corrompt », évidemment avec la méchanceté, la tromperie, l'hypocrisie, le mal, etc. (Voir aussi Salvat, 2008).

Parole divine révélée une puissance qui transforme par la charité, l'amitié et l'humilité qu'elle enseigne et imprime chez l'homme transformé.[17] C'est, à la lumière des Actes des Apôtres et des épîtres de Paul, cette Parole vivante et vivifiante qui transforme. Elle change le comportement et la vie de Paul (Actes des Apôtres, chap. 9). Et après avoir été transformé par la puissance de la Parole, Paul abandonne ses pratiques de persécutions et d'oppressions contre les premiers chrétiens pour enseigner et pratiquer la justice révélée dans la Parole divine. On a besoin de la force morale de conviction du religieux, selon Habermas (2008), pour combler ce qui manque au projet sociétal du vivre-ensemble. Bien entendu, une position révisée voyant d'abord dans le religieux une réalité aliénante (1980), avant de le considérer comme consolation face aux énigmes et détresses de l'existence, puis comme autorité morale concernée par les questions de société, capable d'intervenir, comme d'autres et avec d'autres, dans l'espace public, dans la vie socioculturelle, politique et religieuse (depuis 2000).

Les autorités charismatiques se réclamant de la morale judéo-chrétienne apprennent, dans le christianisme, des rôles sociaux et des responsabilités morales en harmonie avec la vie civile, des règles de conduite et des valeurs d'amour pour l'enfant et le prochain, d'humanité, de liberté et de dignité de l'homme (Fontan, 2001). À l'instar du scribe Esdras[18], elles ont pour rôles d'étudier et de mettre en pratique de telles valeurs et règles de conduite révélées dans la Parole divine, en les enseignant au milieu du peuple dans les espaces publics. À la lumière des Psaumes de David, elles doivent avoir le mal en horreur, ne point faire de mal à leur semblable ni prendre position contre l'innocent (Psaumes 6:9 ; 97:10 ; 15:3). Dans son épître aux Romains (chap. 13:4), Paul écrit – au sujet du rapport des autorités supérieures avec le mal – qu'elles sont là « pour exercer la vengeance et punir celui qui fait le mal ». Dans la première épître de Pierre (chap. 2:13-16), il définit le rapport des autorités avec le mal dans le même sens de combattre le mal :

« à toute autorité établie parmi les hommes, soit au roi comme souverain,

---

17. Schleiermacher (1768-1834), philosophe et théologien protestant allemand, est reconnu pour être le fondateur de l'herméneutique moderne. Tillich (1886-1965), philosophe et théologien protestant américain d'origine allemande, développe, pour sa part, la théologie systématique.
18. Esdras, ancien sacrificateur et scribe juif versé dans la loi, « avait appliqué son cœur à étudier et à mettre en pratique la loi de l'Éternel, et à enseigner au milieu d'Israël les lois et les ordonnances » (Esdras 7:10). Il était chef, à la tête du peuple lors de son retour de la captivité de Babylone et du lancement des travaux de construction du second temple de Jérusalem.

soit aux gouverneurs comme envoyés par lui pour punir les malfaiteurs et pour approuver les gens de bien. Car c'est de la volonté de Dieu qu'en pratiquant le bien vous réduisez au silence les hommes ignorants et insensés, étant libres, sans faire de la liberté un voile qui couvre la méchanceté, mais agissant comme des serviteurs de Dieu. »

Sans l'idée de vouloir procéder ici à un examen théologique et exégétique approfondi des textes bibliques de référence, nous devons reconnaître et souligner les dimensions morales et religieuses qu'impriment ces textes enseignés dans le christianisme. Il y a, au moins, trois leçons morales apprises de ces enseignements bibliques destinés particulièrement aux autorités étatiques et religieuses établies parmi nous. La première concerne le rapport de ces autorités morales avec le mal. Ce rapport élucidé définit leur agir responsable dans le sens de sanctionner les oppresseurs contrevenants au droit rationnel et à la loi morale, de punir les malfaiteurs pour le mal pratiqué, mais non de s'associer avec eux dans le mal ni d'user de leur autorité et de leur liberté pour voiler la méchanceté dans la société (esclavage, oppression, injustice, viol, torture et maltraitance des enfants). La deuxième leçon renvoie à la stratégie de combattre le mal par le bien. Cette leçon fait ressortir le sens d'engagement, tel qu'il a été intégré dans la définition même de la morale où il ne suffit pas à l'homme par des principes moraux de jugement de distinguer le bien du mal, mais aussi de s'engager contre le mal en pratiquant le bien (bienfait de la solidarité morale et publique). En termes stratégiques, s'il faut combattre le mal, c'est le bien qu'il faut pratiquer. S'il faut combattre l'injustice, c'est par la justice (justice pour les innocents opprimés ou pour les enfants maltraités). La pratique du bien en réponse au mal s'ouvre à une dernière leçon morale en lien avec le silence, considérant la culture du silence caractéristique des comportements des autorités morales locales envers les pratiques déshumanisantes et démoralisantes du système restavec. À la lumière de cette dernière leçon, il revient aux autorités morales compétentes établies parmi nous de réduire au silence les gens qui pratiquent le mal et la méchanceté, mais non à elles de pratiquer le silence ou le laxisme, notamment face au mal dans la société. Nous revenons à la fin sur le silence, tel qu'il est cultivé par les acteurs sociaux et moraux locaux, non dans le sens de réduire au silence les gens qui pratiquent l'injustice et la méchanceté contre les enfants restavecs, mais dans le sens contraire de garder le silence stimulant le mal de la servitude enfantine contemporaine dans la société haïtienne.

Les réflexions philosophiques de Rousseau (1964), reprises par Salvat

(2008), renvoient également aux règles et aux responsabilités morales en jeu, en les conceptualisant dans le sens d'une philosophie morale orientée vers le besoin pour la lecture et surtout l'observation de ces règles morales par les autorités en question qui se réclament de la morale judéo-chrétienne. Le problème moral fondamental ici n'est pas dans la lecture en soi, puisqu'il est facile de lire et relire ce qui est écrit dans les livres bibliques et moraux, mais dans la transgression des règles morales révélées dans la Parole divine ou la nature, dans le refus d'observer ce qui est révélé, ce qui est enseigné, ce qui est dit, ou mieux, ce qui est écrit. Dans cette perspective morale, il ne suffit pas aux autorités religieuses de lire et relire les règles morales dans les espaces publics ni de les citer et les réciter dans les discours contemporains, il est d'autant plus important de les observer et les mettre en pratique. Il ne leur suffit pas non plus de s'identifier au christianisme et à la morale judéo-chrétienne par des discours de paix et de vivre-ensemble, il est beaucoup plus important de pratiquer la paix et la justice par le dénouement des liens de l'oppression et la rupture de toute espèce de joug de la servitude en vue d'un renouement souhaitable avec les pratiques morales et religieuses en déclin (Taylor, 2011).

Par ailleurs, l'autorité morale ou le chef charismatique est aussi cet acteur institutionnel influent, cet homme puissant doté d'intentionnalité et de rationalité. À cet égard, il paraît inconcevable de prendre son intérêt personnel pour l'intérêt collectif, jusqu'à tomber, peut-être, dans l'illusion qu'il renoncerait à sa rationalité fondée sur son intérêt individuel, pour aller embrasser une moralité tournée vers l'intérêt d'autrui dont celui des victimes du système esclavagiste. Face à ce dilemme éthique, entre le choix de la rationalité basée sur l'intérêt individuel et celui de la moralité tournée vers l'intérêt d'autrui, l'homme rationnel (*homo religiosus, politicus, œconomicus*) priorise sa rationalité, donc son intérêt personnel et matériel lié à la prééminence de son autorité charismatique, à la croyance de ses suivants dans la qualité de sa personne et à la soumission de ses sujets à son autorité de domination.

La rationalité, en soi, ne s'oppose pas à la moralité. Très souvent, nous avons tendance à généraliser, soit dans un sens ethnocentrique ou dans un sens synecdotique, à prendre la partie pour le tout ou le tout pour la partie, du moins à considérer la rationalité du religieux animé par son intérêt et son amour-propre pour celle de tous les religieux. Loin de nous l'idée de prendre pour la seule rationalité celle qui est basée sur des intérêts individuels mesquins et qui s'éloigne des valeurs morales de pitié et de fraternité. Au contraire, dans la philosophie morale de Rousseau (1964), Schleiermacher (2004), Tillich (1992) et Habermas (2008), se répand une rationalité qui trouve ses assises dans les lois morales ou de la nature même. Une rationalité fondée sur la raison, la conviction, la justice et l'intérêt commun du vivre-ensemble dans la tranquillité.

Certes, il y a des acteurs religieux rationnels de conviction qui arrivent méthodiquement à concilier leur rationalité avec leur moralité judéo-chrétienne, notamment ceux qui lisent, pratiquent et enseignent les lois morales, telles que révélées dans la Parole divine ou la nature (Rousseau, 1964 ; Salvat, 2008). En défendant l'intérêt communautaire commun du vivre-ensemble, ces derniers y trouvent leur intérêt et leur paix intérieure. En prenant position pour les victimes d'esclavage et d'oppression, ils retrouvent leur félicité avec le sentiment du devoir moral accompli, à l'instar des Quakers, des Wesleyens et des Méthodistes contre l'esclavage colonial, ou des théologiens de la libération pour les victimes de l'exclusion sociale et de la domination postcoloniale. En rendant les autres heureux par des œuvres de charité et de compassion, ils préservent dans cet exercice moral leur bonheur, leur joie et leur tranquillité. Nous voulons parler du *faible reste* de religieux qui s'intéresse aux pauvres et qui, exceptionnellement, intervient de manière concrète en faveur des victimes d'abus, d'injustice, de discrimination, d'exclusion, d'oppression ou d'esclavage. Ce *faible reste* qui, par exemple, aménage des espaces d'intégration pour accueillir des domestiques rejetés par leurs maîtres et des enfants sans abri abandonnés par leurs parents, qui adopte des enfants orphelins en les traitant avec amour comme ses enfants biologiques, ou qui assiste des familles vulnérables dans l'éducation et l'élévation de leurs enfants jusqu'à leur maturité en les empêchant de devenir des esclaves domestiques. Ce *faible reste* qui parle et agit contre les pratiques du restavec, à l'instar des acteurs sociaux et moraux au sein de l'organisation *Restavèk Freedom*, du mouvement occasionnel *Ann leve kanpe pou yon Ayiti san restavèk* (Soyons debout pour un Haïti sans restavec) ou de la Fondation Maurice A. Sixto. Également, ce *faible reste* de pasteurs informateurs (23,3 %) témoignant, dans leur discours moral et leur agir compétent, avoir exprimé une position publique contre la pratique du restavec, en intervenant parfois en personne pour empêcher la maltraitance des cas d'enfants domestiques observés dans le passé. Voilà un autre angle épistémique appréciatif pour l'agir autrement dans l'intérêt commun de la communauté, un modèle pratique de rationalité assise sur la moralité, l'humanité, la conviction ou le devoir moral d'un faible reste pour

combler ce qui manque au projet local du vivre-ensemble. Toutefois, la lumi-
nosité appréciative des comportements de ce *faible reste* paraît trop faible pour
faire barrer tout le mal de l'esclavagisme du passé au présent et l'empreinte
religieuse là-dedans ; ce qui nous incite davantage à approfondir notre
recherche pour saisir, dans la société haïtienne, les dimensions morale et religieuse autour du mal de l'esclavage enfantin contemporain.

L'esclavage a toujours été et demeure une pratique déshumanisante et
démoralisante, du moins une pratique moralement injuste, quel que soit le
contexte étudié (ancien ou contemporain), quelle que soit la période considérée (coloniale ou postcoloniale), quelle que soit la société dans laquelle il
est pratiqué (polythéiste ou monothéiste). Car les valeurs morales de justice,
de liberté et de dignité humaine, présentes aujourd'hui dans les discours
publics et religieux, ne datent pas de l'époque contemporaine. Elles existent
depuis très longtemps, soit longtemps avant la prise de position de l'autorité
cléricale pour l'asservissement perpétuel des Nègres à partir du XVe siècle.

L'esclavage comme pratique injuste est un mal social et moral qui, du
point de vue métaphysique et philosophique, démoralise, déshumanise, déva-
lorise, déshonore, dépersonnalise ou déprime les victimes asservies. Ricœur
(2004) associe le mal social et moral à la vulnérabilité de notre société. De son
côté, Tillich (1994) identifie dans la pratique du mal la force du démonique
dépouillant l'homme de son humanité pour lui injecter les gènes héritables
de la haine et de la méchanceté. Il s'agit d'une force maléfique poussant
l'homme à opprimer ses prochains, une force idéologique faisant cultiver la
haine contre ses semblables. L'agir du démonique passe au travers de l'autonomie de l'homme arbitraire ou d'un groupe d'hommes influents décidant et
se donnant, eux-mêmes, des instruments d'oppression et des lois injustes
contre les opprimés.[19] Selon Tillich (1994), l'autonomie sans humanité laisse
chez un tel homme ou groupe d'hommes un vide qui, loin d'être rempli par la
substance transcendantale de la théonomie, est comblé par les forces démo-
niques qui les animent. Là où la théonomie fait défaut, explique-t-il, le démon
s'empare de la pensée autonomique et idéologique pour l'orienter dans le

---

19. Influencé par Tillich à qui il a consacré sa thèse de théologie, Martin Luther King (1929-1968),
dans son discours moral, distingue les lois justes et les lois injustes, en dénonçant celles qui sont
injustes : « Je serais le premier à préconiser d'obéir aux lois justes. On a non seulement une
responsabilité légale, mais aussi une responsabilité morale d'obéir aux lois qui sont justes. Inver-
sement, on a une responsabilité morale à désobéir aux lois injustes. Je serais d'accord avec saint
Augustin, lorsqu'il dit qu'une loi injuste n'est pas une loi du tout ».

sens démonique du mal. Autrement dit, en l'absence de la théonomie (et ses exigences) comme régime dans lequel Dieu intervient pour communiquer sa loi, son amour et l'amour du prochain, l'autonomie des autorités morales s'ouvre au démonique qui les incite à la haine et à la production des lois arbitraires contre d'autres hommes de couleurs, d'ethnies, de croyances et de cultures différentes. Ce sentiment de haine se manifeste lorsque cette force du démonique s'empare de l'homme autonome, autoritaire ou arbitraire, le dépouillant de son humanité. Se cachant « derrière le masque de la moralité » (McCurdy, 2019), cet homme dépouillé de son humanité, en position d'autorité et en situation d'autonomie, trouve qu'il est rationnel d'agir dans le sens de la réduction d'autres hommes en servitude ; ce qui est contraire à la morale judéo-chrétienne assise sur la justice et la rupture de toute espèce de joug de la servitude (Ésaïe 58:6-7) :

« Détache les chaînes de la méchanceté, dénoue les liens de la servitude, renvoie libres les opprimés, et que l'on rompe toute espèce de joug ; partage ton pain avec celui qui a faim, et fais entrer dans ta maison les malheureux sans asile ; si tu vois un homme nu, couvre-le, et ne te détourne pas de ton semblable. »

Ce discours transformateur et prophétique d'Ésaïe s'exprime dans le même sens que celui de Jérémie rappelant, à son tour, aux chefs et aux esclavagistes d'accepter de publier la liberté et de ne plus garder leur prochain sous le joug de la servitude ; ce qui est droit aux yeux de Dieu.[20] Donc, l'homme est interpellé, tant dans le sens moral judéo-chrétien que dans le sens humain anthropo-sociologique, à dénouer les liens de la servitude construits dans ses rapports sociaux avec ses semblables. Pour mieux cerner ces aspects moraux et anthropo-sociologiques en lien avec l'esclavagisme du passé au présent, il nous revient de privilégier une approche interdisciplinaire mobilisant les savoirs en études religieuses et sociologiques sur cette question.

---

20. La parole de l'Éternel adressée à Jérémie, après que le roi Sédécias eut fait un pacte avec tout le peuple de Jérusalem pour publier la liberté : « Vous, vous aviez fait aujourd'hui un retour sur vous-mêmes, vous avez fait ce qui est droit à mes yeux en publiant la liberté chacun pour son prochain » (Jérémie 34:15).

1.4. Approche interdisciplinaire croisant études sociologiques et religieuses

L'étude du phénomène du restavec, par sa complexité, requiert une approche interdisciplinaire consistant en la mise en relation d'au moins deux disciplines, en vue d'élaborer une représentation originale d'une notion, d'une situation ou d'une problématique (Fourez *et al.*, 2002). En effet, considérant notre profil académique (formation-discipline-compétence-recherche) et notre SOMA (sujet-objet-milieu-agent), la sociologie et les sciences religieuses constituent pour nous les deux disciplines scientifiques armées, donc amenées ici à mettre en relation en toute rationalité. Car ces deux disciplines des sciences sociales et humaines sont non seulement armées et porteuses pour notre entreprise de recherche, mais aussi elles répondent mieux au besoin d'élaboration d'une représentation originale de la notion, de la situation et de la problématique de la servitude domestique du système restavec dans ses contours historiques et socioreligieux. Le croisement de la sociologie avec les études du religieux contemporain nous fournit des ressources stratégiques et informationnelles importantes, des matériaux sociologiques logiques et conceptuels pertinents, utiles à l'édifice social et scientifique de notre entreprise scientifique cherchant à déceler les rapports historiques des autorités politiques et charismatiques avec l'esclavagisme du passé au présent, avant d'envisager l'innovation sociale dans les rapports sociaux esclavagistes domestiques contemporains par une parole morale publique pour un système non restavec. Plus loin, il faut tout de même ajouter en rappel, à la base d'un tel édifice scientifique croisant en priorité études sociologiques et religieuses, le socle historique de l'analyse synchronique et diachronique des rapports des autorités politiques et charismatiques avec l'esclavagisme du passé au présent.

Dans cette entreprise scientifique interdisciplinaire mobilisant les ressources et les savoirs en sociologie et études religieuses, nous retenons au moins trois paramètres importants facilitant l'interdisciplinarité :

1. La reconnaissance de l'existence de l'esclavage comme phénomène historique observable et explicable tant par les recherches sociologiques que par les études religieuses.
2. L'exploitation stratégique de traces par les recherches sociologiques et religieuses pour remonter à l'ancienne position

esclavagiste de l'institution religieuse ainsi qu'à l'ancienne tradition esclavagiste à laquelle se rattachent les autorités traditionnelles locales.

3. La synonymie des mots-clés en études religieuses avec les concepts-clés en études sociologiques, facilitant l'orientation de la recherche bibliographique.

En effet, nous travaillons avec deux séries de mots-clés nous permettant d'analyser, d'une part, les rapports historiques des institutions religieuses avec l'esclavage noir et d'aborder, d'autre part, la problématique de l'esclavage du passé au présent. Les concepts-clés utilisés renvoient à une dimension socioreligieuse, surtout orientée vers la position des autorités morales et cléricales sur la question de l'esclavage. *A priori*, nous nous focalisons, à partir d'un double regard synchronique et diachronique, sur les liens historiques de ces autorités institutionnelles avec l'esclavagisme des temps coloniaux aux temps postcoloniaux, notamment sur les rapports historiques entre :

- Institution religieuse, traite négrière et esclavage noir;
- Catholicisme, colonialisme et esclavagisme du passé au present;
- Protestantisme, capitalisme inhumain et esclavagisme contemporain
- vaudou, vengeance, zombification, domestication et tradition esclavagiste;
- Discours moral et agir compétent des acteurs sociaux et moraux locaux sur la question du restavec;
- *Religions pour la paix* (catholicisme, protestantisme, vaudou) et idéaux de paix, de libertés et de droits humains;
- Système colonial de traite négrière et d'esclavage noir imposé par la bulle pontificale de 1454 et système postcolonial de trafic restavec et de servitude domestique en Haïti.

Fig. 2. Synonymie des concepts-clés utilisés en études religieuses et en études sociologiques

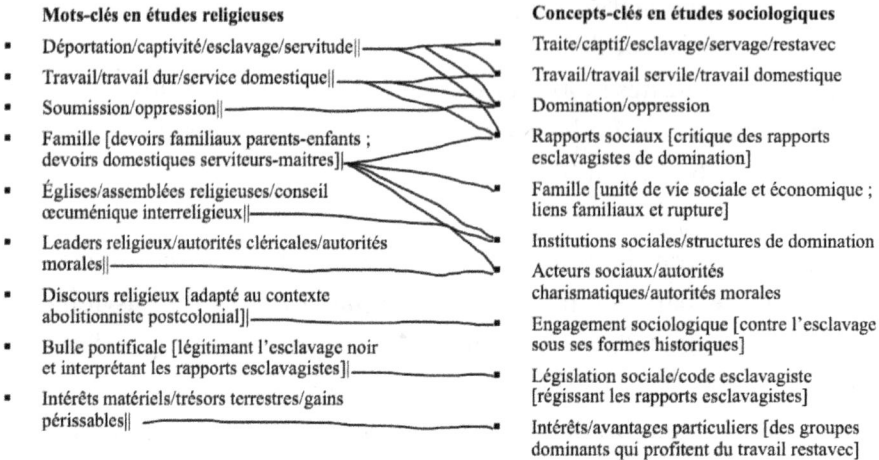

Mots-clés en études religieuses	Concepts-clés en études sociologiques
• Déportation/captivité/esclavage/servitude‖	Traite/captif/esclavage/servage/restavec
• Travail/travail dur/service domestique‖	Travail/travail servile/travail domestique
• Soumission/oppression‖	Domination/oppression
• Famille [devoirs familiaux parents-enfants ; devoirs domestiques serviteurs-maitres]‖	Rapports sociaux [critique des rapports esclavagistes de domination]
• Églises/assemblées religieuses/conseil œcuménique interreligieux‖	Famille [unité de vie sociale et économique ; liens familiaux et rupture]
• Leaders religieux/autorités cléricales/autorités morales‖	Institutions sociales/structures de domination
• Discours religieux [adapté au contexte abolitionniste postcolonial]‖	Acteurs sociaux/autorités charismatiques/autorités morales
• Bulle pontificale [légitimant l'esclavage noir et interprétant les rapports esclavagistes]‖	Engagement sociologique [contre l'esclavage sous ses formes historiques]
• Intérêts matériels/trésors terrestres/gains périssables‖	Législation sociale/code esclavagiste [régissant les rapports esclavagistes]
	Intérêts/avantages particuliers [des groupes dominants qui profitent du travail restavec]

L'étude interdisciplinaire du phénomène du restavec laisse imprimer une dimension religieuse orientée vers le sens épistémique contextuel du discours religieux et de la position stratégique adaptative des autorités charismatiques sur la question de l'esclavage du passé au présent, également vers les fonctions historiques des institutions politiques et religieuses dans l'institutionnalisation de ce phénomène social et sociétal. Les concepts-clés croisés renvoient à des schèmes de pensées religieuses où, d'un point de vue herméneutique, les autorités ecclésiales en question interprètent les notions d'oppression et de domination de l'homme par l'homme (rapport horizontal) en lien avec la culture de l'esclavage dans le sens de la conséquence du péché (rapport vertical).

Si la synonymie des concepts-clés fait rapprocher dans un cadre interdisciplinaire les études religieuses avec les études sociologiques, alors leur croisement amène à une zone de choc qui n'ébranle pas le système restavec, du moins qui ne touche pas à la condition critique du restavec (*Figure 3*), malgré le contexte abolitionniste dans lequel se produit le choc mêlé de discours moraux de libertés et de droits pour tous.

Fig. 3. Études sociologiques et religieuses : zone de croisement disciplinaire

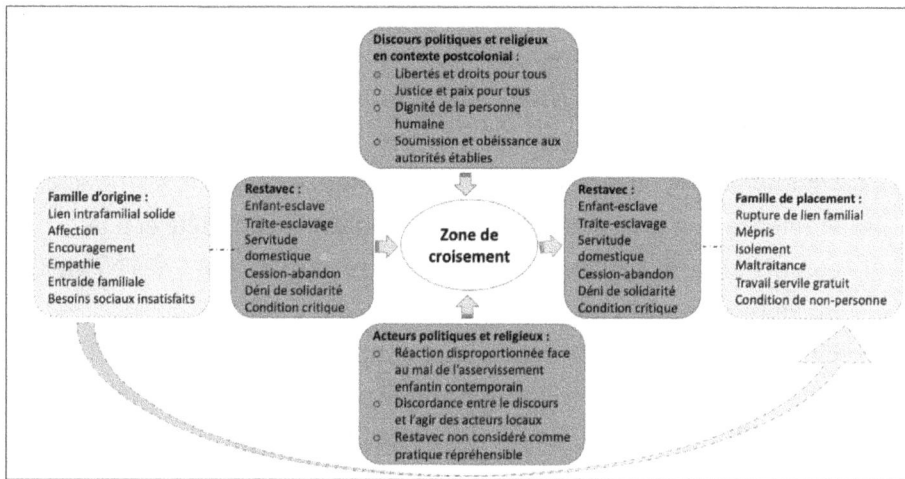

Dans ce croisement disciplinaire, la zone de croisement ne laisse pas présager de changement envisageable dans les rapports sociaux restavecs contemporains, considérant la situation critique identique et statique du restavec (avant et après), en dépit de l'agir compétent et du discours moral apparent des autorités politiques et religieuses en contexte de domination postcoloniale. Si, à partir de ce choc, survient donc un quelconque changement, c'est regrettablement celui provoqué par la rupture du lien intrafamilial de l'enfant restavec avec sa famille d'origine, où disparaît l'ancien héritage familial naturel teinté d'affection, d'empathie, d'amour, d'harmonie, d'unité et de solidarité. En revanche, cette zone de croisement laisse se dessiner une zone de choc marquée par une sorte de discordance entre, d'un côté, l'agir compétent des autorités morales politiques et charismatiques locales qui semblent être loin de considérer le restavec comme une pratique esclavagiste condamnable et, de l'autre côté, le modèle stéréotypé de discours moraux orientés vers les idéaux de paix, de liberté, de dignité et de droits humains largement véhiculés à travers les espaces ecclésiastiques et publics en contexte de domination postcoloniale. Donc, elle fait enregistrer des variations significatives dans les actions et les réactions, les discours et les prises de position des autorités politiques et charismatiques dans un contexte postcolonial dynamique, mitigé entre les traditions locales régissant les rapports sociaux esclavagistes domestiques contemporains et les mesures abolitionnistes promouvant les idéaux de paix, de justice, de libertés et de droits pour tous.

Par ailleurs, le croisement disciplinaire des études sociologiques et religieuses nous conduit à une polarisation, donc à une réorganisation simplifiée des principales idées suivantes, répandues en contexte de domination postcoloniale mitigé entre l'esclavagisme et l'abolitionnisme :

- Un ancien discours des autorités catholiques depuis le XVe siècle élucidant une position officielle favorable à la conquête et à la colonisation, à la traite et à la « servitude perpétuelle » des Nègres, interprétée comme cause de leur péché d'infidélité.
- Une révision du discours religieux contemporain et son adaptation stratégique au contexte abolitionniste postcolonial, dominé par les idéaux de paix, de libertés et de droits humains.
- Une position apparemment neutre ou silencieuse des autorités morales locales sur la question du restavec, non considéré comme pratique condamnable et répréhensible.
- Une réaction disproportionnée (silence inapproprié) des institutions politiques et religieuses aux informations reçues et connues sur la pratique déshumanisante du restavec comme forme contemporaine d'esclavage domestique infanto-juvénile.
- Une discordance entre le discours moral et l'agir compétent des autorités politiques et charismatiques quant à la question des enfants restavecs, privés de leurs libertés individuelles et de leurs droits fondamentaux.

Les informations pertinentes extraites des archives et documents historiques recensés sont en cohérence avec les idées principales précédemment soulignées. Une double analyse de contenu et de traces nous permet de retenir et de considérer au moins quatre catégories de discours dont il faut examiner les contenus :

1. Un discours politique et religieux qui, véhiculé dès le début du Moyen Âge jusqu'à nos jours, officialise et proclame que le catholicisme est la religion dominante des sociétés occidentales et occidentalisées en général, et de la société haïtienne en particulier, anciennement colonisée par les Espagnols et les Français d'Europe occidentale (discours conservé dans les archives constitutionnelles de 1804 à nos jours et celles du concordat de 1860).

2. Un discours religieux et conservateur qui, au passé, est favorable à « l'asservissement perpétuel » des êtres nègres et qui, dans sa teneur, interprète l'esclavage des Nègres comme « cause du péché d'infidélité » (discours gravé dans la bulle pontificale de 1454).

3. Un discours prophétique et transformateur qui, du passé au présent, est défavorable à la servitude des êtres humains et qui, dans son essence, préconise la justice et la liberté en faveur des victimes de spoliation, d'oppression et de servitude (discours propagé depuis l'époque coloniale par les wesleyens, les méthodistes et les quakers).

4. Un discours moral politique et religieux qui, adapté au contexte abolitionniste postcolonial, est tourné vers les idéaux de libertés et de droits pour tous, mais qui, dans sa portée, n'inclut pas en priorité les petits serviteurs oubliés du système restavec, privés de leurs libertés et de leurs droits fondamentaux (discours véhiculé par les autorités morales politiques et charismatiques contemporaines).

En premier lieu, le discours politique et religieux proclamant et officialisant, du passé au présent, le catholicisme comme principale religion dominante en Occident en général et en Haïti en particulier reste, de manière durable, gravé dans les archives politiques des codes noirs de 1685 et de 1724, également dans les archives religieuses du concordat de 1860 révisé en 1984 et dans les archives constitutionnelles haïtiennes (1801 à nos jours, car le concordat de 1860 est encore en vigueur). L'analyse de traces et de contenu de ces archives historiques, politiques, constitutionnelles et religieuses permet de saisir spécifiquement la force de domination continuelle de l'autorité catholique et son rapport historique de chevauchement avec le pouvoir étatique en Haïti.

En second lieu, le discours religieux et conservateur interprétant la « servitude perpétuelle » des Nègres comme cause du péché reste, de manière indélébile, gravé dans les documents d'archives historiques et religieuses de la bulle *Romanus Pontifex* (Nicolas V) de 1454, dont la « validité perpétuelle » de la teneur est attestée par les bulles de confirmation et d'application *Inter Cætera* (Calixte III) de 1456, *Aeterni Regis* (Sixte IV) de 1481 et *Inter Cætera* (Alexandre VI) de 1493. Favorable au maintien du statu quo quant aux rapports de servitude, de soumission et de domination de l'homme par l'homme, ce discours ancien semble ne pas être au passé, car il intègre encore le discours religieux contemporain considérant que « la cause principale de l'esclavage, par laquelle un homme est soumis en servitude à un autre, est le péché [...] » (discours de saint Augustin, rapporté par Salifou, 2006, p. 31). Stimulant les rapports de domination, de soumission et de servitude du passé au présent, ce discours s'ouvre à une série de questions aussi curieuses que préoccupantes, dont celle de Salamito (2009) se demandant : « Pourquoi les chrétiens n'ont-ils pas aboli l'esclavage antique ? »

En troisième lieu, le discours prophétique et transformateur préconisant la justice et la liberté en faveur des victimes d'oppression et de servitude reste, de manière aussi indélébile, gravé dans des textes historiques et bibliques de référence promouvant les valeurs morales judéo-chrétiennes de fraternité, de liberté, d'hospitalité et de charité. Ces textes font référence aux pratiques de justice auxquelles Dieu prend plaisir, telles que révélées dans les discours prophétiques et transformateurs de David, d'Ésaïe et de Jérémie. Historiquement, certains groupes religieux dont les wesleyens, les méthodistes et les quakers s'approprient, au passé, ce discours pour en faire un véritable outil transformateur, émancipateur et libérateur dans leur lutte pour la justice et la liberté en faveur des victimes d'oppression et de servitude. L'analyse de contenu de ce discours prophétique et transformateur conduit, en appui, à :

- Une relecture morale en contexte postcolonial de la lettre de Paul à Philémon lui demandant de pardonner son ancien esclave Onésime et de l'accepter comme son frère (Tiroyabone, 2016). Il s'agit d'un argument solide réfutant ainsi toute mésinterprétation d'ordre idéologico-religieux qui justifierait la pratique déshumanisante de l'esclavage des temps anciens aux temps contemporains (Barrier, 2008 ; Dube, 2020).
- Une relecture aux temps contemporains de ce à quoi Dieu prend plaisir, à savoir : « Détache les chaînes de la méchanceté, dénoue les liens de la servitude, renvoie libres les opprimés, et que l'on rompe toute espèce de joug » (Ésaïe 58:6). Il s'agit de la position divine révélée dans la Bible, une position explicite pour le dénouement des liens de la servitude et la rupture de toute espèce de joug imposé par l'homme dans ses rapports avec d'autres hommes.

- Une relecture en contexte de domination contemporaine de ce qui est juste aux yeux de l'Éternel, tel que : « [...] vous aviez fait ce qui est droit à mes yeux, en publiant la liberté chacun pour son prochain » (Jérémie 34:15). S'adressant à « Vous » – dans le sens et le style dialogique de Buber (1959) – le « Toi, Éternel », [Il] voit dans la publication de la liberté pour son prochain une pratique de justice. Voilà ce qui est droit aux yeux de l'Éternel, qui est juste, qui aime la justice (Psaumes 11:7).

- Une relecture aux temps modernes de ce qui plaît à Dieu, à savoir : « Celui qui marche dans l'intégrité, qui pratique la justice, qui ne fait point de mal à son semblable [...] » (Psaumes 15). À cet égard, l'acteur socioreligieux qui se réclame de la morale judéo-chrétienne et qui veut plaire à Dieu n'a pas à se contenter de discourir sur les valeurs morales d'intégrité et de justice, mais par l'agir moral à pratiquer la justice et à marcher dans l'intégrité.

S'agissant, en dernier lieu, du discours moral politique et religieux orienté vers les idéaux de droits humains mais fermé paradoxalement sur les droits des victimes du système restavec en situation critique de non-personne et de non-droit, il est notamment documenté et repéré respectivement dans les documents officiels et conventionnels relatifs aux droits humains, les rapports catholiques sur les droits humains et dans les bilans sur les deux siècles du protestantisme en Haïti, dans lesquels sont oubliés les enfants restavecs. Cet oubli imprime un mode de silence ou exprime une forme de neutralité apparente comme position officieuse voilée des autorités charismatiques et politiques, ayant pour conséquences la stimulation et la pérennisation de la tradition du restavec en Haïti.

Dans l'ensemble, l'approche interdisciplinaire privilégiée croisant études sociologiques et religieuses nous amène à considérer les rapports historiques des autorités politiques et religieuses avec la « servitude perpétuelle » des Nègres, imposée depuis le XVe siècle, ayant des répercussions vives sur l'Haïti contemporaine. Elle nous conduit spécifiquement à l'analyse des rapports sociaux domestiques contemporains en lien avec la situation problématique du restavec où, dans la société haïtienne, des enfants venus du monde paysan sont cédés à des familles de placement, avant d'être réduits en servitude continuelle. Déjà, ce croisement disciplinaire se révèle très productif pour notre entreprise scientifique intéressée à la question de la servitude enfantine du système restavec dans ses contours historiques et socioreligieux. Il importe donc, dans les points suivants, de reconsidérer de manière distinctive les études sociologiques et les études religieuses priorisées dans l'analyse des rapports historiques des autorités politiques et charismatiques avec l'esclavagisme, du passé au présent.

1.4.1. *Études religieuses des liens de servitude du passé au présent*

Les études religieuses nous permettent d'élucider les liens des autorités charismatiques avec l'esclavagisme du passé au présent, considérant leur place dans le système esclavagiste et leur chevauchement avec les autorités politiques. Ainsi, elles nous amènent à saisir les dimensions morale et religieuse entourant le phénomène de la servitude contemporaine du système restavec. Dans cette perspective religieuse, pensons-nous, l'agir compétent des autorités charismatiques, chevauchées avec les autorités étatiques en contexte contemporain de domination, est en inadéquation avec le discours moral tourné vers les idéaux de libertés individuelles et de droits humains fondamentaux. Cette inadéquation s'explique par la réaction disproportionnée des institutions politiques et religieuses aux informations reçues et connues sur la servitude domestique enfantine du système restavec, non considérée en réalité comme pratique répréhensible.

Les études religieuses laissent retracer l'ancienne position esclavagiste de l'institution catholique, archivée dans la bulle *Romanus Pontifex* (Nicolas V) de 1454. Dans son rapport de chevauchement avec l'autorité étatique, l'autorité catholique accorde formellement et officiellement aux autorités royales et coloniales européennes la faculté pleine et entière de conquérir et de réduire les Nègres en « servitude perpétuelle », rebondissant sur l'Haïti d'aujourd'hui. De là émergent deux schèmes de pensée, donc deux tendances animant les discours religieux sur la question de l'esclavage du passé au présent : l'une favorable et l'autre défavorable à l'esclavagisme du passé au présent. Mitigé entre l'abolitionnisme et l'esclavagisme, le contexte de domination postcoloniale n'a pas fait éliminer les deux tendances entre des acteurs sociaux moraux locaux accrochés encore à la tradition de la servitude domestique et d'autres groupes socioreligieux attachés fidèlement aux valeurs morales judéo-chrétiennes de fraternité, de charité, d'hospitalité et de pitié par un effort d'harmonisation de leur discours avec leur agir moral.

Discours favorable à l'esclavagisme

Le discours religieux favorable à l'esclavagisme s'est exprimé dans la bulle pontificale de 1454 évoquant la cause du péché d'infidélité des Nègres pour ordonner leur capture et leur asservissement perpétuel. Ce discours est partagé par des membres du clergé. Attachés fidèlement à la position pontificale, des jésuites, des presbytériens et des épiscopaliens pratiquent librement l'esclavage colonial, en intégrant le cercle élitiste dominant des propriétaires d'esclaves nègres (Swarns, 2021 ; Rothman, 2021 ; Zanca, 1994). Et, dans certaines circonstances, des églises catholiques locales sont elles-mêmes partie prenante du trafic d'esclaves (Quenum, 1993 ; Trudel, 1961). En appui à la thèse du péché comme cause explicative de l'esclavage noir imposé depuis le XVe siècle par l'autorité pontificale, les religieux esclavagistes interprètent [hors contexte] des textes bibliques qui conviennent à leur position, notamment ceux en lien avec la servitude antique des Israélites chez les Égyptiens (Exode 1), la captivité et l'oppression subies par les Juifs chez les Assyriens puis chez les Babyloniens (2 Rois 17 ; 2 Rois 25), également des textes en lien avec l'obéissance et la soumission selon la chair aux maîtres et aux autorités supérieures (Romains 13:1 ; Éphésiens 6:5 ; Tite 2:9 ; 1 Pierre 2:13).

C'est précisément sur cette dernière position esclavagiste que se concentre notre étude visant à analyser les comportements des autorités morales et religieuses envers l'esclavagisme du passé au présent. Ainsi, il paraît possible à l'horizon d'établir le lien historique de l'institution religieuse avec l'esclavage par un examen scientifique et archivistique remontant aux traces de l'ancienne position de ces autorités cléricales influentes et puissantes, favorables à la traite et à la servitude perpétuelle des Nègres se répercutant sur l'Haïti contemporaine.

Dans le contexte postcolonial, le discours religieux paraît assez nuancé, voire mitigé. Centré apparemment sur la dignité de la personne humaine, il intègre le discours abolitionniste dominant du nouvel ordre mondial orienté vers les idéaux de paix, de libertés et de droits humains. Parallèlement, la mésinterprétation ou l'interprétation intéressée de certains textes bibliques pris hors contexte laisserait présager des manœuvres idéologico-religieuses pour le maintien des structures de domination et des rapports esclavagistes de soumission dans la société, au mépris intentionnel de la véritable force émancipatrice et transformatrice de la Parole divine. Dans la société haïtienne contemporaine, s'affiche par intermittence une culture du silence teintée d'une sorte de mépris des autorités morales et religieuses envers les victimes du système esclavagiste restavec, lorsque s'arrête à l'affiche de l'espace public leur discours moral, divergent de leur agir compétent. Discordant, leur agir par intérêt semble finalement trahir leur discours moral. Cette discordance inclinée vers l'agir par intérêt s'explique de la même manière que le silence, dans la mesure où le système esclavagiste restavec se fortifie tant par la discordance expliquée que par le silence avéré de ces autorités morales et religieuses sur la servitude domestique en Haïti.

Discours défavorable à l'esclavagisme

Historiquement, la position esclavagiste officielle exprimée dans la bulle pontificale de 1454 n'a pas été unanimement partagée par tous les membres du clergé et de l'Église dans le monde. Certains chrétiens s'y opposent, en se référant aux valeurs de la fraternité en Christ et de l'égalité de tous devant Dieu. Parmi les religieux opposés officieusement aux pratiques esclavagistes, il y a ceux qui s'insurgent assez tôt contre l'esclavage des Autochtones (Quenum, 1993). Il y a d'autres religieux qui prennent position contre l'esclavage des Africains (Diakité, 2008).

Par ailleurs, d'autres mouvements religieux embrassent, dans leur discours et leur agir moral, la lutte anti-esclavagiste. On peut citer, entre autres, les wesleyens et les méthodistes (très présents en Haïti), également les quakers (beaucoup plus présents en Amérique du Nord) ayant même décidé, dès le début du XVIIIᵉ siècle, d'exclure de leur rang ceux qui se disent chrétiens mais qui possèdent des esclaves (Salifou, 2006). En appui à leur position anti-esclavagiste, sont identifiés et enseignés des textes bibliques exprimant la position divine pour la fraternité, la liberté et la justice (Ésaïe 58 ; Jérémie 34 ; Psaumes 11 ; 15).

Il s'agit d'une position morale exprimée dans le discours transformateur de David, d'Ésaïe, de Jérémie et de Paul concernant les pratiques de justice et de pardon auxquelles Dieu prend plaisir, par opposition aux pratiques d'injustice et au déni de solidarité à l'égard des victimes de l'esclavagisme du passé au présent. Voilà des groupes religieux qui s'approprient bien ce discours de fraternité et de liberté, en s'appliquant à « la lecture et l'observation de la Parole divine, révélée dans la Bible ou la nature » (Rousseau, 1964), en s'efforçant de concilier leur rationalité avec leur moralité et leur conviction judéo-chrétienne dans l'idée de combler ce qui manque au projet du vivre-ensemble (Habermas, 2008).

Certes, les acteurs religieux ne partagent pas une position uniforme ni unanime sur cette question de l'esclavage, considérant ce discours religieux défavorable à l'esclavagisme. En cela, lorsque nous cherchons à établir les rapports historiques des institutions religieuses avec l'esclavagisme du passé au présent, nous portons le regard sur la position officielle des autorités morales et religieuses archivée dans les bulles pontificales et les documents officiels, notamment sur l'ancienne position officielle des autorités cléricales, favorable à la colonisation, à la traite et à l'asservissement perpétuel des Nègres se répercutant sur l'Haïti contemporaine.

Somme toute, sur la question du rapport du religieux avec l'esclavagisme du passé au présent, la double analyse de traces et de contenu, valorisée en sciences sociales et humaines ou mieux en études religieuses, laisse archiver une position mitigée entre différents groupes socioreligieux identifiés au christianisme (catholiques et protestants), entre ceux qui sont favorables et ceux qui sont défavorables à l'esclavagisme en contexte de domination coloniale, puis en contexte de domination postcoloniale une position partagée entre ces différents acteurs moraux sur les idéaux de libertés individuelles, de droits humains et de dignité de la personne humaine. Elle fait aussi ressortir une position discordante lorsque, au passé, des autorités cléricales s'identifiant au christianisme expriment une position esclavagiste contraire aux valeurs de liberté et de justice qui plaisent à Dieu et auxquelles Dieu prend plaisir (Ésaïe 58:6 ; Jérémie 34:15), donc une position contraire à la position morale pour la liberté et la justice enseignée dans le christianisme et révélée dans la Parole divine ou la nature (Rousseau, 1964) ; lorsque, au présent, l'agir compétent des autorités religieuses locales ne concorde pas avec leur discours moral tourné vers les idéaux de libertés et de droits humains dans la mesure où n'y sont pas pris en priorité ni en considération les libertés et les droits des victimes du système restavec.

1.4.2. Études sociologiques des rapports d'esclavage du passé au présent

L'implication de la sociologie se justifie par le besoin d'explication théorique des fonctions des institutions politiques et religieuses dans l'institutionnalisation, la légitimation et la perpétuation des rapports esclavagistes du passé au présent. Elle se justifie également par la quête sociologique de sens du travail restavec et la valeur de ce travail servile enfantin gratuit pour les groupes sociaux dominants qui en profitent. En plus de l'ensemble des éléments conceptuels et des matériaux sociologiques logiques importants qu'elle nous procure, elle met aussi à notre disposition des stratégies méthodologiques et des outils nécessaires à la collecte de données, à la documentation des aspects socioreligieux et institutionnels du système restavec. C'est d'ailleurs à cette discipline des sciences sociales et humaines que nous empruntons les stratégies méthodologiques exploitées dans le cadre de cette entreprise scientifique ainsi que l'analyse structuro-fonctionnaliste mettant en lumière les fonctions des autorités morales politiques et charismatiques dans la reproduction des rapports de domination qui définissent les rapports esclavagistes contemporains dans la société. Cette dernière analyse met aussi en exergue les fonctions sociales des institutions étatiques et religieuses dans la sauvegarde des institutions familiales, dans la socialisation et la protection des enfants, mais qui, paraît-il, ne considèrent pas exceptionnellement la protection des enfants restavecs abandonnés comme partie intégrante de leurs fonctions sociales actives.

La perspective sociologique sert ainsi à définir les rapports domestiques de travail servile du système esclavagiste restavec postcolonial, construits sur la base des anciens rapports esclavagistes coloniaux sous l'influence des autorités politiques et charismatiques chevauchées. Elle aide aussi à établir les rapports des institutions politiques et religieuses avec l'esclavagisme du passé au présent, et surtout les fonctions des autorités étatiques et charismatiques dans l'institutionnalisation de l'esclavage noir en Amérique et en Haïti depuis le XVe siècle, en remontant aux traces de la position colonialiste-esclavagiste de ces autorités morales et cléricales sur cette question épineuse. Les principales traces archivées et analysées sont repérées dans la bulle *Romanus Pontifex* (Nicolas V) de 1454 autorisant la colonisation des Afriques et des Amériques, la traite et l'esclavage des Nègres laissant des séquelles vives dans l'Haïti contemporaine. Elles sont aussi captées dans le code noir de 1685 assurant la prédominance de l'autorité catholique sur le marché esclavagiste colonial, aussi dans le concordat de 1860 renouvelant la prééminence du catholicisme dans le système de domination postcoloniale. Les traces les plus récentes repérées sont celles laissées par l'ancien restavec Cadet à travers des espaces universitaires et des plateformes numériques des réseaux sociaux. Il s'agit de traces récentes et pertinentes de données autobiographiques, discographiques et audiovisuelles exploitables dans lesquelles apparaît le portrait ethnographique de la catégorie des petits travailleurs-serviteurs restavecs en Haïti.

Voilà, en résumé, les questions les plus pertinentes qu'élucident pour nous les études sociologiques des rapports sociaux esclavagistes du passé au présent :

- Les fonctions des institutions politiques et religieuses dans l'institutionnalisation et la légitimation de l'esclavage noir depuis le XVe siècle en Amérique en général, en Haïti en particulier (bulle *Romanus Pontifex* de 1454 ; code noir de 1685).
- Les rôles des autorités charismatiques chevauchées avec les forces étatiques (Morin, 2013) dans la reproduction et la perpétuation des rapports esclavagistes de domination des temps coloniaux aux temps postcoloniaux.
- Le portrait ethnographique de la catégorie des travailleurs-serviteurs restavecs et les fonctions des acteurs sociaux politiques et religieux locaux dans le fonctionnement du marché restavec haïtien (Derby, 2003 ; Lubin, 2002).
- La rupture des liens familiaux des enfants restavecs avec leur famille d'origine, leur cession à des familles de placement et leur condition critique de non-personne relevant de l'esclavage enfantin contemporain (Lundahl, 2013 ; Cadet, 2002 ; Hodan, 2005).
- La force brutale de domination et d'oppression des parents-fils-maîtres des familles de placement contre ces enfants asservis exécutant de multiples tâches domestiques et non domestiques en permanence sans possibilité d'aller à l'école, également sans support domestique (accompagnement) ni soutien affectif (encouragement) ni incitatif financier (rémunération) pour les multiples services fournis (Bawin-Legros, 1996), non plus sans solidarité externe des autorités religieuses ni solidarité publique des autorités étatiques à leur égard (Durkheim, 2008).
- Le rapport esclavagiste de domination par un travail servile sans salaire ni congé ni protection ni traitement humain dans l'organisation hiérarchique et tyrannique de travail domestique servile (Wagner, 2008 ; Lacourse, 2010).
- Les comportements des acteurs sociaux et moraux locaux qui ne considèrent pas la servitude domestique comme pratique répréhensible (UNICEF, 1997), particulièrement les fractions sociales dominantes locales qui en profitent (Poulantzas, 1972).

Les recherches de traces valorisées en sociologie nous permettent de retracer les liens historiques de l'institution religieuse avec l'esclavage noir du passé au présent, également la trajectoire de vie de traite des enfants restavecs cédés, contraints d'abandonner l'environnement naturel de vie de leurs familles d'origine avant d'être transplantés chez des familles de placement où ils sont gardés dans la servitude en permanence. À l'instar du voyage sans retour des ancêtres esclaves noirs venus d'Afrique (N'Diaye, 2006), l'ancien héritage familial naturel – teinté d'affection, d'empathie, d'amour, d'harmonie, d'unité et de solidarité, malgré les besoins sociaux et la misère gangrénant cette famille d'origine – est pratiquement éliminé pour ces victimes de la traite contemporaine. Le lien familial est rompu par cet éclatement ou ce voyage sans retour, sans certitude de revoir un jour leurs papa et maman, leurs frères et sœurs, leurs cousins et cousines, leurs oncles et tantes, leurs voisins et amis (Bawin-Legros, 1996).

Le cadre théorique mobilisé en sociologie autour des acteurs sociaux définit clairement les rapports de domination et de chevauchement des autorités politiques et charismatiques, avant d'expliquer et d'expliciter leur place déterminante dans le système et leur influence significative dans les processus décisionnels en lien avec l'esclavagisme du passé au présent en Amérique en général, en Haïti en particulier. S'agissant du cadre interdisciplinaire privilégié, il facilite de manière efficiente la mobilisation de savoirs tant instrumentaux que réflexifs développés en études sociologiques et religieuses. Il s'ouvre ainsi à une étude synchronique et diachronique des comportements des autorités charismatiques enchevêtrées avec les autorités politiques, allant d'une ancienne position colonialiste-esclavagiste à une nouvelle position stratégique adaptée au contexte abolitionniste postcolonial. Si révision il y a dans la position stratégique des autorités morales et religieuses contemporaines sur la question de l'esclavage aux temps modernes, il y a par ailleurs une sorte de constance dans les études sociologiques quant à la permanence de la théorie, de la pratique et de la tradition régissant les rapports esclavagistes du passé au présent. À ce point de vue sociologique, le système postcolonial n'a pas fait disparaître les rapports esclavagistes du système de domination coloniale. Le contexte colonial change, mais se prolonge dans le système de domination postcoloniale la tradition de la servitude domestique en Haïti.

1.4.3. Fondement historique de l'étude de l'esclavagisme du passé au présent

Le cadre interdisciplinaire privilégié croisant études sociologiques et religieuses ne saurait faire ignorer le fondement historique sur lequel ce travail repose et retrouve de solides assises. Donc, à la base même du présent édifice scientifique interdisciplinaire s'incorpore inévitablement l'histoire, donc l'histoire de l'esclavage du passé au présent. C'est d'ailleurs à partir du fondement historique de cet édifice scientifique que s'édifient les études sociologiques et religieuses des rapports de servitude du passé au présent. C'est donc à partir de ce socle historique que devient possible l'étude synchronique et diachronique des rapports d'esclavage noir imposé depuis le XVᵉ siècle dans les Amériques et les Antilles. Autrement dit, c'est par l'histoire qu'il est logiquement possible de remonter jusqu'au XVᵉ siècle pour retracer l'origine de l'esclavage noir perpétué de génération en génération en Amérique en général, en Haïti en particulier. C'est également par l'histoire qu'il devient possible de repérer les anciennes traces de la position colonialiste-esclavagiste des autorités royales et cléricales européennes imposant particulièrement en Haïti la servitude perpétuelle des Nègres du système esclavagiste colonial sur lequel s'élève, se construit, s'édifie, se développe et se renouvelle continuellement la servitude noire du système restavec postcolonial.

Apparue vers le XIXᵉ siècle avec l'innovation scientifique de Comte (1798-1857), puis reconnue comme discipline scientifique autonome au tournant du XXe avec la contribution significative de Durkheim (1858-1917), la sociologie émerge à un moment où l'histoire, comme étude et écriture des faits, se développe depuis des millénaires.[21] C'est par l'histoire d'ailleurs qu'on arrive à connaître qu'il y a une permanence de la pratique, du droit et de la théorie régissant l'esclavage du passé au présent (Bresc, 1996). L'histoire nous rappelle la persistance et l'ampleur de la pratique de l'esclavage depuis l'Antiquité égyptienne, babylonienne, perse, grecque et romaine, passant par la domination européenne de la période du Moyen Âge jusqu'à la colonisation européenne des Amériques depuis le XVᵉ siècle, donc à des moments historiques où les études sociologiques et religieuses n'existaient pas comme approches scientifiques disciplinaires.

Quant aux sciences religieuses, assises sur des approches pluridisciplinaires appliquées aux religions (sociologie, anthropologie, philosophie, etc.), elles se confondent souvent avec l'histoire même des religions ou des traditions religieuses. En cela, les études sociologiques et religieuses de l'esclavagisme du passé au présent passent évidemment par l'histoire. Elles ont donc

---

21. Fasciné par la rationalité scientifique et l'émergence de la société industrielle, Auguste Comte, fondateur du positivisme, veut fonder une science du social pour penser cette nouvelle société en émergence. Dès 1839, il appelle cette nouvelle science : *sociologie* (Voir aussi Dortier, 2000).

recours aux données historiographiques pour expliquer les rapports sociaux esclavagistes anciennement et durablement construits dans la société haïtienne, depuis le XVᵉ siècle, sous l'influence et la puissance des autorités catholiques chevauchées avec les autorités politiques européennes. Par ailleurs, se limitant à l'étude des faits et des événements historiques liés au passé lointain ou récent de l'esclavage, l'histoire peut alors miser sur les études sociologiques et religieuses pour archiver les aspects socioreligieux en lien avec ce phénomène social reproduit à partir des rapports sociaux inégalitaires dans la société.

Croisé ici au carrefour des sciences sociales et humaines, la servitude noire du système esclavagiste restavec désigne non seulement un phénomène social et sociétal qui intéresse les études sociologiques et religieuses, mais aussi un phénomène historique qui interpelle naturellement les recherches historiographiques lorsqu'il faut nécessairement considérer ce problème social dans son origine, sa genèse et ses racines historiques. Car, historiquement, le système postcolonial n'a pas fait disparaître cette tradition de la servitude noire élevée sur les traces indélébiles de l'esclavage noir du système esclavagiste colonial. Une tradition esclavagiste coloniale qui se prolonge et se perpétue dans le système de domination postcoloniale. Un phénomène historique, non disparu donc non du passé, qui mérite d'être étudié en profondeur à partir des stratégies méthodologiques convoquées en sciences sociales et humaines, des cadres théoriques et disciplinaires mobilisés intelligemment au travers des recherches historiographiques, sociologiques et religieuses.

Conclusion

Si, dans sa complexité, l'étude du phénomène du restavec requiert une approche interdisciplinaire mobilisant sciemment les recherches historiographiques, sociologiques et religieuses, la documentation de ce phénomène social, avec les aspects socio-historico-politico-religieux qui l'entourent, exige une démarche déductive partant de l'histoire de la traite des Nègres à celle du trafic des enfants descendants nègres particulièrement dans la société haïtienne. Cette démarche déductive fait ressortir les liens historiques des autorités politiques et charismatiques avec l'esclavagisme du passé au présent, en partant de la généralité de la « servitude perpétuelle » des Nègres en Amérique autorisée par la bulle *Romanus Pontifex* (Nicolas V) de 1454 à la particularité de la servitude continuelle des Nègres perpétuée en Haïti depuis ce XVe siècle. Elle permet donc de retracer les rapports historiques des institutions politiques et religieuses avec l'institution de l'esclavage noir imposé depuis le XVe siècle en Amérique en général, en Haïti en particulier.

En effet, pour la documentation de ce phénomène sociétal complexe, les principales stratégies méthodologiques mises en œuvre sont : la recherche documentaire et la recherche en archivistique, la recherche comparative et la recherche empirique. Contribuant à une productivité scientifique plus grande et à une gamme de données informationnelles plus enrichie, ces méthodes de recherche sciemment exploitées et triangulées nous permettent de débroussailler, dans ses contours historiques et socioreligieux, ce sujet sensible qui nous tient à cœur et de le circonscrire de manière raisonnable et responsable, suivant une volonté claire favorable à l'avancement des connaissances sur le restavec ainsi qu'au changement social que revendiquent les sciences sociales et humaines. Fructueusement agencées, elles contribuent chacune à une plus grande productivité de la présente entreprise scientifique, en facilitant la collecte et l'analyse de données pertinentes et abondantes sur l'esclavage noir en général et le restavec noir en particulier, aussi et surtout sur les comportements des autorités morales politiques et religieuses envers cette tradition de la servitude domestique noire persistant dans la société haïtienne. Plusieurs chercheurs contemporains sont favorables à la triangulation des méthodes de recherche consistant à mettre en œuvre plusieurs démarches en vue de la collecte de données pour l'étude des phénomènes sociaux complexes (Roginsky, 2020 ; Flick, 2018 ; Apostolidis, 2005). Cartographiant les méthodes applicables en sciences sociales et humaines, Millette, Millerand, Myles et Latzko-Toth (2020) optent, dans leurs travaux collectifs, pour le mixage des méthodes traditionnelles (*methods-as-usual*) avec les méthodes numériques (*digital methods, big methods, virtual methods*). Dans l'ensemble, il s'agit de démarches et de stratégies méthodologiques usuellement utilisées en sciences sociales et humaines, ce qui anticipe déjà la validité et l'utilité des méthodes priorisées et agencées dans la construction de la présente entreprise de recherche scientifique et la production du savoir nouveau sur le phénomène du restavec en Haïti.

Nos recherches archivistiques agencées avec nos recherches documentaires fournissent à la présente entreprise scientifique des données importantes remontant à la mémoire de l'esclavage noir du passé au présent ainsi qu'à la position des autorités politiques et religieuses sur cette question sensible. En effet, elles nous amènent à l'inventaire et à l'analyse de plus de

100 pièces d'archives historiques, constitutionnelles, judiciaires, civiles, politiques et religieuses anciennes et contemporaines [formats de papiers manuscrits et imprimés rares ; formats numériques et numérisés accessibles], conservées et hébergées par des institutions haïtiennes et étrangères spécialisées.[22] Ces archives répertoriées nous permettent de remonter à la genèse historique et à la mémoire de l'esclavage noir imposé depuis le XVe siècle en Amérique en général, en Haïti en particulier. Elles nous permettent de retracer la position de domination continuelle des autorités catholiques chevauchées avec les autorités politiques, leur ancienne position colonialiste-esclavagiste et leur position stratégique adaptative révisée en contexte abolitionniste postcolonial. Elles nous aident également à établir les rapports historiques des pouvoirs étatiques avec les structures religieuses contemporaines les plus influentes en Haïti (catholicisme, protestantisme et vaudou).

Nos recherches empiriques, quant à elles, procurent à ladite entreprise scientifique des données pertinentes récentes sur le restavec noir et les comportements des autorités morales et religieuses locales envers cette tradition de la servitude domestique en Haïti. Les données empiriques collectées sur le terrain concordent bien avec les données historiques issues des recherches documentaires et des recherches en archivistique, notamment celles relatives aux rapports historiques des institutions religieuses avec l'esclavagisme du passé au présent en Haïti. Elles sont en cohérence avec les hypothèses avancées et les cadres théoriques et disciplinaires mobilisés autour des autorités morales et religieuses, en tant qu'éléments fondamentaux du système et acteurs institutionnels puissants et influents dans les processus décisionnels en lien avec la reproduction des rapports domestiques de soumission et de domination dans la société. Quant aux données addition-

---

22. Les 18 et 25 août 2023, ont été consultées [en présence] certaines pièces d'archives conservées par les Archives nationales à Québec et les Archives nationales à Montréal ; aussi, ont été exploitées d'autres pièces d'archives accessibles en ligne sur Advitam (base de données numérisées des Archives nationales du Québec). Pour l'accès aux archives conservées par les institutions haïtiennes (formats de papiers manuscrits et imprimés non accessibles en ligne), nous arrivons à les obtenir, sur demande à des fins de recherche, en collaboration (par téléphone) avec des agents-cadres des institutions publiques concernées et des services publics (payés), notamment auprès des Presses nationales d'Haïti, des Archives nationales d'Haïti et du Greffe du tribunal de paix [local] ayant reproduit pour nous les archives officielles réquisitionnées, avant de nous les transmettre au Canada. Donc, en termes de procédés et de modalités, l'obtention des archives institutionnelles et la collecte de données archivistiques s'opèrent à la fois en présence auprès de ces institutions de référence, puis à distance au travers des bases de données et des sites officiels d'hébergement des archives accessibles en ligne.

nelles issues de nos recherches comparatives et sociétales, elles facilitent une compréhension plus large de la réalité dynamique de l'esclavage enfantin contemporain, compris non comme phénomène isolé et limité à la seule société haïtienne, mais comme phénomène social et sociétal, observable et explicable, qui existe dans la société haïtienne et ailleurs dans d'autres sociétés traditionnelles (africaines).

DEUX

ESCLAVAGE INTERGÉNÉRATIONNEL IMPOSÉ EN AMÉRIQUE ET EN HAÏTI DEPUIS LE XVE SIÈCLE

L e XVe siècle marque un tournant décisif dans l'histoire du monde et celle de l'esclavage. Il annonce le déclin du système féodal fondé sur le servage[1] et son remplacement par un monstre hybride mélangeant le colonialisme et l'esclavagisme. C'est à partir de ce siècle qu'a été archivée, dans des bulles pontificales, la position officielle de l'autorité catholique : une position favorable à la conquête et à la colonisation des Afriques et des Amériques, à la traite et à l'asservissement perpétuel des Nègres capturés (bulle *Romanus Pontifex* de 1454 ; bulle d'application *Inter Caetera* de 1493). L'étude synchronique et diachronique privilégiée nous amène à analyser la force idéologique incitative d'une telle position colonialiste-esclavagiste en contexte médiéval et postféodal où la vie sociopolitique et religieuse était généralement rythmée par le catholicisme, à retracer les formes historiques et les manifestations récurrentes de la servitude perpétuelle des Nègres imposée depuis le XVe siècle en Amérique en général, en Haïti en particulier. En outre, elle nous conduit à examiner l'apport significatif de « l'éthique protestante » dans l'incitation au travail dépendant et le développement du monstre hybride du système-monde esclavagiste-capitaliste des temps coloniaux aux temps postcoloniaux. Elle nous amène enfin à déceler la place déterminante des autorités morales et religieuses en question dans ce système de domina-

---

1. Dans le régime féodal assis sur le servage, le serf n'avait pas de liberté personnelle. Il était attaché au travail servile (servage, corvée), sous la domination de son seigneur, son maître.

tion coloniale et postcoloniale, leur influence dans les processus décisionnels en lien avec la colonisation et l'esclavagisation des Nègres, leur fonction institutionnelle dans la réorganisation de l'esclavage noir à partir du XVᵉ siècle laissant des traces indélébiles, des séquelles tenaces et des répercussions vives dans l'Haïti contemporain.

2.1. Survol historique de l'esclavage antique à l'esclavage contemporain

L'histoire du monde est aussi celle de l'esclavage. Historiquement, l'esclavage est pratiqué tant dans les sociétés esclavagistes des temps antiques et féodaux que dans les sociétés esclavagistes des temps coloniaux et postcoloniaux. Les pratiques de l'esclavage, dans ses multiples formes, sont enregistrées autant dans les sociétés de cultures polythéistes que dans celles de cultures monothéistes. Les anciens empires égyptien, babylonien, perse, grec et romain se fortifiaient tous avec la culture de l'esclavage (Bresc, 1996 ; Salifou, 2006). Les anciennes puissances coloniales et les grandes métropoles capitalistes se fortifiaient pareillement avec la même pratique de l'esclavage (Meillassoux, 1986 ; Grenouilleau, 1996 ; Larquié, 1996). Dans les Amériques et les Antilles, l'histoire de l'esclavage remonte à la fin du XVᵉ siècle, à la suite de la conquête et de la colonisation par les Européens de ce Nouveau Monde, habité auparavant par les Amérindiens. Maltraités et opprimés, ces Aborigènes sont rapidement décimés, avant d'être remplacés dès le début du XVIᵉ siècle par les Nègres capturés, arrachés à leur terre natale d'Afrique puis transplantés dans les territoires colonisés d'Amérique, à la suite de l'ordonnance formelle de la bulle pontificale de Nicolas V de 1454 pour la colonisation et l'asservissement des Nègres. Classée géographiquement parmi les grandes Antilles des Amériques, Haïti devient l'une des premières destinations des Nègres captifs où ils sont, eux et leurs descendants, continuellement asservis de génération en génération.

Les recherches archéologiques et égyptologiques effectuées au XIXᵉ siècle par l'égyptologue Champollion (1822) ont permis le décryptage des hiéroglyphes retraçant des scènes d'esclaves dans l'Égypte antique.[2] Cette masse d'esclaves était considérée comme la propriété du Pharaon et de ses fonction-

---

2. Jean-François Champollion (1790-1832), savant français, considéré comme le père de l'égyptologie, ayant réussi en 1822 à déchiffrer, décrypter et interpréter les hiéroglyphes, écriture idéographique de l'Égypte antique où se trouvent documentées des pratiques d'esclavage.

naires, une main-d'œuvre servile inépuisable servant à l'édification de gigan-tesques pyramides (Grandet, 2003). Certaines traditions orales rapportées par la littérature grecque font allusion à des foyers d'esclaves aussi anciens que ceux de l'Égypte antique (Salifou, 2006). Les études historiographiques et herméneutiques du Pentateuque remontent plus loin, à la genèse des civilisa-tions humaines, pour interpréter le rapport de domination de l'homme par l'homme à l'origine du rapport esclavagiste des temps antiques jusqu'aux temps modernes.

Le terme « esclave » est cité pour la première fois dans le Pentateuque, notamment dans le discours de Noé prononçant l'esclavage des descendants de Cham, père de Canaan (Genèse 9 : 25) :

Maudit soit Canaan ! Qu'il soit l'esclave des esclaves de ses frères !

En termes herméneutiques et eschatologiques, ce discours prophétique de Noé annonce l'entrée historique de l'esclavage dans le monde par l'assujet-tissement de l'homme par l'homme et sa perpétuation jusqu'aux derniers temps contemporains. Par la suite, les descendants de Sem sont aussi avertis de leur asservissement en Égypte (Genèse 15 : 13) :

Et l'Éternel dit à Abram : Sache que tes descendants seront étrangers dans un pays qui ne sera point à eux ; ils y seront asservis, et on les opprimera pendant quatre cents ans.

Comme il a été révélé à Abram, ses descendants ont survécu à la servitude en terre égyptienne pendant quatre cents ans, jusqu'à l'arrivée de Moïse qui les a conduits vers la terre promise (Canaan, devenue Israël). Après avoir été asservis par les Égyptiens du Pharaon, les Juifs sont ensuite asservis par les Assyriens de Salmanasar, puis par les Babyloniens de Nabuchodonosor pendant 70 ans, avant d'être finalement assujettis et dispersés par les Romains de César. Très longtemps après la destruction de Jérusalem et la dispersion des Juifs au Ier siècle sous l'empereur romain Titus, ils sont maltraités et massacrés massivement pendant la Seconde Guerre mondiale (1939-1945) par les nazis d'Hitler (Friedrich, 2012). Il s'agit d'un ensemble de souffrances et de malheurs consécutifs subis par les enfants d'Israël lorsqu'ils méprisent les lois de l'Éternel, selon les mêmes études herméneutiques et eschatologiques se référant aux récits historiques et pentateuques de la Torah.[3]

De ce point de vue religieux, le péché devient la racine de tous les maux et les souffrances de l'homme (Genèse 3). Et, comme conséquence du péché, l'esclavage désigne un châtiment proportionné à la transgression des pécheurs ou des coupables asservis : tel péché, tel châtiment. « La cause principale de l'esclavage, par laquelle un homme est soumis en servitude à un autre, est le péché [...] », écrit saint Augustin (cité dans Salifou, 2006, p. 31). La thèse du péché comme cause explicative de l'esclavage trouve son appui argumentaire dans plusieurs références de la Bible et de la Torah. Au sujet d'Israël, il est écrit (Lévitique 26 : 15, 25) :

> Si vous méprisez mes lois, et si votre âme a en horreur mes ordonnances, en sorte que vous ne pratiquiez point tous mes commandements et que vous rompiez mon alliance [...], vous serez livrés aux mains de l'ennemi.

Voici, en effet, un récit en lien avec l'asservissement des Juifs après avoir été livrés aux mains de l'ennemi pour cause du péché et du mépris des lois de l'Éternel (2 Rois 17 : 6-7) :

> La neuvième année d'Osée [roi d'Israël], le roi d'Assyrie [Salmanasar] prit Samarie, et emmena Israël captif en Assyrie [...]. Cela arriva parce que les enfants d'Israël péchèrent contre l'Éternel, leur Dieu, qui les avait fait monter du pays d'Égypte, de dessous la main de Pharaon, roi d'Égypte.

Ainsi s'accomplit ce qui est écrit au sujet des Juifs lorsqu'ils méprisent les lois de l'Éternel, considérant ce dernier récit ainsi que les autres récits historiques antérieurement cités en rapport avec la servitude répétée des enfants

---

3. Récits en lien avec l'asservissement des Juifs par les Assyriens et les Babyloniens, rapportés dans la Torah (Pentateuque) et les livres historiques des Chroniques et des Rois d'Israël (2 Rois 17 ; 2 Chroniques 36 ; Daniel 9). Pour la domination et la dispersion des Juifs par les Romains, voir aussi « Destruction de Jérusalem par Titus » de Gérard Nahon, dans *Encyclopædia Universalis* [dernière consultation en ligne : 17 juillet 2021]. https://www.universalis.fr/encyclopedie/destruc tion-de-jerusalem-par-titus/

d'Israël. À maintes occasions, ils sont livrés aux mains de l'ennemi pour être captifs, dispersés, asservis ou périr.

En outre, la guerre est à l'origine de la servitude de nombreux peuples vaincus et de familles asservies (Grandet, 2003). Dans les guerres, les vainqueurs ramènent en captivité ou dans la servitude les vaincus (prisonniers de guerre), comme ce fut le cas pour les familles et les tribus du peuple juif, asservies par les Assyriens et les Babyloniens. L'histoire de la servitude en Israël a connu des oscillations : tantôt les enfants d'Israël sont vaincus à la guerre puis réduits en servitude (lorsqu'ils méprisent les lois de l'Éternel), tantôt ils sont vainqueurs de la guerre puis deviennent maîtres des étrangers et des autochtones (lorsqu'ils retournent à l'Éternel). En position de force et de domination, ils doivent accorder la liberté aux esclaves lors du jubilé et s'abstenir de toute œuvre servile le jour du sabbat, selon l'interprétation de la loi juive régissant les rapports esclavagistes dans l'Israël antique.[4]

La perspective religieuse comprend non seulement la dimension verticale et transcendantale se référant au péché pour expliquer les maux sociaux, y compris le mal de l'esclavagisme, mais aussi la dimension horizontale et culturelle s'ouvrant aux études historiographiques et socio-anthropologiques des agents sociaux dans leurs rapports socioculturels (Tillich, 1994 ; Ricœur, 2004 ; Meslin, 2006 ; Habermas, 2008). Pareillement, nous voulons insister sur cette dernière dimension horizontale et socioculturelle où les agents des civilisations anciennes et contemporaines, dans leurs rapports sociaux disparates et conflictuels, se livrent sans cesse à des luttes antagoniques d'intérêts (de classes ou de races) débouchant sur l'esclavage comme système d'exploitation et de domination de l'homme par l'homme.

Les études historiographiques de l'esclavage nous révèlent l'ampleur de ce phénomène dans les sociétés esclavagistes antiques, féodales, coloniales et postcoloniales. Les stratégies des esclavagistes pour perpétuer l'esclavage dans le monde varient d'une époque à l'autre, d'une société esclavagiste à l'autre. Pareillement, les autorités religieuses, dans leurs préoccupations temporelles, s'y adaptent en laissant guider leurs comportements par l'évolution de la société (Meslin, 2006). L'adaptabilité de ces autorités religieuses s'explique tantôt par leur position explicite favorable à l'esclavage, lorsque l'esclavagisme était la doctrine et l'esclavage la norme dans les sociétés escla-

---

4. Dans le Pentateuque (Torah), le jubilé désigne la solennité publique célébrée autrefois par les Hébreux (Juifs) tous les cinquante ans ; et le sabbat, le septième jour de la semaine, jour du repos.

vagistes, féodales et coloniales, tantôt par leur position implicite ou par leur silence, lorsque l'abolitionnisme devient le courant dominant dans les sociétés postcoloniales. En cela, rien n'est plus efficace comme stratégie adaptative des acteurs religieux que l'interprétation des récits, des textes et des versets correspondant à leur position esclavagiste et à leur intérêt particulier. En effet, pour étayer leur position de domination et leur position esclavagiste, ils interprètent, hors contexte, des textes liés aux causes et conséquences du péché, à la captivité et à la servitude d'Israël, à la soumission et à l'obéissance selon la chair aux autorités établies. Ils tordent le sens des Écritures pour s'associer au mal de l'esclavagisme, en contournant la vérité sur le potentiel transformateur, émancipateur, libérateur et salvateur de la Parole divine. Dans la seconde épître de Pierre (3 : 16), il alerte déjà qu'il y a, dans les Écritures, des points difficiles à comprendre, dont les personnes ignorantes et mal affermies tordent le sens. En cela, le fait que des religieux tordent le sens des Écritures pour s'adonner à la pratique du mal de l'esclavage ne surprend nullement.

Au XVe siècle, l'esclavage dans le monde a connu une nouvelle allure idéologique et une nouvelle tournure géopolitique avec l'irruption de l'autorité pontificale et ses idées sur cette question de société qu'elle transcrit dans une bulle officielle en 1454. La position officielle de l'Église catholique favorable à la servitude des Nègres et son interprétation de ce phénomène sociétal donnent à l'esclavagisme son ancrage idéologique et religieux. Cette allure idéologique contribue évidemment à l'intensification des pratiques d'esclavage noir par l'adhésion massive des esprits et des mentalités esclavagistes à cette position officielle de l'autorité catholique dont l'influence excelle grandement aux époques médiévale et postféodale. Quant à sa tournure géopolitique, elle se dessine à partir de l'année 1492. Gravée dans les annales historiques du monde colonial, cette année inoubliable fait archiver plusieurs événements historiques et éléments géopolitiques. Elle marque la découverte, la conquête, la colonisation et le pillage systématique du Nouveau Monde par les conquérants et les colons européens (Beaud, 1987). Elle annonce le début du calvaire des Amérindiens, condamnés aux mauvais traitements et emportés par le génocide. Autrement dit, elle conduit à « la destruction des populations indigènes du continent américain depuis l'arrivée des Européens » (Dorel, 2006), et à leur remplacement par des Nègres venus d'Afrique et vendus aux Amériques. Elle débouche sur l'opération du commerce triangulaire et de la traite transatlantique, ordonnée depuis 1454 par l'autorité catholique de Rome, puis exécutée par les autorités politiques et coloniales européennes.

Depuis l'Antiquité égyptienne, babylonienne, perse, grecque et romaine, en passant par l'époque féodale et le Moyen Âge européen, jusqu'au système-monde capitaliste des temps contemporains, il y a une permanence de la pratique, du droit et de la théorie régissant l'esclavage (Bresc, 1996, p. 159). Jusqu'aujourd'hui, explique Meillassoux (1986, p. 66), l'esclavage a laissé des traces profondes, des préjugés tenaces et des séquelles d'exploitation témoignant encore de ses manifestations, de son enracinement et de ses fonctions dans la société. L'esclavage est une réalité de notre temps, rappelle Vaz (2006), considérant le travail auquel sont contraints, sous menaces, des hommes, des femmes ou la traite des enfants arrachés à leurs familles. Or, « nombreux sont ceux qui pensent que l'esclavage appartient au passé. Ils ont tort. L'esclavage subsiste aussi bien sous ses formes traditionnelles que sous des formes plus modernes » (OIT, 1993, p. 1). Il s'agit d'une réalité historique évoluant, en termes synchroniques et diachroniques, dans le sens du prolongement des pratiques et des rapports esclavagistes des temps anciens aux temps contemporains.

N'étant pas un simple terme historique réservé uniquement aux études de l'Antiquité esclavagiste, ce phénomène continue de faire des ravages dans le monde, dans ses formes d'asservissement de l'homme par l'homme (Gu, 1968, p. 180). Périodiquement renouvelé par des structures sociales et économiques archaïques, affirme Fontenay (1996, p. 115), l'esclavage s'est prolongé jusqu'en plein cœur des temps modernes de l'Occident chrétien. C'est donc un problème historique, la présence massive de l'esclavage dans les sociétés contemporaines (Vatin, 2014). Les dizaines de millions d'êtres humains et d'enfants asservis encore aujourd'hui, fixés aux travaux forcés et privés de libertés (OIT, 2022 ; OIM, 2017a, 2017b ; Gouvernement du Canada, 2017) – recensés dans les sociétés asiatiques et africaines, ainsi que dans la société haïtienne en particulier – illustrent la recrudescence et la présence significative de l'esclavage en plein cœur des temps modernes.

2.2. Système capitaliste-esclavagiste postféodal : place de l'acteur religieux dans le système

Les recherches historiographiques sur l'esclavage révèlent que les rapports esclavagistes de l'ancien régime féodal se prolongent dans le nouveau régime capitaliste. Le nouveau système n'a pas rompu avec les pratiques esclavagistes de l'ancien système. Les révolutions des puissances esclavagistes anglaise (1642-1651) et française (1789-1799) n'ont pas abouti au *tabula rasa* de l'ancien régime féodal. Les mesures abolitionnistes des XIXe et XXe siècles ainsi que les différents mouvements sociaux et syndicaux post-abolitionnistes à l'échelle planétaire n'arrivent pas non plus à rompre avec les rapports esclavagistes de domination et d'exploitation.

Le système-monde postféodal, fondé sur l'accroissement économique et l'accumulation du capital, est l'expression d'un système concurrentiel et d'un réseau complexe de relations d'échanges entre les acteurs interconnectés du monde (Wallerstein, 2006). Élevé sur les ruines de la société féodale, ce nouveau système-monde n'a pas fait disparaître les inégalités et les pratiques esclavagistes de l'ancien régime féodal. Au contraire, il se transforme en un système hybride mélangeant le féodalisme vassal et le capitalisme sauvage. Son caractère vassal réside dans le rapport de servilité et de dépendance du serviteur (serf) à l'égard de son maître (seigneur), caractéristique d'un ancien monde féodal ; son caractère sauvage apparaît dans le visage inhumain du capitalisme qui ne s'intéresse qu'au profit. Dans sa réflexion sur la remise en cause de l'État-providence des années 1970, Bourdieu (1980) identifie le nouveau système d'exploitation à un capitalisme sauvage, c'est-à-dire un développement caractérisé par un capitalisme à visage inhumain qui accentue les exploitations, les dominations et les inégalités sociales. Ce visage inhumain du capitalisme apparaît, chez Brient (2007) et Arendt (1958), notamment dans les conditions de travail imposées dans les usines d'exploitation. Chez Boutang (1998), c'est particulièrement dans le statut dérogatoire des travailleurs migrants et dépendants que ressort l'idéal-type du capitalisme sauvage et inhumain.

N'ayant pas totalement rompu avec le passé féodal, le système postféodal fait naître « un monstre hybride [...] où la noblesse victorieuse produit elle-même des marchandises d'une façon qui représente un mélange singulier de capitalisme et de féodalisme, [en accumulant] dans de grandes exploitations de la plus-value avec du travail forcé de nature féodale » (Kautsky, 1900, cité dans Boutang, 1998). Dans son étude du capitalisme, Weber (1905) souligne l'hybridation du nouveau système par la coexistence du travail forcé et du travail libre dans le développement du système capitaliste. D'un côté, explique-t-il, « les marchands capitalistes d'outre-mer ont joué le rôle d'entre-preneurs coloniaux et de possesseurs d'esclaves, utilisant le travail forcé. [De l'autre côté], l'Occident a connu en propre une autre forme de capitalisme : l'organisation rationnelle capitaliste du travail libre » (p. 7). Dans son analyse, Morse (1981) retient également les statuts du servage et de l'esclavage coexistant avec le salariat libre. Résultant de ce mélange historique du féodalisme et du capitalisme, les formes disparates d'esclavage et de salariat libre se sont jumelées lors de la transition et la transformation des économies capitalistes (Boutang, 1998). Voilà donc à quoi ressemble le nouveau système né de la collusion du féodalisme et du capitalisme : un monstre hybride valorisant à la fois le travail libre et non libre, ou du moins un système d'exploitation qui n'est ni totalement non libre ni totalement libre. L'hybridation du système-monde capitaliste et esclavagiste s'explique par la dynamique du marché, voulant répondre efficacement aux grands besoins de croissance et d'accumulation à grande échelle par le mixage des formes disparates de travail non libre et libre, de travail servile et dépendant, appelées finalement à coexister.

Les codes esclavagistes de 1685 et de 1724 adoptés par la puissance colonialiste française reconnaissent la nature hybride du système combinant le féodalisme et le capitalisme, l'esclavagisme et le colonialisme. Ils accordent aux seigneurs féodaux comme aux bourgeois capitalistes des pouvoirs de domination, des avantages matériels et surtout des droits d'avoir des esclaves. Le Code noir de 1685 notifie, au sujet de la classe seigneuriale ayant à sa disposition des serfs :

> Néanmoins, les droits féodaux et seigneuriaux ne seront payés qu'à proportion du prix des fonds [...]. Ne seront reçus les lignagers et seigneurs féodaux à retirer les fonds décrétés, s'ils ne retirent les esclaves vendus conjointement avec fonds ni l'adjudicataire à retenir les esclaves sans les fonds. (art. 52 ; 53)

Concernant la classe bourgeoise possédant des esclaves, il stipule : « Enjoignons aux gardiens nobles et bourgeois usufruitiers, amodiateurs et autres jouissants des fonds auxquels sont attachés des esclaves qui y travaillent, de gouverner lesdits esclaves [...] » (art. 54). Le Code noir de 1724, dans les articles 47, 48 et 49, reprend et maintient textuellement ces mêmes dispositions du Code noir de 1685. Plus loin, nous allons revenir sur ces deux codes esclavagistes qui non seulement tiennent compte de la nature hybride du nouveau système pour octroyer des avantages et des droits aux seigneurs féodaux comme aux bourgeois capitalistes, mais aussi qui maintiennent le pouvoir de domination de l'Église catholique dans l'espace colonial et le marché esclavagiste.

Établissant la corrélation entre l'esclavagisme et le capitalisme, Wallerstein (1981) soutient que l'esclavage contribue, à l'échelle mondiale, au développement de l'économie-monde capitaliste. Il fait maximiser, au niveau macro, la production économique pour les métropoles capitalistes (Larquié, 1996 ; Salifou, 2006). Au niveau microéconomique et microsociologique sur lequel porte notre regard, il permet l'enrichissement du patrimoine familial des groupes sociaux dominants qui en profitent (Guillen, 2018 ; Bawin-Legros, 1996). Et, dans cette corrélation, le développement sauvage (inhumain) du marché capitaliste-esclavagiste attire et stimule, à rebours, la main-d'œuvre servile (Fage, 1981 ; Brient, 2007).

La colonisation et l'esclavage stimulent le développement sauvage du capitalisme. À l'avis de Beaud (1987), l'histoire du capitalisme renvoie à l'histoire même du colonialisme et de l'esclavagisme. Selon lui, le capitalisme émerge et tire son essor à partir de la colonisation, de la conquête et du pillage systématique du Nouveau Monde. La traite négrière et l'esclavage colonial, comme manifestations historiques du système-monde capitaliste, servent considérablement au développement des métropoles capitalistes (Grenouilleau, 1996 ; Larquié, 1996). L'esclavage répandu à travers le commerce d'êtres humains est générateur de profit (Meillassoux, 1986, p. 87). Il désigne une activité rentable : une source de prospérité pour l'économie-monde capitaliste (Wallerstein, 1981, p. 251).

Figures représentatives du capitalisme et de l'Occident chrétien, les États-Unis prospèrent grâce à la culture de la traite négrière et de l'esclavage noir. Cette prospérité étatsunienne, basée sur l'exploitation à outrance de la main-d'œuvre servile d'origine africaine, perdure pendant près de trois siècles d'esclavage (1619-1865). Les colons britanniques installés en Virginie acquièrent leurs premiers esclaves africains en 1619. Et il y aurait environ 4 millions d'esclaves noirs aux États-Unis en 1865, l'année de l'abolition officielle par le XIIIe amendement constitutionnel.[5] Dans son analyse détaillée, Salifou (2006) écrit que l'esclavage noir sert à la prospérité des États fédérés de Connecticut,

---

5. Voir, pour ces données chiffrées, Bibliothèque municipale de Lyon [en ligne] : https://www.bm-lyon.fr/expositions-en-ligne/martin-luther-king-le-reve-brise/exposition/de-l-esclavage-a-la-marche-sur-washington/article/l-esclavage-aux-etats-unis-1619-1865 ; National Geographic [en ligne] : https://www.nationalgeographic.fr/histoire/2019/08/comment-lesclavage-sest-developpe-aux-etats-unis

Massachusetts, New Jersey, Pennsylvanie, Delaware, New York, Géorgie, Caroline, Maryland et Virginie. Finalement, constate-t-il, « plus l'esclavage se développe dans les sociétés esclavagistes, plus ces sociétés s'enrichissent » (p. 18), en faisant de pareilles remarques pour les sociétés esclavagistes des temps antiques aux temps contemporains.

Imbu de l'apport significatif de l'esclavage noir dans la croissance des économies coloniales américaine et antillaise, le Canada français commence à faire venir des Nègres pour les utiliser dans les activités de l'agriculture (terres) et du défrichement (forêts) à la fin du XVIIe siècle, soit à la suite d'une permission royale de Louis XIV en mai 1689, écrit Trudel (1960, p. 38). 125 ans après, calcule Trudel (1960, pp. 87, 133), il y aurait environ 1 132 esclaves nègres, sur près de 4 000 esclaves recensés au Canada français. La contribution de cette main-d'œuvre servile exploitée dans le développement économique du Canada – pendant les 125 ans d'esclavage considérés par l'historien Trudel – ne saurait donc être négligeable, même si elle est relativement moins significative en quantité de main-d'œuvre servile et en croissance économique que celle apportée par environ 4 millions d'esclaves noirs aux États-Unis avant 1865.

À part les documents historiques recensés sur l'esclavage noir ayant contribué au développement économique du système-monde capitaliste-esclavagiste, les archives historiques inventoriées remontent également aux traces de traite, d'esclavage et de commerce de Nègres durant la période des XVIIIe et XIXe siècles en Amérique du Nord (États-Unis, Canada). Les archives répertoriées – hébergées par le National Museum of American History (USA), la Library of Congress (USA), la NYPL's Public Domain Archive (USA) et le Mississippi Department of Archives et History (USA) – conservent des traces d'activités de commerce de Nègres avec des affiches publicitaires au titre *Negroes for sale* (Nègres à vendre) datant respectivement de 1784, de 1820, de 1841 et 1842. Donc, jusqu'à la deuxième moitié du XIXe siècle, soit avant l'abolition officielle par le XIIIe amendement constitutionnel de 1865, se multiplient aux États-Unis les activités de commerce d'êtres humains (Nègres) réduits à l'état de marchandises.

Les autres pièces d'archives pertinentes inventoriées – hébergées aux Archives nationales à Québec et à Montréal – conservent des traces de traite et d'esclavage des Nègres et des Amérindiens au Canada durant les temps coloniaux. Dans cet inventaire, nous répertorions des pièces d'archives concernant l'esclavage des Amérindiens en Nouvelle-France (Québec) au

XVIIIe siècle (1700, 1726, 1727, 1757). Nous inventorions aussi plusieurs pièces d'archives relatives à l'esclavage des Nègres dans cette ancienne colonie française au XVIIIe siècle (1732, 1734, 1735, 1746, 1748, 1755, 1756), dont deux pièces datant de 1732 et de 1734 qui témoignent d'activités de traite et d'esclavage des Nègres, respectivement en provenance de la Caraïbe et de l'Europe (Portugal), au Canada (Québec). Ainsi, nombreuses sont les pièces d'archives inventoriées (voir Annexe III. Grille de référence des archives). Dans la figure suivante (*Fig. 4*), neuf pièces d'archives parmi les plus pertinentes sont triées et présentées ; elles concernent le commerce, la traite et l'esclavage des Nègres aux XVIIIe et XIXe siècles, aux États-Unis et au Canada en général, et en Haïti en particulier.

Fig. 4. Archives remontant à la mémoire de l'esclavage noir en Amérique du Nord et en Haïti (18e-19e s)

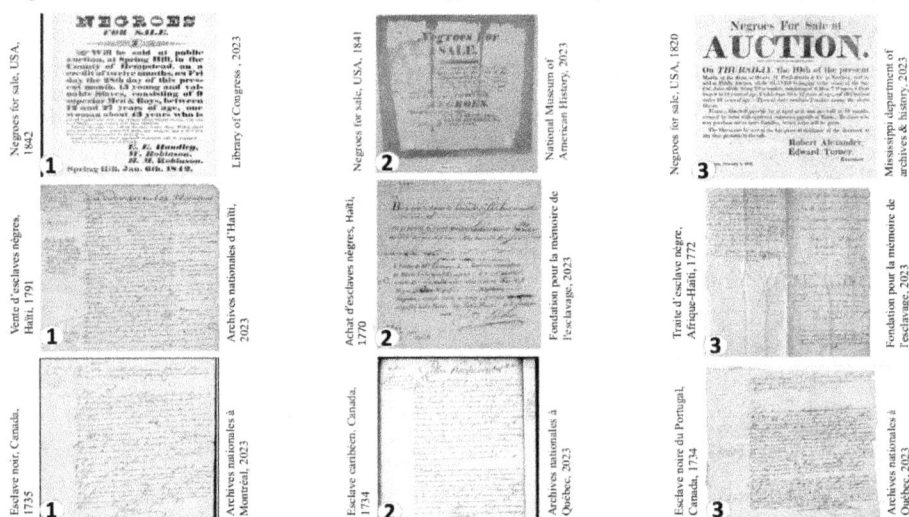

La première rangée comprend trois pièces d'archives relatives à l'esclavage aux États-Unis. Ayant pour titre publicitaire *Negroes for sale* (Nègres à vendre), ces trois pièces d'archives datant de 1842, de 1841 et de 1820 exposent clairement la réduction d'êtres humains à l'état de marchandises aux États-Unis, avant l'abolition de 1865 (Library of Congress, National Museum of American History, et Mississippi Department of Archives et History, 2023). Cette déshumanisation n'est pas différente de celle établie dans le reste de l'Amérique et à Saint-Domingue en particulier, où des Nègres sont pareillement vendues comme des marchandises. La deuxième rangée compte également trois pièces d'archives relatives à la traite et à l'esclavage à Saint-Domingue (Haïti). La première pièce (1), datant de 1791, est un acte de vente d'un terrain avec des esclaves et des accessoires additionnés ensemble (Archives Nationales d'Haïti, 2023) ; les deux autres pièces (2 et 3) sont des archives d'un acte de quittance de paiement pour l'achat d'esclaves et de traite d'un esclave originaire du Congo à Saint-Domingue (Haïti), respectivement en 1770 et 1772 (Fondation pour la mémoire de l'esclavage, 2023).

La troisième rangée comprend, elle aussi, trois pièces d'archives relatives à la traite et à l'esclavage au Canada. La première pièce (1) de cette troisième rangée concerne Jean-Baptiste Thomas, un esclave chez Louise Lecomte (Archives nationales à Montréal, cote : TL4, S1, D4251, Id 702307, 22 août 1735) ; les deux autres pièces (2 et 3) de la même rangée traitent des affaires de traite d'un esclave originaire des Caraïbes au Canada (Québec) en 1732 (Archives nationales à Québec, cote : E1, S1, D22, P2589, Id 88765, 8 février 1734), puis d'une femme esclave originaire d'Europe (Portugal) au Canada (Québec) en 1734 (Archives nationales à Montréal, cote : TL4, S1, D4136, Id 702191, 21 juin 1734). L'esclave caribéen amené en ce pays en 1732 avait quitté le navire qui le transportait, avant de se réfugier à Saint-Augustin [marronnage]. Quant à Marie-Josèphe Angélique, négresse née au Portugal et esclave de Thérèse de Couagne, elle était accusée d'incendie criminel d'une partie de la ville de Montréal. Ce récit est aussi rapporté par Trudel (1960, p. 213) qui rappelle que « l'incendie de Montréal [avait été] causé par la négresse Angélique ».

La pertinence des deux dernières pièces d'archives met en lumière au moins deux réalités du système capitaliste-esclavagiste colonial :

1. le statut de chose attribué à l'esclave nègre, considéré comme n'importe quelle marchandise, comme un produit commercialisable et effectivement commercialisé, d'un marché local vers un marché étranger ;
2. l'existence d'un marché d'esclaves dans les Caraïbes, incluant le marché haïtien, historiquement ouvert au commerce d'esclaves entre le marché caribéen et d'autres marchés étrangers, notamment le marché canadien au XVIIIe siècle.

À cet égard, Trudel (1960) écrit que l'esclave nègre devient une « marchandise d'occasion » (p. 57), un « article d'exportation » (p. 48). Ainsi, ajoute-t-il, « l'exportation d'individus aux Antilles a peut-être continué [...], sans qu'il fût besoin d'une autorisation officielle de l'État » (p. 51).

Par ailleurs, si la pratique de l'esclavage est à la base du développement économique du système-monde colonialiste-capitaliste, les acteurs des institutions religieuses occidentales contribuent, chacun en ce qui le concerne, à ce développement à différents niveaux éthique, idéologique et pratique. Le protestantisme, émergé au XVIe siècle en Europe puis en Amérique et dans le reste du monde, stimule le développement du nouveau système postféodal mixant le travail libre et le travail non libre par l'offre d'une main-d'œuvre soumise et surtout l'éthique protestante incitant au travail qui crée la richesse pour les propriétaires (Weber, 1905). Quant au catholicisme, sa grande contribution réside notamment dans sa fonction idéologique et surtout sa prise de position officielle, à partir du XVe siècle, favorable à la colonisation des Afriques et des Amériques, à la traite et à la servitude perpétuelle des Nègres, faisant progresser le système capitaliste-esclavagiste postféodal. Et, par-delà l'éthique protestante incitant au travail dépendant et la position idéologique catholique favorable à l'esclavage, il y a un ensemble d'acteurs institutionnels et décisionnels du catholicisme et du protestantisme qui possèdent également des esclaves (Trudel, 1960 ; Corten, 2014).

En effet, les arguments théoriques des acteurs sociaux, élucidés antérieurement, corroborent les faits historiques liés à la place des autorités religieuses dans le système capitaliste-esclavagiste et leur influence dans les processus décisionnels en lien avec l'esclavagisme du passé au présent. Ces acteurs des institutions religieuses constituent des éléments centraux du système (Houtart, 1986). Ils remplissent des fonctions majeures dans le rassemblement des hommes et l'orientation idéologique des publics croyants, dans la socialisation et la reproduction culturelle, mais aussi parallèlement dans le renforcement du *statu quo* lié aux rapports hiérarchiques d'autorité et de domination dans la société (Defois, 1984). Faisant partie des structures de domination, leur position pour le *statu quo* sert non seulement à la préservation des rapports d'autorité et de domination, mais aussi à la légitimation des rapports sociaux inégalitaires ou la justification des relations sociales dominantes dans la société (Houtart, 1980).

Par leur rapport de chevauchement avec les pouvoirs étatiques, les autorités religieuses maintiennent aisément, en termes de *statu quo*, leur primauté dans le système colonial et postcolonial. Cette primauté demeure dans la mesure où les intérêts défendus par l'État n'émanent pas de la pensée de ses dirigeants, mais plutôt de la volonté des acteurs influents des institutions socioreligieuses (Morin, 2013).

Par exemple, la décision de l'État espagnol de remplacer les Amérindiens par les Africains dans les colonies espagnoles n'émane pas directement de l'esprit de ses dirigeants politiques, mais plutôt de la position des acteurs religieux de l'institution catholique. Notamment, la proposition du prêtre espagnol Bartolomé, représentant de l'institution catholique en Amérique, soutient que les Nègres sont plus robustes et acclimatés aux régions tropicales (Salifou 2006). À leur tour, les autres puissances coloniales européennes (Portugal, France, Angleterre, etc.) s'engagent, sur les mêmes traces colonialistes-esclavagistes espagnoles, dans la conquête et l'asservissement des Nègres, jugés robustes et adaptés aux régions tropicales. Ces faits corroborent la réflexion d'Althusser (2015) selon laquelle l'institution religieuse renvoie à une superstructure soutenant les intérêts des classes dominantes, un appareil idéologique d'État diffusant des attitudes et des messages qui ont un poids social et culturel. L'expression « appareil idéologique d'État » trouve son sens pratique dans l'exécution par les États colonialistes européens de la position idéologique de l'autorité catholique désignant les Africains comme des êtres plus robustes et acclimatés aux régions tropicales, également comme des « infidèles » et « ennemis du Christ » qui, par conséquent, méritent d'être châtiés et réduits en esclavage. D'où la double fonction idéologique et pratique de l'institution religieuse d'abord dans l'incitation active à l'esclavage à partir du XVe siècle, puis dans l'asservissement même avec des autorités morales et charismatiques qui sont aussi des propriétaires d'esclaves (Trudel, 1960 ; Corten, 2014).

Certes, l'institution catholique occupe une place prépondérante dans les sociétés esclavagistes et capitalistes d'hier à aujourd'hui. La vie de l'homme médiéval est façonnée par cette structure dominante, cette institution puissante. Elle a été et demeure un acteur influent du monde occidental par son multiple rôle idéologique, religieux, spirituel, politique, économique, social et culturel. Par son rôle idéologique, mis en lumière par Althusser (2015), elle soutient les intérêts des classes sociales dominantes, en incitant à l'esclavage propice à l'expansion florissante du système capitaliste-esclavagiste ; ce rôle idéologique se transforme en un rôle décisionnel, lorsque par exemple l'autorité catholique, dans la bulle *Inter Caetera* (Alexandre VI) de 1493, décide du partage du Nouveau Monde entre les puissances royales de l'Espagne et du Portugal, ou lorsqu'elle décide, dans la bulle *Romanus Pontifex* (Nicolas V) de 1454, en ces termes :

Nous concédons au roi Alphonse, entre autres choses, la faculté pleine et entière d'attaquer, de conquérir, de vaincre, de réduire et soumettre tous les sarrasins, païens et autres ennemis du Christ, où qu'ils soient, avec leurs royaumes, duchés, principautés, domaines, propriétés, meubles et immeubles, tous les biens par eux détenus et possédés ; de réduire leurs personnes en servitude perpétuelle [...] Nous accordons, concédons et attribuons, par les présentes, au roi Alphonse susnommé et aux rois des dits royaumes, ses successeurs [...], les territoires conquis.

Dans sa fonction religieuse et spirituelle, l'institution catholique s'occupe du mariage, du baptême, de la communion, de la pénitence et du pèlerinage des catholiques. Elle impose des dogmes religieux, en infligeant ainsi des châtiments ou des sanctions à l'encontre des fidèles qui ont commis des fautes (condamnations au bûcher, excommunications, pénitences, amendes). Dans son rôle socioculturel, elle assure l'enseignement fondamental et l'instruction religieuse aux enfants.[6] Elle intervient dans les soins spirituels et médicaux, en développant des structures en soins spirituels et médicaux pour soigner les malades (Hôtel-Dieu). Son intervention a pris plusieurs formes aujourd'hui bien connues : services religieux, assistance matérielle et médicale, représentation politique (Gélinas, 2003, p. 84). Au cours de l'histoire, elle devient une puissance économique et politique, en recevant de la part des seigneurs ou des rois des terres et des revenus de leurs domaines, et de la part des fidèles des offrandes et des dons de leurs récoltes. Au Moyen Âge, cette force politique se réserve le plein pouvoir d'organiser des expéditions militaires, des croisades et des inquisitions pour défendre les intérêts catholiques et préserver la domination du catholicisme dans le monde.[7] En tant qu'éléments fondamentaux des processus décisionnels (Crozier et Friedberg, 1977),

---

6. Dans les colonies antillaises, le monopole de l'enseignement fondamental était confié aux *Frères de l'instruction chrétienne* (FIC). Après la décolonisation, un concordat assure la pérennité de ce monopole au catholicisme.

7. Les croisades sont des expéditions militaires organisées par l'Église catholique lors des pèlerinages armés des catholiques en Terre sainte, semant sur leur passage la désolation chez les non-catholiques (musulmans, orientaux turcs). Quant à l'inquisition, elle est une juridiction spécialisée (tribunal religieux) relevant du droit canonique, créée au XIIIe siècle par l'Église catholique dans le but de combattre l'hérésie, en faisant appliquer aux personnes qui ne respectaient pas le dogme catholique des peines variant, selon le cas, de simples sanctions spirituelles (prières, pénitences) à des amendes pour les coupables, et de la confiscation des biens à la peine de mort pour les apostats.

les autorités charismatiques (Weber, 2014a) de l'institution catholique songent toujours à défendre leurs intérêts associés aux intérêts des factions sociales dominantes d'appartenance. Elles usent de leur force institutionnelle, de leur autorité morale et de leurs ressources politiques (Dahl, 1971) pour prendre des décisions correspondant aux intérêts qu'elles partagent en commun avec d'autres groupes dominants du système capitaliste-esclavagiste.

À l'époque contemporaine, l'institution catholique conserve encore sa place prépondérante dans le système et sa position de domination dans la société, mais dorénavant sous un double chapeau institutionnel : clérical (Église de Rome) et étatique (État du Vatican). Voilà pourquoi, dans le cadre de notre étude, lorsque nous parlons du catholicisme, nous faisons allusion de préférence à l'institution catholique plutôt qu'à l'Église catholique en soi, considérant le double statut ecclésial et étatique chevauché de l'institution en question. Voilà la force du catholicisme et ses énergies symboliques (Valadier, 2007). Voilà enfin la puissance économique, socioculturelle et géopolitique de l'institution catholique qui se positionne en faveur de la colonisation euro-péenne des Afriques et des Amériques, de la traite et de l'asservissement perpétuel des Nègres depuis le XVe siècle, laissant des traces vives dans l'Haïti contemporaine.

2.3. Esclavage sous ses formes historiques comparées

Les rapports esclavagistes sont régis par des théories, des pratiques, des traditions, des conventions, des bulles ou des codes esclavagistes. Les pratiques découlant de tels rapports se produisent et se reproduisent sous plusieurs formes historiques (Brient, 2007 ; Bresc, 1996 ; Bormans, 1996 ; Morse, 1981 ; Biezunska-Malowist et Malowist, 1989). Elles font enregistrer des victimes tant parmi les femmes que parmi les hommes, tant parmi les adultes que parmi les enfants.

Sur la question de l'esclavage enfantin contemporain, la convention de référence qui l'aborde demeure celle de 1999 de l'OIT (n° 182). Cette conven-tion ne régit pas les rapports esclavagistes contemporains dans le sens de formaliser ou de stimuler l'esclavage. Mais elle définit les pires formes de travail des enfants assimilées à des formes d'esclavage enfantin contempo-rain, ce qui sous-tend qu'elle reconnaît l'existence de l'esclavage enfantin aux temps contemporains. L'article 3 de la présente convention assimile à l'escla-vage des enfants :

a. Toutes les formes d'esclavage ou pratiques analogues, telles que la vente et la traite des enfants [1], la servitude pour dettes [2] et le servage [3] ainsi que le travail forcé ou obligatoire [4], y compris le recrutement forcé ou obligatoire des enfants en vue de leur utilisation dans des conflits armés [5].

b. L'utilisation, le recrutement ou l'offre d'un enfant à des fins de prostitution, de production de matériel pornographique ou de spectacles pornographiques [6].

c. L'utilisation, le recrutement ou l'offre d'un enfant aux fins d'activités illicites, notamment pour la production et le trafic de stupéfiants [7], tels que les définissent les conventions internationales pertinentes.

d. Les travaux qui, par leur nature ou les conditions dans lesquelles ils s'exercent, sont susceptibles de nuire à la santé, à la sécurité ou à la moralité de l'enfant [8].

À ces pires formes de travail des enfants identifiées par l'OIT (1999) à des formes contemporaines d'esclavage des enfants, l'UNICEF (1997, p. 25) ajoute comme travail des enfants relevant de l'exploitation ou de la servitude des enfants :

a. Un travail à plein temps à un âge trop précoce [9].

b. Trop d'heures consacrées au travail [10].

c. Des travaux qui exercent des contraintes physiques, sociales et psychologiques excessives [11].

d. Un travail et une vie dans la rue, dans des conditions peu salubres et dangereuses [12].

e. Une rémunération insuffisante [13].

f. Imposition d'une responsabilité excessive [14].

g. Un emploi qui entrave l'accès à l'éducation [15].

h. L'esclavage, la servitude ou l'exploitation sexuelle portant atteinte à la dignité et au respect de soi des enfants [16].

i. Un travail qui ne facilite pas l'épanouissement social et psychologique complet [17].

Voilà, selon les experts et les acteurs internationaux des institutions onusiennes spécialisées, près d'une vingtaine de types de travail des enfants assimilés aux pires formes de travail et à la servitude des enfants, susceptibles de compromettre leur développement physique, cognitif, psychologique, social et moral. La quasi-totalité des pires formes et types de travail identifiés semble correspondre aux situations des enfants restavec ; ce que nous attestons plus loin au moment de passer en revue ce système.

En outre, les théories sociologiques analysant les rapports sociaux esclavagistes contemporains font repérer d'autres pratiques assimilées à l'esclavage dont certaines sont aussi mentionnées dans les pires formes de travail précédentes :

    a. La traite, le trafic d'êtres humains et la vente des personnes (Vaz, 2006 ; Salifou, 2006).

    b. Le travail forcé et le travail obligatoire (Babassana, 1978 ; Ruano-Borbalan, 2003).

    c. La servitude pour dette et l'asservissement pour un délit (Bresc, 1996 ; Fontenay, 2006).

    d. Le travail non libre et le travail dépendant dans le salariat bridé et dans les usines (Boutang, 1998 ; Arendt, 1958).

    e. L'esclavage moderne dans les industries (Arendt, 1958 ; Brient, 2007).

    f. Le servage et l'esclavage héréditaire (Morse, 1981 ; Bresc, 1996).

    g. L'esclavage sexuel et l'exploitation sexuelle à des fins commerciales (Hodan, 2005 ; Annequin, 2008).

    h. La non-liberté et la privation de liberté de circulation (McAll, 2009 ; Boutang, 1998).

    i. Le travail domestique et le travail en servitude sans rémunération (Lubin, 2002 ; Rollins, 1990).

    j. Le travail *restavec* gratuit et l'asservissement *vilamègbo* (Cadet, 2002 ; Luret, 2007).

Le restavec haïtien, comparable au *vilamègbo* africain, est évidemment cette forme contemporaine d'esclavage enfantin qui nous préoccupe. Dans ses manifestations pratiques, il prend tantôt la forme de traite ou de trafic des enfants, lorsque ces enfants, venus de loin, sont cédés, trafiqués et asservis sur le marché restavec ; tantôt il est assimilé au travail forcé ou obligatoire, considérant les multiples tâches obligatoires assignées à ces enfants domestiques ainsi que les contraintes physiques, les maltraitances corporelles, les violences psychologiques et les oppressions systématiques associées à ce travail servile enfantin.

Tableau 4. Traits de similitude des sociétés africaines et haïtienne comparées en contexte contemporain		
No	Sociétés africaines de tradition esclavagiste vilamègbo	Société haïtienne de tradition esclavagiste restavec	Traits similaires remarquables
1	Trafic et asservissement des enfants vilamègbos ; travail forcé	Trafic et servitude des enfants restavecs ; travail obligatoire	Similitude sociodémographique des enfants asservis selon des groupes d'âges mineurs
2	Milieu social défavorisé des enfants vilamègbos	Milieu social démuni des enfants restavecs	Similitude de la catégorie sociale d'appartenance des enfants asservis
3	Origine géographique dénudée des enfants vilamègbos	Origine géographique négligée des enfants restavecs	Ressemblance de la trajectoire des enfants asservis, venus de loin
4	Mépris, dépersonnalisation, statut de chose ou condition de non-personne des enfants vilamègbos	Mépris, dépersonnalisation, statut de chose ou condition de non-personne des enfants restavecs	Ressemblance des rapports serviles de travail des enfants asservis
5	Surexploitation, variété de tâches, travail servile, abus et maltraitance des enfants vilamègbos	Surexploitation, multiplicité de tâches, travail servile, abus et maltraitance des enfants restavecs	Similitude des conditions inhumaines de travail servile des enfants asservis
6	Servitude domestique enfantine non considérée par les acteurs locaux comme pratique répréhensible	Servitude domestique du système restavec non considéré par les acteurs locaux comme pratique condamnable	Similitude dans les comportements des acteurs locaux envers les enfants domestiques asservis

Dans son analyse sociétale comparée, Luret (2007) étudie le phénomène du *vilamègbo* dans plusieurs sociétés africaines, en se concentrant notamment sur le Togo et le Bénin, où l'on dénombre respectivement entre 400 000 et 500 000 enfants *vilamègbo*, placés en situation de servitude. Similaire à la tradition du restavec en Haïti, la pratique du *vilamègbo* (terme issu de la langue mina du Togo, signifiant « enfant placé » ou « domestiqué ») est très répandue dans les pays d'Afrique de l'Ouest, qui figurent parmi les principaux pourvoyeurs de main-d'œuvre servile enfantine. Les villageois pauvres, incapables de nourrir et d'éduquer leurs enfants, explique-t-il, les confient à d'autres familles qui les soumettent à des travaux forcés. Certains petits *vilamègbo*, précise-t-il, accomplissent des tâches domestiques, servent de portefaix sur les marchés ou deviennent marchandes ambulantes ; d'autres sont exploités dans les plantations de cacao ou de coton, ou encore dans les carrières de pierre.

Dans leurs travaux collectifs sur la question de l'esclavage en Afrique, Pelckmans et Hardung (2015) abordent la dimension historique de la traite des Africains, en soulignant les héritages et les séquelles d'un esclavage des Nègres encore présent dans les sociétés africaines contemporaines. Cette question de l'esclavage et de ses survivances constitue, expliquent-ils, un élément incontournable de la vie politique de nombreux pays africains, notamment au regard des responsabilités des acteurs politiques et sociaux dans l'application du droit positif ou religieux.

Dans leur rapport expert sur la situation des enfants dans le monde, les spécialistes de l'UNICEF (1997) procèdent pareillement à une analyse sociétale décrivant les modes d'asservissement des enfants dans plusieurs sociétés contemporaines. Ils comparent, par exemple, la servitude des enfants restavecs en Haïti avec celle des enfants domestiques de Sri Lanka où un ménage sur trois emploie un enfant de moins de 14 ans comme serviteur, et avec celle des enfants domestiques du Kenya où 20 % des ménages emploient des enfants, selon le même rapport. Leurs études sociétales comparées les amènent à souligner la similitude suivante : « dans presque tous les pays où des enfants doivent supporter le fardeau des travaux ménagers, la société ne considère pas cela comme répréhensible » (p. 35). Non répréhensible en Haïti, « la pratique du restavèk [...] reste une pratique profondément ancrée et culturellement acceptée » (Borysthen-Tkacz *et al.*, 2015, p. 4).

Tableau 5. Traits de ressemblance des systèmes colonial et postcolonial comparés

No	Système de domination coloniale	Système de domination postcoloniale	Traits similaires remarquables
1	Place prédominante du catholicisme dans le système colonial	Place prépondérante du catholicisme dans le système postcolonial	Similitude des courants religieux dominants du passé au présent
2	Application des bulles (1454, 1493) et codes esclavagistes (code noir 1685) Influence des autorités catholiques dans les processus décisionnels	Application du droit positif ou religieux (code rural de 1826, concordat de 1860) Influence des acteurs religieux dans les processus décisionnels	Similitude quant à l'influence des structures religieuses de domination du passé au présent
3	Rapports d'enchevêtrement des autorités religieuses avec les autorités étatiques	Rapports de chevauchement des autorités religieuses avec les autorités politiques	Similitude dans les rapports des autorités de domination du passé au présent
4	Acteurs catholiques en position dominante de maîtres-commandeurs de Nègres	Acteurs religieux en position dominante de chefs-maîtres de domestiques nègres	Similitude dans le portrait identitaire des acteurs institutionnels et religieux du passé au présent
5	Rapports esclavagistes de domination et d'oppression de l'homme par l'homme	Rapports esclavagistes de domination et d'exploitation de l'homme par l'homme	Similitude dans les rapports esclavagistes de domination du passé au présent
6	Permanence de l'esclavage domestique colonial	Persistance de l'esclavage domestique postcolonial	Similitude dans la pratique d'esclavage domestique du passé au présent
7	Dichotomie bourg/rural, bourgeois/ruraux, oppresseurs/opprimés, maîtres/esclaves, fils légitimes/bâtards	Dichotomie ville/campagne, citadins/paysans, dominants/dominés, maîtres/serviteurs, enfants légitimes/naturels	Similitude dans les rapports dichotomiques de domination du passé au présent
8	Asservissement des enfants nègres, nés esclaves (code noir 1685)	Servitude des enfants nègres, devenus restavecs ou esclaves (tradition)	Similitude quant à l'esclavage des enfants du passé au présent

Cette similitude sert de référence majeure pour notre étude questionnant les comportements des autorités morales et religieuses locales qui, selon ces informations pertinentes émanant du pouvoir heuristique de la comparaison, ne considèrent pas l'asservissement des enfants restavecs comme pratique déplorable. Par-delà cette similitude, il y a d'autres traits de ressemblance à souligner dans la comparaison des sociétés de tradition esclavagiste, suivant leur évolution historique du système de domination coloniale au système de domination postcoloniale.

La comparaison du système de domination coloniale avec le système de domination postcoloniale fait identifier un esclavage intergénérationnel perpétué d'une génération à l'autre (Boutang, 1998 ; Fiume, 2018 ; Alt, 2013). Dans les sociétés traditionnelles où persiste ce type d'esclavage intergénérationnel, les nouvelles pratiques domestiques esclavagistes des temps postcoloniaux semblent identiques aux anciennes pratiques esclavagistes des temps coloniaux, malgré l'irruption de la technique et les évolutions récurrentes des temps modernes (Grenouilleau, 1996). Autrement dit, malgré le machinisme moderne, les pénibilités physiques avec des tâches domestiques pénibles, insalubres ou dangereuses n'ont pas disparu ; le progrès économique et technique ne règle pas le problème des conditions de travail évoluées sous l'effet des luttes sociales conservant certaines formes traditionnelles de servilité et de serviabilité (Gollac *et al.*, 2014). D'autres études sociétales comparées repèrent des traits de ressemblance de l'ancien système de domination coloniale avec le nouveau système de domination postcoloniale avec des pratiques d'esclavage ancien aux temps modernes ou des pratiques d'esclavage moderne s'apparentant à celles d'un ancien monde (Oruno, 2006 ; Morse, 1981 ; Bormans, 1996 ; Bresc, 1996 ; Salifou, 2006 ; Biezunska-Malowist et Malowist, 1989). Dans son étude du système restavec, Breyer (2016) souligne, à son tour, des points caractéristiques similaires entre le système esclavagiste colonial et le système restavec postcolonial. Sa comparaison l'amène à l'hypothèse que l'esclavage domestique postcolonial se développe dans l'Haïti d'aujourd'hui avec les cicatrices et les traits de la domination coloniale.

Résultant de la démarche scientifique et de l'émanation du pouvoir heuristique de la comparaison (Lendaro, 2012), nos études comparatives et sociétales révèlent, dans presque toutes les sociétés contemporaines où prédomine la culture de la servitude domestique, les principaux traits similaires suivants :

a. Le mépris, la dépersonnalisation, le statut de chose ou la condition de non-personne des domestiques est partout semblable (Fiume, 2018 ; Bormans, 1996 ; Rollins, 1990 ; Meillassoux, 1986).
b. L'exploitation, le travail servile gratuit, la maltraitance, les abus et

les coups sont le tribut que les enfants domestiques ont en partage,
en commun (Luret, 2007).

c. La servitude domestique infanto-juvénile n'est pas considérée dans
les sociétés traditionnelles comparées comme pratique
répréhensible (UNICEF, 1997).

Les éléments informationnels émanant des recherches comparatives
sociétales ont une valeur significative et explicative ajoutée à notre étude.
Premièrement, les données comparées des alinéas a) et b) en lien avec les
conditions matérielles d'existence des domestiques, suivant leur similitude,
nous aident à mieux comprendre la condition de non-personne des restavecs,
soumis aux pires formes de travail chez des familles de placement. Deuxièmement, concernant les données comparées de l'alinéa c) en lien avec l'attitude
reprochable semblable des acteurs de la société envers les victimes, elles
servent à illuminer davantage notre compréhension sur le silence des autorités morales et religieuses locales qui, comme d'autres acteurs sociaux dominants dans d'autres sociétés comparées, ne considèrent pas la pratique
déshumanisante du restavec comme répréhensible.

Concernant les différentes formes historiques d'esclavage comparées et
énumérées plus haut, les débats restent ouverts sur la classification des types
de travail assimilables à l'esclavage. Car, jusque-là, il n'y a pas eu de
consensus parmi les chercheurs et les pairs sur les statuts et les types de
travail assimilés à l'esclavage. D'après Arendt (1958 : 45), « l'esclavage
comprend toutes formes de travail marqué au sceau de la non-liberté », se
référant particulièrement aux conditions de soumission des travailleurs
dépendants dans les usines. Dans ces conditions d'exploitation, écrit Brient
(2007 : 3), « les esclaves modernes courent toujours derrière un travail plus
aliénant, que l'on consent à leur donner s'ils sont suffisamment sages ; ils
choisissent eux-mêmes les maîtres qu'ils devront servir ».

L'esclavage aux temps contemporains regroupe les formes non-libres de
travail dépendant, selon Boutang (1998), qui considère le rapport de travail
dans le salariat libre sous toutes ses formes non-libres, ou mieux : la non-
liberté du travail dépendant, qui sécrète toutes les formes modernes d'esclavage. Dans ce salariat bridé, il accorde une attention particulière au statut
dérogatoire des travailleurs migrants, faisant de cette dernière vague de main-
d'œuvre dépendante « l'idéal-type de l'exploité dans le capitalisme sauvage »
(p. 94). Les travailleurs migrants saisonniers, par exemple, sont soumis à des

conditions de travail relevant de la non-liberté : autorisation de travail préalable, permis de travail et passeport valides, exclusion de la vie civique, dépossession du droit de quitter l'employeur, restriction de circulation, contrôle des déplacements et privation de liberté.

La classification, la clarification, l'identification et la définition des types de travail assimilables à l'esclavage ont toujours été et demeurent des problèmes auxquels se heurtent les chercheurs et les acteurs. Déplorant par ailleurs le manque de rigueur dans les débats historiographiques sur l'esclavage et la classification des différents types de travail assimilés à l'esclavage, Morse (1981) critique l'absence d'une « bonne définition » de l'esclavage. Et, d'un ton ironique, ajoute-t-il : « nous sommes esclaves d'une sociologie très primitive qui suppose qu'il n'existe que trois sortes de statuts du travail : celui du serf, de l'esclave, du salarié libre ». Abordant pareillement cette problématique de classification du travail, Boutang (1998) énumère aussi trois sortes de statuts : le travail forcé (pratique d'engagement), l'esclavage (traite négrière) et le travail dépendant (salariat libre sous toutes ses formes non libres). Il s'agit, dans cette logique trilogique et statutaire du travail, de trois formes de travail appelées, selon lui, à coexister, étant nées d'un monstre hybride, c'est-à-dire d'un mélange singulier du féodalisme et du capitalisme.

Voulant sortir des problèmes de classification et de clarification de toutes les formes historiques d'esclavage, nous portons le regard sur la traite négrière, des temps coloniaux aux temps postcoloniaux. Il s'agit d'un regard diachronique, allant de la traite des Nègres dans le système esclavagiste colonial au trafic des enfants-descendants des Nègres dans le système restavec postcolonial. Dorénavant, pour nous, le problème de classification et de conceptualisation est censé être résolu en raison des théories, des pratiques et des traditions qui régissent les rapports contemporains du trafic et du travail restavec.

Le trafic restavec est classé parmi les pires formes de travail des enfants par des experts-acteurs internationaux. Il est conventionnellement assimilé à la servitude enfantine contemporaine, où « le service domestique des enfants, tacitement accepté par les familles, est alimenté par des notions culturelles de hiérarchie qui placent certaines personnes dans un rôle de maître et d'autres dans un rôle de serviteur » (OIT 2004, p. 2). Et, validé comme tel tant par des acteurs onusiens que par des chercheurs contemporains, ce type de travail enfantin et de trafic restavec renvoie à une forme d'esclavage contemporain.

Après la validation du restavec comme objet d'étude et son identification à une forme contemporaine d'esclavage noir, il importe de connaître et d'analyser en profondeur les positions des autorités morales et religieuses sur cette question du trafic *restavec* et du travail servile enfantin, du moins sur cette question de la traite négrière et de l'esclavage noir se répercutant sur l'Haïti d'aujourd'hui.

2.3.1. Traite négrière et esclavage noir des Afriques aux Amériques

L'histoire de l'esclavage aux temps modernes est généralement confondue avec celle de la traite négrière, écrit Fontenay (1996, p. 115). Cela se comprend aisément, puisque les pratiques d'esclavage noir connues aux temps coloniaux et postcoloniaux prennent surtout forme à partir de la traite des Nègres, autorisée par la bulle pontificale (Nicolas V) de 1454. Dorénavant, la négritude devient une condition de traite, d'asservissement ou de non-liberté. Il suffit d'être nègre pour être l'objet de traite, d'esclavage, d'oppression ou de discrimination. La traite négrière n'est pas le choix de l'homme nègre qui, en contexte migratoire et en quête de travail, fuit l'Afrique pour venir s'installer en Amérique, mais le choix d'un autre homme, européen, qui se croit différent du Nègre et qui prend le Nègre pour son ennemi – donc un ennemi à capturer, opprimer, trafiquer et réduire en servitude perpétuelle.

Pour éviter, tout de même, de confondre l'esclavage avec la traite, il faut rappeler que cessent officiellement les opérations du commerce triangulaire et de la traite négrière par les mesures abolitionnistes des puissances esclavagistes européennes au cours du XIXe siècle, pendant que persiste continuellement l'esclavage noir, au-delà de l'adoption de ces mesures abolitionnistes, jusqu'à nos jours. Ainsi, les mesures abolitionnistes conduisent d'abord à l'interruption de la traite négrière, puis de l'esclavage colonial, mais non à la suppression définitive de l'esclavage perpétuel des Nègres imposé en Haïti depuis le XVe siècle.

De même que l'histoire de l'esclavage est souvent confondue avec celle de la traite négrière (Fontenay 1996), l'histoire de la traite négrière est parfois confondue avec celle du commerce d'esclaves nègres de l'Afrique à l'Amérique. Si la traite négrière consiste en une opération de commercialisation et de transplantation des Nègres d'un point géographique à un autre du globe terrestre, elle ne saurait se limiter seulement au commerce des Nègres entre l'Afrique et l'Amérique. Capturés et vendus, les Nègres sont transportés et transplantés partout d'un continent à l'autre (Diakité, 2008), d'une colonie à l'autre (Trudel, 1960), ou d'une colonie à une métropole (Larquié, 1996), en laissant, dans les milieux où ils sont transplantés, des descendants nègres, des traces culturelles et intergénérationnelles. Les archives et documents historiques recensés révèlent des traces d'activités commerciales de traite des Nègres de l'Europe à l'Amérique (traite négrière transcontinentale), mais aussi de la Caraïbe vers le reste de l'Amérique (traite négrière intracontinentale).

Par-delà les opérations commerciales de traite et d'esclavage des Nègres des Afriques aux Amériques, rappelons-le, sont répertoriées, par exemple, des traces d'activités d'échange, de commerce ou de traite des Nègres de l'Europe au Canada (Archives nationales à Montréal, cote : TL4, S1, D4136, Id 702191, 21 juin 1734), ainsi que de la Caraïbe au Canada (Archives nationales à Québec, cote : E1, S1, D22, P2589, Id 88765, 8 février 1734).

Avec près de 4 000 esclaves recensés au Canada français, dont environ 1 132 esclaves nègres sur une période de 125 ans, il est très hypothétique, souligne Trudel (1960, p. 87), que continue, soit avec des « sauvages » soit avec des Nègres, le commerce d'esclaves entre la Caraïbe et le Canada. Au milieu du XVIIIᵉ siècle (1747), rappelle-t-il également, « des sauvages seraient alors vendus aux Antilles [...]. L'exportation d'individus aux Antilles a peut-être continué comme ci-devant » (Trudel, 1960, p. 51).

Ces traces d'activités de commerce ou de traite (intracontinentale) des Nègres sont également repérées dans les rapports commerciaux coloniaux entre la Caraïbe et les États-Unis. L'un des récits les plus vifs attestant ces traces et illustrant ces relations d'échange de Nègres demeure la figure emblématique de Jean Baptiste Pointe du Sable (1745–1818), né d'une esclave noire à Saint-Marc (Haïti) en 1745, avant son transport ou son voyage vers les États-Unis, où il devient plus tard le fondateur de la ville de Chicago (Du Bois, 1953 ; Embassy of the Republic of Haiti, 2023). En son honneur, un timbre américain à son effigie est émis, et un buste est inauguré à Chicago en 2009.

En outre, entre 1791 et 1810, en contexte de révolution haïtienne, plusieurs colons blancs quittent Saint-Domingue avec leurs esclaves pour se rendre aux États-Unis — qui, rappelons-le, ne met fin officiellement à l'esclavage qu'en 1865 (Dessens, 2021). D'où la traite négrière, dans ses différentes formes historiques, et selon ses diverses trajectoires géographiques : transatlantique, transcontinentale, intracontinentale.

Les opérations commerciales de la traite négrière (transatlantique) des Afriques aux Amériques remontent au lendemain de l'arrivée de Colomb et des colons dans le Nouveau Monde, suivie du génocide des peuples autochtones à la fin du XVe siècle. Bénéficiant du soutien matériel du roi Ferdinand et de la reine Isabelle, Christophe Colomb quitte l'Espagne, le 3 août 1492, à la tête de trois navires, la *Santa María* qu'il commande lui-même, la *Niña* et la *Pinta* que dirigent les frères Pinzón, deux riches négociants qui se joignent au projet colonial. Le 12 octobre de la même année, le navigateur espagnol touche les Îles Bahamas, avant d'atteindre Cuba le 26 du même mois. Le 5 décembre 1492, ils foulent le sol d'Haïti, avec des équipages constitués d'une centaine de marins, pour la plupart des anciens forçats et prisonniers. Déjà, est scellé et connu le sort des Autochtones, estimés à environ un million d'habitants, majoritairement des Taínos.[8] En moins d'une décennie, ils sont quasiment décimés par la maltraitance, les travaux forcés et les maladies importées.

Pour remplacer la force de travail des Autochtones décimés, les Européens d'Espagne lancent les premières vagues d'opération du commerce triangulaire, en se tournant vers l'Afrique. Encore, est scellé et connu le sort de la « servitude perpétuelle » réservé aux Nègres par la bulle pontificale de 1454. En effet, ils sont arrachés à leurs terres natales puis transplantés dans les colonies européennes des Amériques et des Antilles où ils sont réduits à l'esclavage perpétuel. Pour régir l'esclavage noir dans l'espace colonial français, est donc élaboré le Code noir de 1685. Un Code noir pour l'esclavage noir. Donc, l'appellation du Code noir donne du sens à celle de l'esclavage noir. Nous revenons, après, sur ce Code noir qui régit l'esclavage noir notamment dans les colonies françaises d'exploitation dont la colonie de Saint-Domingue (Haïti), et qui réserve aux autorités catholiques une place prépondérante dans le système esclavagiste colonial.

Le commerce triangulaire est l'opération commerciale de traite transatlantique ou transcontinentale reliant les continents d'Europe, d'Afrique et d'Amérique (Vidal et Ruggiu, 2009). Consistant en la traite, l'achat et la vente d'esclaves noirs, cette opération commerciale s'étend du XVe au XXe siècle (Schmidt, 2005). Elle implique particulièrement trois continents-opérateurs : l'Europe, l'Afrique et l'Amérique se positionnant géographiquement en forme triangulaire d'où l'appellation du commerce triangulaire tire son sens.

---

8. Voir Salifou (2006) pour les dates ainsi que les données démographiques relatives au nombre estimé à environ un million d'Autochtones, à l'arrivée de Colomb en 1492, répartis sur les cinq caciquats de l'île (*Marién, Maguana, Maguana, Xaragua et Higuey*).

Les colons européens partent de l'Europe (Portugal/Espagne/France…) pour aller acheter des esclaves en Afrique. Ils quittent l'Afrique (Gorée/Sénégal…) pour venir en Amérique (Saint-Domingue/Haïti…) avec des cargaisons d'esclaves enchaînés sur les négriers.[9] Ils quittent l'Amérique après les saisons de vente d'esclaves et de récolte agricole pour regagner ensuite l'Europe (*Fig. 5*).

Fig. 5. Cartographie du commerce triangulaire, de la traite négrière et de l'esclavage noir (15ᵉ – 20ᵉ s)

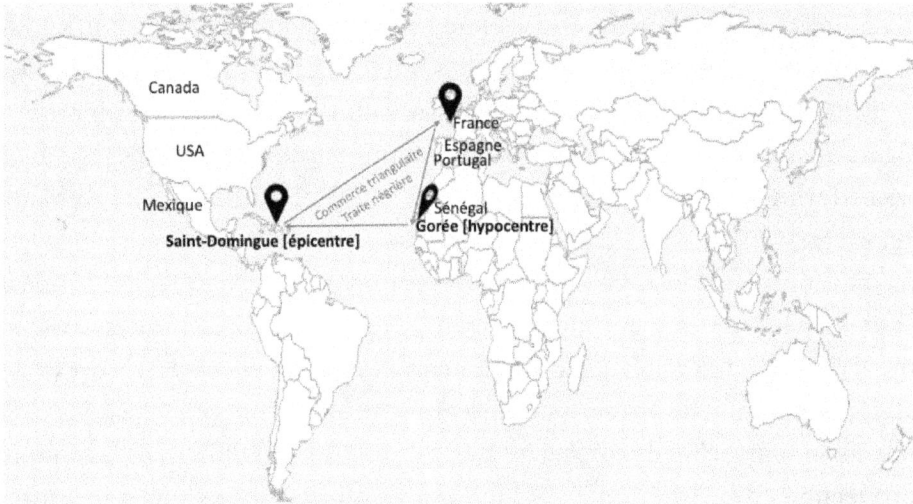

Dans les Afriques coloniales, c'est à Gorée (Sénégal) que se situe l'hypocentre du commerce triangulaire, c'est-à-dire le point géographique d'origine de la traite négrière. Dans les Amériques coloniales, c'est à Saint-Domingue (Haïti) que se trouve l'épicentre du commerce triangulaire, c'est-à-dire la zone géographique d'atterrissage où l'opération commerciale de traite négrière transatlantique se révèle la plus dense, la plus intense.

L'identification de l'espace colonial haïtien à l'épicentre de l'esclavage noir dans les Amériques trouve son sens historique, d'une part, dans les vagues massives de Nègres transplantés dans cette Île caribéenne – où certaines habitations coloniales comptent des esclaves nègres par dizaines, comme en témoignent, par exemple, des archives de vente d'habitations avec plusieurs dizaines de Nègres, datant de 1727 et de 1791 [plus loin analysées] – et, d'autre part, dans la régénération continuelle des racines culturelles afri-

---

9. Les négriers sont les navires ou les voiliers qui transportaient, de l'Afrique à l'Amérique, les esclaves nègres pour en faire commerce.

caines ainsi que dans le repeuplement massif des descendants nègres en Haïti.

En d'autres termes, si Gorée désigne l'hypocentre de la traite négrière pendant plusieurs siècles de colonisation des Afriques (XVe-XXe siècles), Haïti (avant 1804) devient l'épicentre de l'esclavage noir durant des siècles de colonisation des Amériques (XVe-XIXe siècles). Les captifs venus des différents coins africains sont généralement amenés à ce point géographique maritime stratégique (Gorée) pour être ensuite transplantés de force dans les Amériques. Au bord de la mer de Gorée au Sénégal, il y a encore cette ancienne maison baptisée : Maison des Esclaves de Gorée. Depuis 1978, elle est devenue un symbole mondial de la traite négrière et un patrimoine mondial de l'UNESCO. La porte de cette vieille Maison des Esclaves, ouverte vers l'océan Atlantique pour l'embarquement et la transplantation des esclaves captifs, porte jusqu'à ce jour le nom de la Porte du Voyage sans retour. Une porte ouverte pour ce long voyage sans retour de l'Afrique à l'Amérique, de Gorée à Saint-Domingue (Haïti), pendant des siècles de colonisation et d'esclavagisation des Nègres.

Au cours de la longue période coloniale d'opération du commerce triangulaire et de la traite négrière, qui s'étend sur environ cinq siècles (du XVe au XXe), plusieurs centaines de millions d'Africains sont capturés, dont des dizaines de millions meurent ou disparaissent (Fassassi, 2002). Arrachés à leur famille et à leur village, explique Ruano-Borbalan (2003), ces capturés sont forcés d'effectuer un long voyage sans retour, dans des conditions atroces : ils sont marqués et mis au fer dès les marchés africains ; entassés et enchaînés dans des navires exigus, où grouille la vermine ; exposés brutalement à des maladies mortelles, causées par les conditions d'insalubrité et les maltraitances infligées à bord. Et, quand ils ne meurent pas des mauvais traitements ou de maladies, poursuit l'auteur, leur sort n'est pas plus enviable à leur arrivée dans les plantations, les mines ou la servitude domestique.

Après ce long et périlleux voyage sans retour des Afriques aux Amériques, beaucoup des captifs sont transplantés dans la colonie de Saint-Domingue (Haïti) où ils sont vendus puis assignés aux travaux forcés. Certains d'entre eux deviennent des esclaves des champs – le plus souvent les bossales (transportés d'Afrique) – assignés aux travaux forcés dans les habitations, les plantations et les champs agricoles (Cauna, 2013 ; Debien, 1980). Les habitations (sucrerie, caféière, indigoterie, cotonnerie) constituent, en effet, le cadre de vie, de mort et de travail quotidien de la majorité des esclaves, écrit Cauna

(2013). Ceux parmi eux qui ont des habiletés techniques ou des talents travaillent comme esclaves à talents au profit de leurs propriétaires (Cauna, 2013 ; Fallope, 1987). Enfin, d'autres sont attachés aux travaux domestiques dans les maisons comme esclaves domestiques – le plus souvent les *créoles* (nés sur place) – sous la domination directe de leurs maîtres (Livi, 2020). Parmi ces trois catégories d'esclaves ou ces trois formes d'esclavage, celle qui nous préoccupe particulièrement et autour de laquelle gravite notre recherche demeure la catégorie d'esclaves domestiques ou la forme d'esclavage domestique, perpétuée en Haïti depuis le XVe siècle. Il s'agit d'une forme d'esclavage où – dans le sens de la continuité des rapports esclavagistes du passé au présent (Meillassoux, 1986) – sont assujettis des enfants domestiques, descendants d'esclaves.

« Et la position de l'Église dans tout ça ? », se demande Salifou (2006, p. 30), après avoir présenté un état critique de la traite négrière et de l'esclavage noir. Une question qui nous préoccupe pareillement, connaissant la place prépondérante de l'Église catholique dans le système esclavagiste du passé au présent et son influence remarquable dans les processus décisionnels des temps médiévaux et postféodaux aux temps coloniaux et postcoloniaux.

2.3.2. *Trafic restavec et statut du restavec dans l'Haïti contemporaine*

Le trafic restavec, comme phénomène observable, explicable et non spontané, a certes une histoire. Pour l'expliquer, il faut nécessairement se référer à l'histoire de la traite négrière, à ses manifestations et à ses évolutions, des temps coloniaux aux temps postcoloniaux. En d'autres termes, il faut passer par l'histoire de la traite négrière pour pénétrer en profondeur la complexité du trafic restavec et de l'esclavage noir en Haïti. C'est d'ailleurs cette histoire qui nous permet de mieux saisir la complexité de ce phénomène et les aspects socioreligieux qui l'accompagnent. Ces aspects socioreligieux ressortent de l'étude historiographique même de l'esclavagisme, du passé au présent, retraçant notamment la position officielle des entités cléricales sur cette question.

L'appel à l'histoire pour expliquer le trafic restavec et les dimensions socioreligieuses qui l'entourent s'inscrit pleinement dans notre approche interdisciplinaire. Dès le départ, nous avons tenu à justifier le fondement historique de l'étude scientifique du phénomène *restavec*, dans ses contours socioreligieux, en insistant sur l'importance du socle historique à la base de cet édifice scientifique, fondé entre autres sur l'analyse synchronique et diachronique des rapports esclavagistes du passé au présent.

Cette double analyse nous permet de remonter jusqu'au XVe siècle afin de retracer les trajectoires longitudinales de ce phénomène, ainsi que les positions des autorités cléricales sur la question de la traite des Nègres. Cette opération de traite se répercute sur l'Haïti d'aujourd'hui lorsqu'elle conduit, dans sa forme contemporaine, à la séparation définitive des enfants de leurs parents, à l'instar des temps coloniaux, où des membres capturés d'une même famille – hommes, femmes et enfants – sont trafiqués et séparés à jamais (N'Diaye, 2006). D'où, partiellement, l'une des répercussions liées à la faculté pleine et entière concédée par la bulle *Romanus Pontifex* (Nicolas V, 1454) aux puissances coloniales européennes de réduire les Nègres en « servitude perpétuelle ».

Élevés historiquement sur les traces coloniales de la traite et de l'esclavage des Nègres, où la servitude des enfants nègres était régie par la tradition et par le Code noir de 1685 (art. 12 ; 28), le trafic et l'esclavage des enfants restavecs nègres induisent, en contexte postcolonial (du début du XIXe siècle à nos jours), des opérations de transport, d'échange et de cession de ces enfants paysans, descendants d'esclaves nègres. Il s'agit d'un marché esclavagiste postcolonial dans lequel « les restavecs [sont] victimes de la traite à des fins de services domestiques non rémunérés » (*Restavek Freedom*, 2011, pp. 2-3).[10] Dans ce marché de trafic et d'échange, le restavec désigne un facteur de production domestique impliqué dans le développement du patrimoine de la famille de placement. Il représente également une valeur marchande où il peut être prêté parfois à d'autres familles voisines, donc échangé comme simple objet de transaction. Sans pouvoir aller à l'école, raconte Cadet (2002, p. 27), « deux des amies de Florence venaient m'emprunter pour que je leur fasse le ménage ». Voilà un exemple typique d'objet de trafic, d'échange et de transaction que désigne le restavec, après sa cession et son appropriation. Devenu objet d'échange, d'achat, de vente ou de prêt, il peut être, à ce titre et ce statut de

---

10. Rapport de *Restavek Freedom* publié en 2011, soumis à l'appréciation de l'Organisation des Nations Unies lors de la douzième session du groupe de travail de la commission des droits de l'homme (3-14 octobre 2011), endossé conjointement par Bureau des Avocats Internationaux, Center for Constitutional Rights, Conférence des universitaires pour la défense des droits et de la liberté, Institute for Justice et Democracy in Haiti, LAMP for Haiti Foundation, Paloma Institute, UC Davis Immigration Law Clinic, Unity Ayiti, Link Haiti Inc.

chose, échangé ou prêté à quelqu'un d'autre sur le marché comme n'importe quelle marchandise.

Pour posséder un esclave sur le marché de la traite, le propriétaire devait consentir un double investissement : un capital fixe investi dans l'achat de l'esclave, et un nouveau capital à investir dans son exploitation, selon les calculs de Meillassoux (1986, p. 17). Pour qualifier ce double investissement, Guillen (2018, p. 33) précise que l'esclave domestique qui profite tant au maître qu'à ses héritiers est un investissement productif et financier. Et, tout ce dont bénéficie le maître après son investissement est considéré comme intérêt, rente, plus-value, survaleur, surproduit, profit, gain ou avantage. Quel que soit le nom, il s'agit d'un bénéfice ou d'un avantage obtenu par le propriétaire pour son investissement. À l'idée d'investissement – aussi peu soit-il par exemple pour la possession et l'entretien d'un enfant restavec – souscrit le principe du marché selon lequel le propriétaire investit, en toute rationalité et en toute logique capitaliste, pour tirer en contrepartie des gains ou des avantages. Que ces gains soient évalués en nature ou en espèces ; que ces avantages soient matériels ou immatériels.

Par exemple, pour l'appropriation d'un enfant domestique et de sa force de travail sur le marché de trafic restavec, l'investissement du propriétaire comprend un capital variable en gourdes (monnaie locale) pour le paiement d'un recruteur (*koutchye*) et le transport de l'enfant cédé, puis transporté depuis le monde rural. À ce capital, s'additionnent les objets usagés peu coûteux ou non coûteux, les restes de peu de valeur ou sans valeur pour l'entretien du restavec et le renouvellement de sa force de travail. Ce marché d'échange et de trafic restavec étant informel, n'est donc pas révélé le coût investi auprès du recruteur pour chaque enfant cédé, trafiqué et possédé. Reste aussi inconnu le coût consacré à l'exploitation de l'enfant cédé dans laquelle est soustrait d'emblée le salaire de la victime, puisque son travail est gratuit. Il s'agit néanmoins d'un investissement consenti pour la cession du restavec, son transport et son entretien au rabais : un investissement insignifiant comparativement aux immenses avantages matériels et immatériels dont bénéficie l'entreprise familiale qui profite de cette force de travail enfantin, de cette forme d'esclavage contemporain. Pour tirer les avantages de cet investissement, aussi dérisoire soit-il, les enfants asservis ne doivent jamais s'arrêter de travailler pour leurs maîtres. Arrachés à leurs terres natales du monde paysan avant d'être transplantés chez des familles inconnues, ils doivent travailler sans vacances ni salaires en s'occupant quotidiennement de la production de biens domestiques et de tout autre bien matériel bonifiant le patrimoine de ces familles étrangères.

Comparativement aux anciens esclaves victimes de la traite négrière venus de très loin du continent africain au continent américain, ou plus précisément de Gorée à Saint-Domingue (Haïti), les enfants restavecs viennent aussi de loin, loin de leurs familles, loin des zones rurales de provenance ayant l'apparence d'un autre pays : le pays en dehors de l'univers rural haïtien (Barthélémy, 1991). Venus de loin des milieux ruraux de l'autre pays en dehors, ces enfants en servitude sont identifiés par leur origine sociogéographique paysanne. Transportés et trafiqués comme des marchandises avant d'être fixés en permanence au travail servile, leur statut de paysan apparaît lisiblement dans l'acte de naissance d'état civil comme pièce d'identité officielle signée, scellée et délivrée par les autorités compétentes des institutions étatiques et religieuses (*Fig. 6*).

Voilà le matériel civil[11] avec son vecteur identitaire et son dispositif politico-religieux servant à la construction de l'identité et du statut des enfants originaires de l'univers rural haïtien dont l'enfant restavec.

Fig. 6. État civil, construction d'identité et statut de l'enfant restavec originaire du monde paysan en dehors

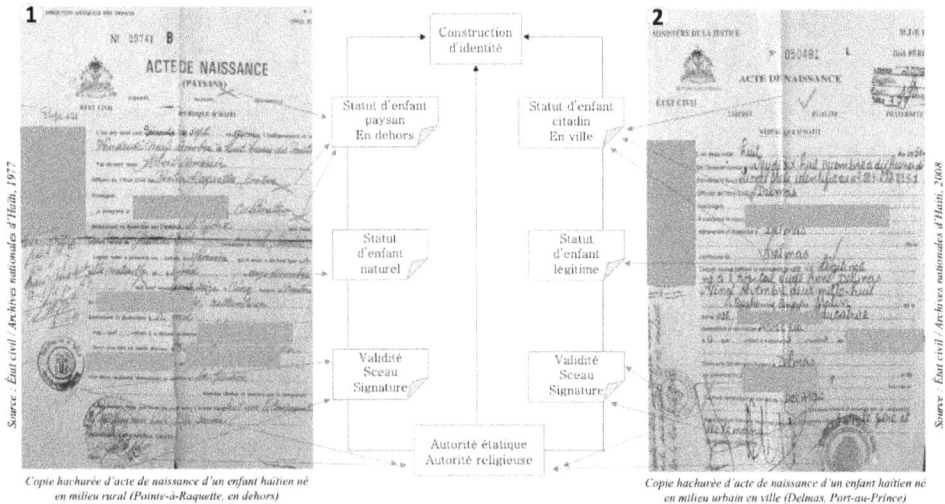

Copie hachurée d'acte de naissance d'un enfant haïtien né en milieu rural (Pointe-à-Raquette, en dehors)

Copie hachurée d'acte de naissance d'un enfant haïtien né en milieu urbain en ville (Delmas, Port-au-Prince)

---

11. Même si le statut « paysan » ou « naturel » ne figurerait plus dans une nouvelle version d'état civil, cela n'enlève en rien les dichotomies paysans-citadins, naturels-légitimes et héritiers-non-héritiers construites depuis des siècles dans la société. D'ailleurs, l'ancienne version restera longtemps valide pour cette génération de paysans qui la possède et l'utilise soit pour pièce d'identité ou pour tirer les extraits des archives.

Par déduction du statut général des enfants paysans au statut particulier de l'enfant restavec originaire du monde rural haïtien, ce dernier est donc identifié à :

- Un enfant paysan (venu de loin de l'univers rural en dehors)
- Un enfant naturel (né hors mariage donc non reconnu ni identifié comme enfant légitime ou héritier)

Plus loin, nous revenons sur ce document officiel dont le contenu, paraît-il, est comparable à la teneur du Code noir de 1685 du système colonial identifiant les enfants des Nègres asservis à des enfants bâtards (naturels, non légitimes, non héritiers), stipulant (art. 8) : « Déclarons bâtards les enfants qui naîtront de telles conjonctions [unions des esclaves nègres] ».

Si l'identité de paysan est collée au statut civil de tous les enfants en provenance de la paysannerie haïtienne, on s'accorde toutefois à reconnaître qu'en général les enfants restavecs sont originaires des milieux paysans dénudés et éloignés de l'univers rural haïtien (Clouet, 2013 ; Wagner, 2008 ; Cadet, 2002). Autrement dit, même si cet acte d'état civil n'a pas été conçu exclusivement pour les enfants restavecs, on s'accorde cependant à admettre que ces enfants issus du monde paysan ne peuvent se soustraire à cette identité collée officiellement aux enfants paysans. En effet, ils ne peuvent s'y échapper, 1) même s'ils n'obtiennent pas un tel acte comme c'est souvent le cas où beaucoup d'entre eux n'en ont même pas ; 2) même s'ils refusent de l'obtenir pour échapper à une telle construction identitaire discriminatoire ; 3) même s'ils brûlent cet acte de naissance après son obtention pour ne pas avoir ce statut de paysan naturel (non héritier). D'où le double statut identitaire construit pour une même société opposant le citadin au paysan, l'enfant légitime à l'enfant naturel (illégitime, non héritier). Une construction identitaire des autorités étatiques et religieuses, susceptible de marquer voire de discriminer en particulier les enfants paysans venus de loin de l'univers rural haïtien : l'univers d'origine des enfants restavecs.

Pour la validation de cet acte d'état civil collant le statut de paysan-naturel-non héritier à une catégorie sociale distinctive de la société haïtienne, il y a évidemment deux signatures officielles : celle de l'autorité étatique et celle de l'autorité religieuse. Doublement signé et scellé, cet acte officiel dévoile les traces de l'autorité de domination et de légitimation de l'autorité religieuse dans son rapport de chevauchement avec l'autorité étatique. Suivant leur rapport de chevauchement, ces deux autorités institutionnelles contribuent – chacune à sa manière (sceau, signature) – à conférer le statut de citadin à une catégorie spécifique d'héritiers de la société, et l'identité de paysan à une autre catégorie sociale issue de l'univers rural de provenance des enfants restavecs.

À notre égard, nous voyons dans le paysan la manière d'être d'un être courtois et aimable aimant saluer les gens ; un être hospitalier aimant partager et se solidariser avec les visiteurs étrangers comme les voisins ; un être moral qui s'efforce de vivre courageusement dans la dignité, quoiqu'il ne bénéficie pas de services sociaux de base des pouvoirs publics centraux ; un vaillant travailleur qui produit, sous la rosée du matin et la chaleur du midi, les vivres que consomment les citadins ; une personne responsable qui, même si elle ne sait ni lire ni écrire, se soucie de l'éducation et du bien-être de ses enfants. C'est d'ailleurs dans le même souci du bien-être pour leurs enfants qu'ils pourront peut-être fréquenter l'école et échapper à la misère des milieux paysans dénudés qu'en échange des services domestiques, certaines familles paysannes non assez résilientes choisissent finalement de les céder à d'autres familles citadines qui, hors de toute humanité et de toute moralité, réduisent ces enfants paysans en esclavage (Clouet, 2013). À l'instar de Césaire (1987 ; 2005), qui assume sa négritude pour en tirer une manière d'être raisonnable, une identité saine et une conscience éveillée de la différence comme mémoire, fidélité et solidarité, disant : « Nègre je suis, Nègre je resterai », alors déduit-on, en paraphrasant : paysan je suis, paysan je resterai.

Cependant, il faut reconnaître, à d'autres égards, que ce statut distinctif construit à dessein par ces autorités légitimes – donc non sans intention – revêt une connotation péjorative voire stigmatisante où le paysan est parfois discriminé en raison de son origine sociogéographique. À ces mêmes égards idéologiques, il est parfois mal compris dans le sens d'un individu acculturé et différent appartenant à un monde privé de presque tout (services sociaux et sanitaires, infrastructures routières et modernes, services scolaires, professionnels et universitaires, etc.). Donc, cet individu en provenance du monde paysan est parfois mal perçu dans le sens d'une personne analphabète, mal éduquée, mal socialisée, attachée exclusivement au travail de la terre. En renfort à cette machination idéologique stigmatisante, se joint le Code rural de 1826 réduisant la fonction du paysan à celle du travail de la terre, le privant ainsi de ses libertés en contexte de domination postcoloniale. Nous analyserons plus loin ce Code rural qui, après l'abolition de l'esclavage colonial en

1803, rétablit l'esclavage postcolonial des paysans en Haïti. Entre-temps, anticipons que lorsqu'il ne s'agit pas d'un Code rural régissant et rétablissant l'esclavage postcolonial contre les paysans, il est question de pratique traditionnelle le régissant et le rétablissant contre les enfants paysans : les restavecs.

En effet, les autorités étatiques et religieuses locales contribuent à coller conjointement le statut civil de paysan à tout enfant venu du pays en dehors de l'univers rural haïtien. Ce statut distinctif forgé par ces acteurs décisionnels des institutions politiques et religieuses témoigne de leur fonction dans la formation de l'identité sociale et la construction des rapports sociaux inégalitaires basés sur les origines sociales des individus dont les enfants domestiques originaires du monde paysan. Sur cette base inégale, ils parviennent aisément à construire pour une même société deux catégories d'enfants : une catégorie d'enfants marqués au sceau du paysan-naturel-illégitime-non héritier ; une autre catégorie d'enfants bourgeois ou villageois qui ne s'identifient pas à ce monde paysan défavorisé. À partir de ce dispositif civil, les autorités étatiques et religieuses signataires enfoncent structurellement la dichotomie – voire la disparité – entre Nègres en dehors et Nègres en ville, entre citadins et paysans, privilégiés et défavorisés, légitimes et illégitimes, héritiers et non-héritiers dans la société haïtienne.

2.4. Travail restavec assimilé à l'esclavage enfantin contemporain

Dans notre société contemporaine, pouvons-nous parler d'esclavage à chaque fois qu'une personne au travail est maltraitée, qu'un individu se trouve dans une situation de sujétion ou qu'un enfant au travail est privé de ses droits et libertés ? Il est possible que la situation de maltraitance d'une personne au travail renvoie à une forme d'esclavage, mais ce n'est pas toujours vrai de manière absolue. « L'on ne peut parler d'esclavage à chaque fois que l'homme au travail est maltraité », écrit Bormans (1996, p. 794), considérant par exemple le secteur informel où des travailleurs autonomes – tout en étant libres [n'appartenant pas à un propriétaire] – s'exposent à des conditions de travail parmi les plus rudes, semblables apparemment à celles rencontrées dans les modes d'exploitation esclavagistes. Il est aussi possible qu'un enfant se trouvant dans une situation de soumission, de dépendance, de sujétion ou de dérogation de ses droits et libertés traduise une forme d'esclavage (Hans et Joost, 2008), mais pas dans tous les cas.

Consciente des problèmes sémantiques liés à la représentation ethnographique des catégories d'enfants exécutant des travaux domestiques, Lubin (2002, p. 46) alerte : « Il faut éviter de prendre pour des enfants en domesticité tous ceux qui s'occupent des tâches domestiques dans une maison autre que la leur ». Car il y a des enfants qui ne vivent pas chez leurs parents biologiques pour plusieurs raisons pour lesquelles ils offrent, sans contrainte ni menace, leur soutien ménager aux activités de la maison d'accueil. Parmi ces raisons, il y a :

1. l'adoption par de bons parents ;
2. le départ prolongé des parents biologiques et le séjour des enfants chez une autre famille ;
3. le rapport cordial interfamilial en période de vacances et le séjour prolongé des enfants loin de leur famille ;
4. l'accessibilité à une école de niveau académique plus ou moins intéressante loin des parents.

Dans de telles conditions particulières, ces enfants peuvent être en situation d'exécution des tâches domestiques loin de leur famille ou en dehors de leur volonté, sans être pourtant dans une situation de sujétion analogue à celle du restavec.

À son tour, Derby (2003) distingue le travail des enfants (*child labour*) de l'esclavage des enfants (*child slavery*). Elle voit dans le travail des enfants – qui n'est pas confondu avec l'esclavage enfantin – un aspect positif dans la mesure où cela est fonctionnel pour leur socialisation en conformité à l'ordre social général, aussi pour leur famille par rapport aux attentes économiques familiales et aux revenus générés du travail enfantin. Dans le même sens positif, écrit Russell (1919, p. 85), l'individu peut à travers le travail libérer ses énergies constructives et atteindre sa libre croissance, retrouver son plein épanouissement et sa liberté, moyennant la réinvention du travail dans le sens d'un travail libre. Cette réinvention du travail passe, en termes philosophiques et théologiques, au travers de l'application pratique de sens moral d'un travail paisible et libre où l'être humain est convié à travailler pour manger du pain à la sueur de son visage, jusqu'à ce qu'il retourne dans la poussière.[12]

---

12. Pour les références bibliques en appui aux études théologiques sur le travail paisible et libre :

Dans cette perspective philosophico-théologique, certains enfants de moins de 18 ans travaillent volontairement comme salariés temporaires en appui aux activités économiques familiales durant les moments de vacances pour se procurer du pain indispensable à eux et à leur famille. D'autres enfants travaillent comme bénévoles, sans nuire à leur apprentissage scolaire ni à leur santé ni à leur moralité ni à leur réputation. D'autres offrent leurs services en soutien-entraide aux activités diversifiées de leur famille respective ou en solidarité avec d'autres familles proches sans être dans une situation similaire à celle des enfants restavecs. Ces types de travail non assimilés à l'esclavage ne forment pas l'objet de notre étude. Mais ils sont mis en contexte pour éviter, d'une part, de confondre toute forme de travail des enfants avec l'esclavage enfantin contemporain ; pour s'éloigner, d'autre part, du problème lié à la classification des différents types de travail des enfants assimilables à l'esclavage enfantin, en portant le regard particulièrement sur le travail restavec.

Toujours dans le souci d'éviter prudemment de confondre tout travail avec l'esclavage et d'aboutir finalement à une « bonne définition » (Morse, 1981) du travail restavec équivalent à l'esclavage enfantin, une dernière question surgit à notre esprit curieux. Dans l'ancien comme le nouveau système, y a-t-il des cas où l'esclavage prend effectivement forme sans le travail ? Dans toutes les formes d'esclavage étudiées, apparaît la notion de travail. Si tout travail n'est pas assimilé à l'esclavage, à l'inverse tout esclavage est assimilé au travail. Donc, le travail demeure un facteur explicatif déterminant du système esclavagiste des temps anciens aux temps contemporains. Il désigne un facteur de production (Mintz, 1981 ; Hans et Joost, 2008) ou une activité humaine de production (Biezunska-Malowist et Malowist, 1989). C'est une « activité du travailleur pour un employeur [...] le plaçant sous son autorité et sous sa subordination » (Boutang, 1998, p. 16). Quant au travail domestique reposant particulièrement sur la force de travail des domestiques, il renvoie à une activité de « production polyvalente et vivrière répondant aux besoins de nourriture et de consommation générale de la famille » (Lacourse, 2010, p. 35).

Le travail des enfants domestiques, contraints d'exécuter de multiples tâches assignées, est équivalent à l'esclavage contemporain des enfants (*contemporary child slavery*) : une nouvelle variété d'esclavage qui existe aujourd'hui (Derby, 2003). Le travail des enfants restavecs est une forme

---

Genèse (chap. 3) ; Seconde lettre de Paul aux Thessaloniciens (chap. 3).

moderne d'esclavage enfantin, écrit Lundahl (2013, p. 360) décrivant les multiples tâches à leur responsabilité : ils nettoient les planchers ; ils transportent l'eau ; ils vident et nettoient les pots de chambre ; ils préparent les mets et la table sans être autorisés à manger avec la famille ; ils dorment dans un coin sur le sol, etc. Selon lui, un restavec est un enfant livré par une famille pauvre à une famille aisée vivant avec ce dernier, non pas en tant qu'adopté, mais comme un employé de maison exploité, mal vêtu, mal nourri, fréquemment battu et abusé sexuellement, et sans accès à l'école. Pareillement, définit Clouet (2013, p. 5), un restavec est un enfant qui accomplit des travaux ménagers ou tout autre travail l'empêchant d'aller à l'école. Pour sa part, l'ancien domestique Cadet (2002, p. 17) identifie les restavecs, par définition, à des enfants réduits en esclavage qui appartiennent aux familles riches ; ils ne reçoivent aucun salaire et ne peuvent pas aller à l'école. Ces enfants, ajoute-t-il, proviennent des familles les plus démunies des villages perdus, des milieux pauvres.

Par ailleurs, dans la quête d'informations liées aux connaissances existantes sur le restavec ou ce qu'est le restavec, certains informateurs répondent que le restavec est « un enfant mal occupé, placé à l'écart, privé du droit à l'école » (informateur 1) ; « un enfant soumis au travail forcé, privé du droit à l'éducation » (informateur 5) ; « un enfant abusé, maltraité » (informateur 8) ; « un enfant confié par sa famille à une autre famille » (informateur 9) ; « un enfant maltraité qui n'a pas les mêmes droits que les autres enfants de la famille de placement » (informateur 12) ; « un enfant, orphelin ou d'une famille pauvre, qui effectue des travaux forcés chez une autre famille » (informateur 13) ; « un enfant en domesticité, né de parents pauvres » (informateur 16) ; « un enfant qui travaille beaucoup et qui est contraint de travailler » (informateur 17) ; « un enfant exploité, privé du droit à l'éducation » (informateur 25) ; « un enfant là pour servir son maître » (informateur 29). D'autres informateurs, dans un sens général, considèrent le restavec comme « une personne qui n'est pas une personne ou qui est considérée comme une chose, qui travaille en permanence sans accès à l'école » (informateur 3) ; « une chose ou une personne qui appartient à une autre personne » (informateur 4) ; « une personne privée de liberté de faire ce qu'elle veut » (informateur 11) ; « une personne exploitée par une autre personne » (informateur 19) ; « une personne sans autonomie, subordonnée, abusée, privée de liberté » (informateur 20) ; « une personne qui dépend d'une autre personne » (informateur 22). Enfin, d'autres participants à la recherche, sans passer par quatre chemins, identifient le restavec à une forme d'esclavage (informateurs 2, 6, 7, 10, 12, 14, 15, 18, 21, 23, 24, 26, 27, 28, 30).

La conception concordante de ces informateurs sur le phénomène du restavec se comprend aisément, puisque certains d'entre eux sont des théologiens ou des praticiens ecclésiastiques expérimentés ; d'autres des éducateurs ou des intellectuels avisés partageant leurs expériences et leurs connaissances sur le fait social du restavec en Haïti. Globalement, leur conception du restavec concorde non seulement avec les constats que nous tirons des sources documentaires, mais aussi avec les connaissances scientifiques que nous essayons de développer sur ce phénomène social complexe.

Par définition, le travail restavec est une activité humaine de production manuelle accomplie gratuitement par la force polyvalente de travail de l'enfant restavec pour les parents-fils-maîtres de la famille de placement sous l'autorité de domination directe desquels il exécute ses différentes tâches journalières obligatoires. Cette dernière définition, la nôtre, met en relief au moins quatre variables fondamentales donnant du sens au travail restavec. Premièrement, la référence aux parents-fils-maîtres bénéficiaires du travail restavec gratuit signifie que l'enfant restavec n'a pas un maître, mais des maîtres : les parents-fils-maîtres de la famille de placement. Il est redevable de serviabilité envers eux tous : il est dans l'obligation de les servir tous, de leur obéir à tous, de se soumettre à tous, de les respecter tous, donc de servir avec déférence et crainte même le plus petit des fils-maîtres. Deuxièmement, la notion d'autorité de domination directe des parents-fils-maîtres sous l'emprise desquels travaille au quotidien le restavec exprime à quel point le travail restavec est excessivement stressant et traumatisant. Lorsque ce dernier n'est pas sollicité en même temps par les parents-fils-maîtres pour les servir ou lorsqu'il n'est pas contrôlé directement par eux tous dans l'exécution des tâches assignées, il doit à chaque moment servir au moins l'un d'entre eux ou il a des comptes à rendre momentanément à quelqu'un d'entre ces parents-fils-maîtres.

Troisièmement, quant à l'activité humaine de production manuelle définissant le travail restavec, elle traduit l'ampleur de l'exploitation du serviteur restavec exécutant les tâches journalières obligatoires assignées sans les supports matériels et électroménagers du machinisme moderne en contexte industriel. Quatrièmement, s'agissant de la force polyvalente de travail du petit travailleur restavec, elle renvoie à la diversité des occupations attribuées et à la multiplicité des tâches assignées, ménagères ou non, créant par là une production diversifiée contribuant à l'accroissement du patrimoine familial. À cet égard, la notion de travail restavec revêt un sens plus complexe que celle du travail domestique. Dans cette quête de sens, la notion de travail restavec ne consiste pas en une conception réductionniste de travail domestique réservé purement à la maison. Elle dépasse la question du travail domestique dans la mesure où l'immense variété de production familiale issue du travail restavec est beaucoup plus qu'une pure production domestique. Donc, le travail restavec va plus loin que le travail domestique jusqu'à s'ouvrir, par-delà les différents services ménagers accomplis, à la multiplicité et à la pluralité d'autres services non ménagers fournis gratuitement par les enfants restavecs, surtout chez les familles de placement menant parallèlement d'autres activités professionnelles, commerciales ou agricoles.

D'où, à partir des pratiques traditionnelles et des éléments théoriques plus haut considérés, le sens du travail restavec : un travail forcé et obligatoire ; un travail gratuit stressant et traumatisant ; un travail servile et non libre. En d'autres termes, un travail corrélé avec la pénibilité et la servilité, l'abus et l'injustice, la serviabilité et la gratuité, la servitude et la surexploitation, l'aliénation et la domination, l'appropriation et la subordination, la dépendance et l'obligeance, la déférence et la soumission, la contrainte et la punition, la maltraitance et la torture, la menace et la violence, la restriction de circulation et le contrôle des déplacements, la privation de liberté et la non-liberté. Corrélé avec l'oppression et la souffrance, le travail restavec équivalent à l'esclavage enfantin contemporain trouve aussi son explication dans la pensée philosophique et théologique du mal. La réduction en servitude des enfants domestiques, privés de leur rempart familial, désigne un mal social et moral. Un mal qui, du point de vue métaphysique et philosophique, démoralise et déshumanise les enfants restavecs, alors victimes de toutes sortes d'abus et d'injustices, de souffrances et de misères, de violences psychologiques et physiques. Un mal infligé aux victimes par les parents-fils-maîtres qui s'approprient ces enfants restavecs et leur travail gratuit.

2.5 Travail restavec confondu avec l'esclavage domestique

Le travail restavec est généralement confondu avec la servitude domestique aux temps contemporains où une majeure partie de la production domestique familiale repose sur la force polyvalente de travail des enfants restavecs. Cela se comprend aisément, puisque « la forme d'esclavage qui se faisait jour presque partout où apparaissait l'institution elle-même était l'esclavage domestique », informent Biezunska-Malowist et Malowist (1989, p. 19). Dans les sociétés traditionnelles, expliquent-ils, une grande partie de la production assumée par des personnes réduites en esclavage se fait dans le cadre de l'économie domestique embrassant maintes occupations, telles que métiers artisanaux et teinturiers, boulangers et pâtissiers, couturiers et commerciaux, maints autres travaux qui se rangent parmi les occupations des esclaves de maison. Même quand nous avons affaire à un esclavage essentiellement domestique, avancent-ils, il ne faut pas oublier que la production domestique, tout en n'étant pas destinée au marché, couvre une partie des besoins du propriétaire et de sa famille, ainsi que des domestiques et d'autres esclaves. S'agissant de la production domestique à l'autoconsommation non destinée au marché, Meillassoux (1986, p. 87) l'identifie à un esclavage de subsistance où les personnes réduites en esclavage domestique travaillent pour produire d'abord pour leurs maîtres, puis pour leur propre subsistance et celle d'autres serviteurs affectés à d'autres tâches non proprement domestiques en préparant des nourritures faites spécialement pour les esclaves.

Les explications de Meillassoux (1986) apportent un éclairage à la réalité de la servitude domestique des enfants restavecs dans la société haïtienne. Dans sa forme traditionnelle d'esclavage de subsistance, les occupations des domestiques consistent en la production pour leur propre subsistance et celle d'autres restavecs affectés à d'autres tâches non proprement ménagères en préparant des nourritures faites spécialement pour restavecs. Bien entendu, ces nourritures réservées aux esclaves sont préparées habituellement à la dernière heure, c'est-à-dire après la préparation de mets délicieux destinés spécialement aux parents-fils-maîtres et aux autres membres du groupe familial. Elles répondent à leurs besoins pratiques et essentiels de pain de subsistance.

Si du point de vue philosophico-théologique l'être humain s'invite à manger son pain à la sueur de son visage, c'est ici à la sueur du visage des domestiques que les parents-fils-maîtres mangent leur pain, leur nourriture. Fixés régulièrement à leur royaume domestique dans la cuisine, ces restavecs assurent la production de nourriture de subsistance familiale à leur sueur réelle issue de la forte pression climatique de la chaleur tropicale haïtienne, sans support d'appareils climatiseurs et électroménagers du machinisme moderne.

Les recherches comparées de Biezunska-Malowist et Malowist (1989) sur l'esclavage antique et moderne, quant à elles, corroborent notre raisonnement antérieur selon lequel le travail restavec est beaucoup plus profond et plus large que le travail domestique, lorsqu'elles considèrent les maintes autres activités non ménagères additionnées aux occupations des esclaves de la maison. Certes, il y a des travaux domestiques dans le travail restavec. Autrement dit, il y a dans la production polyvalente du travail restavec une part significative de production domestique. C'est d'ailleurs cette part domestique importante et imposante qui fait souvent confondre le travail restavec avec l'esclavage domestique. Loin d'une conception réductionniste, voire simpliste, liée à la domesticité proprement dite, le travail restavec des enfants domestiques dépasse en profondeur la question du travail domestique à la maison. Car, dans certaines circonstances, ces enfants restavecs accomplissent, au-delà des différentes tâches ménagères assignées, une multiplicité, une pluralité et une variété indéterminée d'autres tâches non domestiques non ménagères, en créant pour les familles de placement une production polyvalente plus diversifiée, plus riche, plus lourde qu'une production purement domestique (*Tableau 6*).

Tableau 6. Diversité de tâches [ménagères et non ménagères] assignées aux enfants restavecs		
No	Tâches [exécutées au quotidien ou au besoin]	Nature/domaine
1	Faire le ménage dans toute la maison	Domestique/ménagère
2	Laver le sol de la maison et de la cuisine	Domestique/ménagère
3	Laver la voiture du propriétaire-maître	Domestique/ménagère
4	Cirer les chaussures des parents-fils-maîtres	Domestique/ménagère
5	Faire des lessives (assiettes, linges)	Domestique/ménagère
6	Laver les linges en sang du cycle mensuel de la maitresse	Domestique/ménagère
7	Jeter le pot de chambre et le laver	Domestique/ménagère
8	Remplir les bouteilles, les réservoirs et les baignoires d'eau	Domestique/ménagère
9	Arroser les plantes	Domestique/ménagère
10	Balayer toute la cour	Domestique/ménagère
11	Garder le bébé et nettoyer ses couches (urines, selles)	Domestique/ménagère
12	Prendre soins des ainés et des grands parents à mobilité réduite	Domestique/ménagère
13	Préparer des mets délicieux pour parents-fils-maîtres	Domestique/ménagère
14	Produire des nourritures pour restavecs et pour animaux domestiques (chats, chiens)	Domestique/ménagère
15	Aller au marché (à pied)	Transport/ménagère ou non
16	Aller jeter les fatras-déchets à des points de décharge publique (à pied)	Transport/ménagère ou non
17	Aller chercher de l'eau (à pied) et la transporter (sur tête)	Transport/ménagère ou non
18	Aller amener et chercher les petits-fils-maîtres à l'école	Transport/ménagère ou non
19	Transporter les messages et les objets d'un lieu à l'autre (voisin ou lointain)	Transport/ménagère ou non
20	Être assigné à des activités commerciales artisanales et couturières	Commerce/non-ménagère
21	Être assigné à des activités commerciales boulangères et pâtissières	Commerce/non-ménagère
22	Être assigné des activités de vente dans les boutiques familiales	Commerce/non-ménagère
23	Être chargé de production et de vente de nourritures dans les restaurants familiaux	Commerce/non-ménagère
24	Être chargé de soins et nourritures des animaux (porc, chèvre, cheval, âne, mulet)	Agriculture/non-ménagère
25	Être affecté à des travaux de teinture animale	Agriculture/non-ménagère
26	Être affecté à des activités agricoles familiales (jardinage, chabons de bois, etc.)	Agriculture/non-ménagère
27	Être prêté à d'autres maitres-voisins pour exécuter d'autres tâches additionnelles	Domestiques ou non

Sources comparées : Cadet (2002) ; Lubin (2002) ; OIT (2004) ; Biezunska-Malowist et Malowist (1989).

La reproduction de ce tableau (non exhaustif) tient compte de la réalité des familles de placement qui, parallèlement au cadre domestique de vie quotidienne, s'adonnent aux activités formelles ou informelles, profession-nelles ou entrepreneuriales, agricoles ou industrielles, commerces de gros ou de détail. En tout ou en partie, ces activités diversifiées reposent sur la force polyvalente de travail des restavecs, particulièrement ceux transplantés dans de pareilles unités familiales de production. Étant une propriété et, de surcroît, à l'entière disposition de leurs maîtres, ces enfants-esclaves ne peuvent oser déroger à l'obligation d'accomplir toute autre tâche supplémen-taire non ménagère imposée en soutien aux pluriactivités familiales, à côté de leurs dures tâches domestiques à la maison respectivement.

En d'autres termes, quand cela existe dans la famille de placement :

- Ils participent aux activités commerciales familiales, en remplissant les responsabilités de commerçants ou de vendeurs, tout en étant domestiques.
- Ils travaillent dans les activités agricoles familiales, en jouant les rôles de planteurs, d'agriculteurs ou de jardiniers, sous le label de domestiques.
- Ils s'occupent des animaux domestiques de la famille, en exécutant les tâches de gardeurs ou d'éleveurs, tout en restant domestiques.
- Ils font les commissions de tous les gens de la maison et transportent les messages et les objets d'un endroit à l'autre, en jouant les fonctions de transporteurs ou de messagers, sous l'étiquette de domestiques.
- Ils gardent les enfants et assistent les vieillards dépendants de la famille, en remplissant les responsabilités de gardiens des enfants ou d'aides aux aînés, en tant que domestiques.
- Ils s'occupent du nettoyage des chaussures des parents-fils-maîtres et du lavage de leurs voitures, en jouant les rôles de nettoyeurs ou de laveurs, sous le portrait de domestiques.
- Ils fournissent de l'assistance nécessaire ou obligatoire aux parents-héritiers-maîtres dans leurs activités professionnelles ou personnelles, tout en restant domestiques.
- Ils veillent jour et nuit sur toute la cour et toute la maison, en remplissant les rôles de gardiens, de gérants ou d'agents de sûreté, tout en demeurant domestiques. C'est d'ailleurs la présence de ces

restavecs surveillant en tout temps la maison qui permet aux maîtres de mener leurs activités professionnelles en dehors du toit familial en toute quiétude.

En général, dans le contexte des propriétaires ayant parallèlement des entreprises agricoles des temps anciens aux temps contemporains, « lorsque la saison exigeait un travail aussi intensif dans les plantations, les maîtres pouvaient employer les esclaves domestiques aussi aux travaux agricoles et à d'autres occupations, et l'on sait d'ailleurs qu'ils le faisaient [...] » (Biezunska-Malowist et Malowist, 1989, p. 20). L'employabilité des domestiques à toute autre occupation non proprement domestique correspond au besoin et à la volonté des propriétaires menant simultanément des activités commerciales, agricoles ou entrepreneuriales. Faute de données disponibles sur les différentes activités productives entreprises conjointement par ces propriétaires de restavecs, il nous est difficile de chiffrer les travailleurs restavecs impliqués de manière concomitante dans les activités agricoles ou commerciales de leurs propriétaires, à côté des activités domestiques à leur charge. Seulement, nous savons pertinemment qu'ils le faisaient d'ailleurs, tout type de travail imposé à ces enfants dociles qui n'ont aucun droit de protester ni de dire non aux parents-fils-maîtres exigeant d'eux non seulement plus de production chaque jour, mais aussi d'être dynamiques, polyvalents, obéissants et toujours prêts à exécuter n'importe quelle tâche assignée, ménagère ou non.

Dans son étude sur la domesticité infanto-juvénile en Haïti, Lubin (2002, p. 46-48) décrit les tristes conditions de vie et de travail des enfants restavecs :

- Ils travaillent à longueur de journée, de 10 à 15 heures par jour.
- Ils travaillent beaucoup mais ils n'ont pas le droit de se plaindre.
- Ils subissent les injures, la bastonnade, l'humiliation, l'ingratitude des maîtres qui ne les remercient presque jamais et qui croient en plus que ce sont eux les ingrats, les domestiques.
- Ils sont souvent représentés par un portrait d'enfant mal coiffé, parfois en haillons, le visage émacié et ayant un seau d'eau sur la tête.
- Ils amènent l'eau pour tout le monde dans la maison, mais ils n'ont pas le droit de l'utiliser, pas même pour leur toilette.
- Ils participent à toutes les activités qui se font dans la maison.
- Ils desservent tous les gens de la demeure.

- Ils sont souvent victimes d'actes de violence (verbale, physique, psychologique).
- Leurs droits sont très limités pour ne pas dire inexistants et leurs devoirs sont énormes.
- Les principales attitudes exigées d'eux sont la soumission et la serviabilité.

Dans son rapport publié en 2004, l'OIT dresse, pour sa part, la situation critique de ces enfants domestiques, soumis aux pires formes de travail. L'institution onusienne présente pareillement leurs conditions de servitude et les multiples tâches à leur charge, à savoir :

- Être menés comme des esclaves et traités comme s'ils étaient la propriété de l'employeur.
- Être l'objet de traite en vue de leur placement chez quelqu'un.
- Être déchus de leur nom pour n'être appelés que par le mot utilisé localement pour désigner un domestique.
- Travailler dur sept jours sur sept, chaque semaine de l'année.
- Être privés de tout contact avec leur famille et leurs amis.
- Allumer le feu avant que la famille ne se lève.
- Transporter de lourdes charges et accomplir des tâches dangereuses.
- Manipuler des substances nocives telles que les produits de nettoyage.
- Préparer des repas pour toute la famille et faire leur lessive.
- Être réveillés au milieu de la nuit pour pourvoir aux besoins du maître.
- Être confinés en permanence à la maison et obligés de dormir à même le sol de la cuisine.
- Être privés d'accès aux services d'éducation, de santé et d'alimentation décente.
- Être battus par leurs maîtres.
- Être exposés à des sévices physiques et sexuels.

Les conditions de servitude des enfants domestiques, rapportées d'abord par Cadet (2002), puis par Lubin (2002), ensuite par l'OIT (2004), sont typiques, voire identiques, dans le fond. Voulant rapporter séparément ces conditions de travail servile décrites par chacun des acteurs et des auteurs de référence, cela fait apparaître une sorte de redondance certes, mais assumée et justifiée. Car, d'une part, de là ressort la similitude recherchée élucidant davantage la question du travail restavec. D'autre part, cela participe du processus de validation de notre conception selon laquelle le travail restavec dépasse la question du travail domestique à la maison. Ces principales sources de référence l'étayent en présentant chacune les multiples tâches obligatoires à la charge des enfants domestiques, y compris la variété d'autres tâches non purement domestiques.

Conclusion

L'histoire de la servitude noire imposée depuis le XVe siècle en Haïti s'échelonne sur deux grandes périodes : une première période coloniale (XVe–XIXe siècles), marquée par la traite et l'asservissement des Nègres venus de loin du continent africain ; une deuxième période postcoloniale (XIXe siècle à nos jours), caractérisée par le trafic et la servitude des enfants-descendants nègres, venus de loin du monde rural haïtien.

L'étude comparée de ces deux périodes fait ressortir une certaine ressemblance dans les rapports esclavagistes du passé [colonial] au présent [postcolonial], notamment quant à l'esclavage des Nègres et des enfants-descendants nègres, à l'éclatement des familles par la séparation des enfants-esclaves de leurs parents nègres, à la condition de non-personne des enfants nègres asservis, ainsi qu'à la prééminence du catholicisme et de la structure socioreligieuse de domination du passé au présent.

La même étude comparée révèle que la servitude des enfants domestiques en Haïti n'est pas un phénomène du passé ; elle n'est pas un phénomène isolé non plus, si l'on considère la situation des enfants *vilamègbo* en servitude en Afrique de l'Ouest, et celle des millions d'autres enfants au travail servile dans le monde, selon les récents rapports officiels des organisations spécialisées du système onusien.

N'étant ni un phénomène isolé ni une réalité du passé, la servitude enfantine contemporaine du système restavec mérite d'être examinée beaucoup plus en profondeur, notamment dans les deux chapitres suivants. Ceux-ci retracent d'abord les rapports historiques de cette forme de servitude noire du système restavec postcolonial avec la servitude noire du système esclavagiste colonial, avant de reconsidérer ensuite la place réelle des acteurs sociaux locaux dans ce système de domination continuelle – et surtout leur fonction respective dans le fonctionnement du marché restavec.

Finalement, à partir des traits similaires soulignés, nos recherches comparatives sociétales renvoient à une double conclusion partielle.

Au niveau sociétal, les conditions de non-personne, de déshumanisation ou de dépersonnalisation des domestiques asservis sont partout semblables, et la servitude domestique enfantine en soi n'est pas considérée, par les acteurs locaux, comme une pratique répréhensible. Cette conception, liée aux comportements des acteurs locaux, contribue évidemment à la pérennisation d'une telle pratique d'une époque [coloniale] à l'autre [postcoloniale].

En termes périodiques, du XVe siècle au siècle présent, les noms des autorités pontificales et cléricales changent, mais demeurent les mêmes structures socioreligieuses de domination, avec une prédominance historique du catholicisme. Les époques coloniales passent, mais persistent, aux temps postcoloniaux, les rapports esclavagistes de domination, d'oppression, d'aliénation et d'exploitation, qui s'apparentent à un ancien monde colonial. La position colonialiste-esclavagiste des autorités cléricales évolue pour s'adapter au contexte abolitionniste postcolonial, mais la tradition de la servitude demeure encore vivace dans les sociétés anciennement colonisées, dont la société haïtienne.

Dans l'ensemble, le nouveau système de domination postcoloniale s'apparente à l'ancien système de domination coloniale lorsque, dans l'ancien comme dans le nouveau système, se construisent durablement des rapports esclavagistes de domination, et se maintient continuellement la prédominance du catholicisme.

TROIS

DU SYSTÈME ESCLAVAGISTE COLONIAL AU SYSTÈME ESCLAVAGISTE RESTAVEC POSTCOLONIAL

L es[1] études comparées de l'esclavagisme en Haïti ont mis en lumière un système double : un système de domination coloniale, c'est-à-dire produit par les autorités coloniales européennes depuis le XVe siècle ; un système de domination postcoloniale, donc renouvelé sans la domination directe des anciens colons européens. Ce système esclavagiste postcolonial est reproduit par les acteurs dominants locaux au lendemain de l'abolition de l'esclavage colonial et de la révolution haïtienne de 1803. Dans ce système, il faut bien le préciser, c'est l'esclavage colonial qui est aboli, mais pas l'esclavage en soi, devenu une institution endogène (Boutang, 1998). Cette institution endogène se maintient dans la société haïtienne au-delà de l'abolition de l'esclavage colonial. Elle se renouvelle périodiquement au travers des mécanismes institutionnels et traditionnels agencés par les acteurs sociaux locaux, sous l'influence des autorités morales des institutions étatiques et religieuses.

Le code rural post-indépendantiste rétablissant l'esclavage paysan dans les champs agricoles des milieux ruraux n'est plus l'œuvre des colons chassés du sol haïtien, mais celle des acteurs institutionnels nationaux renouant avec des pratiques similaires à celles de l'esclavage des champs de l'époque coloniale. La tradition restavec post-abolitionniste régissant les rapports domestiques contemporains n'est plus celle des colons européens tournés vers

---

1.

l'industrialisation et le machinisme moderne, mais celle des groupes sociaux locaux raccrochés aux vieilles pratiques domestiques d'un ancien monde colonial. Dans sa lecture, Cadet (2002, p. 17) affirme que « les riches noirs et mulâtres ont rétabli l'esclavage pour les enfants des milieux très pauvres qu'ils emploient comme domestiques ». À cet égard, l'institution endogène de la servitude domestique du système restavec est une reproduction des acteurs locaux attachés à la culture d'esclavage apprise aux temps coloniaux puis transmise aux temps postcoloniaux, de génération en génération.

3.1. Évolution historique longitudinale du système esclavagiste du passé au présent

Dans le cadre des débats contemporains sur la dynamique des rapports sociaux domestiques en Haïti, certains commentateurs font parfois allusion à deux systèmes esclavagistes de domination du passé [colonial] au présent [postcolonial]. Cette considération ou cette subdivision se justifie, d'une part, par la dynamique des représentations sociales des colons-maîtres européens qui ne sont plus les mêmes ; d'autre part, en raison des dynamiques socio-idéologico-religieuses locales et des contextes géopolitiques mondiaux marqués par des mouvements sociaux abolitionnistes et des idéaux d'autodé-termination des peuples, de droits et de libertés pour tous qui ne sont plus les mêmes. Et quant aux périodes de domination considérées, elles ne sont donc plus les mêmes non plus, à savoir :

- La période coloniale (XVe-XIXe siècles) renvoyant à un système de domination coloniale [avec colons étrangers], produit par et avec les colons européens introduisant et institutionnalisant l'esclavage noir en Amérique et en Haïti, sous l'ordonnance formelle de l'autorité catholique.
- La période postcoloniale (XIXe-XXIe siècles) renvoyant à un système de domination postcoloniale [sans colons étrangers], élevé sur les restes du système de domination coloniale durablement mis en place par les anciens colons européens, sans cesse régénéré par et avec les acteurs sociaux locaux. Raccrochés à la tradition esclavagiste appartenant à l'ancien monde colonial, les acteurs dominants locaux deviennent les nouveaux maîtres du système d'exploitation postcoloniale : le système esclavagiste restavec.

Cependant, au fond, l'étude synchronique et diachronique des rapports esclavagistes du passé au présent fait apparaître et dessiner, de manière longitudinale, un seul et même système esclavagiste de domination en évolution ou involution allant d'une période [coloniale] à l'autre [postcoloniale]. Car, premièrement, les victimes sont généalogiquement les mêmes : les Nègres et leurs descendants nègres, soumis à l'asservissement perpétuel ou l'esclavage intergénérationnel imposé depuis le XVe siècle jusqu'à nos jours. Deuxièmement, l'espace géographique dans lequel ce système esclavagiste se produit puis se reproduit sans cesse reste le même : l'espace territorial d'Haïti, d'abord colonisé ensuite décolonisé, sans toucher aux rapports dichotomiques internes entre citadins et paysans, bourgeois et ruraux, favorisés et défavorisés, oppresseurs et opprimés, dominants et dominés, maîtres et serviteurs, maîtres et domestiques. Troisièmement, la société demeure pareillement : une société de longue tradition esclavagiste dans laquelle se maintiennent continuellement les rapports hiérarchiques de domination et d'oppression des maîtres sur leurs serviteurs, leurs domestiques, leurs esclaves. Enfin, les structures de domination existantes sont les mêmes avec l'influence des mêmes autorités charismatiques et toujours la même prédominance du catholicisme. En témoigne en contexte postcolonial la position officielle du politique haïtien dans son rapport d'autorité avec le religieux catholique contemporain : « La religion catholique, apostolique et romaine, qui est la religion de la grande majorité des Haïtiens, sera spécialement protégée, ainsi que ses ministres dans la République d'Haïti » (Art. 1er, Concordat de 1860, actualisé en 1984).

Malgré le nouveau contexte du pluralisme religieux plus ou moins ouvert à d'autres religions, la prééminence du catholicisme demeure tant dans le système d'exploitation coloniale que dans le système de domination postcoloniale. C'est donc la même structure de domination de l'institution religieuse chevauchée avec celle de l'institution étatique légitimant toutes deux la colonisation, la traite négrière et l'esclavage noir en Haïti depuis le XVe siècle. De même que le système fait abolir l'esclavage colonial mais pas l'esclavage noir, il fait alors remplacer les anciens colons et prêtres étrangers mais pas les rapports de domination caractérisant ce système esclavagiste des temps coloniaux aux temps postcoloniaux. En d'autres termes, les acteurs individuels, les prêtres et les maîtres changent de nom, mais le système préserve les mêmes structures traditionnelles de domination avec les mêmes influences du catholicisme. Pour citer Brient (2007, p. 7), « on change quelques détails du système pour que tout puisse rester comme avant », en laissant perpétuer dans notre société contemporaine des rapports serviles de domination et des formes modernes d'esclavage. Les temps de conquête, de colonisation et de traite transatlantique du système colonial européen passent, mais persistent encore dans le système postcolonial les rapports esclavagistes de domination des nouveaux maîtres sur leurs esclaves.

Fig. 7. Évolution longitudinale du système esclavagiste des temps coloniaux aux temps postcoloniaux en Haïti

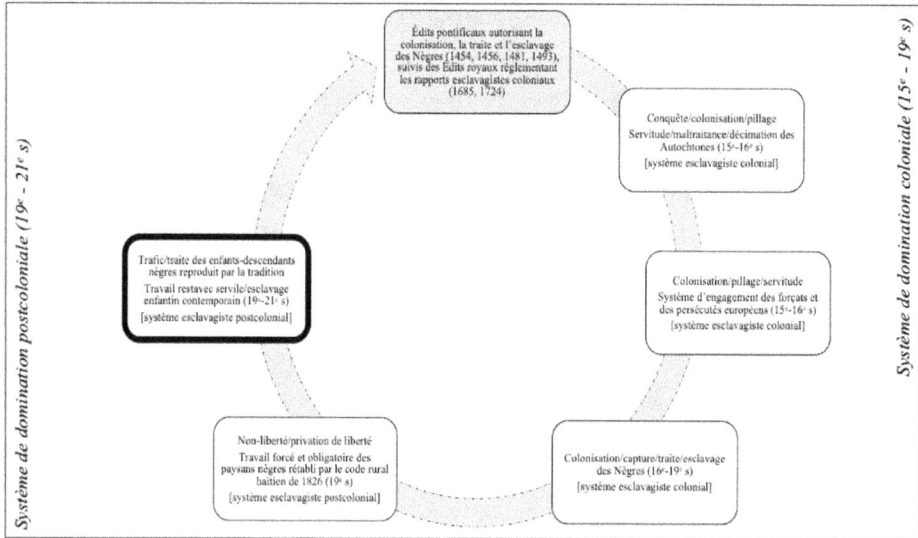

À la lumière du présent schéma intégrateur (*Fig. 7*), la société haïtienne se faufile ou se profile à l'allure d'une ligne en courbe (longitudinale ou spirale) allant de la production génétique du système esclavagiste colonial [avec colons européens] à la reproduction parthénogénétique endogène du système esclavagiste restavec postcolonial [sans colons étrangers]. Pour insuffler un sens plus captivant au système esclavagiste longtemps perpétué en Haïti, nous avons consenti à nous emparer des notions un peu pléonastiques de la production génétique à la reproduction parthénogénétique de ce système esclavagiste de domination et d'exploitation. L'adjectif *génétique* associé à la production du système met en évidence le sens lié à la genèse historique dudit système durablement établi depuis le XV\u1d49 siècle, à la suite de la publication de la bulle pontificale de Nicolas V de 1454 incitant à la colonisation et à l'esclavagisation perpétuelle des Nègres. Quant au qualificatif *parthénogéné-tique* emprunté aux sciences biologiques, il exprime le mode de reproduction endogène du système esclavagiste postcolonial sans intervention directe de l'espèce génitrice coloniale européenne.

Considérant la similitude et la constance dans les rapports esclavagistes du système de domination des temps coloniaux aux temps postcoloniaux, Stella (1996) affirme que les esclavagistes de l'époque moderne n'ont rien inventé. Traiter un individu comme un animal, le ranger dans la sphère du droit parmi les bêtes, le concevoir philosophiquement en dehors de la société humaine, voilà, écrit-il, des constantes dans l'histoire de l'esclavage (p. 159). Certes, pour paraphraser l'auteur, les nouveaux maîtres du système restavec n'ont rien inventé ; ils ne font que reproduire des pratiques esclavagistes connues de l'ancien monde colonial, mais non d'un autre monde extraterrestre-externe inconnu. Analysant la profondeur avec laquelle la culture esclavagiste pénètre nos sociétés et nos rapports contemporains, Boutang (1998, p. 178) soutient que l'esclavage est une institution endogène qui n'est pas importée ni acculturée ; il est durablement instauré en fonction des besoins et des raisons internes au marché du travail.

Hormis la civilisation précolombienne ou la période précoloniale, le schéma explicatif antérieur retrace six grands moments historiques marquant l'évolution longitudinale du système esclavagiste des temps coloniaux aux temps postcoloniaux en Haïti :

- Il y a, en premier lieu, les édits pontificaux autorisant la conquête et la colonisation, la traite et l'esclavage perpétuel des Nègres (1454, 1456, 1481, 1493), suivis des édits royaux réglementant les rapports esclavagistes dans les espaces conquis et colonisés par les Européens (1685, 1724) dont l'espace territorial haïtien (XVe-XIXe siècles).

- À la suite de l'autorisation et de l'incitation des édits pontificaux colonialistes-esclavagistes adoptés au XVe siècle, les colons européens de l'Espagne puis de la France partent les uns après les autres à la conquête et à la chasse, à la colonisation et à l'esclavagisation des Nègres capturés, transplantés, maltraités et surexploités en Haïti (fin du XVe siècle – début du XIXe siècle). Pour répondre aux objectifs européens de conquête, de colonisation et de pillage des colonies d'exploitation (Beaud, 1987) dont l'ancienne colonie de Saint-Domingue (Haïti), les colons espagnols instaurent, dès leur arrivée à Saint-Domingue en 1492, un système d'exploitation à outrance maltraitant les Autochtones des caciquats conquis et colonisés (*Marien, Jaragua, Maguana, Magua et Higuey*). En un laps de temps, soit environ une décennie (1492-1502), les Autochtones sont massivement décimés par les maladies importées d'Europe et les maltraitances subies de la part des oppresseurs européens.

- Entre-temps, à un autre moment précédant l'opération de la traite négrière et l'arrivée des premiers Nègres d'Afrique pour le remplacement des bras décimés des Autochtones, a été institué le système d'engagement engageant temporairement le travail des forçats, des marginalisés et des persécutés (protestants) européens dont certains d'entre eux étaient envoyés avec Christophe Colomb dès son premier voyage en 1492. Au tournant des XVIe et XVIIe siècles, la persécution contre les protestants était tellement rude en Europe que certains d'entre eux étaient massacrés et empêchés de professer ouvertement leurs croyances religieuses, d'autres interdits d'immigrer dans les colonies donc écartés du système d'engagement (Browne *et al.*, 2004). Persécutés et attirés par la terre lointaine de Saint-Domingue, les protestants qui réussissent finalement à fuir l'Europe débarquent souvent avec le statut d'engagés, écrit Corten (2014). Après une période de servitude de trois ans comme condition préalable d'immigration dans les colonies, explique-t-il, « les engagés cherchent, dans des conditions de grande inégalité sociale et de demi-persécution religieuse, des terres pour s'installer. S'ils n'y réussissent pas, ils expérimenteront l'amertume de l'impossible reconversion et végéteront comme pauvres Blancs » (p. 120).

- À un quatrième moment historique de la période coloniale, se développe et s'intensifie dans la colonie de Saint-Domingue (Haïti) l'opération de la traite négrière et de l'esclavage noir. Dès la fin du XVe siècle et le début du XVIe siècle, les Nègres d'Afrique commencent à subir les effets des premières opérations de dépersonnalisation et de déshumanisation par les calamités de captivité, de traite et de transplantation dans les colonies d'exploitation des Amériques et des Antilles. En termes plus précis, et plus particulièrement, les premiers Nègres sont transplantés dans la colonie de Saint-Domingue (Haïti) en 1503, sous la gouvernance de Nicolas Ovando (1502-1509), soit environ une décennie après l'arrivée de Christophe Colomb sur l'île Kiskeya suivie de l'élimination des Autochtones. En effet, pendant trois longs siècles (1503-1803), se perpétue la pratique de l'esclavage noir, devenu un esclavage intergénérationnel allant des premiers esclaves nègres [des temps coloniaux] à leurs derniers descendants encore gardés sous le joug de la servitude [aux temps postcoloniaux].

- Les deux derniers moments historiques [jumelés] sont survenus après les trois siècles de colonisation, de traite et d'esclavage du système de domination coloniale européenne. Au lendemain de l'abolition de l'esclavage colonial (1803), certains des descendants d'esclaves nègres sont repoussés au pays en dehors, dans les milieux ruraux défavorisés, avant d'être réduits à nouveau au travail forcé par un nouveau code esclavagiste postcolonial : le code rural haïtien de 1826 rétablissant le travail obligatoire, la non-liberté ou l'esclavage des Nègres paysans [rétablissement de l'esclavage des champs par le code rural haïtien de 1826]. Entre-temps, venus de loin des mêmes milieux paysans, d'autres enfants descendants d'esclaves nègres sont à leur tour exposés au trafic restavec, avant d'être fixés en permanence au travail forcé chez des familles de placement [reproduction de l'esclavage domestique enfantin par la tradition haïtienne].

Dans son étude de l'esclavagisme du passé au présent, Boutang (1998) repère, dans le Nouveau Monde des Amériques, les traces historiques de l'esclavage colonial modulé sous ses différentes formes allant de la maltraitance amérindienne et de la servitude blanche du système d'engagement, passant par la traite négrière et l'esclavage noir, jusqu'au bridage de la main-d'œuvre migratoire en contexte moderne d'exploitation capitaliste. Institué avant la transplantation des Nègres dans les colonies, le système d'engagement temporaire repose sur la servitude blanche des migrants et des engagés européens, des condamnés de droit commun au travail forcé, des forçats, des déportés politiques, ethniques et religieux persécutés (protestants). Dans les Antilles, rapporte l'auteur, les « engagés travaillaient aux côtés des esclaves noirs » (p. 205), avant que ces engagés européens soient définitivement remplacés par les esclaves noirs, significativement augmentés en nombre, au tournant des années 1630 à 1680 (p. 180), selon les besoins du marché capita-liste-esclavagiste postféodal.

En Haïti, l'esclavage noir est institué en fonction des besoins internes au marché colonial, puis renouvelé en raison des besoins internes au marché postcolonial. Il se perpétue d'une époque de domination coloniale [avec colons] à une autre époque de domination postcoloniale [sans colons], d'une ancienne génération [d'ancêtres nègres capturés] à une nouvelle génération [de descendants nègres asservis]. Persistant jusqu'aux temps modernes, il devient un esclavage intergénérationnel fondé sur le rapport de domination du maître sur son serviteur (Boutang, 1998, p. 162) ; un esclavage perpétuel imposé (Fiume, 2018, p. 88), particulièrement en Haïti depuis le XVᵉ siècle.

Cet esclavage intergénérationnel perpétué dans la société haïtienne s'ex-plique par le fait que, en termes généalogiques, les ancêtres nègres ancienne-ment soumis à la servitude perpétuelle sont les parents des parents des enfants domestiques nouvellement réduits en servitude. Et compromettant l'avenir des enfants restavecs d'aujourd'hui qui ne reçoivent ni rémunération, ni éducation, ni solidarité organique des familles de placement, ni solidarité publique des autorités étatiques, ni solidarité externe des autorités reli-gieuses, les enfants de ces enfants devenus grands demain courent, en termes structurels et intergénérationnels, le même risque de devenir restavecs d'autres familles aisées de la société. Voilà la spirale du cercle vicieux autour duquel se construisent et se reconstruisent durablement les rapports sociaux esclavagistes dans la société haïtienne, allant des ancêtres esclaves aux parents esclaves, des parents esclaves aux enfants esclaves, de génération en génération. Et après trois siècles d'esclavage colonial noir (1503-1803), on comprend déjà la complexité pour la nouvelle société postcoloniale de rompre avec une si vieille tradition esclavagiste. Une très longue tradition esclavagiste remontant à l'époque de la colonisation européenne d'Haïti suivie de la maltraitance et de la décimation des Autochtones, passant tempo-rairement par le système d'engagement des engagés européens, puis durable-ment par la traite et l'esclavage des Nègres, jusqu'aux pratiques contemporaines de travaux forcés d'abord des paysans (Code rural de 1826), puis des enfants paysans du système restavec.

3.2. Caractéristiques du système restavec haïtien : un système d'exploitation enfantine

L'expression de système restavec ressurgit souvent dans nos analyses, de même que celle de marché restavec. Les deux expressions s'apparentent à deux notions synonymiques utilisées pour expliquer une même réalité sociale locale, celle du restavec en Haïti. Empruntée aux études politiques et organisationnelles (Dahl, 1971 ; Crozier et Friedberg, 1977), la notion de système est ici utilisée pour expliquer les comportements et l'influence des acteurs décisionnels et institutionnels dans ce système d'exploitation, tandis que celle du marché, empruntée aux études économiques (Aspilaire, 2014 ; Lundahl, 2014), est employée pour exprimer les rapports traditionnels d'échange entre les opérateurs impliqués dans les transactions domestiques marchandes. En cela, le système restavec renvoie à la place et à la fonction des acteurs compétents concernés par la question du restavec, alors que le marché restavec renvoie aux rapports domestiques marchands entretenus entre les opérateurs locaux directement impliqués dans les opérations de cession et de trafic d'enfants nègres des milieux paysans en dehors aux milieux citadins en ville. Dans certains cas, il arrive que des acteurs du système (acteurs moraux concernés) soient aussi des opérateurs du marché restavec (opérateurs locaux impliqués). C'est, à proprement parler, ce que révèlent nos recherches empiriques et archivistiques où, comme aux temps coloniaux, certains acteurs moraux sont aussi des opérateurs locaux du marché restavec ayant sous leur domination directe des serviteurs domestiques (archives, observations et témoignages retranscrits au chapitre sixième, 6.1.2).

Avant de présenter les particularités du marché restavec (3.4.2), portons les regards sur les caractéristiques du système restavec haïtien reposant essentiellement sur le travail servile gratuit des enfants restavecs, « surchargés de travail » (Borysthen-Tkacz *et al.*, 2015, p. 4), donc sur la surexploitation de la main-d'œuvre domestique enfantine en Haïti. En termes de caractéristiques, il s'agit, en somme, de :

- *Un travail enfantin réservé à des enfants abandonnés.* Le travail restavec est assimilé à l'esclavage enfantin contemporain. En d'autres termes, le travail restavec est par définition un travail infanto-juvénile, du moins un travail enfantin. Donc, il est destiné à des enfants d'âge précoce ou mineur. Par exemple, Cadet (2002) raconte qu'il n'avait qu'environ 4 ans lorsqu'il est devenu restavec après avoir été abandonné chez une famille de placement. C'est un exemple parmi tant d'autres servant à la classification du travail restavec dans la catégorie de travail servile enfantin. L'âge mineur priorisé sur le marché restavec par les nouveaux maîtres du système n'est en fait qu'une condition préalable de recrutement de l'enfant cédé, sachant que ce petit travailleur docile n'ose jamais dire non à son maître, donc plus facile à être asservi, à être surexploité.

- *Un travail enfantin destiné à des enfants restavecs, venus de loin.* L'enfant restavec n'est jamais un voisin ; il est un enfant qui vit éloigné de ses parents (Clouet, 2013). En tant qu'esclave, « [il] vient toujours de loin, et [il] n'est jamais un voisin » (Meillassoux, 1986). En d'autres termes, l'enfant domestique est un captif (non libre) venu de loin d'un autre pays en dehors de l'univers rural haïtien, un autre monde très éloigné de la zone d'asservissement. C'est encore l'une des conditions préalables de mise au travail et de maltraitance à outrance du restavec qu'il soit d'abord un enfant venu de loin, très loin de sa famille d'origine, c'est-à-dire qu'il ne soit pas un enfant d'une famille de même quartier que celui de la famille de placement. Car il serait émotionnellement insupportable pour les parents de l'enfant – même s'ils sont pauvres – de pouvoir observer en personne, voire vivre par empathie, les maltraitances et les souffrances atroces infligées à cet enfant cédé et asservi, issu de leurs entrailles maternelles.

- *Un travail enfantin destiné à des enfants sans contact avec leur famille.* Après sa cession et son asservissement chez une famille de placement, le restavec est contraint de rompre tout contact, tout dialogue ou toute communication avec ses parents (Restavèk Freedom, 2011). En effet, il rompt définitivement ses liens avec sa famille d'origine (Lundahl, 2013). Cette rupture désigne une condition voilée dans le contrat invisible de travail empêchant l'enfant restavec de porter à la connaissance de ses parents les maltraitances et les souffrances horribles subies de la part des parents-fils-maîtres.

- *Un travail non libre.* Les contraintes pour le restavec de communiquer avec sa famille et de renouer avec elle des liens dialogiques expliquent déjà le statut non libre du travail restavec. Il est privé de liberté non seulement de contacter ses parents ou d'aller voir sa famille, mais aussi il lui est interdit de se déplacer d'une maison [du lieu de travail] à l'autre [au voisinage] sans que son maître ne l'ait envoyé ou autorisé. Il est donc inutile de parler de la possibilité pour lui de se déplacer volontairement et librement d'une zone à l'autre, en dehors du rapport domestique de travail qui ne prévoit pas ce mode de liberté pour un restavec. Si le restavec souhaite éviter de sévères punitions, il vaut mieux pour lui de rester fixé dans un coin pas assez visible ou dans la cuisine qu'est son « royaume domestique » (de Singly, 2004), donc toujours présent, attentif et prêt à servir les parents-fils-maîtres.

- *Un travail forcé avec des tâches obligatoires.* Les travaux réalisés sur le restavec arrivent tous à la description d'une multiplicité et d'une variété de tâches obligatoires – ménagères ou non – à la charge des enfants domestiques (Cadet, 2002 ; Lubin, 2002 ; OIT, 2004). Et ces enfants restavecs sont forcés de travailler, travailler encore, travailler plus, même s'ils ont faim, même s'ils sont fatigués. Ils sont contraints d'exécuter les lourdes tâches obligatoires à leur responsabilité. C'est cette contrainte d'exécution de la multiplicité des tâches excessives assignées qui fait en sorte que, même s'ils commencent à travailler très tôt le matin, ils se retrouvent toujours dans l'obligation de dormir très tard dans la nuit jusqu'à ce qu'ils terminent la totalité des tâches prévues dans leur calendrier journalier de travail.

- *Un travail forcé par des contraintes sévères.* Dans le système restavec, sont courantes les pratiques de maltraitances et de tortures, de violences physiques et psychologiques contre les petits travailleurs domestiques. Comme au passé colonial, les nouveaux maîtres recourent habituellement aux pratiques de tortures et de supplices des fouets pour punir le restavec (Cadet, 2002). Ces supplices des fouets sont infligés à la victime soit à cause d'une tâche non exécutée à temps par oubli ou par fatigue ou par négligence, soit en raison d'une simple erreur commise dans l'accomplissement de multiples tâches assignées ou en raison d'une question hygiénique (malpropre, pipi au lit). Par exemple, une assiette brisée par erreur entre les mains de l'enfant domestique ou un petit retard accusé au moment d'aller acheter au marché ou chercher de l'eau (à pied), cela suffit pour que sa maîtresse inflige à la victime de sévères punitions corporelles.

- *Un travail servile qui porte atteinte à la dignité humaine.* Le travail restavec est par sa nature servile une pratique dégradante et démoralisante portant atteinte à la dignité de la victime (Pluen, 2015 ; Vaz, 2006 ; Ruano-Borbalan, 2003). C'est une pratique abusive et injuste, donc répréhensible, intolérable, réprimandable, condamnable, voire punissable. En contexte postcolonial de droits humains et de libertés pour tous, il n'y a aucun support matériel actuel, soit institutionnel, légal ou religieux, pouvant étayer, voire justifier une telle pratique. Et pourtant, la force de la tradition fait conserver encore cette pratique déshumanisante dans la société haïtienne.

- *Un travail servile non rémunéré.* « La pratique du restavec est une forme d'esclavage où les restavecs, originaires des milieux paysans infertiles et dénudés, exécutent des travaux domestiques non rémunérés » (Wagner, 2008). En effet, il n'est prévu nulle part dans le contrat non écrit de travail restavec un quelconque salaire pour les petits travailleurs domestiques. Mineurs et innocents, ils ne peuvent disposer de leur destin ni rien exiger pour leur travail (Grandet, 2003). Donc, les multiples tâches accomplies par les enfants restavecs sont totalement gratuites. Cette gratuité explique le rapport servile de travail domestique. Et même si leur travail n'est pas rémunéré, ils doivent sans cesse continuer de travailler pour leurs maîtres des familles de placement et, par là, aider à la croissance du patrimoine familial (Guillen, 2018 ; Cicchelli-Pugeault et Cicchelli, 1998).

- *Un travail servile parfois dans des conditions dangereuses.* Dans certains cas, certains domestiques sont échoués chez des familles de placement qui mènent des activités agricoles ou commerciales (Biezunska-Malowist et Malowist, 1989). Dans de telles conditions, les travailleurs restavecs de cette catégorie sont exposés à des situations de risques d'insalubrité et de dangerosité plus grandes. À côté des tâches domestiques à la maison, ils doivent remplir des responsabilités particulières liées aux activités commerciales ou agricoles dans des espaces de travail non sécurisés, donc plus dangereux.

- *Un travail permanent.* Le travail restavec dépasse la question de travail à temps plein qui serait, dans le secteur formel, de 8 heures par jour (hormis les jours fériés, les week-ends et les jours de congés). Le restavec est contraint de travailler en permanence en tout temps sans liberté. Il n'est pas prévu dans le contrat informel de travail des périodes calendaires de loisirs, ni de repos, ni de congés pour le travailleur restavec. En cela, il est vain de chercher à déterminer le nombre d'heures de travail du restavec pour savoir s'il travaille à temps plein, car ce temps est indéterminé. Chez la famille de placement, il travaille le week-end et les jours fériés, pendant les quatre saisons, les douze mois et les cinquante-deux semaines de l'année. Il se couche le plus tard et se réveille le plus tôt possible pour travailler, travailler plus encore, travailler plus toujours. Habituellement, il commence à travailler très tôt le jour pour terminer les multiples tâches journalières exigées au plus tard la nuit. Et s'il y a quelque chose d'imprévisible en plein milieu de la nuit, soit un bruit ou un invité ou un message tardif à transmettre au voisinage (échange, prêt, achat, etc.) ou un besoin quelconque d'intervention nocturne, il incombe avant tout, en tout et pour tout, à la responsabilité du restavec de s'en occuper.

- *Un travail dépendant.* Le système restavec laisse prospérer également un type de travail domestique dépendant comparable à celui observé dans d'autres marchés capitalistes de travail. Dans ce type de travail dépendant, les travailleurs domestiques de cette catégorie sont placés chez des familles dont les charges de travail sont moins lourdes et les maîtres de profil moins abusifs, de caractère moins sévère. Là, ils sont apparemment traités moins sévèrement par leurs maîtres, comparativement à d'autres restavecs antérieurs exploités plus durement chez des familles de placement menant parallèlement des activités agricoles ou commerciales dans des conditions plus difficiles. Cette réalité nous rappelle l'époque coloniale où, à certains égards, la situation des esclaves domestiques paraissait moins douloureuse que celle des esclaves des champs. Dans tous les cas de figure en présence, ils demeurent tous des esclaves, qu'ils travaillent dans les champs agricoles ou qu'ils exécutent des tâches commerciales ou qu'ils accomplissent un travail domestique dépendant pour le compte de leurs maîtres.

- *Un travail bridé.* Dans tous les cas, le travail restavec étouffe le développement holistique de l'enfant vivant en dehors du rempart naturel protecteur de sa famille biologique ; qu'il soit un enfant restavec cédé à un maître de caractère très sévère ou à une famille menant parallèlement des activités économiques très dangereuses ; qu'il soit un enfant domestique placé chez une famille ayant des charges de travail moins lourdes et dont le maître est d'un profil moins abusif. La permanence du travail non libre du travailleur restavec loin de son rempart familial explique donc ce « bridage » (Boutang, 1998), ce goulot d'étranglement compromettant son développement moral, cognitif, psychologique, physique et socio-émotionnel.

Élevé sur ce qui a été déjà là, c'est-à-dire sur l'ancien système esclavagiste colonial, le système esclavagiste restavec postcolonial laisse reproduire des types de travail hérités (semblables à) des pratiques esclavagistes d'un ancien monde colonial. De même que le système esclavagiste colonial laisse prospérer le travail domestique, le travail artisanal et le travail agricole (Cauna, 2013 ; Fallope, 1987 ; Livi, 2020), le système restavec postcolonial laisse développer non une forme de travail, mais plusieurs types de travail. Car, à côté des multiples tâches domestiques assignées, certains enfants restavecs sont affectés à des tâches commerciales ; d'autres sont assignés à des activités agricoles ou à toute autre entreprise lucrative de leurs maîtres. C'est ce qui fait dire précédemment que la quasi-totalité des pires formes de travail assimilées à la servitude des enfants (UNICEF, 1997 ; OIT, 1999) semble correspondre et, de fait, correspond à la situation des petits travailleurs victimes du système restavec, après leur cession sur le marché restavec.

3.3. Particularités du marché restavec haïtien : un marché noir de trafic d'enfants nègres

La société haïtienne de vieille tradition esclavagiste laisse développer un nouveau marché esclavagiste postcolonial : le marché restavec. Si l'examen du système restavec fait déceler la place et l'influence des acteurs institutionnels et décisionnels dans ce système de domination et d'exploitation, l'analyse du marché restavec haïtien laisse surtout apparaître les caractéristiques et le fonctionnement de ce marché local, ainsi que les rapports traditionnels d'échange et de trafic restavec entre les parties prenantes, c'est-à-dire entre les opérateurs locaux directement impliqués dans les opérations domestiques marchandes (familles d'origine, courtiers intermédiaires, familles de place-ment). En d'autres termes, cette analyse du marché restavec nous permet de remonter aux filières contemporaines d'échange et de trafic d'enfants resta-vecs nègres, importés comme des marchandises de l'univers rural [de l'exté-rieur] vers le monde urbain [en ville].

Si le marché restavec haïtien est comparable, voire semblable, à d'autres marchés traditionnels dont le marché *vilamègbo* africain, il affiche toutefois certaines particularités permettant de le distinguer des autres marchés. Même si certaines d'entre elles sont aussi retraçables ailleurs dans d'autres sociétés ouvertes à la servitude enfantine contemporaine, ces particularités caractéristiques offrent la possibilité de mieux connaître et définir le marché restavec haïtien. À première vue, l'usage même du terme étymologique et qualificatif *restavec* paraît non seulement singulier ou particulier, mais imprime déjà en soi l'haïtianité de ce marché local.

Après avoir présenté les caractéristiques du système restavec, passons donc en revue les particularités du marché restavec remontant aux filières contemporaines de traite et d'échange des enfants restavecs. En somme, en termes de particularités :

- *Un marché traditionnel fonctionnel.* L'étude comparée du système nous montre qu'il n'existe pas de législation formelle qui définit normalement les rapports domestiques sur le nouveau marché restavec postcolonial, contrairement à l'ancien marché esclavagiste colonial régi par des bulles pontificales suivies des codes noirs. Loin de le rendre dysfonctionnel et inopérationnel, ce vide laisse au contraire prospérer le marché restavec servile assis non sur une législation postcoloniale, mais de préférence sur la tradition esclavagiste héritée des anciens rapports domestiques coloniaux. Il conduit au développement et à l'expansion de ce marché traditionnel. Dans un tel marché fonctionnel, il revient donc aux nouveaux maîtres de décider, comme bon leur semble, du traitement et du sort réservé à chaque enfant restavec cédé ou capturé.

- *Un marché informel sans contrôle.* Le marché haïtien, d'une population de consommateurs majoritairement paysans (60 %), repose largement sur l'économie informelle. Cette économie informelle désigne l'ensemble des activités économiques exercées en dehors des cadres fiscaux et administratifs réglementés ; elle représente 57 % d'activités économiques informelles (entreprises et travaux informels) dont 81 % dans l'aire métropolitaine.[2] Dans ses filières contemporaines, ce marché informel intègre le travail domestique informel qui est l'une des composantes les plus importantes de l'économie domestique familiale locale. Dans ce marché local, les pluriactivités informelles et les productions domestiques sont à la charge exclusive des domestiques, « omniprésents » dans tout ce qui a rapport au travail dans les maisons et les entreprises familiales. Voilà le vaste marché informel dans lequel se développe le marché restavec : un marché sans contrôle ou décontrôlé ; un marché informel ou incohérent (Wagner, 2008). Sans contrôle, n'importe quel individu parmi les héritiers du système peut posséder des domestiques aux seules fins de les exploiter et de les opprimer.

- *Un marché noir et illicite.* Le marché restavec de travail n'est pas saisi par le droit positif haïtien (*Voir 5.5*). D'ailleurs, le terme *restavec* n'est même pas cité nommément dans les textes juridiques nationaux. Donc, ce marché restavec s'opère de manière illicite en dehors des normes morales, des conventions internationales et des lois nationales relatives au travail libre. Étant donné la prospérité du marché domestique informel pour les nouveaux propriétaires qui en profitent, ces opérateurs dominants n'ont plus besoin d'un nouveau code restavec noir pour mener leurs opérations de trafic et d'échange sur le marché.

- *Un marché opaque et non transparent.* Le marché restavec noir, de par son caractère à la fois informel et illicite, ne permet pas de recueillir des données statistiques et comptables fiables qui

---

2. Ces données officielles sur l'économie informelle en Haïti sont fournies par l'Institut haïtien de statistique et d'informatique (IHSI, 2007), rapportées et analysées par Aspilaire (2014).

serviraient à déterminer, voire à apprécier, la valeur réelle que
représente le travail domestique pour l'économie domestique
(Segalen, 1993 ; Biezunska-Malowist et Malowist, 1989). L'absence
de ces données traduit non seulement la non-transparence et
l'opacité du marché d'échange et de trafic restavec, mais elle crée
aussi un trou noir dans l'économie domestique nationale, en
échappant à tout calcul comptable public. Cachant la *vérité* sur la
valeur réelle du travail restavec pour l'économie familiale, cette
opacité du marché tend également à occulter les rapports
esclavagistes domestiques contemporains. Dans cette optique de
garder le marché opaque et la vérité captive, il devient alors
propice aux propriétaires-opérateurs dudit marché de véhiculer
l'idée que le restavec n'est pas une pratique déshumanisante
répréhensible ou de faire oublier le rôle des acteurs moraux et
religieux dans la construction des rapports esclavagistes à l'origine
du marché restavec, élevé et prospéré sur les traces vives de
l'esclavage perpétuel noir ordonné par la bulle *Romanus Pontifex*
(Nicolas V) depuis le XVe siècle.

- *Un marché ouvert et libre.* Malgré le caractère illicite et opaque du
marché restavec et le statut non libre du travail restavec, il reste
paradoxalement un marché libre, c'est-à-dire un marché informel
sans contrôle. Dans ce marché ouvert et libre, les propriétaires
peuvent trouver et disposer d'autant de restavecs qu'ils veulent
(Cadet, 2002, p. 18). Il leur suffit de placer leur commande sur le
marché, soit directement à une famille paysanne génitrice de
restavec, ou indirectement à un courtier, en indiquant le portrait
du restavec voulu (sexe, groupe d'âge, milieu d'origine). Selon leur
besoin particulier ou leur goût favori, ils peuvent avoir des
préférences spécifiques soit pour le sexe (garçon, fille), soit pour le
milieu d'origine, considérant que – à partir des connaissances
reçues et des expériences vécues par ces propriétaires – les
restavecs en provenance de telle ou telle région sont plus
serviables, donc plus exploitables que d'autres.

- *Un marché d'opérateurs et d'opérations.* Comme tout autre marché, il
y a évidemment sur le marché restavec des opérateurs qui sont
également les acteurs du système restavec (familles d'origine,
courtiers intermédiaires, familles de placement ; pouvoirs

politiques, autorités religieuses). Il suffit de regarder la trajectoire du restavec – schématisée antérieurement puis analysée postérieurement – pour mieux comprendre les rôles des opérateurs du marché ainsi que les opérations marchandes en lien avec la manière dont cet enfant domestique a été cédé, transporté, trafiqué et livré comme marchandise des milieux ruraux du pays de l'extérieur (Barthélémy, 1991) aux milieux urbains en ville (province ou capitale).

- *Un marché de marchandise humaine cédée puis non valorisée.* Soumis à une condition de non-personne, les enfants domestiques dépersonnalisés sont considérés par leurs propriétaires comme des propriétés, des choses ou des marchandises (Grenouilleau, 2012 ; Vatin, 2014 ; Bormans, 1996). La relation « Je-Tu » (sujet-sujet), telle que définie par Buber (1959) dans le sens d'un dialogue entre personnes, cesse d'exister dans le cadre du rapport des maîtres avec leurs domestiques, leurs marchandises. Dans cette relation propriétaire-propriété (sujet-objet), ces enfants restavecs ne sont pas encouragés ni valorisés, en dépit de la valeur significative des services rendus gratuitement aux parents-fils-maîtres des familles de placement ; ils ne sont pas appréciés non plus, malgré leur docilité, leur disponibilité, leur utilité, leur serviabilité, leur obéissance et leur soumission.

- *Un marché de marchandise humaine trafiquée et non payée.* Si le travail des restavecs est gratuit dans le système, alors sont aussi gratuits les restavecs comme marchandises trafiquées sur le marché. De même que sur le marché colonial « les esclaves ne [peuvent] rien avoir qui ne soit à leurs maîtres » (art. 28, Code noir, 1685), il n'y a rien des restavecs qui ne soit à leurs propriétaires sur le marché postcolonial. Ces nouveaux propriétaires insatiables profitent à la fois des restavecs pris comme marchandises gratuites, des fruits du travail gratuit des restavecs (usufruit) et même des plaisirs sexuels gratuits de ces domestiques considérés comme faisant partie du travail (Annequin, 2008). Si dépenses il y a – quoique insignifiantes par rapport à la valeur du travail domestique gratuit fourni – ces dépenses sont consenties soit pour le service d'un courtier intermédiaire, soit pour le trafic (transport) des restavecs, soit pour l'entretien au rabais de ces marchandises dévalorisées, mais non pour le paiement en soi de ces marchandises offertes gratuitement sur le marché. Donc, ces faibles dépenses d'entretien n'enlèvent pas le sens de la gratuité de ces marchandises trafiquées ou importées localement des milieux paysans aux milieux citadins, puisqu'elles ne sont pas versées comme prix payés aux familles d'origine pour les restavecs cédés. Si l'on parle parfois de vente ou d'achat des restavecs, ce n'est pas parce qu'il y a réellement un prix fixe ou variable payé pour chaque restavec cédé, mais en raison de la forme de l'opération d'échange et de trafic restavec relevant d'une transaction marchande. Par analogie aux différentes conceptions classiques sur la valeur marchande des esclaves et de leur travail (Hans et Joost, 2008 ; Larquié, 1996 ; Fage, 1981 ; Mintz, 1981), les restavecs constituent non seulement des mains-d'œuvre serviles gratuites affectées aux lourdes tâches de production polyvalente et des facteurs d'échange générateurs de richesses pour leurs propriétaires, mais aussi des marchandises offertes et cédées gratuitement sur le marché local haïtien.

- *Un marché de marchandise humaine malléable et exploitable facilement.* Les maîtres peuvent faire tout ce qu'ils veulent avec les restavecs. Considérés comme des marchandises, ils sont entièrement à la disposition de leurs propriétaires. Dociles, soumis et obéissants en toute matière, ils n'osent jamais répliquer voire dire par objection non aux parents-fils-maîtres, même en cas d'épuisement total ou d'abus sexuel. Leur docilité explique leur malléabilité. Au premier cri d'appel du maître, l'enfant restavec doit vite répondre par oui, toujours par oui sans réplique : oui, s'il lui est interdit ou obligé de faire une chose même contre lui-même et sa dignité ; oui, s'il dort la nuit et qu'il est appelé pour servir ; oui, s'il commence à peine une tâche ou s'il est sur le point de l'achever et qu'il est appelé à faire une autre tâche jugée plus urgente par le maître. Et aucune autre personne des parents-fils-maîtres n'accomplira à la place du restavec la tâche instantanément laissée pour aller accomplir l'autre tâche imposée, puisque c'est de sa responsabilité de l'exécuter après, tôt ou tard, jusqu'à l'accomplissement de toutes les tâches journalières assignées.
- *Un marché de main-d'œuvre domestique abondante.* Si dans le système le travail domestique est permanent, excédant ainsi tout travail à

temps plein, les domestiques sont aussi disponibles en permanence sur le marché. En d'autres termes, la main-d'œuvre domestique reste disponible en abondance sur ce marché informel ouvert, libre et sans contrôle. Comme nous l'avons signalé précédemment, il suffit aux propriétaires, selon leurs besoins préférentiels, d'activer leurs commandes sur le marché domestique, soit directement, soit indirectement au travers des services des courtiers. Non seulement la main-d'œuvre domestique demeure abondante et disponible sur le marché haïtien, mais l'enfant domestique est aussi recruté pour être entièrement disponible. Il doit être disponible en tout temps. N'étant pas libre, il doit être toujours là, c'est-à-dire toujours présent au travail, toujours prêt pour répondre par oui au premier cri d'appel du maître qui peut lui intimer l'ordre de passer momentanément d'une tâche moins difficile à une autre plus difficile (vice versa).

- *Un marché de main-d'œuvre polyvalente.* Venus de loin de l'univers rural sans expérience ni connaissance préalable de l'autre monde urbain, les enfants restavecs s'amènent à s'adapter et se conformer à la nouvelle réalité de travail servile en milieux socioculturels citadins. Dès leur transplantation dans ce nouveau monde urbain, ils s'entraînent vite à être polyvalents, car contraints d'exécuter la multiplicité et la variété de tâches obligatoires assignées. La multiplicité ici tient lieu du nombre excessif de tâches domestiques à leur charge, tandis que la variété renvoie à la diversité de tâches imposées chez des familles de placement menant parallèlement d'autres activités économiques (entrepreneuriales, professionnelles, commerciales ou agricoles). Donc, les propriétaires-opérateurs du marché domestique s'intéressent à la main-d'œuvre marchande du restavec non seulement en raison des bénéfices de sa malléabilité, sa gratuité et sa disponibilité en tout temps, mais aussi en raison des avantages de sa polyvalence à accomplir toutes les tâches imposées, ménagères et non ménagères.

- *Un marché traditionnel sans recours pour la victime trafiquée et chosifiée.* Les opérations marchandes d'échange et de trafic restavec participent d'emblée d'un processus de chosification, de dépersonnalisation, de dévalorisation, de démoralisation et de déshumanisation de la personne victime (Ruano-Borbalan, 2003 ; Meillassoux, 1986). Cette victime chosifiée, avec son statut de chose ou de marchandise, devient l'objet de violence, d'abus, d'exploitation, d'oppression et d'injustice de toutes sortes de la part des parents-fils-maîtres, sachant qu'il n'y a point de recours pour elle. Par exemple, si la victime est une fillette violée et engrossée par son maître, elle n'a aucun recours, sinon d'accepter son sort d'être rejetée hors de la maison sans aucune autre forme de procès (Cadet, 2002 ; Lubin, 2002 ; OIT, 2004 ; UNICEF, 1997). S'il s'agit de victimes d'atrocités physiques et de tortures corporelles comme punitions courantes infligées aux enfants restavecs, leur seul recours ne consiste qu'à pleurer, mais surtout pleurer à voix basse sans faire de bruit qui nuise aux oreilles des maîtres. En un mot, pour les victimes chosifiées et opprimées du marché restavec, il n'y a pratiquement pas de secours individuels des membres des familles en présence ni de recours institutionnels des autorités religieuses, politiques et judiciaires compétentes laissant faire les propriétaires-opérateurs du marché restavec haïtien.

Revenons enfin sur les rapports des acteurs du système avec les opérateurs du marché restavec haïtien, avant de porter le regard sur le dur travail manuel des serviteurs domestiques dans le contexte du machinisme moderne. L'étude du marché restavec apporte un éclairage sur le fonctionnement réel de ce marché domestique traditionnel avec des opérateurs locaux clairement identifiés, directement impliqués dans les transactions de cession, d'échange et de trafic restavec (familles d'origine, courtiers intermédiaires, familles de placement du restavec). Quant à l'analyse du système restavec, elle remet en question la position des acteurs moraux et religieux compétents gardant en majorité le silence sur la pratique du restavec. En d'autres termes, elle remet en question le silence sur cette pratique de la majorité des acteurs moraux et religieux compétents. Elle remet en cause la fonction d'autorité hiérarchique patriarcale traditionnelle de ces acteurs moraux dont certains ont sous leur domination directe des domestiques (mineurs). Elle remet également en question la fonction morale de ces acteurs institutionnels et décisionnels qui, paradoxalement, laissent fonctionner et prospérer ce marché noir de trafic d'enfants nègres, du moins qui laissent faire les opérateurs du marché restavec « qui n'ont pas peur de la loi à cause d'une certaine complicité avec les structures d'application » (Lubin, 2002, p. 45). Cette complicité dans les rapports acteurs-opérateurs du marché domestique se comprend aisément, puisque certains acteurs moraux compétents des structures d'application de la loi sont aussi des opérateurs actifs dudit marché restavec. C'est ce que confirment aussi bien nos recherches archivistiques que nos recherches empiriques où – de même qu'aux temps coloniaux certaines autorités morales et cléricales étaient des propriétaires d'esclaves et des chefs à la direction des Nègres (Trudel, 1960 ; Code noir, 1685) – certaines autorités morales et religieuses contemporaines s'érigent traditionnellement en opérateurs du marché restavec local et en maîtres de petits serviteurs nègres (cas rapportés dans le chapitre sixième, 6.1.2), fixés en permanence aux travaux forcés et aux multiples tâches manuelles assignées, malgré le contexte du machinisme moderne.

3.4. Travail restavec en contexte du machinisme : entre servilité, efficacité et rentabilité

Selon la vision prophétique de Daniel (chap. 12 : 4), au temps de la fin : « *la connaissance augmentera* ». Et, en ces derniers temps, constatons-nous, il y a une augmentation accrue de la connaissance dans tous les domaines eschatologiques, scientifiques, industriels et technico-technologiques. L'augmentation accélérée de la connaissance se matérialise particulièrement au travers des différentes révolutions connues depuis le XVIIIe siècle, notamment avec les premières avancées technologiques en Angleterre développant le moteur à vapeur et des machines industrielles. Ces avancées technico-technologiques de la première révolution industrielle font modifier, voire améliorer, dans les sociétés industrialisées les anciennes manières de faire et de travailler dans l'agriculture, l'artisanat, le transport, le ménage, etc. La connaissance continue sans cesse d'augmenter. Ainsi, d'un pays à l'autre, se succèdent plusieurs vagues de révolutions technologiques passant par la révolution énergétique de l'électricité au XIXe siècle jusqu'à la dernière révolution informatique du numérique au siècle présent.

À l'avènement du machinisme moderne et du nouveau marché de consommation, les nouveaux rapports industriels marchands influent sur les formes de vie domestique familiale dans les sociétés modernes. Ils changent l'allure du travail domestique avec la fabrication et la commercialisation d'une vaste gamme de biens électroménagers (machine à laver, cuisinière électrique, électricité et eau du robinet accessible, etc.). Ils allègent ainsi les lourdes tâches domestiques dans les foyers. Cependant, ces rapports n'ont pas d'effets escomptés chez les familles haïtiennes attachées à la tradition de travail manuel dur. Ils n'ont pas changé les rapports domestiques tradition-nels reposant sur l'exécution physique ou manuelle des tâches domestiques, ce qui a pour effet l'épuisement sauvage de la force physique de travail des restavecs.

Le développement industriel ne fait pas disparaître les services domes-tiques traditionnels manuels pénibles dans la société. « Le progrès écono-mique et technique ne règle pas le problème des conditions de travail évoluées sous l'effet des luttes sociales et politiques, en conservant certaines formes traditionnelles de pénibilité physique » (Gollac *et al.*, 2014, p. 85). Malgré le contexte industriel du machinisme moderne, la servilité inhu-maine, la pénibilité physique et la dureté des tâches domestiques manuelles, insalubres et dangereuses n'ont pas disparu. L'irruption du machinisme moderne ou de la technicité ne conduit pas à un profond changement (Gre-nouilleau, 1996) dans les rapports sociaux domestiques contemporains.

Dans la société haïtienne, plusieurs facteurs expliquent la situation problématique liée à la pénibilité physique et la dureté des tâches domes-tiques manuelles, insalubres et dangereuses pour les enfants restavecs. À notre époque contemporaine, la société traditionnelle haïtienne n'a pas encore atteint un niveau très avancé d'industrialisation et de modernisation comparable à celui des sociétés industrielles modernes occidentales. En effet, elle préserve encore des pratiques archaïques de travaux domestiques manuels, semblables à celles d'un ancien monde colonial non industrialisé. Ces pratiques archaïques s'expliquent par l'absence du machinisme domes-tique moderne pour les serviteurs restavecs affectés aux diverses tâches domestiques, ou par l'absence du machinisme agricole moderne pour les travailleurs restavecs utilisés parallèlement dans les entreprises agricoles traditionnelles locales.

Par ailleurs, se pose un autre problème majeur, celui du rationnement en électricité empêchant le fonctionnement courant du machinisme moderne chez les familles haïtiennes. Ce n'est pas que les propriétaires des domes-tiques n'aient pas de capitaux financiers nécessaires pour entrer dans la grande société de consommation et se procurer des biens électroménagers modernes susceptibles d'alléger les durs travaux domestiques. Mais surgissent d'autres problèmes locaux d'électricité pouvant expliquer cette situation critique de travaux manuels pénibles.

Fig. 8. Accès à l'électricité (%) en Haïti pour la période de 1995 à 2020

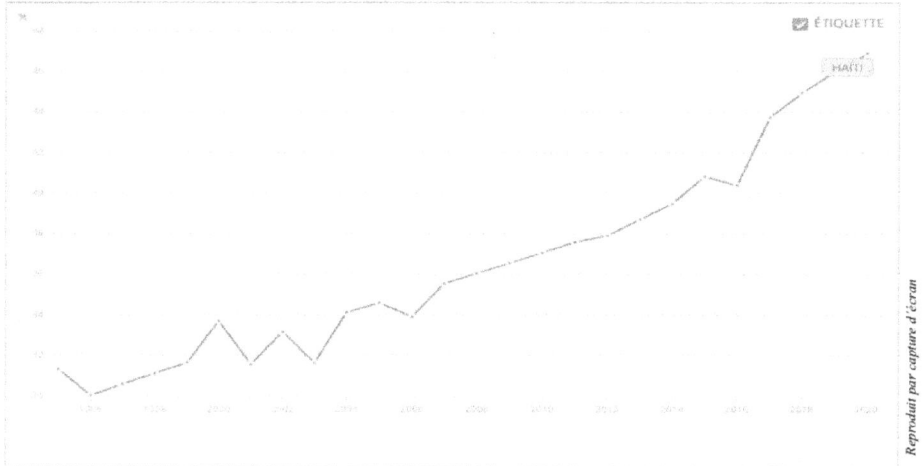

Source : Banque Mondiale, 2020. https://donnees.banquemondiale.org/indicator/EG.ELC.ACCS.ZS?locations=HT

En 2020, seulement 46,9 % de la population haïtienne avait accès à l'électricité, soit le taux d'accès le plus bas dans la région hémisphérique (Banque mondiale, 2020). Au début des années 2000, le taux d'accès à l'électricité était pire, soit environ 30 %. Pire encore, les coupures d'électricité, pendant des heures quotidiennement et parfois des jours, sont monnaie courante, empêchant le fonctionnement à plein régime des matériels et équipements électroménagers chez les familles aisées qui en disposent.

En outre, aux problèmes d'électricité non favorables à l'usage courant des machines électroménagères modernes, s'ajoutent d'autres problèmes de rareté et de distribution d'eau courante dans les résidences. Cette situation oblige habituellement les restavecs à aller loin pour trouver et porter des seaux d'eau sur la tête pour les lessives et les bains, pour trouver et transporter des bois ou des charbons de bois pour la cuisson. Car, par-delà les besoins du machinisme moderne et de l'électricité pour son fonctionnement, il faut aussi de l'eau indispensable pour les multiples services domestiques. Selon un autre article-rapport communiqué en 2019 par la Banque mondiale, seuls 12 % des ménages ont accès à l'eau potable sur leur lieu de résidence, sur l'ensemble du territoire national. Dans la région métropolitaine de Port-au-Prince, considérée comme région-épicentre du restavec, 57 % des résidents recourent aux services du secteur privé pour s'approvisionner en eau potable. Et, pour atteindre un point d'eau courante, 36 % des ménages doivent marcher environ 30 minutes en moyenne.[3] Les difficultés d'accès à l'eau courante du robinet chez les familles de placement rendent les conditions de travail restavec de plus en plus pénibles. Car ces travailleurs domestiques ont pour obligation d'aller chercher (à pied) cette eau courante à distance là où elle se trouve, à côté de toutes les autres tâches journalières obligatoires à leur charge.

Non sans incidence, la non-utilisation des ressources électroménagères offertes par le machinisme moderne en support au travail domestique rend de plus en plus dur le travail manuel des restavecs. Cela participe en conséquence d'un problème de rapidité et d'efficacité dans les services à fournir ou non fournis à temps par ces petits travailleurs domestiques. Ce problème de rapidité et d'efficacité sert souvent d'artifice ou de prétexte aux maîtres pour bastonner et torturer impitoyablement ces enfants restavecs pour simple oubli ou négligence, simple retard ou lenteur dus à leur épuisement. Donc, dans le rapport domestique de travail, la négligence ou l'oubli, la lenteur ou le retard des restavecs n'est ni accepté ni toléré par leurs propriétaires. Même si ces serviteurs sont totalement épuisés en raison des conditions de pénibilité physique des travaux effectués, ils doivent continuer à travailler, travailler toujours sans relâche pour livrer à temps leurs services.

Par-delà les facteurs de pénibilité physique liés à l'archaïsme dans la production domestique manuelle ainsi qu'au problème d'accès à l'électricité et à l'eau dans l'exécution du travail domestique, il y a évidemment l'absence d'humanité de la part des parents-fils-maîtres à l'égard du restavec. Cette absence d'humanité se manifeste dans les souffrances et les maltraitances infligées à la victime, habituellement fouettée et torturée par ses oppresseurs pour simple erreur commise dans l'exécution des travaux manuels pénibles, rudes, insalubres et dangereux assignés. Elle se joint à une absence d'action collective de l'organisation familiale (Olson, 1978, p. 200), dans la mesure où toute la charge des travaux domestiques manuels pénibles repose sur le dos

---

3. Sources de données combinées dont celles issues de : « État des lieux du droit à l'eau en Haïti : Quels accès à l'eau et à l'assainissement ? » de la Direction nationale de l'eau potable et de l'assainissement (DINEPA), puis du communiqué du 22 janvier 2019, suivi de l'article publié par la Banque mondiale le 22 mars 2019 : « Haïti face au défi de l'accès à l'eau potable » [en ligne]. https://www.banquemondiale.org/fr/news/feature/2019/03/22/haiti-face-au-defi-de-lacces-a-leau-potable

de la victime. Elle s'associe avec une absence de solidarité organique autour d'un travail entièrement bénéfique et profitable aux parents-fils-maîtres du groupe familial. En guise de solidarité organique incitative de la part du groupe familial qui profite d'un tel travail productif, la maltraitance et le mépris demeurent les récompenses pour la victime qui fournit ce travail domestique gratuit.

En général, les domestiques évoluent dans de dures conditions de travail semblables certes, mais certaines conditions serviles sont plus dures que d'autres, en parlant des pires conditions de travail des restavecs. Ces derniers ne sont pas allégés par la société de consommation du machinisme moderne offrant les ressources technologiques électroménagères en support au travail domestique. Ils ne sont pas facilités par les services de distribution résidentielle d'électricité et d'eau, rendant plus pénible, plus épuisant, plus fatigant le travail des restavecs, obligés de parcourir des kilomètres pour aller chercher de l'eau (à pied et sur la tête). Et ils ne sont soutenus par aucune forme d'humanité, de solidarité et d'action collective de l'organisation familiale.

Les études contemporaines analysant les rapports entre servilité-pénibilité et efficacité-rentabilité au travail expliquent que le travail servile non libre est moins efficace que le travail flexible libre (Morse, 1981, p. 35 ; Wallerstein, 1981, p. 260). Elles révèlent que plus le travail est flexible et le travailleur autonome, plus la gamme des façons de faire est large, plus la production est allégée, plus le travail est efficace (Stroobants, 2010, p. 58 ; Gollac *et al.*, 2014, p. 62). À l'inverse, plus le travail est pénible et le travailleur privé d'autonomie et de liberté, plus la gamme des façons de faire est mince, moins la production est allégée, moins le travail est efficace.

Dans l'analyse des structures organisationnelles fortement hiérarchisées, Lacroix, Marchildon et Bégin (2021, p. 124) établissent pareillement la corrélation entre domination-contrainte au travail et autonomie-liberté d'action. Dans cette corrélation, constatent-ils, plus les pouvoirs exercés tendent vers le « pouvoir sur », c'est-à-dire vers la domination, moins ils permettront aux acteurs qui y sont soumis de contribuer au déploiement de leur compétence, de leur capacité. À l'inverse, plus les pouvoirs exercés tournent vers le « pouvoir avec », donc vers la collaboration, l'autonomie et la liberté, plus ils offrent la possibilité (pouvoir de) auxdits acteurs de développer leur compétence, leur efficacité au travail, leur capacité à produire plus, s'ouvrant ainsi à des solutions concrètes plus adaptées et des marges de productivité plus grandes.

Ces études contemporaines considèrent également dans le salariat libre l'intensité avec laquelle s'amplifient la productivité et l'accumulation effrénée ayant atteint aujourd'hui un niveau jamais égalé auparavant. « Jamais le monde n'a été aussi riche, n'a produit autant de biens et de services, n'a maîtrisé des techniques aussi élaborées pour subvenir à ses besoins », écrit Graz (2008, p. 47), tout en reconnaissant parallèlement la percée fulgurante de la pauvreté dans ce monde capitaliste et individualiste riche.

Malgré les avantages beaucoup plus considérables du machinisme moderne et les résultats beaucoup plus appréciables du travail libre, les nouveaux maîtres du marché traditionnel haïtien optent pour un travail restavec manuel pénible servile, donc non libre. Ces maîtres choisissent d'être esclaves d'une vieille tradition esclavagiste, démodée tant au regard du contexte du machinisme moderne plus productif qu'au regard du contexte du travail libre plus efficace. Devenus esclaves de la tradition restavec, ils se bornent par le conditionnement environnemental interne du marché de manière à ne pas exploiter les ressources techniques offertes par le machinisme moderne pour faciliter l'exécution plus rapide des travaux domestiques et, du coup, sortir du travail restavec manuel pénible.

Fig. 9. Corrélation entre servilité-pénibilité et efficacité-rentabilité du travail restavec

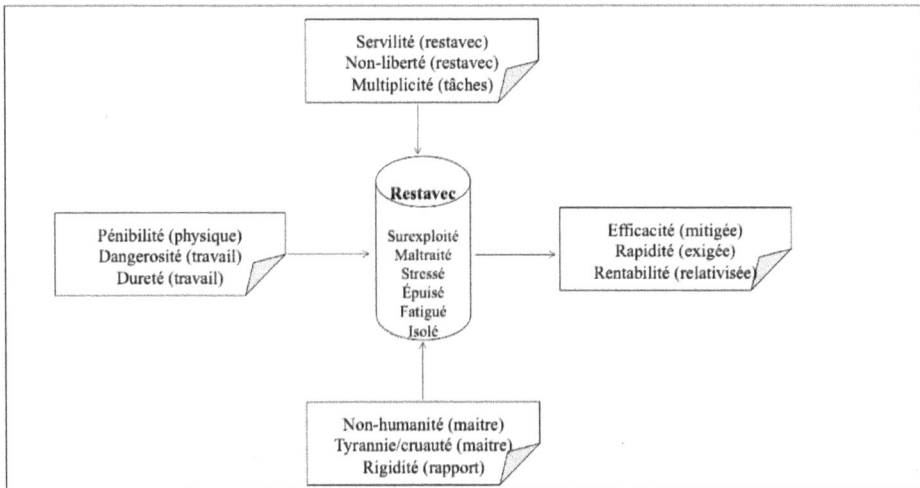

Ce schéma apporte un éclairage sur la corrélation entre servilité-pénibilité-rigidité (affirmée) et rapidité-efficacité-rentabilité (exigée) dans le cadre du travail restavec : un travail manuel pénible en contexte du machinisme moderne. Privés de liberté et d'autonomie, les petits travailleurs restavecs sont fixés en permanence à un travail forcé, corrélé avec la servilité inhumaine, la pénibilité physique, la multiplicité des tâches difficiles assignées, la dangerosité des travaux pluriels imposés et la dureté des activités manuelles exigées au quotidien. Exécutant leurs multiples tâches sous le contrôle rigide direct et le regard cruel des maîtres impitoyables, les victimes subissent les effets permanents du trauma, du stress et de la peur, atténuant par moment cette notion d'efficacité attendue et de rapidité exigée par leurs propriétaires. Trop souvent battus, trop maltraités, trop fatigués, trop épuisés, trop isolés, trop stressés, « ces pauvres travailleurs domestiques sont plus lents au travail » (OIT, 2004, p. 12), donc plus ou moins efficaces quant aux attentes de leurs maîtres.

Dans de telles conditions pénibles de travail, les restavecs n'arrivent pas toujours à combler totalement les attentes et les objectifs de leurs maîtres qui exigent toujours la rapidité dans l'exécution des tâches assignées. Et, privés d'humanité à l'égard des victimes, ces maîtres n'oublient jamais de les punir et de les maltraiter pour la lenteur due à leur fatigue, leur stress et leur épuisement. Dans une telle corrélation, se dessine un cercle vicieux ainsi expliqué : la flexibilité et la spécificité du travail qui incitent à l'efficacité, le restavec n'a ni l'une ni l'autre ; or, lorsqu'à cause de la servilité, de la pénibilité et de la multiplicité des travaux le rendant un peu lent, il est en effet jugé lent ou injurié paresseux, donc inefficace quant à l'attente et l'exigence du maître ; en conséquence, il est de plus battu, maltraité et gardé dans la pénibilité, faisant tourner le cercle incessamment dans le sens d'un rapport pervers ou d'un cercle vicieux contre la victime.

Toutefois, attachés à la tradition esclavagiste ou esclaves de la tradition restavec, les maîtres songent intuitivement à compenser l'efficacité par l'efficience du travail restavec gratuit. L'efficience désigne le rapport entre les services livrés et les ressources utilisées (niveau d'atteinte des objectifs à un coût moindre), tandis que l'efficacité indique le rapport entre les résultats obtenus et les objectifs fixés (Olson, 1978). Dans les paragraphes antérieurs, nous avons suffisamment mis en lumière la question d'efficacité par l'établissement des rapports entre les attentes des maîtres (objectifs) et les services fournis par les restavecs (résultats). Maintenant, qu'en est-il de l'efficience du travail restavec, en termes de résultats obtenus des services gratuits fournis par les enfants domestiques ?

Dans sa rationalité, le propriétaire ferme les yeux sur la part de productivité et de rentabilité résultant du machinisme moderne, de l'autonomie, de la liberté et de l'efficacité du travail libre. En revanche, il se tourne vers l'effi-cience du travail restavec, c'est-à-dire vers tout ce qu'il en profite à très long terme. Comme niveau d'atteinte des objectifs à un coût moindre, l'efficience est ici déterminée par le moindre investissement que le maître a consenti pour obtenir les services gratuits et permanents du restavec. En fait, il récolte des avantages matériels et immatériels significatifs pour le moindre coût consacré au recruteur (*koutchye*), puis à l'entretien au rabais de l'enfant domestique avec des restes de nourriture, des vêtements usagés et des morceaux de linges sales servant à la victime de lit dans un coin de la cuisine ou dans la dépendance faite pour domestique. Il ne dépense pas pour le salaire, puisque le travail restavec est gratuit. Il ne dépense pas non plus pour la consommation du machinisme moderne, puisque toute la charge du travail domestique repose sur le dos du travail manuel du restavec.

Dans sa réflexion sur la rentabilité du travail servile, Wallerstein (1981, p. 251) écrit que l'esclavage est une activité rentable, tout en reconnaissant de manière nuancée que le travail non libre est moins efficace, moins rentable que le travail libre. Le propriétaire du restavec estime quand même rentable le travail restavec non libre, même s'il est relativement moins efficace, moins rentable que le travail libre qui facilite l'accumulation démesurée dans le système-monde capitaliste. La rentabilité du travail restavec se mesure à l'en-semble des services fournis gratuitement aux parents-fils-maîtres du groupe familial sur une longue période indéterminée. Elle inclut la compensation de salaire où le gain tiré de ce travail non payé par le groupe familial bénéficiaire lui permet d'épargner plus, d'économiser plus (Segalen, 1993). Sur cette longue période de servitude indéterminée, les économies de salaires pour tout le travail gratuit bénéficié et les économies de dépenses non consenties pour l'éducation, la santé et l'entretien adéquat des enfants asservis sont énormes, ce qui s'ajoute aux patrimoines des groupes familiaux bénéficiaires épargnant plus, accumulant plus.

3.5. Condition servile de non-personne du travailleur restavec : pire servitude

Le restavec est un petit travailleur aliéné et opprimé, soumis à une condi-tion de non-personne. D'après Tillich (1994, p. 66), l'homme aliéné et opprimé est soumis au syndrome de l'impersonnalité. Dans le même sens, écrit Meillassoux (1986, p. 73), l'homme aliéné et asservi subit l'effet d'une opération de dépersonnalisation. Cette opération de dépersonnalisation subie, dit-il, se manifeste aussi bien dans les rites que dans les transactions marchandes. À l'avis de Fiume (2018, p. 84), l'individu réduit en esclavage subit une sorte de métamorphose sociale et légale : il quitte le royaume des êtres humains pour entrer dans celui des marchandises, en perdant dans ce passage sa capacité juridique. Cette perte de capacité juridique, selon l'auteure, rend l'esclave un être incomplet et vulnérable, relégué à une condition absolue de chose. Dépourvu de capacité juridique, cet individu asservi est alors voué au mépris et à la négation de son être (Ruano-Borbalan, 2003). C'est, à proprement parler, cette perte de capacité juridique qu'éprouve l'enfant restavec dans son rapport de travail servile avec le maître. C'est, plus haut, cette opération de dépersonnalisation, de déshumanisation et de domestication que subit la victime. C'est, de plus, ce syndrome de l'impersonnalité qui définit la condition de non-personne de l'enfant domestique.

La condition de non-personne, empruntée à Goffman (1973) dans son ethnographie de la vie quotidienne dans nos sociétés contemporaines, correspond au type classique de la non-personne de l'enfant domestique, c'est-à-dire un individu qui n'est pas là, qui est invisible malgré sa présence physique. Aux yeux de son maître, il ne constitue pas une personne ; il n'existe pas en tant que personne, donc il ne mérite pas d'être traité en tant que personne. Loin d'être accepté comme une personne, il est perçu par son maître comme une chose, une marchandise, une propriété ou un bien ; et, à ce titre, il est maltraité. Dans sa condition de chose, l'enfant restavec n'appartient plus à sa famille ni à lui-même, mais aux maîtres-fils-héritiers exerçant sur lui des pouvoirs de domination et des attributs du droit de propriété en disposant de sa personne et de son travail. Le rapport de travail qui définit le rapport de dépendance explique aussi le rapport d'appartenance de cet enfant asservi, devenu esclave de son maître. En tant qu'esclave, dans le sens classique du terme, il est à la merci de son maître comme n'importe quelle marchandise ou n'importe quel animal (Grenouilleau, 2012, p. 89). Il devient un bien qui peut être échangé sur le marché comme il en est dans un élevage animal (Vatin, 2014, p. 75). Traité aux temps modernes comme un animal, il est rangé dans la sphère du droit parmi les bêtes, en dehors de la société humaine (Stella, 1996, p. 159). Dépossédé de personnalité et de capacité juridique, il devient la propriété de son propriétaire (Meillassoux, 1986, p. 9).

Le statut de propriété ou de chose définit sans ambiguïté la condition de non-personne du restavec. Ce statut donne droit au propriétaire d'exercer sur sa propriété les attributs liés au droit de propriété, tel que ce droit s'applique en contexte privatif capitaliste. Tacitement collé au restavec, ce statut de propriété – en termes comparatifs – n'est pas, au fond, différent de celui défini par le droit primitif romain selon lequel l'esclave, sans personnalité ni capacité juridique, désigne la propriété de son maître. Dans le fond, il n'est pas différent non plus du statut défini par le Code noir français (1685) qui, dans le même ordre sociojuridique ancien, identifie l'esclave à la propriété de son maître, à savoir : un objet, un meuble appartenant à son maître (art. 5, 6, 8, 28, 44) ; un bien héréditaire (art. 12, 50) que son maître peut pour simple erreur commise marquer, torturer, enchaîner, battre de verges, fouetter ou tuer (art. 21, 42, 33, 34, 35, 38, 40) ; une marchandise que les propriétaires peuvent échanger, vendre ou revendre sur le marché (art. 2, 7, 53).

Soumis à la condition de non-personne, les domestiques se retrouvent en effet dans un état de sujétion continuelle (Schreiber et Fischer, 1956, p. 548). Leur personnalité est évincée dès l'origine de la mise au travail (Bormans, 1996, p. 792). Leur situation est la subordination, et on leur manque d'égards traditionnellement depuis toujours, explique Rollins (1990, p. 69). Dans cette relation asymétrique, rapporte l'auteure, les maîtres ont le droit de poser des questions personnelles à leurs domestiques, mais non l'inverse. Il s'agit, à l'avis de Lacourse (2010, p. 39), d'une sorte de tyrannie dans l'organisation hiérarchique de travail des domestiques. Évidemment, la force tyrannique déferlée sur les domestiques a fait beaucoup plus de mal aux mineurs en servitude domestique qui n'ont ni recours ni secours ni droit de réponse face aux assauts des violences et des abus de toutes sortes subis de la part des parents-fils-maîtres des familles de placement.

La pratique déshumanisante du restavec est la pire servitude aux temps contemporains, du moins se classe parmi les pires formes de travail (OIT, 1999) ou parmi les pires formes de servitude contemporaine (Hodan, 2005 ; Derby, 2003 ; Rollins, 1990). Les restavecs sont des mineurs, c'est-à-dire qu'ils devraient normalement grandir sous la protection et le regard affectif de leur famille biologique, jusqu'à leur stabilité (Parsons et Bales, 1956). Pourtant, loin de leur rempart familial, ils sont fixés au travail forcé en permanence en accomplissant de multiples tâches obligatoires chez des familles étrangères dans des conditions inhumaines gravissimes. En tant que mineurs donc innocents et dociles, ils sont incapables de contester, de protester, de se rebeller ou de dire non à leurs maîtres. En effet, ils sont plus faciles à exploiter, à maltraiter, à torturer, à martyriser sans pouvoir se défendre. Dépourvus de personna-

lité et de capacité juridique, ils ne peuvent pas ester en justice voire porter
plainte devant quiconque pour les maltraitances, les injustices et les abus
subis. Et ces innocents invisibles exécutent leurs tâches obligatoires sous la
supervision directe et le regard personnel menaçant de leurs maîtres, ce qui
engendre, pire encore, un haut degré d'aliénation et de choc psychologique
inconnu ailleurs dans d'autres marchés de travail.

L'exploitation des domestiques est plus profonde que les autres types
d'exploitation ailleurs, écrit Rollins (1990, p. 70). Car elle repose sur des
rapports personnels et directs des travailleurs domestiques avec leurs maîtres
qui les fixent à un travail plus aliénant, dit-elle, en favorisant ainsi un degré
très significatif d'exploitation psychologique inconnu dans d'autres métiers.
Sous la domination directe de leurs maîtres, ces domestiques assurent d'emblée une fonction de production à l'enrichissement du patrimoine familial en
accomplissant les multiples tâches ménagères et participant simultanément
aux pluriactivités économiques des familles de placement ayant parallèlement d'autres activités agricoles ou commerciales.

Selon Derby (2003, p. 5-6), l'esclavage des enfants dépasse la question
d'exploitation par le travail. C'est, à son avis, la pire et la plus déplorable
forme d'exploitation de travail et d'abus auxquels les mineurs peuvent être
soumis. Comme des biens légaux des propriétaires, dit-elle, les enfants-
victimes ne peuvent rien revendiquer dans le cadre des rapports particuliers à
la base de cette forme d'esclavage contemporain. Il s'agit, selon elle, de
rapports coercitifs de travail contraignant les enfants asservis à travailler
pendant de longues heures sans conditions proportionnées (rémunération,
flexibilité), en les privant de leur droit à l'éducation formelle. Venus des
milieux pauvres et soumis aux pires formes de travail, ces enfants en marge de
la société sont parmi les plus vulnérables (Hodan, 2005).

D'après Cadet (2002), l'esclavage des enfants restavecs est un mal. C'est le
pire des crimes imaginables (p. 18). Traités plus mal que les esclaves du passé,
dit-il, ces enfants en servitude sont incapables de résister à leurs prédateurs
adultes (p. 267). À son avis, les filles sont encore plus mal loties que les
garçons, car elles servent souvent de concubines aux fils-maîtres ; et si elles
sont enceintes, on les jette à la rue comme des ordures (p. 18). Dans le même
sens, Lubin (2002, p. 50) rapporte que l'exploitation sexuelle des enfants en
domesticité est très courante ; certaines domestiques sont fréquemment
violées par leurs patrons qui les abandonnent souvent avec des enfants. Dans
son rapport d'autorité avec les domestiques, l'employeur considère le rapport

sexuel comme faisant partie du travail, explique Annequin (2008) identifiant dans ce rapport inégal une relation de dépendance qui lie sexuellement la domestique avec son patron. Cette relation inégale se lit très bien dans les longues considérations sur les rapports sexuels au sein de la maison où, dit-il, intervient entre maître et esclave le jeu subtil du rapport d'autorité mais s'exprime surtout la libre jouissance d'une simple propriété, une jouissance qui méprise tous les tabous. Son analyse l'amène à interpréter la conception et l'attitude du maître envers son esclave, à savoir avoir des rapports sexuels avec son esclave est bon car c'est la possession du songeur, donc cela indique que le songeur tire plaisir de sa possession. Devons-nous alors ajouter et préciser, dans ce rapport d'autorité débouchant sur le rapport sexuel forcé, le plaisir est pour le maître, le traumatisme pour la victime ; la jouissance est pour le propriétaire, le choc psychologique pour la domestique aussi longtemps qu'elle vit. Car, comme forme de violence domestique, l'abus sexuel ou le viol demeure un « crime contre l'humanité de l'autre » (Damus et Luhahe, 2022), c'est-à-dire contre l'humanité de la victime, pendant toute sa vie. Ce crime inoubliable – sachant que la personne abusée ou violée ne l'oublie jamais – a des incidences durables sur le traumatisme psychologique de la victime (Hodan, 2005).

Dans son rapport, l'OIT (2004) indique à son tour que les violences et les abus sexuels des enfants domestiques sont infligés par des membres de la famille, des visiteurs ou de la part des autres employés de la maison, surtout lorsque par la promiscuité les domestiques ne sont pas logés dans des pièces séparées. « La jeune domestique qui se retrouve ainsi enceinte est rejetée du ménage, parfois même purement et simplement jetée à la rue » (p. 62). Lorsqu'exceptionnellement les victimes ne subissent pas de violences sexuelles, elles souffrent de dommages graves sur le plan de leur développement psychologique et social, reconnaît l'UNICEF (1997). Pour ce dernier acteur spécialisé onusien, ces petits travailleurs invisibles placés en servitude domestique sont les plus vulnérables et les plus exploités : ils sont isolés de la communauté ; ils sont privés de toute occasion de repos et de jeu ; ils ne sont pas rémunérés ; ils sont privés d'école ainsi que du soutien psychologique de leur famille.

Les violences domestiques entrent, de fait, dans les conditions et les rapports de travail restavec. Elles s'exercent dans les relations de travail et de pouvoir exercé à l'excès par les maîtres contre les enfants domestiques. Ayant des effets dévastateurs sur la santé mentale et physique des victimes, ces

violences domestiques s'expriment par des abus financiers (travail non rémunéré et non payé), des agressions physiques (maltraitances et tortures corporelles), des violences psychologiques (menaces grossières et injures
humiliantes), des abus sexuels (harcèlements et viols), d'autres violences
physiques et psychologiques indélébiles susceptibles d'occasionner tôt ou
tard la mort de ces victimes, ou de provoquer chez elles le syndrome de stress
post-traumatique (SSPT) durant toute leur vie.

Par-delà les violences domestiques subies, les enfants restavecs sont également privés de leurs droits à la santé, aux soins appropriés, à l'alimentation
normale, aux vêtements propres, au logement décent, ayant le plus souvent la
cuisine pour demeure fixe. Ils sont aussi privés de leurs droits à l'éducation en
restant attachés en permanence aux multiples tâches obligatoires assignées.
Les employeurs qui acceptent d'éduquer des domestiques sont rares, dit
Rollins (1990, p. 75). Ainsi, ajoute-t-elle, le don de vieux vêtements et choses
usagées comme gages fait partie de l'expérience des domestiques du monde
entier ; puis, les contraintes à la servilité, les exigences de déférence spatiale et
gestuelle qui leur sont imposées ainsi que le prénom local qui leur est collé
résument les conventions de la servitude des domestiques. Quant aux
nouveaux maîtres du système restavec, ils usent de manière tyrannique et
abusive de leur position hiérarchique de domination – en complicité avec les
autorités morales locales (Lubin, 2002 ; Breyer, 2016) – pour entraver l'avenir
des enfants domestiques qui ne partagent pas avec eux des liens biologiques
de parenté ni des liens juridico-sociologiques d'adoption (Lacourse, 2010).

Conclusion

L'étude longitudinale ici priorisée établit clairement les rapports historiques de la servitude noire du système esclavagiste colonial avec la servitude
enfantine du système restavec postcolonial, construits depuis le XVe siècle
dans la société haïtienne sous l'influence des autorités charismatiques enchevêtrées avec les autorités politiques et les factions sociales dominantes attachées à cette vieille tradition esclavagiste. N'étant pas une tradition du passé,
le trafic et la servitude des enfants du système restavec restent parmi les pires
formes de travail servile et d'asservissement enfantin contemporain. Voilà,
sommairement, tout ce qui fait classer ces pratiques esclavagistes traditionnelles parmi les pires formes de servitude contemporaine : 1) la vulnérabilité
des enfants restavecs réduits en servitude, sans défense donc sans secours ni

recours ; 2) la condition critique de non-personne de ces travailleurs mineurs, dépourvus de capacité juridique d'ester en justice contre leurs oppresseurs ; 3) l'opération de dépersonnalisation et de déshumanisation subie par les victimes ; 4) les violences, les maltraitances et les souffrances infligées aux victimes ; 5) la servilité, la pénibilité et la dangerosité du travail restavec sans allègement du machinisme moderne ni facilité domestique des services de distribution résidentielle d'électricité et d'eau ; 6) la multiplicité, la variété et la dureté des tâches obligatoires assignées aux enfants restavecs en permanence sans possibilité d'aller à l'école ; 7) la rigidité du rapport domestique de travail et l'autorité de domination directe des maîtres sous l'emprise desquels les victimes exécutent les multiples tâches serviles imposées, sans solidarité mécanique ni solidarité organique ni solidarité publique ni solidarité morale envers ces petits travailleurs en servitude.

Après avoir passé en revue la condition de non-personne du restavec et mis en lumière les rapports historiques de la servitude enfantine du système restavec postcolonial avec la servitude noire du système esclavagiste colonial, il importe de reconsidérer la place réelle des acteurs sociaux et moraux locaux dans ce système de domination continuelle, surtout leur fonction respective dans la maintenance et le fonctionnement permanent du marché restavec en Haïti.

QUATRE

FONCTIONS DES ACTEURS-OPÉRATEURS LOCAUX DANS LE FONCTIONNEMENT DU MARCHÉ RESTAVEC

Les familles d'origine, les courtiers intermédiaires et les familles de placement des enfants domestiques constituent les parties prenantes, ou mieux, les principaux agents du marché restavec haïtien, considérant la fonction respective de chacune de ces parties dans la maintenance et l'organisation de ce marché domestique local. Il est important d'analyser la place de ces groupes sociofamiliaux dans le système restavec, les fonctions de ces agents sociaux locaux dans le fonctionnement réel du marché restavec, du moins les rôles de ces acteurs-opérateurs impliqués dans les opérations marchandes de demande et d'offre de main-d'œuvre domestique, de cession et de trafic des enfants restavecs. Ainsi, cette analyse nous amène à retracer la trajectoire périlleuse du *restavec* avec son double statut d'*enfant* ayant pour repère sa famille d'origine avec laquelle il rompt ses liens intrafamiliaux, puis de *domestique* fixé au travail servile chez une famille étrangère en l'absence de solidarité publique des autorités étatiques et de solidarité morale des autorités religieuses. Elle nous permet de comprendre le fonctionnement réel de ce marché local remontant aux filières contemporaines d'échange et de trafic restavec, avant de considérer les comportements des autorités morales et religieuses envers le restavec qui restent au centre de notre préoccupation. Entre-temps, il paraît que les rapports d'enchevêtrement des autorités religieuses avec les pouvoirs politiques se sont élargis avec les groupes sociaux dominants des familles de placement accrochés à la tradition esclavagiste du restavec. Déjà, le cadre théorique de référence – élaboré avec la schématisation des acteurs du système restavec comme objet central (*Fig. 1*) – éclaire et annonce les rapports de chevauchement des chefs charismatiques avec les autorités politiques, en tant qu'acteurs dominants du système, appartenant aux factions sociales dominantes qui profitent de la main-d'œuvre domestique enfantine gratuite.

4.1. Famille d'origine : cession de l'enfant restavec et rupture des liens sociofamiliaux

La famille, comme objet naturel des études religieuses et sociologiques (Cicchelli-Pugeault et Cicchelli, 1998), ne constitue pas le but de notre travail. Mais, observable et explicable, elle est valorisée en tant que fait social par sa nature (famille comme institution sociale), aussi en tant que fait religieux par sa culture (famille fondée sur le mariage religieux). L'étude de l'acteur familial se justifie par le besoin d'élucider la question de la trajectoire de l'enfant restavec qui, après avoir été trafiqué comme marchandise de sa famille d'origine à une famille inconnue, est contraint de rompre définitivement ses liens sociofamiliaux avec ses parents biologiques, ses frères et sœurs, ses cousins et cousines, ses proches parents, ses oncles et tantes, ses voisins et amis, sans certitude de les revoir un jour. Que ces anciens liens familiaux soient, avant la rupture, fondés théologiquement par alliance du mariage ; qu'ils soient construits sociologiquement en dedans ou en dehors du mariage.

Ce double regard théologique et sociologique sur le fondement structurel-culturel de l'institution familiale fait identifier plusieurs types de statuts de familles de provenance et de destination des enfants domestiques : nucléaire (père, mère, enfants) ou élargie (avec d'autres membres d'autres familles) ; souche (de même famille) ou recomposée (dérivée d'anciennes alliances) ; mariée ou divorcée (selon la culture, la loi) ; union libre ou séparée (selon la tradition, la loi) ; monoparentale (avec un parent) ou biparentale (avec deux parents) ; patriarcale (autorité paternelle) ou matricentrique (influence maternelle) (Lacourse, 2010). Les enfants domestiques proviennent des familles défavorisées des milieux paysans de types constitutifs distincts ; ils sont transplantés à des familles aisées des milieux citadins aussi de types constitutifs distincts. Par exemple, l'ancien restavec Cadet (2002) a vécu sa petite enfance dans une famille monoparentale avec sa mère. Après la mort de sa mère, il a été cédé puis réduit en servitude domestique chez une famille matricentrique dirigée par Florence, devenue sa maîtresse, sa propriétaire.

La famille, comme fait socioreligieux, trouve son fondement théologique dans la Parole vivante suivante : « Que l'homme donc ne sépare pas ce que Dieu a uni » (Matthieu 19:6). Elle devient, à cet égard, une unité de vie ensemble durable et inséparable structurée avec le père, la mère et les enfants. Les rapports intrafamiliaux et les devoirs de chacun des membres de la famille sont définis dans plusieurs textes bibliques (Proverbes 22:6 ; Éphésiens 6:1-4 ; Colossiens 3:20-21). Dans cette perspective théologique, l'enfant, devenu homme, « quittera son père et sa mère, et s'attachera à sa femme, et les deux deviendront une seule chair » (Genèse 2:24 ; Matthieu 19:5). Donc, il quittera son père et sa mère pour constituer une nouvelle famille unie par l'alliance du mariage, mais non pour devenir restavec ou esclave chez une famille étrangère inconnue. Les études sociologiques reconnaissent pareillement l'importance des liens familiaux pour le développement de l'enfance, pourtant rompus dans le cas des enfants restavecs. Venus de loin et devenus domestiques, ces enfants restavecs sont forcés de rompre, de manière définitive, leurs liens parentaux et fraternels naturels.

Les études sociologiques fonctionnalistes, interactionnistes et féministes reconnaissent à la famille, respectivement : 1) une institution sociale qui, en fonction de sa fonction biologique et sociale, nourrit des rapports de coopération avec les autres institutions sociales ; 2) un ensemble de rapports construits entre individus pris comme acteurs sociaux en interaction permanente suivant les positions sociales qu'occupe chacun avec des rôles et des statuts sociaux définis ; 3) un espace où se manifestent les oppositions, les conflits et les inégalités entre les individus (Parsons et Bales, 1956 ; Bawin-Legros, 1996 ; Cicchelli-Pugeault et Cicchelli, 1998). Parmi ces différents courants sociologiques, y a-t-il jusque-là un seul d'entre eux qui nie l'importance du parent pour son enfant ou qui s'inscrit dans une démarche d'abandon de l'enfant à l'esclavage ou qui soutient la rupture totale du lien intrafamilial de l'enfant avec sa famille ?

Même les approches sociologiques féministes les plus critiques de la famille ayant remis en cause les relations conjugales assises sur le patriarcat et insisté sur les relations hommes-femmes comme étant la conséquence des rapports inégaux inscrits dans les structures politiques, idéologiques et économiques (Lacourse, 2010, p. 5), n'argumentent pas que le parent doit se séparer définitivement de son enfant pour ensuite l'abandonner à la servitude ou à la nature. Même en cas de séparation ou de divorce entre parents-conjoints, la garde partagée des enfants devient souvent une alternative évitant la rupture des liens de parenté et l'abandon total des mineurs pour qu'ils ne deviennent restavecs ou esclaves d'autres familles. En regard des différentes théories sociologiques classiques de la famille, les cercles familiaux et les liens parentaux demeurent fondamentaux pour le développement et la socialisation de l'enfant, pourtant brisés dans le cas des enfants restavecs.

La famille est l'organe de la société ayant pour fonction principale la socialisation primaire des enfants et la stabilisation des personnalités adultes (Berger et Luckmann, 2003 ; Bourdieu, 1998 ; Parsons et Bales, 1956). Elle est un rempart pour l'enfant avant et pendant sa naissance (fonction de reproduction biologique, instinct sexuel de reproduction, hérédité), aussi après sa naissance (fonction de socialisation primaire, de reproduction sociale et culturelle) ; elle est donc responsable de la fonction permanente de reproduction biologique et sociale de l'enfant (de Singly, 2004). Elle désigne un espace social où l'enfant acquiert, dès son âge le plus précoce, son habitus familial, socioculturel, moral et religieux. Parmi les actions pédagogiques subies, explique Bourdieu (1980), les plus décisives, les plus durables sont les plus précoces, à savoir celles que nous avons subies dès notre enfance et qui ont pour résultat de nous inculquer comme manière d'être un habitus primaire (habitus familial), c'est-à-dire un ensemble de dispositions à agir, penser, percevoir et sentir d'une façon déterminée, si incorporé en nous qu'il devient nous-mêmes et de notre être indissociable. Cette socialisation primaire, écrit Derocher (2008), laisse des empreintes profondes et durables dans la vision du monde de l'enfant.

L'entité familiale est l'instance essentielle qui conduit à la construction du bonheur familial par l'interaction permanente, l'affection mutuelle, la compréhension bienveillante et sympathique, le consensus et la camaraderie entre ses membres (Bawin-Legros, 1996). Et, par la transmission de normes, de valeurs et de rôles, elle assure la stabilisation des ressources morales et socio-émotionnelles de l'enfant, son intégration et sa réalisation dans la société. Dans leur réflexion, Cicchelli-Pugeault et Cicchelli (1998, p. 60) écrivent que le lien familial forme l'élément transitionnel qui assure la sociabilité de l'individu dont les affections de la famille contribuent à son élévation morale.

L'ensemble des matériaux sociologiques, plus haut exploités, participe de la définition et de la construction sociale de la réalité de la famille d'origine du restavec. Comme tout autre groupe familial, cette famille, avant son éclatement par le trafic restavec, est : une unité de vie sociale où se produisent les transactions familiales d'entraide, d'affection et de dialogue, et se nourrissent, dans une triple dimension conjugale, parentale et fraternelle, les liens socio-familiaux entre parents, enfants, frères et sœurs (Bawin-Legros, 1996) ; un rempart sûr pour l'épanouissement, le bien-être et le développement holistique de l'enfant analysé (de Singly, 2004) ; un espace essentiel par excellence pour le bonheur, l'éducation familiale et l'élévation de l'enfant en question jusqu'à sa stabilisation (Bawin-Legros, 1996 ; Parsons et Bales, 1956) ; un espace vital pour la sociabilité et l'élévation morale de cet enfant (Segalen, 1993 ; Cicchelli-Pugeault et Cicchelli, 1998).

En résumé, le lien familial demeure fondamental pour la socialisation et le développement holistique de l'enfant à différents niveaux socio-émotionnel, affectif, spirituel, cognitif, sanitaire et physique. À chacun de ces niveaux, la famille a son rôle important à jouer directement ou indirectement. Quoique primordial pour le développement et l'épanouissement de l'enfant, répétons-le, ce lien est pourtant brisé pour les enfants restavecs des familles éclatées avec toutes les conséquences issues de cet éclatement, de cette rupture. En d'autres termes, malgré la vitalité des liens familiaux et l'importance des relations de parenté pour l'enfance (Segalen, 1993, p. 103), ces enfants domestiques sont contraints de quitter cet espace social et naturel vital, de rompre leurs liens avec leurs familles d'origine, avant d'être trafiqués puis gardés sous le joug de la servitude chez d'autres familles étrangères.

Les familles d'origine renvoient par ailleurs à des groupes sociaux défavorisés des milieux en dehors, privés de services sociaux de base. Selon les données de la Banque mondiale (2020), les seuils de pauvreté de moins de 2,41 $ par jour et de pauvreté extrême de moins de 1,23 $ par jour touchent près de 9 millions d'individus des familles pauvres haïtiennes sur une population de 12 millions d'habitants (Banque mondiale, 2020). Donc, dépourvues de ressources matérielles pour répondre aux besoins pratiques et essentiels de tous leurs membres (nourriture, école, santé), des familles démunies des milieux paysans pauvres offrent leurs enfants à d'autres familles aisées à la recherche de main-d'œuvre domestique. Ces acteurs familiaux des milieux ruraux dénudés deviennent, de fait, des géniteurs-reproducteurs de main-d'œuvre domestique par leur fonction de reproduction biologique et sociale des enfants placés sur le marché restavec. Évidemment, ce ne sont pas toutes les familles défavorisées des milieux paysans qui intègrent les groupes offreurs-donneurs de main-d'œuvre restavec. Beaucoup d'autres familles démunies font preuve de résilience et de résistance face à la misère vécue sans jamais céder aucun de leurs enfants à une autre structure d'accueil, malgré leur situation de pauvreté criante et leur grande taille en nombre. Ces familles résilientes usent de leurs marges de manœuvre de survie et de leur rationalité adaptative pour s'occuper de leurs enfants, quoique difficilement, jusqu'à leur maturité.

L'illustration précédente ne sert nullement à culpabiliser les familles défavorisées ayant cédé leurs enfants à d'autres familles aisées qui, ensuite, les réduisent en esclavage. Au contraire, elle met en lumière les contraintes socioéconomiques de ces familles défavorisées qui, incapables de répondre aux besoins basiques pratiques de leurs enfants et de continuer à résister face aux assauts de la misère les gangrénant, ont finalement choisi de livrer leurs enfants à d'autres familles étrangères. Elles cèdent leurs enfants dans le vain espoir qu'ils pourraient bénéficier des petits avantages sociaux ou des chances de réussir en milieux urbains. Dans certains cas, certaines familles démunies ne cèdent pas un seul enfant, mais plus d'un enfant ou plusieurs de leurs enfants, contrairement à d'autres familles pauvres mais résilientes qui résistent à la demande du marché restavec sans jamais donner un seul de leurs enfants à d'autres familles d'accueil ou de placement. Sans l'intention de blâmer ces familles pauvres d'origine des restavecs, il faut toutefois reconnaître leur choix auquel souscrit leur implication directe dans les transactions marchandes, les opérations d'échange et de trafic restavec. Car ce sont elles qui choisissent de céder leurs enfants dans l'illusion d'augmenter leurs chances dans la vie en ville en échange des services domestiques aux familles de placement (Clouet, 2013). Certes, devenir restavec chez une famille de placement n'est pas le choix de l'enfant domestique, mais le choix de quelqu'un d'autre, généralement de son parent qui, à cause de ses faibles moyens économiques l'empêchant de répondre aux besoins matériels de l'enfant, le cède à un autre parent qui devient son maître (Lubin, 2002).

Avant l'éclatement et la rupture, la famille d'origine connaissait un haut degré d'unité familiale, d'amour, de stabilité, de sécurité et de solidarité ; elle y était hautement organisée selon sa tradition, malgré la faiblesse de ses ressources de tous types (Bawin-Legros, 1996, p. 55). Chassés du rempart familial par l'effet de l'esclavagisme contemporain, les enfants-membres dispersés et déboussolés ont rompu avec les formes d'organisation sociales et familiales traditionnelles, avec leurs liens familiaux et parentaux. L'ancien héritage familial naturel teinté d'affection, d'empathie, d'harmonie, d'entraide, d'unité et de solidarité ayant marqué au passé ces enfants cédés est pratiquement éliminé. Le lien sociofamilial du passé est altéré ou disparu par cette rupture, cet éclatement, cette forme de captivité, de traite ou de voyage sans retour, sans certitude de revoir un jour leurs papa et maman, leurs frères et sœurs, leurs cousins et cousines, leurs oncles et tantes.

4.2. Courtier intermédiaire : pont entre famille d'origine et famille de placement

Les courtiers constituent l'une des catégories sociales de travailleurs autonomes opérant sur le marché informel haïtien. Ils intègrent la liste des acteurs locaux impliqués dans l'opération d'échange et de trafic restavec, en servant de pont entre les familles d'origine et les familles de placement des enfants domestiques. Sans vouloir procéder à une étude ethnographique des courtiers comme catégorie sociale de travailleurs opérant sur le marché informel restavec, nous tenons seulement à souligner leur implication dans l'opération de trafic restavec. Les travaux contemporains recensés sur le restavec font brièvement et rarement référence au rôle des courtiers, chargés de recruter des domestiques pour des familles de placement.

Dans le marché traditionnel haïtien, les courtiers répondent à des variétés d'offres et de demandes dans divers secteurs d'activités. Ils ont à leur responsabilité : terrain à vendre (offre) ou à acheter (demande) ; maison à louer, à vendre (offre) ou à acheter (demande) ; main-d'œuvre domestique à placer (offre) ou à recruter (demande), etc. Pour répondre particulièrement à la demande de main-d'œuvre domestique, ils consacrent une partie de leur temps et de leur travail à la recherche de domestiques au besoin, c'est-à-dire en fonction de la préférence de chaque propriétaire dont le besoin peut être soit un adulte ou un enfant, soit un garçon ou une fille. En fonction des expériences (bonnes ou mauvaises) avec d'autres domestiques, un propriétaire peut même formuler le vœu de ne pas recruter de domestique d'une origine géographique déterminée ou de prioriser tels critères morphologiques caractéristiques plutôt que d'autres. Car, comme tout autre marché, le besoin de main-d'œuvre domestique varie d'un propriétaire à l'autre, d'une famille de placement à l'autre. Il arrive que ce soit un enfant qui correspond au besoin du propriétaire – sachant qu'il est plus docile donc plus facile à exploiter – pour lequel le courtier s'amène donc à recruter moyennant sa paie.

L'échange ou le trafic restavec implique souvent des recruteurs intermédiaires (*koutchye*) qui sont payés pour trouver un restavec pour la famille hôte

(Restavèk Freedom, 2011). « Les recruteurs sont fréquemment utilisés en Haïti pour trouver des enfants restavèk pour des familles [de placement] » (Borysthen-Tkacz *et al.*, 2015). Dans certains cas, explique Wagner (2008, p. 1), des intermédiaires connus négocient avec des familles rurales qui ne peuvent pas subvenir aux besoins de leurs enfants, avant de procéder au trafic de ces enfants à destination des ménages urbains à la recherche de travailleurs domestiques. Dans d'autres cas, souligne l'auteure, l'échange est moins structuré et plus circonstanciel. Parfois, sans utiliser le service d'un courtier, certains propriétaires de passage en milieu paysan ou par personne proche interposée arrivent à trouver aisément des enfants restavecs pour combler leur demande de main-d'œuvre domestique. C'est comme dans n'importe quel autre marché où certains agents font appel au service d'un courtier, pendant que d'autres agents achètent leur service directement sur le marché sans l'intervention de courtier.

De même que l'étude précédente ne vise point à culpabiliser la famille d'origine du restavec, la présente analyse n'envisage pas non plus de blâmer le courtier. Moralement, on ne peut pas faire un procès d'intention, dans le sens d'un sophisme, pour invoquer la complicité ou le discrédit selon lequel le courtier savait préalablement que c'est un petit mouton qu'il amène à la boucherie pour l'immoler. Dans le cadre de son travail autonome, il est parfois contacté pour chercher, trouver ou amener un enfant chez une famille de placement, à condition qu'il reçoive sa paie. Et, parfois, le courtier ne connaît même pas la famille de placement qui demande l'enfant ni la famille d'origine qui cède l'enfant ni l'enfant qu'il amène. Sa mission s'achève dès lors qu'il amène l'enfant chez la famille de placement, sans aucun droit ni pouvoir d'interférer dans les affaires privées et les rapports hiérarchiques internes de cette famille.

Comme l'a fait remarquer Wagner (2008), le trafic restavec n'implique pas toujours et forcément un courtier. En témoigne le cas de Jean, rapporté plus loin par l'OIT (2004) : un restavec de 12 ans, recruté directement par sa maîtresse de passage au Nord d'Haïti. Donc, avec ou sans courtier, s'opère la pratique déshumanisante du restavec. Pour une plus grande productivité de ce travail scientifique, nous ne saurions oublier ni ignorer l'implication du courtier dans l'opération marchande d'échange et de trafic restavec, même si sa fonction reste intermédiaire donc de moins d'importance par rapport à celle de la famille de placement qui réduit l'enfant cédé en servitude domestique, en s'appropriant à la fois sa personne et son travail gratuit.

4.3. Famille de placement : appropriation de l'enfant restavec et du fruit de son travail

L'étude des acteurs sociofamiliaux fait remonter les filières à travers lesquelles s'opère le trafic restavec et se construit le rapport esclavagiste domestique contemporain en Haïti. Elle trouve sa pertinence, rappelons-le, dans le besoin cognitif de vouloir non seulement retracer les filières contemporaines d'échange et de trafic restavec, mais aussi repérer la trajectoire du restavec avec son double statut d'enfant contraint de rompre ses liens avec sa famille, puis de serviteur forcé de travailler en permanence dans des conditions inhumaines relevant de l'esclavage contemporain.

Dans sa déclinaison en famille de placement, elle désigne, selon Lacourse (2010, p. 35), une unité de consommation et de production où se développent des rapports domestiques de travail servant au développement de l'économie domestique et du patrimoine familial. L'organisation de cette unité familiale de production, explique l'auteure, requiert une organisation du travail avec la participation des membres pour assumer les tâches nécessaires à la production des biens et des produits pour le groupe familial. Il s'agit d'une production polyvalente et vivrière répondant, entre autres, aux besoins essentiels de nourriture, de subsistance et de consommation familiale générale (Meillassoux, 1986 ; Biezunska-Malowist et Malowist, 1989). Dans le système esclavagiste-capitaliste, rappelons-le, les propriétaires ne travaillent pas, mais ils vivent du fruit du travail d'autrui (*usufruit*), c'est-à-dire du surplus et de la plus-value que génère le travail d'autrui. Se libérant du travail domestique, les maîtres des familles de placement imposent aux restavecs les multiples tâches liées à la production domestique familiale. Donc, cette production polyvalente valorisant le patrimoine familial repose sur la force de travail des travailleurs restavecs, forcés de travailler, travailler plus, travailler encore pour les parents-fils-propriétaires.

Si les familles d'origine remplissent une fonction de reproduction de main-d'œuvre domestique, alors les familles de placement remplissent une fonction d'exploitation de cette main-d'œuvre restavec répondant par là à leur besoin de production polyvalente et domestique. Identifiés par leur rang élevé dans la hiérarchie sociale, ces groupes sociofamiliaux dominants se sont accordé des pouvoirs d'avoir des restavecs placés à leur disposition et à leur service en permanence. Détenteurs de moyens et biens matériels, ils se libèrent des travaux domestiques, avant d'assigner ces travaux aux serviteurs domestiques travaillant sous l'autorité de domination directe de leurs maîtres des familles de placement. En cela, la demande de restavecs par ces propriétaires ne s'inscrit pas dans une démarche solidaire de soutien aux enfants des familles paysannes à la recherche d'une vie meilleure ailleurs en ville. Loin de là ! Cette demande s'inscrit dans cette quête de main-d'œuvre abondante gratuite couvrant les besoins de production polyvalente et vivrière des familles de placement.

Les enfants restavecs répondent à la demande de main-d'œuvre domestique des familles de placement qui les fixent au travail servile divers au quotidien, contrairement au rêve des familles d'origine qui cèdent ces enfants dans l'espoir qu'ils pourront peut-être fréquenter l'école et échapper à la pauvreté matérielle des milieux ruraux en échange des services domestiques. Percevant l'offre d'un enfant à une famille de placement comme un moyen d'assurer pour lui une vie meilleure, ces familles paysannes pauvres cèdent leurs enfants à des familles citadines aisées pour vivre et travailler dans leurs foyers ; ces enfants domestiques, pour la plupart, se voient refuser l'accès à l'école ; ils sont souvent sous-alimentés et surchargés de travail (Borysthen-Tkacz *et al.*, 2015, p. 4). En guise d'une vie meilleure souhaitable, la nouvelle situation de vie de ces enfants cédés est pire qu'avant la rupture. La domesticité infanto-juvénile, comme fait pour un enfant d'être cédé par une personne à une tierce personne, selon Clouet (2013, p. 6), répond à une demande de main-d'œuvre domestique. Une fois recruté, dit-elle, l'enfant en domesticité se voit attaché au travail en permanence qui l'empêche de fréquenter l'école. Venu de loin, il est donc perçu comme étranger et, à ce titre, asservi, opprimé, maltraité.

Dans sa réflexion, Meillassoux (1986) émet l'hypothèse que « l'esclave vient toujours de loin, et qu'il n'est jamais un voisin ». Il est perçu par celui qui le tient captif comme un étranger dans le sens d'un ennemi capturé remontant à la genèse de l'esclavage (Morse, 1981). Cette hypothèse corrobore la réalité du restavec qui vient de loin du pays en dehors. Dans son étude, Clouet (2013) identifie le restavec à un enfant qui vit éloigné de ses parents. Après sa capture et son asservissement, il a vu couper tout lien, tout échange, tout contact, toute communication avec sa famille laissée en dehors. Amené captif (non libre) chez une famille de placement, il est lié, de fait, par un statut de travail permanent aliénant l'empêchant d'entretenir des relations familiales communicationnelles avec ses parents.

Dans son analyse, Fiume (2018, p. 83) écrit que les esclaves préposés aux services domestiques ont des conditions de vie et de travail assez semblables : ils ne peuvent pas communiquer avec leur famille ; aussi perdent-ils tout espoir de revoir leur lieu d'origine. Certainement, les enfants domestiques, venus de loin du monde rural haïtien, ne sont pas exemptés des conditions similaires auxquelles l'auteure fait allusion, en termes de rupture définitive de rapports communicationnels familiaux. Le rapport de travail servile imposé par les maîtres des familles de placement conduit généralement à la rupture totale des liens familiaux et communicationnels de ces enfants restavecs avec leur famille d'origine.

Le système de traite des restavecs aboutit souvent à la perte totale de contact entre les enfants cédés et leur famille d'origine (Restavèk Freedom, 2011). Tant qu'ils restent dans leur situation de restavec et de non-liberté, ils sont privés de leur famille biologique (Lundahl, 2013). Contre son gré, l'enfant restavec est privé du droit d'être élevé par ses parents dans son rempart familial, aussi du droit d'entretenir des contacts personnels directs réguliers avec ses parents. Comme les esclaves du passé, dit Cadet (2002, p. 17), l'enfant domestique reçoit un nouveau nom et perd tout contact avec ses parents.

Éloignés de leur famille d'origine puis désocialisés par les conditions de vie subies chez les familles de placement, pour paraphraser Bormans (1996), les enfants-esclaves perdent leur personnalité, leur repère ainsi que leur capacité de délibérer. Ils sont séparés de la terre sur laquelle ils ont grandi, des humains (parents, frères, sœurs, proches parents et amis) avec qui ils ont grandi et qui leur donnaient tous leurs repères. Dans les familles de placement, ils sont perçus par leurs propriétaires non comme des êtres humains à part entière, mais comme de petites choses négligées ou de petits animaux abandonnés. Le rapport de travail servile leur enlève tout ce qui leur donnerait la possibilité d'avoir des droits, en sapant leur faculté de délibérer pour choisir ce qui leur semble bon ou agréable à leurs yeux. Ces enfants capturés sont trafiqués comme des marchandises ou des objets d'une région (en dehors) à une autre (en ville) ; ce qui débouche évidemment sur l'éclatement des familles d'appartenance, après leur importation ou leur transplantation dans la zone de travail et d'asservissement (Hodan, 2005, p. 57). Privés de liberté en dehors du cercle de famille, ils vivent constamment dans l'isolement, en travaillant en permanence sous l'autorité de domination directe et les violences de toutes sortes des parents-fils-maîtres disposant de leur personne et de leur travail.

Dans les familles modernes où les femmes sont émancipées et les parents consacrent la majeure partie de leur temps à leurs activités professionnelles, Gollac *et al.* (2014, p. 81) retiennent que les horaires atypiques absorbant le temps à partager avec la famille ont pour effet de perturber la vie familiale centrale. En d'autres termes, ces horaires atypiques des parents perturbent la vie familiale, car ils ne laissent pas assez de place pour les ambiances familiales centrales. Ils conduisent à une dissociation partielle, c'est-à-dire à une courte séparation temporelle répétée des enfants et de leurs parents consacrant excessivement de temps à leurs activités professionnelles. Si la vie familiale est perturbée par une simple dissociation partielle de ses membres, alors combien sont grands les bouleversements provoqués par la dissociation totale ou la séparation définitive des enfants restavecs avec leurs parents ! Combien sont grandes pour les victimes les conséquences et les perturbations de la vie familiale provoquées par une telle rupture définitive ! Caractéristique du rapport restavec contemporain, cette rupture totale explique l'ampleur de tels bouleversements teintés d'isolement, de chagrin, de tristesse, de mélancolie et de toutes les autres conséquences psychologiques imaginables chez les victimes de ces familles brisées.

Les familles vivant dans les communautés de la péninsule sud (Cayes, Jacmel, Jérémie et Léogâne) sont les plus importants fournisseurs d'enfants restavecs à Port-au-Prince, selon le rapport conjoint de PADF et USAID (2009). Et, parmi les quartiers et banlieues de Port-au-Prince, Cité Soleil accuse à lui seul 44 % de restavecs, soit le pourcentage le plus élevé par zone, selon le même rapport. À la lumière de ce rapport faisant état de Port-au-Prince qui accueille le plus fort pourcentage de restavecs, nous présupposons qu'il serait donc d'une rare exception pour une personne consciente de vivre à Port-au-Prince (Ouest) sans jamais apercevoir même un seul cas de restavec ni observer, même en passant, la condition servile dans laquelle vit au moins un enfant restavec. Cette présupposition paraît plausible, voire crédible, dans la mesure où elle est confirmée par les informations empiriques recueillies auprès de nos informateurs choisis dans l'Ouest d'Haïti où ils racontent tous se souvenir d'avoir déjà connu ou observé au moins un cas d'enfant restavec soit dans leur propre environnement familial, soit dans un environnement familial voisin.

« Au début des années 1990 (après mes études primaires à La Gonâve), je déménageais à Port-au-Prince pour poursuivre mes études secondaires. Dans le premier quartier de Port-au-Prince où j'habitais pendant deux ans, j'ai vécu par empathie, dans le voisinage, la situation critique de trois enfants restavecs dont une fille et deux garçons, placés en servitude domestique chez deux familles voisines dirigées par deux femmes : une religieuse catholique et une religieuse protestante. Les deux garçons étaient placés chez une famille matri-centrique dirigée par la religieuse catholique. J'ai été témoin oculaire du sort de servitude subi par ces enfants domestiques qui travaillaient en perma-nence sans rémunération, sous l'autorité de domination directe de leurs maîtresses. Je garde encore dans ma mémoire vivante leur portrait marqué de serviabilité, de docilité et d'isolement. La fille était fréquemment battue par sa maitresse (protestante), soit pour une question hygiénique (malpropre) ou pour une tâche non accomplie à temps ou pour une erreur commise dans l'exécution des multiples tâches assignées. En écrivant ces lignes, je me souviens encore de ses cris répétitifs douloureux en pleurant à chaque fois qu'elle est battue par sa maitresse : *Oui ! Ma tante ! Oui ! Ma tante !*[1] Tout de suite après avoir rapporté ces faits, j'ai téléphoné à mon frère ainé Mickael ayant vécu et connu ces histoires aussi bien que moi, il m'a informé que cette maitresse sévère est décédée récemment. »

Les enfants qui intègrent le travail domestique quittent très jeunes leurs familles pour entrer au service des maîtres qui les considèrent comme leur propriété, reconnaît l'OIT (2004, p. 59). Ces enfants vivent et travaillent dans l'isolement, précise l'institution spécialisée onusienne, avant d'illustrer l'exemple d'un enfant restavec cédé à une femme à Port-au-Prince :

« Jean, un restavec de 12 ans, originaire du Nord d'Haïti, [dit] avoir perdu tout contact avec ses parents depuis plusieurs années. Une femme qu'il n'avait jamais vue est venue à son village et l'a choisi pour être son restavec. Elle l'a emmené, tout seul, à Port-au-Prince. Elle le battait fréquemment ; [...] il avait peur d'elle et se sentait comme son prisonnier. »

Le récit de Jean est semblable à celui de Cadet. Il est comparable à tout autre récit d'enfant restavec, quant au sentiment de chacun d'être prisonnier, c'est-à-dire d'être non libre, et quant à la rupture de tout contact avec sa famille d'origine.

Les récits de Cadet et de Jean, arrachés à leurs familles biologiques et à leurs terres natales pour devenir des esclaves en ville, nous rappellent les anciens récits des ancêtres noirs capturés, séparés pour toujours de leurs

---

1. En Haïti, les enfants utilisent traditionnellement les expressions « ma tante » (femme) ou « tonton » (homme) lorsqu'ils s'adressent à une personne majeure, même s'ils ne connaissent pas la personne, même s'ils n'ont aucun lien de parenté (tante ou oncle) avec cette personne.

familles, arrachés à leur terre natale d'Afrique puis transplantés dans une terre auparavant inconnue où ils sont fixés au travail forcé en permanence. Ils s'apparentent aux histoires du passé douloureux des familles éclatées et séparées pour toujours où, dans ce voyage sans retour, le père, la mère et les enfants capturés sont amenés chacun à vivre leur misère dans des endroits géographiques éloignés les uns des autres, sans jamais se rencontrer à nouveau pour partager leurs émotions, voire pouvoir passer ensemble des moments en famille (N'Diaye, 2006).

Le récit de vie restavec de Cadet (2002), servant d'outil de collecte de données pour nous comme pour d'autres chercheurs contemporains, fait revivre par empathie l'ampleur de la réalité de la servitude domestique en Haïti. Il fait aussi penser à la force du *démonique* qui s'empare des parents-fils-maîtres, avant de les priver de tout esprit de solidarité, de pitié et d'humanité à l'égard des victimes. La relecture de ce récit nous amène à retranscrire plusieurs autres faits marquants, caractéristiques du rapport servile de travail restavec :

« [Un jour], je tombai malade. Comme d'habitude, je ne dis rien à Florence. Il y avait bien un dispensaire à une rue de la maison, mais elle ne m'y aurait jamais emmené voir le docteur » (p. 35). « [Un autre jour], Anita [une autre restavec] tomba malade [...] Personne ne l'emmena voir un docteur [non plus]. Elle n'allait pas mieux et Mme Denis [une maîtresse du même toit élargi] l'a renvoyée chez sa mère » (p. 52).

Ces faits présentés étayent l'argument antérieur selon lequel la demande des nouveaux maîtres ne s'inscrit pas dans une démarche solidaire de soutien aux enfants des familles paysannes à la recherche vaine d'une vie meilleure ailleurs en ville, mais dans une quête de main-d'œuvre domestique capable de satisfaire les besoins de production polyvalente et vivrière des familles de placement. Tout ce qui compte pour le propriétaire, c'est la force de travail du restavec. Même si la victime est malade ou si elle tombe enceinte après des viols subis, elle n'obtient aucune assistance de quiconque pour consulter un médecin. Et si elle ne peut plus travailler en raison de la précarité de sa santé, alors la victime n'a plus sa place sous le toit familial et, par conséquent, doit être chassée de la maison les mains vides ou les mains ballantes. L'expression « être chassé les mains vides ou les mains ballantes » s'explique par le fait que le travail restavec n'est pas rémunéré ni récompensé pour tous les temps de services-servitudes fournis. En effet, le restavec n'a rien gagné ; il n'a rien épargné non plus. Et n'étant pas considéré comme héritier, il n'a donc droit à rien du patrimoine familial au moment d'être chassé du toit familial.

Un autre jour, témoigne Cadet (2002, p. 46) :

> Denis [fils héritier] se pencha d'un côté et lâcha un pet sonore. En gloussant, il me fit tomber de mon siège d'un coup de pied. "Espèce de petit cochon, tu ne pourrais pas t'excuser ?", dit-il. Sans lever la tête pour éviter de croiser son regard, je prononçai : "Pardon !" et continuai à tourner la manivelle.

Dans cette famille matricentrique dirigée par la maîtresse Florence, lorsqu'elle torture sa proie, il n'y a personne d'autre pour demander pitié en faveur de la victime, donc ni secours interindividuel ni recours interfamilial dans le voisinage. Au contraire, les autres membres de la famille applaudissent, ou chacun, comme Denis, attend son tour pour bastonner la victime. À travers ce type de rapport familial inégalitaire, conflictuel et abusif, Lacourse (2010, p. 39) y voit une sorte de tyrannie dans la gouvernance de la famille où les parents-fils-maîtres usent de manière abusive de leur autorité de domination pour entraver l'avenir de ces enfants domestiques qui ne partagent pas de liens biologiques de parenté ni de liens juridico-sociologiques d'adoption au sein de la famille de placement.

Malgré l'immensité et l'utilité du travail domestique pour la valorisation du patrimoine familial central, le restavec ne reçoit pas de soutiens domestiques (accompagnements, repos), ni affectifs (félicitations, encouragements), ni sociaux (loisirs, congé), ni financiers (rémunération, cadeaux) (Bawin-Legros, 1996, p. 14). Dans sa condition de non-personne, il n'est pas considéré ni traité comme une personne par les parents-fils-maîtres pour être félicité et encouragé, au moins pour les services utiles gratuits rendus, bien qu'ils soient tous liés organiquement par la même adresse du lieu d'habitation et de travail. Autrement dit, même si le restavec partage la même adresse résidentielle et la même cour chaque jour avec les parents-fils-maîtres, il n'est pas reconnu d'eux pour bénéficier de leur attention, leur affection ou leur soutien. D'ailleurs, le royaume domestique du restavec dans la cuisine (seconde zone) est une preuve qu'il n'est pas de la famille, qu'il est comme un étranger captif à maltraiter et, par conséquent, qu'il n'a droit à aucune forme de solidarité, même dans sa maladie.

Dans l'environnement familial, de Singly (2004, p. 9) distingue la zone centrale (parents et enfants) des zones secondaires (zone élargie avec d'autres individus). Il rappelle que les serviteurs domestiques ne font plus partie de la famille ni de l'organisation de l'espace familial central. Lors des repas en famille, par exemple, est exclue la présence des domestiques qui doivent rester à la cuisine ou dans un coin isolé. Si toutefois ils fréquentent l'espace central, alors ils ne viennent que pour servir les parents-fils-maîtres, avec une précaution craintive et une distanciation mesurée. Étant donc des étrangers placés dans la seconde zone, ils ne sont pas touchés par l'esprit de solidarité intrafamiliale qui anime les relations familiales centrales. En tout temps, ils doivent garder leur distanciation physique et sociale à l'égard des parents-fils-maîtres. Donc, par-delà les obligations de travail, ils doivent aux parents-fils-maîtres le respect, la soumission, la déférence et la distance. À l'appui, raconte Cadet (2002, p. 18) :

> Je ne pouvais pas établir de relation personnelle avec Florence [la maitresse], ni lui faire part de mes besoins, même si je suis malade. Je n'avais droit de parler que si l'on m'adressait la parole. Je n'osais même pas sourire ou rire en sa présence, cela aurait considéré comme un manque de respect.

Le respect, la déférence, la soumission et la distanciation sont imposés au restavec de manière stricte non seulement envers les parents-maîtres mais aussi envers les fils-maîtres de la famille, même si le domestique est plus âgé que ces fils-héritiers. Si toutefois il oublie un moment de pratiquer la distanciation sociale et physique, les maîtres n'oublieront jamais de le rappeler à l'ordre, non sans violence (p. 81) : « Il t'est interdit de coucher dans la chambre d'Olivier [enfant privilégié de la famille]. Il t'est interdit de jouer avec lui », m'exhorta sévèrement Yvette [une autre maîtresse du même toit familial élargi]. »

Dans sa réflexion, Rollins (1990, p. 73) souligne que les comportements serviles imposés aux domestiques ne s'expriment pas seulement par un langage contrôlé, une attitude d'humilité et de soumission, mais qu'on leur demande aussi d'adopter une certaine conduite exemplaire dans l'exécution des tâches exigées avec déférence, à savoir : déférence gestuelle pour les comportements serviles et les attitudes au travail ; déférence spatiale pour la distance à garder par rapport aux maîtres ainsi que les limites et les précautions à prendre dans l'exécution des tâches à la maison, avec la cuisine pour leur place de référence. Donc, pour exister comme choses, les enfants domes-

tiques dépersonnalisés doivent faire preuve de déférence, d'humilité, de servilité et d'infériorité à l'égard des parents-fils-maîtres.

Dans une enquête menée auprès des femmes et filles domestiques,
Rollins (1990) rapporte qu'elles jugent à l'unanimité que la façon dont elles
veulent être traitées constitue l'aspect le plus important de leur travail et de
leur vie domestique. Leur premier souci est leur dignité : « Je veux simplement qu'on me traite comme un être humain. C'est tout ce que je demande
[...] Dans mon expérience de domestique, les moments les plus déconcertants
étaient lorsque j'étais traitée comme si j'étais invisible ou comme si je deve-
nais une non-personne » (p. 64). Tenant compte du sentiment de supériorité
apparente et du comportement intransigeant des maîtres depuis toujours,
cette demande des domestiques peut rester longtemps inaudible tant
qu'existe le rapport domestique qui rend incompatibles domesticité et
dignité, renvoyant ainsi le statut même de domestique à un affront à leur
dignité propre, à une absence de respect à leur égard.

À part les récits de Cadet et d'autres enfants restavecs présentés dans ce
chapitre, explicitant les rapports domestiques marchands contemporains
ainsi que les conditions d'appropriation, d'exploitation et de dépersonnalisation des enfants domestiques, sont aussi rapportés plus loin dans le chapitre
six (6.1.2) plusieurs autres cas d'enfants restavecs identifiés par nos informateurs. Certains de ces cas d'enfants restavecs observés sont cédés à des chefs
patriarcaux qui sont aussi des chefs charismatiques, ou placés chez des
familles traditionnelles dirigées par des autorités morales et religieuses
locales.

4.4. Enfant restavec asservi : déni de solidarité mécanique, organique, publique et morale

Dans le système restavec d'exploitation postcoloniale, la fonction de l'enfant restavec consiste essentiellement à travailler, travailler encore, travailler
toujours pour les parents-fils-maîtres de la famille de placement. Asservi loin
de sa famille d'origine, il remplit ses multiples tâches quotidiennes sous la
domination directe de ses maîtres, les parents-fils-maîtres. Ces parents-fils-
maîtres, comme véritables bénéficiaires et principaux opérateurs du marché
restavec local, s'approprient à la fois le travail servile gratuit et la personne de
la victime, en général en l'absence de solidarité interne et externe, morale et

publique de la part des acteurs sociaux, familiaux, moraux, ecclésiastiques et
étatiques.

L'asservissement de l'enfant restavec demeure une pratique démoralisante et déshumanisante. C'est donc un mal moral (Ricœur, 2004), théologiquement expliqué par l'absence d'humanité, de pitié et de solidarité à l'égard
de la victime maltraitée, opprimée. C'est aussi un mal social (Segalen, 1993),
sociologiquement défini par la nature même de la rupture prématurée des
liens intrafamiliaux de l'enfant domestique, condamné au travail forcé en
permanence chez une famille étrangère. Dans ce mal, l'enfant asservi ne
bénéficie pas de solidarité mécanique intrafamiliale, ni de solidarité organique interfamiliale, ni de solidarité publique étatique, ni de solidarité
morale ecclésiale. En d'autres termes, l'absence de solidarité envers le
restavec paraît totale tant de la part des familles d'origine et de placement que
de la part des autorités étatiques et religieuses. De fait, toute forme de solidarité envers le petit serviteur domestique est exclue du rapport servile et du
contrat tacite de travail en vigueur. De même que ce contrat de travail servile
fait supprimer dans les droits humains les droits des restavecs, il fait éliminer
dans la société tout type de solidarité à leur égard.

Dans *De la division du travail social* (2008), Durkheim distingue deux types
de solidarité :

1. la solidarité mécanique, fondée sur l'homogénéité, la similarité, la
   ressemblance morale et sociale conférant à chacun des membres
   de l'organisation familiale des obligations, des tâches, des devoirs
   et aussi des droits ;
2. la solidarité organique, basée sur la division du travail, la
   complémentarité et le rôle dont les fonctions des individus sont
   différentes certes, mais complémentaires. Dans tous les cas, les
   travailleurs restavecs ne bénéficient d'aucune forme de solidarité.
   Les paragraphes suivants illustrent cette absence totale de
   solidarité envers ces serviteurs opprimés, abandonnés sous le joug
   de la servitude domestique contemporaine.

Premièrement, les enfants restavecs ne jouissent plus de la solidarité
mécanique intrafamiliale de la part de leur famille biologique, avec laquelle
ils partagent des traits d'homogénéité et de similarité, de ressemblance
morale et sociale. Ils sont donc privés de cette forme de solidarité mécanique,

puisque leurs liens familiaux avec leurs parents, leurs frères et sœurs de ressemblance sont définitivement rompus dès leur cession et leur mise au travail, loin de leur famille d'origine. En effet, sont éliminés par cette rupture l'amour, l'affection, l'empathie, l'accompagnement, l'encouragement, l'entraide et la solidarité ayant caractérisé, au passé, avant l'éclatement, l'ancien rapport intrafamilial central.

Deuxièmement, perçus comme étrangers venus de loin, les enfants domestiques ne bénéficient pas non plus de solidarité mécanique interfamiliale, puisque les parents-fils-maîtres n'y aperçoivent pas de traits d'homogénéité et de ressemblance sociale chez ces domestiques considérés comme des choses. Dans leur condition servile de non-personne, ils ne sont pas reconnus en tant qu'êtres humains à part entière semblables à tout être humain pour, à ce titre, bénéficier de l'attention, du soutien ou d'une quelconque solidarité de la part des parents-fils-maîtres. Ils ne sont pas classés dans les catégories d'êtres de ressemblance morale et sociale avec ces parents-fils-maîtres, même si, du point de vue ontologique, ils respirent tous comme êtres vivants pleins d'émotions, même s'ils sont tous liés par une langue commune (créole), même s'ils sont tous liés par une nationalité et un pays commun (Haïti), même s'ils sont tous liés ensemble par une même adresse du lieu d'habitation et de travail avec une même cour fréquentée chaque jour. D'ailleurs, pour signifier leur distanciation sociale et leur non-ressemblance apparente, les propriétaires construisent des frontières symboliques repoussant les domestiques dans une « seconde zone », particulièrement dans la cuisine considérée comme leur « royaume domestique » (de Singly, 2004).

Troisièmement, les enfants domestiques sont privés de solidarité organique et interne dans leur environnement de travail, d'ailleurs hostile à leur plein épanouissement et à leur développement holistique. Dans la famille de placement comme milieu de travail, l'organisation interne et la division du travail amènent à la libération totale des parents-fils-maîtres des multiples tâches domestiques assignées aux seules responsabilités des serviteurs domestiques. Avec leur statut de non-personne, ces domestiques refoulés à distance dans la seconde zone ne méritent pas aux yeux de leurs maîtres de solidarité organique fondée non sur les rapports serviles « Je-Cela » (sujet-objet), mais sur les rapports professionnels complémentaires « Je-Tu » (sujet-sujet). Donc, la solidarité organique assise sur les rapports humains « Je-Tu » est exclue du contrat tacite de travail restavec. En termes pratiques, cette absence de solidarité organique envers les serviteurs restavecs demeure le fait pour eux d'être : privés de liberté, d'autonomie et de conditions de travail libre ; privés d'accompagnements et d'encouragements au travail ; privés de soutiens incitatifs et d'assistances sociales nécessaires dans le cadre de leur travail. De plus, fixés au travail manuel de production polyvalente, ils ne bénéficient pas de supports matériels électroménagers en contexte du machinisme moderne ni de moyens financiers (salaires, primes, récompenses) pour le travail accompli (Bawin-Legros, 1996, p. 14).

Quatrièmement, les enfants restavecs ne bénéficient pas de solidarité publique des autorités étatiques ni de solidarité morale externe des autorités religieuses. À ce stade, leur état d'isolement devient encore plus intense par ce refus, ou plutôt ce flagrant déni de solidarité publique et morale de la part des autorités en question. Or, comptés parmi les plus vulnérables de la société, ces petits innocents opprimés et abandonnés sans secours individuel ni recours institutionnel ont le plus besoin de l'attention et de la solidarité de ces instances étatiques et ecclésiastiques qui se réclament toutes deux de l'autorité morale. Leur rapport d'enchevêtrement enregistré au passé colonial dans l'institutionnalisation de la traite négrière et l'esclavage noir resurgit en contexte postcolonial dans l'absence manifeste de solidarité publique et morale de leur part envers ces enfants asservis du système restavec.

Face à l'absence de solidarité morale et publique envers les victimes du système esclavagiste restavec postcolonial, il faut donc rappeler que les pouvoirs publics sont établis non seulement pour adopter des dispositifs et des instruments juridiques, mais aussi pour respecter et faire respecter les valeurs démocratiques de droits et de libertés qu'ils revendiquent, pour appliquer et faire appliquer la loi envers et contre tous, pour protéger et faire protéger la famille et l'enfance. Dans ses dispositions relatives à la protection de la famille et de l'enfance, la Constitution haïtienne de 1987 stipule que :

« L'État protège la famille, base fondamentale de la société (art. 259). Il doit une égale protection à toutes les familles, qu'elles soient constituées ou non dans les liens du mariage. Il doit procurer aide et assistance à la maternité, à l'enfance [...] (art. 260). La loi assure la protection à tous les enfants. Tout enfant a droit à l'amour, à l'affection, à la compréhension et aux soins moraux et matériels de son père et de sa mère (art. 261).»

À cet égard, déplore Lubin (2002, p. 45), la législation permettant de fournir une certaine protection aux enfants domestiques dans les familles de placement n'est pas respectée. Loin de respecter et de faire respecter la loi appropriée, les pouvoirs étatiques nationaux expriment par leur comportement méprisant un refus tacite de solidarité publique à l'égard des victimes. Les comportements des autorités morales et religieuses envers les victimes s'expliquent de la même manière, c'est-à-dire dans le même sens du mépris ou de l'oubli des enfants domestiques. Leur agir compétent sert à autre chose, mais non à une quelconque solidarité envers les victimes du système restavec. Leur agir solidaire porte sur autre chose, mais non sur les enfants et les orphelins asservis. Leurs moyens stratégiques d'action et de réaction, leurs ressources politiques et leurs marges de manœuvre, leurs capacités d'influence et de prise de décision servent à d'autres intérêts, mais non aux intérêts des enfants gardés sous le joug de la servitude contemporaine.

4.5. Rapports des acteurs moraux avec les opérateurs locaux sur le marché restavec

Dans la liste des acteurs sociaux moraux identifiés antérieurement avec toutes les ressources à leur disposition (Burawoy, 2009 ; Coutant, 2005), notre regard reste encore fixé sur les autorités religieuses enchevêtrées avec les autorités politiques (Morin, 2013 ; Levillain, 1932). Les études théoriques antérieures traitant du rapport d'autorité ont mis en lumière les rapports de chevauchement entre les autorités religieuses et les autorités politiques, se réclamant toutes deux de l'autorité morale. En contexte de domination postcoloniale, ces rapports d'entremêlement des autorités en présence s'élargissent avec les groupes sociaux dominants qui profitent de la servitude domestique contemporaine, considérant que des autorités morales et religieuses locales sont aussi des chefs traditionnels et maîtres de serviteurs domestiques noirs. Il importe de déceler, tant en termes théoriques qu'en termes pratiques, les rapports d'enchevêtrement de ces acteurs moraux élargis avec les opérateurs locaux du marché restavec, principalement ceux des groupes sociaux dominants des familles de placement.

Une relecture succincte des travaux de Poulantzas (2013, 1972) nous permet de mieux comprendre théoriquement la profondeur des rapports d'enchevêtrement des autorités politiques et charismatiques élargis avec les groupes sociaux dominants attachés à la tradition esclavagiste restavec. Placées aux sommets pyramidaux de la société, les puissantes autorités politiques et charismatiques ainsi que les fractions sociales dominantes appartiennent toutes à un seul *bloc au pouvoir*. Elles constituent, en effet, un bloc solide et fort, fondé non sur une quelconque alliance conjoncturelle et mécanique, mais sur des rapports structurels et organiques partageant durablement des intérêts communs à très long terme. Animées par un même esprit d'appartenance aux factions sociales dominantes du bloc au pouvoir, elles arrivent aisément à développer des rapports structurels durables assurant leur hégémonie et leur domination dans la société. Elles réussissent facilement à mobiliser leurs « ressources politiques » (Dahl, 1971) pour trouver des ententes historiques nécessaires pour préserver le *statu quo* et renouveler le système, en s'adaptant au changement minimal qui ne touche jamais aux rapports domestiques de domination. D'où les rapports structurels permanents dans lesquels s'inscrivent puis s'élargissent les rapports de chevauchement des factions politiques et religieuses dirigeantes avec les factions sociales dominantes attachées à la tradition esclavagiste restavec.

Le rapport de chevauchement se décline, chez Lubin (2002), en rapport de complicité des autorités morales compétentes avec les factions sociales dominantes des familles de placement. En revanche, elle critique la complicité existante entre les propriétaires de restavecs et les structures étatiques qui sont là pour appliquer et faire appliquer la loi. Dans son analyse du système restavec, Cius (2017) reprend cette notion de complicité mais l'explique dans le sens du rapport domestique matricentrique où, dans des familles de placement, certains enfants restavecs travaillent sous la domination directe des groupes dominants de femmes propriétaires.

En outre, le rapport de chevauchement teinté de complicité se traduit, chez Breyer (2016), par un laxisme avéré des autorités institutionnelles et décisionnelles laissant faire les propriétaires des restavecs, les maîtres des familles de placement. Malgré le passé colonial tumultueux, dit-elle, le gouvernement haïtien a toutefois laissé le système restavec prospérer en Haïti. En effet, les nouveaux maîtres du système restavec profitent à la fois du laxisme des autorités établies et du rapport complice développé avec ces autorités locales pour, en toute tranquillité, garder continuellement des enfants sous le joug de la servitude domestique. À cet égard, le laxisme associé au type de leadership *laisser-faire* désigne les comportements des autorités en question envers ces familles des fractions sociales dominantes. Leur mutisme traduit leur laxisme. Par leur mutisme, leur laxisme et leur complicité, ces autorités compétentes laissent perpétuer le système restavec, en laissant faire les groupes familiaux dominants bénéficiaires du travail servile gratuit des enfants domestiques.

En gardant des enfants écroués sous le joug de la servitude aux temps modernes, les groupes sociaux bénéficiaires ne craignent pas la loi ni les autorités étatiques compétentes établies pour appliquer et faire appliquer la loi. Ils n'ont pas de respect non plus pour les lois morales ni pour les autorités ecclésiales légitimes dont la mission consiste à observer et faire observer les règles morales universelles ou universalisables centrées, chez Buber (1959), sur les valeurs de l'amour de l'être humain et de la communion avec l'humanité ou, chez Fontan (2001), sur celles de l'amour pour les enfants, l'amour du prochain, la liberté et la dignité humaine. Le non-respect (par les maîtres) et la non-application (par les chefs) des lois en jeu témoignent évidemment du laxisme et de la complicité dans les rapports des autorités morales locales avec les factions sociales dominantes des familles de placement qui profitent du travail restavec. Et ce rapport de chevauchement ou de connivence entre elles se comprend aisément, puisqu'elles sont toutes issues des mêmes classes sociales dominantes (Poulantzas, 1972) ; elles appartiennent toutes au même *bloc au pouvoir* (Poulantzas, 2013).

C'est à proprement parler à partir de ce rapport d'appartenance aux mêmes fractions de la classe dominante du *bloc au pouvoir* que s'étend et s'élargit le rapport de chevauchement des autorités morales avec les groupes sociaux dominants qui profitent de la servitude domestique contemporaine en Haïti. Et leur appartenance aux mêmes fractions de la classe dominante ressort, en théorie, de ces études sociologiques des classes sociales (Poulantzas, 1972 ; Althusser, 2015). Ce rapport d'appartenance et de chevauchement ressort, en pratique, des études empiriques menées auprès des autorités de domination charismatique enchevêtrées dans leur trajectoire avec des autorités de domination bureaucratique, enfin transformées en autorités de domination traditionnelle (Weber, 2014a) ayant sous leur domination directe des domestiques. En d'autres termes, par-delà leur rapport d'enchevêtrement avec les autorités politiques, certaines autorités charismatiques s'érigent en autorités patriarcales traditionnelles s'apparentant à un ancien monde féodal, du moins en maîtres de petits serviteurs domestiques qui restent chez eux ou qui restent avec eux. En témoignent concrètement les données empiriques (2023) relatives à des cas d'enfants domestiques cédés à des chefs religieux, ainsi que les dossiers d'archives (2020) concernant des petits serviteurs restavecs possédés et maltraités par leurs maîtres qui sont à la fois des chefs charismatiques et des chefs patriarcaux ayant sous leur domination directe des enfants domestiques (Archives judiciaires et médiatiques relatives à des cas d'enfants restavecs maltraités par des chefs religieux, 2020).

Si en Haïti les estimations seraient de 250 000 à 500 000 enfants restavecs asservis (UNICEF, 1997 ; OIT, 2004 ; PADF et USAID, 2009), il est toutefois difficile de connaître la répartition de ces enfants domestiques par familles de placement dirigées ou non par des chefs charismatiques. Les différents rapports officiels consultés ne tiennent pas compte de cette dimension morale et religieuse pour chercher à connaître le statut identitaire et la structure des familles de placement et, du coup, procéder à une telle répartition statistique. Les données d'enquête fournies par PADF et USAID (2009) éclairent quant aux principaux milieux géographiques d'origine (Sud) et de placement (Cité Soleil, Port-au-Prince) des enfants restavecs, sans donner de précisions sur les composantes structurelles et identitaires des familles où sont placés ces enfants en servitude domestique. Toutefois, selon les données empiriques recueillies en automne 2023, sur 30 chefs religieux interviewés, 14 d'entre eux, soit 46,7 %, répondent avoir bénéficié traditionnellement des services domestiques des personnes-ressources mineures qui, du passé au présent, restent avec eux. Ces données empiriques corroborent les données sociodémographiques en lien avec la représentation socioreligieuse de la population haïtienne indiquant que seulement 10 % d'Haïtiens se disent non religieux contre une majorité écrasante de 90 % de religieux, répartis notamment entre les religions catholique, protestante et vaudouisante (Corten, 2014 ; Hurbon, 2006b). Par déduction, cette forte représentation religieuse de la population haïtienne étaye la réalité empirique ou la probabilité statistique pour les enfants restavecs d'avoir pour maîtres une forte proportion de religieux (chefs et fidèles). Que ces propriétaires religieux, significativement majoritaires, soient des chefs catholiques ou des fidèles catholiques évolués sous l'autorité de domination de leur chef charismatique ; qu'ils soient des prêtres vaudouisants ou des adeptes vaudouisants placés sous l'influence de leur chef vaudouisant ; qu'ils soient des leaders protestants ou des fidèles protestants évolués sous le leadership de leur pasteur protestant.

En passant, il faut dire que si, dans des familles de placement, des propriétaires religieux partagent avec leurs domestiques une même religion avec les mêmes croyances religieuses, alors les rangs et les statuts socioéconomiques les distancent les uns des autres. Peu importe la croyance de l'un ou de l'autre, c'est avant tout le rapport domestique de travail qui les lie et qui compte surtout pour le maître dans sa rationalité. Il faut également rappeler que les traitements socio-psychologiques infligés aux domestiques varient en fonction des caractères intrinsèques de leurs propriétaires, dont les uns peuvent être plus ou moins sévères, plus ou moins cruels que d'autres. Mais, en général, les conditions serviles des domestiques, placés sous la domination directe de leurs maîtres, restent partout semblables (Rollins, 1990 ; UNICEF, 1997 ; Fiume, 2018), qu'ils soient affectés au service d'une autorité morale politique avec ses croyances religieuses (*homo religiosus*), qu'ils soient gardés au service d'une autorité morale charismatique avec ses ressources politiques (*homo civicus*, *homo politicus*), qu'ils soient attachés au service d'une autorité traditionnelle d'une famille de placement dirigée ou non par des chefs politiques et religieux.

En dépit des connaissances partagées des valeurs morales communes de l'humanité, de l'amour pour les enfants, de l'amour du prochain, de la liberté et de la dignité de l'homme (Fontan, 2001), certains religieux ont choisi d'arracher des enfants à leur famille biologique pour ensuite les garder dans la servitude domestique. Un tel choix priorise de préférence l'intérêt matériel que génère le travail domestique servile au détriment de ces valeurs morales apprises dans les familles, les écoles ou les églises locales. Le choix d'agir par intérêt traduit l'expression de l'arbitraire des autorités en question qui, par leurs discours, se réclament de la morale, mais qui, par leurs œuvres, répudient cette morale revendiquée. En agissant de manière contraire aux valeurs morales enseignées, le chef religieux, transgresseur de la loi, est devenu, à l'instar du chef politique autoritaire, une autorité arbitraire, ou plus exactement un pouvoir déguisé (Rousseau, 1964). Il se détourne des valeurs morales et des saines pratiques religieuses – en déclin (Taylor, 2011) – pour s'aligner implicitement avec « Cela » qui retient encore l'esclavage domestique dans la société haïtienne.

Si, par intérêt matériel ou par esprit de classe sociale d'appartenance, les acteurs moraux et influents du système s'alignent et s'allient avec les opérateurs locaux et dominants du marché restavec pour le maintien du *statu quo* quant à la servitude domestique, alors la sortie définitive de ce système esclavagiste et le changement que revendiquent les sciences sociales et humaines paraissent extrêmement difficiles, mais pas totalement impossibles, étant donné qu'ils sont des constructions humaines.

Pour paraphraser Pierson (1994) rejetant l'idée de changement dans la continuité, il est inconcevable de penser le changement dans la continuité des rapports complices et laxistes qui stimulent les rapports domestiques existants. En revanche, s'il faut envisager un changement dans les rapports domestiques contemporains, cela passe nécessairement par la rupture desdits rapports existants, au travers d'une conscience éveillée d'une véritable force morale locale accompagnée d'une parole publique forte, capable de briser le mutisme généralisé sur la pratique déshumanisante du restavec et d'ébranler du même coup la force du mal du *démonique* qui anime les oppresseurs (Tillich, 1992). Émanant d'une masse critique locale éprise de responsabilité, de capacité, de moralité, d'humanité et de solidarité, une telle force accompagnée d'une parole morale publique résonnée (vulgarisée) suffirait pour faire émerger un nouveau système [non restavec] avec de nouveaux rapports sociaux et institutionnels (Campbell, 2004). Ainsi, les nouveaux dirigeants issus de cette masse critique possible pourraient amener enfin à actualiser des instruments juridiques appropriés, à respecter et faire respecter des lois justes, les droits de chacun et de tous, les règles morales établies et les principes juridiques centrés avant tout sur l'humain (Easton, 1953 ; Lindblom, 1965). Il s'agit donc d'un ensemble d'actions concrètes nécessaires, susceptibles de faire rompre avec les rapports domestiques serviles du système restavec. En toute logique, s'il faut sortir du système restavec fondé sur l'injustice et l'oppression pour aller implémenter un nouveau système basé sur la justice et le vivre-ensemble, nous ne saurions jamais penser illusoirement à une force angélique extraterrestre ni à une force étrangère externe pour le faire.

Conclusion

La perpétuation de la servitude noire dans la société haïtienne trouve son explication dans la continuité des rapports esclavagistes des temps coloniaux aux temps postcoloniaux, ainsi que dans les intérêts des acteurs-opérateurs locaux du marché domestique qui profitent du travail restavec gratuit. Si, dans le présent système comme dans l'ancien système, les comportements des acteurs moraux sont guidés par des intérêts particuliers liés à ceux des groupes sociaux dominants attachés à la tradition de la servitude domestique, et si certains de ces acteurs décisionnels sont aussi des propriétaires de domestiques au même titre que les maîtres des familles de placement, alors nous devons reconnaître que le changement social ou l'innovation sociale envisageable dans les rapports domestiques existants paraît extrêmement difficile, mais pas impossible. Car ces rapports serviles sont des constructions humaines, donc passibles de déconstruction puis de reconstruction sur de nouvelles bases humaines pour un système non restavec.

C'est dans cette perspective de changement revendiqué par les sciences sociales et humaines que s'inscrit l'objectif lié à la responsabilité intellectuelle et morale du chercheur ainsi qu'à l'utilité sociale et scientifique de l'étude voulant non seulement contribuer à l'avancement des connaissances sur le phénomène du restavec, mais aussi contribuer à l'innovation sociale dans les rapports sociaux domestiques contemporains par la production et la vulgarisation de connaissances enrichies sur ce phénomène sociétal, incluant une parole morale publique de ce qui manque à cette vulgarisation scientifique. Une parole morale publique pour un nouveau système non restavec avec de nouveaux rapports sociaux humanisés et fraternisés, dans le sens des nouveaux rapports socio-fraternels proposés par Paul dans sa lettre à Philémon (verset 16) lui demandant de considérer son ancien esclave Onésime « non plus comme un esclave, mais comme supérieur à un esclave, comme un frère bien-aimé ».

Un nouveau système souhaitable fondé sur la justice où, dans le sens de la vision prophétique d'Ésaïe (58 : 6), l'on : « Détache les chaînes de la méchanceté, dénoue les liens de la servitude, renvoie libres les opprimés, et que l'on rompe toute espèce de joug ».

Dans ce nouveau système envisageable, d'un côté, les autorités compétentes locales doivent accepter de reconnaître les mêmes libertés pour tous, de respecter et de faire respecter des lois justes qui, dans leur application, permettent à tous de jouir effectivement de leurs libertés et leurs droits dits inaliénables. De l'autre côté, les propriétaires, obligés par la nouvelle dynamique de rupture des anciens rapports domestiques traditionnels, doivent aussi accepter de reconnaître finalement les domestiques non comme des esclaves ou des choses, mais comme des êtres humains à part entière ou mieux encore, pour reprendre le discours de Paul dans sa lettre à Philémon, comme des frères de patrie commune.

Par ailleurs, l'étude diachronique de la servitude noire imposée depuis le XVe siècle en Amérique en général et en Haïti en particulier s'ouvre, dans la partie et les chapitres suivants, à une relecture des rapports historiques de l'institution catholique avec l'esclavagisme du passé au présent, avant l'analyse en profondeur des comportements des autorités du catholicisme, du protestantisme et du vaudou envers la servitude contemporaine du système restavec. Elle nous fait remonter à la genèse historique de l'esclavage noir du système de domination postcoloniale, élevé sur les traces de la servitude noire du système de domination coloniale.

DEUXIÈME PARTIE

CINQ
CATHOLICISME, COLONIALISME ET ESCLAVAGISME DU PASSÉ AU PRÉSENT

L es données informationnelles pertinentes collectées dans les archives officielles et les documents historiques permettent d'établir avec évidence les rapports historiques entre le catholicisme, le colonialisme et l'esclavagisme du passé au présent (Swarns, 2021 ; Rothman, 2021 ; Mpisi, 2008b ; Grenouilleau, 2003 ; Zanca, 1994 ; Quenum, 1993). Elles font repérer également une sorte d'arsenal construit de matériels juridiques, politiques et religieux, combinés au service du maintien et du renforcement de l'autorité de domination catholique dans le monde en général, en Haïti en particulier. L'autorité catholique use de sa force charismatique et de son autorité de domination pour ordonner, à partir du XVe siècle, dans des bulles pontificales, la conquête et la colonisation des Afriques et des Amériques, le partage du Nouveau Monde conquis et colonisé par les Européens, la traite et la servitude perpétuelle des Nègres rebondissant sur l'Haïti contemporaine. Ces bulles catholiques, suivies des codes noirs français, font partie intégrante de l'arsenal juridico-politico-religieux affichant et archivant l'ancienne position colonialiste-esclavagiste de l'autorité catholique. D'où l'importance pour nous de procéder, dans le présent chapitre, à une exposition ou une présentation de cet arsenal remontant aux rapports historiques du catholicisme avec le colonialisme et l'esclavagisme du passé au présent ainsi qu'à l'origine historique de l'esclavage noir persistant, dans la société haïtienne, sous sa forme contemporaine de servitude noire du système restavec.

5.1. Armes juridico-politico-catholiques et traces archéo-historico-archivistiques remontant à la genèse de l'esclavage noir en Amérique et en Haïti

Nos recherches archivistiques agencées avec nos recherches historiographiques (documentaires) nous permettent de repérer des traces significatives (formats écrits et manuscrits) remontant à la genèse de l'esclavage noir imposé depuis le XVᵉ siècle en Amérique en général, en Haïti en particulier. Il s'agit de traces archéo-historico-archivistiques nous permettant de retracer, en contexte de domination coloniale, l'ancienne position colonialiste-esclavagiste des autorités catholiques, puis en contexte de domination postcoloniale, la nouvelle position stratégique adaptative de ces autorités cléricales, y compris leur position idéologique, leur position hiérarchique et leur position dominante dans le système. Soumises à une double analyse de traces et de contenu, les données informationnelles issues de nos recherches archivistiques et historiographiques révèlent l'origine de cet esclavage noir en Amérique et en Haïti, notamment à partir de l'autorisation officielle de la puissante institution catholique accordant formellement aux autorités politiques royales et coloniales européennes la faculté pleine et entière de réduire les Nègres en « servitude perpétuelle ». Elles retracent notamment les rapports historiques du catholicisme avec le colonialisme et l'esclavagisme du passé au présent, également les alliances historiques du catholique avec le politique dans l'institutionnalisation et la perpétuation de l'esclavage noir rebondissant particulièrement sur l'Haïti contemporaine. Inscrite dans une démarche de documentation structurée et adaptée aux recherches qualitatives (Bonneau, 2020 ; Boullier, 2020), cette double analyse de traces et de contenu demeure pour nous un outil utile, constitué de matériaux solides en appui au processus de recherche (Thoër *et al.*, 2020). Elle nous permet de récolter et d'examiner une masse significative de données archéo-historico-archivistiques qualitatives relatives à la mémoire de l'esclavage noir et surtout à la teneur colonialiste-esclavagiste de l'ancienne position des autorités charismatiques catholiques enchevêtrées avec les autorités politiques étatiques par des alliances historiques solides, formant ainsi un puissant arsenal juridico-politico-religieux au service même du catholicisme (édits pontificaux et royaux, codes et concordats, lois et traditions occidentales).

En effet, pour la traçabilité de la mémoire de l'esclavage noir et du rapport historique du catholicisme avec le colonialisme et l'esclavagisme du passé au présent, sont donc inventoriées et analysées plus de cent pièces d'archives historiques anciennes et contemporaines, constitutionnelles, judiciaires, civiles, politiques et religieuses (en formats de papiers manuscrits et imprimés, numériques et numérisés), dont celles des édits pontificaux *Romanus Pontifex* (Nicolas V) de 1454, *Inter Cætera* (Calixte III) de 1456, *Aeterni Regis* (Sixte IV) de 1481 et *Inter Cætera* (Alexandre VI) de 1493 autorisant la conquête et la colonisation des Amériques, la traite et l'esclavage perpétuel des Nègres ; puis celles des édits royaux (codes noirs) de 1685 et de 1724 régissant les rapports esclavagistes sur le marché colonial. Ces dispositifs pontificaux et royaux légaux répertoriés constituent un véritable arsenal juridico-politico-catholique au service du pouvoir de domination catholique dans le système colonial. Dans le système postcolonial, cet arsenal est reconstitué avec de nouveaux instruments juridico-politico-religieux dont le concordat de 1860 renouvelant l'autorité de domination catholique sur le marché contemporain haïtien, y compris d'autres dispositifs constitutionnels et légaux imposant le catholicisme comme religion officielle reconnue, du même coup plaçant hors la loi les autres religions présentes sur le terrain, notamment celles du protestantisme et du vaudou longtemps ciblés par des persécutions religieuses à la faveur du catholicisme (Desroches, 2017 ; Price-Mars, 2009).

La « seconde vie » des archives générées (Cornu *et al.*, 2014) contribue – à l'aide des traces et des données pertinentes contenues – à une très grande productivité de la présente entreprise scientifique cherchant à déceler les rapports des autorités politiques et charismatiques avec l'esclavagisme du passé au présent. Ces archives historiques occupent une place importante dans la vie des institutions (politiques et religieuses, publiques et privées), car elles permettent de retracer facilement leur mémoire (Toppé, 2015 ; Pintaric, 2017 ; Bolduc, 2017 ; Côté-Lapointe, 2019 ; Barbier et Mandret-Degeilh, 2018 ; Szoniecky *et al.*, 2017). Considérant leur importance et leur fonction dans le processus de production des connaissances, Cornu *et al.* (2014) soulignent que les archives exploitées ou générées par l'acte de recherche participent de la mise en mémoire de la science, en donnant à ces archives une seconde vie dans la construction du savoir. Par exemple, par son acte de recherche, De Largy Healy (2022) exploite des archives numériques autochtones australiennes pour retrouver les traces des ancêtres des communautés autochtones. De son côté, Brander (2023) procède aux recherches de traces d'archives numérisées et structurées pour remonter à la mémoire culturelle dans les Caraïbes, dispersée au travers d'une multiplicité d'objets qui témoignent du passé divers des sociétés caribéennes, en puisant dans deux sources d'archives numérisées et spécialisées (Caribbean Memory Project et Bibliothèque numérique MANIOC). En termes appréciatifs et comparatifs, ces exemples participent de la validation et de la justification de nos démarches scientifiques privilégiant pareillement l'analyse de traces archéo-historico-archivistiques remontant à la mémoire de l'esclavage noir en Amérique et en Haïti, élucidant ainsi les rapports historiques du catholicisme avec le colonialisme et l'esclavagisme du passé au présent.

En appui au processus de récupération des traces archéo-historico-archivistiques et d'exposition des armes juridico-politico-catholiques consolidant les liens d'attachement du catholicisme avec le colonialisme et l'esclavagisme du passé au présent, il importe de procéder à des captures d'écran, telles qu'elles sont exploitées par exemple par Guay (2004) dans son entreprise scientifique de catégorisation et de classification des unités d'analyse en éducation. Ces captures d'écran participent de l'analyse visuelle des données virtuelles tirées notamment des traces d'archives numériques et numérisées (Casemajor, 2020).

Fig. 10. Capture d'écran et de traces de la bulle *Romanus Pontifex* (Nicolas V) de 1454

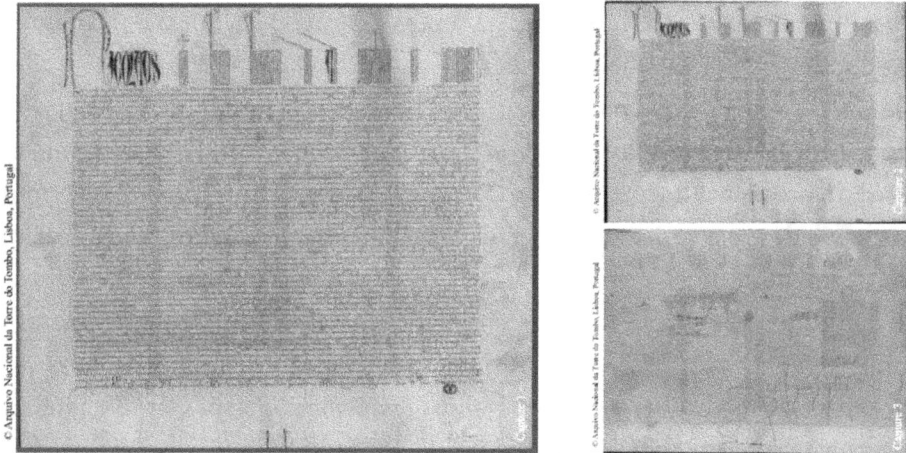

Source : LDHI (Digital Library). 2023.
https://ldhi.library.cofc.edu/exhibits/show/african_laborers_for_a_new_emp/pope_nicolas_v_and_the_portugu#images-2

Source : UHEM. 2023.
http://uhem-mesut.com/medu/0003.php

Ainsi, en procédant aux captures d'écran et de traces archivistiques explicites, nous suivons raisonnablement la recommandation de Bonneau (2020, p. 236), à savoir :

Nous recommandons également l'utilisation d'un outil de capture d'écran pour sauvegarder la publication dans son ensemble (et non seulement le fichier de l'image) et son insertion dans un journal de bord renfermant l'URL, la date de la publication et la façon dont elle a été repérée.

Ces captures d'écran et de traces sont effectuées à partir de plusieurs sources comparées, dont celles de la Librairie digitale de Lowcountry Digital History Initiative (LDHI) et Uhem reproduisant toutes deux la même version originale des archives numérisées de la bulle *Romanus Pontifex* (Nicolas V), conservées par l'*Arquivo Nacional da Torre do Tombo* (Lisbonne, Portugal). Autorisant la colonisation et l'asservissement perpétuel des Nègres, cette bulle colonialiste-esclavagiste aurait été publiée en latin, à Rome, le 8 janvier 1454, la huitième année ou l'avant-dernière année de son pontificat (1447-1455). Elle est traduite et reproduite en plusieurs langues. La version latine et la traduction anglaise de Pietro da Noceto sont reproduites par l'historienne Frances Gardiner Davenport (2010), dans *European Treaties bearing on the History of the United States and its Dependencies to 1648* (version latine, p. 13-20 ; traduction anglaise, p. 20-26). Pareillement et sciemment exploitée par nous, cette importante source et ressource documentaire reproduisant les bulles pontificales en latin et en anglais est disponible au service des bibliothèques et archives de l'Université de Sherbrooke. La version latine suivie de la traduction anglaise de Pietro da Noceto provient du manuscrit original de la présente bulle, anciennement conservé aux Archives nationales de Lisbonne, coll. de Bullas, 7 mai, no 29 (Davenport, 2010, p. 20). La version anglaise accessible est aussi exploitée, entre autres, par Ivana Elbl (2009), dans *The Bull Romanus Pontifex [1454] and the early European trading in sub-Saharan Atlantic Africa* ; par Valentin Mudimbe (1995), dans *Romanus Pontifex (1454) and the expansion of Europe* ; par Pius Adiele (2017a), dans *The Bull Romanus Pontifex and the Transatlantic Enslavement of Black Africans*. Cette traduction anglaise est également disponible sur le site officiel de *Christian Aboriginal Infrastructure Developments* (CAID).[1]

Dans le cadre de nos recherches de traces archéo-historico-archivistiques, nous n'arrivons pas à avoir accès direct au papier manuscrit original de la bulle *Romanus Pontifex* (Nicolas V) de 1454 qui aurait été conservée d'abord

---

1. *Christian Aboriginal Infrastructure Developments* [consulté le 1er avril 2023] : https://caid.ca/Bull_Romanus_Pontifex_1455.pdf

aux Archives nationales de Lisbonne (coll. de Bullas, 7 mai, no 29), puis ensuite à l'*Arquivo Nacional da Torre do Tombo* de Lisbonne (code de référence PT/TT/BUL/0007/29). La version latine et la traduction française comparée sont reproduites par Fassassi Assani (2002), dans *Le péché du pape contre l'Afrique* (version latine, p. 269-278 ; traduction française, p. 10-21). Par souci éthique de conformité et d'authenticité des traces et des sources exploitées, nous avons pris le plus grand soin de comparer la traduction anglaise considérée avec la traduction française exploitée, avant d'attester un contenu identique de ces deux traductions de la version originale de la bulle *Romanus Pontifex* (Nicolas V) de 1454. En bref, une bulle colonialiste et esclavagiste. Dans sa teneur colonialiste, elle autorise la colonisation des Afriques et des Amériques. Dans sa teneur esclavagiste, elle confère aux rois des royaumes du Portugal et de l'Algarve ainsi qu'à leurs successeurs la faculté pleine et entière d'attaquer, de conquérir, de vaincre et de soumettre en servitude perpétuelle les Nègres capturés.

Fig. 11. Capture d'écran et de traces du code noir de 1685 applicable à Saint-Domingue (Haïti)

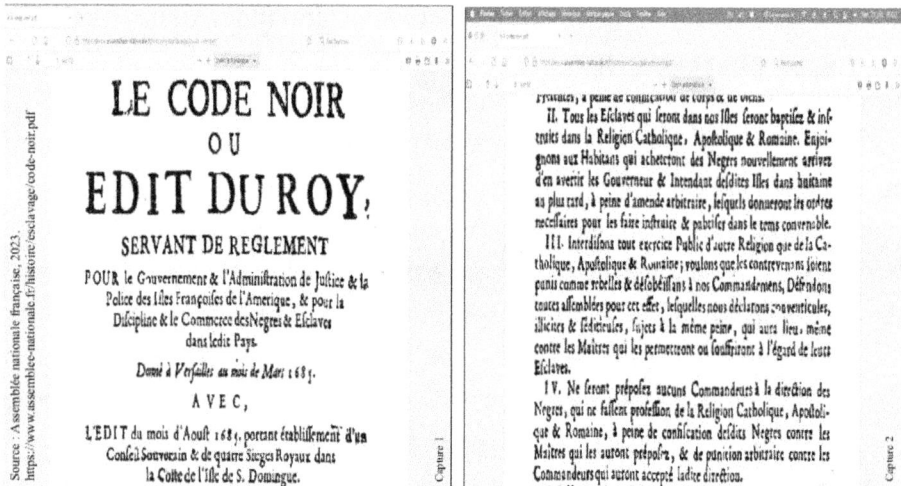

En rappel, la bulle *Romanus Pontifex* (Nicolas V) de 1454 est, par la suite, renforcée par d'autres bulles de confirmation et d'application dont la bulle *Inter Cætera* de 1456 de Calixte III et la bulle *Aeterni Regis* de 1481 de Sixte IV attestant chacune la validité perpétuelle de la bulle mère *Romanus Pontifex* de 1454, également la bulle *Inter Cætera* (1493) d'Alexandre VI partageant la propriété du Nouveau Monde aux souverains de l'Espagne et du Portugal.[2] À leur tour, les souverains de la France en profitent pour partir à la conquête et à la colonisation du Nouveau Monde dont l'espace d'Haïti ainsi qu'à l'opération de traite et d'esclavage des Nègres, régie par le code noir de 1685.

Capturées à partir du site officiel de l'Assemblée nationale française[3], ces traces d'archives du code noir de 1685 (en format PDF) font repérer la place prédominante du catholicisme dans le système esclavagiste colonial et la fonction active des autorités cléricales coloniales, préposées à la direction des Nègres par ledit édit royal français de 1685, en conformité à la position esclavagiste exprimée dans la bulle *Romanus Pontifex* (Nicolas V) de 1454. Les principales informations recherchées et retrouvées dans ces traces écrites relevant du code noir de 1685 se clarifient ainsi :

> III. Interdisons tout exercice public d'autre religion que la religion catholique, apostolique et romaine [...]. IV. Ne seront préposés aucuns commandeurs à la direction des Nègres, qui ne fassent profession de la religion catholique, apostolique et romaine [...].

Voilà, à la lumière des présentes traces écrites archivées et numérisées, la place prédominante réservée par le code noir de 1685 au catholicisme dans le système esclavagiste colonial et la position de commandeurs à la direction des Nègres exclusivement réservée aux acteurs dominants de l'institution catholique sur le marché colonial de l'esclavage des Nègres. En contexte de domination postcoloniale, cette prépondérance du catholicisme se perpétue dans l'ancienne colonie française de Saint-Domingue (Haïti) au travers d'un nouvel arsenal juridico-politico-religieux en vigueur (concordat de 1860 et autres archives constitutionnelles).

En somme, les traces archéo-historico-archivistiques repérées – sciemment décryptées, examinées et présentées ici et ailleurs dans d'autres chapitres – établissent clairement et objectivement les rapports historiques du catholicisme avec le colonialisme et l'esclavagisme du passé au présent. Riches en données et matériaux informationnels pertinents, ces traces

---

2. La version latine et la traduction anglaise des bulles *Romanus Pontifex* (Nicolas V) de 1454, *Inter Cætera* (Calixte III) de 1456, *Aeterni Regis* (Sixte IV) de 1481 et *Inter Cætera* (Alexandre VI) de 1493 sont intégralement reproduites par Davenport (2010, p. 9-26 ; 27-32 ; 49-55 ; 56-63).

3. Bibliothèque et archives de l'Assemblée nationale française [consulté le 10 mars 2023]. https://www.assemblee-nationale.fr/histoire/esclavage/code-noir.pdf

visibles et lisibles archivent de manière indélébile l'ancienne position colonialiste-esclavagiste des autorités cléricales, en décelant leur place prépondérante dans le système. Elles exhibent la force dominante et puissante de
l'autorité cléricale en chef, capable par une bulle pontificale d'autoriser la
colonisation des Afriques et des Amériques, la traite et la servitude perpétuelle des Nègres laissant encore des traces vives particulièrement dans l'Haïti
contemporaine. Tenant compte de la puissance d'une telle bulle et de ses
lourds héritages avec ses effets pervers perpétuels, elle mérite donc d'être
analysée en profondeur dans sa teneur, sa lettre et son esprit essentiellement
esclavagiste.

5.1.1. Bulle Romanus Pontifex *de 1454 : autorisation et légitimation de la traite des Nègres*

L'Église catholique hésite pendant longtemps (IIIe-XIVe siècles) à prendre
parti pour l'esclavage dans le monde, selon Quenum (1993). Son attitude à
l'égard de l'asservissement des Nègres, dit-il, s'inscrit dans cette hésitation à
se définir doctrinalement par rapport à ce phénomène existant depuis l'Antiquité. Dans le même sens, écrit Gravatt (2003), l'Église reste pratiquement
silencieuse devant l'esclavage pendant plusieurs siècles. Son silence ou son
hésitation peut se comprendre, puisque, d'une part, il y a des chefs catholiques qui sont des maîtres d'esclaves, également des églises catholiques
locales qui participent aux opérations de traite et de commerce d'esclaves ; et,
d'autre part, il y a aussi des chrétiens catholiques en servitude parmi les
esclaves (Piché, 2015 ; Quenum, 1993 ; Trudel, 1961). Donc, l'autorité catholique
se retrouve face à un dilemme : faire le choix soit contre l'esclavage en défendant la morale chrétienne et les chrétiens catholiques asservis, soit pour l'esclavage en défendant l'intérêt des groupes sociaux et religieux dominants qui
en profitent. Finalement, séduite par les intérêts matériels du moment et
poussée par la dynamique du marché colonialiste-capitaliste en expansion,
elle brise son hésitation pour adopter, au XVe siècle, une position officielle
pour la conquête et la colonisation des Afriques et des Amériques, la traite et
l'esclavage des Nègres ; ce qui conduit à l'enrichissement et l'expansion capitaliste des puissances colonialistes européennes (Elbl, 2009 ; Mudimbe, 1995 ;
Beaud, 1987). En cela, « les intérêts économiques du moment sont plus forts
que les principes moraux enseignés » (Salifou, 2006, p. 99).

Le 8 janvier 1454, le pontife Nicolas V autorise, dans une bulle pontificale,

la colonisation du reste du monde non européen et l'asservissement perpétuel des Nègres. Loin d'intervenir pour condamner l'esclavage comme vieille
pratique contraire à la morale chrétienne, l'autorité pontificale scelle et publie
une bulle légitimant la pratique déshumanisante de la traite négrière (Salifou,
2006, p. 32). Ayant force de loi, cette bulle légalise, normalise ou formalise la
traite négrière, au point de vue du droit canonique et de la tradition d'influence du catholicisme en contexte médiéval et postféodal. Par cet acte officiel engageant l'institution catholique, l'esclavage noir devient une pratique
moralement acceptable, voire légitime.

À partir de ce XVe siècle, considéré comme maudit pour les populations
africaines victimes de cette mesure esclavagiste drastique, les esclaves noirs
ne peuvent plus compter sur l'autorité morale que revendique l'institution
catholique pour s'échapper du sort de la traite scellé officiellement par cette
autorité puissante. Berceau de la civilisation humaine, le continent africain se
transforme en un véritable repaire d'esclaves où s'intensifient des pratiques
de traite et se multiplient de plus en plus des foyers d'esclaves. Il devient le
centre ou l'hypocentre du marché mondial de la traite négrière pour
alimenter en esclaves noirs le Nouveau Monde occidentalisé et le reste du
monde colonisé par les Européens.[4]

La bulle pontificale (latin : *bulla* « sceau »), aussi appelée bulle papale ou
bulle apostolique, est un document officiel scellé au travers duquel l'autorité
pontificale pose un acte juridique important. Elle peut approuver une guerre
sainte, définir un dogme religieux, induire une canonisation, effectuer une
nomination, ordonner une intervention des forces politiques répressives, etc.
Voilà, dans le fond, la toute-puissance que revêt la bulle de 1454 autorisant
l'asservissement perpétuel des Nègres. Il s'agit d'un acte historique fort
stimulant les puissances politiques européennes à aller conquérir, piller et
coloniser les régions du monde non européen, réduire en servitude perpétuelle les Nègres capturés (hommes, femmes et enfants ; rois, riches et
pauvres), et s'approprier leurs biens, leurs richesses, leurs royaumes, leurs
terres (territoires conquis, provinces, îles, ports, places et mers).

Voici un extrait commenté de la bulle *Romanus Pontifex* (Nicolas V) de 1454
:

---

4. Pour le reste du monde, on peut citer : l'exemple océanique avec des foyers d'esclaves noirs
persistant en Australie jusqu'à l'époque contemporaine ; l'exemple asiatique et oriental avec des
foyers d'esclaves noirs dans le monde arabe et chinois. La Chine reçut des captifs noirs dès le VIIe
siècle des marchands arabes (Grenouilleau, 1998).

Nicolas, évêque, serviteur des serviteurs de Dieu
Pour perpétuelle mémoire

Le Pontife romain, Successeur de Saint-Pierre et Vicaire de Jésus-
Christ, portant un regard paternel sur toutes les régions du monde et
l'état des nations qui y vivent, cherchant et désirant le salut de tout
homme, ordonne et décide après mûre délibération, les mesures salu-
taires qui lui semblent devoir être agréables à la Majesté divine, et
grâce auxquelles il pourra ramener à l'unique bergerie du Seigneur les
brebis qui lui sont confiées par la divine providence, et leur acquérir la
récompense de la félicité éternelle, et obtenir à leurs âmes le pardon.
Nous croyons que cela arrivera sûrement, avec l'aide du Seigneur,
d'autant plus que nous aurons comblé de dignes faveurs et de grâces
spéciales à ces rois et princes catholiques que, comme nous le savons
par l'évidence des faits, comme des intrépides athlètes de la foi chrétienne, pour non seulement réprimer la barbarie des Sarrasins et des
autres infidèles, ennemis du nom du Christ, mais encore pour la
défense et la croissance de la foi, soumettre à l'assujettissement ces
infidèles ainsi que leurs royaumes et territoires, jusque dans les
contrées les plus reculées, inconnues de nous, n'épargnant ni travaux
ni dépenses, afin que ces rois et princes catholiques, débarrassés de
tous les obstacles, peuvent être plus animés à poursuivre une telle
œuvre si salutaire et si louable.

Dès son introduction, la bulle identifie au catholicisme les puissances
royales européennes chargées d'asservir les infidèles (Nègres), ce qui fait
ressortir le rapport de chevauchement du catholique et du politique. Elle
montre la place prédominante de l'acteur catholique dans le système et son
influence dans les processus décisionnels ordonnant aux puissants rois d'Europe d'aller conquérir et coloniser le reste du monde sur lequel le Pontife
romain porte son regard. Également, elle fait exhiber la force de domination
du catholicisme « sur toutes les régions du monde » en imposant la capture et
l'assujettissement des Sarrasins[5] et des autres infidèles (Nègres) des régions

---

5. Les Sarrasins – noms donnés aux peuples de confession islamique se vantant d'être descendants de Sara (femme d'Abraham, mère d'Isaac) plutôt que d'Agar (servante d'Abraham, mère
d'Ismaël) – sont gravés dans l'imagination européenne au Moyen Âge (Mbaye, 2004).

africaines, avant que ces captifs d'Afrique ne soient par la suite transplantés dans les Amériques et les Antilles, ce qui fait interpréter que le monde demeure sous la domination du mal de l'esclavagisme du passé au présent.

Et ainsi il arriva que lorsqu'un certain nombre de navires de ce genre eurent exploré et pris possession de très nombreux ports, îles et mers, ils arrivèrent enfin dans la province de Guinée. Après avoir pris possession de quelques îles et ports adjacents à cette province, naviguant plus loin, ils arrivèrent à l'embouchure d'un grand fleuve communément supposé être le Nil [l'Ouganda]. Quelques années durant, au nom du roi Alfonso et de l'Infant, la guerre fut menée contre les peuples de ces contrées et plusieurs îles dans ce voisinage furent conquises puis pacifiées. Elles en font aujourd'hui partie, ainsi que la mer qui les baigne. Par la suite, beaucoup de Guinéens et d'autres Nègres qui avaient été capturés de force, certains aussi échangés par troc contre des marchandises non prohibées, ou achetés par autre contrat d'achat régulier, furent renvoyés aux dits royaumes. Un grand nombre d'entre eux furent convertis à la foi catholique, et l'on peut espérer de la clémence divine que, si de tels progrès se poursuivent chez eux, ces peuples seront convertis à la foi, du moins que les âmes de beaucoup d'entre eux seront gagnées au Christ.

Parmi les informations pertinentes relevées ici, il y a :

1. la prise de possession de nombreuses régions africaines, conformément aux objectifs européens de conquête, de colonisation et de pillage du reste du monde ;
2. la capture de force de beaucoup de Guinéens et de Nègres, identifiés parmi les esclaves-ancêtres ayant repeuplé la colonie de Saint-Domingue (Haïti) après la spoliation et la décimation des Autochtones ;
3. la vente, l'achat ou l'échange par troc des Nègres capturés contre des marchandises, dans le sens même où l'esclavage noir a été préalablement conceptualisé et défini ;
4. la conversion à la foi catholique d'un grand nombre d'entre les captifs, montrant ainsi que des catholiques comme des non-

catholiques sont victimes de l'esclavage des Nègres autorisé par la présente bulle pontificale.

Considérant attentivement toutes ces questions, nous avions jadis, par de précédentes lettres, concédé au roi Alphonse, entre autres choses, la faculté pleine et entière d'attaquer, de conquérir, de vaincre, de réduire et soumettre tous les sarrasins, païens et autres ennemis du Christ, où qu'ils soient, avec leurs royaumes, duchés, principautés, domaines, propriétés, meubles et immeubles, tous les biens par eux détenus et possédés ; de réduire leurs personnes en servitude perpétuelle ; de s'attribuer, à eux [le Roi et l'Infant] et à leurs successeurs, et de s'approprier et faire servir à leur usage et utilité ces royaumes, duchés, principautés, propriétés, possessions et biens de ces infidèles sarrasins et païens. Grâce à cette faculté, le roi Alphonse, ou sous son autorité l'Infant, a acquis en toute justice et légitimité, ces îles, terres, ports et mers ; et, de droit, ces domaines relèvent et dépendent même du roi Alphonse et de ses successeurs, et nul autre, quel qu'il fut, parmi les chrétiens n'a pu licitement jusqu'à présent, sans permission spéciale octroyée par le Roi et ses successeurs, y pénétrer, et ne le peut en aucune manière.

La servitude perpétuelle reste l'une des expressions les plus citées, et aussi les plus fortes de cette bulle. À l'esprit et à la lettre de la bulle, il est question de la perpétuation de l'esclavage des Nègres de génération en génération. Et voilà, persiste encore dans l'Haïti contemporaine cet esclavage intergénérationnel noir, plus de cinq siècles après la publication de cette bulle de l'autorité catholique concédant à l'autorité politique européenne la faculté pleine et entière de réduire en servitude perpétuelle les Nègres jugés infidèles.

Nous déclarons pareillement que les domaines déjà acquis en vertu des pouvoirs concédés par les présentes lettres, ceux qui viendraient à l'être dans l'avenir, ainsi que les conquêtes qui s'étendent du Cap Bojador et de Nam à la Guinée entière, c'est-à-dire en direction du midi, ont relevé et dépendu, et qu'ils relèvent et dépendent de plein droit du roi Alphonse et de ses successeurs ainsi que l'Infant, et de nul autre. Nous décidons et déclarons en outre que le roi Alphonse et ses successeurs ainsi que l'Infant, aux termes des présentes, ont pu et peuvent, maintenant et à l'avenir, librement et licitement, sur ces domaines et leurs parages, porter toutes interdictions, tous décrets, rescrits, condamnations même ; y lever des impôts à leur gré, administrer et gouverner ces possessions et leurs biens propres, ainsi que d'autres qui leur appartiennent qui plus est, afin que ce droit soit plus fermement établi et garanti. Nous accordons, concédons et attribuons, par les présentes, au roi Alphonse susnommé et aux rois des dits royaumes, ses successeurs, ainsi qu'à l'Infant, les domaines présentement acquis et ceux qui à l'avenir viendraient à l'être, provinces, îles, ports, places et mers, quels qu'ils soient, quel qu'en soit le nombre et de quelque valeur qu'ils soient, ainsi que les territoires conquis au-delà du Cap Bojador et de Nam.

La servitude perpétuelle reste l'une des expressions les plus citées, et aussi les plus fortes de cette bulle. Ces phrases fortes – tant dans leur teneur que dans leur formulation – exposent de manière répétitive le pouvoir de domination de l'autorité catholique, capable de décider, de concéder ou d'attribuer à des rois des royaumes européens et à leurs successeurs un ensemble de territoires conquis et à conquérir (provinces, îles, ports, places et mers) ainsi que le droit exclusif accordé à ces rois d'en disposer de manière continuelle et héréditaire. Étendu « sur toutes les régions du monde et l'état des nations qui y vivent », ce pouvoir de domination catholique se perpétue des temps féodaux et postféodaux aux temps coloniaux et postcoloniaux.

Nous leur enjoignons pour le rachat de leurs péchés, et nous leur interdisons rigoureusement par cet édit perpétuel, de livrer aux Sarrasins infidèles ou aux païens, dans les domaines, possessions, conquêtes du roi Alphonse (provinces, îles, ports, mers et places), ou ailleurs, des armes, du fer, du bois de construction, d'autres produits que le droit interdit absolument de leur livrer, et même de faire le commerce de marchandises et autres denrées licites sans permission spéciale du roi Alphonse et de ses successeurs, ainsi que de l'Infant. Nous interdisons de naviguer ou de faire naviguer sur ces mers, d'y faire commercer ou encore d'y pêcher ; quant aux provinces, îles, ports, mers ou autres places et conquêtes, que nul n'ait l'audace de pénétrer l'un quelconque de ces lieux, ou d'agir, par eux-mêmes, par un autre ou d'autres, directement ou indirectement, de fait ou d'intention, en sorte que le roi Alphonse, ses successeurs et l'Infant, ne puissent exercer pacifiquement leurs droits de possession sur ces régions ni poursuivre et mener à bien leur conquête.

Dans cet édit dit perpétuel, il est autorisé aux colons européens d'interdire aux Nègres africains l'accès aux armes, au fer, au bois de construction (bois d'ébène), etc. Pour inciter à l'asservissement des Nègres capturés, l'autorité pontificale use, en effet, de la tromperie, faisant croire aux acteurs colonialistes européens que le rachat de leurs péchés dépend du respect du présent édit autorisant la servitude perpétuelle des Nègres, interdits d'accès aux armes, au fer et au précieux bois de construction.

Mais afin que les présentes lettres, de nous, émanées, de science certaine et après mûre délibération, ne puissent, dans l'avenir, être attaquées pour vice de tromperie ou de nullité, nous voulons, et en vertu de notre autorité apostolique, de notre science et de notre pouvoir, nous décrétons et déclarons, aux termes des présentes, que les dites lettres et leur teneur ne peuvent en aucune façon être attaquées pour tromperie, mensonge, nullité ou encore pour motif de pouvoir extraordinaire ou étranger, ou pour tout autre faut ; que leur effet ne peut être retardé ni empêché ; qu'au contraire elles ont valeur perpétuelle et possèdent toutes garanties de validité ; et que toute atteinte venant à être portée contre elles, sciemment ou non, par quiconque et quelle que soit son autorité, serait nulle et sans valeur.

Aussi fortes que les phrases précédentes, les présentes phrases nous rappellent le caractère perpétuel de la bulle pontificale et de l'objet de la servitude qu'elle impose depuis le XVe siècle. En regard de ses dispositions inattaquables dans l'avenir, le monde de tradition esclavagiste reste encore sous l'emprise de la domination du mal de la servitude perpétuelle autorisée, légitimée et institutionnalisée par l'autorité catholique.

Nicolas V serait mort en mars 1455, soit environ une année après la publication de sa bulle pontificale de 1454 autorisant la colonisation et l'asservissement continuel des Nègres. Après sa mort, ses successeurs publient des bulles de confirmation et d'application soutenant la validité perpétuelle de la bulle *Romanus Pontifex* du 8 janvier 1454 du pontife Nicolas V, dans sa teneur colonialiste-esclavagiste, notamment :

- La bulle *Inter Cætera* du 13 mars 1456 du pontife Calixte III : une bulle de suivi et de confirmation attestant la « validité perpétuelle » de la bulle *Romanus Pontifex* de 1454. Dans cette bulle pontificale, Calixte III garantit par acte notarié la concession des territoires acquis et à acquérir par les souverains européens, conformément à la bulle *Romanus Pontifex* de 1454 du « prédécesseur, le pape Nicolas V, d'heureuse mémoire » (Davenport, 2010, p. 27-32).

- La bulle *Aeterni Regis* du 21 juin 1481 du pontife Sixte IV : une bulle de confirmation et d'application recherchant « la stabilité, la prospérité et la tranquillité de tous les rois catholiques ». Se référant à la bulle *Romanus Pontifex* de 1454 du « prédécesseur, le pape Nicolas V, d'heureuse mémoire », Sixte IV dit vouloir appliquer gracieusement le pouvoir fortifiant de confirmation apostolique en lien avec cet objet ou cet instrument travaillé par ses prédécesseurs (Nicolas V et Calixte III), afin « qu'il puisse rester à jamais ferme, inébranlable et éloigné de tout risque de polémique » (Davenport, 2010, p. 49-55).

- La bulle *Inter Cætera* du 3 mars 1493 du pontife Alexandre VI : une bulle de confirmation et d'application partageant entre les puissances européennes les territoires conquis et colonisés des Amériques, conformément aux ordonnances de la bulle *Romanus Pontifex* de 1454 (Davenport, 2010, p. 56-63).

Finalement, par ces bulles pontificales favorables à la colonisation des Afriques et des Amériques et à l'asservissement perpétuel des Nègres, l'institution catholique a choisi de s'associer structurellement avec tout « cela » qui, depuis l'Antiquité à nos jours, retient l'esclavage dans la société. En effet, la position de l'autorité pontificale sur la question de l'esclavage est aussi ambiguë que controversée, usant du christianisme et du nom du Christ pour autoriser la colonisation des Afriques et des Amériques, la spoliation des Africains et des Amérindiens, la traite et l'esclavage des Nègres (Kayayan, 2013 ; Mpisi, 2008a). Elle se cache « derrière le masque de la moralité » pour mieux dominer et perpétuer ses valeurs civilisationnelles dans le sens de la catholicisation et de l'occidentalisation du vaste monde colonisé par les Européens (McCurdy, 2019). Elle propage un discours christocentrique non pour annoncer l'amour du Christ et la Bonne Nouvelle du salut aux populations païennes jugées infidèles, mais de préférence pour inciter à les asservir, les opprimer et s'approprier leurs biens, en poursuivant l'intérêt du catholicisme lié aux intérêts matériels des colonialistes-esclavagistes-capitalistes européens dominants profitant de la traite et de l'esclavage des Nègres.

Par ailleurs, l'édit pontifical de 1454 incarne une position idéologique assez forte, lorsqu'il véhicule péremptoirement des idées faisant croire que les Nègres sont des « infidèles » et des « ennemis du Christ ». Il incite par là à la haine et à la guerre contre ces ennemis nègres dont, précise ledit édit, « beaucoup de Guinéens et d'autres Nègres ont été capturés de force, certains aussi échangés par troc contre des marchandises non prohibées, ou achetés par autre contrat d'achat régulier ». En outre, derrière l'idéologie religieuse ciblant, voire discriminant des êtres humains à opprimer en raison de leur négritude (couleur de peau, origine socioculturelle, manière d'être, croyances et mœurs), il y a un autre aspect important qui suscite à raison tant de critiques : le dogme religieux lié au « rachat des péchés » par le strict respect des clauses de la bulle pontificale de 1454. En effet, à l'instar d'autres dogmes religieux, cette bulle catholique impose des croyances aux rois, colons, colonialistes, esclavagistes et fidèles catholiques, dont certaines relèvent de la superstition, de la tromperie ou de l'hypocrisie (Rousseau, 1964 ; Salvat, 2008). L'appel pontifical au dogme religieux en lien avec le « rachat des péchés » sert non seulement à stimuler l'application de manière stricte de cette bulle colonialiste-esclavagiste, mais aussi à exercer une violence psycho-idéologique forte sur les suivants-croyants-exécutants pour obtenir plus facilement leur soumission à l'ordonnance de colonisation et d'asservissement des Nègres, sachant l'importance du sens du « rachat des péchés » par les œuvres dans les croyances catholiques.

Dans sa teneur esclavagiste et son application stricte, la bulle *Romanus Pontifex* ne fait exception ni acception d'aucun Nègre capturé puis réduit en esclavage, qu'il soit riche ou pauvre, qu'il soit de foi catholique ou non, considérant les nombreux esclaves nègres convertis et baptisés dans le catholicisme, conformément aux exigences des codes noirs de 1685 et de 1724.[6] La relecture plus loin des codes noirs de 1685 et de 1724 imposant la discipline catholique aux esclaves nègres enlève le voile sur la tromperie idéologique du

---

6. L'affirmation que beaucoup de chrétiens sont victimes de l'esclavage autorisé par la bulle pontificale se précise par le fait que les Français qui succèdent aux Espagnols dans des colonies devaient « baptiser et instruire les esclaves dans la religion catholique » (art. 2, codes noirs de 1685 et de 1724), tout en étant et restant esclaves, donc esclaves chrétiens pour les Nègres baptisés ou convertis au christianisme.

dogme catholique faisant croire que les Nègres sont des « ennemis du Christ » et que l'application par les opérateurs colonialistes du présent édit pontifical est une condition salutaire de « rachat des péchés ». Ces codes contredisent la thèse d'ennemi du Christ ou d'infidélité des Nègres évoquée par l'autorité pontificale pour inciter à l'asservissement des Nègres dans la mesure où, dans leurs clauses, ils imposent la conversion ou le baptême des esclaves nègres au catholicisme. Déjà, la présente bulle pontificale de 1454 se contredit en soi ou contredit aussi cette thèse d'infidélité avancée lorsqu'elle reconnaît qu'un grand nombre parmi les Nègres asservis sont convertis à la foi catholique, pourtant gardés toujours dans la servitude malgré leur conversion au catholicisme.

Dans ce cas, l'homme capturé et condamné à la servitude perpétuelle n'est pas celui préjugé « infidèle » en raison de sa foi non catholique, mais surtout et avant tout l'homme identifié et asservi à cause de son origine et de sa « négritude ». D'ailleurs, si le fait d'être chrétien, c'est-à-dire de ne plus être « infidèle » ni « ennemi du Christ », était une condition de liberté ou d'affranchissement, tous les esclaves convertis au christianisme seraient automatiquement libres. Et la législation coloniale promouvant la conversion ou le baptême des esclaves au catholicisme conduirait en conséquence à la liberté de tous les esclaves devenus catholiques. Dans une telle condition improbable, il n'y aurait plus d'esclavage noir dans les espaces conquis et colonisés, puisqu'en toute logique il n'y aurait probablement plus d'esclaves nègres jugés « infidèles » et « ennemis du Christ », car devenus massivement « chrétiens » pour pouvoir échapper à l'atrocité de la servitude perpétuelle longtemps imposée par l'autorité catholique.

En passant, il faut signaler que si les acteurs informateurs ayant pris part à la recherche reconnaissent tous l'existence et la persistance de la tradition du restavec noir dans la société haïtienne, ils ignorent quasi totalement l'existence de la bulle *Romanus Pontifex* de 1454 autorisant la servitude perpétuelle des Nègres. Car, sur les trente pasteurs informateurs, un seul (informateur 2) dit avoir une certaine connaissance de l'existence de la bulle esclavagiste en question. L'ignorance ou, mieux, l'absence de connaissance de l'existence de cette bulle dans le milieu éducatif et populaire haïtien se comprend aisément, puisque ces informations historiques – aussi importantes soient-elles pour la connaissance et la mémoire de l'esclavage noir – sont absentes des programmes d'éducation et des manuels scolaires (Sciences Sociales, Histoire d'Haïti) édités par les Frères de l'Instruction Chrétienne (FIC), destinés aux écoliers haïtiens.

5.1.2. Bulle Inter Cætera de 1493 : opération de colonisation et de partage des Amériques

Parmi les bulles de confirmation et d'application mentionnées antérieurement, portons un regard particulier sur la bulle *Inter Cætera* de 1493 en raison de son poids colonialiste dans le partage des Amériques et la spoliation des Amérindiens rebondissant dans les débats publics contemporains. La bulle colonialiste-esclavagiste de 1454 est mère de la bulle de 1493, en ce que la première bulle fait enfanter la seconde. En d'autres termes, la bulle *Inter Cætera* de 1493 se résume à une bulle de confirmation et d'application de la bulle *Romanus Pontifex* de 1454 autorisant la colonisation des Mondes non européens et la servitude des Nègres dits non chrétiens. Dans leur disposition commune, ces deux bulles pontificales stimulent la conquête, la colonisation, l'esclavagisation, la domination, l'exploitation, la spoliation des premiers occupants des territoires conquis et l'appropriation de ces nouveaux territoires conquis par les puissances royales européennes, également la catholicisation de l'espace colonisé.

La bulle pontificale de 1454 accorde, concède et attribue aux puissances royales européennes « les domaines présentement acquis et ceux qui à l'avenir viendraient à l'être, provinces, îles, ports, places et mers, quels qu'ils soient, quel qu'en soit le nombre et de quelque valeur qu'ils soient ». Mais elle ne définit pas les portions de territoires continentaux accordés à chacune d'elles, donc elle ne décrit pas les lisières ou les bornes respectives de ces territoires concédés. De là, s'amorce une source potentielle de désastres et de conflits territoriaux entre ces puissances colonialistes européennes (Rotondaro, 2015 ; Natal, 2022).

Par le principe d'application, la bulle de 1493 reprend les dispositions de la bulle mère de 1454 relatives aux territoires concédés aux puissances royales européennes (Espagne, Portugal), avant de partager ces territoires avec elles par des délimitations territoriales établies du pôle arctique au pôle antarctique, de l'ouest au midi, du nord au sud, en accordant à l'Espagne les territoires à l'ouest (Gourd, 1885 ; Schoell, 1837). En effet, pour tenter de prévenir les tensions entre ces puissances colonialistes, Alexandre VI adopte la bulle *Inter Cætera* de 1493 partageant la propriété du Nouveau Monde des

Amériques avec les souverains de l'Espagne et du Portugal (Russell, 1992 ; Sweet, 2003 ; Browne *et al.*, 2004).

Dans cette bulle, explique Tosseri (2014), l'autorité catholique partage le Nouveau Monde. En adoptant la bulle *Inter Cætera* le 4 mai 1493, écrit-il, le pontife Alexandre VI se pose en arbitre de la rivalité opposant l'Espagne au Portugal, les deux superpuissances maritimes de l'époque. Mais, étant d'origine espagnole, commente Natal (2022), il va largement privilégier son pays de naissance, en attribuant au Portugal la portion Sud (Brésil), et à l'Espagne la grande région Ouest (Sud-Ouest, Amérique centrale) avec les larges côtes maritimes du Pacifique. À leur tour, les puissants conquérants de la France et de l'Angleterre en profitent pour se lancer pareillement dans l'opération de conquête et de colonisation des Amériques, de traite et d'esclavage des Nègres, conformément aux incitatifs des ordonnances pontificales archivées respectivement dans la bulle de 1454 puis dans celle de 1493.

Voici un extrait annoté de la bulle *Inter Cætera* de 1493 du pontife Alexandre VI :

> Alexandre, évêque, serviteur des serviteurs de Dieu
> À son très cher fils dans le Christ, Ferdinand, et à sa très chère fille dans le Christ, Isabelle, illustres roi et reine de Castille, de Léon, d'Aragon, de Sicile et de Grenade, salut et bénédiction apostolique.
>
> Parmi les œuvres agréables à la Majesté Divine et chères à notre cœur, il n'en est pas de meilleures, à coup sûr, que l'exaltation toute particulière en notre temps, la propagation et le développement, en tous lieux, de la Foi Catholique et de la Religion Chrétienne, le salut des âmes, la soumission des nations barbares et leur conversion à la foi elle-même. Appelé par la faveur de la clémence Divine, malgré l'insuffisance de nos mérites, à cette Chaire Sacrée de Pierre, nous vous connaissons Rois et Princes vraiment Catholiques. Nous n'ignorons pas, et vos hauts faits, si connus du monde presque tout entier, démontrent que vous l'avez toujours été. Nous savons que, loin de vous borner à désirer l'accomplissement des œuvres précitées, excellentes entre toutes, vous voulez bien, n'épargnant ni les labeurs, ni les dépenses, ni les périls, même au prix de votre propre sang, mettre tous vos soins, tout votre zèle, toute votre ardeur, à le poursuivre, et y avez appliqué, depuis longtemps, votre esprit tout entier et tous vos efforts.

Nous en avons pour preuve certaine ce renversement de la tyrannie des Sarrasins accompli par vous, de nos jours, dans le royaume de Grenade, à la si grande gloire du nom de Dieu. Nous sommes donc justement conduits à vous accorder, et devons même, de notre propre mouvement et de grand cœur, vous octroyer les moyens de continuer, avec un zèle chaque jour plus ardent, pour l'honneur de Dieu lui-même et pour l'accroissement de l'Empire Chrétien, une entreprise si sainte et si louable, que le Dieu immortel a inspirée.

Il y a au moins trois positions soulignées dans ce paragraphe. La première est en cohérence avec notre cadre de référence définissant le rapport d'autorité décliné en rapport d'enchevêtrement du pouvoir religieux avec le pouvoir politique, lorsqu'elle identifie les politiques à des catholiques, en évoquant : « Nous vous connaissons rois et princes vraiment catholiques ». La deuxième position est celle de l'octroi des moyens (propriétés, terres, mers et biens de l'espace colonisé) à ces souverains politiques catholiques, en déclarant : « Nous sommes donc justement conduits à vous accorder, et devons même, de notre propre mouvement et de grand cœur, vous octroyer les moyens [...] ». La troisième concerne la position catholique favorable au « renversement de la tyrannie des Sarrasins ». Ces trois positions exprimées dans la présente bulle de 1493 sont, en termes d'application, conformes aux dispositions de la bulle de 1454 ordonnant de « réprimer la barbarie des Sarrasins et des autres infidèles » (non chrétiens, païens, Nègres) (3), accordant « au roi Alphonse susnommé et aux rois desdits royaumes, ses successeurs, ainsi qu'à l'Infant, les domaines présentement acquis et ceux qui à l'avenir viendraient à l'être, provinces, îles, ports, places et mers » (2), et identifiant « ces rois et princes [aux] catholiques » pareillement (1).

Afin que la largesse de la grâce apostolique vous fasse entreprendre, avec plus d'indépendance et d'audace, la charge d'une si grande affaire, nous, de notre propre mouvement, non sur votre demande et votre instance, ni sur celles que d'autres nous auraient adressées à cet égard pour vous, mais de notre pure libéralité, de notre science certaine, et de la plénitude de la puissance apostolique, nous vous donnons, de toutes les îles et de tous les continents trouvés et à trouver, découverts et à découvrir, à l'ouest et au midi d'une ligne faite et conduite du pôle arctique, ou nord, au pôle antarctique, ou sud, et distante, à l'ouest et au midi, de cent lieues de toute île de celles qui sont vulgairement nommées les Açores et les îles du Cap-Vert, que ces îles et ces continents trouvés et à trouver soient situés vers l'Inde, ou qu'ils le soient vers tout autre pays, toutes les îles et tous les continents trouvés et à trouver, découverts et à découvrir, à l'ouest et au midi de la dite ligne, qui n'auront pas été effectivement possédés par quelque autre roi ou prince Chrétien jusqu'au dernier jour passé de la nativité de Notre Seigneur Jésus-Christ, où commence la présente année, mille quatre cent quatre-vingt-treize, dans laquelle vos envoyés et capitaines ont découvert quelques-unes des dites îles.

Ce paragraphe redéfinit l'objet principal de la bulle, à savoir l'octroi des moyens (propriétés, terres, mers et biens de l'espace conquis) ou, mieux, le partage des territoires colonisés du Nouveau Monde, en ces termes fermes et clairs : « Nous vous donnons [...] toutes les îles et tous les continents trouvés et à trouver, découverts et à découvrir, à l'ouest et au midi de ladite ligne, qui n'auront pas été effectivement possédés par quelque autre roi ou prince Chrétien », y compris évidemment l'île d'Haïti cédée d'abord à l'Espagne, puis concédée à la France.

En vertu de l'autorité du Dieu Tout-Puissant que nous avons reçue par le bienheureux Pierre, et de celle qui est attachée aux fonctions de Vicaire de Jésus-Christ que nous exerçons sur la terre, nous donnons, concédons, transférons à perpétuité, aux termes des présentes, ces îles et ces continents, avec toutes leurs dominations, cités, places fortes, lieux et campagnes, droits et juridictions, à vous et à vos héritiers et successeurs, les rois de Castille et de Léon ; et nous vous en faisons, constituons et estimons maîtres, vous et vos susdits héritiers et successeurs, avec pleine, libre et entière puissance, autorité et juridiction. Mais c'est notre volonté que notre présente donation, concession et assignation, ne puisse ni être censée avoir été mise en question ou détruite, ni détruire les droits des princes chrétiens qui auraient effectivement possédé lesdites îles et lesdits continents jusqu'au jour précité de la nativité de Notre Seigneur Jésus-Christ.

Ce paragraphe reprend l'objet lié au partage du Nouveau Monde, en des termes plus fermes : « Nous donnons, concédons, transférons à perpétuité, aux termes des présentes, ces îles et ces continents, avec toutes leurs domina-tions, cités, places fortes, lieux et campagnes, droits et juridictions, à vous et à vos héritiers et successeurs ». D'où la forte position exprimée dans la bulle *Inter Cætera* de 1493, celle de l'expropriation des Amérindiens, l'appropriation par les Européens des territoires conquis des Amériques, la colonisation et l'exploitation de l'espace exproprié à perpétuité.

Après la spoliation et la décimation des Autochtones, certains territoires conquis des Amériques du Nord se sont transformés en colonies de peuple-ment où repoussent fortement les racines des arbres généalogiques euro-péens. Et d'autres territoires colonisés des Amériques latine et caraïbéenne se sont réduits en colonies d'exploitation où revivent amplement les racines des arbres généalogiques autochtones rebourgeonnés et africains transplantés. Située au cœur des mers des Amériques latine et caraïbéenne, Haïti devient, dès le début du XVIᵉ siècle, l'une des principales destinations des premiers Nègres capturés d'Afrique. Elle reste pendant longtemps une colonie d'ex-ploitation où sont massivement transplantés les Nègres captifs et asservis. Elle devient ainsi le joyau de l'économie coloniale des métropoles européennes en raison des richesses tirées de son exploitation à outrance enrichissant ces métropoles capitalistes (Meillassoux, 1986 ; Larquié, 1996). Elle demeure l'un des principaux bastions de l'esclavage noir dans les Amériques où persiste jusqu'à nos jours l'esclavage des enfants-descendants nègres.

Jusque-là, nous cherchons vainement à connaître – non sans ironie – si les territoires concédés aux Européens par l'autorité pontificale appartenaient préalablement à l'institution catholique, également la base légale ou morale motivant une telle décision de concession. Or, paradoxalement, elle avoue que ces terres, jusque dans les contrées les plus reculées, sont « inconnues de nous » (Européens). Elle donne aux colonialistes européens des terres et des mers inconnues auparavant, donc des territoires qui n'appartenaient pas à l'autorité catholique, sachant que ces territoires étaient depuis longtemps habités par des Autochtones injustement expropriés puis décimés.

L'adoption de la bulle *Inter Cætera* de 1493 s'ouvre à une nouvelle doctrine colonialiste : la doctrine de la découverte (Natal, 2022 ; Hebbinckuys, 2011 ; Beaugrand-Champagne, 1949). Déclinée en une doctrine juridique, cette doctrine colonialiste repose sur un « droit absolu » échu aux nations euro-péennes en vertu de la découverte du Nouveau Monde, en faisant abstraction de la présence antérieure d'occupants aborigènes n'ayant, en substance, qu'un droit d'occupation temporaire (Rotondaro, 2015 ; Gilder Lehrman Institute of

American History, 2012). Il s'agit, selon Rotondaro (2015), d'une doctrine scandaleuse ayant entraîné une catastrophe et un génocide chez les peuples autochtones des Amériques.

En contexte de décolonisation et d'abolition de l'esclavage colonial imposé dans le Nouveau Monde et en Haïti depuis le XVe siècle, la position des autorités cléricales semble apparemment évoluer, considérant les diverses réactions catholiques opposées aujourd'hui tant à la vieille doctrine colonialiste de la découverte qu'à l'ancienne position esclavagiste archivée dans les bulles pontificales de 1454 et de 1493. Plus loin, nous revenons sur ces réactions catholiques par un recadrage de la position stratégique adaptative des autorités cléricales en contexte de domination postcoloniale.

5.1.3. Code noir de 1685 : catholicisation du marché colonial et condition de chose du Nègre

Pour le maintien du *statu quo* et le soutien du système de domination en permanence, il a fallu le renouvellement constant des structures idéologiques et traditionnelles de domination (Althusser, 2015 ; Weber, 2014a). Il a fallu aussi le renouvellement périodique des mécanismes institutionnels et des dispositifs juridico-politico-religieux adaptés à la dynamique du marché. En d'autres termes, pour le maintien du système d'exploitation et la permanence des rapports esclavagistes de domination, il a fallu un arsenal fort, du moins une législation solide régissant les rapports d'autorité et de domination des métropoles sur les colonies, des maîtres sur les esclaves. C'est, à proprement parler, dans cette optique ou cette perspective historique de pérennisation des rapports colonialistes-esclavagistes et de renforcement des structures de domination qu'a été instituée par les puissances royales européennes une législation coloniale rigide. Cette législation coloniale solide comprend, entre autres, le Code noir ou l'édit du roi Louis XIV de 1685 – tel qu'intitulé – servant de règlement pour le gouvernement et l'administration de la justice et la police des Îles françaises de l'Amérique, et pour la discipline et le commerce des Nègres et esclaves dans ledit pays, avec l'édit portant établissement d'un conseil souverain et de quatre sièges royaux dans la côte de l'île de Saint-Domingue (Haïti).[7]

Le Code noir ou l'édit du roi Louis XIV a été adopté à Versailles en 1685,

---

7. Aussi rapportées par Célius (1998, pp. 29-30), les informations précises relatives à l'établisse-

soit environ deux siècles après la publication de l'édit pontifical de Nicolas V de 1454 autorisant la colonisation des Afriques et des Amériques, la traite et la servitude perpétuelle des Nègres. L'adoption tardive du Code noir de 1685 par l'autorité royale française se comprend bien, puisque l'incitation à la colonisation et à l'esclavagisation des Nègres par la bulle *Romanus Pontifex* (Nicolas V) de 1454 et surtout le partage du Nouveau Monde par la bulle d'application *Inter Cætera* (Alexandre VI) de 1493 concernent principalement les puissances royales espagnole et portugaise. N'étant pas partie prenante (bénéficiaire directe) du partage du Nouveau Monde délimité et défini par la bulle *Inter Cætera* de 1493 privilégiant l'Espagne (Natal, 2022), la France s'approprie finalement la Louisiane (1682-1762), avant d'arracher à l'Espagne la partie occidentale (1697-1803) puis la partie orientale (1795-1810) de l'île de Saint-Domingue. Ainsi, elle adopte pour ses nouvelles colonies des Amériques et des Antilles une législation coloniale dont le Code noir de 1742 concernant la Louisiane et le Code noir de 1685 réglementant les rapports esclavagistes coloniaux dans les Îles françaises de l'Amérique.

Portant l'établissement d'un conseil souverain et de quatre sièges royaux français à Saint-Domingue (Haïti), le Code noir de 1685 établit la souveraineté de l'État français sur cette colonie d'exploitation pendant plus de cent ans (1697-1803). Il définit le rapport de domination des maîtres sur les esclaves ainsi que le statut de chose des Nègres asservis. Donc, il régit les rapports esclavagistes de domination dans l'espace haïtien colonisé, en réservant au catholicisme une place prédominante dans le système esclavagiste colonial.

Voici un extrait annoté du Code noir ou de l'édit royal de 1685 optant, dans ses clauses fondamentales, pour le maintien de la discipline catholique dans l'espace colonial, donc pour la catholicisation du marché esclavagiste colonial.

Louis, par la grâce de Dieu
Roi de France et de Navarre
À tous, présents et à venir, salut.

Comme nous devons également nos soins à tous les peuples que la divine providence a mis sous notre obéissance, nous avons bien voulu

---

ment du conseil souverain et à la répartition géographique des quatre sièges royaux (Goâve, Léogâne, Port-de-Paix, Cap) dans la côte de l'île de Saint-Domingue.

faire examiner en notre présence les mémoires qui nous ont été
envoyés par nos officiers de nos Îles de l'Amérique, par lesquels ayant
été informés du besoin qu'ils ont de notre autorité et de notre justice
pour y maintenir la discipline de l'Église catholique, apostolique et
romaine, pour y régler ce qui concerne l'état et la qualité des esclaves
dans nos dites Îles [...].

Dès son préambule, cet édit royal de Louis XIV vise avant tout à maintenir
la discipline de l'Église catholique dans les territoires insulaires colonisés,
notamment dans la colonie insulaire de Saint-Domingue (Haïti).

Article 1ᵉʳ : Voulons que l'édit du feu Roi de Glorieuse Mémoire, notre
très honoré seigneur et père, du 23 avril 1615, soit exécuté dans nos Îles;
ce faisant, enjoignons à tous nos officiers de chasser de nos dites Îles
tous les Juifs qui y ont établi leur résidence, auxquels, comme aux
ennemis déclarés du nom chrétien, nous commandons d'en sortir
dans trois mois à compter du jour de la publication des présentes, à
peine de confiscation de corps et de biens.

Pour aménager plus de place au catholicisme, l'édit du roi de France
ordonne la chasse de tous les Juifs des territoires colonisés. Dispersés à travers
le monde depuis la destruction de Jérusalem par les Romains au Iᵉʳ siècle, les
Juifs du judaïsme allongent la liste des ennemis du catholicisme à combattre,
à côté des Sarrasins de l'islamisme et des Nègres infidèles ciblés par la bulle
pontificale de 1454. Cependant, leur sort n'est pas le même : la chasse est la
sentence réservée aux Juifs, jugés « ennemis déclarés du nom chrétien » selon
l'édit royal de Louis XIV ; l'asservissement est le sort réservé aux Nègres,
qualifiés d'« ennemis du Christ » aux termes de l'édit pontifical de Nicolas V.

Article 2 : « Tous les esclaves qui seront dans nos Îles seront baptisés et
instruits dans la religion catholique, apostolique et romaine [...]. »

L'imposition aux esclaves des croyances catholiques, du baptême et de
l'instruction dans la religion catholique ne constitue pas une condition de
liberté ou d'affranchissement pour les Nègres asservis. Les fidèles nègres
nouvellement baptisés au catholicisme restent encore assujettis au joug du
système d'esclavage noir imposé par l'autorité catholique depuis le XVᵉ siècle.

Il se transforme ainsi en un système-vampire qui suce autant les catholiques que les non-catholiques. Ici, la condition de liberté ou d'affranchissement n'est pas le fait d'être catholique ou pas, mais le fait de ne pas être nègre. Donc, le Nègre reste toujours esclave, même s'il se fait baptiser dans le catholicisme, même s'il devient chrétien ou même s'il n'est plus jugé « infidèle » ni « ennemi du Christ ».

> Article 3 : Interdisons tout exercice public d'autre religion que la religion catholique, apostolique et romaine. Voulons que les contrevenants soient punis comme rebelles et désobéissants à nos commandements [...].

Cet article, dans sa teneur et son application, place hors la loi toute autre religion dans l'espace public colonial à la seule faveur de la religion catholique dans laquelle il est fait obligation d'être instruit et baptisé.

> Article 4 : Ne seront préposés aucuns commandeurs à la direction des Nègres, qui ne fassent profession de la religion catholique, apostolique et romaine, à peine de confiscation desdits Nègres contre les maîtres qui les auront préposés et de punition arbitraire contre les commandeurs qui auront accepté ladite direction.

Cet article clarifie, sans ambiguïté, le rôle très actif, très significatif et très décisif des acteurs catholiques dans la pratique de l'esclavage. Le rôle de « commandeurs à la direction des Nègres » qui leur est exclusivement attribué fait de ces acteurs catholiques de puissants maîtres et chefs d'esclaves.

> Article 5 : Défendons à nos sujets de la religion protestante d'apporter aucun trouble ni empêchement à nos autres sujets, même à leurs esclaves, dans le libre exercice de la religion catholique, apostolique et romaine, à peine de punition exemplaire.

Rappelons-le, l'article 3 interdit déjà tout exercice public d'autre religion que la religion catholique, ce qui sous-tend que tout exercice public de la religion protestante est non seulement hors la loi, mais aussi un trouble au libre exercice de la religion catholique. Par ailleurs, il est important de signaler que le présent article reconnaît aux acteurs protestants le droit d'avoir des esclaves, même s'ils ne sont pas autorisés à être des commandeurs à la direction des Nègres.

> Article 6 : Enjoignons à tous nos sujets, de quelque qualité et condition qu'ils soient, d'observer les jours de dimanches et de fêtes, qui sont gardés par nos sujets de la religion catholique, apostolique et romaine. Leur défendons de travailler ni de faire travailler leurs esclaves auxdits jours depuis l'heure de minuit jusqu'à l'autre minuit à la culture de la terre, à la manufacture des sucres et à tous autres ouvrages, à peine d'amende et de punition arbitraire contre les maîtres et confiscation tant des sucres que des esclaves qui seront surpris par nos officiers dans le travail.

Ce dernier article reste conforme aux premiers articles considérés dans la mesure où ils visent tous le même but consistant à maintenir la discipline de l'Église catholique dans l'espace colonisé, notamment la discipline relative à l'observation des jours de dimanches et de fêtes, considérés comme des jours fériés.

À bien relire le Code noir de 1685, il y a une surreprésentation du catholicisme et de sa discipline. Cet édit royal a même l'air d'un édit pontifical, en raison de la survalorisation du catholicisme dans le texte. Cela se comprend aisément, dans la mesure où le nouvel édit royal de 1685 codifiant l'esclavage noir suit le courant historique de l'ancien édit pontifical de 1454 incitant les Européens à la colonisation et à l'asservissement perpétuel des Noirs. Sur l'ensemble des 60 articles du Code noir, le préambule et les 14 premiers articles sont consacrés à faire prévaloir la prééminence du catholique, chargé des questions liées à la famille, au mariage, au baptême, à l'instruction, à la discipline, à la commande et à la direction des esclaves. Particulièrement dans son article 4, ce Code noir fait des acteurs catholiques les principaux commandeurs et chefs des esclaves, les seuls préposés à la direction des Nègres. Il s'agit, en effet, d'une législation visant la catholicisation du marché esclavagiste colonial, par les pouvoirs, les droits et les privilèges accordés exclusivement aux autorités catholiques dans l'espace colonial. Fermée au pluralisme religieux, cette législation place les autres pratiques religieuses des croyants non catholiques dans une situation hors-la-loi.

Après avoir consacré beaucoup d'articles du Code noir à la promotion du catholicisme pour imposer sa discipline dans l'espace colonial, le législateur français pense à définir le statut de chose de l'esclave et son rapport d'appartenance à son maître. Selon les articles 5, 6, 8, 28 et 44, l'esclave est un objet, un bien meuble appartenant à son maître. Il désigne, aux termes des articles 2, 7 et 53, une marchandise que le maître peut acheter ou vendre sur le marché. D'après les articles 12 et 50, il est un bien héréditaire dont les fils héritiers peuvent disposer après la mort du propriétaire. En regard des articles 21 et 38, le maître peut, comme n'importe quel animal, marquer ou sceller son esclave en raison d'une erreur commise. Considérant les articles 42, 33, 34, 35, 38 et 40, il peut torturer son esclave, l'enchaîner, le battre de verges, le fouetter ou même le tuer, selon les circonstances et la gravité de la faute commise. Voilà le sort scellé – légal mais injuste – réservé aux Nègres asservis dans les juridictions et les espaces coloniaux dominés principalement par les autorités cléricales se réclamant de la morale judéo-chrétienne.

Les articles 52 à 54 reconnaissent la nature hybride du système, tel qu'il a été théoriquement défini avant : un monstre hybride issu d'un mélange féodalisme-capitalisme (Boutang, 1998), colonialisme-capitalisme (Beaud, 1987) ou esclavagisme-capitalisme (Weber, 1905 ; Wallerstein, 1981). Ces articles définissent les droits des seigneurs et des lignagers (d'ascendants aux descendants héritiers) (art. 52, 53), également les droits des nobles et des bourgeois usufruitiers jouissant des fruits du travail de leurs esclaves (art. 54).

Sur la question de l'esclavage des enfants, il y a au moins trois autres articles du Code noir de 1685 à annoter. Ces trois articles traitent du statut de bâtards des enfants esclaves du système colonial, semblable au statut naturel des enfants restavecs du système postcolonial. Voici les trois articles en question :

Article 8 : Déclarons nos sujets qui ne sont pas de la religion catholique, apostolique et romaine incapables de contracter à l'avenir aucuns mariages valables, déclarons bâtards les enfants qui naîtront de telles conjonctions [...].

Article 12 : Les enfants qui naîtront des mariages entre esclaves seront esclaves et appartiendront aux maîtres [...].

Article 28 : Déclarons les esclaves ne pouvoir rien avoir qui ne soit à leurs maîtres [...].

Toujours est-il qu'au travers des trois présents articles se maintient avec insistance la prééminence du catholicisme sur le marché colonial. Les enfants des esclaves – nés en dehors du mariage catholique, seul reconnu officiellement valable – sont non seulement nés enfants esclaves, mais aussi nés enfants bâtards, c'est-à-dire enfants non héritiers ou naturels comme des petits animaux. En termes de traits similaires, les enfants restavecs issus du monde paysan haïtien et en dehors du mariage officiel ont un pareil statut d'enfants paysans naturels ou illégitimes. Ce statut d'enfants paysans naturels reste gravé dans l'acte de naissance de l'état civil, scellé, signé et délivré par les autorités politiques et religieuses compétentes (*Fig. 10*). Ignorés ou oubliés, certains d'entre eux n'ont même pas d'acte de naissance. Donc, avec leur statut d'enfants paysans naturels donc illégitimes – *de jure* (pour les restavecs qui ont l'acte officiel) ou *de facto* (pour ceux qui n'en ont pas) – ils sont automatiquement exclus des groupes d'enfants héritiers du système. N'étant pas des Héritiers pour hériter dans leur milieu familial propre des manières et des goûts culturels ainsi que des privilèges qu'offre ce milieu social (Bourdieu et Passeron, 1964), ils sont réduits à un état anomique à l'instar d'une chose ou d'un animal naturellement. À la grande différence, les enfants esclaves des parents esclaves du système esclavagiste colonial étaient nés esclaves, tandis que les enfants restavecs des parents démunis du système restavec postcolonial sont devenus esclaves après leur cession aux nouveaux maîtres des familles de placement qui s'approprient la personne et le travail servile gratuit de ces enfants nègres, devenus restavecs.

L'appartenance des enfants restavecs à leurs nouveaux maîtres est l'une des expressions les plus citées tant dans le présent travail que dans les autres travaux recensés. Comme les enfants esclaves aux temps coloniaux appartenant aux maîtres mais non à leurs parents (art. 12, 28), les enfants restavecs aux temps postcoloniaux appartiennent à leurs nouveaux maîtres mais non à leurs parents avec lesquels ils perdent tout contact, tout rapport. La rupture définitive et totale des liens familiaux et communicationnels avec leurs parents est une preuve qu'ils n'appartiennent plus à leurs parents. De même que les anciens maîtres s'approprient les esclaves et les fruits de leur travail, les nouveaux maîtres s'approprient pareillement les restavecs et les fruits de leur travail.

Dans certaines conditions, les enfants restavecs subissent des traitements inhumains qui sont même pires qu'aux temps coloniaux. Car, d'une part, l'article 6 du Code noir de 1685 exige d'observer les jours de dimanches et de fêtes où il est formellement interdit de travailler et de faire travailler les esclaves pendant ces jours fériés. Or, les enfants domestiques, dans leur pire servitude, restent fixés au travail en permanence durant tous les jours de l'année, y compris les dimanches et les jours de fêtes. D'autre part, le Code noir de 1685 fait obligation aux maîtres de nourrir leurs esclaves (art. 22, 23), de les vêtir (art. 25), ainsi que de les aider en soins en cas de maladie (art. 27). Or, à reconsidérer les cas de Cadet et d'Anita dont la condition de non-personne est semblable à l'ensemble des restavecs, ils ne bénéficient d'aucune aide en soins lorsqu'ils sont malades, sans oublier le portrait ethnographique d'enfants amaigris, mal nourris et mal vêtus avec des vieux vêtements déchirés sales servant à l'identification de tous les restavecs. Voilà, en contexte postcolonial, les nouveaux maîtres disposent non seulement de la faculté pleine et entière de réduire des enfants en pire servitude, mais aussi de s'échapper facilement aux obligations de les nourrir convenablement sans des restes pour nourriture, de les coiffer et de les vêtir décemment sans des vêtements usagés déchirés sales, de les faire soigner sans être sous la providence de la nature s'ils sont malades ou si elles tombent enceintes par les assauts des abus sexuels répétés de leurs maîtres.

Par ailleurs, nos recherches en archivistique laissent retracer à la fois la place prédominante de l'institution catholique dans le système esclavagiste, la position de domination et la position esclavagiste des autorités catholiques ainsi que la position hiérarchique de ces autorités charismatiques à la direction des Nègres (art. 4). Ainsi, elles font narrer, avec des preuves irréfutables des pièces d'archives historiques, le statut de maître du Prêtre et la condition de chose du Nègre réduit en « servitude perpétuelle » à Saint-Domingue, en Haïti (*Fig. 12*).

Fig. 12. Archives remontant aux traces de statut de maitre du Prêtre et de chose du Nègre en Haïti (18ᵉ s)

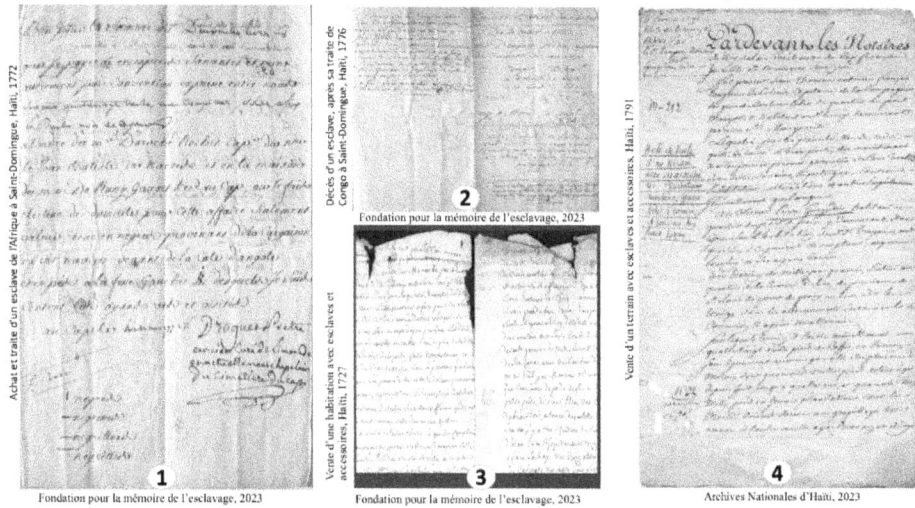

Achat et traite d'un esclave de l'Afrique à Saint-Domingue, Haïti, 1772

Décès d'un esclave, après sa traite de Congo à Saint-Domingue, Haïti, 1776

Fondation pour la mémoire de l'esclavage, 2023

Vente d'une habitation avec esclaves et accessoires, Haïti, 1727

Fondation pour la mémoire de l'esclavage, 2023

Vente d'un terrain avec esclaves et accessoires, Haïti, 1791

Fondation pour la mémoire de l'esclavage, 2023

Archives Nationales d'Haïti, 2023

Ici sont photographiées et capturées quatre (4) pièces d'archives parmi les plus pertinentes datant de 1772 et de 1776 (pièces 1 et 2), de 1727 et de 1791 (pièces 3 et 4). Les deux premières pièces archivent des activités commerciales d'achat et de traite du Nègre ayant pour maître un Prêtre catholique ; les deux dernières pièces concernent des activités de vente de deux habitations avec, par catégorie de choses en vente, des esclaves et des accessoires additionnés ensemble. Voici, en termes plus détaillés :

- *Pièce 1* : Archives d'une facture d'achat d'un Nègre de l'Afrique à Saint-Domingue (Haïti) portant la signature d'un Prêtre catholique du nom de Droguet, ancien curé de Limonade (Nord d'Haïti), 1772 (Source : Fondation pour la mémoire de l'esclavage, 2023).
- *Pièce 2* : Archives d'un document attestant le décès d'un Nègre, après sa capture et sa traite de Congo à Saint-Domingue (Haïti), 1776.

[Ce] document résume de façon synthétique le triste parcours d'un esclave. Prêtre haut-saônois natif de Pontcey, missionnaire au Cap à Saint-Domingue (actuellement le Cap-Haïtien en Haïti), François-Joseph Droguet achète en 1772 un esclave qu'il baptise Dominique. Cette facture d'achat [pièce 1], complétée ensuite par le prêtre avec d'autres informations, permet de suivre succinctement le parcours de

Dominique depuis le Congo jusqu'à Saint-Domingue où il décède [en 1776], quatre ans après son arrivée. (Fondation pour la mémoire de l'esclavage, 2023)

- *Pièce 3* : Archives d'un acte de vente d'une habitation avec ses accessoires : maisons, sucreries, moulins, nègres, négresses, négrillons et négrettes, bestiaux et ustensiles, 25 juin 1727. Il s'agit de :

Acte de vente par Jean Sevré, conseiller au conseil supérieur de Léogane [Ouest d'Haïti] et sa femme, à Louis Marcombe, capitaine de milice, habitant audit Léogane, de la moitié qu'il avait en société avec ledit Marcombe de « maisons, sucreries, moulins, nègres, négresses, négrillons et négrettes, bestiaux et ustensiles ». [...] ledit sieur Sevré étant sur de son départ pour France laissa à titre de bail ladite moitié d'habitation, nègres, bestiaux, bâtiments et ustensiles en l'état que tout était au sieur Marcombre pour les trois années [...] avec promesse de garantie audit sieur Marcombre [...] à savoir en la moitié des habitations, sucreries, moulins, nègres, bestiaux et ustensiles appartenant audit sieur Sevré dans ladite société [...] suivent les noms des nègres, négresses, négrillons et négrettes, à savoir Michel Catherine Michelle et sa femme, Thony et Margot leurs enfant, Vieu Thomas, Margot Thomas sa femme, Baguia Gabriel, Jeanne et Louise leurs enfants [...] Jean Rouge et Julienne ses enfants Jean Pannier, Margueritte sa femme, Jacqueau, petit Louis et Marot leurs enfants, Grand Namom, Renotte, Le Catheau, ses enfants, Petit Claude, Manguedé, Madelaine sa femme [...] et André leurs enfants Thomas Grand Goaue, Catherine sa femme, François et Phelipeau leurs enfants, Vieu Louis Boucassin, Babet sa femme, Petit Jannos, Petite Therese, Catherine Creol, Charlote Magdelon et Marthe ses enfants, Couamina, Felix sa femme et Guillet son fils Machoquet Anthoine, Jannot Creol, Congo, Torticoly, André Niaoux, Bosson, Estienne, Joseph Solimant, Francisque, Pierrot Congue, Noel, Jean Grand Gouane, Guilleaume, Pierrot, Grand Goane, Domon, Coyau Caramentin, Nany, Nanette, Françoise Tam Anglois, Dic, Jassemain et Cattreau sa femme, Jean Leblanc lequel est marron depuis longtemps et demeure pour le compte du sieur acquéreur, François, Raphal, Caymant, Aguiauban. Tous lesdits Nègres ensemble faisant le nombre de quatre-vingt-dix-neuf [...]. (Fondation pour la mémoire de l'esclavage, 2023)

- *Pièce 4* : Archives d'un acte de vente d'un terrain avec ses accessoires : plantations, moulins, glaces, bêtes à cornes, esclaves des deux sexes, 11 février 1791 (Source : Archives Nationales d'Haïti, 2023).

Les deux dernières pièces d'archives concernant la vente de deux habitations avec des esclaves et accessoires nous font retourner au temps colonial pour essayer, par un regard diachronique, de comprendre l'ampleur de l'esclavage noir dans la colonie de Saint-Domingue où deux habitations comptent plusieurs dizaines d'esclaves nègres dont quatre-vingt-dix-neuf (99) Nègres sur une seule habitation sise à Léogâne (Ouest), non loin de Port-au-Prince. Le fait pour une habitation de compter, à elle seule, quatre-vingt-dix-neuf (99) esclaves nègres corrobore la considération géostratégique identifiant l'espace colonial haïtien à l'épicentre de la traite négrière et de l'esclavage noir dans les Amériques et les Antilles.

Dans l'ensemble, ces quatre pièces d'archives triées et analysées retracent le statut de maître du Prêtre et de chose du Nègre dans l'ancienne colonie de Saint-Domingue (Haïti). Elles remontent donc à la mémoire de la traite et de l'esclavage des Nègres associés à des accessoires, vendus comme des marchandises. Elles nous rappellent ainsi la condition de chose de ces Nègres capturés et arrachés à leur terre natale des Afriques puis transplantés aux Amériques où, particulièrement en Haïti, ils sont gardés de génération en génération sous le joug de la « servitude perpétuelle », telle que stimulée et stipulée par la teneur incitative de la bulle pontificale de 1454.

Par-delà les informations pertinentes qu'elles conservent respectivement sur la vente de terrain avec ses esclaves comptés parmi les accessoires (à vendre) et sur la quittance de paiement pour l'achat de plusieurs Nègres et Négresses, ces archives remontent aux traces de la position esclavagiste et de la fonction commerciale de l'institution catholique dans les opérations commerciales de traite des Nègres où des actes de vente et d'achat d'esclaves sont validés par la signature de Droguet, Prêtre catholique, ancien curé de Limonade (Nord d'Haïti). Il s'agit de cas – non isolés car institutionnalisés – de maîtres-prêtres catholiques qui agissent formellement en conformité avec la législation coloniale, la bulle pontificale de 1454 et le Code noir de 1685 plaçant les autorités catholiques dans une position prédominante sur le marché colonial et une position hiérarchique privilégiée à la direction des Nègres.

5.1.4. Code noir de 1724 : perpétuation de la domination catholique dans le système colonial

À l'arsenal politico-juridique français, s'ajoute le Code noir de 1724 conservant au catholicisme sa place prépondérante dans le système esclavagiste colonial établi dans les Amériques et les Antilles françaises. Il concerne particulièrement l'ancienne colonie française de la Louisiane (Nouvelle-France) de 1682 à 1762, devenue une possession britannique de 1763 à 1800, puis redevenue une colonie française en 1800, avant d'être finalement vendue aux États-Unis en 1803.[8] Il importe de retracer, en passant, un fait historique pertinent dans la vente de la Louisiane par la France en 1803 : le commencement de la fin de la politique expansionniste colonialiste française en Amérique à partir de 1803, soit en contexte d'affaiblissement et de défaite de la France dans la guerre de l'indépendance nationale haïtienne soldée, le 18 novembre 1803, par la victoire des Haïtiens contre les colons et les soldats français. Dans ce contexte historique, immensément bénéfique pour les États-Unis à différents points de vue géopolitique, économique et hégémonique, la vente de la Louisiane par la France en 1803 n'est pas le résultat d'une simple coïncidence ou d'un heureux hasard pour les États-Unis, mais l'une des répercussions de la révolution haïtienne contre le colonialisme européen et l'expansionnisme français dans les Amériques. Dès l'introduction, a été présentée une somme de répercussions et d'apports significatifs d'Haïti dans sa bataille continuelle contre la colonisation et la domination européenne des Amériques [(contributions des volontaires nègres d'Haïti dans la bataille à Savannah pour la décolonisation et l'indépendance des anciennes colonies anglaises des États-Unis d'Amérique du Nord (entre 1775 et 1783, avant la révolution haïtienne) ; apports significatifs d'Haïti dans la bataille pour la décolonisation et l'indépendance des anciennes colonies espagnoles d'Amérique du

---

8. Rapporté par l'Université Laval, dans *Histoire de la Nouvelle-France* [dernière consultation en ligne : 2023/06/15]. La Nouvelle-France est constituée au passé colonial d'un ensemble de territoires coloniaux français d'Amérique du Nord (XVIe-XVIIIe siècles) dont ceux du Québec et de la Louisiane anciennement colonisés par les Français d'Europe. https://www.axl.cefan.ulaval.ca/francophonie/Nlle-France-Louisiane.htm

Sud (1815-1816)]. Ici, s'ajoute à cette somme de répercussions celle conduisant au renforcement de la puissance géopolitique et hégémonique états-unienne par la nouvelle acquisition de la Louisiane, vendue par une France affaiblie et vaincue après 14 années de guerre de l'indépendance nationale haïtienne (1789-1803).

Rappelons-le, l'esclavage noir est aboli aux États-Unis en 1865 par le XIIIe amendement. Les archives antérieurement analysées remontent à la mémoire de l'esclavage noir avec des publicités de vente des Nègres avant 1865 : *Negroes for sale* (Nègres à vendre). Elles concernent aussi l'esclavage des Nègres en Louisiane, devenue depuis 1803 une possession états-unienne. Outre ces archives historiques relatives à la vente d'esclaves nègres aux États-Unis avant 1865, il importe de passer en revue les archives du Code noir de 1724 renouvelant notamment l'autorité de domination du catholicisme dans l'ancienne colonie française de la Louisiane, avant de le comparer avec le Code noir de 1685 régissant les rapports esclavagistes dans l'ancienne colonie française de Saint-Domingue (Haïti) aussi prédominée par le catholicisme ; ce qui fait ressortir l'étendue de l'influence de l'autorité catholique dans le système de domination coloniale.

En termes comparatifs, le Code noir de 1724 touchant l'État et la discipline des esclaves nègres de la Louisiane est, dans le fond, similaire au Code noir de 1685 servant de règlement pour le gouvernement et l'administration de la justice, la discipline et le commerce des esclaves nègres des Îles françaises d'Amérique et de Saint-Domingue (Haïti). Dans leur teneur colonialiste-esclavagiste, les Codes noirs de 1685 et de 1724, adoptés et promulgués respectivement sous la royauté de Louis XIV et de Louis XV, visent tous deux la perpétuation de la servitude des Nègres et de la domination du catholicisme dans les colonies françaises d'Amérique. Dans l'ensemble, ces deux édits royaux réglementent les rapports esclavagistes coloniaux et maintiennent les disciplines catholiques dans les espaces colonisés des Amériques françaises.

Ici, la pertinence de ce nouveau Code noir de 1724 paraît double. Car, d'une part, il fait ressortir la politique expansionniste française voulant élargir son domaine territorial colonial et sa sphère d'influence dans les Amériques, en violation de la bulle *Inter Cætera* (Alexandre VI) de 1493 partageant le Nouveau Monde entre les puissances royales de l'Espagne et du Portugal (Natal, 2022 ; Tosseri, 2014) ; ce que rappelle en 2010 l'autorité vaticane contemporaine dans sa déclaration officielle en réponse à la résurgence de la question de la doctrine de la découverte où, dit-elle, la France n'avait pas respecté les délimitations définies par cette bulle pontificale (Déclaration de la Mission permanente d'observation du Saint-Siège sur la doctrine de la découverte et *Inter Cætera*, 27 avril 2010). D'autre part, réservant au catholicisme une place prédominante dans les colonies françaises, le Code noir de 1724 fait apparaître l'étendue de la domination du catholicisme dans les Amériques et les Antilles colonisées et catholicisées par les Français, au-delà des vastes espaces continentaux déjà colonisés et catholicisés par les Espagnols et les Portugais.

En effet, le Code noir de 1724 reprend les dispositions de fond de l'ancien Code noir de 1685, en réaffirmant la position dominante et la discipline de l'Église catholique sur le marché colonial français élargi, depuis le XVIIe siècle, avec la province de la Louisiane. Maintenant, il nous suffit de retranscrire seulement le préambule et les quatre premiers articles du nouveau Code noir de 1724 dont les clauses sont identiques à celles de l'ancien Code noir de 1685 :

Louis, par la grâce de Dieu
Roi de France et de Navarre
À tous, présents et à venir, salut

Les Directeurs de la Compagnie des Indes nous ayant présenté que la province et colonie de la Louisiane est considérablement établie par un grand nombre de nos sujets, lesquels se servent d'esclaves nègres pour la culture des terres, nous avons juré qu'il était de notre autorité et de notre justice, pour la conservation de cette colonie, d'y établir une loi et des règles certaines, pour y maintenir la discipline de l'Église catholique, apostolique et romaine, et pour ordonner de ce qui concerne l'état et la qualité des esclaves dans lesdites Îles.

Article Ier : Voulons et entendons que l'édit du feu roi de glorieuse mémoire notre très honoré seigneur et père, du 23 avril 1615, soit exécuté dans nos îles. Ce faisant, enjoignons à tous nos officiers de chasser hors de nos îles tous les Juifs qui y ont établi leur résidence, auxquels, comme aux ennemis déclarés du nom chrétien, nous commandons d'en sortir dans trois mois, à compter du jour de la publication des présentes, à peine de confiscation de corps et de biens.

Article 2 : Tous les esclaves qui seront dans notre dite province seront instruits dans la religion catholique, apostolique et romaine, et baptisés. Ordonnons aux habitants qui achèteront des nègres nouvellement arrivés de les faire instruire et baptiser dans le temps convenable, à peine d'amende arbitraire. Enjoignons aux directeurs généraux de ladite Compagnie et à tous nos officiers d'y tenir exactement la main.

Article 3 : Interdisons tout exercice public d'autre religion que de la catholique, apostolique et romaine ; voulons que les contrevenants soient punis comme rebelles et désobéissants à nos commandements. Défendons toutes assemblées pour cet effet, lesquelles nous déclarons conventicules, illicites et séditieuses, sujettes à la même peine, qui aura lieu même contre les maîtres qui les permettront ou souffriront à l'égard de leurs esclaves.

Article 4 : Ne seront préposés aucuns commandeurs à la direction des Nègres, qui ne fassent profession de la religion catholique, apostolique et romaine, à peine de confiscation desdits Nègres contre les maîtres qui les auront préposés et de punition arbitraire contre les commandeurs qui auront accepté ladite direction.

Sur les 55 articles du Code noir de 1724, le préambule et les 11 premiers articles maintiennent la domination, l'autorité, le pouvoir et les privilèges exclusifs de l'Église catholique dans le système esclavagiste colonial. Ces premiers articles traitent des questions disciplinaires et religieuses liées à l'instruction, au baptême et au mariage qui sont à la responsabilité particulière des acteurs catholiques, interdisant aux « sujets blancs de l'un et l'autre sexe de contracter mariage avec les Noirs » (art. 6). Les mêmes dispositions de l'article 4 du Code noir de 1685 sont textuellement reprises à l'article 4 du Code noir de 1724, faisant des agents catholiques les principaux maîtres et chefs des esclaves, en réaffirmant que seuls les catholiques bénéficient du droit d'être à la direction des Nègres.

Les articles 47 à 49 reprennent les dispositions des articles 52 à 54 du Code noir de 1685. Ils admettent la nature hybride du système postféodal, en promouvant les droits des groupes dominants, les droits des héritiers et des seigneurs féodaux, des nobles et des bourgeois capitalistes, des adjudicataires et des usufruitiers jouissant des fruits du travail des esclaves.

Dans des termes identiques au Code noir de 1685 identifiant l'esclave à un objet, un bien et une marchandise appartenant à son maître (art. 5, 6, 8, 28 et 44), les articles 12 à 46 et 50 à 55 du Code noir de 1724 rappellent la condition de non-personne et le statut de chose de l'esclave, défini comme marchandise, bien, meuble ou propriété de son maître.

Dès le début du XVIe siècle, l'institution catholique se donne par ailleurs d'autres préoccupations majeures, en fermant définitivement les yeux sur le sort perpétuel et la condition de chose des Nègres capturés et asservis. Après avoir encouragé l'opération de la traite négrière et abandonné les esclaves noirs sous le joug de la servitude perpétuelle, elle se préoccupe dorénavant des contestations du moine Martin Luther qui, en octobre 1517, affiche sur la porte du château de Wittenberg ses 95 thèses contre les indulgences et les dogmes imposés par les bulles pontificales. Ayant l'effet d'une bombe contre le catholicisme, cet acte de rupture annonce le début d'un vaste mouvement de réforme, jetant ainsi les bases d'une nouvelle branche du christianisme : le protestantisme. Avant d'aborder le rapport du protestantisme avec le capitalisme et l'esclavagisme, procédons à une succincte relecture du Code rural de 1826 rétablissant l'esclavage noir dans le milieu rural haïtien, après l'abolition de l'esclavage colonial par la révolution haïtienne de 1803.

5.1.5. Code rural de 1826 : rétablissement de l'esclavage paysan après l'abolition de 1803

La révolution haïtienne de 1803, soldée par la victoire des anciens esclaves révoltés contre les soldats et les colons français, conduit à l'abolition de l'esclavage colonial sur le territoire haïtien. Cependant, dès 1826, soit environ deux décennies après la révolution, la décolonisation et l'abolition, les autorités haïtiennes du nouvel État adoptent une nouvelle législation postcoloniale rétablissant l'esclavage noir sous forme de travail forcé dans le milieu rural haïtien. Déjà, ce contexte abolitionniste annonce les débuts de la position adaptative des autorités cléricales préservant encore leur place prédominante dans le nouveau système postcolonial, avant de réajuster cette position stratégique adaptative en contexte postcolonial post-onusien de liberté et de droits humains à l'échelle planétaire au milieu du XXe siècle. Après l'abolition de l'esclavage colonial par la révolution haïtienne de 1803, prédomine continuellement la discipline de l'institution catholique dans le nouvel État, même si les autorités cléricales ne sont pas comptées parmi les acteurs abolitionnistes et révoltés (1789-1803), même si elles n'ont pas exprimé une position officielle ni pour la révolution haïtienne ni pour l'indépendance nationale ni pour la décolonisation ni pour l'abolition de l'esclavage colonial en Haïti. Au contraire, pour la reconnaissance internationale du nouvel État, ce sont les autorités étatiques haïtiennes qui multiplient des démarches tant auprès de l'autorité catholique du Vatican qu'auprès des autorités politiques des États souverains tiers du monde dont l'État français ayant finalement accepté de reconnaître l'indépendance d'Haïti en 1825 à condition initiale du versement d'une indemnité (dette de l'indépendance) de 150 millions de francs (Brière, 2006 ; Beauvois, 2009).

S'agissant des premières démarches de l'autorité haïtienne auprès de l'autorité vaticane, elles sont restées sans succès. En effet, proposant à trois reprises (5 février 1834, 17 mai 1836 et 17 février 1842) des projets de concordat (Julg, 1990), ces projets de convention proposés par le jeune État ont été rejetés par le Vatican[1]. La position du Vatican de rejeter les propositions de convention avec le nouvel État se comprend aisément, sachant que la colonisation et l'esclavage colonial demeurent en vogue à l'époque de la révolution haïtienne de 1803 conduisant à l'indépendance nationale. Ces démarches répétées aboutissent finalement à la reconnaissance officielle du nouvel État par l'autorité pontificale du Vatican et à la signature du concordat de 1860, renouvelant ainsi le pouvoir de domination de l'autorité catholique dans l'espace postcolonial haïtien. Cette dernière position adaptative du Vatican d'adopter le concordat de 1860 se comprend aisément, puisque l'esclavage colonial est en substance aboli graduellement par les grandes puissances colonialistes-esclavagistes européennes, notamment par l'Angleterre en 1833 et la France en 1848, ainsi que par d'autres anciennes colonies espagnoles entre 1850 et 1853. Il faut signaler que, bien avant même l'adoption du concordat de 1860, le nouvel État post-dessalinien (après l'assassinat de Dessalines le 17 octobre 1806) s'identifie à un « État catholique », considérant que les constitutions haïtiennes de 1806 à 1843 stipulent l'une après l'autre que la religion catholique est la « religion de l'État », la « seule reconnue » par les premiers gouvernements haïtiens, respectivement sous la présidence de Pétion (1806-1818) et de Christophe (1807-1820, Nord d'Haïti), puis sous la gouvernance de Boyer (1818-1843) qui, après avoir promulgué le Code rural de 1826 réduisant les paysans nègres haïtiens aux travaux forcés, cherche en vain et à répétition le rapprochement avec l'autorité catholique du Vatican par des propositions de convention (1834, 1836, 1842) rejetées par celle-ci.

En termes comparatifs, le Code rural de 1826 n'a pas grand-chose à envier au Code noir de 1685. De même que le Code noir de 1685 régit les rapports esclavagistes coloniaux entre les maîtres et leurs esclaves fixés aux travaux forcés, le Code rural de 1826 réglemente à son tour les rapports esclavagistes postcoloniaux entre les propriétaires fonciers et leurs travailleurs paysans soumis aux travaux forcés. De même que le Code noir de 1685 est publié en français, le Code rural de 1826 est également rédigé uniquement en français, une langue ni bien parlée ni bien comprise par la majorité des paysans créo-lophones haïtiens à l'attention desquels ce Code rural a été destiné et publié. La différence, s'il faut en trouver, c'est que le Code noir s'impose à l'époque coloniale à l'ensemble du territoire colonisé, tandis que le Code rural s'ap-plique à l'époque postcoloniale au monde rural haïtien marginalisé ; le Code noir est l'œuvre des anciens colons européens de langue française, alors que le Code rural est l'œuvre des nouveaux héritiers du système colonial, également de langue française.

Le Code rural haïtien a été adopté le 4 mai 1826 sous la présidence de Jean-Pierre Boyer (1818-1843), actualisé le 22 mai 1843 sous la présidence provi-soire de Rivière Hérard (1843-1844), puis réactualisé et rendu exécutoire au 1er janvier 1865 sous la présidence de Fabre Geffrard (1859-1867)[1]. Sur plus de 130 articles que compte ce Code rural imposant le travail forcé dans le milieu rural haïtien, nous considérons seulement moins d'une dizaine d'articles rela-tifs au rétablissement de l'esclavage endogène des Nègres paysans et au rapport de domination des propriétaires fonciers sur ces travailleurs paysans soumis aux corvées et aux rudes tâches agricoles obligatoires.

Article 108 : Tout cultivateur qui aura entrepris un travail ou s'y sera assujetti par une convention réciproque, dès qu'il l'aura commencé, devra le terminer, sous peine d'être passible d'une amende et, s'il y a lieu, de dommages-intérêts.

Article 109 : Toute désobéissance ou insulte envers le propriétaire, fermier principal, gérant, conducteur de travaux ou chef de société de moitié, sera considérée comme un trouble à l'ordre public et punie d'une amende et même de la prison selon la gravité du cas.

Article 111 : Aucun travailleur, à l'entreprise ou à la journée, ne peut abandonner son travail pour se livrer à des festins les jours ouvrables.

Aucune danse ni festin ne peut se prolonger la nuit au-delà de minuit ;
tout délinquant aux présentes dispositions sera puni de l'emprisonnement.

Article 112 : Nul cultivateur, fixé sur une propriété rurale, ne pourra
s'absenter du district plus de 24 heures, sans un permis du chef du
district.

Article 113 : Tout individu qui sera trouvé, excepté les jours de marché,
dans une section rurale et qui ne pourra pas justifier qu'il y est domicilié ou employé à un travail par un des propriétaires de la section, ou
qu'il est porteur d'un permis ou d'un écrit prouvant son identité, sera
réputé vagabond ; il sera mis en état d'arrestation par les officiers de la
police rurale ou les gardes champêtres de la localité et immédiatement
conduit devant le juge de paix de la commune.

Article 116 : Les condamnés comme vagabonds qui seront soumis,
après l'expiration de leur peine, à la surveillance de la police, pourront
être employés aux travaux de la commune [...]

Article 118 : Les officiers de police rurale devront veiller à ce que dans
l'étendue des localités placées sous leur direction, personne ne
demeure dans l'oisiveté : à cet effet, ils seront autorisés à se faire rendre
compte par les individus qu'ils trouveront oisifs du genre de leurs
occupations et de leurs moyens de subsistance ; et si ces individus ne
peuvent faire ces justifications, ils seront considérés comme gens sans
aveu, et arrêtés comme vagabonds.

Article 119 : Si la personne arrêtée comme vagabond, mendiant ou sans
aveu est un enfant au-dessous de quinze ans, le Juge de paix le
remettra à ses père et mère ou à ses parents les plus proches ; au-
dessus de quinze ans, il sera procédé contre lui comme s'il était
majeur.

Ces articles sont si explicites qu'il ne nous semble pas nécessaire de les
commenter, ni de les expliquer, ni les interpréter pour faciliter la compréhension du lecteur. Nous tenons quand même à préciser, en guise de rappel :

les articles 108 et 109 définissent clairement les rapports d'assujettissement et d'asservissement du travailleur-cultivateur paysan, le plaçant sous l'autorité de domination du propriétaire foncier, devenu en effet son propriétaire à qui il doit obéissance et pour qui il doit travailler. Les articles 111, 112 et 113 privent le travailleur-agriculteur paysan de sa liberté de circulation où, fixé sur la propriété de son propriétaire, il ne peut s'absenter ni se déplacer sans autorisation. Les articles 111, 116 et 118 rétablissent le travail forcé ou obligatoire pour le paysan-agriculteur. Contraint de travailler pour le propriétaire foncier, il ne peut pas abandonner son travail (art. 111) ; il est également obligé de travailler pour ne pas tomber dans l'oisiveté et, en conséquence, se faire emprisonner comme oisif (art. 118). S'il est emprisonné comme peine pour le délit de circuler sans autorisation, il peut être fixé aux travaux de la commune après avoir fini de purger sa peine (art. 116). Ainsi, après l'indépendance nationale, les autorités traditionnelles haïtiennes semblent si attachées à la tradition esclavagiste des temps coloniaux qu'elles ne sont plus capables de renoncer définitivement à cette vieille tradition d'esclavage, au point de l'instituer aux temps postcoloniaux au travers d'un nouveau code rural.

Par ailleurs, l'article 119 considère comme mineur l'enfant paysan âgé de moins de quinze ans, contrairement aux conventions actuelles établissant l'âge mineur à moins de 18 ans (Constitution haïtienne de 1987 ; Convention de l'OIT de 1999). Une relecture morale du Code rural dans le contexte conventionnel actuel l'identifie alors comme une source d'esclavage enfantin pour la tranche d'âge de 15 à 17 ans, ou du moins comme une source qui nourrit la tradition de l'esclavage enfantin. Ainsi, ce nouveau code esclavagiste prive le paysan haïtien de ses libertés, y compris l'enfant paysan du groupe d'âge 15-17 ans non considéré comme mineur, par conséquent passible du même sort de travail forcé que ses parents paysans.

La relecture du Code rural de 1826, rétablissant l'esclavage paysan peu de temps après l'abolition de l'esclavage colonial, nous rappelle – non sans ironie – deux leçons en contexte d'opération de décolonisation et de quête de développement endogène dans les anciennes colonies devenues indépendantes. La première : les acteurs décisionnels compétents locaux s'expriment, au travers de ce nouveau code esclavagiste postcolonial – sans le dire clairement –, pour signifier qu'après trois siècles d'esclavage colonial, ils savent comment développer l'esclavage eux-mêmes. Dorénavant, les Haïtiens sont capables de produire un esclavage endogène de marque de fabrique haïtienne, sans l'aide directe des anciens colons européens. La deuxième leçon : l'esclavage colonial – fatidique car vieux de trois siècles en Haïti – est aboli, mais pas l'esclavage endogène des paysans régi par un nouveau code rural postcolonial, ni l'esclavage endogène des enfants paysans du système restavec, assis sur une vieille tradition héritée de l'esclavage noir soutenu depuis le XVe siècle par l'autorité morale et cléricale de l'institution catholique.

5.2. Institution catholique : entre position de domination et justification de l'esclavage

L'institution catholique ayant son siège principal à Rome est une vaste structure hiérarchique et géopolitique de domination. Dans l'ordre hiérarchique, elle est représentée par un souverain pontife ayant un mandat institutionnel inamovible, suivi des cardinaux, des archevêques, des évêques, des prêtres (curés), des moines, des diacres et des religieuses. Dirigée par un chef charismatique influent dont le mandat demeure inamovible, elle est représentée sur les cinq continents du monde et dans le système international des Nations unies, ce qui fait d'elle une force géopolitique majeure. En 2018, la population catholique s'élèverait à environ un milliard d'adeptes, dont 48 % vivaient en Amérique et 21,5 % en Europe (Campisi, 2020). Le catholicisme maintient continuellement sa position de domination dans le monde occidental et le monde, malgré la force montante du protestantisme et le poids contrebalancé de la rupture de Luther ébranlant le catholicisme depuis le XVIe siècle, et malgré la montée en force d'autres religions concurrentes au siècle présent, l'islam en particulier.

Depuis 1964, le Vatican se crée une place dans le système des Nations unies, à titre de membre observateur de l'ONU. Par ce statut, il exerce son autorité et son influence dans les processus décisionnels internationaux de l'espace multilatéral onusien. En tant qu'acteur dominant et influent du nouveau système, le représentant du Saint-Siège ou de la nonciature apostolique jouit de la préséance dans les rencontres officielles et les processus décisionnels diplomatiques où, coutumièrement, il est invité à intervenir sur des sujets d'intérêts particuliers ou collectifs. À l'échelle internationale, l'institution catholique use de son statut d'État du Vatican depuis 1929 et de membre observateur de l'ONU depuis 1964 pour maintenir son influence dans le cadre des relations diplomatiques bilatérales et multilatérales. À l'échelle nationale, elle maintient sa position de domination à travers ses représentations politiques et religieuses (nonciature apostolique, organismes subsidiaires natio-naux et églises catholiques locales), soutenue formellement par des concordats privilégiant le catholicisme sur le marché national.

Au fil des siècles de l'ère chrétienne, l'institution catholique est devenue une structure de plus en plus forte, puissante, impressionnante, imposante et dominante. Rappelons-le, le cycle de domination légitime (Weber, 2014a) du catholicisme remonte au IIIe siècle, soit depuis l'irruption de l'empereur Constantin dans les affaires de l'Église, chevauchée et fortifiée depuis lors avec la politique plutôt qu'avec la justice (ce qui est juste, ce qui n'est pas oppression ni esclavage). Ce cycle de domination se poursuit pendant les longues périodes de domination féodale et médiévale du Moyen Âge, jusqu'aux longues périodes de domination coloniale et postcoloniale. Étant donné le cycle continuel de domination de l'autorité catholique, elle confère un caractère perpétuel, semble-t-il, à tout ce qu'elle touche : l'édit pontifical autorisant l'esclavage noir est, selon ses propres termes, un « édit perpétuel » ; la servitude des Nègres imposée particulièrement en Haïti est, selon les mêmes termes de l'édit dit perpétuel, une « servitude perpétuelle ».

Conservant le rapport d'enchevêtrement du pouvoir catholique avec le pouvoir politique depuis le IIIe siècle, cela fait ressortir la « force du lien qui unit religion et politique, en particulier christianisme et politique » (Valadier, 2007). À partir de ce lien fort viscéralement et durablement construit, l'institu-tion catholique a pu bénéficier des ressources matérielles et des apports poli-tiques nécessaires (terres, dons, supports étatiques, subventions et revenus budgétisés)[1] pour imposer sa volonté dans les processus décisionnels ; elle a su emmagasiner de plus en plus de force pour maintenir sa domination dans la société. Évidemment, sans le bras politique pour la soutenir dans ses démarches colonialistes-esclavagistes et défendre ses intérêts (Morin, 2013), l'acteur catholique n'aurait pas eu de force autosuffisante pour à la fois imposer et opérationnaliser la colonisation des Afriques et des Amériques et l'asservissement des Nègres.

Dorénavant, gérer son rapport de pouvoir et son chevauchement avec le politique devient stratégiquement la préoccupation de la nouvelle Église. Prioriser son intérêt matériel passe au premier plan de cette nouvelle Église qui opte finalement pour l'esclavage noir, au mépris des vertus morales judéo-chrétiennes de charité, de pitié et d'humanité, et au déclin des saines pratiques religieuses (Taylor, 2011). La notion de la nouvelle Église tient son nom par opposition à l'Église primitive (ancienne) persécutée par le politique, aux premiers fidèles chrétiens dispersés, emprisonnés ou martyrisés. Depuis l'irruption de Constantin au IIIe siècle dans les affaires internes de l'Église, cette nouvelle structure religieuse, enchevêtrée avec le pouvoir politique, arrive à s'imposer progressivement dans le monde occidental. Dans sa reconfiguration fondée sur la gouvernance de la papauté, elle accorde des pouvoirs extraordinaires à la nouvelle hiérarchie cléricale dirigée par un souverain pontife, capable par des bulles et des concordats d'approuver une guerre sainte, d'ordonner une procédure d'inquisition, d'introduire un dogme religieux, d'induire une canonisation, d'ordonner la colonisation et la délimitation des territoires colonisés, d'autoriser la traite et la servitude perpétuelle des Nègres, d'influencer les processus décisionnels nationaux, etc.

L'esclavage est une vieille institution sociale et fondatrice des rapports sociaux, d'après Ruano-Borbalan (2003). L'esclavagisme existe depuis longtemps déjà dans l'Antiquité, avant qu'émerge le catholicisme entre le Ier et le IIIe siècle de l'ère chrétienne. À l'aube du christianisme, informe Butsch (1917), l'esclavage était une institution déjà établie dans le monde. Cependant, poursuit-il, le catholicisme influe sur l'institution de l'esclavage, tout en soulignant de manière nuancée les efforts de certains prélats et évêques catholiques pour le bien-être des victimes de la traite négrière et de l'esclavage noir.

L'implication officielle de l'institution catholique dans l'institutionnalisation de la traite négrière, depuis le XVe siècle, induit une sorte de réorganisation de la vieille institution sociale qu'est l'esclavage (Ruano-Borbalan, 2003). Il devient donc un phénomène historique institutionnalisé (Grandet, 2003), un phénomène sociétal restructuré et contrôlé depuis le XVe siècle par cette institution influente de la société. Désormais, la réorganisation de l'esclavage noir passe au travers des structures de domination impliquant directement les autorités catholiques enchevêtrées avec les autorités politiques. Cette réorganisation de l'esclavage permet à l'institution catholique de se créer une place spéciale de premier rang dans le système esclavagiste et de se donner en toute exclusivité des attributions spécifiques avec des pouvoirs réels, des rôles clés et des privilèges réservés sur le marché esclavagiste, tels qu'ils ont été élucidés et annotés antérieurement tant dans la documentation des bulles esclavagistes-colonialistes de 1454 et 1493 que dans la retranscription des codes noirs de 1685 et de 1724.

En contexte historique médiéval et colonial où la vie en société est façonnée par le catholicisme, rappelons-le, l'institution catholique use de sa position de domination et de son autorité morale pour imposer et justifier l'esclavage des Nègres et, par là, officialiser sa position esclavagiste depuis le XVe siècle. Elle use de son statut institutionnel, moral et religieux pour à la fois institutionnaliser et stimuler l'opération de colonisation et de partage du reste du monde non européen entre les souverains européens, réorganiser et restructurer le marché de traite et d'esclavage à partir du XVe siècle. Dans la réorganisation du marché esclavagiste à partir du XVe siècle, elle se crée et s'approprie – en tant qu'acteur rationnel (Crozier et Friedberg, 1977) – une place prépondérante dans le système esclavagiste de domination des temps coloniaux aux temps postcoloniaux.

À dire vrai, l'institution catholique n'a pas créé ni institué l'esclavage dans le monde. Mais elle l'a influencé en renforçant cette vieille pratique de traite d'êtres humains par sa prise de position officielle et son engagement formel dans la traite des Nègres. En d'autres termes, l'institution catholique participe d'emblée à l'institutionnalisation, à la normalisation et à la légitimation de l'esclavage noir par l'adoption de la bulle pontificale de 1454 autorisant la servitude perpétuelle des Nègres, notamment par la bénédiction du commerce d'esclaves nègres. « Bien sûr, il existe, dans l'Europe médiévale, de véritables commerces d'esclaves [...], avec la bénédiction de l'Église », écrit Grenouilleau (2003). Bien sûr, ajoutons-le, la bénédiction de l'esclavage noir par l'autorité catholique est une malédiction pour les Nègres assujettis à la servitude perpétuelle. Bien sûr, une telle bénédiction de l'autorité catholique contribue idéologiquement à l'intensification des pratiques d'esclavage noir répondant à la demande du marché capitaliste-esclavagiste, des temps coloniaux aux temps postcoloniaux.

Pour la bénédiction et la justification de l'esclavage noir, les autorités catholiques s'appuient sur des traditions et des interprétations bibliques participant, selon Zanca (1994), à un processus de moralisation et de théologisation de l'esclavage. Dans les Amériques, Weatherford (1957) constate que, d'un côté, l'institution religieuse admet l'esclavage comme une institution religieusement justifiable ; de l'autre côté, les propriétaires des Nègres ne semblent montrer aucune hostilité à l'évangélisation et à la conversion de leurs esclaves au christianisme. Ainsi, rappelle Butsch (1917, p. 395), « l'Église ne tenait aucun compte de la condition sociale des fidèles. Liés et libres recevaient les mêmes sacrements ». Dans le même sens, explique Rice (1944), l'Église catholique mettait l'accent plutôt sur la vie religieuse du Nègre que sur sa condition sociale de vie servile. Ce qui est considéré comme une « mission ratée » (Miller, 1999) d'une « Église discréditée » (Gillard, 1929) dans son rapport historique avec les Nègres aliénés et opprimés. Car, à la lumière de l'épître de Jacques, la mission de l'Église ne consiste pas en la propagation d'une parole de foi sans les bonnes œuvres visant pratiquement le changement de la condition sociale de vie de celui à qui cette parole de foi est enseignée. Dans son enseignement sur la foi sans les œuvres justes, voici ce que dit Jacques (2:26) : « Comme le corps sans âme est mort, de même la foi sans les œuvres est morte. »

Voilà ce qui explique le sens de la mission ratée du catholicisme, intéressé seulement à la vie religieuse du Nègre converti mais encore asservi, ce qui constitue une sorte de handicap au développement intégral du Nègre catholicisé et marginalisé (Gillard, 1929).

Les principaux arguments avancés ou prétextés par l'institution catholique pour justifier la traite et l'esclavage des Nègres depuis le XVᵉ siècle sont soulignés notamment dans les travaux de Maxwell (1975), de Zanca (1994), de Vignaux (2009) et de Kayayan (2013), à savoir :

1. L'institution de l'esclavage dans l'Ancien Testament (Lévitique 26 ; Deutéronome 28 ; 2 Rois 17) et dans le Nouveau Testament (Éphésiens 6).

2. La conception propagée de l'esclavage comme conséquence du péché originel (Genèse 3 et 9).

3. L'enseignement doctrinal des anciens prélats et conciles jusqu'à la fin du XIIᵉ siècle incitant à l'obéissance, à la soumission et à la servitude.

4. La répétition apostolique du « code de maison » rappelant les devoirs des esclaves domestiques envers leurs maîtres.

5. Les sermons sur les rapports entre les esclaves et les maîtres chrétiens comme enfants du même Père céleste et frères en Christ.

6. La liberté naturelle [pour un type d'homme] et la légalité de l'esclavage [pour un autre type d'être] sous l'ancien empire romain.

7. L'influence de la philosophie grecque et du droit civil romain sur l'enseignement catholique concernant l'esclavage avant le XVᵉ siècle.

8. L'influence de la tradition esclavagiste sur la vision catholique du monde et de l'esclavage.

9. Pour la justification particulière de la traite négrière et de l'esclavage noir aux Amériques tropicales en remplacement des

Amérindiens décimés : les Noirs sont plus robustes et acclimatés
aux régions tropicales.

Par-delà ces prémisses avancées en appui à la justification par le catholicisme de la traite négrière et de l'esclavage noir, il y a également, au fond de la
bulle colonialiste-esclavagiste de 1454, celles liées à l'identité et à l'infidélité
des Nègres, accusés d'« infidélité » et préjugés « ennemis du Christ », donc des
ennemis à capturer et à asservir.

Quant à la justification de la colonisation des Amériques et de la spoliation des Amérindiens, elle repose sur au moins deux principaux motifs-
piliers :

1. Le droit de regard que se donne l'autorité pontificale, décliné dans
   la bulle « *Romanus Pontifex* » (Nicolas V) de 1454 en un « regard
   paternel sur toutes les régions du monde et l'état des nations qui y
   vivent ».
2. La doctrine de la découverte attribuant un droit absolu aux
   souverains européens sur les propriétés du Nouveau Monde, en
   supprimant le droit de propriété des occupants autochtones
   victimisés, empêchés d'user, de jouir et de disposer
   souverainement des territoires longtemps habités (Rotondaro, 2015
   ; Preux, 2022 ; Gilder Lehrman Institute of American History, 2012).

Voilà un ensemble de manières de pensée et d'interprétation intégrant
l'idéologie catholique ou la vision catholique du monde en esclavage (Giles,
1997 ; Zanca, 1994). Un ensemble d'éléments servant à la justification de la
colonisation et de l'esclavage au passé, dont les uns sont plus ambigus et plus
controversés que les autres (Kayayan, 2013 ; Vidal et Ruggiu, 2009 ; Rice, 1944).
Certains reposent sur des textes bibliques mésinterprétés ou prétextés hors
contexte (juif), d'autres sur des conceptions erronées du rapport moral du
religieux avec son environnement culturel pluriel (chrétien, non-chrétien,
païen, prochain, serviteur, étranger, autochtone, etc.), ce que reconnaissent les
autorités cléricales canadiennes contemporaines adoptant en 2016 une position officielle en réponse, avouent-elles, aux « contre-vérités » transmises et
aux « erreurs » commises au passé (Déclaration officielle du 19 mars 2016). Ce
que confessent également les autorités pontificales contemporaines (Pie X,
Jean-Paul II, François) exprimant leur regret et demandant pardon à cause de

la tragédie et du drame humain qu'engendre tout « Cela » (Kapita, 2009 ;
Mpisi, 2008b ; Butsch, 1917).

5.3. Autorité catholique : entre position idéologique et position esclavagiste

La position catholique pour la perpétuation de l'esclavage noir est
publique, formelle, ferme et claire. L'autorisation de l'esclavage perpétuel des
Nègres par la bulle pontificale de 1454 explique son caractère public et formel.
La fermeté d'une telle position se trouve dans la teneur à la fois incitative et
rigide de cette bulle catholique ayant force de loi, donc exécutoire. Dans sa
teneur incitative, la bulle évoque la question dogmatique liée au salut et au
rachat des péchés des colonialistes et esclavagistes européens pour les inciter
davantage à s'engager corps, âme et esprit à « poursuivre une telle œuvre si
salutaire et si louable » consistant en la colonisation et l'asservissement
perpétuel des Nègres accusés d'être « infidèles » et « ennemis du Christ ». Sa
rigidité réside dans la formulation même des termes forts adressés aux autorités royales européennes, tels que : « Nous accordons, concédons et attribuons [aux autorités royales concernées] la faculté pleine et entière
d'attaquer, de conquérir, de vaincre, de réduire en servitude perpétuelle les
Nègres [...] »; « Nous décidons et déclarons [...] »; « Nous interdisons rigoureusement [...] ».

La clarté de la position catholique apparaît au fond dans l'expression sans
ambiguïté de la « servitude perpétuelle » des Nègres capturés, ordonnée par la
bulle mère de 1454 ; ce qui sous-tend que l'esclavage nègre autorisé notamment en Haïti depuis le XVe siècle par l'autorité catholique n'est pas un esclavage construit pour un siècle, ni deux siècles, ni trois siècles. Il s'agit d'un
esclavage perpétuel, donc un esclavage intergénérationnel idéologiquement
construit pour subsister durablement et continuellement au-delà des
tempêtes d'abolition et des vagues de décolonisation du siècle dernier, au-
delà des déclarations officielles et des discours moraux adaptatifs des autorités cléricales contemporaines dénonçant les pratiques esclavagistes du
siècle présent.

En réponse à la question soulevée antérieurement en lien avec la position
catholique sur les pratiques de traite et d'esclavage (Salifou, 2006), il y a au
moins deux positions exprimées au sein de l'immense structure catholique.
La première est une position officieuse contre les pratiques déshumanisantes

de traite et d'esclavage. À dire vrai, tous les catholiques ne sont pas unanimement favorables à la position esclavagiste adoptée par la plus haute autorité hiérarchique de l'institution catholique. Certains chrétiens s'y opposent, en se référant à l'égalité de tous devant Dieu et à la fraternité en Christ. Déjà, se dessine à l'horizon une sorte de controverse ou de divergence quant à la position et à l'opinion catholique sur la question de l'esclavage (Rice, 1944). Cette divergence s'amplifie depuis l'adoption en 1454 de la position officielle de l'autorité catholique pour l'asservissement perpétuel des Nègres, passant par la longue période coloniale jusqu'à l'époque contemporaine où certains religieux sont favorables et d'autres non favorables aux pratiques de traite et d'esclavage. En témoigne, d'un côté, l'exemple du prêtre Prosper Augouard procédant – dans des circonstances atténuantes, donc selon son jugement et son appréciation des faits – à la libération de certains esclaves en 1879 au Congo (Diakité, 2008). Il y a, d'un autre côté, le cas de Droguet, un prêtre catholique en Haïti (Nord) usant de son autorité que lui confère la législation coloniale (bulle catholique, Code noir) pour participer à des opérations commerciales d'achat et de vente d'esclaves en 1772 (Archives d'un acte d'achat et de traite d'esclave de l'Afrique à Saint-Domingue en 1772 et archives d'un acte de décès d'un esclave nègre après sa traite de Congo à Saint-Domingue en 1776 portant la signature du prêtre Droguet).

Parmi les religieux opposés officieusement aux pratiques esclavagistes, il y a ceux qui s'insurgent assez tôt contre la servitude et la maltraitance des Autochtones (Quenum, 1993). En outre, il y a d'autres religieux qui prennent position contre l'esclavage des Africains. Par exemple, comme l'informe Diakité (2008), le prêtre français Prosper Augouard (1852-1905) arrive au Congo en 1879 ; il rachète beaucoup d'esclaves pour ensuite les libérer. Il y a d'autres cas comme celui de l'abbé français Nicolas-Sylvestre Bergier, considéré par Graille et Curran (2016) comme un apologiste abolitionniste qui critique fermement les justifications de la traite et de l'esclavage des Africains, en affirmant une position favorable à l'unité de l'espèce humaine. Sur l'attitude des religieux envers l'esclavagisme dans l'espace colonial nord-américain, certains missionnaires trouvent tôt le compromis minimal nécessaire pour aider à une sorte de fraternisation par une évangélisation précoce des esclaves nègres en Louisiane (d'abord colonie française puis possession américaine), expliquent Mills et Mills (1993). À l'appui, écrit Piché (2015), le monde catholique facilite en Louisiane la construction d'un afro-catholicisme distinct, dans sa rencontre avec l'autre monde nègre en esclavage.

D'autres religieux du monde catholique, non favorables à l'asservissement des Nègres, œuvrent pour le bien-être et la libération des Nègres en situation de servitude, rapporte Butsch (1917). Au Canada, comme l'informe Trudel (1961), l'Église catholique favorise, dans certaines circonstances particulières, l'intégration des esclaves nègres, même si en général elle accepte l'esclavage comme une situation normale pendant longtemps. C'est aussi pareil en Haïti où, même si l'institution religieuse cautionne l'esclavagisme en général, il y a toujours une poignée de religieux qui se préoccupent du sort des opprimés en servitude, considérant l'agir compétent du *faible reste* évoqué antérieurement. Dans l'ensemble, en Haïti et ailleurs dans d'autres sociétés comparées, il s'agit de circonstances atténuantes et exceptionnelles où certaines autorités morales et religieuses, par leurs comportements et leurs actions appréciables, expriment une position défavorable à l'esclavagisme du passé au présent.

Cependant, il y a lieu de rappeler que, sur la question de l'esclavage noir, la position de l'institution catholique considérée est celle du chef hiérarchique (pontife), détenteur de mandat, de compétence et d'autorité pour engager officiellement cette lourde structure politico-étatique et socioreligieuse. En cela, la position qui nous intéresse demeure donc la position officielle exprimée par l'autorité pontificale engageant par là l'institution catholique, même si cette position ne fait pas l'unanimité au sein de tout le clergé, même si elle n'est pas non plus partagée par tous les religieux catholiques dans le monde. De plus, la position officieuse d'un groupe quelconque de religieux opposé à l'esclavage n'est pas suffisamment représentative pour faire obstacle au rôle de l'institution catholique dans l'institutionnalisation de la traite négrière et de l'esclavage noir dans les Amériques, particulièrement en Haïti depuis le XVe siècle.

La position qui engage l'institution catholique n'est pas celle d'un prêtre ou d'un groupe de religieux opposé à l'esclavage, mais celle de la plus haute instance hiérarchique qui dirige cette imposante structure, à savoir la position officielle exprimée par l'autorité pontificale légitimant les pratiques de traite et d'esclavage des Nègres dans la société (Martineau, 2020 ; Panzer, 2005 ; Adiele, 2017b). Cette position esclavagiste demeure, pendant plusieurs siècles, la position officielle de l'institution catholique d'abord adoptée au XVe siècle par le pontife Nicolas V, puis confirmée et acquiescée au même siècle par les pontifes Calixte III, Sixte IV et Alexandre VI, ensuite appliquée et exécutée par les puissances royales européennes (Portugal, Espagne, France, Angleterre, etc.) partant les unes après les autres à la conquête, à la colonisation et à l'esclavagisation des Nègres (Beazley, 1910).

Fidèle à son engagement pour la colonisation des Amériques et l'esclavagisation des Nègres, l'autorité cléricale entreprend des démarches auprès de l'État espagnol, à la fin du XVᵉ siècle, pour aller faire capturer des Nègres d'Afrique et les amener enchaînés sur des négriers aux Amériques, en remplacement des Amérindiens expropriés et décimés. À l'initiative de ces démarches se trouve le prêtre espagnol Bartolomé de Las Casas, représentant l'institution catholique dans les Amériques (Salifou, 2006). Pour étayer sa proposition favorable à la traite négrière, conforme à celle exprimée en 1454 par le pape Nicolas V, il argumente que les Noirs sont plus robustes, dociles et acclimatés aux régions tropicales.[9] Sans surprise, les autorités politiques espagnoles accueillent favorablement cette proposition des autorités catholiques, en adoptant une nouvelle législation esclavagiste instituant et institutionnalisant l'esclavage noir dans le Nouveau Monde (Ki-Zerbo, 1994). Plus d'un siècle après, le législateur français adopte, à son tour, le Code noir de 1685 puis celui de 1724 régissant dans les colonies françaises la traite négrière et l'esclavage noir. Tant dans la législation coloniale espagnole que dans la législation coloniale française, ressort l'engagement ou la position de l'autorité catholique favorable à l'asservissement des Nègres, y compris sa position de domination à la direction des Nègres asservis.

Partageant la position esclavagiste de l'autorité pontificale de Rome, certains catholiques, épiscopaliens, presbytériens et jésuites sont recensés parmi les principaux acheteurs, vendeurs et propriétaires d'esclaves nègres (Swarns, 2021 ; Rothman, 2021 ; Zanca, 1994). Dans certaines circonstances, rapporte Quenum (1993), des églises locales sont elles-mêmes partie prenante du commerce d'esclaves. Elles acceptent « l'esclavage comme une situation normale et en [ont] même profité », explique Trudel (1961, p. 29) examinant l'attitude de l'Église catholique quant à l'esclavage au Canada français. Dans une autre étude réalisée sur l'esclavage au Canada français, Trudel (1960, p. 149) rappelle que « le clergé et les communautés religieuses ont eu leurs esclaves », à côté des esclaves en grand nombre possédés par les commerçants et les acteurs politiques (gouverneurs, intendants, conseillers, juges, députés,

---

9. Salifou (2006) rapporte des cas de possession d'esclaves par des chefs religieux ainsi que la position du prêtre Bartolomé de Las Casas proposant au roi Ferdinand et à la reine Isabelle de remplacer les Amérindiens par les Noirs.

militaires, médecins, notaires, hauts fonctionnaires et autres gens de profession). Parmi les nombreux cas de chefs catholiques ayant eu leurs esclaves, voici quelques-uns identifiés et rapportés par Trudel (1960, pp. 150-154) :

> Trois évêques propriétaires d'esclaves : Mgr de Saint-Vallier faisant soigner à l'Hôtel-Dieu de Québec en 1690 un petit sauvage, nommé Bernard, qui lui appartient ; Mgr Dosquet arrivant à Québec en 1734 avec un nègre à son service ; Mgr de Pontbriand, propriétaire du panis Joseph qui séjourne à l'Hôtel-Dieu de Québec en avril 1754.

> Deux sulpiciens figurent dans le catalogue des propriétaires d'esclave : François Picquet passant en France avec son nègre Charles en 1753 ; Pierre-Paul-François Delagarde, propriétaire du panis Anselme en 1760.

> Quatre prêtres séculiers sont aussi dans ce catalogue : Gaspard Dunière, curé de St-Augustin, propriétaire d'un nègre, Daniel-Télémaque, qui se fait soigner à l'Hôtel Dieu de Québec en 1751 ; Henri-Nicolas Catin, curé de St-Cuthbert, qui fait baptiser à Montréal, le 28 juillet 1779, son nègre Pierre-Antoine, âgé d'environ 17 ans ; Pierre Fréchette, curé de Détroit, qui baptise le 13 juin 1794 sa panise Marianne, âgée de 40 ans environ. Mais le prêtre séculier le plus célèbre du point de vue de l'esclavage est ce Louis Payet, d'abord curé de Détroit puis de St-Antoine-sur-Richelieu, qui a eu 5 esclaves : François, un nègre qu'il perd en novembre 1786 ; Jean-Baptiste-Pompée, un nègre de 10 ans qu'il en fait l'achat en janvier 1787 ; Rose, une négresse de 31 ans qu'il achète en mars 1795 et qu'il revend par procuration à Thomas Lée en septembre 1796, deux autres esclaves dont l'identité n'est pas révélée.

Par ailleurs, lors de la présentation [annotée] de la bulle colonialiste-esclavagiste de l'autorité catholique de 1454, ont été soulignés des traits idéologiques significatifs qui méritent d'être examinés beaucoup plus en profondeur. Nous ne pouvons pas ignorer ces traits caractéristiques de l'idéologie catholique (Giles, 1997) ou de la vision catholique du monde en esclavage (Zanca, 1994). Parmi les éléments idéologiques et dogmatiques en soutien à la position esclavagiste de l'autorité catholique, considérons d'abord la condition de « rachat des péchés », ensuite la propagation de la pensée faisant croire que les Nègres sont des « ennemis du Christ », de manière à inciter et intensifier les opérations d'esclavagisation et d'exploitation des Nègres d'âge en âge, de l'Afrique à l'Amérique, de Gorée à Haïti.

Le « rachat des péchés » – tel qu'il est induit et conditionné par la bulle *Romanus Pontifex* (Nicolas V) de 1454 – constitue l'un des aspects idéologiques et dogmatiques stimulant l'obéissance à l'ordonnance pontificale pour la colonisation des Afriques et des Amériques, l'esclavagisation des Nègres et la catholicisation des territoires colonisés. Il prend la forme d'une violence psychoreligieuse forte exercée par l'autorité charismatique, du moins il se transforme en une arme psycho-idéologique puissante brandie par l'autorité pontificale pour obtenir des suivants-croyants-exécutants européens leur soumission à l'injonction de colonisation et d'esclavagisation des Nègres en échange du « rachat des péchés » qui est d'une importance capitale dans la foi catholique.

L'autre arme idéologique derrière la position esclavagiste de l'autorité catholique – aussi pesante que celle du « rachat des péchés » – est la propagation des idées selon lesquelles les Nègres – sans exception – sont des « infidèles » et des « ennemis du Christ ». Loin d'être le choix du Nègre ni la conséquence de son péché d'infidélité, l'esclavage noir imposé depuis le XVe siècle devient le choix idéologique d'un autre homme puissant qui voit dans l'homme nègre non son semblable mais son ennemi, donc un ennemi à réduire en servitude perpétuelle. C'est le choix arbitraire d'un autre homme se réclamant du christianisme dont l'agir est contraire à la morale chrétienne basée sur la fraternité, la justice, la compassion et l'amour envers autrui. C'est enfin le choix d'un autre homme civilisé abusant de son autorité et de sa puissance pour imposer ses valeurs civilisationnelles à d'autres hommes nègres, prétendus « infidèles » et préjugés « ennemis du Christ ».

En véhiculant des idées faisant croire que les Nègres sont des « infidèles » et des « ennemis du Christ », cette position idéologique en soutien à la position esclavagiste de l'autorité catholique incite à la haine et à la guerre contre de tels ennemis identifiés par leur origine. Évidemment, une telle position idéologique émanant de la plus haute autorité charismatique de l'institution catholique ne reste pas sans influence sur les mentalités et les esprits des suivants-croyants-exécutants catholiques. D'ailleurs, la domination légitime de l'autorité charismatique repose sur ses qualités distinctives, sa position hiérarchique, sa force héroïque, son charisme, son statut, son discours et surtout sur la croyance des masses (suivants, croyants, fidèles, adeptes, sujets, serviteurs) en ces qualités exceptionnelles du chef charismatique (Weber, 2014a).

La force idéologique de la position esclavagiste de la plus haute autorité charismatique de l'institution catholique, répétons-le, réside dans le fait qu'elle véhicule intentionnellement des idées haineuses et hostiles faisant croire que les Nègres – sans exception – sont des « infidèles » et surtout des « ennemis du Christ » qu'il faut par conséquent asservir. Par la force idéologique qu'elle véhicule, cette position fait nourrir et mûrir un sentiment de haine contre l'être nègre pris pour ennemi. Autrement dit, elle fait cultiver la haine contre cet « ennemi » identifié par sa négritude. Cette notion de haine envers les Nègres ressurgit dans le discours officiel du premier ministre canadien Justin Trudeau (1er août 2022) déclarant que « nous devons reconnaître les vérités du passé et renouveler chaque jour notre engagement à combattre la haine envers les Noirs et le racisme systémique ». En soi, la négritude ne devrait pas être une cible de haine ni une condition préalable à la discrimination et à l'esclavagisation, car elle est un système de valeurs et de manières d'être propres (Price-Mars, 2009) ; elle est aussi fidélité et solidarité (Césaire, 1987).

Dans sa consistance idéologique, la position esclavagiste de l'autorité catholique fait identifier l'être nègre à l'ennemi du Christ ; elle fait de la négritude une condition de servitude. Or, dans le message du Christ à ceux qui le suivent « allez, faites de toutes les nations des disciples » (Matthieu 28:20), n'y sont pas exemptés les Nègres, du moins n'y est pas exceptée la négritude. Donc, la négritude n'est pas une condition préalable de non-liberté ni d'infidélité. D'après Césaire (1987) :

> La négritude est une prise de conscience d'abord de la différence, comme mémoire, comme fidélité et comme solidarité. Elle résulte d'une attitude active et offensive de l'esprit. Elle est sursaut, et sursaut de dignité. Elle est refus, je veux dire refus de l'oppression. Elle est combat, c'est-à-dire combat contre l'inégalité. Elle est aussi révolte. […] Une forme de révolte d'abord contre le système mondial de la culture tel qu'il s'était constitué pendant les derniers siècles et qui se caractérise par un certain nombre de préjugés, de présupposés qui aboutissent à une très stricte hiérarchie. Autrement dit, la négritude a été une révolte contre ce que j'appellerai le réductionnisme européen.

C'est une manière de vivre l'histoire dans l'histoire - l'histoire d'une communauté dont l'expérience apparaît, à vrai dire, singulière avec ses déportations de populations, ses transferts d'hommes d'un continent à l'autre, les souvenirs de croyances lointaines, ses débris de cultures assassinées.

Et, se demande Césaire (1987) : « Comment ne pas croire que tout cela qui a sa cohérence constitue un patrimoine ? En faut-il davantage pour fonder une identité ? » Ainsi, répond-il :

Je crois à la valeur de tout ce qui est enfoui dans la mémoire collective de nos peuples et même dans l'inconscient collectif. Je ne crois pas que l'on arrive au monde le cerveau vide comme on y arrive les mains vides. [...] Je n'ai jamais pu me faire à l'idée que des milliers d'hommes africains que la traite négrière transporta jadis aux Amériques ont pu n'avoir eu d'importance que celle que pouvait mesurer leur seule force animale.

Dans sa substance idéologique propageant l'idée que les Nègres sont des « ennemis du Christ » et faisant croire au « rachat des péchés » par l'obéissance à l'ordonnance d'asservissement des Nègres, la position catholique conduit à l'adhésion massive des mentalités et des esprits des croyants catholiques dans la grande mobilisation européenne à la colonisation et l'esclavagisation des Nègres. Cette position idéologique derrière la position esclavagiste du catholicisme est si pesante qu'elle arrive à drainer et entraîner durablement autant de forces, d'énergies, de ressources et d'adhésions d'esprits dans la longue course européenne à la colonisation et l'esclavagisation des Nègres, en commençant par l'adhésion des autorités pontificales Calixte III, Sixte IV et Alexandre VI endossant sans réserve la position colonialiste-esclavagiste exprimée par le pontife Nicolas V dans la bulle de 1454, passant par celle des autorités royales et coloniales européennes engagées à l'appliquer strictement comme condition de « rachat des péchés », jusqu'à celle des derniers colons propriétaires d'esclaves directement impliqués dans les opérations de traite, de vente et d'achat des Nègres depuis le XVᵉ siècle.

En un mot, derrière le « masque de la moralité » du catholicisme (McCurdy, 2019), se nourrit pendant longtemps la position esclavagiste de l'autorité catholique édifiée par l'idéologie catholique assise sur un système de pensée, d'interprétation, de croyance et de dogme incitant à l'esclavagisation des Nègres, en s'attaquant aux idéologies concurrentes (Delisle, 2003). Ce système de pensée traduit, selon Césaire (1987, p. 85),

l'instinctive tendance d'une civilisation éminente et prestigieuse à abuser de son prestige même pour faire le vide autour d'elle en ramenant abusivement la notion d'universel à ses propres dimensions, autrement dit, à penser l'universel à partir de ses seuls postulats et à travers ses catégories propres.

Ainsi, ajoute-t-il,

on voit et on n'a que trop vu les conséquences que cela entraîne : couper l'homme de lui-même, couper l'homme de ses racines, couper l'homme de l'univers, couper l'homme de l'humain, et l'isoler en définitive, dans un orgueil suicidaire sinon dans une forme rationnelle et scientifique de la barbarie.

Dans leur position adaptative en contexte abolitionniste postcolonial, les papes François (2018) et Jean-Paul II (1992) reconnaissent cette barbarie qu'ils associent aujourd'hui à une tragédie, à un crime honteux, à un « drame de la civilisation qui se disait chrétienne ». C'est, à proprement parler, à partir de cette barbarie à rebondissement ou cette tragédie à retardement que s'explique, à partir du XVᵉ siècle, le drame haïtien résultant des opérations de traite négrière et d'esclavage nègre.

5.4. Position colonialiste-esclavagiste catholique : entre incitation et répercussion

La bulle colonialiste-esclavagiste (Nicolas V) de 1454 – tant par sa teneur incitative à la colonisation et à l'esclavagisation noire que par son application pratique suivie de ses répercussions et ses héritages – est venue changer profondément le cours de l'histoire des peuples nègres, arrachés à leur terre natale, enchaînés sur des négriers pour un voyage sans retour et transplantés à jamais dans une nouvelle terre auparavant inconnue. Jusque-là, n'est donc recensée aucune autre bulle pontificale publiée par les successeurs de Nicolas V pour, en termes de principe du parallélisme des formes et des procédures, désengager l'institution catholique par l'annulation de cet édit dit perpétuel autorisant l'asservissement perpétuel des Nègres se répercutant sur l'Haïti contemporaine. Au contraire, par sa teneur idéologique incitative, aussi par un esprit de corps ou de loyauté, les autorités pontificales se succédant au pontificat adoptent des bulles de confirmation et d'application dont la bulle *Inter Cætera* (Calixte III) de 1456, la bulle *Aeterni Regis* (Sixte IV) de 1481 et la bulle *Inter Cætera* (Alexandre VI) de 1493 attestant la « validité perpétuelle » de la bulle *Romanus Pontifex* (Nicolas V) de 1454 (Davenport, 2010).

Si le pontife Nicolas V est mort en mars 1455, soit environ un an après la publication de sa bulle autorisant la colonisation des Afriques et des Amériques, la traite et l'asservissement des Nègres, alors on peut préalablement douter qu'il soit sciemment imbu, dans les faits et la durée, des effets pervers provoqués par cette bulle colonialiste-esclavagiste. Toutefois, l'analyse de la teneur de la bulle fait dissiper tout doute à ce sujet, car elle indique clairement non seulement la position esclavagiste de l'autorité pontificale, mais aussi et surtout son intention d'imposer la « servitude perpétuelle » des Nègres. Voilà, depuis le XVᵉ siècle, s'active et s'installe dans la société haïtienne cette forme de servitude noire, telle que l'ordonne la bulle pontificale de 1454 entraînant de lourdes répercussions qui retombent sur plusieurs générations de Nègres des temps coloniaux aux temps postcoloniaux.

Si, dans sa teneur idéologique forte, la position de l'autorité catholique incite à l'opération de colonisation et de traite des Nègres, les siècles que durent ces opérations laissent cumuler de lourds héritages et répercussions à long terme sur les peuples nègres et autochtones anciennement colonisés, spoliés et asservis par les Européens (Rotondaro, 2015 ; Preux, 2022). Quant à ses répercussions à long terme sur les Nègres et leurs descendants, rappelle le premier ministre Justin Trudeau, dans sa déclaration officielle à l'occasion du Jour de l'émancipation (1er août 2022) :

> Les membres des communautés noires ressentent encore aujourd'hui ses effets à long terme. Nous devons reconnaître les vérités du passé et renouveler chaque jour notre engagement à combattre la haine envers les Noirs et le racisme systémique afin de bâtir un pays meilleur et plus inclusif, pour tous » (Trudeau, 2022, cité dans Goudou, 2022).

La diachronie des faits historiques en lien avec l'autorisation de la colonisation et de l'asservissement perpétuel des Nègres annonce déjà les répercussions catastrophiques et dramatiques de l'ancienne position colonialiste-esclavagiste catholique sur la société contemporaine. Environ cinq siècles après la publication de la bulle pontificale de 1454 autorisant la colonisation et la servitude perpétuelle des Nègres, le bilan reste catastrophique, les héritages dramatiques et les conséquences irréparables. Son application stricte comme condition préalable prétextée pour le « rachat des péchés » conduit à la conquête et à la colonisation des Afriques et des Amériques, à la décimation et à la spoliation des Autochtones, à la traite et à l'asservissement des Nègres, sans oublier la disparition en grand nombre des captifs nègres durant leur transportation et leur transplantation des Afriques aux Amériques en remplacement des Autochtones décimés.

Les opérations ordonnées du commerce triangulaire et de la traite négrière s'activent en intensité au lendemain de la décimation des Autochtones, au début du XVIe siècle (1502-1503). Elles se poursuivent amplement pendant la longue période coloniale qui perdure en Haïti jusqu'au début du XIXe siècle (1803), et en Afrique jusqu'à la deuxième moitié du XXe siècle. Il n'y a pas de statistiques officielles sur le grand total de victimes enregistrées lors de ces opérations de traite et de commerce des esclaves nègres de très longue durée. On estime à plusieurs centaines de millions de capturés dont des dizaines de millions de morts et disparus (Fassassi, 2002). Pour cette estimation de plusieurs dizaines de millions de morts, on considère environ les cinq longs siècles d'opérations meurtrières de traite négrière et d'esclavage noir (XVe-XXe siècles). Également, on tient compte des probabilités incluant, par siècle : des rebelles ou insoumis tués sur place sur le sol africain ; des décédés au bord de la mer ou du port d'embarquement lors de longues intempéries empêchant parfois le décollage des négriers à temps ; des disparus en mer soit dans les naufrages ou jetés dans l'océan Atlantique pour diminuer le poids des navires (négriers) lors des mauvais temps (tempêtes) ou morts de tortures et de maltraitances subies à bord, avant leur atterrissage en Amérique. Il serait considérablement réduit, le pourcentage estimatif des capturés arrivés sur les côtes maritimes des Amériques et des Antilles. Pire encore, la mort paraît préférable au triste sort réservé aux survivants de ce long voyage sans retour. Car le suicide était une pratique courante chez les populations d'esclaves nègres voulant mettre fin aux souffrances et atrocités subies dans les colonies d'exploitation (Dorlin, 2006 ; Bastide, 1952). S'ajoutent au lourd bilan des millions de morts et disparus avant leur arrivée en Amérique, ces esclaves qui se sont suicidés et d'autres qui sont tués par la cruauté de leurs maîtres ou par l'atrocité de leurs conditions de travail.

Parmi les survivants transplantés de force dans les Amériques et les Caraïbes, certains membres d'une même famille capturée sont parfois séparés pour toujours. « Des hommes, des femmes et des enfants séparés, puis entassés dans les soutes pestilentielles des bateaux qui les emmenaient en Amérique [...] J'ai trouvé des familles totalement séparées, le père vers la Louisiane, la mère au Brésil, l'enfant à Cuba dans les Antilles », raconte N'Diaye (2006), conservateur de la *Maison des Esclaves* de Gorée.[10] Dans l'ensemble, c'est donc une « tragédie », un « drame humain », admet le pape Jean-Paul II, dans un discours officiel prononcé en lien avec la mémoire de l'esclavage, lors de sa visite à la *Maison des Esclaves* (Gorée, Sénégal), le 22 février 1992.

En termes de répercussions à très long terme, le catholicisme a provoqué tout « cela » au nom du christianisme ; ce que reconnaît également Jean-Paul II, en février 1992, associant cette tragédie à un « drame de la civilisation qui se disait chrétienne ». En effet, explique Gillard (1929), l'institution catholique investit son autorité de domination dans la promotion du servage, l'établissement de l'esclavage, l'imagination de la ségrégation et même dans l'extermination graduelle des races ; et le pire dans tout cela, ajoute l'auteur, elle a fait cela au nom de Dieu. Dans le même sens, commente Mpisi (2008a), toute cette entreprise colonialiste-esclavagiste est menée « au nom du christianisme ». Cette entreprise fait des victimes tant parmi les Autochtones décimés et spoliés que parmi les Nègres capturés et asservis en permanence, tant parmi ceux du monde non catholique qu'elle considère comme « ennemis » que parmi les Nègres convertis au catholicisme pour nourrir le monstre hybride du système capitaliste-esclavagiste en expansion.

Après la décimation des Autochtones, les premières destinations des Nègres capturés étaient les territoires colonisés des Caraïbes. En particulier, l'île caribéenne d'Haïti demeure pendant des siècles le principal bastion ou l'épicentre de l'esclavage noir dans les Amériques et les Antilles. Devenue la *Hispaniola* (Petite Espagne) pour les colons espagnols et la *Perle des Antilles* pour les colons français, cette grande colonie d'exploitation demeure pendant

---

10. Récit rapporté par Joseph N'Diaye dans son livre intitulé *Il fut un jour à Gorée : L'esclavage raconté à nos enfants* (2006), expliqué sur les plateaux de *Tout le monde en parle* de l'INA (23 juin 2014). https://www.youtube.com/watch?v=t1epBURCfa8

environ trois siècles le joyau de l'économie des métropoles européennes, en raison des richesses colossales qu'elle rapporte aux colons et aux métropoles capitalistes européennes (Grenouilleau, 1996 ; Larquié, 1996). Depuis les premières cargaisons d'esclaves nègres capturés et transplantés sur les côtes de l'île jusqu'aux derniers descendants nègres trafiqués et asservis, se perpétue continuellement l'esclavage noir en Haïti. Aux temps contemporains, cet esclavage intergénérationnel des Nègres et de leurs descendants persiste sous sa nouvelle forme de restavec. En cela, le restavec comme forme contemporaine d'esclavage noir résulte donc des effets pervers de la bulle pontificale de 1454 autorisant la traite négrière et l'esclavage noir se répercutant sur l'Haïti contemporaine.

Les colons espagnols exercent leur domination totale sur l'île entière pendant 205 ans (1492-1697), et sur la partie orientale (Est) – habitée aujourd'hui par les Dominicains – pendant 303 ans (1492-1795). En 1697, par le traité de Ryswick, l'Espagne cède la partie occidentale (Haïti) de l'île à la France, en se repliant dans la partie orientale (Saint-Domingue). Par la suite, elle tente de récupérer le territoire de l'Ouest cédé, mais c'est le contraire qui arrive. En 1795, par le traité de Bâle, la partie orientale espagnole a été cédée à la France qui, dès lors, dirige toute l'île, jusqu'à la révolution haïtienne de 1803 soldée par la victoire de l'armée indigène, formée d'anciens esclaves révoltés, contre l'armée française de l'époque napoléonienne. Donc, les colons français assurent leur domination sur l'île entière pendant 8 ans (1795-1803), et sur la partie occidentale (Ouest) – peuplée par les Haïtiens – pendant 106 ans (1697-1803). Même si la colonisation espagnole d'Haïti est de plus longue durée, les Haïtiens francisés – « acculturés » par la francophonie sous l'influence du catholicisme (Delisle, 2006) – gardent beaucoup plus en souvenir la colonisation française. Cela se comprend aisément, puisque l'héritage colonial français est plus récent donc plus présent, par conséquent reste plus vif que l'ancien héritage culturel et linguistique espagnol. D'ailleurs, demeure assez lourd l'héritage colonial en Haïti (Placide, 1959).

Pendant tous ces moments de tensions et de mutations géopolitiques parmi les puissances esclavagistes européennes, l'institution catholique préserve constamment sa place prédominante dans le système colonial assis sur une législation esclavagiste forte stimulant continuellement la pratique d'esclavage noir. Étant une vaste structure hiérarchique et géopolitique de domination, elle étend son influence aussi bien dans les juridictions et les colonies portugaises et espagnoles que dans celles des autres puissances colonialistes européennes. La puissance colonialiste et esclavagiste française, quant à elle, réserve aux acteurs catholiques des pouvoirs et des privilèges exceptionnels dans les colonies françaises au travers des Codes noirs de 1685 et de 1724 régissant les rapports esclavagistes du système colonial sur le fondement duquel s'élèvent les rapports esclavagistes du système restavec postcolonial en Haïti. Si le nouveau système restavec s'élève sur l'ancien système esclavagiste colonial et fait donc partie des héritages légués par l'édit pontifical de 1454 suivi de l'édit royal (Code noir) de 1685, alors il faut en toute logique en parler, c'est-à-dire parler en toute liberté de « ce qui est » (système restavec), hérité de « ce qui a été » (système d'esclavage noir autorisé donc légué par l'autorité catholique dans son rapport historique de chevauchement avec le pouvoir politique européen).

5.5. Système restavec : un héritage du système d'esclavage noir légué par la bulle colonialiste esclavagiste de 1454

Parler du système restavec, c'est parler d'un système esclavagiste postcolonial élevé sur les traces du système d'esclavage noir imposé en Haïti depuis le XVe siècle par les puissances colonialistes-esclavagistes européennes d'Espagne puis de France ; c'est aussi parler d'un système d'esclavage noir légué par la force idéologique incitative de la bulle *Romanus Pontifex* (Nicolas V) de 1454 autorisant la « servitude perpétuelle » des Nègres rebondissant sur l'Haïti contemporaine. Pour qualifier cette « servitude perpétuelle » des Nègres en Amérique en général et en Haïti en particulier, Boutang (1998) utilise des termes synonymiques, tantôt « esclavage héréditaire » ou « esclavage intergénérationnel », tantôt « esclavage définitif » ou « esclavage permanent » ; ce qui explique le sens de la perpétuation du système d'esclavage noir dans lequel sont asservis, de génération en génération, les Nègres capturés et leurs descendants nègres. Arrachés de force à leur terre natale par les colons européens, les Nègres capturés et leurs descendants sont soumis en permanence à une servitude « perpétuelle » ou « intergénérationnelle » dans la nouvelle terre colonisée d'Haïti, au-delà de l'abolition de l'esclavage colonial de 1803.

Parler du système restavec, c'est également parler d'un système d'esclavage intergénérationnel sans cesse renouvelé d'oppression, d'exploitation et de domination ; c'est parler de « ce qui a été » et de « ce qui s'est fait », en termes de rapport, de pratique et de tradition d'esclavage noir persistant en Haïti. Pour reprendre le raisonnement de Stella (1996), les esclavagistes contemporains n'ont rien inventé : ils ne font que reproduire « ce qui a été ». N'étant pas une invention nouvelle sous le soleil haïtien, le système restavec d'exploitation résultant de « ce qui a été » devient donc un héritage du système d'esclavage noir légué, entre autres, par la bulle *Romanus Pontifex* (Nicolas V) de 1454. Et, dans la même veine, les nouveaux maîtres des groupes sociaux dominants deviennent non des inventeurs de « ce qui a été », mais des héritiers de ce système esclavagiste qui le renouvellent périodiquement en fonction des besoins du marché postcolonial haïtien. Associé à des savoirs théologiques et philosophiques (Guidi, 2007), le discours de Salomon dans le livre de l'Ecclésiaste (1:9), ramené à une quête de sens de « ce qui a été », nous rappelle que : « Ce qui a été, c'est ce qui sera, et ce qui s'est fait, c'est ce qui se fera, il n'y a rien de nouveau sous le soleil. »

Hérité de « ce qui a été » déjà là, le système restavec est le résultat de la suite logique des tragédies, des drames ou des effets pervers provoqués, entre autres, par l'édit pontifical de 1454 suivi de l'édit royal de 1685. En d'autres termes, il est la suite synchronisée de l'ancienne position colonialiste-esclavagiste de l'institution catholique accordant, au XVe siècle, aux autorités royales et coloniales européennes la faculté pleine et entière de réduire les Nègres en « servitude perpétuelle » se répercutant sur l'Haïti contemporaine. Sur cette terre tropicale d'Haïti auparavant habitée tranquillement par des populations autochtones, s'il y avait une quelconque forme de rapport servile précolombien, il n'y avait pas eu toutefois la tragédie de la traite et de la servitude perpétuelle des Nègres, telle que nous la connaissons amplement depuis le XVᵉ siècle. Comme nous l'avons précisé antérieurement, l'esclavage noir comme « vieille institution sociale » qui existe depuis l'Antiquité (Ruano-Borbalan, 2003) n'est pas une invention de l'institution catholique émergée entre le premier et le troisième siècle de l'ère chrétienne. Mais cette vieille institution qu'est la servitude noire a été réorganisée et restructurée à partir du XVe siècle dans les Amériques et les Antilles, sous ses formes historiques de traite et de servitude perpétuelle des Nègres, sous l'influence idéologique du catholicisme (Butsch, 1917 ; Grandet, 2003). Voilà, après plusieurs siècles de scandales de traite et d'asservissement continuel des Nègres, beaucoup d'enfants-descendants nègres sont encore trafiqués en Haïti, puis gardés sous le joug de la servitude noire du système esclavagiste restavec postcolonial.

Parler du système restavec, c'est finalement parler des acteurs et éléments du système esclavagiste postcolonial, car sans ces acteurs et éléments il n'y aurait ni système ni restavec ni système restavec. C'est logiquement parler des rapports interactifs et internes entre les différents acteurs et éléments dudit système, suivant la place et le rôle de chacun d'eux dans le système (*Fig. 13*).

Fig. 13. Éléments du système restavec postcolonial élevé sur les traces du système esclavagiste colonial

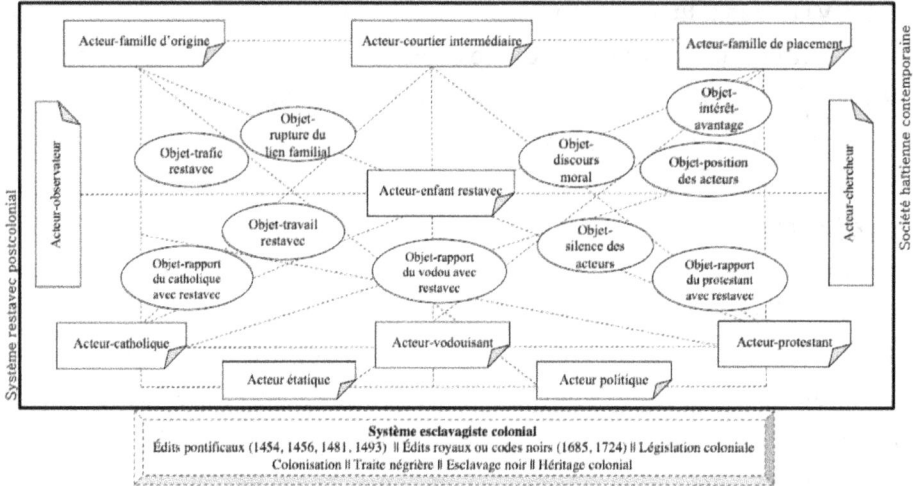

Ce schéma explicatif apporte un éclairage sur les rapports constants construits entre les différents éléments du système (acteurs, objets). Parmi ces éléments, les acteurs religieux enchevêtrés avec les acteurs politiques constituent des éléments centraux dans la définition du système restavec et du cadre théorique de référence. Ils désignent aussi des éléments constants du système. Cette constance s'explique par la prédominance et la présence en permanence des mêmes structures de domination dans la société haïtienne. C'est cette constance qui fait dire qu'il s'agit d'un système de domination en continuation : un système d'exploitation périodiquement renouvelé par les acteurs dominants (groupes de famille de placement, maîtres et héritiers du système) dans leurs rapports sociaux inégaux avec les acteurs dominés (groupes de famille d'origine, restavecs et déshérités du système), par les mêmes acteurs institutionnels traditionnels (étatique, politique, catholique, protestant et vaudouisant) en interaction permanente, gardant ainsi le *statu quo* quant aux rapports domestiques de domination continuelle dans la société haïtienne.

L'éclairage apporté par le schéma précédent fait apparaître les traces ou les restes du système esclavagiste colonial sur lequel s'élève le système esclavagiste restavec postcolonial. Il s'agit d'un système d'esclavage noir légué, du moins élevé sur « ce qui a été ». Un système fonctionnel avec des éléments en cause en interaction, notamment des acteurs influents des institutions religieuses (catholiques, protestantes, vaudouisantes) enchevêtrés avec les acteurs puissants des institutions politiques ainsi qu'avec des groupes sociofamiliaux dominants qui en profitent en contexte postcolonial.

À la lumière de ce schéma, le système restavec noir (postcolonial) s'élève sur les traces du système d'esclavage noir (colonial) anciennement stimulé ou légué par la bulle colonialiste-esclavagiste de 1454 suivie du Code noir de 1685. Il tient son héritage de ces traces vives ; il repousse ses racines à partir de ces restes vivants, du moins il rebourgeonne au moyen des restes du système de domination coloniale. Il est figuré parmi les scandales et les effets pervers dérivés de cette bulle colonialiste-esclavagiste. Il s'agit d'une forme d'asservissement moderne de descendants nègres, née de la traite des Nègres (Fontenay, 2006 ; Bresc, 1996 ; Biezunska-Malowist et Malowist, 1989). Il devient, en termes dialectiques, l'effet d'une cause antérieure, celle de l'édit pontifical de 1454 provoquant les scandales de traite massive et de servitude perpétuelle des Nègres, suivi de l'édit royal de 1685 régissant les anciens rapports d'esclavage noir à Saint-Domingue (Haïti) à partir desquels se reproduisent les nouveaux rapports de servitude enfantine contemporaine dans la société haïtienne.

Par ailleurs, si l'acteur se définit comme élément fondamental du système (Crozier et Friedberg, 1977), alors l'enfant restavec devient un élément incontournable du système restavec, puisqu'en toute évidence il n'y a pas de système restavec sans le restavec. C'est la victime du système. Les cadres théoriques mobilisés avec la schématisation des éléments du système définissent la sombre trajectoire de l'enfant restavec de sa famille d'origine à une famille de placement éloignée (*Fig. 1.* Rapports des acteurs sociaux et moraux locaux et leur attachement à la tradition restavec), puis son statut de non-héritier du système (*Fig. 10.* État civil, identité et statut de l'enfant restavec originaire du monde rural en dehors). La dernière schématisation des acteurs et éléments du système (*Fig. 15*) réserve à l'enfant restavec une place au cœur du système, une place considérable et valorisable en raison des services utiles fournis aux parents-fils-maîtres puis servis au développement du patrimoine familial et de l'économie domestique de la famille de placement, mais non considérée ni valorisée par ces groupes familiaux dominants qui en profitent. Donc, une place considérable certes, mais méprisable en raison des conditions de non-personne et des traitements inhumains infligés en retour au restavec, malgré l'utilité et la valeur significative des services gratuits rendus aux parents-fils-maîtres. À cet égard, la place de l'enfant domestique dans le système restavec bascule dans la « seconde zone » (de Singly, 2004), une zone méprisable et méprisée, une place négligeable et négligée dans le système, une zone sombre réservée à l'enfant restavec maltraité et opprimé en absence de solidarité mécanique, organique, publique et morale envers la victime.

Dans nos limites, nous n'avons pas à pronostiquer ce qui arriverait à l'espace territorial haïtien s'il n'y avait pas eu l'édit esclavagiste pontifical de 1454 conduisant à une réorganisation de l'esclavage noir sous l'autorité de domination charismatique catholique et provoquant les scandales de traite massive et de servitude perpétuelle des Nègres (comme faits dramatiques regrettables), sachant qu'à la lumière de la Parole de Jésus « il est impossible qu'il n'arrive pas des scandales ; mais [...] » (Luc 17:1). Seulement, demeure un fait historique irréfutable et indélébile : c'est, entre autres, par la position idéologique incitative catholique archivée dans la bulle colonialiste-esclavagiste de 1454 suivie de la législation coloniale qu'arrivent les scandales de la traite massive et de la servitude perpétuelle des Nègres rebondissant sur l'Haïti contemporaine sous forme de servitude continuelle des enfants-descendants nègres du système restavec.

Conclusion

L'objectif assigné à notre travail de recherche demeure l'analyse des aspects socioreligieux entourant le phénomène de la servitude noire du système restavec et ses liens historiques avec la « servitude perpétuelle » des Nègres autorisée par la bulle *Romanus Pontifex* (Nicolas V) de 1454 ; ce qui a été fait dans le présent chapitre (quatrième), aussi dans le chapitre précédent (troisième). Si nos recherches empiriques font établir des rapports contemporains du protestantisme avec la tradition du restavec, nos recherches en archivistique laissent retracer surtout les liens historiques du catholicisme avec le colonialisme et l'esclavagisme du passé au présent. Elles font déceler l'influence idéologique et la fonction historique de l'institution catholique dans la réorganisation et la restructuration de l'esclavage noir dans les Afriques et les Amériques à partir du XVᵉ siècle. Elles laissent repérer le lourd héritage légué par les bulles colonialistes-esclavagistes de 1454, de 1456, de 1481 et de 1493, suivies des Codes noirs de 1685 et de 1724, provoquant ce « drame humain » du passé au présent, ce scandale de traite massive et de servitude perpétuelle des Nègres du système esclavagiste colonial sur les traces duquel s'élève le système restavec postcolonial.

Élevé sur les restes ou les ruines fumantes du système de domination coloniale, le système de domination postcoloniale est reproduit par les groupes dominants et les acteurs décisionnels du nouvel État, au lendemain de la révolution et de la décolonisation de 1803. Les 14 années de luttes révolutionnaires incendiaires et meurtrières (1789-1803) ayant conduit à la sortie d'Haïti de l'esclavage colonial traduisent l'expression de « ruines fumantes » (*koupe tèt boule kay*) sur lesquelles s'élève cette ancienne colonie d'exploitation. Élevé sur les traces de l'ancienne colonie française d'exploitation, le nouvel État renouvelle les rapports de domination dans la société haïtienne, marqués par la prédominance du catholicisme du passé [colonial] au présent [postcolonial]. Il conserve la même langue coloniale française comme langue officielle quoique peu parlée et peu comprise par une majorité d'Haïtiens, quoique tous les Haïtiens parlent le créole. Il reproduit les rapports esclavagistes entre propriétaires fonciers et travailleurs paysans soumis aux travaux forcés (régis par le Code rural haïtien de 1826). Puis, il laisse perpétuer des rapports de servitude noire entre maîtres des familles de placement et enfants paysans nègres cédés puis fixés aux travaux forcés (régis par la tradition haïtienne).

Si en Haïti l'esclavage colonial est aboli par la décolonisation et la révolution de 1803, il a fallu attendre jusqu'au milieu du XXe siècle pour enregistrer des vagues de décolonisation européenne suivies de l'abolition de l'esclavage colonial dans le monde africain et asiatique. Bien avant, depuis le XVIIIe siècle, sous l'influence des quakers, des wesleyens et des méthodistes, l'esclavage colonial a déjà été aboli dans certaines colonies nord-américaines (Vermont, Pennsylvanie, New Hampshire, Massachusetts, Connecticut). Voilà une situation dynamique renvoyant à un multiple contexte abolitionniste. En cela, il importe de préciser que, lorsque nous parlons de rétablissement de l'esclavage paysan et de la servitude domestique enfantine en contexte abolitionniste postcolonial, nous faisons allusion à l'abolition de 1803 ; lorsque nous parlons de la position stratégique adaptative des autorités morales et religieuses en contexte abolitionniste postcolonial post-onusien, nous considérons le contexte abolitionniste configuré après la création de l'ONU (après 1945) marqué, à l'échelle planétaire et à l'échelle nationale haïtienne, par des discours moraux tournés vers les idéaux de paix, de libertés, de droits humains et de dignité de la personne humaine. L'étude diachronique priorisée nous conduit, au prochain chapitre, à une reconsidération de la position stratégique adaptative de ces autorités charismatiques enchevêtrées avec les autorités politiques où, après l'autorisation et la légitimation de la servitude des Nègres en contexte postféodal postmédiéval, elles s'accordent à reconnaître en contexte abolitionniste postcolonial post-onusien que l'esclavage, dans ses différentes formes historiques, constitue un crime contre l'humanité.

SIX

RÉVISION OU ADAPTATION STRATÉGIQUE DE LA POSITION DES AUTORITÉS MORALES EN CONTEXTE ABOLITIONNISTE POSTCOLONIAL POST-ONUSIEN

S i une étude synchronique permet d'archiver l'ancienne position colonialiste-esclavagiste de l'institution religieuse dans les édits pontificaux (bulles catholiques) suivis des édits royaux (codes noirs), l'étude diachronique, en lien avec l'évolution des sociétés et la dynamique des contextes historiques, révèle une reconsidération de la position des autorités cléricales, révisée en contexte abolitionniste postcolonial. En effet, à partir du milieu du XXe siècle, les autorités charismatiques, associées aux autorités politiques, partagent une position stratégique commune, adaptée au contexte abolitionniste postcolonial post-onusien (après 1945). Ces autorités morales des institutions politiques et religieuses adoptent stratégiquement une position révisée sur les épineuses et embarrassantes questions de la colonisation, de la « doctrine de la découverte », de l'esclavagisation des Nègres et de la spoliation des Autochtones. Elles expriment un discours moral adapté au contexte de décolonisation et d'abolition de l'esclavage colonial dans le monde. Toutefois, admettent-elles, l'esclavage n'est pas une pratique du passé. Autrement dit, il existe encore aujourd'hui des formes contemporaines d'esclavage persistant dans la société, ce que reconnaissent les autorités morales des institutions religieuses, étatiques et onusiennes (Ban Ki-Moon, 2009 ; Pape François, 2019). Dans la société haïtienne, les caractéristiques du système restavec et les particularités du marché domestique analysées antérieurement laissent présager une sorte d'involution d'un esclavage endogène après l'opération de décolonisation et d'abolition de l'esclavage colonial en 1803, ce qui nous amène à considérer le discours révisé puis adapté des autorités morales en contexte abolitionniste postcolonial, avant de rappeler la dynamique évolutive des rapports esclavagistes oscillant entre l'abolition de l'esclavage colonial et l'involution de l'esclavage endogène en Haïti.

6.1. Opération de décolonisation et d'abolition de l'esclavage colonial : entre justification morale et raison politico-économique

L'opération de colonisation sauvage imposée depuis le XVe siècle se heurte à une opération de décolonisation brutale réussie d'abord en Haïti en 1803, puis dans le reste du monde décolonisé au cours des XIXe et XXe siècles. Cette opération de décolonisation se rallie au mouvement abolitionniste émergé en Europe et en Amérique du Nord à la fin du XVIIIe siècle, sous l'influence des Wesleyens, des Méthodistes et des Quakers (Paulais, 2021 ; Corten, 2014 ; Grenouilleau, 2010 ; Salifou, 2006), avant de bouleverser par la suite le monde colonialiste-esclavagiste en général.

L'abolitionnisme est un mouvement basé sur la revendication de l'abolition de la traite et de l'esclavage. Tout au long du XIXe siècle, il conduit à la libération des esclaves et des colonies dans les Amériques. Au tournant du XXe siècle, il aboutit à des vagues de décolonisation des pays asiatiques et africains. Différent du mouvement anti-esclavagiste opposé à la pratique de l'esclavage depuis l'Antiquité, le mouvement abolitionniste, plus structuré, résonne plus fort dans un cadre sociopolitique plus organisé et plus institutionnalisé en contexte de mouvements sociaux globaux (Bénot, 2003). Il conduit, au-delà de la décolonisation et de l'abolition de l'esclavage colonial, à des réflexions sur des questions de société et des stratégies alternatives d'organisation sociale postcoloniale. Ce mouvement se transforme ainsi en courant de pensée lorsqu'il soutient l'idée d'une autre société en dehors de l'esclavagisme.

Le mouvement abolitionniste cible particulièrement l'esclavage colonial imposé depuis le XVe siècle par la bulle pontificale de 1454 autorisant la colonisation des Afriques et des Amériques, la traite et l'asservissement des peuples nègres par les Européens. Il faut souligner que, même si les Européens n'ont pas été colonisés de la même manière qu'ils ont colonisé les peuples non européens, et même s'ils n'ont pas été massivement réduits en esclavage comme ils ont asservi en masse les Nègres, cela ne signifie pas que les sociétés européennes sont exemptes des pratiques d'esclavage. Loin de là !

L'Amérique n'était pas la seule et unique destination des Nègres capturés puis réduits en esclavage. Même si c'est dans une proportion relativement moindre par rapport aux Amériques et aux Antilles, l'esclavage noir s'est aussi répandu en Europe aux temps coloniaux (Larquié, 1996). Les puissances colonialistes européennes ont d'abord aboli l'esclavage sur leur territoire, avant de procéder à des mesures abolitionnistes interdisant d'abord la traite négrière puis l'esclavage colonial dans les colonies européennes (XVIIIe-XXe siècles).

Tableau 7. Chronologie des abolitions de la traite et de l'esclavage dans le monde et en Haïti

Année	Évènements, décolonisations, abolitions de la traite négrière et de l'esclavage colonial
1777	Prohibition de l'esclavage au Vermont (USA), influencée par les Quakers
1780	Abolition de l'esclavage en Pennsylvanie (USA), influencée par les Quakers
1783	Émancipation des esclaves à New Hampshire et Massachusetts (USA), inspirée du mouvement des Quakers
1784	Émancipation des esclaves à Rhode Island et Connecticut (USA), inspirée du mouvement des Quakers
1788	Création de la Société des amis des Noirs (France), inspirée des sociétés abolitionnistes anglaise et états-unienne
1789	Révolution française et déclaration des droits de l'homme, résultant du mouvement populaire (tiers état)
1791	Déclenchement de la révolution haïtienne, influencée par la révolution française de 1789
1793	Prohibition partielle de l'esclavage à Saint-Domingue par le commissaire Sonthonax, en contexte de révolte
1802	Rétablissement de la traite et de l'esclavage à Saint-Domingue par Napoléon Bonaparte, en contexte de révolte
1803	Fin de la révolution haïtienne par la décolonisation et l'abolition de l'esclavage colonial (18 novembre 1803)
1803	Interdiction de la traite négrière par le Danemark, en contexte d'instabilité dans les colonies
1806	Abolition de la traite négrière par l'Angleterre, de l'esclavage colonial progressivement en 1833, 1836 et 1838
1807	Abolition de l'esclavage en Prusse
1808	Abolition de la traite négrière par les États-Unis, puis de l'esclavage noir en 1865 par le 13e amendement
1814	Interdiction de la traite négrière par les Pays-Bas
1815	Abolition progressive de la traite négrière par la France, renouvelée en 1817, 1827 et 1831
1822	Abolition de l'esclavage en République Dominicaine, suite à l'occupation haïtienne de ce pays (1822-1844)
1823	Abolition de l'esclavage au Chili. Ensuite, au Mexique : 1829 ; au Uruguay : 1830 ; au Paraguay : 1842
1833	Abolition par l'Angleterre de l'esclavage dans les colonies britanniques dont le Canada
1848	Abolition par la France de l'esclavage, soit 44 ans après la décolonisation et la révolution haïtienne
1850	Abolition de la traite négrière au Brésil puis de l'esclavage en 1888
1851	Abolition de l'esclavage en Colombie et en Équateur. Puis, en Argentine (1853)
1854	Abolition de l'esclavage au Venezuela, à la Jamaïque et au Pérou
1861	Interdiction du servage en Russie
1863	Abolition de l'esclavage dans les colonies néerlandaises. Puis, dans les colonies portugaises : 1869
1873	Abolition de l'esclavage à Porto Rico. Puis, à Cuba : 1886
20e siècle	Décolonisation et abolition de l'esclavage colonial en Afrique (Kenya : 1907 ; Maroc : 1922; Éthiopie : 1942; Mauritanie : 1981, etc.) ; en Asie (Chine : 1910; Afghanistan : 1923; Iran : 1928; Inde : 1947; Koweït :1949; Qatar : 1952; Arabie Saoudite et au Yémen : 1962; Pakistan : 1992, etc.)

Sources combinées : L'Encyclopédie canadienne [5/11/2021]; *Encyclopædia Universalis* [6/11/2022] ; Bibliothèque municipale de Lyon [19/11/2022]; Mémorial de l'abolition de l'esclavage [19/11/2022]; Hérodote [19/11/2022].

Pour la prise des mesures abolitionnistes, les puissances esclavagistes européennes ont été poussées, d'un côté, par la nouvelle donne géopolitico-économique façonnée par l'Angleterre et, de l'autre, par l'écho insupportable du mouvement abolitionniste institué au XVIIIe siècle par le protestantisme anglais. Ces autorités colonialistes agissent sous la pression du puissant mouvement abolitionniste anglais inspiré par les Wesleyens, les Méthodistes et les Quakers (Dignat, 2019 ; Corten, 2014 ; Salifou, 2006). Ainsi, après avoir ébranlé le catholicisme par la protestation, la rupture et la réforme de Luther au début du XVIe siècle, ces derniers groupes protestants poursuivent les démarches de destruction des œuvres catholiques par la libération des esclaves longtemps maintenus sous le joug de la servitude perpétuelle autorisée par l'autorité pontificale depuis le XVᵉ siècle.

Outre l'influence de l'abolitionnisme inspiré par le protestantisme, les esclaves révoltés dans les colonies demeurent en effet les acteurs déterminants de l'abolition par leurs actes de résistance, de révolte et d'insurrection. Les Aïeux haïtiens sont les premiers esclaves révoltés ayant aboli l'esclavage colonial pour proclamer, le 1er janvier 1804, l'indépendance d'Haïti, première République noire décolonisée et libérée du monde. « C'est dans la nuit du 22 au 23 août 1791 qu'a commencé en Haïti l'insurrection qui devait jouer un rôle déterminant dans l'abolition de la traite négrière transatlantique », reconnaît l'UNESCO (2023), qui a consacré le 23 août comme Journée internationale du souvenir de la traite négrière et de son abolition. Influencés et motivés par la révolution française de 1789, ces anciens esclaves nègres assoiffés de liberté, épousant la même idée révolutionnaire, ont planifié et lancé, deux ans plus tard, en 1791, l'insurrection décisive qui allait aboutir à l'abolition de la traite et de l'esclavage colonial en 1803. Ainsi, la révolution haïtienne a duré 14 années (1789-1803) de guerres meurtrières et de luttes incendiaires (« *koupe tèt boule kay* »). Selon Boutang (1998), « Haïti est l'exception, la leçon de la première décolonisation noire et de l'abolition de l'esclavage » (p. 388). Néanmoins, comme le souligne Breyer (2016), « les Haïtiens sont fiers d'avoir aboli l'esclavage, mais une autre forme d'esclavage se développe à sa place, avec les cicatrices de la domination coloniale se répercutant sur Haïti d'aujourd'hui » (p. 8), en référence au système restavec.

Par ailleurs, les historiens soulignent trois principales causes liées à l'abolition de l'esclavage dans les territoires anciennement colonisés par les Européens. La première cause est d'ordre moral et religieux, considérant à partir du XVIIIᵉ siècle la grande influence des mouvements abolitionnistes des Wesleyens, des Méthodistes et des Quakers dans la libération des esclaves de Pennsylvanie, de Vermont et d'autres colonies anglaises (Dignat, 2019 ; Corten, 2014 ; Salifou, 2006). Influencés par le courant moral protestant anglais, les abolitionnistes jugent finalement injustes, immorales et insupportables les pratiques de traite négrière et d'esclavage noir ordonnées par l'autorité pontificale depuis le XVᵉ siècle.

La deuxième cause soulignée est politique. Elle concerne la stabilité interne de la société, fragilisée par l'esclavage où les opprimés, de plus en plus nombreux, peuvent se révolter à n'importe quel moment. Certes, comme le souligne Boutang (1998), « l'esclavage a introduit un risque permanent d'instabilité politique dans l'espace colonial » (p. 400). Il s'agit d'une instabilité interne de la société esclavagiste coloniale, selon lui, traduite par une volonté d'indépendance qu'accentue chaque mouvement de révolte des Noirs et des Mulâtres. Le risque d'instabilité politique dans les colonies entraîne par conséquent un risque majeur pour la croissance économique à laquelle aspirent fondamentalement les puissances colonialistes-capitalistes. De là émerge une troisième cause de l'abolition, considérée comme la plus pesante et donc la plus importante : la cause économique.

La Grande-Bretagne s'est engagée stratégiquement dans le réajustement du marché en vue de répondre efficacement au besoin d'accumulation et de croissance économique à grande échelle. Dès le milieu du XVIIIe siècle, les acteurs décisionnels anglais jettent leur dévolu sur l'industrialisation du marché et la modernisation graduelle du système, en posant les bases d'une économie mondiale fondée sur le libéralisme économique, commercial et politique. De là s'amorce le processus de rupture graduelle avec l'ancien ordre colonial désuet reposant sur un travail servile, manuel et archaïque. En contexte de révolution industrielle lancée en Angleterre à la fin du XVIIIe siècle, la main-d'œuvre servile devient de plus en plus coûteuse, et le travail non libre de moins en moins efficace par rapport au travail libre (Gollac *et al.*, 2014 ; Stroobants, 2010 ; Morse, 1981 ; Wallerstein, 1981). Les propriétaires esclavagistes-capitalistes dépensaient beaucoup pour l'achat, la nourriture et l'entretien des esclaves ; ce qui les exposait à l'endettement. Par exemple, au Canada anciennement colonisé par les Anglais et les Français d'Europe, ces propriétaires esclavagistes-capitalistes devaient dépenser beaucoup « pour se procurer du sauvage qui coûte en moyenne 400 livres, et encore moins du nègre qui vaut dans les 900 livres » (Trudel, 1960, p. 133).

Les archives répertoriées révèlent plusieurs cas de propriétaires d'esclaves poursuivis en justice pour des dettes non acquittées, soit pour l'achat d'un esclave, pour la fourniture d'un esclave amérindien ou pour des habits faits pour un esclave nègre :

> Ordonnance de l'intendant Dupuy qui condamne le sieur Lamy, marchand à Montréal, à payer comptant au sieur de Gannes (de Falaise) la somme de cent livres pour un des quatre termes d'un billet donné pour la vente d'un esclave panis (amérindien). » (Archives

nationales à Québec (ANQ, E1, S1, D12A, P1894, Id 88070, 19 juillet 1727))

Procès entre Joseph Dugas, cordonnier, associé de Bernard Dumouchel, demandeur, et Alexis Lemoine dit Monière, défendeur, pour règlement de comptes [...] "disant qu'il était redevable solidairement" avec son associé d'une obligation de 2250 livres envers le défendeur, et qu'il lui a déjà remboursé sous forme de marchandises, pelleteries et [la] fourniture d'un esclave. (Archives nationales à Montréal (ANM, TL4, S1, D2479, Id 700529, 4 avril 1721))

Cause entre René Dextrême dit Comtois, tailleur d'habits de Québec, demandeur ; et le sieur Joseph Chaussegros Deléry, officier des troupes en Nouvelle-France, tuteur de la mineure Léry, défendeur, comparant par maître Panet, notaire, et encore la dame de Lotbinière et ladite mineure présentes et comparantes sans assignation, ledit défendeur est condamné à payer au demandeur la somme de 25 livres, pour ouvrages faits pour le nègre (noir, esclave) du feu sieur Deléry, en plus des dépens liquidés à 9 livres et 12 sols. (Archives nationales à Québec (ANQ, TL1, S11, SS1, D104, P985, Id 385295, 7 juillet 1756))

Voilà le contexte historico-économique dans lequel les Anglais entament le processus de rupture graduelle avec l'ancien régime colonialiste reposant sur la traite et l'esclavage. Un contexte marqué par une main-d'œuvre servile de plus en plus coûteuse et un travail archaïque non libre de moins en moins rentable.

En effet, l'Angleterre interdit la traite négrière aux sujets britanniques en 1806, puis sur les côtes d'Afrique en 1807, avant d'abolir progressivement l'esclavage colonial dans les colonies britanniques en 1833, 1836 et 1838. Cette rupture avec l'ancien ordre colonial correspond au besoin d'accumulation effrénée des propriétaires milliardaires et des métropoles capitalistes, considérant l'intensité avec laquelle augmentent les milliardaires et les richesses ($), les productivités ayant atteint aujourd'hui des niveaux de croissance jamais égalés auparavant (Graz, 2008).

En 1776, la Grande-Bretagne perd sa colonie la plus prospère, les États-Unis d'Amérique, qui ont proclamé leur indépendance le 4 juillet de cette année. Comme le souligne Boutang (1998), la perte des États-Unis amène l'Angleterre à opérer une révision profonde des règles qui devaient régir les échanges économiques à l'échelle internationale (p. 392). Après avoir perdu sa colonie la plus importante en 1776 puis aboli la traite négrière en 1806, elle met en œuvre de nouvelles stratégies visant à empêcher ses concurrents européens d'avoir des colonies aussi prospères (*lose-lose strategy*). Dès 1807, l'Angleterre lance une véritable croisade contre la traite, en usant de sa puissance maritime pour bloquer ou empêcher les autres puissances coloniales européennes de se ressourcer en esclaves noirs. Poussée par le vent abolitionniste anglais, la France accepte finalement d'abolir à son tour l'esclavage colonial en 1848, soit dix ans après la déclaration de l'abolition anglaise et quarante-quatre ans après la révolution haïtienne contre le colonialisme et l'esclavagisme français.

Ces derniers faits concordent avec la position selon laquelle les facteurs économiques sont les plus déterminants dans les processus décisionnels de l'abolition de l'esclavage colonial. L'Angleterre n'a pas aboli l'esclavage ni livré la guerre contre l'opération de la traite négrière par compassion pour les Nègres asservis depuis des siècles, mais en raison de ses intérêts géopolitico-économiques, profitant du contexte de l'abolition pour privilégier un nouveau modèle d'exploitation économique réorienté vers l'industrialisation et le réajustement du marché. D'ailleurs, au-delà des mesures abolitionnistes du XIXe siècle, elle poursuit sa politique colonialiste dans les territoires africains et asiatiques jusqu'au XXe siècle, comme d'autres puissances impérialistes européennes et avec elles. Ainsi, ces puissances impérialistes sont motivées davantage par les intérêts économiques liés aux objectifs d'industrialisation et de modernisation du marché, d'accumulation effrénée et de forte croissance économique du système postcolonial, s'ouvrant parallèlement à d'autres formes modernes et endogènes d'esclavagisation, d'oppression et d'exploitation dans le monde contemporain en général, et dans le monde haïtien en particulier.

6.1.1. De l'abolition à l'évolution de l'esclavage moderne dans le monde contemporain

L'ensemble des mesures abolitionnistes, des instruments juridiques, des dispositions constitutionnelles nationales et des conventions internationales relatives à l'abolition de l'esclavage suffit-il pour sortir effectivement et définitivement de l'esclavage ? Loin de là ! « Bien que l'esclavage ait été officiellement aboli, le racisme continue de souiller le monde d'aujourd'hui. Il en est de même des formes contemporaines de l'esclavage que sont la servitude, la prostitution forcée et l'utilisation des enfants dans la guerre et le trafic international des stupéfiants » (Ban Ki-moon, 2009). Bien avant, dans son rapport officiel, l'OIT (1993) informait que « l'esclavage subsiste aussi bien sous ses formes traditionnelles que sous des formes plus modernes » (p. 1). « Malgré l'abolition de l'esclavage il y a près de deux siècles, ses effets perdurent de nos jours. L'héritage du racisme systémique envers les communautés noires reste ancré dans notre société, y compris dans nos institutions » (Trudeau, 2022). Dans le fond, le discours véhiculé par ces autorités onusienne et canadienne ne diffère pas de celui propagé par l'autorité pontificale de l'État du Vatican et de l'Église catholique de Rome, rappelant en février 2019 que « l'esclavage n'est pas quelque chose d'une autre époque. [...] Nous ne pouvons pas ignorer que l'esclavage existe dans le monde, autant ou peut-être plus qu'auparavant » (La Vidéo du Pape, 2019), puis en mai 2022 que « les formes modernes d'esclavage continuent de se répandre, même dans les régions les plus développées du monde » (François, 2022), et finalement en février 2023 que le système de traite et d'esclavage se développe « à un rythme alarmant » aux temps modernes (François, 2023). Dans ces discours répétitifs en contexte abolitionniste postcolonial, l'autorité religieuse de Rome et étatique du Vatican en profite pour dénoncer les pratiques d'esclavage contemporain, essayant ainsi de se démarquer de l'ancienne position colonialiste-esclavagiste de l'institution catholique archivée dans les bulles pontificales *Romanus Pontifex* (Nicolas V, 1454), *Inter Cætera* (Calixte III, 1456), *Aeterni Regis* (Sixte IV, 1481) et *Inter Cætera* (Alexandre VI, 1493).

Malgré les mesures abolitionnistes, les dispositions des instruments juridiques nationaux et internationaux relatifs à l'abolition de l'esclavage colonial, ainsi que le contexte postcolonial dominé par les idéaux de libertés et de droits pour tous, les pratiques d'esclavage moderne se perpétuent paradoxalement et traditionnellement dans la société. Dans sa réflexion, Pétré-Grenouilleau (2008) explique que, favorisé par l'évolution de la société globale, un lent déclin du système esclavagiste ne conduit pas forcément à l'éradication totale des pratiques esclavagistes. L'inverse est tout aussi vrai, ajoute-t-il : faute d'évolution de la société globale, des mesures abolitionnistes ne sont pas suffisantes. Ces mesures, associées aux conventions relatives à l'abolition de l'esclavage, touchent plutôt l'ancien ordre colonial où les colons quittent momentanément les espaces territoriaux colonisés par la grande porte pour y retourner par d'autres voies stratégiques (occupations militaires, coups d'État, *Core Group*,[1] aides liées ou conditionnées). Elles ne suffisent pas pour freiner l'évolution des pratiques de l'esclavage moderne dans le monde.

En d'autres termes, les mesures d'abolition et les politiques de décolonisation n'ont pas fait disparaître totalement les pratiques esclavagistes dans l'espace anciennement colonisé. Au contraire, elles permettent aux nouveaux maîtres de mieux exploiter et mieux accumuler pour mieux dominer. Elles laissent donc osciller de l'abolitionnisme au colonialisme (Paulais, 2021), de l'abolitionnisme à l'esclavagisme (Forest, 1998), de l'abolitionnisme à la modernité de l'esclavage (Bénot, 2003), de l'abolition au second esclavage (Oruno, 2006), ou du moins de l'abolition à l'involution de l'esclavage endogène, notamment dans des sociétés africaines et dans la société haïtienne.

Dans son analyse, Schmidt (2005) écrit que « le mythe de l'abolition en tant que moyen de mieux coloniser [...] permet le développement d'une politique coloniale à grande échelle, elle-même liée à un autre système de servitude se rapportant au travail » (p. 21). Pour sa part, Oruno (2006) note que, dans les anciennes colonies, les inégalités n'ont guère disparu avec l'abolition de l'esclavage. Il s'agit, selon lui, d'une reconstruction du système colonial où se conjuguent colonisation et « second esclavage », inégalités et domination sans discontinuité jusqu'à nos jours (p. 25). Dans *Modes de sortie de l'esclavage*, Pétré-Grenouilleau (2008) explique que les sorties systémiques de l'esclavage remplissent objectivement une fonction d'entretien et de reproduction du système esclavagiste. Selon lui, ces modes de sortie ne contribuent qu'à atténuer les tensions internes inhérentes à tout système esclavagiste à un moment donné, tensions qui sont pourtant compensées par l'arrivée de nouveaux esclaves, plus dociles et donc plus faciles à soumettre (p. 540). Voilà pourquoi, au lieu de parler d'abolition, il est plus pertinent à certains égards d'évoquer l'involution de l'esclavage pour décrire son mouvement endogène de repli ainsi que les rapports esclavagistes internes prolongés dans les sociétés postcoloniales.

Les recherches les plus récentes sur l'évolution de l'esclavage aux temps modernes montrent que les pratiques esclavagistes, loin d'être en recul,

---

1. Le *Core Group* regroupe les ambassadeurs en Haïti d'Allemagne, du Brésil, du Canada, d'Espagne, des États-Unis, de France, de l'Union européenne, et les représentants spéciaux de l'Organisation des États Américains (OEA) et de l'Organisation des Nations Unies (ONU). Créée dans le contexte de la crise haïtienne d'instabilité (2004), cette structure représentative de l'impérialisme place Haïti sous une sorte de tutelle déguisée où les grandes décisions des dirigeants haïtiens émanent du *Core Group*.

paraissent de plus en plus fréquentes. Le continent asiatique est le plus touché par la recrudescence du phénomène de l'esclavage, avec 62 % des cas en Asie-Pacifique, loin devant l'Afrique et les pays du Golfe (24 %), d'après une étude publiée en 2017, réalisée conjointement par l'Organisation internationale du travail (OIT) et la Walk Free Foundation, en partenariat avec l'Organisation internationale pour les migrations (OIM). Cette étude estime à plus de 40 millions le nombre de personnes en servitude dans le monde en 2016. Selon les données les plus récentes des estimations mondiales de l'esclavage moderne fournies par l'OIT (2022) :

- 49,6 millions de personnes vivaient dans des conditions d'esclavage moderne en 2021, dont 27,6 millions dans le travail force er 22 millions dans le mariage forcé.
- Les femmes et les filles représentaient 4,9 millions des personnes en situation d'exploitation sexuelle commerciale forcée.
- 12 % des personnes en situation de travail forcé étaient des enfants, dont plus de la moitié étaient victimes d'exploitation sexuelle commerciale.

D'après d'autres sources officielles (OIM, 2017a, 2017b ; Gouvernement du Canada, 2017), plus de 150 millions d'enfants seraient contraints de travailler, dont 85 millions effectueraient un travail dangereux parmi les pires formes de travail. S'il existe un écart entre les estimations, les différentes sources officielles chiffrent les victimes de l'esclavagisme contemporain à plusieurs millions, le niveau d'estimation le plus bas atteignant au moins 40 millions de personnes en servitude postcoloniale. Dans tous les cas, il paraît inconcevable d'ignorer dans nos études tous ces millions de victimes du système esclavagiste postcolonial, y compris les milliers de victimes du système restavec. Si une controverse existe dans les approches sur l'esclavagisme contemporain en raison des difficultés à obtenir des chiffres officiels exacts et fiables, et de la tendance des forces esclavagistes à dissimuler la réalité de ce phénomène de plus en plus répandu dans le monde, nous ne pouvons, en toute honnêteté intellectuelle, ni masquer cette réalité criante ni garder le silence face à une telle pratique déshumanisante aux temps modernes.

Dans la société mauritanienne, où l'esclavage colonial a été aboli en 1981, on repère des foyers d'esclaves en grand nombre. Cette forme contemporaine d'esclavage s'apparente à celle de l'esclavage colonial où les fils-héritiers-maîtres profitent des esclaves des parents-maîtres. Il s'agit d'un type d'esclavage traditionnel héréditaire enraciné dans la société mauritanienne, où les Maures noirs, descendants de Noirs asservis par les Arabes berbères, continuent de servir de génération en génération les Maures blancs. La même étude conjointe qui place le continent asiatique en tête de liste des foyers d'esclaves dans le monde classe la Mauritanie en première position mondiale, avec un taux d'esclavage touchant 4 % des Mauritaniens.

Selon un rapport officiel sur « Des marchés aux esclaves en Libye », publié par l'OIM en novembre 2017, les marchés aux esclaves sont en nette expansion en Libye (OIM, 2017a). Ils sont alimentés ces derniers temps par une importante offre d'esclaves venant de la région subsaharienne d'Afrique, précise le rapport. Dans ses explications, le chef de mission de l'OIM en Libye, Othman Belbeisi, confirme que les marchés aux esclaves se tiennent à ciel ouvert et qu'on peut y acheter un migrant comme esclave pour quelques centaines d'euros, tout en dénonçant de telles pratiques esclavagistes.

> En allant sur ce marché, vous pouvez acheter pour 200 à 500 euros un migrant qui vous aidera chaque jour dans votre travail... Une fois achetée, cette personne vous est remise et elle passe sous votre responsabilité. Beaucoup s'enfuient, beaucoup sont maintenus attachés alors que d'autres sont prisonniers dans l'espace où chaque jour, ils sont forcés de travailler. (Euronews, 2017)

Les images diffusées par CNN le 14 novembre 2017 montrant la vente d'esclaves en Libye ont horrifié le monde. Après cette diffusion choquante suivie d'innombrables réactions anti-esclavagistes partagées sur les réseaux sociaux, de nombreux manifestants en France ont exprimé leur indignation en scandant : « Non à l'esclavage en Libye ! »

Dans d'autres territoires de la région méditerranéenne sont également repérés des foyers d'esclaves, connus sous le label d'esclavage galérien. Il s'agit d'une forme d'esclavage antique pratiquée au Moyen Âge, aussi dans la Méditerranée contemporaine. Elle consiste en des travaux forcés exercés par des esclaves, condamnés à faire actionner les rames des navires ou à déplacer des objets très lourds. Cette forme d'esclavage s'apparente plus à la servitude antique qu'à l'asservissement moderne né de la traite des Nègres (Fontenay,

2006, p. 115). Au Vietnam et au Bangladesh, prédomine une autre forme d'as-servissement : l'esclavage pour dettes. Cette dernière forme d'esclavage renvoie à une pratique esclavagiste remontant très loin dans l'Antiquité. Dans sa réflexion centrée sur les filles victimes de traite et d'esclavage, Vaz (2006) critique le fait qu'elles sont victimes de la barbarie moderne, considérant les cas des jeunes Thaïlandaises qui sont venues chercher du travail en ville sous l'emprise d'un souteneur sans scrupule ou des petites filles sénégalaises confiées par leurs parents à des familles de placement qui les feront travailler comme bonnes à tout faire jusqu'à épuisement.

Dans chaque société de tradition esclavagiste, les pratiques d'esclavage portent le label que leur attribue la culture linguistique locale. Par exemple, dans des sociétés traditionnelles africaines, les enfants en servitude sont iden-tifiés sous l'étiquette de *vilamègbo* (Luret, 2007). Dans la société dominicaine partageant avec Haïti des frontières terrestres et des histoires communes, les enfants domestiques sont connus sous le label de *puerta cerrada* (porte fermée) (UNICEF, 1997, p. 33). Dans la société haïtienne, ces enfants domes-tiques sont connus sous le nom de *restavec*. S'il y a une différenciation quant au nom local attribué à ces enfants en servitude, leur situation reste au fond semblable (Fiume, 2018) quant à leur domesticité et leur servilité, leur condi-tion de non-personne et de travail servile, leur déférence gestuelle et spatiale à l'égard des parents-fils-maîtres.

En général, le temps qui passe n'a pas fondamentalement modifié les choses, regrette Pétré-Grenouilleau (1996, p. 209). Les acteurs, dotés de capa-cités d'adaptation au changement minimal, dit-il, arrivent à conserver l'essen-tiel d'une attitude et de mentalités appartenant à un ancien monde, en usant des forces du moment pour mieux canaliser les évolutions récurrentes et en cours (p. 390). Comme toujours, pour reprendre Brient (2007, p. 7), on change quelques détails du système pour que tout puisse rester comme avant, en lais-sant prospérer l'esclavage sous ses formes modernes. Pour paraphraser Bormans (1996, p. 801), tout comme le décor imaginaire onusien des « objectifs millénaires pour le développement » (OMD) à atteindre « d'ici à 2015 » ou des mirages de « l'élimination de la pauvreté sous toutes ses formes », il en va de même de « l'abolition de l'esclavage » qui devient comme un slogan politique pouvant occulter les rapports esclavagistes contemporains, au lieu de les rompre structurellement et définitivement.

6.1.2. De l'abolition à l'involution de l'esclavage endogène dans l'Haïti contemporaine

Revenons brièvement sur des faits historiques oscillant allant de l'abolition de l'esclavage colonial à l'involution de l'esclavage endogène dans la société haïtienne. Ces faits historiques à rebondissements font donc dire qu'Haïti est la référence de la première décolonisation noire et de l'abolition de l'esclavage du monde (Boutang, 1998), et que paradoxalement une autre forme d'esclavage se développe aujourd'hui à sa place avec les cicatrices de la domination coloniale (Breyer, 2016), en parlant du système restavec.

Au début du XIXe siècle, pour sortir de l'esclavage colonial, Haïti réussit l'exploit historique de vaincre l'armée française de Napoléon par une révolution sanglante : une révolution réputée anticolonialiste, antiségrégationniste et anti-esclavagiste. Cette révolution a duré 14 années de luttes incendiaires (*koupe tèt boule kay*) contre les soldats et les colons français (1789-1803). Elle s'est soldée par la glorieuse victoire de l'armée indigène menée par des anciens esclaves noirs, lors de la dernière bataille de Vertières, le 18 novembre 1803. En effet, elle aboutit à la libération des Noirs haïtiens du joug esclavagiste et colonialiste européen, à un moment où s'intensifient les pratiques de traite et d'esclavage dans le monde. Il s'agit, selon les historiens versés dans les études décoloniales, d'une épopée historique héroïque faisant d'Haïti la première République noire indépendante du monde, « l'exception, la leçon de la première décolonisation noire et de l'abolition de l'esclavage » (Boutang, 1998, p. 388). Elle devient une source symbolique de motivation et de référence pour d'autres peuples voisins et lointains anciennement colonisés, inspirés à suivre les traces de la révolution haïtienne et la leçon de la première décolonisation noire.

En 1816, soit peu de temps après la proclamation de son indépendance, le nouvel État d'Haïti apporte des contributions décisives à la libération des peuples latino-américains de la colonisation et de la domination européenne. Simon Bolivar, contraint de battre en retraite face aux assauts des troupes espagnoles, s'est stratégiquement réfugié en Haïti en décembre 1815 pour demander et trouver l'aide nécessaire. Généreusement accueilli par le président Alexandre Pétion le 2 janvier 1816, il a bénéficié à deux reprises des ressources matérielles significatives et des volontaires haïtiens expérimentés pour aller poursuivre la bataille de l'indépendance : *hasta la victoria*. Ces apports décisifs ont permis à Bolivar de gagner la guerre de l'indépendance et de libérer le Venezuela, l'Équateur, le Pérou et la Bolivie du joug colonialiste espagnol. Voici la seule chose que demande Pétion en retour : « Promettez-moi d'abolir l'esclavage des Noirs là où vous commanderez ». Entre 1775 et 1783, soit bien avant la révolution haïtienne de 1803 et la contribution d'Haïti à la décolonisation des pays latino-américains au début du XIXe siècle, des centaines de guerriers noirs d'Haïti se livrent dans la bataille décisive pour la décolonisation et l'indépendance des États-Unis d'Amérique du Nord contre les Anglais du Royaume-Uni. En 2008, le Congrès américain a voté une résolution, introduite par le représentant démocrate de Miami Kendrick Meek, commémorant l'acte héroïque des soldats haïtiens qui sont morts en combattant dans la guerre pour l'indépendance américaine à Savannah.

En 1945, Haïti compte parmi les premiers États membres fondateurs de l'ONU prenant position claire en faveur de la liberté des peuples non encore décolonisés. De plus, l'État haïtien est signataire de plusieurs conventions internationales portant sur la suppression de l'esclavage, dont la Déclaration universelle des droits de l'homme de 1948, stipulant en son article 4 : « Nul ne sera tenu en esclavage ni en servitude ; l'esclavage et la traite des esclaves sont interdits sous toutes leurs formes ». Ces dispositions relatives aux libertés et droits humains sont reprises par le Pacte international relatif aux droits civils et politiques de 1966, avant d'être incorporées dans la Constitution haïtienne de 1987.

Les faits historiques ci-avant présentés ne sont pas avancés pour faire oublier ni voiler les rapports esclavagistes contemporains dans la société haïtienne. Au contraire, ils nous propulsent vers un paradoxe colossal, celui de la sortie brutale (incendiaire) d'un système de domination coloniale heurtant l'entrée sauvage (injuste) d'un système de domination postcoloniale, du moins celui de l'abolition de l'esclavage colonial s'ouvrant à l'involution d'un esclavage endogène : le restavec. Ce paradoxe se nourrit, en d'autres termes, de l'opposition entre l'abolition et l'involution de l'esclavage en Haïti, entre sa renommée pour l'épopée de la révolution réussie contre le système esclavagiste colonial et sa réputation pour le rétablissement du système esclavagiste restavec postcolonial.

L'involution de l'esclavage noir en Haïti s'explique par l'attitude des acteurs locaux de renouer aisément avec les pratiques et les rapports serviles d'un ancien monde colonial. Cette involution se définit par un mouvement de repli vers l'intérieur du système esclavagiste postcolonial et de son développement interne établi, après l'abolition de l'esclavage colonial, sur l'asservissement endogène des enfants restavecs régi par la tradition. Sans l'irruption directe des anciens colons européens pour l'entretenir comme au passé colonial, il devient un « esclavage endogène » (Botte, 2000), donc un mode d'exploitation et de développement interne de l'esclavage en Haïti. Un type d'esclavage noir pratiqué non par les anciens colons tournés vers le marché industriel et le machinisme moderne, mais par les acteurs locaux, les nouveaux maîtres-héritiers du système, attachés à la tradition de l'esclavage noir légué par la bulle pontificale de 1454. Voilà le contexte dans lequel oscille la société haïtienne : un contexte assez contrasté avec, d'un côté, l'abolition de l'esclavage colonial en souvenir et, de l'autre côté, l'involution de l'esclavage endogène du système esclavagiste restavec postcolonial. Un système d'esclavage noir assis sur la traite locale, la maltraitance et l'exploitation à outrance des enfants-descendants noirs asservis, contraints de travailler en permanence sans salaire, privés de leurs droits dits fondamentaux et inaliénables (droits à l'éducation, à la santé, à la protection, à la liberté, etc.).

6.2. Droits sur le bout des doigts : discours moraux adaptés au contexte de droits pour tous

Les « droits sur le bout des doigts », formulation empruntée au discours moral du juriste Henri Dorléans (2021) promouvant l'idéal du changement de son pays par un changement de soi, désignent des droits humains formalisés et codifiés, en contexte abolitionniste postcolonial, par des instruments juridiques internationaux [ratifiés par Haïti]. Intégrant le droit positif haïtien et la Constitution haïtienne de 1987, ces droits humains connus sont tellement cités, véhiculés et répétés à profusion dans les espaces et les débats publics contemporains qu'il devient facile de les compter même « sur le bout des doigts » (*sou tèt dwèt*).[2] C'est, à proprement parler, dans ce contexte de profusion des débats publics et des discours moraux sur les droits humains qu'en parlent les différents acteurs sociaux et moraux (locaux, nationaux, internationaux) des différents secteurs vitaux (éducatif, économique, judiciaire, politique, religieux). Donc, il s'agit de droits pour tous connus de tous, y compris les acteurs sociaux et moraux locaux qui en parlent sans cesse et qui les connaissent, en tout ou en partie, sur le bout des doigts (ex. : droits à la liberté,

---

2. « Sur le bout des doigts » (*sou tèt dwèt*, en créole haïtien) est une expression couramment employée dans le langage haïtien pour parler d'une chose que l'on connaît bien ou que l'on peut facilement connaître ou compter sur le bout des doigts.

à l'éducation, à la protection de l'enfant, etc.), mais qui gardent en majorité le silence sur la pratique de la servitude domestique et la violation systématique des droits des enfants restavecs en Haïti.

En contexte post-abolitionniste postcolonial de libertés et de droits pour tous, pleuvent abondamment les discours moraux promouvant les droits humains et dénonçant du même coup l'esclavage comme pratique à la fois injuste, avilissante, déshonorante, déshumanisante et démoralisante. La réduction en esclavage constitue un crime contre l'humanité, admet le système onusien (Maury, 2004). Lors de la Conférence mondiale des Nations Unies de 2001, les représentants des différents États présents s'accordent à reconnaître que l'esclavage et la traite des esclaves constituent un crime contre l'humanité. Selon la directrice générale de l'UNESCO, Irina Bokova, « le crime de l'esclavage a forgé des liens irréversibles entre les peuples et les continents. » (Nations Unies, 2015) La réduction en esclavage constitue un crime, écrit Pluen (2015). C'est un crime dégradant, dit Vaz (2006). Après plusieurs siècles de colonisation, de traite négrière et d'esclavage noir dans les colonies françaises dont celle de Saint-Domingue, le législateur français, dans la loi du 21 mai 2001 dite loi Taubira, reconnaît finalement la traite et l'esclavage en tant que crime contre l'humanité. La traite et l'esclavage constituent un crime contre l'humanité, rappelle Ruano-Borbalan (2003) considérant des millions d'êtres nègres arrachés à leur famille et à leur village puis soumis aux travaux forcés en permanence dans des conditions atroces.

Considérant l'esclavage comme une injustice, le pape Jean-Paul II écrit, dans sa lettre du 15 mai 2002 publiée à l'occasion de la Conférence mondiale sur l'esclavage du XXIe siècle : la dimension des droits de l'homme dans la traite des personnes : « La traite des personnes humaines constitue un outrage à la dignité humaine et une grave violation des droits humains fondamentaux. » (Jean-Paul II, 2002)

À son tour, dénonçant les pratiques d'esclavage contemporain, de traite des personnes et de travail servile des enfants dans le monde, le pape François répète en plusieurs occasions que ces pratiques sont une réalité tragique, une injustice, un crime honteux, un crime contre l'humanité, une violation de la dignité des personnes victimes (Ngol, 2023 ; La Vella, 2022 ; Masotti, 2020). Voilà, brièvement, certains propos intégrant les discours moraux et religieux contemporains, adaptés au contexte postcolonial de libertés et de droits pour tous.

Voulant saisir en contexte haïtien les rapports entre l'agir compétent et le discours moral de liberté adapté au contexte abolitionniste postcolonial, il importe de compter sur le bout des doigts les droits codifiés dans les instruments juridiques engageant l'État haïtien, donc un ensemble de droits fondamentaux auxquels particulièrement les enfants haïtiens sans exception auraient aussi droit. Il y a beaucoup de textes juridiques internationaux relatifs aux droits humains et aux droits de l'enfant ratifiés par Haïti. Le tableau indicateur suivant présente un inventaire partiel de ces instruments juridiques y relatifs (*Tableau 8*).

Tableau 8. Instruments juridiques relatifs aux libertés et droits humains adoptés par Haïti

No	Titre	Date d'adoption par Haïti
1	Convention relative à l'esclavage de 1926	19 mai 1927
2	Décret sanctionnant la convention relative à l'esclavage de 1926	19 mai 1927
3	Convention supplémentaire relative à l'abolition de l'esclavage, de la traite des esclaves et des institutions et pratiques analogues à l'esclavage de 1956	12 fév. 1958
4	Décret sanctionnant la convention supplémentaire relative à l'abolition de l'esclavage, de la traite des esclaves [...] de 1956	26 nov. 1957
5	Convention relative aux droits de l'enfant de 1989	8 juin 1995
6	Convention américaine relative aux droits de l'homme de 1969	14 sept. 1977
7	Convention interaméricaine pour la prévention et la répression de la torture de 1985	13 juin 1986
8	Déclaration universelle des droits de l'homme de 1948	10 déc. 1948
9	Pacte international relatif aux droits sociaux, économiques et culturels de 1966	8 oct. 2013
10	Pacte international relatif aux droits civils et politiques de 1966	6 fév. 1991
11	Déclaration américaine des droits et devoirs de l'homme de 1948	14 sept. 1977

Ce tableau n'est qu'un inventaire partiel des principaux instruments juridiques relatifs à l'abolition de l'esclavage, aux libertés et aux droits humains ratifiés ou adoptés par Haïti, avant d'être incorporés dans le droit positif haïtien. Engageant l'État haïtien, ces instruments juridiques font partie intégrante du droit positif haïtien et de la Constitution haïtienne de 1987 (préambule ; art. 16-57). Plus loin, une relecture sociologique des libertés et des droits humains que véhiculent ces instruments juridiques nous permet de mettre en lumière la situation paradoxale de non-droit des enfants restavecs, en regard de ces droits dits droits pour tous, également la discordance entre le discours moral et l'agir compétent des autorités morales locales quant à la situation de servitude et d'injustice des enfants domestiques en Haïti. Bien avant cette relecture sociologique, passons en revue ces droits sur le bout des doigts, tels qu'ils sont codifiés par les instruments internationaux adoptés par l'État haïtien.

Le 10 décembre 1948, à Paris, l'Assemblée générale de l'Organisation des Nations Unies (ONU) fondée en 1945, adopte la Déclaration universelle des droits de l'homme. Faisant partie des 58 premiers États membres de l'Assemblée générale et fondateurs de l'ONU, l'État d'Haïti reste non seulement parmi les premiers signataires de cette Déclaration, mais il participe aussi à sa rédaction au travers de sa représentation politico-diplomatique ; ce qui l'engage à fond. C'est le représentant de l'État haïtien, Émile Saint-Lot, rapporteur du comité de rédaction qui, pour la première fois devant l'Assemblée générale de l'ONU, a procédé à la lecture de la fameuse Déclaration universelle des droits de l'homme de 1948. (Schabas, 2023)

Le rappel de ces détails informationnels fait ressortir davantage la complexité et la perplexité de la question des droits fondamentaux des enfants haïtiens réduits en servitude domestique, pendant que paradoxalement l'État haïtien se réclame toujours du statut de membre fondateur de l'ONU et de membre signataire des conventions internationales relatives aux droits humains.

En passant en revue les clauses des principaux instruments juridiques de référence, surgit à notre esprit curieux – non sans ironie – une série de questions connexes. Les enfants restavecs ne sont-ils pas dans « tous les êtres humains » ou « tout individu » ou « toute personne » ou « tout enfant » dont il est question dans ces instruments internationaux liant l'État haïtien ? Ces enfants, victimes de traitements dégradants inhumains, ne sont-ils pas considérés comme des êtres humains à part entière pour lesquels ces droits sont inaliénables ? Sont-ils mis tacitement en exception quant aux droits à la liberté individuelle et au travail libre rémunéré proclamés dans chacun des instruments de référence ? En regard des clauses stipulant que la famille a droit à la protection de la société et de l'État, qu'en est-il des responsabilités morales des autorités des institutions politiques et religieuses à l'égard des familles éclatées par l'esclavage des enfants domestiques ?

Maintenant, faisons parler la Déclaration de 1948 pour en extraire des droits humains annotés mettant en lumière, d'une part, la situation contextuelle des familles et enfants victimes du système esclavagiste restavec postcolonial et, d'autre part, la discordance entre l'agir compétent des autorités institutionnelles en question et leur discours moral fondé sur les idéaux de liberté et de dignité de la personne humaine.

Article 1er : Tous les êtres humains naissent libres et égaux en dignité et en droits. Ils sont doués de raison et de conscience et doivent agir les uns envers les autres dans un esprit de fraternité.

Si les enfants restavecs naissent libres dans leur famille biologique, ils cessent d'être libres et égaux en dignité et en droits chez la famille de placement où ils sont réduits en esclavage domestique, sans aucun esprit de fraternité ni agir solidaire responsable à leur égard de la part des autorités étatiques et religieuses.

Article 2 : Chacun peut se prévaloir de tous les droits et de toutes les libertés, proclamés dans la présente Déclaration, sans distinction aucune [...].

Si les distingués enfants restavecs ne peuvent même pas oser dire non à leurs maîtres, il est évident qu'ils ne sont pas comptés non plus dans « chacun » à pouvoir se prévaloir de tous les droits et de toutes les libertés ici proclamés.

Article 3 : Tout individu a droit à la vie, à la liberté et à la sûreté de sa personne.

Toujours est-il, « tout individu » ayant effectivement droit à la liberté et à la sûreté de sa personne demeure, dans l'application pratique de ce droit, tout individu libre. De toute évidence, un individu non libre comme l'enfant-esclave du système restavec n'a pas ce droit, du moins est privé de ce droit dit inaliénable.

Article 4 : Nul ne sera tenu en esclavage ni en servitude ; l'esclavage et la traite des esclaves sont interdits sous toutes leurs formes.

La structure onusienne déclarant que « nul ne sera tenu en esclavage ni en servitude », c'est la même structure qui, à travers ses institutions spécialisées, publie périodiquement des rapports sur les pratiques assimilées à l'esclavage contemporain dans le monde, y compris celles de la servitude domestique enfantine en Haïti.

Article 5 : Nul ne sera soumis à la torture, ni à des peines ou traitements cruels, inhumains ou dégradants.

Or, paradoxalement, dans les rapports périodiques publiés par les institutions onusiennes spécialisées (OIT, UNICEF), sont rapportées les conditions serviles des enfants en servitude domestique, les pires formes de travail auxquelles ils sont soumis ainsi que les traitements inhumains et dégradants infligés à ces enfants asservis.

> Article 6 : Chacun a le droit à la reconnaissance en tous lieux de sa personnalité juridique.

Dès la mise au travail servile de l'enfant restavec chez la famille de placement, il perd tant sa personnalité morale que sa personnalité juridique automatiquement. Il subit l'effet de dépersonnalisation par changement de nom en celui de restavec et surtout sa condition de non-personne.

Les articles 7 à 15 concernent les droits à l'égalité devant la loi, au recours par-devant les tribunaux, arrestations et immixtions arbitraires, à l'asile et à la nationalité. Ils ne sont pas ici rapportés ni annotés en raison de leur faible lien avec la présente étude.

> Article 16 : À partir de l'âge nubile, l'homme et la femme, sans aucune restriction quant à la race, la nationalité ou la religion, ont le droit de se marier et de fonder une famille [...] La famille est l'élément naturel et fondamental de la société et a droit à la protection de la société et de l'État.

Hors de toute application du présent article, l'enfant restavec, à partir de son âge précoce, est contraint de quitter son rempart familial pour devenir esclave domestique d'une autre famille. Et, hors de toute protection de la société et de l'État, cette famille d'origine du restavec est dévastée par l'éclatement, la rupture des liens de ses membres séparés pour toujours.

> Article 17 : Toute personne, aussi bien seule qu'en collectivité, a droit à la propriété [...] Nul ne peut être arbitrairement privé de sa propriété.

Dans son application pratique et son interprétation sociologique, cet article reconnaît aux propriétaires du nouveau système de domination post-coloniale leur droit à l'appropriation privative des maisons et des villas, des richesses et des fortunes, aussi des domestiques faisant partie des propriétés de ces propriétaires.

Les articles 18 à 22 portent sur les droits à la liberté de pensée, de conscience et de religion ; la liberté d'opinion et d'expression ; la liberté de réunion et d'association pacifiques, de prendre part à la direction des affaires publiques de son pays. Ils ne sont pas ici retranscrits ni annotés en raison de leur faible rapport avec la présente analyse consacrée aux droits des mineurs.

> Article 23 : Toute personne a droit au travail, au libre choix de son travail [...] Tous ont droit, sans aucune discrimination, à un salaire égal pour un travail égal.

Étant donné qu'à chaque règle générale il y a aussi ses exceptions, le travail restavec non salarié désigne l'une des exceptions aux principes juridico-démocratiques promouvant les idéaux de droits de tous, sans discrimination, à un travail libre de son choix et à un salaire égal pour un travail égal.

> Article 24 : Toute personne a droit au repos et aux loisirs et notamment à une limitation raisonnable de la durée du travail et à des congés payés périodiques.

Contraints en tout temps d'exécuter les multiples tâches pénibles associées au travail restavec, les petits serviteurs domestiques travaillent en permanence durant les 12 mois et les 52 semaines de l'année sans aucun salaire. Dans ces conditions, il est donc absurde de parler de droits au repos, aux loisirs et aux congés payés, en parlant du travail restavec.

> Article 25 : Toute personne a droit à un niveau de vie suffisant pour assurer sa santé, son bien-être et ceux de sa famille, notamment pour l'alimentation, l'habillement, le logement, les soins médicaux ainsi que pour les services sociaux nécessaires [...] Tous les enfants, qu'ils soient nés dans le mariage ou hors mariage, jouissent de la même protection sociale.

Si, à la base à l'état civil, les autorités étatiques et religieuses construisent pour une même société haïtienne deux catégories d'enfants : paysans vs non-paysans, naturels vs légitimes, c'est une illusion de faire allusion à la « même protection sociale » pour tous les enfants haïtiens, discriminés dès leur nais-

sance les uns (héritiers favorisés) par rapport aux autres (déshérités défavorisés).

> Article 26 : Toute personne a droit à l'éducation. L'éducation doit être
> gratuite, au moins en ce qui concerne l'enseignement élémentaire et
> fondamental. L'enseignement élémentaire est obligatoire [...] L'éduca-
> tion doit viser au plein épanouissement de la personnalité humaine et
> au renforcement du respect des droits de l'homme et des libertés
> fondamentales.

Étant donné la condition de non-personne des enfants domestiques, c'est
encore une illusion de faire allusion au plein épanouissement de leur personnalité dépersonnalisée, au renforcement du respect de leurs libertés et droits
supprimés dont l'éducation dite obligatoire reste pour eux une pure fiction.

En passant en revue les droits de l'homme de 1948, il y a là-dedans des
droits de l'enfant {(droit à l'éducation (art. 26) ; droit à la protection sociale de
l'enfant (art. 25) ; droits à la liberté et à la dignité de sa personne (art. 1 ; 2),
etc.)}. Et, de même qu'il y a dans les droits de l'homme de 1948 des droits de
l'enfant, il y a pareillement dans les droits économiques, sociaux et culturels
de 1966 des droits de l'enfant ; également dans les droits civils et politiques de
1966 des droits de l'enfant. Les acteurs onusiens et les États signataires
trouvent qu'il n'est pas vain ni inutile de reprendre de manière répétitive ces
mêmes droits des enfants dans un autre texte juridique, celui de la Convention relative aux droits de l'enfant de 1989. Cette répétition fait surgir une
sorte de redondance dans leur examen. Cette redondance, justifiée par la
répétition sans cesse des droits de l'enfant tant dans les instruments juridiques de référence que dans les débats publics contemporains, met davantage en lumière les écarts prononcés entre les politiques contenues dans ces
instruments juridiques et leur mise en application sur le terrain par les autorités morales compétentes établies.

Les deux textes [jumeaux] de 1966 et la Convention de 1989 ont textuellement repris les principales clauses et dispositions de la Déclaration universelle des droits de l'homme de 1948, en les codifiant par catégories, à savoir :
les catégories générales des droits économiques, sociaux et culturels codifiés
en 1966 ; les catégories générales des droits civils et politiques codifiés en 1966
(*Tableau 9*) ; les catégories spécifiques des droits de l'enfant, répétés et formalisés en 1989 (*Tableau 10*).

No	Droits économiques, sociaux et culturels	Réf.	No	Droits civils et politiques	Réf.
1	Droit de disposer d'eux-mêmes librement	art. 1ᵉ	1	Droit de disposer d'eux-mêmes librement	art. 1ᵉ
2	Droit à l'égalité de sexe	art. 3	2	Droit à l'égalité de sexe	art. 3
3	Droit à un travail libre	art. 6	3	Droit à la vie	art. 6
4	Droit aux conditions de travail justes	art. 7	4	Droit à l'amnistie ou la grâce	art. 6
5	Droit à un salaire équitable	art. 7	5	Droit à l'intégrité de sa personne	art. 7
6	Droit aux congés payés	art. 7	6	Interdiction de la traite et de l'esclavage	art. 8
7	Droit à la sécurité et à l'hygiène du travail	art. 7	7	Interdiction du travail forcé ou obligatoire	art. 8
8	Droit au repos et aux loisirs	art. 7	8	Nul ne sera tenu en esclavage ou servitude	art. 8
9	Droit à une existence décente	art. 7	9	Droit à la liberté et à la sécurité	art. 9
10	Droit d'affilier au syndicat de son choix	art. 8	10	Droit de recours en cas d'illégalité	art. 9
11	Droit de grève	art. 8	11	Droit à la libre de circulation	art. 12
12	Droit à la sécurité sociale	art. 9	12	Droit à l'égalité devant la loi	art. 14
13	Droit à la protection et l'assistance	art.10	13	Droit à la reconnaissance juridique	art. 16
14	Droit à la protection spéciale des enfants contre l'exploitation économique et sociale	art.10	14	Droit à la protection de sa vie privée, sa famille, son honneur et sa réputation	art. 17
15	Interdiction de l'emploi de la main-d'œuvre enfantine	art.10	15	Droit à la liberté de pensée, de conscience et de religion	art. 18
16	Sanction contre l'emploi des enfants à des travaux compromettants et dangereux	art.10	16	Droit à la liberté d'expression, d'opinion et de recherche	art. 19
17	Droit à un niveau de vie suffisant	art. 11	17	Droit de réunion pacifique	art. 21
18	Droit à la nourriture, au vêtement et à un logement suffisant	art. 11	18	Droit de s'associer librement et de protéger ses intérêts	art. 22
19	Droit d'être à l'abri de la faim	art. 11	19	Droit de se marier et de fonder une famille	art. 23
20	Droit d'avoir accès aux soins et services médicaux	art.12	20	Droit de la famille à la protection de la société et de l'État	art. 23
21	Droit de jouir du meilleur état de santé	art.12	21	Droit de tout enfant à la protection	art. 24
22	Droit à l'éducation	art.13	22	Droit de tout enfant à une nationalité	art. 24
23	Droit à l'enseignement primaire, obligatoire et gratuit pour tous	art.14	23	Droit de prendre part aux affaires publiques de son pays	art. 25
24	Droit de participer à la vie culturelle	art.15	24	Droit de vote et d'éligibilité	art. 25

Tableau 9. Droits humains sur le bout des doigts (codifiés en 1966)

Pour la catégorie et la colonne des droits économiques, sociaux et culturels, les articles de références sont tirés évidemment du Pacte international relatif aux droits économiques, sociaux et culturels de 1966. Quant à la catégorie et la colonne des droits civils et politiques, ces droits énumérés sont extraits du Pacte international relatif aux droits civils et politiques de 1966.

Maintenant, essayons de compter brièvement « sur le bout des doigts » les droits des enfants, codifiés par la Convention relative aux droits de l'enfant de 1989 (*Tableau 10*), mais qui, dans sa mise en application sur le terrain, exclut catégoriquement les droits des enfants restavecs.

Tableau 10. Droits des enfants sur le bout des doigts (codifiés en 1989)		
No	Droits (idéaux) pour les enfants de moins de 18 ans	Réf.
1	Droit à la protection de l'enfant par l'État contre toutes formes de discrimination	art. 2 ; 20
2	Droit à la protection de l'intérêt de l'enfant [considéré] primordial	art. 3 ; 21
3	Droit de l'enfant d'avoir accès aux services médicaux et aux soins nécessaires à son bien-être	art. 3 ; 24
4	Droit à la protection des droits sociaux, économiques et culturels de l'enfant	art. 4
5	Droit à l'enfant de recevoir pour son développement l'orientation et les conseils de ses parents	art. 5
6	Droit inhérent à la vie et au développement de l'enfant	art. 6
7	Droit de l'enfant à une nationalité, à une reconnaissance juridique dès sa naissance	art. 7
8	Droit de l'enfant de connaitre ses parents et d'être élevé par eux	art. 7 ; 18
9	Droit de l'enfant de préserver son identité, sa nationalité, son nom et ses relations familiales	art. 8
10	Droit de l'enfant qu'il ne soit pas séparé de ses parents contre leur gré	art. 9
11	Droit de l'enfant d'entretenir des contacts personnels directs réguliers avec ses deux parents	art. 10
12	Droit à la protection de l'enfant contre les déplacements et les non-retours illicites	art. 11
13	Droit de l'enfant d'être entendu et d'exprimer librement son opinion	art. 12
14	Droit de l'enfant à la liberté d'expression, de pensée, de conscience et de religion	art. 13 ; 14
15	Droit de l'enfant à la liberté d'association et de réunion pacifique	art. 15
16	Droit à la protection de la vie privée, de l'honneur, de la réputation et de la dignité de l'enfant	art. 16 ; 23
17	Droit de l'enfant d'avoir accès aux matériels éducatifs visant la promotion de son bien-être total	art. 17
18	Droit à la protection de l'enfant contre toute forme de violence, d'abandon, de mauvais traitements	art. 19
19	Droit de l'enfant à la sécurité sociale et aux assurances sociales	art. 26
20	Droit de l'enfant à un niveau de vie suffisant et de développement [holistique]	art. 27
21	Droit de l'enfant à l'éducation, à l'enseignement primaire obligatoire et gratuit pour tous	art. 28
22	Droit de l'enfant au repos, aux loisirs, au jeu, aux activités récréatives, à la vie culturelle	art. 31
23	Droit à la protection de l'enfant contre la servitude et l'exploitation économique	art. 32
24	Droit à la protection de l'enfant contre l'usage et le trafic illicites de stupéfiants	art. 33
25	Droit à la protection de l'enfant contre l'exploitation sexuelle, l'enlèvement, la vente ou la traite	art. 34 ; 35
26	Droit à la protection de l'enfant contre la torture, les traitements cruels, inhumains ou dégradants	art. 37
27	Droit de l'enfant à la liberté, à l'assistance et au traitement avec humanité, dignité et respect	art. 37

Voilà, sur le bout des doigts, les droits des enfants formalisés notamment par la Convention relative aux droits de l'enfant de 1989 (ONU, No. 27531), signée ou ratifiée par Haïti le 8 juin 1995. Un ensemble de droits humains qui, dans leur teneur idéale générale, intègrent le droit positif haïtien et la Constitution haïtienne de 1987. Un ensemble de droits et de libertés qui, dans leur application pratique, restent une pure fiction pour les enfants victimes du système restavec.

À bien compter « sur le bout des doigts » les droits humains actualisés en contexte postcolonial, certains droits sont codifiés pour des catégories sociales déterminées ; d'autres droits sont formalisés pour d'autres catégories identifiées. En cela, lorsqu'on dit qu'on a le droit ou qu'on a tous des droits, il faut savoir et préciser qu'on n'a pas le même droit ; on n'a pas tous les mêmes droits. Par exemple, le droit au travail, le droit à un salaire, le droit aux congés payés, le droit d'adhérer à un syndicat et le droit de grève sont inventés pour les catégories de travailleurs exploités dans le salariat bridé, sachant que les propriétaires capitalistes ne travaillent pas. Quant aux droits à une existence décente, à un niveau de vie suffisant, à un logement suffisant, à une éducation de qualité pour les enfants, d'être à l'abri de la faim, d'avoir accès aux soins et services médicaux, de jouir du repos et des loisirs, de circuler librement d'un pays à l'autre, d'être traité avec respect, honneur et dignité : ces droits sont réservés aux détenteurs de capitaux et de moyens privés, capables d'en jouir pleinement. Car, en régime capitaliste, la jouissance de ces derniers droits sociaux, économiques et culturels est conditionnée, dans leur application pratique. Cette jouissance est, avant tout, fonction de ressources monétaires et de capitaux matériels privés dont disposent ceux qui veulent en jouir ou mieux ceux qui peuvent en jouir. Ils deviennent donc des droits particuliers réservés à une minorité d'êtres humains de grands moyens, mais déclarés à tort ou à raison des droits de tous les êtres humains.

Loin de résoudre les problèmes de non-liberté, de servitude, d'esclavage, de traite et de traitements inhumains des êtres humains, la publication à répétition des instruments sur les droits humains semble avoir pour résultat l'occultation des rapports de domination, d'oppression, d'exploitation et de violation des droits humains dans notre société contemporaine. Car, à force de répéter sans cesse les mêmes choses, à savoir « tous les êtres humains sont libres et égaux en dignité et en droits » ou « l'esclavage et la traite des esclaves, sous toutes leurs formes, sont interdits » sans des actions concrètes appropriées, on tend à faire oublier, ignorer ou négliger les victimes pratiquement croupissant sous le joug de la servitude contemporaine.

6.3. Conformisme des autorités morales aux idéaux de libertés et de droits humains

Après l'histoire tumultueuse des colonisations européennes et des deux grandes guerres mondiales du XXe siècle (1914-1918 ; 1939-1945), se dessine à l'échelle planétaire un nouvel ordre mondial tourné vers les valeurs démocratiques de paix, de libertés et de droits humains (Easton, 1953 ; Lindblom, 1965). Les puissances victorieuses et les acteurs mondiaux lancent de nouveaux mécanismes institutionnels par la création en 1945 de l'ONU et ses institutions spécialisées promouvant ces valeurs nouvellement priorisées. Ils prennent des dispositions politiques pour la décolonisation du reste du monde asiatique et africain anciennement colonisé ; ils adoptent également des dispositifs juridiques et des instruments internationaux pour la promotion des idéaux de paix, de libertés et de droits humains dans le monde. Dorénavant, ces idéaux s'inscrivent dans le nouvel ordre mondial onusien auquel les autorités morales et religieuses s'invitent à se conformer.

Dans son rapport organisationnel avec la structure onusienne, l'autorité catholique se dit unie avec l'Organisation des Nations Unies et les États-Unis d'Amérique pour « l'éradication de la traite des personnes », en reconnaissant aujourd'hui que cette pratique esclavagiste est une « violation de la dignité, des droits de l'homme et des libertés fondamentales des victimes » (Ngol, 2023 ; La Vella, 2022 ; Masotti, 2020). Selon Hurbon (2004), dès 1980, l'Église catholique joue un rôle important dans la conscientisation du peuple au sujet de problèmes collectifs, en s'engageant dans la promotion des droits de l'homme. La présidence de Jean-Claude Duvalier (1971-1986), explique-t-il, se trouve contestée à la suite d'une visite du pape Jean-Paul II en 1983 qui, peut-être sans le vouloir, occasionne une mobilisation pour le changement de régime. Pour sa part, le vaudou contribue à la promotion des droits humains, notamment quant à la liberté de religion et à la sortie de la religion hors-loi (Ramsey, 2011). Quant au protestantisme, il aide à la promotion des droits humains en Haïti, en apportant une contribution exceptionnelle notamment dans la jouissance des droits à l'éducation, à la santé et à la liberté de religion (Demero & Regulus, 2017).

Aujourd'hui, tout le monde parle de droits humains, devenus apparemment des préoccupations pour le catholicisme, le protestantisme et le vaudou auxquels ils se montrent attachés. Leur attachement aux valeurs de paix, de libertés et de droits humains se comprend aisément, puisque les religions, comme faits culturels, se conforment toujours aux règles de la raison et aux réalités culturelles présentes (Meslin, 2006). Ainsi, les acteurs socioreligieux s'évertuent à réviser leur position pour l'adapter aux dynamiques du marché mondial et aux réalités culturelles du siècle présent. En effet, ils se donnent les possibilités d'apprendre, de désapprendre et de réapprendre en contexte de modernité (Bélanger, 2018). Ils s'approprient les nouveaux outils et moyens communicationnels qu'offre cette modernité pour se retravailler, s'ajuster et s'adapter, en adaptant leurs discours contemporains aux idéaux de paix, de libertés et de droits humains en conformité avec les valeurs démocratiques et culturelles occidentales prescrites au menu du nouvel ordre mondial (Boeve, 2003). Donc, ces acteurs institutionnels rationnels influents qui se conformaient à l'ancien ordre colonial esclavagiste s'offrent, par leur conformisme, les moyens stratégiques d'adaptation au nouvel ordre culturel modernisé, mondialisé ou occidentalisé avec les idéaux de libertés et de droits pour tous. Autrement dit, de même qu'ils se conformaient au contexte postféodal en rejoignant le courant dominant de l'esclavagisme officiellement au XVe siècle après maintes « hésitations » (Quenum, 1993), ils usent de leur capacité d'adaptation au changement minimal pour se conformer à la réalité du contexte postcolonial reposant sur la dynamique du discours d'égalité, de liberté et de dignité de la personne humaine.

Dans leurs préoccupations temporelles, les acteurs institutionnels laissent guider leurs comportements par l'évolution de la société, tout en préservant certaines traditions considérées intouchables donc indomptables. Dotés de capacités d'adaptation au changement minimal, ces acteurs institutionnels rationnels arrivent aisément à forger une position morale – du moins conjoncturellement – par rapport aux nouvelles dynamiques culturelles de la société moderne (Pétré-Grenouilleau, 2003). Par exemple, l'acteur institutionnel catholique, avec son statut de membre observateur de l'ONU préconisant les idéaux de libertés et droits humains, s'offre les possibilités de réviser sa position colonialiste-esclavagiste officialisée depuis le XVe siècle. Ainsi, la position stratégique adaptative de l'autorité cléricale permet la reconstruction d'une image morale – du moins en apparence – de l'institution catholique au travers des espaces publics onusiens et nationaux. Cette image morale apparente se dessine, au niveau national, au travers des comportements des autorités catholiques haïtiennes véhiculant dans les espaces publics un discours moral aussi adapté donc réorienté vers les idéaux de paix, de libertés et de droits humains, sans se soucier concrètement, dans leur agir compétent, du sort des enfants restavecs en servitude. La même image morale est aussi projetée et présentée par les acteurs protestants ayant pris part à la recherche où plus de 76 % de ces répondants protestants disent canaliser leur discours religieux contemporain vers les idéaux de droits humains et de dignité de la personne humaine en général, mais non vers les droits et la dignité de la personne humaine de l'enfant restavec oublié.

La position morale des autorités politiques et charismatiques révisée puis réorientée vers les idéaux de libertés et de droits humains ne conduit pas à l'éradication définitive et structurelle de la servitude perpétuelle des Nègres imposée en Haïti depuis le XVe siècle. Leurs discours moraux canalisés vers les idéaux de paix et de dignité de la personne humaine en général, sans actions concrètes appropriées, ne suffisent pas pour faire disparaître les rapports esclavagistes qui perdurent dans la société haïtienne. Les instruments politico-juridiques et les dispositifs abolitionnistes, sans véritables moyens stratégiques et mesures pratiques d'accompagnement, ne suffisent pas non plus pour briser les liens structurels de l'esclavage noir longtemps perpétué en Haïti. Au contraire, à mesure que se multiplient ces instruments juridiques et retentissent sans cesse ces discours moraux de paix, d'égalité, de liberté et de dignité de la personne humaine, s'intensifient parallèlement les pratiques d'esclavage, les guerres et les violations des droits humains, les injustices et les dénis de justice, les disparités et les inégalités, les formes d'oppression et de domination (Burawoy, 2009) ; ce que reconnaissent les autorités morales politiques et charismatiques contemporaines. À force de faire retentir les bruits de paix, de libertés et de droits pour tous, cela tend à faire oublier les victimes dans leur état de non-liberté et leur condition de non-personne ainsi que les causes historiques à la base de ces formes contemporaines de servitude, d'oppression et de domination auxquelles sont encore soumis des enfants noirs haïtiens.

Dans le contexte esclavagiste colonial, les prises de position et les choix pratiques des autorités morales et charismatiques étaient assez explicites. Certains chefs catholiques exprimaient clairement leur position colonialiste-esclavagiste, favorable à la conquête et la colonisation des Amériques, à la traite et l'esclavage des Nègres. D'autres acteurs religieux possédaient des esclaves sans aucun embarras (Corten, 2014 ; Salifou, 2006). Par ces choix pratiques, ils s'associent aux groupes colonialistes et esclavagistes dominants, en priorisant l'intérêt lié à la dynamique du marché au détriment des vertus morales et des saines pratiques religieuses, en « déclin » (Taylor, 2011).

Dans le contexte abolitionniste postcolonial, la position des autorités charismatiques sur la question de l'esclavage contemporain paraît un peu implicite, voilée, nuancée ou mitigée. Cette position mitigée ou nuancée s'explique par le fait qu'elles s'amènent à s'adapter au nouvel ordre mondial dominé par les idéaux de libertés et de droits pour tous, sans renoncer paradoxalement à la tradition de la servitude domestique. En d'autres termes, ces acteurs moraux et religieux locaux essaient apparemment de se conformer au nouveau contexte abolitionniste postcolonial en s'appropriant les discours contemporains réorientés vers les idéaux de paix, de libertés et de droits humains, sans pourtant rompre leur attachement avec la tradition du restavec. Dans un tel contexte, le silence de la majorité de ces autorités morales et religieuses locales devient implicitement leur position stratégique sur la question de la servitude domestique en Haïti. Évidemment, une telle position facilite la reproduction des rapports domestiques de domination et le renouvellement du système d'esclavage noir en Haïti dans la mesure où le silence, en soi, demeure profitable aux propriétaires opprimant leurs domestiques en toute quiétude. Elle permet aux acteurs socioreligieux locaux attachés à la tradition esclavagiste restavec de continuer aisément à bénéficier des avantages matériels et immatériels que leur rapportent les services domestiques gratuits de ce système d'exploitation postcoloniale (Guillen, 2018 ; Bawin-Legros, 1996).

Dans leur conformisme et leur posture stratégique adaptative, les autorités morales et religieuses locales, comme d'autres acteurs sociaux dominants et avec d'autres partenaires puissants onusiens, réajustent leur discours en fonction du courant dominant réorienté vers les idéaux de paix, de libertés et de droits humains. Dorénavant, révisé et adapté, leur discours porte globalement sur les droits humains, en gardant le silence exceptionnellement sur la violation systématique ou la suppression (*de facto*) des droits des enfants domestiques réduits en servitude contemporaine. Par exemple, en témoignent les rapports périodiques de la *Commission épiscopale nationale Justice et Paix* (2007-2022) sur la situation générale des droits humains en Haïti ainsi que le bilan global des deux siècles du protestantisme haïtien (1816-2016) : les enfants restavecs sont oubliés tant dans les rapports des acteurs épiscopaliens que dans le bilan des acteurs protestants. Cet oubli manifeste traduit les comportements de ces autorités morales et religieuses envers les enfants restavecs ; il nous rappelle l'ironie de Sixto (1977) questionnant, en termes de similitude, l'attitude méprisante des groupes sociaux dominants des familles de placement à l'égard de la souffrance quotidienne de *Ti Sentaniz*.[3] Pour répéter en paraphrasant l'ironie de Sixto (1977), ces orateurs charismatiques éloquents qui parlent sans cesse de droits humains semblent ne pas voir les droits des pauvres enfants restavecs dans leurs gros livres de droits ni dans leur grosse Bible ni dans leur solennelle homélie religieuse ni dans leur gros discours moral propagé à travers les espaces publics. En cela, leur discours moral centré sur les idéaux de droits humains ne concorde pas avec leur agir compétent oubliant les enfants restavecs sous le joug de la servitude contemporaine.

---

3. Professeur de littérature, humoriste et conteur populaire haïtien, Maurice Sixto imagine en 1977 *Ti Sentaniz* comme à la fois un personnage fictif caractéristique du restavec et un titre du volume III de son album *Lodyans* (créole haïtien). Le morceau *Ti Sentaniz* présente le portrait emblématique des enfants restavecs et leur condition de non-personne dans de nombreuses familles haïtiennes [Youtube, 22 min 54 s]. https://www.youtube.com/watch?v=idZFfMHnOlo

6.4. Relecture sociologique des idéaux de libertés et de droits humains

Parler du système restavec aux temps modernes, c'est aussi parler d'un système dans lequel des enfants domestiques sont privés de leurs libertés et leurs droits fondamentaux, tels que codifiés par les instruments juridiques internationaux y relatifs, puis incorporés au droit positif haïtien, suivant la hiérarchie des normes juridiques (Lampron, 2012 ; Brunet *et al.*, 2013). Il nous revient de procéder à une relecture sociologique des idéaux de libertés et de droits humains en jeu, de manière à examiner la situation des victimes du système restavec à la lumière de ces libertés et droits humains codifiés, puis intégrés dans la Constitution haïtienne de 1987 (art. 16-57). Cette relecture nous amène à pénétrer la profondeur de la discordance entre le discours contemporain sur la dignité de la personne humaine et l'agir par intérêt des autorités morales locales associées aux fractions sociales dominantes attachées continuellement à la tradition de la servitude domestique.

L'analyse contextualisée des libertés et des droits des enfants domestiques en jeu, en regard des conventions ratifiées par Haïti, ne se confond pas avec une analyse du droit international. Elle se veut, au contraire, une relecture sociologique des droits humains qui, dans la situation particulière des enfants restavecs, ne sont pas protégés. Rappelons-le, les conventions internationales relatives aux libertés et droits humains ratifiées par l'État d'Haïti font partie des normes du système juridique haïtien, de même que la convention interétatique de 1860 entre l'État du Vatican et l'État d'Haïti (concordat) renouvelant le pouvoir de domination du catholicisme sur le marché postcolonial haïtien. Dans la hiérarchie et la conciliation des normes juridiques (conventions et traités internationaux, constitution, lois, ordonnances, décrets, règlements) – variées selon les pays en fonction de la nature du système juridique national (Millard, 2013 ; Protière *et al.*, 2016) – la Constitution de 1987 et les lois constitutionnelles priment sur ces conventions internationales engageant l'État haïtien. Donc, il paraît pertinent de procéder à une relecture sociologique de la situation critique des droits des victimes à la lumière des instruments juridiques relatifs aux droits humains ratifiés par l'État haïtien, incorporés à la Constitution et au droit positif haïtien ; ce qui nous permet de mieux saisir la toute force de la tradition du restavec faisant éclipser ces droits auxquels les enfants restavecs n'ont droit pratiquement.

La relecture sociologique des pratiques et des rapports sociaux contemporains fait apparaître les côtés voilés des droits humains dits inaliénables et inhérents à tous les êtres humains. Dans sa lecture sociologique, Burawoy (2009, p. 123) retient qu'à mesure que la rhétorique de l'égalité et de la liberté florissait, au cours des dernières décennies, les sociologues rendent compte que les violations de droits se sont multipliées, les inégalités et les formes de dominations sont en constante augmentation. Et, bien trop souvent, dit-il, les États et les marchés se sont rejoints pour collaborer contre l'humanité.

Les droits de l'homme, selon Marx (cité dans Boyer, 2014), ne sont rien d'autre que les droits du membre de la société civile, c'est-à-dire ceux de l'homme égoïste, de l'homme séparé des autres hommes et de la communauté. Et, cette société civile renvoie, chez Hegel (1975), à une société civile bourgeoise, sphère des besoins des échanges et des confrontations des intérêts particuliers. Elle renvoie, chez Rousseau (2002), à une source d'inégalités et d'injustices, une source d'entrave au faible et de force au riche, une société civile bourgeoise où règne la loi de la propriété privée et de la division du travail.

En laissant parler les droits humains, par exemple le droit de l'homme à la liberté défini par les instruments de référence dans le sens de la jouissance de ses libertés et du respect des libertés d'autrui, se dévoilent au moins deux zones d'ombre. La première apparaît dans l'idéalité de pouvoir jouir de ses libertés et ses droits en tout temps et en tout lieu, sans nuire aux droits et libertés d'autrui, donc sans nuire aux intérêts particuliers d'autrui. Et, en cas de conflits de droits et d'intérêts – dans une logique réaliste des rapports de force – s'imposent généralement les droits et les intérêts particuliers dominants, c'est-à-dire ceux des acteurs dominants défendus par l'État (Morin, 2013). L'autre zone d'ombre dévoilée surgit dans l'articulation pratique de ce droit à la liberté qui, loin d'aboutir à l'affranchissement effectif des êtres humains asservis, conduit de préférence à la séparation de l'homme avec ses semblables, donc un droit de l'homme enfermé sur lui-même en contradiction avec le projet moral du vivre-ensemble. La réflexion sociologique marxiste, reprise par Boyer (2014), fait identifier un « droit humain de la liberté [qui] n'est pas fondé sur l'union de l'homme avec l'homme, mais au contraire sur la séparation de l'homme avec l'homme ». C'est, dans son application pratique, le droit de l'homme à la propriété privée, c'est-à-dire le droit des propriétaires de jouir et de disposer en toute liberté de leurs biens, leurs fortunes, leurs richesses.

En outre, la relecture sociologique analytique des rapports sociaux en contexte postcolonial de droits humains permet de projeter la lumière sur d'autres zones d'ombre. Elle laisse entrevoir, entre autres, que :

- *Le droit au travail*, c'est un droit à l'exploitation des travailleurs et l'appropriation des fruits de leur travail par les propriétaires. Ce droit au travail n'a pas été codifié à l'attention des propriétaires, puisqu'ils ne travaillent pas. Mais il a été élaboré à la destination des travailleurs dont certains sont fixés à un travail servile non libre à l'instar des restavecs, et d'autres sont soumis à un travail dépendant dans le salariat bridé. Dans les deux cas, ces catégories de travailleurs ne travaillent qu'à la croissance des entreprises familiales, commerciales ou industrielles des maîtres qui ne travaillent pas, mais qui vivent de la survaleur, de la plus-value ou du surplus surabondant que crée la force de travail des travailleurs exploités. Donc, c'est un droit susceptible de faciliter l'accumulation et l'enrichissement des propriétaires, détenteurs de biens et moyens de production.
- *Le droit à un salaire équitable*, c'est le droit concédé aux catégories de travailleurs dépendants dans le salariat bridé, mais non reconnu ni admissible au marché domestique de travail restavec. Ce droit à un travail rémunéré offre aux travailleurs salariés des ressources salariales mesurées leur permettant d'assurer leur survie et de reproduire leur force de travail de manière à pouvoir travailler, travailler encore, travailler toujours pour continuer à créer de plus en plus de surplus pour leurs patrons (Brient, 2007).
- *Le droit de grève*, c'est le droit réservé exclusivement aux travailleurs pour revendiquer des conditions de travail facilitant une participation plus significative d'eux dans la production, la création et l'accumulation de richesses destinées aux propriétaires d'entreprise. Ce droit de grève est conditionné dans certaines entreprises ; il est réprimé dans d'autres. Dans l'entreprise familiale où travaillent les enfants domestiques, ces petits travailleurs ne peuvent même pas oser dire non à leurs propriétaires, voire tenter de cesser de travailler un instant pour exiger des conditions de travail humainement acceptables.
- *Le droit à un logement suffisant*, c'est le droit à l'appropriation privative des fortunes où les propriétaires disposent de la liberté et

du droit de se procurer des villas ou des maisons luxueuses sans se souvenir ni se soucier des sans-abris, sans-logis logés sous des toits en carton, sous les galeries ou dans un coin de la cuisine. C'est, à proprement parler, le cas pour les enfants restavecs qui, malgré que leur adresse postale résidentielle soit la même que celle des parents-fils-propriétaires, sont repoussés et logés dans un coin de la cuisine dans la seconde zone séparée de la zone centrale résidentielle familiale (de Singly, 2004).

- *Le droit à un niveau de vie suffisant*, c'est le droit pour l'homme détenteur de capitaux matériels et immatériels – poussé par l'individualisme qu'entraîne la jouissance de ce droit, puis séparé des autres hommes – de jouir de ses biens privés et de vivre une vie heureuse sans se soucier des personnes croupissant dans la souffrance, la misère et la pauvreté.

- *Le droit au repos et aux loisirs*, c'est le droit dont disposent les propriétaires de jouir de leurs fortunes et richesses, d'aller au cinéma et à la plage, de voyager et faire du tourisme d'un pays à l'autre, pendant que les autres travaillent encore et toujours à la prospérité de leurs entreprises familiales, commerciales ou industrielles. Ce droit au repos et aux loisirs n'est qu'une pure illusion pour les serviteurs domestiques qui, les week-ends comme les autres jours de la semaine, les jours fériés comme les moments des vacances scolaires, ne cessent jamais de travailler pour les parents-fils-maîtres des familles de placement.

- *Le droit à la nourriture et d'être à l'abri de la faim*, c'est le droit pour les maîtres de se nourrir de mets délicieux vitaminés, de stocker dans leurs frigidaires toutes qualités de friandises et dans leurs dépôts toutes sortes de nourritures pour vivre dans la surabondance, sans se soucier des autres qui ont faim. Même si ces friandises nutritives et mets délicieux destinés aux maîtres restent jusqu'à expirer dans les frigidaires, les serviteurs domestiques n'ont aucun droit d'en déguster, sachant qu'ils n'ont accès qu'aux nourritures préparées spécialement pour esclaves. (Meillassoux, 1986)

En outre, la relecture des différents instruments internationaux sur les droits humains laisse penser que l'objectif des États signataires vise, semble-t-il, à ne pas atteindre leurs objectifs. En termes plus précis, paraît-il, leur

objectif est de ne pas atteindre les objectifs de la suppression totale de l'esclavage, tels que formulés à répétition dans ces instruments juridiques. Pour
preuve, au moment où l'État français adopte pour la première fois la Déclaration des droits de l'homme et du citoyen en 1789, il poursuit au même
moment ses vrais objectifs pour le maintien du système esclavagiste dans les
colonies françaises. Cette Déclaration française des droits de l'homme a été
universalisée et codifiée dans sa version nouvelle postcoloniale par l'Assemblée générale de l'ONU en 1948 sous l'influence des États français, anglais et
états-uniens, principaux vainqueurs de la Seconde Guerre mondiale (1939-
1945), avant d'être catégorisée et actualisée à maintes reprises par cette
immense structure organisationnelle interétatique. Donc, on répète toujours
les mêmes choses, depuis environ trois siècles, allant de la Déclaration des
droits de l'homme de 1789, passant par la Déclaration universelle des droits de
l'homme de 1948 suivie des multiples conventions relatives aux droits
humains, jusqu'aux derniers objectifs onusiens les plus récents.

Sans résultats concrets satisfaisants ni mesures strictes réprimant effectivement et totalement les pratiques esclavagistes dans la société, il est facile de
déclarer à répétition : « nul ne sera tenu en esclavage » ou « nul ne sera tenu
en servitude » ou « nul ne sera astreint à accomplir un travail forcé ou obligatoire ». Or, l'on sait d'ailleurs que persiste l'esclavagisme du passé au présent,
puisque parallèlement les mêmes institutions spécialisées onusiennes
publient des rapports périodiques attestant la persistance des pratiques traditionnelles de traite, d'esclavage et de travail forcé des enfants dans le monde
contemporain dont le monde haïtien.

Sur la notion de liberté élucidée dans sa théorie de la discussion et sa
philosophie morale et politique, Habermas (2008) exprime une position favorable au respect et à la protection de la liberté d'autrui, notamment celle de
foi et de conscience de chacun. À son avis, les autorités étatiques comme les
forces morales religieuses doivent accepter de reconnaître l'égale liberté ou
les mêmes libertés de foi et de conscience pour tous (p. 343). Disposant de
pouvoir légitime, de droit rationnel et de force empirique, les autorités institutionnelles en question doivent agir de manière à préserver la tranquillité et
l'ordre, en respectant ou faisant respecter ces libertés fondamentales (p. 344).
Cette notion de liberté se décline, chez Ricœur (1969), en liberté de foi
(dimension religieuse), en liberté engendrée par la Parole divine (considération herméneutique), puis en liberté définie par le droit positif (dimension
politique). Tout en portant un regard particulier sur celle définie par le droit

positif, les trois dimensions de liberté en question s'inscrivent donc dans un continuum où il paraît inconcevable voire irraisonnable de vouloir scinder l'existence des êtres humains, pris dans un sens ontologique, pour les priver de l'une ou l'autre de ces dimensions.

Cette dernière vision à la fois théologique, ontologique et philosophique de la liberté concorde bien avec la relecture sociologique priorisée dans la mesure où elles envisagent chacune la protection, la garantie, le respect ou la reconnaissance de liberté pour tous, y compris la liberté pour les enfants domestiques. Une reconnaissance de liberté qui, en soi, ne consiste pas en une répétition sans cesse d'adoption de conventions après conventions, de déclarations après déclarations sur les libertés et les droits humains, mais surtout en des mesures d'accompagnement et d'action, de contrôle et d'application pratique facilitant la jouissance effective par ces enfants de leurs droits et leurs libertés, en tant qu'êtres humains à part entière.

6.5. Droits qui ne sont pas des droits : droits des restavecs

La relecture sociologique projette un volume d'éclairage additionnel sur une autre zone d'ombre dans les droits humains, celle des droits des restavecs considérés comme des droits qui ne sont pas des droits ou des droits qui ne sont pas du droit. Portons d'abord les regards sur les droits des enfants domestiques qui ne sont pas des droits, c'est-à-dire des droits enfantins hors des droits humains. Dans leur application pratique, les droits fondamentaux n'incluent pas les droits des enfants restavecs, de fait, situés hors des droits à la liberté, au travail libre, à l'éducation, à un niveau suffisant de vie ainsi qu'au développement physique, spirituel, moral et social acceptable ; hors des droits d'être élevés par leurs parents et d'entretenir des contacts personnels directs réguliers avec eux, d'être traités avec honneur, respect, humanité et dignité ; hors des droits à la protection contre toute forme de traite, d'esclavage, de servitude, d'exploitation, de violence, d'abandon, de torture, de traitements cruels, inhumains ou dégradants. D'où les droits qui ne sont pas des droits : les droits des victimes de traite, d'esclavage, de maltraitance et de traitements inhumains, donc les droits des enfants restavecs gardés sous le joug de la servitude contemporaine.

S'agissant particulièrement de la violation systématique de leurs droits à l'éducation, à l'enseignement primaire obligatoire gratuit et d'avoir accès aux matériels éducationnels comme si ces enfants restavecs étaient à l'époque coloniale, ce déni nous rappelle l'hostilité des anciens colons qui s'opposaient à l'instruction des esclaves dans les Antilles. Après 1838, l'arrivée des Frères de l'Instruction chrétienne (FIC) aux Antilles françaises provoque l'hostilité des colons, non favorables à la diffusion de l'instruction dans l'esprit des esclaves, écrit Schmidt (1984, p. 209). L'auteur rapporte l'écho du courant d'opinion défavorable chez les colons questionnant par objection les Frères instructeurs, en ces termes : « Pourquoi enseigne-t-on à lire, à écrire, et à le faire correctement, à enseigner le calcul, l'histoire [...] ? »

Certes, les conditions serviles de non-personne des enfants restavecs ne permettent pas de parler de leurs droits, puisqu'ils en sont privés catégoriquement, avant d'être abandonnés ou méprisés par les autorités morales des institutions politiques et religieuses qui ne font aucun cas de ces enfants réduits en servitude aux temps modernes. À notre avis, la seule façon de parler de leurs droits – s'il faut en parler – revient à parler uniquement des droits violés systématiquement. Non considérés comme des êtres humains à part entière par leurs maîtres, les droits de ces enfants domestiques ne sont non plus considérés comme des droits fondamentaux par les parents-propriétaires-héritiers, les ayants droit jouissant pleinement de leurs droits reconnus légitimes, inviolables et inaliénables.

N'étant pas comptés parmi les héritiers des familles dominantes dont les droits sont des droits bien protégés, les enfants restavecs se retrouvent parmi les déshérités oubliés du système esclavagiste postcolonial. Ignorés ou abandonnés, leurs droits ne sont pas des droits pris en compte par les décideurs politiques et charismatiques dont les intérêts se confondent avec ceux des groupes sociaux dominants qui jouissent du travail servile restavec. Le seul droit des enfants restavecs – s'ils en ont – c'est le droit à rien, puisqu'en général ils n'ont pratiquement rien joui des droits humains énumérés avant sur le bout des doigts. Leur droit à rien s'explique et se comprend aisément dans la mesure où ils ne sont pas des héritiers au sens bourdieusien, mais des bâtards illégitimes donc des non-héritiers sans droit ni héritage ou des déshérités méprisés privés de leurs droits dits inaliénables aux êtres humains. C'est d'ailleurs cette privation de droits et de libertés qui définit l'esclavage (McAll, 2009 ; Arendt, 1958). D'après Hans et Joost (2008, p. 150), l'esclavage signifie que la victime est privée de tous les droits et libertés : liberté de choix, liberté d'autodétermination, liberté de posséder des biens et d'en jouir. Donc, en tant qu'esclave ou propriété du maître, l'enfant restavec est automatiquement exclu ou rayé de la liste des héritiers dont les droits sont effectivement des droits inaliénables.

Maintenant, dans une autre quête de sens, examinons les droits qui ne sont pas du droit, c'est-à-dire les droits des restavecs non protégés par le droit positif haïtien. L'étude des caractéristiques du marché du trafic restavec nous a permis d'identifier un marché traditionnel et informel, un marché illicite et illégal, un marché noir et non transparent. S'il demeure un marché informel régi par la tradition, il est certain qu'il n'est pas saisi par le droit, contrairement au marché colonial de la traite négrière et de l'esclavage noir formalisé, légalisé et institutionnalisé par la bulle pontificale de 1454, les codes noirs de 1685 et 1724. Et si ce marché restavec traditionnel n'est ni éradiqué, ni régulé, ni réglementé, ni formalisé, ni saisi par le droit en raison de l'abolition soi-disant (*de jure*), il est aussi évident que les droits des petits travailleurs restavecs ne sont pas reconnus ni protégés par le droit positif haïtien.

L'ignorance, le mépris ou l'oubli des droits des travailleurs restavecs est tel que – en passant en revue les instruments juridiques nationaux – le terme *restavec* n'y est mentionné nulle part. Le Code du travail haïtien de 1961, dans ses dispositions spéciales consacrées aux enfants, fait allusion aux travaux domestiques certes, mais il ne considère que le marché domestique formel (hôtels, restaurants, clubs), ignorant ainsi les restavecs chez les familles de placement. À son tour, la Constitution haïtienne de 1987, en son article 35.6, stipule : « La loi limite l'âge pour le travail salarié. Des lois spéciales réglementent le travail des enfants mineurs et des gens de maison ». À l'esprit du législateur haïtien, les gens de maison renvoient non aux enfants restavecs abandonnés mais aux travailleurs domestiques salariés du marché formel, puisqu'il le précise : pour le travail salarié.

Dans tous les cas de figure, est à nouveau oublié ou ignoré le restavec du marché de travail domestique informel. Or, le législateur haïtien ainsi que tous les acteurs locaux reconnaissent l'écho sémantique et significatif du restavec ancré profondément dans la culture linguistique haïtienne ainsi que l'ampleur de la tradition du restavec en Haïti. Pourquoi le législateur haïtien refuse-t-il de citer le restavec ? Dans son agir compétent, il n'intervient pas pour nommer le *restavec* dans sa législation, voire interdire cette pratique déshumanisante largement répandue et connue dans la société haïtienne. C'est peut-être une raison pour laquelle – non sans ironie (Sixto, 1977) – les autorités politiques et religieuses comme les maîtres des familles de place-ment n'ont pas vu dans leurs gros livres de droit les droits du restavec. C'est peut-être une autre raison pour laquelle le restavec n'est pas considéré comme pratique répréhensible par ces acteurs sociaux et moraux locaux, puisqu'il n'est pas dans les gros livres de droit et de loi.

La position du législateur haïtien à ne pas vouloir nommer le restavec dans sa législation fait l'objet d'interprétations diverses. Premièrement, elle fait surgir une sorte de tension entre la politique qui, par là, essaie d'ignorer le restavec et la sociologie qui, par ses stratégies d'intervention, cherche à citer nommément le restavec pour mieux s'attaquer à cette pratique déshumanisante dans la société haïtienne. Car, pour combattre le mal, il faut savoir d'abord le nommer stratégiquement par son nom propre. De même que pour s'attaquer aux problèmes climatiques, à l'insécurité, à la discrimination, à la corruption, à la violence conjugale ou au viol, on s'accorde à les nommer sans ambages, il faut aussi citer le restavec nécessairement par une parole publique stratégique vulgarisée, jusqu'à ce qu'il devienne insupportable aux tympans de « ceux-là » qui pratiquent ou laissent pratiquer ce mal dans la société.

Deuxièmement, cette position du législateur haïtien débouche sur un sérieux problème à la fois moral, juridique et épistémique. Sur le plan moral, elle traduit le mépris du travailleur restavec et de ses droits, dans le même sens que la posture méprisante des maîtres des familles de placement et des autorités morales et religieuses locales à l'égard de ce serviteur domestique comme celui « qui n'y est pas » (Goffman, 1973), même s'il est physiquement là, présent. Sur le plan juridique, il est difficile d'intenter un procès contre la pratique du restavec, puisque l'objet du restavec en soi n'y est pas, car éliminé par le législateur (*de jure*). Et, en joignant cette contrainte juridique au problème moral, il devient plus difficile de s'attaquer moralement à un objet qui n'y est pas. Étant donné qu'il n'y est pas, cela fait en sorte qu'en termes épistémologiques certains chercheurs hésitent même à produire des connaissances scientifiques autour du terme *restavec*. Voilà pourquoi, après maintes remarques des pairs sur la validité de la terminologie du restavec, des avertissements ont été à cet effet lancés dès le début du travail.

En outre, la relecture du Code du travail haïtien de 1961 nous fait souligner des nuances, voire des ambiguïtés, jouant à stimuler tacitement la tradition du restavec dans la société haïtienne et le marché domestique de travail servile informel. Parmi les dispositions spéciales consacrées au travail des enfants, considérons les articles annotés les plus pertinents pour nous, en raison de leur nuance susceptible d'aider à comprendre, d'une part, dans quel sens ces dispositions s'ouvrent tacitement au renforcement de la tradition du restavec dans le marché domestique informel et, d'autre part, en quoi les droits des travailleurs restavecs ne sont pas du droit, donc ignorés ou méprisés.

> Article 395 : Les mineurs auront les mêmes droits et les mêmes obliga-tions que les majeurs en matière de législation du travail, sans autres exceptions que celles qui sont établies dans le présent Code.

Hors des principes juridiques d'équité et de discrimination positive favo-rables aux mineurs, le législateur concède aux mineurs les mêmes droits et surtout les mêmes obligations que les majeurs. Cela sous-tend que les travailleurs mineurs peuvent être exposés à des heures et des conditions de travail similaires à celles des travailleurs majeurs, aussi dures et rudes que ces conditions puissent paraître. En cohérence avec le présent article 395, l'article 398 suivant témoigne par exemple du travail dur réservé aux mineurs de moins de 14 ans notamment dans les entreprises agricoles.

> Article 398 : Les enfants de moins de quatorze ans ne pourront être employés ou travailler dans les entreprises agricoles, publiques ou privées ou dans leurs dépendances qu'en dehors des heures fixées pour l'enseignement scolaire, et ce travail, s'il y a lieu, doit être tel qu'il ne puisse nuire à leur assiduité à l'école.

Le Code du travail haïtien fixe à moins de 14 ans l'âge des mineurs au travail dans les entreprises agricoles, publiques ou privées ! Cet article ambigu facilite l'exploitation des mineurs de moins de 14 ans, moyennant que cette exploitation ait lieu en dehors des heures fixées pour l'enseignement scolaire. Il nous fait penser particulièrement à l'ancien restavec Cadet, réduit en servitude domestique depuis l'âge de 4 ans, soit situé dans le groupe d'âge de moins de 14 ans.

> Article 404 : Aucun enfant de moins de 14 ans ne doit être employé à des travaux domestiques au-dessus de ses forces. De plus, il est interdit d'avoir en service des enfants de moins de 16 ans dans les hôtels, pensions de famille, restaurants, cafés, clubs, dancings.

À bien relire ce dernier article attirant le plus notre attention en raison de son champ d'application cible, le texte fait référence au travail domestique formel dans les hôtels, les pensions, les restaurants, les cafés, les clubs, les dancings. Il ne fait absolument pas allusion au travail domestique informel chez les familles de placement où croupissent les enfants restavecs sous le joug de la servitude domestique.

Même si, par interprétation ou par déduction, on tenterait d'identifier les droits du restavec dans le droit formel codifié par le précédent article 404 stipulant que : « aucun enfant de moins de 14 ans ne doit être employé à des travaux domestiques au-dessus de ses forces », là encore la force de la tradition restavec prime, de fait, sur celle du droit formel. Si forte, cette tradition prime même sur la loi mère, la Constitution haïtienne de 1987 reconnaissant au peuple haïtien des droits inaliénables et imprescriptibles (préambule), des libertés et des droits fondamentaux (chap. II) ainsi que des devoirs civiques et moraux de respecter les droits et les libertés d'autrui (chap. III). Si toutefois les enfants restavecs ne sont pas considérés comme des héritiers, on devrait au moins accepter de reconnaître qu'ils sont du peuple haïtien dont les droits sont dits fondamentaux, inaliénables et imprescriptibles. En tout cas, il s'agit de dispositions constitutionnelles ayant repris textuellement et contextuellement les prescriptions des conventions internationales relatives aux idéaux de libertés et de droits humains pour tous, bien entendu des idéaux étouffés par la force de la tradition restavec.

Finalement, le problème n'est pas dans la loi en soi. Car sont légion les sources du droit haïtien, les références morales, légales, constitutionnelles et juridiques sur les libertés et les droits humains, la protection de la famille et de l'enfance. Les devoirs civiques et moraux des acteurs sociaux, politiques et religieux locaux sont clairement définis tant par les Écritures saintes, les lois morales, les lois de la nature et de la raison (Habermas, 2008 ; Ricœur, 1969 ; Rousseau, 1964) que par la Constitution et le droit positif haïtien, les conventions internationales relatives aux libertés et droits humains ratifiées par Haïti. Et l'on sait d'ailleurs qu'ils le savent, c'est-à-dire qu'ils savent en tout ou en partie les droits humains, les devoirs civiques et moraux en jeu, de même qu'ils reconnaissent l'ampleur des pratiques traditionnelles du restavec dans la société haïtienne.

Donc, le problème se trouve dans les comportements des autorités étatiques et charismatiques compétentes qui disposent de force empirique, de droit rationnel, de pouvoir légitime et de force morale pour appliquer et faire appliquer des lois justes et des règles morales, pour agir de manière responsable contre les pratiques démoralisantes du restavec, mais qui refusent de le faire. En revanche, elles laissent faire des groupes dominants qui, du droit et de la loi, s'en fichent, en gardant aisément des enfants restavecs sous le joug de la servitude contemporaine. « [Ces] enfants domestiques sont oubliés et abandonnés chez des gens qui les maltraitent, qui n'ont pas peur de la loi à cause d'une certaine complicité avec les structures d'application ou du mépris général à l'égard de ces enfants », critique Lubin (2002, p. 45). Et, traités comme de petits esclaves, leurs droits ne sont pas respectés ; la législation permettant de leur fournir une certaine protection n'est pas respectée non plus, poursuit l'auteure. Directement ou indirectement, consciemment ou inconsciemment entraînée par la force idéologique catholique incitant à la « servitude perpétuelle » des Nègres depuis le XVe siècle, la force de la tradition de la servitude noire ôte implicitement du droit haïtien les droits de l'enfant restavec nègre soumis au travail forcé en permanence au-dessus de ses forces. Plus forte que le droit positif haïtien, cette tradition esclavagiste élimine tacitement des droits humains les droits de l'enfant en servitude domestique en Haïti. Plus pesante que le droit formel haïtien, elle éclipse la législation haïtienne et les multiples instruments juridiques internationaux pour empêcher toute forme de protection et de respect des droits de l'enfant restavec.

Conclusion

L'étude diachronique remontant à la mouvance souverainiste haïtienne pour les libertés et les droits humains s'échelonne sur, au moins, deux grands moments historiques. Hormis les débuts de luttes révolutionnaires pour la liberté (août 1791) influencés par la Révolution française et la *Déclaration des droits de l'homme et du citoyen* de 1789, la mouvance nationaliste haïtienne conduit, dans un premier moment, à la liberté des Haïtiens en général par l'abolition de l'esclavage colonial en 1803, soit après trois siècles de colonisation et d'esclavage colonial des Nègres en Haïti (1503-1803). Cette mouvance nationaliste s'aligne et s'allie, dans un second moment, avec les mouvements abolitionnistes postcoloniaux post-onusiens à l'échelle mondiale au milieu du XXe siècle. Ces mouvements en contexte abolitionniste sont soutenus par le système des Nations Unies au lendemain de sa création en 1945, adoptant en appui un ensemble d'instruments juridiques internationaux promouvant à l'échelle planétaire les idéaux de libertés et de droits humains, avant d'être incorporés dans le droit positif haïtien et la Constitution haïtienne de 1987.

Malgré les mesures abolitionnistes et décoloniales du début du XIXe siècle (1803), les mesures abolitionnistes et décoloniales du milieu du XXe siècle, suivies des dispositions de multiples instruments juridiques nationaux et internationaux relatifs à l'abolition de l'esclavage et aux idéaux de libertés et de droits pour tous, se perpétue paradoxalement la tradition de la servitude enfantine dans la société haïtienne. Ces mesures abolitionnistes et ces instruments juridiques sans mesures d'accompagnement nécessaires semblent insuffisants, puisqu'ils ne conduisent pas à l'éradication totale des pratiques de servitude, d'injustice et d'oppression dans la société. Au contraire, la relecture sociologique des pratiques et des rapports sociaux contemporains fait retenir qu'à mesure que les idéaux de paix, d'égalité, de liberté et de droits humains florissent dans les discours moraux au cours des dernières décennies, c'est aussi à mesure que se multiplient des conflits, des violences et des violations de droits dans le monde contemporain, c'est également à mesure qu'augmentent des formes diverses de servitude, de domination, d'injustice et d'inégalités dans la société postcoloniale. Sur ce point de l'évidence, le constat des sociologues n'est pas différent de celui des religieux contemporains qui, malgré leur position stratégique adaptive en contexte abolitionniste postcolonial et leurs discours moraux tournés vers les idéaux de liberté et de dignité de la personne humaine, s'accordent à reconnaître que l'esclavage, considéré dans ses différentes formes comme un crime contre l'humanité, continue de se répandre à un rythme alarmant aux temps modernes. Et, concernant la tradition de la servitude enfantine en Haïti, elle persiste encore, malgré l'adoption des mesures abolitionnistes et décoloniales à l'échelle nationale au début du XIXe siècle (1803) puis à l'échelle mondiale au milieu du XXe siècle, malgré la multiplication des instruments juridiques nationaux et internationaux ainsi que la prolifération des discours moraux réorientés vers les idéaux de libertés et de droits pour tous.

SEPT

RAPPORTS HISTORIQUES DES AUTORITÉS DU PROTESTANTISME, DU CATHOLICISME ET DU VODOU AVEC L'ESCLAVAGISME CONTEMPORAIN

L a[1] genèse historique du christianisme remonte au Ier siècle de l'ère chrétienne avec la prédication de l'Évangile de Christ par le Christ crucifié et par les premiers chrétiens persécutés en Israël, en Orient et dans le monde. Aux environs du IIIe siècle, émerge en force le catholicisme avec l'irruption de l'empereur Constantin dans les affaires de l'Église. Puis, au début du XVIe siècle, arrive en choc le protestantisme avec la rupture et la réforme de Luther, un ancien agent catholique protestant contre les pratiques dogmatiques catholiques dont certaines relèvent de la superstition ou de la tromperie (Salvat, 2008 ; Rousseau, 1964). S'il est facile de retracer la position officielle de l'autorité hiérarchique de l'institution catholique sur la question de l'esclavage du passé au présent, il n'est pas facile de saisir la position de l'ensemble des institutions protestantes représentées par un nombre incalculable de pasteurs et de leaders évangéliques qui dirigent des Assemblées, des Missions, des Congrégations et des Églises protestantes, indépendantes les unes par rapport aux autres. Certaines Églises protestantes sont légalement enregistrées dans les ministères étatiques compétents ; d'autres non reconnues par l'État. Faute d'une structure hiérarchique unifiée représentative du protestantisme, nous tenons à examiner, dans ce chapitre, quelques mouvements protestants en lien avec l'esclavagisme, notamment les mouvements des Wesleyens, des Méthodistes et des Quakers impactant le monde esclava-

---

[1].

giste à partir du XVIIIe siècle, également quelques éléments du bilan du protestantisme haïtien dans lequel sont oubliées les victimes du système restavec. Les données, plus loin analysées, nous permettent d'établir un certain lien historique entre l'émergence du protestantisme, l'expansion du capitalisme et l'extension de l'esclavagisme dans les Amériques et les Antilles. Nous ne saurions ignorer ce lien historique, même si le protestantisme n'était pas encore né au XVe siècle au moment où l'esclavagisme longtemps supporté par le catholicisme était en nette extension dans les espaces territoriaux colonisés. Nous ne saurions oublier non plus le rapport historique du vaudou avec la tradition de l'esclavage du passé au présent, même si, au moment de l'expansion de l'esclavagisme en Haïti à partir du XVe siècle, le vaudou n'était pas encore reconnu comme une religion à part entière ni émergé comme un acteur influent dans la société haïtienne.

7.1. Protestantisme, élan du capitalisme inhumain et essor de l'esclavagisme contemporain

Le protestantisme occupe une place non négligeable dans le système colonial et postcolonial, même si son influence dans les processus décisionnels est moindre par rapport à celle du catholicisme. Nouvellement apparue au début du XVIe siècle, à la suite de la proposition de réforme de Martin Luther en 1517, cette branche du christianisme s'affirme et s'impose au fur et à mesure dans le système capitaliste-esclavagiste. Aujourd'hui, soit plus de cinq siècles après son apparition, il y aurait environ 800 millions de chrétiens protestants dans le monde dont 170 millions en Amérique du Nord, 160 millions en Afrique, 120 millions en Europe, 70 millions en Amérique latine, 60 millions en Asie et 10 millions en Océanie (Atlasocio, 2021). En Haïti, il y aurait plus de 40 % de personnes se réclamant du protestantisme sur une population de 11 724 763 habitants (Ministère de l'Europe et des Affaires Étrangères, 2024).

Le protestantisme émerge dans un contexte historique où l'esclavage est en pleine expansion dans le monde. Pendant que l'esclavagisme continue de se répandre, le protestantisme passe de quelques protestants luthériens à des millions de protestants chrétiens, devenant ainsi une force morale et géopolitique représentative à l'échelle planétaire. N'existant pas encore au moment de la publication de la bulle colonialiste-esclavagiste catholique de 1454, le mouvement protestant luthérien dure plus d'un siècle lors de la parution du

Code noir de 1685, et plus de deux siècles au moment de la publication du Code noir de 1724.

Le premier Code noir de 1685 fait mention du protestantisme une seule fois, dans son article 5 : « Défendons à nos sujets de la religion protestante d'apporter aucun trouble ni empêchement à nos autres sujets, même à leurs esclaves, dans le libre exercice de la religion catholique ».

Quant au second Code noir de 1724, il ne fait aucune allusion spécifique au protestantisme. Seulement, d'une manière générale, l'article 3 de ce dernier code stipule : « Interdisons tout exercice public d'autre religion que de la catholique, apostolique et romaine ».

À la lumière de cette législation coloniale, les acteurs protestants n'étaient pas considérés par les puissances colonialistes européennes comme des forces incontournables. Cela se comprend bien, puisque, nouvellement apparues, les Églises protestantes n'étaient pas assez proliférées dans le monde. Elles n'avaient pas assez de représentativité et de ressources, graduellement acquises au cours des deux derniers siècles pour se faire une place considérable dans le système. Toutefois, le même article 5 du Code noir de 1685 reconnaît aux acteurs protestants le droit d'avoir des esclaves, tout en leur interdisant formellement d'être préposés comme commandeurs à la direction des nègres, une fonction hiérarchique réservée exclusivement aux acteurs catholiques (art. 4). En tout cas, pour nous, la question la plus importante n'est pas dans l'article 4 qui fournit l'information relative à une fonction hiérarchique interdite aux religieux protestants, mais dans l'article 5 qui leur confère le statut de propriétaires d'esclaves ou leur reconnaît le droit d'avoir leurs esclaves, comme d'autres et avec d'autres esclavagistes. C'est dans ce statut reconnu aux protestants propriétaires de capitaux et d'esclaves qu'apparaît la corrélation entre l'émergence du protestantisme, l'élan du capitalisme inhumain et l'essor de l'esclavagisme contemporain. Cette corrélation fait ressortir la nature hybride du monstre capitaliste-esclavagiste sauvage à visage inhumain (Bourdieu, 1980 ; Boutang, 1998), au développement duquel participe le protestantisme.

Le protestantisme participe au développement du système hybride capitaliste-esclavagiste, d'une part, par l'offre d'une main-d'œuvre abondante ; d'autre part, par l'éthique protestante (Weber, 1905) incitant au travail et à l'obéissance aux autorités hiérarchiques établies. Cette éthique stimule le développement du système jumelant le travail libre et non libre. En outre, des protestants esclavagistes, dans leur rationalité et leur conformité à la législation coloniale, trouvent qu'il est normal d'avoir leurs esclaves. Pour les protestants qui s'installent dans les colonies et parviennent à acheter des esclaves, écrit Corten (2014, p. 120), rien n'indique qu'au cours du XVIIIe siècle ils aient eu une attitude et un comportement différents des catholiques vis-à-vis de l'esclavage. Tant par les comportements esclavagistes de certains protestants que par l'éthique protestante de travail et sa forte main-d'œuvre soumise, le protestantisme contribue d'emblée au renforcement du système d'exploitation capitaliste-esclavagiste, même si parallèlement des groupes protestants (Quakers, Wesleyens et Méthodistes), fragmentés et ramifiés en plusieurs Assemblées indépendantes, exercent une influence considérable sur les mouvements abolitionnistes dans le monde, en luttant activement contre l'esclavage.

Dans son ouvrage intitulé *L'éthique protestante et l'esprit du capitalisme*, Weber (2002) établit le lien entre l'émergence du protestantisme et le développement du capitalisme. Il décrit les grandes transformations dans les mentalités, tournées vers l'argent et les biens matériels. Au tournant du XVIIIe siècle, le capitalisme trouve son essor dans cette révolution des esprits et des mentalités, selon lui, renforcée par le développement de l'ethos protestant à l'origine de l'éthique du travail dans le système capitaliste. Interprétant le sens du travail pour les protestants, Weber écrit : « Le travail exalte la gloire de Dieu [...] Il constitue le but même de la vie, tel que Dieu l'a fixé » (pp. 72, 119).

Parmi les motifs religieux constituant l'ethos protestant et animant l'esprit du capitalisme, il y a les enseignements de Paul exhortant les chrétiens à ne plus vivre dans le désordre, en travaillant paisiblement. Et, dit-il (2 Thessaloniciens 3 : 10) : « Si quelqu'un ne veut pas travailler, qu'il ne mange pas non plus. »

Également, les protestants apprennent, dans l'Épître de Paul aux Éphésiens (4 : 28) : « Que celui qui dérobait ne dérobe plus ; mais qu'il travaille, en faisant de ses mains ce qui est bien pour avoir de quoi donner à celui qui est dans le besoin. »

Ces enseignements bibliques incitent les chrétiens évangéliques au travail. Ils les invitent à ne plus dérober (voler) ni vivre dans l'oisiveté et la paresse, mais à manger leur pain à la sueur de leur visage (Genèse 3 : 19).

Dans les centres capitalistes influencés par le protestantisme (Angleterre, États-Unis, etc.), explique Weber (2002), l'éthique protestante fait développer chez les chrétiens protestants une culture du travail leur permettant de travailler mieux, de gagner de l'argent, d'accumuler toujours plus de capitaux.

Ils deviennent de plus en plus riches, en accumulant plus, en faisant, par une conduite déviante, du gain économique une fin en soi. Étant devenus de riches propriétaires capitalistes, ils se libèrent du travail pour vivre du travail d'autrui ou de la plus-value créée par la force de travail d'autrui. Car, en régime capitaliste, les propriétaires capitalistes ne travaillent pas, mais vivent du travail d'autrui (usufruit). « Le travail est nécessaire à la subsistance de l'individu [...]. La fin une fois acquise, la prescription cesse d'avoir un sens. Elle est valable pour l'espèce, non pour chaque individu en particulier. Elle ne s'applique pas à celui qui peut vivre de ce qu'il possède sans devoir travailler » (Weber, 2002, p. 120).[2] Les propriétaires capitalistes protestants, devenus riches et maîtres d'esclaves, trouvent dans cette interprétation la prescription idéale de ne plus travailler pour vivre du travail d'autrui. Tant par leur statut de propriétaires capitalistes que par leur statut de propriétaires d'esclaves ou leur droit d'avoir leurs esclaves, on tient à reconnaître leur contribution non négligeable, à côté d'autres esclavagistes, à l'essor du système capitaliste-esclavagiste en vogue. D'ailleurs, leurs pratiques esclavagistes s'avèrent au point que les Quakers ont même décidé, au XVIIIᵉ siècle, d'exclure de leurs rangs ceux qui se disent chrétiens protestants mais qui possèdent des esclaves, en instaurant une règle selon laquelle il est interdit d'être Quaker et esclavagiste (Salifou, 2006 ; Hayes et Ollitrault, 2013).

La *Société Religieuse des Amis* dont les membres sont surnommés Quakers est une organisation chrétienne née, au milieu du XVIIᵉ siècle, de l'effervescence religieuse du mouvement des puritains anglais qui voulaient pratiquer un christianisme pur. S'agissant de leur éthique, rapporte Weber (2002, p. 122) : « Ce que Dieu exige, ce n'est pas le travail en lui-même, mais le travail rationnel à l'intérieur d'un métier ». Il s'agit d'un travail paisible, tel que Dieu l'a fixé, tel que Paul l'a enseigné, sans aucune espèce de joug de la servitude (Ésaïe 58 ; 2 Thessaloniciens 3). Les Quakers sont reconnus pour leur position non conformiste, leur conduite tranquille, modérée, éminemment scrupuleuse, et surtout leur prise de position claire contre l'esclavage, la peine capi-

---

2. Interprétation de saint Thomas du discours de Paul « Si quelqu'un ne veut pas travailler, qu'il ne mange pas non plus », rapporté par Weber (2002).

tale et la guerre.[3] Il s'agit, à leur regard, d'un devoir moral et prophétique de prendre position contre le mal social de l'esclavagisme.

Persécutés en Angleterre, beaucoup de Quakers émigrent dans les colonies d'Amérique du Nord (Pennsylvanie, Terre-Neuve, Nouvelle-Écosse, Ontario), à la fin du XVIIe siècle et au XVIIIe siècle, où ils ouvrent des églises et des écoles. Motivés par les valeurs morales judéo-chrétiennes, ils plaident la cause de l'émancipation des esclaves dans les colonies anglaises d'Amérique du Nord ; ce qui aboutit à l'abolition de la traite et de l'esclavage dans plusieurs territoires nord-américains. En 1769, aux États-Unis, rappelle Corten (2014, p. 120), « au cœur de l'abolitionnisme, les Quakers parviennent à libérer les esclaves de Pennsylvanie ». Environ sept ans après, soit le 4 juillet 1776, les États-Unis proclament leur indépendance. Et, dès 1777, l'esclavage est progressivement interdit dans les États du Nord d'Amérique. Cette période d'émancipation coïncide également avec la mouvance religieuse des Méthodistes et Wesleyens lancée, au XVIIIe siècle, par le prédicateur protestant John Wesley. « Le mouvement abolitionniste vit le jour en Europe, grâce à la secte des Méthodistes », rapporte Salifou (2006, p. 134). En contexte postcolonial haïtien, il y a aussi un faible reste d'acteurs protestants luttant contre les pratiques esclavagistes du restavec dont le faible reste de leaders évangéliques au sein de l'organisation *Restavek Freedom* et le faible mouvement à l'allure de feu de paille *Ann leve kanpe pou yon Ayiti san restavèk* (Soyons debout pour un Haïti sans restavec).

Dès l'origine et l'émergence du protestantisme au début du XVIe siècle, il s'attaque à la discipline catholique ; il part à la destruction des œuvres catholiques tant sur le terrain religieux que sur le marché esclavagiste catholicisé. Pendant que le catholicisme autorise l'esclavage perpétuel dans l'espace territorial colonisé, des courants du protestantisme (Quakers, Wesleyens) cherchent à éliminer les pratiques esclavagistes perpétuées dans les Amériques depuis le XVe siècle, en se basant sur la puissance émancipatrice et libératrice des Saintes Écritures. Et, pendant que le catholicisme impose sa discipline dans l'espace colonial contrôlé, ces courants protestants inculquent leur discipline dans l'espace continental américain graduellement décolonisé

---

3. Ces groupes protestants sont surnommés Quakers (*trembleurs*), à la suite d'un incident où Fox (fondateur de la Société religieuse), pendant l'un de ses procès, presse le juge de trembler devant la Parole du Seigneur (L'Encyclopédie canadienne, 2015). https://www.thecanadianencyclopedia. ca/fr/article/quakers-1

ou libéré, évangélisé ou pentecôtisé, au travers des églises et des écoles protestantes qui y sont établies durablement jusqu'à nos jours.

7.1.1. Pentecôtisation de la société haïtienne en contexte d'esclavagisation postcoloniale

Selon des sources protestantes, les premiers missionnaires chrétiens protestants, les pasteurs méthodistes John Brown et James Catts, arrivent en Haïti le 7 février 1817, sous la présidence de Pétion (Démero *et al.*, 2017, p. 23). Après la mort de Pétion en mars 1818, Boyer lui succède au pouvoir. Pendant le long règne de Boyer (1818-1843), on retient, parmi les œuvres de son régime dur, l'esclavagisation des paysans ou le rétablissement de l'esclavage des paysans par le Code rural de 1826, ainsi que la persécution des protestants en faveur du catholicisme, reconnu à l'époque comme seule religion officielle. Voici un bref récit rapporté par Desroches (2017, p. 147-149), professeur à l'Université d'État d'Haïti et ancien titulaire du ministère de l'Éducation nationale et de la Formation professionnelle :

> Sous la pression de sérieuses persécutions, à l'arrivée au pouvoir du président Boyer, les deux premiers missionnaires méthodistes John Brown et James Catts durent quitter le pays, 22 mois après leur arrivée. [...] Les nouveaux méthodistes, bravant l'interdiction du gouvernement, se réunirent clandestinement dans leur maison. La réplique du pouvoir ne se fit pas attendre. Un jour, la police débarqua pour disperser la réunion. Ces premiers croyants qui étaient de véritables résistants ne s'avouèrent pas vaincus. Ils mirent en place une nouvelle stratégie pour continuer à maintenir allumée la flamme de l'Évangile. Ils se dirent : "Réunissons-nous la nuit. Peut-être que la police nous laissera tranquilles [...]" . Alors on commença à arrêter les méthodistes. Le 13 février 1820, on arrêta jusqu'à 60 méthodistes, selon Jean-Baptiste Évariste qui lui passa six semaines en prison. Ceux qui étaient arrêtés se mirent à chanter des cantiques. Les geôliers saisirent alors les livres de cantiques. On les battit, outragés. Les méthodistes furent même accusés d'avoir provoqué un incendie dans la ville. La condition pour être libéré, c'était d'accepter d'aller à l'église catholique, de se confesser, de faire le signe de croix et de professer la religion catholique, apostolique et romaine. Ces premiers fidèles méthodistes ont

lutté, ont souffert pour faire respecter l'un des droits fondamentaux de tout être humain, la liberté religieuse.

Voilà brièvement le contexte de tension politico-religieuse, de persécution des protestants et d'esclavagisation des paysans à partir duquel le protestantisme part à la pentecôtisation de la société haïtienne, avant de pouvoir occuper aujourd'hui une place non négligeable dans les sphères sociétales et exercer une influence considérable dans les processus décisionnels nationaux.

Dans l'espace haïtien des Amériques, les acteurs protestants deviennent, au cours du XXe et du XXIe siècle, une force considérable intervenant dans les différentes sphères sociétales (religion, famille, éducation, récréation, santé, économie, politique, développement et droits humains). Sur le plan sociodémographique, le protestantisme progresse de 16,2 % en 1982 à 48 % en 2010 (Hurbon, 2006a ; Fontus, 2001). Cette tendance à la hausse ne s'arrête pas, puisque se poursuivent continuellement la mission d'évangélisation et la prolifération des Églises protestantes tant dans les zones urbaines que dans les milieux ruraux haïtiens. Il s'agit d'une tendance à la pentecôtisation de la société, selon Corten (2014). Les multiples services apportés par le protestantisme (écoles, aides au développement, programmes agricoles, hôpitaux) expliquent sa croissance en Haïti, d'après Fontus (2001). À tous ces services sociaux attirant les masses populaires s'ajoutent, comme facteurs contribuant à l'expansion du protestantisme, les programmes de réveil et d'évangélisation répandus à travers tout le pays, l'usage stratégique de la langue créole dans la prédication et la traduction de la Bible en créole comme langue principale des couches populaires (Hurbon, 2006a).

À l'issue du colloque scientifique de 2016 et du travail collectif de plusieurs auteurs et acteurs du monde protestant pour marquer le bicentenaire du protestantisme en Haïti (1816-2016), ceux-ci s'accordent à reconnaître au protestantisme haïtien une force de transformation sociale. Il faut souligner, en passant, une sorte de controverse d'ordre chronologique sur la question du bicentenaire du protestantisme en Haïti. Cette controverse est alimentée, d'un côté, par des auteurs et acteurs protestants contemporains qui clament l'arrivée en Haïti des premiers missionnaires chrétiens protestants en février 1817 (Démero et al., 2017). Or, de l'autre côté, le Code noir de 1685 (art. 5) fait référence à la présence du protestantisme dans les colonies françaises, dont celle de Saint-Domingue (Haïti). À l'appui, d'autres sources concordantes arrivent même à décrire la situation des protestants européens ayant fui la persécution en Europe puis atterri à Saint-Domingue sous condition et statut d'engagés (Corten, 2014) où, avant de pouvoir devenir maîtres dans la colonie, ils ont été soumis à une courte période de servitude dans le système d'engagement précédant la flambée de la traite négrière. Pour juguler cette controverse en lien avec l'arrivée des premiers protestants en Haïti, il faudrait donc reconsidérer les différentes branches du protestantisme avec, en contexte colonial (XVIIᵉ siècle), l'arrivée en Haïti-Colonie des premiers groupes protestants persécutés (du mouvement luthérien) ; puis, en contexte postcolonial (1816), l'arrivée en Haïti-État des nouveaux groupes protestants méthodistes (du courant wesleyen).

En outre, rappelle Corten (2014, p. 119), le pentecôtisme (mouvement de réveil évangélique du protestantisme) apparaît en 1928 en Haïti en pleine occupation américaine (1915-1934), avant de connaître un essor quantitatif plus significatif dans les années 1980. Par-delà la controverse signalée avant, se pose un autre problème à la fois sémantique et herméneutique en tentant de dissocier le protestantisme du pentecôtisme jusqu'à aller redistribuer distinctement leur apparition en Haïti, sachant que le protestantisme est, dès son origine, *réveil* au sens luthérien, c'est-à-dire réveil contre le dogmatisme du catholicisme. C'est aussi *refus* au sens wesleyen ou quaker, c'est-à-dire refus d'accepter comme norme l'esclavagisme ou refus d'accepter dans nos rangs des esclavagistes, donc refus de la servitude et de l'oppression de l'homme par l'homme.

Pour expliquer la force transformationnelle du protestantisme en Haïti, les auteurs du travail collectif présentent le bilan de deux siècles du protestantisme en Haïti ayant « un impact remarquable non seulement sur le plan religieux, mais aussi au niveau de l'éducation et de la santé » (Démero *et al.*, 2017). À leur avis, les acteurs institutionnels protestants produisent de manière significative des biens et services communautaires (construction d'écoles, d'universités, de centres de santé ou d'hôpitaux). Les institutions protestantes, les assemblées religieuses, les missions et les Églises protestantes se regroupent au sein de la Fédération protestante d'Haïti, fondée en 1986, représentée à travers tous les départements géographiques du pays (Fédération protestante d'Haïti, s.d.)

Dans le domaine de l'éducation particulièrement, le bilan protestant est qualifié d'impressionnant. Selon les données avancées dans ce bilan, la communauté protestante assure l'éducation de 40 % des élèves du secondaire et gère dix institutions d'enseignement universitaire ; les écoles protestantes représentent plus de 45 % des effectifs scolaires aux niveaux préscolaire et fondamental, avec plus de 800 000 élèves (p. 151). Ces institutions scolaires se regroupent au sein de la Fédération des écoles protestantes d'Haïti (FEPH), créée en 1986 par les acteurs éducatifs protestants intervenant auprès d'environ 3 000 écoles dans les dix départements géographiques du pays (Fédération protestante d'Haïti, s.d.). Hormis le vaudou dont l'agir ou le bilan en éducation paraît sans objet (vide), le protestantisme et le catholicisme font de l'éducation leur préoccupation en contexte postcolonial, même s'ils ferment les yeux et gardent le silence sur les enfants restavecs, privés du droit à l'éducation formelle ou de la liberté d'aller à l'école convenablement. Selon un rapport-bilan collectif publié en 2012 par la Commission épiscopale de l'éducation catholique (CEEC), le Catholic Relief Services (CRS) et l'Université Notre-Dame, les écoles catholiques sont présentes dans toutes les régions du pays, en jouant un rôle essentiel dans le système éducatif haïtien. Nous revenons plus loin sur ce rapport-bilan du catholicisme et son apport dans le domaine de l'éducation en Haïti.

La force grandissante du protestantisme se fait ressentir également dans la sphère politique, notamment avec des partis politiques de souche protestante présents sur le marché politique haïtien. « Ces partis sont néanmoins non négligeables sur la scène politique haïtienne », selon Corten (2014, p. 119), considérant les partis Mouvement chrétien pour une nouvelle Haïti (MOCHRENA), fondé en 1998, puis Union nationale chrétienne pour la reconstruction d'Haïti (UNCRH), créée au début des années 2000. Ces partis se sont fait représenter au pouvoir (local, communal, législatif) après les élections de 2006 et 2010. À l'aube des élections de 2015, ont émergé plusieurs autres partis politiques de branche protestante dont CANAAN, RENDEZ-VOUS, UNIR ayant, lors de ces dernières élections, des élus au pouvoir (local, communal, législatif). En passant, il faut souligner que la prolifération des partis politiques de souche protestante amène évidemment à une sorte de division ou de dispersion des acteurs et électeurs protestants éparpillés à travers ces différents partis politiques. Cette division, ou mieux cette dispersion, est, entre autres, une cause explicative de la faiblesse du protestantisme dans les processus décisionnels de prise du pouvoir lors des dernières élections présidentielles, législatives et locales (2000-2015), même si globalement les acteurs du protestantisme « sont néanmoins non négligeables sur la scène politique haïtienne » (Corten, 2014, p. 119).

La représentation au pouvoir des partis politiques d'inspiration chrétienne, dirigés par des pasteurs ou des acteurs protestants, fait ressortir pratiquement le rapport d'enchevêtrement du religieux avec le politique. Dans une telle trajectoire d'activités religieuses et politiques combinées, il paraît vain de chercher à scinder l'acteur protestant à la fois chef religieux et chef de parti, du moins à dissocier ce religieux du politique ou ce politique du religieux. Cette représentation politique montre à quel point l'acteur institutionnel du protestantisme peut exploiter à bon escient ses ressources politiques pour étendre davantage son influence dans les processus décisionnels liés aux questions de société, y compris celle du restavec.

Les données expérientielles issues de nos recherches empiriques concordent avec les données informationnelles concernant l'émergence en Haïti de plusieurs partis politiques dirigés par des pasteurs, l'engagement de ces acteurs protestants dans la politique en combinant des trajectoires d'activités politiques et religieuses, l'enchevêtrement de ces autorités religieuses avec les autorités politiques, l'influence et la place de ces autorités protestantes chevauchant les autorités étatiques dans le système postcolonial. Dans la quête d'informations relatives au rapport d'enchevêtrement des autorités charismatiques avec les autorités politiques, les pasteurs informateurs répondent à l'unanimité qu'il est non seulement de la fonction des responsables religieux d'exprimer des positions publiques sur des questions de société, mais que ces leaders religieux peuvent aussi, s'ils le souhaitent, être des leaders politiques engagés dans les affaires politiques concernant la cité. Parmi nos trente informateurs, dix pasteurs répondent avoir combiné dans leur trajectoire des fonctions ecclésiastiques et politiques, soit comme pasteur-maire, pasteur-délégué d'arrondissement, pasteur-coordonnateur de parti politique, pasteur-trésorier de parti politique, pasteur-secrétaire général de parti politique ou pasteurs-responsables d'autres fonctions politiques locales. Toutefois, tout en partageant la position que les acteurs religieux peuvent être aussi des acteurs politiques, certains pasteurs expriment des réserves personnelles quant à l'idée, pour eux-mêmes, d'être à la fois chefs politiques et pasteurs titulaires d'église locale.

Somme toute, au travers des différentes sphères sociétales (institutionnelle, politique, religieuse) et des divers domaines d'intervention ci-dessus énumérés (éducation, santé, développement local), se manifeste la force véritable que représente l'acteur protestant dans le système postcolonial. Une « force de transformation pour la communauté haïtienne » (Desroches, 2017, p.

141). Mais cette force de transformation manque, semble-t-il, au combat contre la servitude enfantine du système esclavagiste restavec postcolonial. Autrement dit, cette force morale de transformation ne sert pas, paraît-il, à la transformation des rapports sociaux domestiques locaux, considérant l'ampleur du phénomène de la servitude domestique dans la société haïtienne.

Pendant que cette force morale de transformation sociale du protestantisme est en nette expansion, se multiplient davantage les pratiques déshumanisantes et démoralisantes de la servitude domestique enfantine dans la société haïtienne. Selon le *Curriculum juridique sur les enfants restavèk en Haïti* de Boston University School of Law, après le séisme dévastateur de 2010 frappant Haïti, « le travail forcé des enfants est devenu plus enraciné » (Borysthen-Tkacz et al., 2015, p. 4). En d'autres termes, se renforce le système restavec, pendant qu'on assiste au cours des dernières décennies à « une croissance spectaculaire du développement du protestantisme en Haïti » (Regulus, 2017). Donc, « cette croissance numérique ne s'est pas accompagnée d'une égale croissance spirituelle », critique Fontus (2001), tout en reconnaissant l'apport significatif du protestantisme dans les domaines éducatif, sanitaire et de développement rural. Il s'agit, à notre avis, d'une croissance spirituelle qui manque au bilan du protestantisme haïtien. Ce défaut de croissance spirituelle témoigne d'un besoin réel pour un agir moral solidaire et responsable du protestantisme contre les pratiques de servitude, d'injustice, d'oppression et d'aliénation dans la société, dans le sens de la continuation des œuvres anti-esclavagistes des anciens chrétiens protestants (wesleyens, méthodistes, quakers). En outre, admet Regulus (2017, p. 102), de manière nuancée : « Tous les chrétiens ne sont pas des aliénés. Des croyants chrétiens peuvent s'engager dans de véritables combats sociopolitiques contre une société érigée au profit d'une minorité, contre l'oppression et en même temps conserver une lecture religieuse de cette pratique ». Voilà, enfin, une force morale véritable de ce qui manque au bilan rétrospectif et prospectif du protestantisme haïtien ainsi qu'au combat contre la pratique du restavec en Haïti : celle des chrétiens qui ne sont pas des aliénés mais qui, suivant la Parole divine et la morale judéo-chrétienne, s'occupent des opprimés, des oubliés de la société.

7.1.2. *Les oubliés du bilan du protestantisme en Haïti (1816-2016) : les restavecs*

Tant dans le nouveau bilan des deux siècles du protestantisme en Haïti (1816-2016) que dans le nouveau projet du catholicisme [examiné plus loin] réorienté vers les idéaux de libertés et de droits humains, les véritables oubliés demeurent les enfants restavecs. Si, par ailleurs, les acteurs protestants s'identifient eux-mêmes à une force de transformation sociale, se référant au bilan du protestantisme en Haïti (1816-2016), alors cette force transformatrice semble ne pas être mise jusque-là au service de la transformation des rapports sociaux esclavagistes domestiques existants. Au contraire, de même qu'aux temps coloniaux certains anciens acteurs protestants trouvaient normal d'avoir en leur possession des domestiques ou des esclaves (Corten, 2014), d'autres leaders protestants contemporains – n'ayant pas définitivement rompu avec cette tradition esclavagiste – pensent qu'il est rationnel d'avoir à leur disposition des domestiques ou des restavecs au travail à la maison. Le temps change, le contexte aussi. Mais les pratiques esclavagistes de certains groupes protestants attachés à la tradition de la servitude domestique ne changent pas totalement. En d'autres termes, le nouveau contexte abolitionniste postcolonial ne conduit pas à un changement radical dans les rapports domestiques serviles et les comportements des acteurs sociaux moraux locaux qui restent accrochés à la tradition esclavagiste du système restavec. Leur agir compétent ne s'harmonise pas avec leur discours moral orienté vers la promotion des valeurs d'amour, de charité, de fraternité, de liberté et de vivre-ensemble. Leur agir traditionnel trahit leur discours moral, particulièrement sur la question des oubliés du système restavec.

L'oubli des enfants restavecs dans leur misère et leur souffrance, parmi eux des orphelins asservis et affligés, définit une attitude religieuse non conforme à la morale judéo-chrétienne enseignée dans le protestantisme, donc une attitude contraire à la religion pure. Car « la religion pure et sans tache, devant Dieu notre Père, consiste à s'occuper des orphelins [...] dans leurs afflictions » (Jacques 1:27). Cela traduit une attitude de mépris des acteurs protestants influents haïtiens envers ces enfants domestiques maltraités et affligés. Considéré comme une position stratégique dans un contexte postcolonial mitigé entre l'abolitionnisme et l'esclavagisme, cet oubli traduit également un mode de silence des acteurs en question sur les pratiques déshumanisantes et démoralisantes du restavec. Nous reconsidérons, à la fin, ce mode de silence, ou mieux cette culture du silence, dans « Cela » qui fait retenir encore le système restavec en Haïti.

Passons maintenant en revue les informations pertinentes et récentes issues de nos recherches empiriques sur le terrain, notamment de nos entretiens semi-dirigés réalisés au cours des mois de septembre-octobre 2023 auprès des autorités morales et religieuses haïtiennes, particulièrement auprès de trente dirigeants haïtiens du protestantisme.[4] Associé à une recherche à la fois participative et qualitative (Savoie-Zajc, 2016 ; Imbert, 2010 ; Angers, 1992), l'entretien semi-directif priorisé nous fournit un ensemble de données empiriques et qualitatives sur la tradition du restavec en Haïti. Cet outil stratégique utile nous permet de collecter, d'analyser et de documenter des données informationnelles expérientielles nouvelles concernant les comportements des autorités morales et religieuses locales envers cette tradition de la servitude domestique enfantine du système restavec.

De prime abord, la considération de l'identité et de la trajectoire des acteurs informateurs du protestantisme nous fait souligner chez eux une combinaison d'activités religieuses avec d'autres activités professionnelles, ce qui est en cohérence avec notre conception de la notion d'intellectuel (religieux ou non), étayée par l'argumentation de Becker (1960) soutenant que l'intellectuel, se trouvant devant divers parcours possibles, est libre de s'engager dans des trajectoires d'activités combinées, qu'elles soient fort différentes ou diamétralement opposées. Outre leur rôle de pasteurs, certains informateurs sont aussi des éducateurs ou des professionnels en éducation (professeur, censeur, inspecteur, directeur d'école) ; d'autres s'engagent activement dans la politique ou occupent des fonctions politiques (ancien maire, ancien délégué, coordonnateur politique régional, trésorier, secrétaire de parti politique, etc.).

---

4. La recherche sur le terrain pourrait être menée soit auprès des familles d'origine et des enfants restavecs (victimes), soit auprès des familles de placement, soit auprès des autorités politiques haïtiennes, soit auprès des autorités du catholicisme, du protestantisme ou du vaudou. Au début (2020), il a été envisagé d'orienter en priorité la recherche sur le terrain vers les victimes. Conscients de la montée de l'insécurité en Haïti, nous avons abandonné ce terrain pour finalement orienter notre recherche empirique auprès des autorités morales et religieuses du protestantisme, joignables en Haïti et dans la diaspora haïtienne (Canada, États-Unis) par des moyens communicationnels modernes (téléphones intelligents). Ont pris part à la recherche trente pasteurs dont huit dans la diaspora haïtienne d'Amérique du Nord, respectivement dans la province canadienne du Québec (Montréal, Sherbrooke) et dans la région états-unienne de la Floride, là où il y a une importante communauté haïtienne. Les vingt-deux autres pasteurs-acteurs-informateurs sont choisis en Haïti, dans le département de l'Ouest où il y a la plus forte concentration d'enfants restavecs. Le choix des participants à la recherche constitués d'acteurs du protestantisme se justifie éthiquement et stratégiquement par un souci d'équilibre et en raison, d'un côté, d'une abondance remarquable de données historiques et archivistiques relatives à la position des autorités du catholicisme sur l'esclavage du passé au présent et, de l'autre côté, d'un manque constaté de données relatives à la position des autorités du protestantisme sur cette question. Car la grande majorité des archives et des documents historiques recensés concerne le catholicisme, sa position de domination continuelle, sa position idéologique et sa position adaptative quant à l'esclavagisme du passé au présent.

Donc, les premières données informationnelles relatives à l'identité et à la trajectoire des informateurs corroborent la réalité dynamique des rapports d'enchevêtrement des autorités charismatiques avec les autorités politiques, tels que définis par les cadres théoriques mobilisés.

À la question de savoir s'ils se souviennent concrètement – comme acteurs, observateurs ou témoins – des cas d'enfants domestiques du passé au présent, nos informateurs répondent avoir déjà connu ou observé chacun au moins un cas d'enfant domestique soit dans leur propre environnement familial, soit dans l'environnement familial voisin ou dans un autre milieu familial lointain. Ainsi, les trente répondants vivant en Haïti et dans la diaspora haïtienne disent se souvenir tous (100 %) d'avoir connu ou observé, du passé au présent, des cas d'enfants restavecs chez des familles haïtiennes. Ils nous informent que certains de ces enfants restent avec certains d'entre eux ou avec d'autres acteurs protestants (pasteurs) ; d'autres sont observés chez des acteurs catholiques (prêtres), chez des acteurs vaudouisants (prêtres) ou chez d'autres acteurs sociaux d'autres familles de placement. En effet, à partir de leur expérience ou de leur observation dans le milieu haïtien, ils partagent des connaissances empiriques sur le phénomène du restavec, en faisant allusion à des cas concrets d'enfants domestiques connus dans leur milieu familial respectif ou observés ailleurs dans d'autres milieux familiaux voisins et lointains en Haïti.

Quant à la question spécifique de connaître leur position sur la tradition du restavec en Haïti, les autorités morales et religieuses ayant pris part à la recherche expriment à l'unanimité une position verbale contre la pratique du restavec, en soutenant que la prise de position sur des questions de société et la dénonciation du mal font partie intégrante des fonctions ecclésiastiques. Cependant, lorsque nous cherchons à savoir si ces responsables religieux expriment déjà une telle position publiquement, soit lors des sermons religieux, soit lors des discours publics, de manière à déterminer s'ils gardent le silence sur la pratique du restavec, il ressort en général une sorte de discordance dans les réponses fournies. Dans leur grande majorité, vingt-trois informateurs (pasteurs), soit plus de 76 %, disent se souvenir d'avoir orienté leur discours moral public sur l'amour pour Dieu et pour le prochain, sur la liberté et la justice, sur les droits humains et la dignité de la personne humaine en général, mais non spécifiquement sur le restavec (*Fig. 14*).

Fig. 14. Position des acteurs informateurs sur la question du restavec

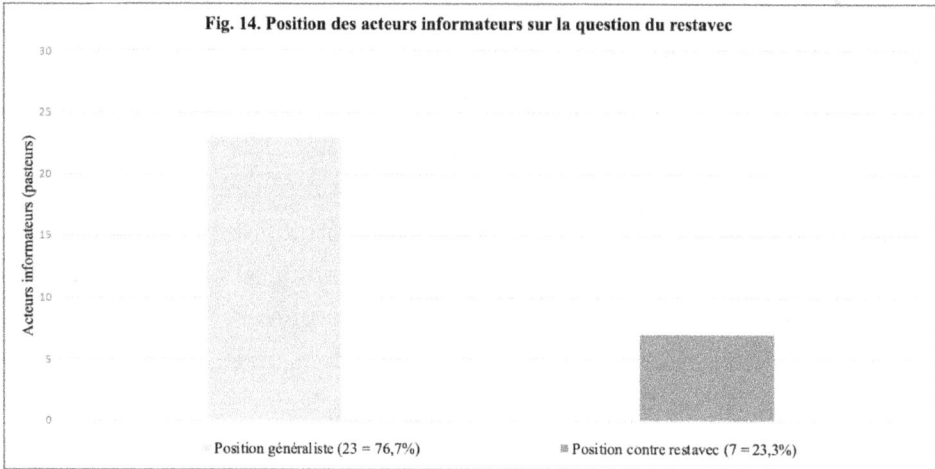

Sur l'ensemble des trente dirigeants religieux participant à la recherche, seulement sept d'entre eux, soit 23,3 %, racontent avoir exprimé, dans leur discours moral et leur agir compétent, une position publique contre la pratique du restavec (informateurs 2, 10, 11, 14, 17, 24, 28). La position de cette minorité d'acteurs sociaux moraux locaux contre la pratique du restavec paraît relativement insignifiante, d'une part, par rapport à l'ampleur de ce phénomène sociétal en Haïti ; d'autre part, quant au silence de la grande majorité (76,7 %) dont le discours moral est orienté non vers la pratique déshumanisante du restavec, mais vers une position généraliste sur les valeurs d'amour ou de justice, de paix ou de liberté en Christ, de droits humains ou de dignité de la personne humaine en général.

S'agissant de la question aussi sensible que pertinente de savoir si certains chefs charismatiques sont aussi des chefs patriarcaux traditionnels ayant sous leur domination directe des domestiques (majeurs ou mineurs), les réponses obtenues sont assez nuancées. Dans leur majorité, les acteurs-informateurs du protestantisme ayant pris part à la recherche pensent qu'il est normal ou acceptable pour des chefs religieux combinant des occupations ministérielles et professionnelles d'avoir en aide de service des travailleurs domestiques à la maison. Ces acteurs justifient leur position et leur choix à la lumière des références bibliques relatives aux services domestiques, ainsi qu'aux obligations pour les maîtres de réserver des traitements humainement dignes et des conditions de travail acceptables à ces personnes-ressources domestiques utiles (respect, repos, encouragement, nourriture, salaire), en s'appuyant sur des textes bibliques traitant des rapports et des services domestiques (Tite 2 ;

Éphésiens 6 ; Colossiens 3 ; Lettre de Paul à Philémon). Cette notion d'accep-
tabilité renvoie donc à celle d'irrépréhensibilité de la pratique de la servitude
domestique en Haïti, devenue ainsi une tradition non condamnable aux yeux
de cette majorité d'acteurs moraux locaux.

Sur l'ensemble des trente acteurs-pasteurs interviewés, seulement une
minorité de dix d'entre eux, soit 33,3 % (un tiers), disent n'avoir jamais eu chez
eux des domestiques au travail à la maison (informateurs 3, 4, 6, 8, 9, 11, 13, 19,
24, 26). Donc, deux tiers (66,7 %) des acteurs informateurs disent avoir chez
eux, du passé au présent, des personnes-ressources domestiques majeures ou
mineures, dont quatorze des chefs religieux questionnés (46,7 %) avouent
avoir bénéficié des services domestiques des personnes-ressources enfantines
(*Fig. 15*).

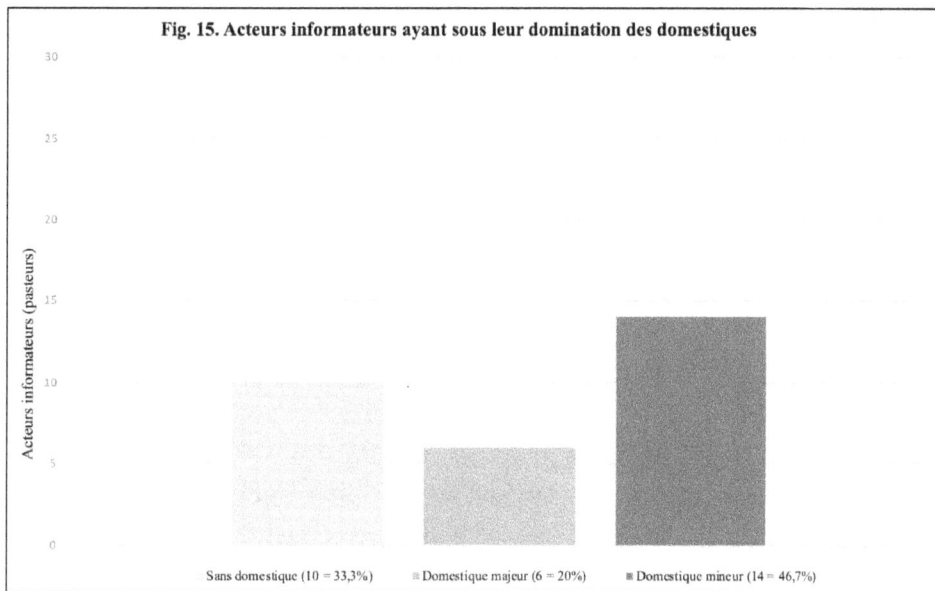

Fig. 15. Acteurs informateurs ayant sous leur domination des domestiques

Sur l'ensemble des trente chefs religieux prenant part à l'entretien, seulement dix d'entre eux, soit 33,3 % (un tiers), expliquent n'avoir jamais eu de
domestiques ni majeurs ni mineurs chez eux. Certains de ces acteurs moraux
locaux minoritaires se rappellent avoir intervenu parfois en personne soit
pour empêcher la maltraitance des cas d'enfants domestiques observés dans
le passé ou, rarement, pour encourager des poursuites judiciaires contre des
maîtres maltraitant à outrance des enfants qui restent avec eux. Comme nous
l'avons déjà signalé, les comportements appréciables de cette minorité d'acteurs moraux locaux contre la pratique démoralisante du restavec paraît rela-

tivement insignifiante par rapport à l'ampleur de ce phénomène sociétal en Haïti, et également quant au silence de la grande majorité dont le discours moral est orienté de préférence, par une position généraliste, vers les idéaux de droits humains et de dignité de la personne humaine en général.

En effet, vingt des responsables protestants questionnés, soit deux tiers (66,7 %) des répondants, disent avoir chez eux, du passé au présent, des personnes-ressources domestiques, dont six d'entre eux (20 %) nous informent avoir bénéficié des services payants (non gratuits) des personnes-ressources domestiques majeures (informateurs 2, 10, 12, 28, 29, 30). Notre analyse ne concerne pas spécifiquement cette catégorie de travailleurs domestiques majeurs, également classée au bas niveau de l'échelle sociale haïtienne. Cependant, en précisant si la personne-ressource domestique en service est majeure ou mineure, l'informateur nous permet, d'une part, de comprendre davantage la dynamique des rapports domestiques contemporains sous un angle plus large ; il nous aide, d'autre part, à échapper à des biais cognitifs (erreurs logiques) dans le traitement des informations relatives à la catégorie des travailleurs domestiques mineurs sur laquelle se concentre la présente étude.

Sur la question précise relative aux enfants restavecs, quatorze des chefs religieux questionnés, soit 46,7 %, avouent avoir bénéficié du passé au présent des services domestiques des personnes-ressources mineures (informateurs 1, 5, 7, 14, 15, 16, 17, 18, 20, 21, 22, 23, 25, 27). Ces derniers groupes d'acteurs ayant des enfants qui restent avec eux ou qui restent chez eux justifient de telles pratiques traditionnelles dans le cadre global des familles élargies avec d'autres enfants qu'ils disent avoir dignement bien traités et aidés à aller à l'école, tout en étant chez eux, tout en restant avec eux. Dans leurs réponses nuancées, nous tenons quand même à rappeler les propos pertinents des informateurs 7 et 21 qui partagent l'idée idéale que « si quelqu'un souhaite vraiment aider un enfant, alors qu'il l'aide chez ses parents ». Paradoxalement, ces mêmes informateurs figurent parmi les groupes d'acteurs moraux et religieux ayant aussi des enfants qui restent avec eux ou qui restent chez eux. De ce paradoxe ressort davantage une discordance entre un discours moral favorable à aider les enfants vulnérables chez leurs parents biologiques et un agir traditionnel qui stimule, consciemment ou inconsciemment, la pratique du restavec dans la société haïtienne.

Il importe de rappeler au lecteur qu'il s'agit ici de pourcentages de répondants protestants avouant avoir chez eux des domestiques du passé au présent (temps contemporain), et non au seul présent au moment de l'enquête (2023). Donc, il s'agit de données explicatives pertinentes à l'analyse des rapports contemporains des autorités morales et religieuses avec la tradition de la servitude domestique, certes, mais pas assez significatives ni assez représentatives pour déterminer le nombre total et le pourcentage global d'acteurs du protestantisme ayant chez eux des domestiques au présent (2023). D'ailleurs, certains des acteurs-pasteurs informateurs désignés de la diaspora haïtienne vivent depuis plusieurs années en Amérique du Nord (Canada, États-Unis) où ils n'ont plus chez eux de serviteurs domestiques, comme par le passé, sous leur domination. De plus, notre recherche qualitative, dans ses limites, ne vise pas à déterminer par un recensement général en nombre et en pourcentage l'ensemble des acteurs religieux ayant chez eux des serviteurs domestiques à leur service au présent. En rappel, elle priorise une analyse qualitative permettant d'établir en toute objectivité les rapports historiques des autorités morales et religieuses avec l'esclavagisme du passé au présent, et leurs rapports contemporains avec la tradition du restavec en Haïti en particulier. Ces rapports sont heuristiquement et objectivement établis à l'aide de nos recherches empiriques et archivistiques attestant plusieurs cas d'enfants restavecs fixés au travail servile obligatoire sous la domination directe de leurs maîtres, dont certains d'entre ces maîtres traditionnels sont des chefs charismatiques du protestantisme, pendant qu'ailleurs sont aussi asservis d'autres cas d'enfants domestiques chez d'autres acteurs du catholicisme et du vaudou.

Sommairement, les données informationnelles et expérientielles collectées sur le terrain, transférables, ne contredisent pas les données informationnelles issues des recherches documentaires et des recherches en archivistique, notamment sur les rapports historiques des autorités morales et religieuses avec la tradition de la servitude domestique en Haïti. Elles n'infirment pas non plus l'hypothèse principale avancée selon laquelle les autorités charismatiques chevauchées avec les autorités politiques contribuent à la perpétuation de la servitude enfantine du système restavec, tant par leur rapport historique avec l'esclavagisme du passé au présent que par leur fonction d'autorité patriarcale traditionnelle dans la société haïtienne. En appui, elles font ressortir les rapports de chevauchement de ces autorités charismatiques avec les autorités politiques ainsi qu'avec les autorités patriarcales traditionnelles où, d'un côté, certains chefs charismatiques ayant pris part à l'entretien sont aussi des chefs politiques et, de l'autre côté, d'autres chefs reli-

gieux parmi eux sont aussi des chefs patriarcaux traditionnels ou des autorités de domination traditionnelle (, 2014a, 2014b) ayant sous leur domination
directe des domestiques. Ainsi, elles concordent bien avec les cadres théoriques mobilisés autour des acteurs sociaux comme éléments fondamentaux
du système (Crozier et Friedberg, 1977), considérant notamment la place
déterminante des acteurs sociaux moraux et religieux dans le système, les
rapports d'autorité et de domination entretenus entre eux, et leur influence
dans les processus décisionnels en lien avec l'esclavagisme du passé au
présent en Haïti.

7.1.3. Réexamen sociologique des traces archivistiques et empiriques relatives aux rapports du protestantisme avec la tradition du restavec

Les arguments sociologiques mobilisés antérieurement soutiennent que
la famille d'origine demeure l'espace essentiel par excellence pour le
bonheur, l'éducation familiale et l'élévation de l'enfant jusqu'à sa stabilisation (Bawin-Legros, 1996 ; Parsons et Bales, 1956), l'espace vital pour sa sociabilité et son élévation morale (Segalen, 1993 ; Cicchelli-Pugeault et Cicchelli,
1998), le rempart idéal pour son épanouissement, son bien-être et son développement holistique (de Singly, 2004) ; ce que reconnaissent d'ailleurs des
pasteurs informateurs disant que : « si quelqu'un souhaite vraiment aider un
enfant, alors qu'il l'aide chez ses parents » (informateurs 7 et 21). Mais la
tradition du restavec semble être si forte et si enracinée dans la culture
haïtienne qu'elle obstrue une telle idée idéale favorable aux aides possibles
des enfants vulnérables chez leurs parents biologiques. D'ailleurs, la force de
la tradition du restavec est telle que même les pasteurs qui partagent cette
idée idéale géniale avouent avoir, eux aussi, des enfants qui restent avec eux
ou qui restent chez eux au passé ou au présent, loin de leurs familles
biologiques.

Les données informationnelles issues de nos recherches empiriques
combinées avec celles issues de nos recherches archivistiques établissent les
rapports historiques des autorités morales et religieuses du protestantisme
avec l'esclavagisme contemporain, du moins avec la tradition de la servitude
domestique du système restavec. En rappel, elles proviennent des autorités
morales et religieuses haïtiennes ayant pris part au dialogue, partageant leur
expérience et leur connaissance, leur opinion et leur compréhension, leur
conception et leur position sur cette question de la servitude domestique du

système restavec. Elles témoignent donc de l'ampleur de la tradition de la servitude domestique dans la société haïtienne contemporaine.

Revenons sur certains détails importants et pertinents en lien avec la catégorie de serviteurs domestiques mineurs qui nous préoccupe et surtout les comportements des autorités morales et religieuses locales envers ces serviteurs domestiques mineurs du système restavec. Rappelons-le, sur l'ensemble des trente chefs religieux du protestantisme ayant pris part à l'entretien, quatorze d'entre eux (46,7 %) avouent avoir bénéficié, du passé au présent, des services domestiques des personnes-ressources enfantines (informateurs 1, 5, 7, 14, 15, 16, 17, 18, 20, 21, 22, 23, 25, 27). Ici sont triés et retranscrits les témoignages, parmi les plus pertinents enregistrés, de ces derniers groupes d'acteurs protestants déclarant avoir bénéficié des services gratuits des personnes-ressources domestiques mineures, en réponse à la série de questions spécifiques suivantes : « Dans vos occupations professionnelles et ministérielles, avez-vous eu au moins une servante ou un serviteur domestique chez vous ? Si oui, majeur ou mineur ? »

Parmi les dirigeants protestants bénéficiant des services gratuits des personnes-ressources domestiques mineures, l'acteur informateur 15 se souvient d'avoir eu huit enfants domestiques qui sont passés chez lui, et le pasteur informateur 25 compte aussi la même quantité d'enfants (huit) qui restent avec lui du passé au présent, soit les plus grandes quantités d'enfants restavecs individuellement déclarées lors des entretiens. À noter que ces enfants domestiques (seize au total), précisent les deux derniers répondants, ne restent pas tous ensemble au même moment chez eux ; mais ils se succèdent les uns après les autres. Lorsque, par exemple, un enfant restavec est renvoyé pour une cause quelconque, il est remplacé par un autre enfant cédé.

De son côté, sans avancer des chiffres précis, l'informateur 22 déclare avoir, du passé au présent, beaucoup d'enfants qui restent chez lui et qui ne sont pas ses propres enfants biologiques. Quant à l'informateur 5, il explique avoir eu, au passé, trois enfants qui restent avec lui, mais bien traités et accompagnés, ajoute-t-il, jusqu'à la fin de leurs études secondaires, jusqu'à leur maturité. Pour sa part, l'informateur 1 raconte avoir, au présent, une fille de quinze ans qui reste avec lui. Elle reste chez lui depuis quatre ans, soit depuis l'âge de onze ans. Elle est actuellement en classe de neuvième année fondamentale, dit-il. Ainsi, conclut-il, elle n'est pas payée (en espèces, en salaire) pour les services rendus, mais elle bénéficie des récompenses en nature (éducation, nourriture, vêtements, bons traitements). À cet égard, d'autres acteurs informateurs comme lui ont même pensé qu'ils paient beaucoup plus pour les services domestiques obtenus (informateurs 5 et 18).

À leur tour, les informateurs 7, 14, 16, 17, 18, 20, 21 et 27 expliquent les rapports domestiques entretenus dans le cadre des familles élargies avec d'autres enfants à charge qui, du passé au présent, restent chez eux et qui, à leur avis, sont dignement et humainement bien traités à la maison et accompagnés à l'école. Dans ce dernier groupe de répondants protestants, l'exemple considéré et rapporté est celui de l'informateur 27 partageant ce bref récit :

« J'ai une fille qui reste chez moi depuis trois ans. Elle est âgée maintenant de dix-sept ans. Elle est en troisième secondaire. Elle est tellement bien traitée qu'elle me considère comme son papa. Lorsque je lui ai demandé d'aller voir ses parents [biologiques], elle me dit : "mais, tu es mon papa !" »

Ce dernier portrait nous fait identifier, parmi la catégorie des enfants placés chez des familles de placement, une sous-catégorie d'enfants cédés mais bien traités par leurs maîtres, puis une autre sous-catégorie d'enfants cédés pourtant maltraités par leurs propriétaires, à l'instar d'autres cas archivés d'enfants restavecs, présentés plus loin, maltraités par leurs maîtres qui sont des chefs religieux (pasteurs). Dans les différents cas de figure en présence, qu'ils soient des cas bien traités ou maltraités, il s'agit d'enfants qui restent avec ou qui restent chez des familles de placement qui ne partagent pas avec eux des liens biologiques de parenté ni des liens juridico-sociologiques d'adoption (Lacourse, 2010).

Par ailleurs, les pasteurs informateurs racontent non seulement des récits en lien avec les rapports domestiques entretenus dans leur environnement familial respectif, mais ils rapportent aussi des faits liés aux rapports restavecs observés ailleurs dans d'autres environnements familiaux voisins ou lointains. Mettant en lumière les comportements des acteurs sociaux et moraux locaux envers le restavec, ces faits observés sont aussi partagés par nos informateurs répondant aux questions spécifiques suivantes : « Connaissez-vous des leaders religieux en Haïti qui ont chez eux des domestiques ? Que vous en souvenez-vous concrètement, comme témoin ou observateur ? »

Les informateurs 4, 6, 8 et 24 disent n'avoir jamais eu chez eux des enfants restavecs. Cependant, précisent-ils, lorsqu'ils étaient petits, ils grandissaient dans des environnements familiaux élargis avec d'autres enfants où certains d'entre eux étaient des domestiques maltraités. Dans ce groupe de répondants, l'informateur 4 raconte qu'il était lui-même un restavec. Comme ancien restavec, laisse-t-il entendre et comprendre, il ne saurait jamais garder un enfant dans le restavec. Les informateurs 8 et 24 partagent des récits similaires quant à l'environnement familial dans lequel ils ont grandi respectivement, dont l'un (informateur 8) dit se souvenir qu'il y avait chez sa mère (dame missionnaire) six enfants restavecs habituellement battus et maltraités par celle-ci. Élevés dans des familles protestantes, racontent-ils, leurs parents étaient très cruels à l'égard des enfants restavecs avec qui ils ont grandi, ce qui les rendait inconfortables, disent-ils, puisqu'ils étaient des enfants comme eux et avec qui ils avaient parfois l'occasion de jouer ensemble.

De son côté, l'informateur 10 raconte, avec un sourire ironique à l'évocation des jours supplémentaires de détention :

Je connais plusieurs cas courants dont le cas d'un enfant restavec en 2022 qui, affamé, se sert d'une nourriture non autorisée par son maître qui est un pasteur. Le pasteur l'a battu, l'a brûlé sur les yeux et les mains. Le cas était si scandaleux que la justice, sous l'insistance des organisations locales des droits humains, a procédé à l'arrestation du pasteur qui a passé une semaine en prison. J'étais partie prenante dans la poursuite judiciaire du pasteur. Je voulais trois jours de prison pour lui, mais on l'a gardé une semaine en prison.

En tant que superintendant ayant sous son leadership plusieurs églises locales l'obligeant à séjourner dans plusieurs localités voisines et lointaines, l'informateur 14 dit qu'il observe plusieurs cas d'enfants restavecs respectivement chez des leaders protestants, vaudouisants et catholiques. Ici sont retranscrits deux des cas d'enfants domestiques qu'il a observés chez des acteurs protestants, avant de revenir plus loin sur des cas observés chez des prêtres vaudouisants et catholiques :

Je connais une jeune fille domestique chez un diacre aux Gonaïves depuis plusieurs années. J'avais pris en charge son éducation lors de mon passage habituel aux Gonaïves [département de l'Artibonite]. Elle allait à l'école en après-midi. Il y a un autre cas plus récent, celui d'une fillette domestique souvent maltraitée par une religieuse de mon église. Un jour, j'ai pris la décision de la sanctionner pour qu'elle ne participe pas à des activités de l'église (Sainte-Cène), en l'alertant sur les conséquences de ses actes de maltraitance de la fillette en domesticité chez elle.

L'informateur 28 partage une expérience similaire à celle de l'informateur 14 quant à l'identité de maîtresse religieuse, également fidèle de son église, maltraitant un enfant en domesticité chez elle :

Dans mon voisinage, il y avait un enfant restavec, souvent battu, maltraité, frappé au visage par une dame, fidèle de mon église. Un jour, pendant qu'elle maltraite l'enfant, je lui ai parlé d'un ton ferme, en présence de la victime, afin qu'elle cesse de maltraiter l'enfant. Après mon intervention, j'observe pendant un certain temps qu'elle cesse de maltraiter l'enfant qui, finalement, quitte la maison de la dame.

Enfin, une dernière observation empirique partagée puis retranscrite est celle de l'informateur 2, observateur et témoin oculaire du cas scandaleux de l'enfant restavec gravement battu et maltraité par un pasteur poursuivi en justice en 2020 (*Fig. 16 et 17*) :

Un jour, cet enfant tentait de s'enfuir ; il allait se cacher [marronage]. Le pasteur l'a retrouvé dans une église locale et a commencé à le maltraiter à l'intérieur même de l'église, le frappant contre le mur. Ensuite, il a lié les mains de l'enfant avec une corde pour retourner chez lui avec la victime. Après cela, je me suis rendu chez le pasteur pour lui parler du mal qu'il avait fait et lui demander de laisser l'enfant aller retrouver ses parents. Il m'a dit qu'il était même prêt à "couper sa tête" à cause de son marronage. C'est terrible ; c'est démoniaque, conclut l'informateur 2.

Dans les archives judiciaires et médiatiques suivantes (*Fig. 16 et 17*) sont présentés le portrait physique cicatrisé de la victime martyrisée et l'extrait des archives du greffe du tribunal de paix local traitant de cette affaire scandaleuse dont parle l'informateur 2. Cela témoigne donc de la transférabilité et de la concordance des données issues de nos recherches empiriques avec celles en provenance de nos recherches en archivistique.

S'agissant des données aussi pertinentes issues de nos recherches archivistiques, nous photographions et présentons, dans les trois figures suivantes (*Fig. 16, 17 et 18*), des pièces d'archives judiciaires et médiatiques relatives à l'implication d'autres pasteurs dans la pérennisation du système restavec en Haïti et surtout dans la maltraitance des enfants domestiques placés directement sous leur autorité hiérarchique de domination. Loin d'envisager la tradition du restavec comme pratique condamnable, ces pasteurs-maîtres contribuent à la perpétuation de cette tradition de la servitude enfantine par leur fonction d'autorité patriarcale traditionnelle ayant sous leur domination directe des restavecs.

Fig. 16. Portrait physique cicatrisé d'un garçon restavec martyrisé par un pasteur, 2020

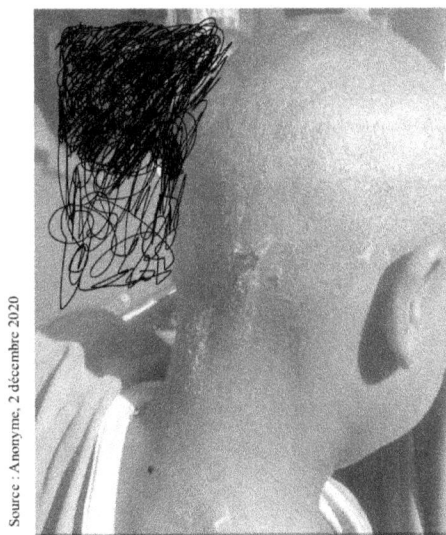

Source : Anonyme, 2 décembre 2020

© Photo de tête cicatrisée de la victime

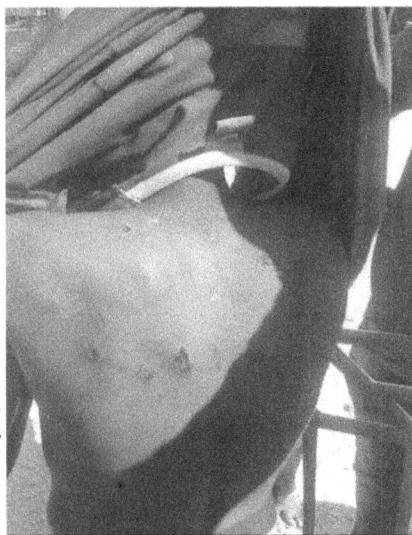

Source : Anonyme, 2 décembre 2020

© Photo de dos cicatrisé de la victime

Ayant connu et observé le cas de cet enfant restavec martyrisé, l'informateur 2 qui nous parle de ce cas nous confirme qu'il s'agit bien de la photo de la victime.[5] À bien regarder les cicatrices visibles, voire indélébiles, sur la peau de la victime, nous comprenons mieux lorsqu'il dit précédemment que « c'est terrible ; c'est démoniaque », pour qualifier le comportement agresseur du pasteur oppresseur de caractère sévère maltraitant impitoyablement et terriblement son petit serviteur domestique. Si à l'époque coloniale la situation des enfants esclaves était pénible, nous doutons fort que la situation de cet

---

5. Par respect du principe éthique de confidentialité, nous gardons l'anonymat de notre source partageant avec nous les photos de la victime et du pasteur oppresseur. Aussi, est hachurée l'image d'un témoin à côté de la victime.

enfant restavec cruellement supplicié soit moins pénible en 2020, y compris celle d'autres enfants restavecs comme la situation autant terrible de la fille domestique, présentée plus loin, martyrisée par un autre pasteur.

À part le portrait physique cicatrisé de cette victime, nous trouvons à partir de nos recherches en archivistique l'extrait du greffe du tribunal local relatif à cette affaire scandaleuse de servitude enfantine contemporaine en Haïti (*Fig. 17*).

Fig. 17. Extrait d'archives judiciaires d'un garçon restavec maltraité par un pasteur, 2020

16/12/2020 : début d'une poursuite judiciaire contre le sieur [pasteur], après la flagrance de la maltraitance contre l'enfant [restavec].

27/04/2021 : arrestation et libération du pasteur propriétaire, à la même date, après une « pétition » de la « force vive » locale.

Extrait des archives du Greffe du tribunal de paix [local], délivré [à qui de droit] le 10/06/2023.

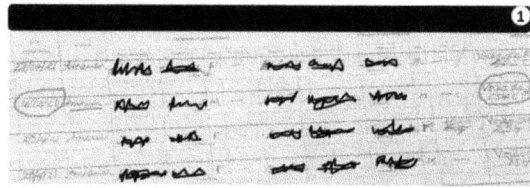

Cette figure est constituée de trois pièces d'archives judiciaires collectées :

1. La première pièce portant la date du 16/12/2020 (première colonne encadrée en rouge), soit la date du début d'une poursuite judiciaire contre le pasteur [P] pour voies de fait (dernière colonne encadrée en rouge) au préjudice de l'enfant domestique [E] (noms de la victime et du pasteur hachurés à la deuxième ligne manuscrite).

2. La deuxième pièce datant du 27/04/2021, date à laquelle le pasteur a été écroué puis rapidement libéré, à la suite d'une pétition de la force vive de la communauté et un désistement des représentants des droits de l'homme (pièce 2 : dernière colonne encadrée en rouge).

3. La dernière pièce (à gauche) portant la date du 10/06/2023, date de livraison de l'extrait des minutes du greffe du tribunal de paix local certifiant et attestant que : « Le nommé [...], pasteur, demeurant et

domicilié à ladite ville a été arrêté pour de châtiments corporels au préjudice de l'enfant [...], mineur demeurant et domicilié avec lui, fait prévu et puni selon le vœu du décret de loi du 10 septembre 2001.[6]

En rappel, le 16 décembre 2020, a été lancé un mandat pour amener le pasteur par devant le tribunal compétent local. Le 27 avril 2021, soit plus de quatre mois après, il a été amené puis détenu en prison pour voies de fait et châtiments corporels au préjudice de l'enfant qui reste chez lui, ou mieux qui reste avec lui. Mais il a été rapidement relâché par le tribunal, relit-on, après « une pétition [de] la force vive de la communauté et un désistement [du secteur promoteur des] droits de l'homme ». La pétition de cette force vive de la communauté nous rappelle une chose triste et mémorable, celle du déni de justice et de solidarité à l'égard des enfants victimes du système restavec. À notre connaissance, aucune pétition n'a jamais été recensée jusque-là en faveur des victimes du système restavec, oubliées sous le joug de la servitude contemporaine.

Fig. 18. Dossier d'archives médiatiques d'une fille restavec maltraitée par un pasteur, 2020

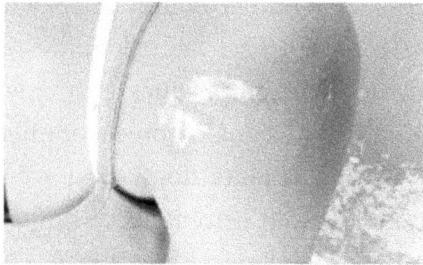

Source : Haïti 24 (29 novembre 2020). https://haiti24.net/social-un-pasteur-arrete-pour-avoir-maltraite-une-adolescente/

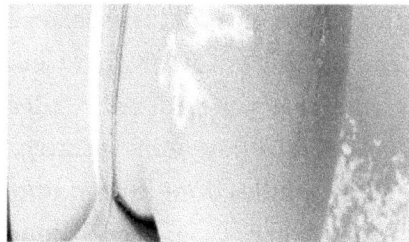

Source : Vant Béf Info (29 novembre 2020). https://vantbefinfo.com/haiti-societe-un-pasteur-arrete-pour-avoir-maltraite-une-adolescente-en-domesticite-chez-lui/

---

6. Par respect du principe éthique de confidentialité, nous gardons l'anonymat quant à l'identité du pasteur et de la victime en hachurant leur nom et prénom dans le présent extrait du greffe du tribunal local (pièce 3). Aussi, sont hachurés les autres noms enregistrés dans le cahier de registre du tribunal (pièces 1 et 2). Sont retranscrits seuls les noms des personnes décédées des temps coloniaux, identifiées dans les archives et les documents historiques.

Les archives médiatiques et médiatisées conservent des traces et des cicatrices de la maltraitance d'un autre cas d'enfant restavec martyrisé par un autre pasteur. Selon les informations publiées par des médias locaux, « la fillette de quinze ans a été sévèrement battue. Sur son bras, son dos, des bleus sont remarqués. [Elle] est placée dans un centre hospitalier sous l'obédience de l'Institut du bien-être social et recherches. Sa prise en charge médicale et psychologique est assurée par l'Initiative Départementale contre la Traite et le Trafic des Enfants (IDETTE) » (VBI, 29 novembre 2020). Quant au pasteur, informent les médias Haïti 24 et VBI (2020), il a été arrêté par la Brigade de la Protection des Mineurs (BPM), puis conduit dans un centre carcéral.

Partagés précédemment sur les réseaux sociaux avec les cicatrices des supplices du fouet sur la peau des victimes, les deux derniers cas d'enfants restavecs archivés et médiatisés ont été tellement flagrants et scandaleux que les tribunaux compétents locaux, sur demande des représentants du secteur promoteur des droits humains, ont finalement engagé des poursuites judiciaires temporelles ou occasionnelles contre ces chefs protestants, également chefs patriarcaux traditionnels ayant sous leur domination directe des enfants domestiques. Il s'agit de deux cas typiques de servitude et de maltraitance d'enfants restavecs en Haïti, ajoutés aux multiples cas d'enfants domestiques observés par les participants à la recherche.

Globalement, les groupes d'acteurs protestants ayant des enfants qui restent avec eux justifient de telles pratiques traditionnelles, en ce qui les concerne, dans le cadre des familles élargies avec d'autres enfants et des aides en nature (vêtements, nourriture, école) qu'ils offrent à ces enfants qui restent chez eux ou qui travaillent chez eux. Les données empiriques et archivistiques analysées concordent avec les cas de figure signalés précédemment, lors de l'étude du système restavec, où certains enfants domestiques sont cédés à des familles dont les conditions de travail sont extrêmement difficiles et les maîtres de caractère tyrannique, pendant que d'autres sont placés chez des familles dont les charges de travail sont moins lourdes et les maîtres de caractère humainement souple. Elles présentent des récits relatifs à des cas d'enfants qui restent chez des pasteurs et qui sont humainement bien traités, puis des archives relatives à d'autres cas d'enfants qui restent avec d'autres pasteurs et qui sont impitoyablement maltraités. Dans les différents cas de figure, ce sont donc des enfants qui restent avec d'autres personnes, loin de leurs familles d'origine, sans liens biologiques de parenté ni liens juridico-sociologiques d'adoption (Lacourse, 2010).

Si les restavecs sont les véritables oubliés dans le nouveau bilan du protestantisme en Haïti (1816-2016), qu'en est-il du nouveau projet du catholicisme réadapté au contexte abolitionniste postcolonial ? Y a-t-il une petite place aménagée pour les restavecs dans ce nouveau projet catholique réorienté vers la moralisation et l'éducation ainsi que les idéaux de libertés et de droits humains ? La quête de réponses à ces questions s'ouvre, dans les paragraphes et les points suivants, à un réexamen de la position des autorités catholiques sur la question de l'esclavage contemporain en général et du restavec en particulier.

7.2. Catholicisme contre l'esclavagisme contemporain : une position stratégique adaptative

Nos études antérieures mettent en lumière la fonction de domination permanente de l'institution catholique dans la société. Elles remontent à la position de domination et à la position colonialiste-esclavagiste de l'autorité catholique pour la colonisation des Afriques et des Amériques, la traite et l'esclavage des Nègres, formellement exprimées dans les bulles pontificales de 1454, de 1456, de 1481 et de 1493. Elles décèlent la place prépondérante de l'acteur catholique dans le système esclavagiste et les rapports esclavagistes coloniaux codifiés par les codes noirs de 1685 et de 1724, garantissant, sur le marché esclavagiste, l'autorité de domination catholique et la domination de l'autorité catholique. Dans la même diachronie, elles retracent le cycle évolutif et reproductif de domination continuelle du catholicisme depuis le IIIe siècle, soit depuis l'irruption de l'empereur Constantin dans les affaires de l'Église, passant par les longues périodes de domination féodale et médiévale du Moyen Âge, jusqu'aux longues périodes de domination coloniale et postcoloniale.

Dans le contexte postcolonial mitigé entre l'abolitionnisme et l'esclavagisme contemporain, les autorités cléricales semblent réviser l'ancienne position colonialiste-esclavagiste de l'institution catholique archivée dans les bulles pontificales de 1454, de 1456, de 1481 et de 1493, ainsi que dans les codes noirs de 1685 et de 1724. Cette révision tient lieu d'une position stratégique adaptative sur la multiple question d'élimination et d'expropriation des occupants aborigènes, de concession et d'appropriation des territoires conquis du Nouveau Monde par les souverains européens, de colonisation et d'exploitation de l'espace exproprié, puis concédé à perpétuité – selon la teneur de ces bulles – aux puissances colonialistes européennes. La révision, ou mieux, la position stratégique adaptative catholique en contexte abolitionniste postcolonial se comprend aisément, puisque les religions évoluent en fonction de la dynamique du marché, en se conformant à la réalité socioculturelle du siècle présent (Meslin, 2006 ; Pétré-Grenouilleau, 2003 ; Boeve, 2003). Le tableau suivant indique à quel point pleuvent, au cours des dernières décennies (1990-2023), les déclarations et les discours révisés des autorités catholiques dénonçant les pratiques de traite et d'esclavage dans la société (*Tableau 11*).

No	Déclarations/lettres/discours officiels (titre)	Position exprimée (teneur)	Rapporté/archivé par (sources)	Date
1	Discours du pontife Jean-Paul II lors de sa visite à la Maison des esclaves (Île de Gorée)	Reconnaissance de l'esclavage noir imposé Hommage aux victimes de la traite négrière	Libreria Editrice Vaticana Vatican	22/02/1992
2	Lettre du pontife Jean-Paul II à l'occasion de la conférence sur « l'esclavage du XXIᵉ siècle […] »	Critique des pratiques de traite contemporaine Position pour la réhabilitation des victimes	Libreria Editrice Vaticana Vatican	15/05/2002
3	Déclaration contre l'esclavage par l'autorité pontificale et les responsables religieux	Reconnaissance de l'esclavage contemporain Position officielle contre l'esclavage moderne	Libreria Editrice Vaticana Vatican	02/12/2014
4	Déclaration des autorités cléricales canadiennes en faveur des victimes de spoliation de la doctrine de la découverte	Reconnaissance des erreurs du passé Position favorable aux victimes autochtones	CECC Canada	19/03/2016
5	Appel du pontife François à combattre le crime honteux de la traite humaine	Dénonciation des pratiques contemporaines de traite des personnes	Vatican News Cité du Vatican	29/07/2018
6	Discours du pontife François en faveur des victimes de la traite humaine	Position stratégique adaptative contre la traite des êtres humains	Vatican News Cité du Vatican	07/02/2019
7	Rappel du pontife François dénonçant la traite des personnes comme crime contre l'humanité	Dénonciation des pratiques contemporaines de traite des personnes	Vatican News Cité du Vatican	11/04/2019
8	Discours du pontife François en faveur des victimes de trafic d'êtres humains	Position stratégique répétitive contre la traite des êtres humains	Vatican News Cité du Vatican	30/07/2019
9	Appel du pontife François à ne pas rester indifférents quant à l'esclavage moderne	Position stratégique adaptative contre l'esclavage moderne	Adriana Masotti Vatican News	02/12/2020
10	Appel du pontife François à éliminer le travail des enfants dans le monde	Position stratégique adaptative contre la servitude enfantine	Vatican News Cité du Vatican	13/06/2021
11	Déclaration des autorités cléricales régionales africaines contre l'esclavage moderne	Position stratégique adaptative alignée contre l'esclavage moderne	Agence Fides Ghana	11/08/2021
12	Discours du pontife François invitant à persévérer dans la lutte contre la traite des êtres humains	Position stratégique répétitive contre la traite des êtres humains	Adélaïde Patrignani Vatican News	19/05/2022
13	Discours du cardinal Nichols demandant un engagement renouvelé contre la traite	Position stratégique adaptative répétitive contre la traite des personnes	Giancarlo La Vella Vatican News	20/05/2022
14	Discours du pontife François sur la traite invitant les jeunes à être des missionnaires de la dignité humaine	Position stratégique adaptative pour la promotion de la dignité humaine	Marie Duhamel Vatican News	08/02/2023

Tableau 11. Position stratégique adaptative et révision du discours des autorités catholiques sur l'esclavage (1992-2023)

Dans son discours officiel prononcé le 22 février 1992 lors de sa visite à la *Maison des esclaves* à Gorée (Sénégal), le pontife Jean-Paul II exprime en des termes philosophiques et théologiques sa position critique portant sur la mémoire de l'esclavage noir qu'il identifie à une injustice, une tragédie, un drame humain, avant de rendre hommage aux victimes de cette tragédie, ce « drame de la civilisation qui se disait chrétienne ». Voici, textuellement, le discours de Jean-Paul II exprimant, sur la question de la traite et de l'esclavage du passé, sa position à la fois critique et adaptative en contexte contemporain :

C'est un cri ! ... Je suis venu ici pour écouter ce cri des siècles et des générations, des générations des noirs, des esclaves. Je pense maintenant en même temps que Jésus-Christ est devenu, on peut dire lui aussi un esclave, un serviteur : mais il a porté même dans cette situation d'esclavage la lumière. Cette lumière s'appelait la présence de Dieu, la libération en Dieu... libération en Dieu, cela veut dire Dieu Amour.

On peut penser ici surtout à l'injustice : c'est un drame de la civilisation qui se disait chrétienne. L'ancien grand philosophe Socrate disait que ceux qui subissent l'injustice se trouvent dans une situation meilleure que ceux qui sont cause de l'injustice.

Alors c'est l'autre côté de la réalité de l'injustice qui s'est passée ici. C'est un drame humain. Ce cri des siècles, des générations nous provoque à nous libérer toujours de ce drame parce que les racines de ce drame sont en nous, dans la nature humaine, dans le péché.

Je suis venu ici pour rendre hommage à toutes ces victimes, victimes inconnues ; on ne sait pas exactement combien, on ne sait pas exactement qui. Malheureusement notre civilisation qui se disait, qui se dit chrétienne est retournée dans notre siècle aussi à cette situation des esclaves anonymes ; nous savons ce qu'étaient les camps de concentration : ici c'en est un modèle. On ne peut pas se plonger dans la tragédie de notre civilisation, de notre faiblesse, du péché. Nous devons rester toujours fidèles à un autre cri, celui de saint Paul, qui a dit : *"Ubi abundavit peccatum superabundavit gratia"* [là où le péché a abondé, la grâce, cela veut dire l'amour, a surabondé].

Dans une autre lettre publiée le 15 mai 2002 à l'occasion de la Conférence mondiale sur « l'esclavage du XXIe siècle : la dimension des droits de l'homme dans la traite des personnes », Jean-Paul II rappelle que :

La traite des personnes humaines constitue un outrage à la dignité humaine et une grave violation des droits humains fondamentaux. [...] De telles situations sont un affront aux valeurs fondamentales communes à toutes les cultures et les peuples, des valeurs enracinées dans la nature même de la personne humaine. La croissance alarmante du commerce d'êtres humains représente l'un des problèmes politiques, sociaux et économiques urgents liés au processus de mondialisation [...] L'exploitation sexuelle des femmes et des enfants est notamment un aspect particulièrement répugnant de ce commerce, et doit être reconnue comme une violation intrinsèque de la dignité et des droits de l'homme. La tendance regrettable à considérer la prostitution comme un commerce ou une industrie contribue non seulement à la traite des personnes, mais est elle-même la preuve d'une tendance croissante à séparer la liberté du droit moral et à réduire le riche mystère de la sexualité humaine à un simple bien de consommation.

Pour cette raison, je suis certain que la Conférence, tout en traitant des questions politiques et juridiques importantes liées à la réponse à apporter à ce fléau moderne, examinera également les profondes questions éthiques soulevées par la traite des personnes. Il faut apporter une attention aux causes profondes de l'augmentation de la "demande" qui alimente le marché de l'esclavage humain et tolère le coût humain qui en résulte. Une approche sérieuse de ces problèmes complexes conduira également à un examen des modes de vie et des modes de comportements, en particulier en ce qui concerne l'image de la femme, qui engendre ce qui est devenu une véritable industrie d'exploitation sexuelle dans les pays industrialisés. De même, dans les pays les moins développés dont proviennent la plupart des victimes, il est nécessaire de mettre sur pied des mécanismes plus efficaces de prévention de la traite des personnes et de réhabilitation de ses victimes.

Dans ses travaux monographiques analysant le rapport du catholicisme avec l'esclavage des Nègres, Mpisi (2008a) considère le discours de regret et de pardon de Jean-Paul II comme un discours de rejet de l'ancienne position esclavagiste du catholicisme. À son avis, les descendants-victimes de la traite des Africains avaient – pour se sentir en paix – besoin qu'on leur présente des excuses, ce qu'a songé de faire le pontife Jean-Paul II.

Dans une déclaration officielle publiée le 2 décembre 2014, le pontife François adopte à son tour une position contre l'esclavage, suivant la dynamique de la réalité socioculturelle présente liée aux valeurs de droits humains, de libertés, de paix et de dignité de la personne humaine. Voici, dans les paragraphes suivants, la teneur de la position adaptative adoptée lors de la cérémonie pour la signature de la déclaration contre l'esclavage :

Mesdames et Messieurs,

Je remercie tous les responsables religieux qui sont réunis ici pour leur engagement en faveur de ceux ayant survécu à la traite des personnes, ainsi que toutes les personnes présentes pour leur participation intense à ce geste de fraternité, en particulier envers les plus souffrants de nos frères. Inspirés par nos confessions religieuses, aujourd'hui, nous nous sommes réunis en vue d'une initiative historique et d'une action concrète : déclarer que nous collaborerons ensemble pour déraciner le terrible fléau de l'esclavage moderne, sous toutes ses formes.

L'exploitation physique, économique, sexuelle et psychologique d'hommes et de femmes, de petits garçons et filles enchaîne actuellement des dizaines de millions de personnes à l'inhumanité et à l'humiliation. Tout être humain – homme, femme, enfant, garçon ou fille – est l'image de Dieu. Dieu est amour et liberté, qui se donne dans les relations interpersonnelles. Chaque être humain est donc une personne libre, destinée à exister pour le bien des autres, dans l'égalité et la fraternité. Chaque personne et toutes les personnes sont égales et l'on doit leur reconnaître la même liberté et la même dignité. Toute relation discriminatoire qui ne respecte pas la conviction fondamentale selon laquelle l'autre est comme moi constitue un délit, et souvent un délit aberrant.

C'est pourquoi nous déclarons au nom de toutes et de chacune de nos croyances que l'esclavage moderne – sous la forme de traite des personnes, de travail forcé, de prostitution, de trafic d'organes – est un crime de "lèse-humanité". Ses victimes sont de toutes conditions, mais le plus souvent, elles se trouvent parmi les plus pauvres et les plus vulnérables de nos frères et sœurs.
Au nom de ces personnes, qui appellent nos communautés à agir, en repoussant sans exception toutes les privations systématiques de la liberté individuelle à des fins d'exploitation personnelle et commerciale, au nom de ces personnes, nous faisons cette déclaration.

Malgré les efforts importants de nombreuses personnes, l'esclavage moderne continue d'être un fléau atroce qui est présent, à grande échelle, dans le monde entier, parfois même sous la forme du tourisme. Ce crime de « lèse-humanité » se cache derrière d'apparentes habitudes acceptées, mais en réalité, il fait ses victimes dans la prostitution, la traite des personnes, le travail forcé, le travail d'esclave, la mutilation, la vente d'organes, la consommation de drogues, le travail des enfants. Il se cache derrière des portes fermées, dans des lieux spécifiques, dans les rues, dans les automobiles, dans les usines, dans les campagnes, sur les bateaux de pêche et dans beaucoup d'autres endroits. Et cela a lieu tant dans les villes que dans les villages, dans les centres d'accueil des nations les plus riches et de celles les plus pauvres du monde. Et le pire dans cette situation est que malheureusement, elle s'aggrave chaque jour davantage.

Nous appelons à agir toutes les personnes de foi, les responsables, les gouvernements, les entreprises, tous les hommes et les femmes de bonne volonté, afin qu'ils apportent leur profond soutien et qu'ils rejoignent le mouvement contre l'esclavage moderne, sous toutes ses formes.

Soutenus par les idéaux de notre confession de foi et par nos valeurs humaines communes, nous pouvons et devons tous élever l'étendard des valeurs spirituelles, des efforts communs, de la vision libératrice afin de déraciner l'esclavage de notre planète.

Je demande au Seigneur qu'il nous accorde aujourd'hui la grâce de nous faire nous-même le prochain de chaque personne, sans exception, en aidant activement et toujours ceux que nous rencontrons sur notre chemin – qu'il s'agisse d'un vieillard abandonné de tous, d'un travailleur injustement réduit à l'esclavage et méprisé, d'une réfugiée ou d'un réfugié pris au piège du crime organisé, d'une jeune garçon ou d'une jeune fille qui marche sur les routes du monde victime du commerce sexuel, d'un homme ou d'une femme poussés à la prostitution par la tromperie de gens sans crainte de Dieu, d'un petit garçon ou d'une petite fille mutilés de leurs organes – et qui interpellent notre conscience, en faisant écho à la voix du Seigneur : je vous dis que chaque fois qu'ils l'ont fait à l'un de mes frères, c'est à moi qu'ils l'ont fait.

Chers amis, merci pour cette réunion. Merci pour cet engagement transversal, qui nous engage tous. Nous sommes tous le reflet de l'image de Dieu et nous sommes convaincus que nous ne pouvons pas tolérer que l'image du Dieu vivant fasse l'objet de la traite la plus aberrante. Merci beaucoup![7]

Même si la déclaration de 2014 n'a de force réelle pour annuler définitivement l'ancien édit colonialiste-esclavagiste dit perpétuel ni pour éliminer totalement les pratiques esclavagistes contemporaines, elle a quand même une certaine influence escomptée sur le clergé catholique dans la mesure où elle entraîne, au niveau national et régional, une vague de réactions solidaires des acteurs catholiques contre l'esclavage contemporain.

En Afrique, plusieurs chefs du clergé catholique régional suivent les traces de la déclaration de 2014, en adoptant à leur tour une déclaration commune contre l'esclavage contemporain. La cérémonie pour la signature de cette déclaration contre l'esclavage moderne a été organisée par le Global Freedom Network, la branche religieuse du groupe mondial de défense des droits de l'homme Walk Free, puis approuvée par les autorités cléricales du Ghana, de la République démocratique du Congo, du Nigeria et de la Côte d'Ivoire, ainsi que par le Conseil national interreligieux d'Afrique du Sud (NICSA) et le Conseil interreligieux du Kenya (IRCK).[8] En Haïti, les autorités catholiques se montrent plutôt préoccupées par la question des droits humains, sans toutefois prendre véritablement à cœur les droits des enfants restavecs victimes de l'esclavagisme contemporain.

Dans la société canadienne, la réaction des autorités cléricales nationales laisse aussi penser à une sorte de rupture avec le rapport colonialiste-esclavagiste du passé colonial, en s'attaquant à la fameuse doctrine de la découverte attribuant un droit absolu aux souverains européens sur les propriétés du Nouveau Monde, et faisant abstraction de la présence antérieure d'occupants

---

7. Document d'archives numérisées disponible sur le site officiel du Vatican [consulté le 17/03/2023].   https://www.vatican.va/content/francesco/fr/speeches/2014/december/documents/papa-francesco_20141202_dichiarazione-schiavitu.html
8. Rapporté par Agence Fides (11/8/2021), « organe d'information des œuvres pontificales missionnaires depuis 1927 ».

autochtones et de leurs droits (Rotondaro, 2015 ; Preux, 2022). Dans une déclaration officielle conjointe publiée le 19 mars 2016, les autorités cléricales canadiennes expriment une position commune en réponse, disent-elles, aux erreurs commises et aux contre-vérités transmises au cours des derniers siècles de l'ère chrétienne.

Voici les principaux termes de la déclaration, ci-après reproduite textuellement :

Nous estimons que l'heure est venue de publier une déclaration pour répondre aux erreurs et aux contre-vérités transmises, souvent par des chrétiens, depuis l'époque dite des grandes découvertes. Dans ce contexte, en tant que catholiques :

1. Nous affirmons sans réserve que les droits fondamentaux des autochtones, créés à l'image et à la ressemblance de Dieu notre créateur, auraient dû être reconnus et respectés dans le passé et qu'il faut rejeter et combattre le plus vigoureusement possible tout défaut de reconnaissance et tout manque de respect à l'égard de leur humanité et de leurs droits fondamentaux ;

2. Nous affirmons sans réserve que rien dans l'Écriture, la tradition ou la théologie de l'Église ne justifie la spoliation par des Européens de terres déjà habitées par des peuples autochtones ;

3. Nous rejetons l'idée qu'on puisse appliquer aux terres déjà habitées par des peuples autochtones le principe du premier bénéficiaire ou découvreur, souvent invoqué aujourd'hui par les expressions "doctrine de la découverte" et *terra nullius* [terre sans maître] ;

4. Nous rejetons l'assertion voulant que l'absence de pratiques agricoles ou de technologies européennes ou d'autres aspects communs à la culture européenne ait pu suffire à justifier la revendication d'un territoire comme s'il n'avait pas de propriétaire ;

5. Nous rejetons l'assertion voulant que les Européens [pussent] décider si une terre était utilisée ou occupée par des autochtones sans même les consulter.

La présente déclaration porte les sept signatures suivantes : Douglas

Crosby, évêque de Hamilton et président de la Conférence des évêques catholiques du Canada (1) ; Donald Bolen, évêque de Saskatoon et président de la Commission pour la justice et la paix de la Conférence des évêques catholiques du Canada (2) ; Rennie Nahanee, président du Conseil autochtone catholique du Canada (3) ; Rita Larrivée, présidente de la Conférence religieuse canadienne (4) ; Jean-Denis Lampron, président de l'Organisation catholique canadienne pour le développement et la paix (5) ; Timothy Scott, directeur général de la Conférence religieuse canadienne (6) ; David Leduc, directeur général de l'Organisation catholique canadienne pour le développement et la paix (7).

Environ 7 ans après la déclaration du 19 mars 2016 des autorités catholiques canadiennes reconnaissant les droits fondamentaux des autochtones bafoués par les esclavagistes et les colonialistes européens, le Canada accueille la visite du pontife François, du 24 au 29 juillet 2022, qui dit à son tour : « je demande pardon à Dieu et je voudrais vous dire, de tout mon cœur : je suis très affligé. Et je me joins à mes frères évêques canadiens pour vous présenter des excuses. »

Cette visite officielle du chef catholique était une

occasion unique pour lui, une nouvelle fois, d'écouter et de dialoguer avec les peuples autochtones, d'exprimer sa proximité sincère et d'aborder l'impact de la colonisation et de la participation de l'Église catholique dans le fonctionnement des pensionnats autochtones partout au Canada.[9]

Bien avant, le 27 avril 2010, la Mission permanente d'observation du Saint-Siège publie une autre déclaration sur la doctrine de la découverte et le document *Inter Caetera* (en anglais).[10] Dans cette dernière déclaration officielle, l'autorité catholique soutient l'idée que la valeur juridique d'un tel document semble tout à fait déplacée en raison des circonstances atténuantes, donc abrogée par les faits, notamment par l'expansion non autorisée du territoire portugais du Brésil à l'ouest, à la suite du traité de Tordesillas conclu entre le

---

9. *Marcher ensemble* [thème de la visite]. Le pape François au Canada. 24-29 juillet 2022. https://www.visitepapale.ca/

10. Les deux déclarations sont disponibles sur le site officiel de la Conférence des évêques catholiques du Canada (CECC) [consulté le 16/03/2023]. https://www.ceccb.ca/peuples-autochtones/ressources/doctrine-de-la-decouverte-et-terra-nullius/

Portugal et l'Espagne le 7 juin 1494 reportant en faveur du Portugal la ligne de délimitation établie par la bulle *Inter Caetera* de 1493, également par la colonisation de l'Amérique du Nord et des îles des Caraïbes par les autres puissances colonialistes européennes dont la France ne respectant pas les traces de délimitation définies par cette bulle pontificale. Si aujourd'hui cette déclaration ne soutient pas formellement l'ancienne position colonialiste-esclavagiste catholique, elle trébuche toutefois sur l'idée d'abrogation du document par des circonstances et des faits atténuants. À différents points de vue juridique et théorique, cette dernière position ne tient véritablement pas. Car le fait que, dans les faits, une tierce personne ou une tierce entité ne respecte pas une loi ou une bulle ne signifie absolument pas l'abrogation d'un tel document officiel, surtout lorsqu'il est revêtu d'un caractère perpétuel. En vertu du principe juridique du parallélisme des formes et des procédures, une loi abroge une autre loi ; une bulle annule une autre bulle ; un édit abroge un autre édit. En guise d'un nouvel édit pontifical pour l'annulation de l'ancien édit colonialiste-esclavagiste dit édit perpétuel, l'autorité pontificale contemporaine adopte comme posture comportementale préférentielle la dénonciation.

Par-delà la déclaration de 2014 contre l'esclavage, pleuvent à profusion les discours du chef de l'État du Vatican et de l'Église catholique de Rome, dénonçant les pratiques d'esclavage contemporain, de traite des personnes et de travail servile des enfants dans le monde, considérées par lui aujourd'hui comme crime contre l'humanité et violation de la dignité des victimes (Ngol, 2023 ; La Vella, 2022 ; Masotti, 2020).

Dans un discours prononcé à la fin de juillet 2018 à la veille de la Journée mondiale contre la traite organisée par l'ONU, le chef de l'Église catholique de Rome – dédiant des prières aux victimes de la traite humaine, de la prostitution forcée et de la violence – lance une nouvelle fois un appel pour dénoncer la traite des êtres humains qu'il considère comme un crime honteux, en demandant en effet des actions concertées à la fois au niveau des gouvernements et de la société civile. Il poursuit en disant :

> Demain a lieu la Journée mondiale contre la traite des personnes, organisée par les Nations Unies. Cette plaie réduit en esclavage de nombreux hommes, femmes et enfants, avec l'objectif de l'exploitation professionnelle et sexuelle, du commerce d'organes, de la mendicité et de la délinquance forcée, aussi ici, à Rome. [...] Les routes

migratoires sont souvent utilisées par les trafiquants et les exploiteurs pour recruter de nouvelles victimes de la traite. C'est la responsabilité de tous de dénoncer les injustices et de contrer avec fermeté ce crime honteux.

À plusieurs reprises, il répète le même discours de dénonciation des pratiques de traite et d'esclavage aux temps modernes, respectivement en février, avril et juillet 2019. En des termes synonymiques, il souligne à chaque reprise que : l'esclavage dans le monde est une réalité tragique, un crime contre l'humanité (février 2019) ; la traite des personnes constitue un crime contre l'humanité (avril 2019) ; le trafic d'êtres humains constitue un crime contre l'humanité (juillet 2019). Dans son discours de février 2019, il rappelle :

Bien que nous tentions de l'ignorer, l'esclavage n'est pas quelque chose d'une autre époque. Face à cette réalité tragique, personne ne peut se laver les mains sans être, d'une certaine manière, complice de ce crime contre l'humanité. Nous ne pouvons pas ignorer que l'esclavage existe dans le monde, autant ou peut-être plus qu'auparavant.

Dans un discours récent rapporté par Patrignani (2022), le chef de l'État du Vatican invite ses interlocuteurs à persévérer dans la lutte contre la traite des êtres humains. Ainsi, dit-il :

Les formes modernes d'esclavage continuent de se répandre, même dans les régions les plus développées du monde. J'espère que la lutte contre la traite des êtres humains tiendra également davantage compte d'un certain nombre de réalités plus larges, telles que l'utilisation responsable de la technologie et des médias sociaux, et la nécessité d'une vision éthique renouvelée de la vie politique, économique et sociale, axée non pas sur le profit mais sur les personnes.

Dans un autre discours plus récent rapporté par Duhamel (2023), l'autorité pontificale estime que le système de traite et d'esclavage se développe à un rythme alarmant aux temps contemporains. À son avis, ce système d'exploitation et d'asservissement profite des injustices et des iniquités obligeant des millions de personnes à vivre dans des conditions vulnérables et faisant de ces personnes des objets à utiliser.

Par-delà les discours de pardon et de réconciliation, les déclarations officielles et les positions adaptatives dénonçant l'esclavagisme contemporain,
récemment des représentants du Vatican et des enquêteurs de la Sécurité
intérieure des États-Unis se sont réunis à la Mission du Saint-Siège auprès des
Nations Unies pour signer un accord de partenariat crucial dans la prévention
de la traite des êtres humains, rapporte Ngol (2023). Dans le cadre du projet
baptisé *Slavery, History, Memory and Reconciliation Project*, d'autres acteurs
catholiques (Jésuites) s'engagent, disent-ils, dans un

> processus transformateur de vérité, de réconciliation et de guérison qui, en
> conversation avec les descendants de personnes tenues en servitude, reconnaît
> les torts historiques, cherche à réparer les relations et travaille au sein de nos
> communautés pour s'attaquer à l'héritage de l'esclavage qui persiste
> aujourd'hui sous la forme d'inégalités raciales [aux États-Unis]. (Jesuits, s. d.)

Dans la même perspective, la Conférence des prêtres jésuites aurait
promis 100 millions de dollars pour expier le travail et les ventes d'esclaves,
pour réparer l'achat, la vente et l'asservissement des Noirs (Swarns, 2021).

Pendant que se multiplient aujourd'hui les déclarations et les discours
catholiques révisés en contexte abolitionniste postcolonial dans le sens de la
dignité de la personne humaine, le phénomène de l'esclavage se développe
paradoxalement à un rythme alarmant aux temps modernes, admet le chef de
l'État du Vatican et de l'Église catholique de Rome. Si l'on comprend bien, les
discours de pardon et d'hommage aux victimes, les promesses de réparation
et les prières pour les victimes, les déclarations et les discours officiels contre
l'esclavage contemporain semblent ne pas avoir de force suffisante pour
freiner ces pratiques démoralisantes et déshumanisantes dans la société.

À bien relire les nouveaux discours catholiques en contexte abolitionniste
postcolonial, la nouvelle position du catholicisme affichée par les autorités
pontificales contemporaines contre l'esclavage se démarque de l'ancienne
position colonialiste-esclavagiste archivée dans les bulles pontificales de 1454,
de 1456, de 1481 et de 1493. En d'autres termes, les déclarations anti-esclavagistes des pontifes Jean-Paul II et François se distancient de l'ancienne position colonialiste-esclavagiste exprimée par les pontifes Nicolas V, Calixte III,
Sixte IV et Alexandre VI. Bien avant, rapporte Butsch (1917, p. 410), le pontife
Pie X (1835-1914), soucieux de la justice pour les victimes de traite négrière,
dans une lettre adressée peu de temps avant sa mort à Thomas Sebastian

Byrne, évêque de Nashville, déclare qu'il « souhaite très sincèrement que le travail de l'apostolat auprès des personnes de couleur, digne d'être encouragé et applaudi au-delà de toute autre entreprise de la civilisation chrétienne, puisse trouver de nombreux et généreux contributeurs ».

D'où la position évolutive et adaptative condensée des autorités cléricales, oscillant entre la justification au passé de l'esclavage des Nègres et la dénonciation au présent des pratiques esclavagistes dans la société. Dans ce carrefour historique, explique Giles (1997), se croisent les discours des autorités catholiques anciennes et contemporaines exprimant dans des contextes distincts leur position transformée ou mitigée sur la question de l'esclavage. À partir du même angle historique diachronique, Mpisi (2008b) retrace aussi la position mitigée ou révisée des autorités catholiques optant en contexte esclavagiste colonial pour la bénédiction de la traite et de l'esclavage des Noirs, puis en contexte abolitionniste postcolonial pour la condamnation de telles pratiques esclavagistes.

7.2.1. Pourquoi les autorités catholiques n'ont-elles jamais abrogé la bulle esclavagiste autorisant l'asservissement perpétuel des Nègres ?

L'examen méticuleux de la teneur de la bulle esclavagiste *Romanus Pontifex* (1454), dont la validité perpétuelle est attestée par les bulles de confirmation et d'application *Inter Caetera* (1456), *Aeterni Regis* (1481) et *Inter Caetera* (1493), nous fait souligner au moins deux éléments explicatifs pertinents permettant de saisir - non sans pléonasme - la durabilité à perpétuité de l'esclavage perpétuel perpétué en Haïti depuis le XVᵉ siècle :

1. La « validité perpétuelle » de la bulle esclavagiste *Romanus Pontifex* de 1454 ;
2. La « servitude perpétuelle » des Nègres instaurée par cette bulle pontificale.

En effet, l'asservissement perpétuel des Nègres ordonné particulièrement en Haïti depuis le XVᵉ siècle est une servitude noire intergénérationnelle qui, dans la lettre et l'esprit de cette bulle puissante, ne doit jamais s'arrêter. Car sont très clairs les mots forts stipulés dans la bulle esclavagiste *Romanus Pontifex* de 1454 pour signifier et qualifier l'essence « perpétuelle » de la servitude noire autorisée par l'autorité pontificale depuis le XVᵉ siècle. Également, sont assez clairs les vocabulaires utilisés dans les bulles de confirmation et d'application pour signifier et qualifier la nature « perpétuelle » de la bulle esclavagiste *Romanus Pontifex* de 1454 laissant des héritages douloureux, des traces tenaces et des répercussions vives dans l'Haïti contemporaine. En revanche, paraît raisonnablement plus significative ou significativement plus raisonnable l'adoption d'une nouvelle bulle humaniste-réparatrice pour l'annulation de l'ancienne bulle colonialiste-esclavagiste, s'il faut réellement s'attaquer à la validité perpétuelle de cette ancienne bulle puissante dont les effets pervers et les héritages amers pèsent encore sur Haïti, les Antilles et les Amériques contemporaines.

En contexte abolitionniste postcolonial, l'institution catholique songe à réviser son ancienne position esclavagiste pour essayer de s'adapter stratégiquement à ce nouveau contexte abolitionniste post-onusien dominé par les idéaux de paix, de droits et de libertés pour tous. Là encore, il y a raison méthodiquement de douter et de questionner à nouveau la posture de dénonciation des autorités cléricales contemporaines adoptant à répétition des déclarations officielles qui, dans le fond, n'ont pas de force véritable pour ébranler le système d'esclavage noir imposé depuis le XVᵉ siècle particulièrement en Haïti. C'est dans un pareil constat parsemé de doute que, déjà, s'interroge Salamito (2009) en ces termes : « Pourquoi les chrétiens n'ont-ils pas aboli l'esclavage antique ? » Par-delà la velléité apparente appréciable exprimée dans leurs déclarations et leurs discours officiels contre l'esclavage du passé au présent, pourquoi les autorités catholiques n'ont-elles jamais adopté une nouvelle bulle qui, par la vertu du principe du parallélisme des formes et des procédures, s'attaque à la « validité perpétuelle » de l'ancienne bulle *Romanus Pontifex* de 1454 autorisant la « servitude perpétuelle » des Nègres ? Si en contexte esclavagiste colonial des autorités pontificales qui succèdent au pontificat à la fin du XVᵉ siècle adoptaient successivement des bulles de confirmation et d'application attestant la « validité perpétuelle » de la bulle esclavagiste *Romanus Pontifex*, qu'est-ce qui empêche les autorités pontificales contemporaines d'adopter en contexte abolitionniste postcolonial une nouvelle bulle d'abrogation prononçant, dans sa forme et sa teneur, la caducité effective de cette ancienne bulle esclavagiste ?

Jusque-là, on ignore les raisons pour lesquelles les autorités pontificales se succédant au pontificat n'adoptent jamais – en lieu et place de déclarations à répétition – une nouvelle bulle de fond humaniste pour annuler formellement l'ancienne bulle de fond esclavagiste de 1454 ayant encore des répercussions dévastatrices sur la société contemporaine ; ce qui serait significativement plus symbolique ou symboliquement plus significatif en contexte abolitionniste postcolonial. Après la publication de la bulle *Romanus Pontifex* de 1454, soit après environ 6 siècles (570 ans), le pontificat compte près de 60 pontifes (Nicolas V, 1454 – François, 2024) (Le Saint-Siège, s.d.). À notre connaissance, aucune bulle d'abrogation n'a été jusque-là adoptée par les autorités catholiques se succédant au pontificat. Au contraire, loin d'être abrogée, cette bulle esclavagiste est renforcée et sa validité perpétuelle est attestée par les bulles de confirmation et d'application *Inter Caetera* (Calixte III) de 1456, *Aeterni Regis* (Sixte IV) de 1481, et *Inter Caetera* (Alexandre VI) de 1493. L'attestation de la validité perpétuelle de cette bulle esclavagiste par les autorités pontificales anciennes et la non-abrogation de cette bulle puissante par les autorités pontificales contemporaines traduisent vraisemblablement l'esprit de corps et de loyauté consolidant, d'un côté, l'institution catholique et perpétuant, de l'autre côté, l'institution de l'esclavage noir jusqu'à nos jours.

Juridiquement, la non-abrogation de la bulle esclavagiste *Romanus Pontifex* (Nicolas V) de 1454 par le non-respect du principe du parallélisme des formes et des procédures fait défaut à la procédure et à la posture en apparence des autorités catholiques contemporaines contre les pratiques d'esclavage du passé au présent ; ce qui met en doute la velléité morale exprimée dans les déclarations solennelles et les discours officiels de ces autorités du catholicisme contre l'esclavagisme contemporain. Car les déclarations officielles des autorités pontificales contemporaines n'ont pas de force légale véritable pour s'attaquer à la « validité perpétuelle » de la bulle esclavagiste *Romanus Pontifex* de 1454 ni pour prononcer sa caducité effectivement et définitivement. Autrement dit, dans leur forme et leur teneur, elles n'ont pas de force décisionnelle réelle pour dissiper la lettre, l'esprit, l'essence et le sens de la « validité perpétuelle » de la bulle esclavagiste *Romanus Pontifex* de 1454. Ces déclarations officielles paraissent donc incompatibles quant à la « validité perpétuelle » de la bulle *Romanus Pontifex* de 1454 autorisant la « servitude perpétuelle » des Nègres, ainsi que disproportionnées quant aux informations reçues et connues sur l'ampleur et les répercussions de l'esclavage noir du passé au présent dans le monde en général, dans le monde haïtien en particulier.

Dans l'illusion ou l'idée d'espérer peut-être une nouvelle bulle humaniste-réparatrice prononçant la caducité effective de l'ancienne bulle colonialiste-esclavagiste conformément au principe du parallélisme des formes et des procédures, il importe de rappeler que les scandales de la colonisation

des Amériques, de l'esclavagisation des Nègres et de la spoliation des Autochtones font encore grand écho dans les sociétés modernes nord-américaines ;
ce que reconnaissent et confessent les autorités pontificales contemporaines
demandant « pardon », en associant ces scandales à un « drame de la civilisation qui se disait chrétienne » (discours officiels du pontife François en 2022 et
du pontife Jean-Paul II en 1992). C'est à proprement parler à partir de tels
scandales historico-religieux éclatés au XVe siècle que prend forme puis s'intensifie le drame de l'esclavage noir en Haïti. Ces scandales publics se
répètent aux temps modernes lorsque, par exemple, certains chefs religieux
traditionnels haïtiens sont poursuivis en justice pour leur implication dans
l'asservissement continuel et la maltraitance à outrance des enfants-restavecs-
nègres possédés (voir Annexe : archives judiciaires et médiatiques des cas
scandaleux de chefs religieux poursuivis en justice pour l'asservissement et la
maltraitance d'enfants restavecs en 2020 et 2023).

7.2.2. Nouvel arsenal juridico-politico-catholique assurant la prééminence du catholicisme

Si les bulles pontificales de 1454, de 1456, de 1481 et de 1493, suivies des
codes noirs de 1685 et de 1724, désignent les anciennes armes juridico-politico-
catholiques, ou mieux l'ancien arsenal juridico-politico-catholique assurant
la prépondérance du catholicisme sur le marché colonial, alors le concordat
de 1860, l'arrêté de 1913, la loi de 1947, la loi de 1949 et le décret de 1984 font
partie du nouvel arsenal juridico-politico-religieux assurant le maintien de la
prédominance de l'institution catholique dans le système postcolonial. En
effet, pour la perpétuation de la domination du catholicisme en Haïti, a été
adopté le concordat du 28 mars 1860, signé entre l'État du Vatican (sous le
pontificat de Pie IX) et l'État haïtien (sous la présidence de Fabre Geffrard),
adapté au nouveau contexte de domination postcoloniale. Les termes forts du
concordat de 1860 se trouvent dans les articles suivants :

Article 1er : La religion catholique, apostolique et romaine, qui est la
religion de la grande majorité des Haïtiens, sera spécialement protégée, ainsi que ses ministres dans la République d'Haïti, et jouira des
droits et attributs qui lui sont propres.

Article 2 : La ville de Port-au-Prince, capitale de la République d'Haïti, est érigée en archevêché. Des diocèses relevant de cette métropole seront établis le plus tôt possible, ainsi que d'autres archevêchés et évêchés, si c'est nécessaire ; et les circonscriptions en seront réglées par le Saint-Siège de concert avec le Gouvernement haïtien.

Article 3 : Le Gouvernement de la République d'Haïti s'oblige d'accorder et de maintenir aux archevêchés et aux évêchés un traitement annuel convenable sur les fonds du trésor.

Article 7 : Dans les grands et petits séminaires qui, selon le besoin, pourront être établis, le régime, l'administration et l'instruction seront réglés conformément aux lois canoniques, par les Archevêques ou les Évêques, qui nommeront librement aussi les supérieurs, directeurs et professeurs de ces établissements. »

Article 14 : Les fonds curiaux ne seront employés dans chaque paroisse qu'à l'entretien du culte et de ses ministres, ainsi qu'aux frais et dépenses des séminaires et autres établissements pieux [...].

Article 17 : Tous les points concernant les matières ecclésiastiques non mentionnées au présent Concordat seront réglés conformément à la discipline en vigueur dans l'Église, approuvée par le Saint-Siège.
En 1984, sous la présidence de Jean-Claude Duvalier et le pontificat de Jean-Paul II, le concordat de 1860 a été actualisé avec de légères modifications aux articles 4 et 5, reconnaissant à l'autorité du Saint-Siège la pleine compétence de nommer en toute exclusivité les archevêques et les évêques.

Voici les modifications apportées par le décret sanctionnant le texte du protocole signé le 8 août 1984 portant révision des articles 4 et 5 du concordat du 28 mars 1860 (Le Moniteur, 1er octobre 1984, no 70) :

Article 4 [adopté en 1860] : Le Président d'Haïti jouira du privilège de nommer les Archevêques et les Évêques ; et si le Saint-Siège leur trouve les qualités requises par les saints canons, il leur donnera l'institution canonique. [...]

Article 4 [modifié en 1984] : La nomination des Archevêques et des Évêques, soit diocésains, soit titulaires, est de la compétence exclusive du Saint-Siège. Les Archevêques et les Évêques diocésains ainsi que les Évêques Coadjuteurs avec droit de succession seront des citoyens haïtiens. [...]

Article 5 [adopté en 1860] : Les Archevêques et les Évêques, avant d'entrer dans l'exercice de leur ministère pastoral, prêteront directement, entre les mains du Président d'Haïti, le serment suivant : "Je jure et promets à Dieu, sur les Saints Évangiles, comme il convient à un Évêque, de garder obéissance et fidélité au Gouvernement établi par la Constitution d'Haïti et de ne rien entreprendre ni directement ni indirectement qui soit contraire aux intérêts de la République."

Article 5 [modifié en 1984] : En tant que citoyens haïtiens, les Archevêques et Évêques diocésains ainsi que les Évêques Coadjuteurs avec droit de succession, avant d'entrer dans l'exercice de leur mission pastorale, confirmeront devant le Chef de l'État leur fidélité à la Nation avec les paroles suivantes : "Je promets et je m'engage à garder respect et fidélité à la Constitution d'Haïti en vue de la poursuite du bien commun du Pays et de la défense des intérêts de la Nation."

Ce même serment sera prêté par les Vicaires généraux, les Curés des Paroisses et les chefs d'écoles ou d'institutions religieuses avant leurs offices devant l'autorité civile désignée par le Chef de l'État.

Le concordat de 1860 – actualisé en 1984 – établit le rapport de l'État haïtien avec l'institution catholique. Ainsi, il définit les privilèges et les pouvoirs de cette structure de domination dans la société haïtienne. Dans sa teneur, il opte pour la catholicisation de la société haïtienne, du moins pour une république catholique, d'une part, lorsqu'il stipule officiellement que le catholicisme est « la religion de la grande majorité des Haïtiens » (art. 1) ; d'autre part, lorsqu'il convertit l'espace territorial et juridictionnel haïtien en archevêché, diocèse et paroisse (art. 2 ; 14). De plus, il laisse le champ libre à l'autorité catholique pour qu'elle règle, comme bon lui semble, tous les points non traités au présent concordat (art. 17). À l'instar des anciens codes esclavagistes de 1685 et de 1724, le nouveau concordat de 1860 octroie des droits et des privilèges exclusivement à l'institution catholique, en lui consacrant une part importante du budget national.[11] Il entraîne également l'adoption d'autres lois constitutionnelles et arrêtés présidentiels dont l'arrêté de 1913 desservant aux membres du clergé catholique des pouvoirs exorbitants, des exemptions et des immunités, des privilèges et des honneurs dans toute l'étendue du territoire national.

En 1913, le président Tancrède Auguste adopte un arrêté fixant les formes de rapports de l'Église catholique et romaine avec les autorités constituées de la République (donné au Palais National le 7 mars 1913, publié dans *Le Moniteur* le 5 avril 1913, no 28). Dans son préambule, cet arrêté d'application annonce que « le concordat donne à l'Église catholique et romaine une situation officielle [...] ». Sur l'ensemble des 25 articles du présent arrêté présidentiel, les 12 premiers traitent des honneurs et privilèges au chef de l'État et à sa famille.

Les articles 13 à 25 semblent être plus pertinents, plus subtils, voire plus scandaleux dans la mesure où ils renforcent de manière démesurée la prédominance du catholicisme dans le système postcolonial, en accordant aux membres du clergé catholique des honneurs et des privilèges spéciaux, des immunités et des exemptions, donc des pouvoirs excessifs :

Article 13 : L'Archevêque d'Haïti prendra rang, dans les réceptions officielles, immédiatement après le Corps diplomatique.

Article 14 : Chaque fois que l'Archevêque se présente officiellement au Palais, il sera reçu dans le salon des audiences officielles.

Article 15 : L'Archevêque a droit, dans toute l'étendue de la République, aux honneurs prescrits pour les Secrétaires d'État. En conséquence, quand il passe devant un poste, les soldats doivent porter les armes et les officiers saluer de l'épée. Dans les diocèses, les mêmes honneurs militaires sont rendus aux Évêques.

---

11. Comme c'est une coutume parlementaire de rencontrer les responsables des différents ministères avant le vote du budget national, nous avons personnellement pris acte des déclarations du représentant du ministère des Cultes qui se plaint toujours qu'il gère un budget pour l'Église catholique, et non pour son ministère. Enregistrées dans la 49e législature haïtienne (2011-2015), ces déclarations ont été faites dans le souci de convaincre les parlementaires de proposer de nouvelles affectations au budget de fonctionnement du ministère en question.

Article 17 : Le Palais archiépiscopal, le personnel et les services en dépendant, la curie, son personnel et ses services, sont assimilés aux édifices publics et au personnel et au service de ces édifices en ce qui concerne les immunités et les exemptions. L'Archevêque avec le personnel attaché à sa personne jouit de l'exemption des permis dans ses voyages dans l'intérieur de la République.

Article 18 : Les funérailles du Chef de l'Église d'Haïti seront nationales et auront tout l'appareil militaire des funérailles d'un secrétaire d'État en exercice.

Article 22 : Dans les limites de son diocèse, l'Évêque jouit des prérogatives, immunités et honneurs qui sont reconnus à l'Archevêque sur tout le territoire national.

Article 24 : Les membres du clergé sont exempts des permis, etc. dans l'étendue du diocèse.

Les articles 19 et 20 traitent des funérailles officielles et des places réservées aux autres membres des pouvoirs exécutif, législatif et judiciaires dans ces funérailles ; les articles 16 et 25 traitent des nominations des membres du clergé, telles que prescrites par le concordat de 1860.

Le concordat de 1860 est renforcé par l'arrêté de 1913, avant d'être actualisé par le décret de 1984. En effet, signataire du concordat de 1860, l'État haïtien est lié par cet acte juridico-politico-religieux renouvelant le pouvoir de domination du catholicisme dans le système postcolonial. Dès lors, les gouvernements se succédant au pouvoir rappellent formellement ou traditionnellement l'engagement de l'État haïtien envers l'institution catholique, car lié par le concordat de 1860 encore en vigueur, donc non abrogé jusque-là quoiqu'en contradiction avec la dernière constitution de 1987 (Hurbon, 2004). Loin de son abrogation, certains gouvernements consolident la prédominance du catholicisme notamment par l'arrêté du 5 avril 1913 octroyant aux membres du clergé catholique des immunités, des exemptions, des honneurs et des privilèges spéciaux, par le décret du 1er octobre 1984 actualisant la structure de domination catholique en Haïti, également par la loi du 12 septembre 1949 et la loi du 3 septembre 1947 renforçant les rapports diplomatiques de l'État haïtien avec le Vatican ; d'autres régimes renforcent sa prépondérance par les différentes constitutions haïtiennes rappelant : tantôt la religion catholique est « la seule reconnue » publiquement, tantôt elle est la « religion de tous les Haïtiens » donc « celle de l'État », tantôt elle « jouit d'une situation spéciale découlant du concordat ».

Tableau 12. Archives constitutionnelles retraçant la prédominance continuelle du catholicisme en Haïti (1801-2011)		
No	Historique de la constitution haïtienne	État, religion et prééminence du catholicisme (références constitutionnelles)
1	Constitution de 1801 (Toussaint Louverture)	La religion catholique, apostolique et romaine y est la seule publiquement professée (Art. 6)
2	Constitution de 1805 (Jean Jacques Dessalines)	La loi n'admet pas de religion dominante (Art. 50)
3	Constitution de 1806 (Alexandre Pétion)	La religion catholique, apostolique et romaine étant celle de tous les Haïtiens, est la religion de l'État (Art. 35)
4	Constitutions de 1807 et de 1811 (Henry Christophe)	La religion catholique [...] est la seule reconnue par le gouvernement, l'exercice des autres est toléré, mais non publiquement (Art. 30)
5	Constitution de 1816 (Alexandre Pétion)	La religion catholique, apostolique et romaine étant celle de tous les Haïtiens, est celle de l'État (Art. 48)
6	Constitution de 1843 (Rivière Hérard)	Tous les cultes sont libres (Art. 28)
7	Constitution de 1846 (Jean Baptiste Riché)	Tous les cultes sont libres (Art. 33)
8	Constitution de 1849 (Faustin Soulouque)	Tous les cultes sont libres (Art. 32)
9	Constitution de 1867 (Sylvain Salnave)	Les ministres de la religion catholique [...] reçoivent un traitement fixé par la loi (Art. 25-27)
10	Constitution de 1874 (Michel Domingue)	Les ministres de la religion catholique [...] sont spécialement protégés. (Art. 30-32)
11	Constitution de 1879 (Lycius F. Salomon)	Le gouvernement détermine la circonscription territoriale des paroisses que desservent les ministres de la religion catholique (Art. 28)
12	Constitution de 1888 (François D. Légitime)	Les ministres de la religion catholique [...] sont spécialement protégés. (Art. 16-17)
13	Constitution de 1889 (Florvil Hyppolite)	Le gouvernement détermine la circonscription territoriale des paroisses que desservent les ministres de la religion catholique (Art. 22-23)
14	Constitution de 1918 (Sudre Dartiguenave)	Tous les cultes sont également libres (Art. 17)
15	Constitutions de 1932 et de 1935 (Sténio Vincent)	La religion catholique, professée par la majorité des Haïtiens, jouit d'une situation spéciale découlant du concordat (Art. 9)
16	Constitution de 1946 (Dumarsais Estimé)	Tous les cultes et toutes les religions sont libres et reconnus (Art. 22)
17	Constitution de 1950 (Paul E. Magloire)	La religion catholique, professée par la majorité des Haïtiens, jouit d'une situation spéciale découlant du concordat (Art. 20)
18	Constitutions de 1957, de 1964 et révision de 1971 (François Duvalier)	Tous les cultes et toutes les religions sont libres, et reconnus (Art. 27)
19	Constitution de 1983 et révision de 1985 (Jean-Claude Duvalier)	Toutes les religions et tous les cultes sont libres (Art. 41)
20	Constitution de 1987 (Henri Namphy) et amendement de 2011 (René Préval)	Toutes les religions et tous les cultes sont libres (Art. 30)

Source : Archives des Presses Nationales d'Haïti, d'Haïti-Référence et de la Digithèque de matériaux juridiques et politiques (constitutions haïtiennes de 1801 à 2011).

Les différents articles constitutionnels consacrés à la protection spéciale du catholicisme, joints aux articles du concordat du 28 mars 1860, de l'arrêté du 5 avril 1913, du décret du 1er octobre 1984, de la loi du 3 septembre 1947 et de la loi du 12 septembre 1949, constituent les uns après les autres un véritable arsenal juridico-politico-religieux assurant la prédominance continuelle de l'institution catholique dans le système de domination postcoloniale. Hormis exceptionnellement la constitution de 1805 de Dessalines rejetant toute idée d'une religion dominante dans le nouvel État, les constitutions haïtiennes (anciennes et nouvelles, révisées et amendées) assurent le maintien du *statu quo* quant à la domination continuelle du catholicisme dans le système. Dans leur teneur favorable à la prédominance catholique, certaines constitutions évoquent le concordat de 1860 privilégiant le catholicisme ; d'autres rappellent la situation statutaire spéciale de la religion catholique en Haïti.

Même si certaines constitutions haïtiennes, dont celles adoptées après le concordat de 1860 (1867-2011), stipulent que « tous les cultes sont libres », cette liberté de religion n'enlève pas au catholicisme sa place prépondérante dans le système de domination postcoloniale, garantie par le concordat de 1860 en vigueur. Sur ce point, Hurbon (2004, p. 254) se demande : « si le concordat de 1860, dans sa lettre et dans son esprit, n'est pas aujourd'hui en contradiction avec la nouvelle constitution de 1987 et avec l'expérience démocratique comme telle ». Cette contradiction ressort lorsque, d'un côté, la constitution amendée de 1987 précise que « toutes les religions et tous les cultes sont libres » (art. 30), puis, d'un autre côté, reste en vigueur le concordat de 1860 où l'État fait de la religion catholique sa religion officielle budgétisée et des circonscriptions territoriales haïtiennes des paroisses.

À l'égard de l'arsenal juridico-politico-religieux desservant et réservant exclusivement aux autorités catholiques des immunités et des exemptions, des honneurs et des privilèges, des ressources et des moyens budgétaires, l'institution catholique conserve sa place prédominante et sa position de domination dans la société haïtienne. Elle maintient son influence dans les processus décisionnels nationaux par un projet de moralisation tourné aujourd'hui vers la paix et les droits humains, par des prises de position stratégique adaptative en contexte abolitionniste postcolonial, par des déclarations et des discours officiels sur des questions de société, des questions politiques et électorales. Elle assure durablement son hégémonie dans la société haïtienne (Delisle, 2003), par la civilisation, la moralisation et l'éducation d'une élite locale dominante pérenne toujours là pour plaider la cause du catholicisme, défendre son intérêt et préserver sa place prédominante dans le système postcolonial au travers du nouvel arsenal juridico-politico-religieux (concordats, constitutions) et des nouveaux moyens stratégiques (ressources budgétaires, paroissialisation territoriale haïtienne) développés par cette élite organique au service de l'hégémonie catholique en Haïti.

7.2.3. *Les oubliés du projet catholique réorienté vers les droits humains : les restavecs*

Les restavecs demeurent les principaux oubliés tant dans le bilan du protestantisme que dans le projet du catholicisme canalisé aujourd'hui vers les droits humains. Les nouveaux discours et déclarations des autorités catholiques dénonçant les pratiques déshumanisantes d'esclavage contemporain témoignent du sens et de la portée d'un tel projet catholique tourné aujourd'hui vers les valeurs de liberté et de dignité de la personne humaine (La Vella, 2022 ; Masotti, 2020 ; Patrignani, 2022 ; Duhamel, 2023). Adapté au contexte postcolonial de libertés et de droits humains, ce nouveau projet budgétisé et supporté par l'État haïtien réserve une place non négligeable à l'éducation, du moins au droit à l'éducation des élites du pays.

Comme au passé colonial, le projet éducatif postcolonial est confié à l'institution catholique dont les ressources budgétaires proviennent des fonds du trésor public (Concordat, 1860, art. 3, 7 et 14). Ce projet prend la forme d'un plan d'éducation élitiste avec une offre éducative qui vise la formation d'une partie des élites du pays. Il s'agit, selon Hurbon (2004), d'un projet orienté vers l'instruction des élites haïtiennes, leur occidentalisation ou leur européanisation, voulant faire du catholicisme le lieu par excellence d'expression de l'identité nationale. Analysant l'évolution du clergé concordataire en rapport avec les autorités gouvernementales et les autres forces religieuses en présence, Delisle (2003) l'identifie à un projet missionnaire pour la civilisation et la moralisation du peuple haïtien où les acteurs catholiques édifient des écoles, s'investissent dans le domaine caritatif et, pour mieux asseoir leur hégémonie, s'attaquent aux idéologies concurrentes. Dans le sens d'une noblesse d'État, pour reprendre Bourdieu (1998), ce projet éducatif conduit à la distribution inégale des capitaux culturels et de l'intelligence en faisant cultiver pour une même société deux catégories de citoyens dont une très grande majorité d'analphabètes.

Selon les statistiques de 1990, plus de 90 % des Haïtiens sont analphabètes.[12] Au recensement général de la population et de l'habitat de 2003, le taux d'analphabétisme diminue à 56 % de la population totale. Selon le rapport de l'UNESCO de 2016, le taux d'alphabétisation en Haïti atteint le seuil de 83 % chez les groupes d'âge de 15 à 24 ans, et de 61,7 % pour les 15 ans et plus. Donc, le taux d'analphabétisme diminue de 90 % en 1990 à 56 % en 2003, avant de chuter à moins de 40 % en 2016. Cette tendance à la baisse continue du taux d'analphabétisme au cours des 30 dernières années s'explique par une offre de plus en plus significative des écoles privées, protes-

---

12. Données statistiques rapportées par Metellus (1990).

tantes et congréganistes catholiques couvrant 88 % du système éducatif haïtien contre seulement 12 % de l'offre scolaire publique.

Depuis l'époque coloniale, l'éducation a été et demeure une préoccupation des Frères de l'Instruction Chrétienne (FIC). Après leur arrivée aux Antilles françaises au milieu du XIXe siècle, ils se sont donc engagés dans la diffusion de l'instruction chez les esclaves, en leur apprenant à lire, à écrire, à faire le calcul, et en leur enseignant l'histoire (Schmidt, 1984, p. 209). Les écoles fondées par les Ordres Religieux Français sont parmi les premières écoles établies en Haïti (CEEC et CRS, 2012). Les manuels scolaires et les savoirs partagés des Frères de l'Instruction Chrétienne constituent aussi des contributions considérables à l'éducation des écoliers haïtiens. Toutefois, nous devons signaler que ces manuels scolaires produits par les Frères de l'Instruction Chrétienne (FIC) excluent la page d'histoire remontant à la genèse de la servitude perpétuelle des Nègres haïtiens autorisée par l'autorité catholique depuis le XVe siècle. Donc, les écoliers haïtiens, comme tout autre analphabète haïtien, sont censés ignorer la vérité sur l'implication de l'institution catholique dans l'institutionnalisation de la traite négrière et de l'esclavage noir se répercutant sur l'Haïti contemporaine. D'ailleurs, pour preuve, sur l'ensemble des 30 chefs religieux haïtiens ayant pris part à l'entretien – qui sont aussi des éducateurs, des professionnels en éducation, des enseignants en histoire ou des intellectuels haïtiens – un seul (informateur 2) dit avoir une connaissance de l'existence de la bulle catholique ordonnant, au passé, l'esclavage perpétuel des Nègres.

Selon le rapport-bilan collectif publié en 2012 par la Commission Épiscopale de l'Éducation Catholique (CEEC), le Catholic Relief Services (CRS) et l'Université de Notre Dame, les écoles catholiques jouent un rôle essentiel dans le système éducatif haïtien. Ces écoles catholiques sont présentes dans toutes les régions du pays, en offrant des services scolaires de qualité à certains des élèves les plus défavorisés ; ce qui explique une « bonne réputation des écoles catholiques auprès de la population haïtienne ». Conscient du rôle important tenu par l'éducation catholique, précise ledit rapport, le gouvernement haïtien s'est engagé à apporter un soutien financier à l'institution catholique pour ouvrir et gérer des écoles dans les zones rurales mal desservies ainsi que dans les quartiers les plus pauvres. À leur avis, « les responsables de l'éducation catholique ont les moyens d'établir un modèle positif pour toutes les écoles haïtiennes, en donnant l'exemple d'une structure solide et d'une grande exigence de qualité académique, et à travers leur engagement à former des citoyens moralement responsables » (p. 3).

Par-delà la qualité de l'éducation fournie aux écoliers haïtiens et la présence des écoles catholiques dans toutes les régions du pays avec le soutien financier de l'État haïtien (subventions aux écoles, séminaires et autres établissements catholiques, fonds curiaux et paroissiaux budgétisés) – conformément aux termes du concordat en vigueur (art. 14) – il reste tant aux institutions scolaires catholiques qu'aux autres acteurs du système éducatif haïtien beaucoup d'efforts encore à faire pour la scolarisation et la massification de l'éducation fondamentale dans cet État faible (Corten, 2011). Car, d'une part, le taux d'analphabétisme d'environ 40 % (2016) reste parmi les plus élevés de la région hémisphérique et du monde. D'autre part, quoique présentes dans tous les départements géographiques du pays, les écoles catholiques ne représentent que 15 % des établissements scolaires du système éducatif haïtien, soit un pourcentage largement inférieur à l'offre scolaire du secteur protestant représentant plus de 45 % des effectifs scolaires au niveau préscolaire et fondamental (Demero & Regulus, 2017).

Le rapport-bilan conjoint publié en 2012 par la Commission Épiscopale de l'Éducation Catholique (CEEC), le Catholic Relief Services (CRS) et l'Université de Notre Dame s'ajuste aux rapports-bulletins périodiques (2007-2022) de la Commission Épiscopale Nationale Justice et Paix.[13] L'analyse de ces derniers rapports-bulletins couvrant la période de 2007 à 2022 laisse entrevoir une certaine velléité des acteurs catholiques pour la promotion des droits humains incluant les droits à l'éducation et à la dignité de la personne humaine. Toutefois, dans leur préoccupation exprimée et leur velléité prononcée sur les droits humains, ils n'aménagent pas en priorité une place réelle pour la promotion et la défense des droits des enfants restavecs, réduits en servitude domestique. En général, ils gardent le silence sur le déni de droits des enfants restavecs, privés des droits à l'éducation, à la liberté et à la dignité de leur personne.

Certes, en contexte postcolonial de droits humains et surtout de droit à l'éducation fondamentale pour tous, le niveau d'analphabétisme voisinant les 40 % en 2016 reste relativement très élevé en Haïti. Fixés au travail forcé en

---

13. Les rapports-bulletins sur les droits humains publiés par la Commission Épiscopale Nationale Justice et Paix durant la période de 2007 à 2022 sont disponibles sur son site officiel. https://www.justicepaixhaiti.org.ht/document_categories

permanence et privés du droit d'aller à l'école convenablement, les enfants restavecs n'ayant pas accès à l'éducation sont, en termes déductifs, significativement représentés dans ce pourcentage élevé d'analphabètes. Et, bénéficiaire des soutiens financiers publics et externes pour l'éducation et la scolarisation des enfants haïtiens, l'institution catholique garde le silence face au mal moral en lien avec le travail forcé et la privation du droit à l'éducation de ces enfants asservis.

Le silence catholique sur la pratique du restavec témoigne d'une position stratégique voilée stimulant cette tradition de la servitude enfantine en Haïti. L'oubli des enfants restavecs dans le nouveau projet catholique traduit une attitude de mépris à l'égard de ces enfants asservis, réduits aux travaux forcés en permanence et privés de liberté et du droit à l'éducation. Tout cela se comprend aisément, puisque les données qualitatives issues de nos recherches archivistiques et empiriques révèlent les rapports historiques du catholicisme avec l'esclavagisme, du passé au présent. Dans ces rapports sont identifiés des cas de chefs catholiques qui sont aussi d'anciens maîtres d'esclaves nègres [du passé] et de nouveaux propriétaires de restavecs noirs [au présent], disposant habituellement du travail servile et de la personne soumise de ces serviteurs nègres continuellement asservis.

7.3. Vaudou : entre tradition esclavagiste, superstition religieuse et persécution politique

Après avoir retracé et élucidé, dans les chapitres précédents, les positions des autorités charismatiques du catholicisme et du protestantisme sur l'esclavagisme du passé au présent, il faudrait, de manière responsable, questionner également les comportements des autorités du vaudou par rapport à cette question de société, étant donné leur association au sein d'une même organisation de Religions pour la paix, donc d'une même trame de structure socio-politico-religieuse dominante. Qu'en est-il des comportements des acteurs vaudouisants envers le mal de l'esclavagisme contemporain ? Quels sont les rapports du vaudou d'abord avec l'État, puis avec le catholicisme et le protestantisme ? La reconnaissance officielle du vaudou comme religion à part entière en 2003 et membre de Religions pour la paix projette déjà un éclairage sur la dynamique des rapports développés à la fois avec l'État haïtien, le catholicisme et le protestantisme en contexte moderne du pluralisme religieux.

S'il est facile de retracer la genèse historique du christianisme remontant au Ier siècle de l'ère chrétienne avec l'Évangile de Christ prêché par le Christ crucifié et les premiers chrétiens persécutés, puis du catholicisme aux environs du IIIe siècle avec l'irruption de Constantin dans les affaires de l'Église, et du protestantisme au début du 16e siècle avec la réforme de Luther, il n'est pas facile de repérer l'origine historique du vaudou. Certaines recherches historiographiques remontent à l'époque coloniale à l'origine africaine des vaudouisants nègres haïtiens pour étiqueter le vaudou avec une origine africaine, particulièrement de l'Afrique de l'Ouest (Bénin). Elles collent au vaudou haïtien une origine coloniale africaine, avant de le définir comme « Culte animiste d'origine africaine, associant des pratiques magiques à des éléments du rituel chrétien » (Usito, 2025). D'autres études historico-religieuses considèrent l'origine étymologique antique du vaudou [veau d'or] comme culte occulte, païen, animiste et idolâtre, en soulignant la sémantique, la résonance et la similitude du culte du vaudou avec le culte du veau d'or pratiqué dans l'antiquité juive (Magloire, 2007 ; Exode chapitre 32). À cet égard, le culte du vaudou [haïtien] s'assimile ou s'apparente au culte du veau d'or [israélite], en ce sens que l'un [vaudou] ou l'autre [veau d'or] renvoie à une pratique culturelle-cultuelle idolâtre animiste basée sur une représentation symbolique d'image animalière (taureau, veau). Le rapport de similitude du vaudou avec le veau d'or ressort également lorsque, dans un sens de sémantisation, d'harmonisation, d'homogénéisation ou de synchronisation, l'auteur populaire Johnny Hallyday écrit et chante consciemment « veau d'or vaudou » (Hallyday, 1982). En tout cas, ce qui nous intéresse le plus ici, ce n'est pas la signification étymologique antique juive ou l'origine coloniale africaine du vaudou [veau d'or], mais les liens historiques du vaudou avec l'esclavagisme du passé au présent.

S'il paraît aussi facile d'annoncer les rapports du vaudou avec l'État, le catholicisme et le protestantisme, il ne paraît pas si facile d'établir rigoureusement ses rapports historiques avec l'esclavagisme du passé au présent. Pour essayer de retracer les rapports historiques du vaudou notamment avec les pratiques esclavagistes contemporaines, nous considérons d'abord certaines observations empiriques partagées par nos participants à la recherche sur la tradition du restavec chez des acteurs vaudouisants, certains écrits historiques et anthropologiques en lien avec l'esclavagisation et la domestication par la zombification dans le vaudou, également certaines traces écrites et audiovisuelles laissées sur les réseaux sociaux par des acteurs vaudouisants sur leurs pratiques maléfiques de zombification « *vann moun achte moun* ». Parmi les observations empiriques partagées, nous retranscrivons celle de l'informateur 14 racontant un récit pertinent, celui d'une fille restavec cherchant et trouvant protection dans son église locale, après avoir été maltraitée par un prêtre vaudouisant dans le département de l'Ouest (Léogane) :

> Une nuit (aux environs de 11h du soir), une fille domestique est sévère-ment battue par un hougan [son maître]. Elle réussit à s'échapper [par marronnage], puis elle vient dans mon église la même nuit. Je l'ai gardée pendant quelques jours chez moi. Puis, je l'ai accompagnée pour l'amener au commissariat de la ville (Léogane). Mais, au commis-sariat, on ne faisait pas tellement de considération pour la victime. Voyant cela, je l'ai amenée à l'Institut du bien-être social à Port-au-Prince qui avait fait suivi pour qu'elle retrouve ses parents en dehors (loin de la capitale).

C'est ce même pasteur informateur, superintendant ayant sous son contrôle plusieurs églises locales, qui raconte avoir aussi observé d'autres cas d'enfants domestiques chez des acteurs protestants et catholiques, à part le cas de cette fille restavec qui s'enfuit la nuit (par marronnage) pour échapper à la maltraitance d'un prêtre vaudouisant. Aussi, a été observé et rapporté par l'informateur 28 un autre cas similaire d'une fille domestique qui, dit-il, pratique le marronnage dans son entourage pour échapper à la maltraitance et aux abus sexuels subis chez son maître, sans toutefois révéler l'identité reli-gieuse du maître en question.

Par ailleurs, ne sont pas vraiment accessibles les données information-nelles empiriques et véridiques en lien avec les pratiques secrètes dans le vaudou, la magie noire, la sorcellerie ou particulièrement celles de la zombifi-cation identifiée à une forme d'esclavage contemporain, traditionnellement et mystiquement pratiquée en Haïti (Poizat, 2008 ; Niame, 2005 ; Foley, 2005 ; Métraux, 1957). L'inaccessibilité aux données authentiques et véridiques liées à ces pratiques se comprend bien, puisqu'il s'agit de pratiques secrètes. Et, étant secrètes, ces pratiques sont l'objet d'interprétations diverses dont les unes sont plus controversées que les autres. Sans grands commentaires sur la question en raison de faibles données existantes et de fortes controverses sur les pratiques secrètes de la zombification assimilées à des pratiques esclava-gistes, nous procédons de préférence à un inventaire partiel des rares travaux recensés soulignant des traces esclavagistes d'exploitation à outrance, notamment des rapports traditionnels du vaudou avec l'esclavagisation et la domestication par la zombification.

N'étant pas de l'ordre imaginaire ou fictif, la zombification comme phénomène socioculturel complexe connu et pratiqué dans le milieu vaudouisant haïtien peut intéresser aussi bien les études anthropo-sociologiques que les études historico-religieuses ouvertes aux questions ontologiques, métaphysiques, existentielles ou spirituelles en lien avec la vie, la mort, la vie après la mort ou la mort après la vie. Déjà, plusieurs des pairs abordant avec prudence cette question sensible d'esclavagisation par la zombification sont d'ailleurs de ces horizons disciplinaires anthropo-sociologiques et religieux. Par-delà les frontières préétablies, nos recherches interdisciplinaires mobilisant les études sociologiques et religieuses autour de la servitude enfantine contemporaine s'ouvrent un peu, pareillement et prudemment, à cette question d'asservissement par la zombification. Car, d'une part, il y a dans la culture du mal de la zombification des aspects socioreligieux et des traces esclavagistes attirant notre curiosité intellectuelle ; d'autre part, il y a aussi parmi les victimes des enfants haïtiens vulnérables zombifiés et domestiqués, privés de liberté et réduits en servitude perpétuelle, nous nous référant à l'inventaire des rares travaux recensés sur les pratiques maléfiques de la zombification contenant des traces d'esclavagisation endogène (Maroy, 2018 ; Charlier, 2015 ; Niame, 2005 ; Foley, 2005 ; Métraux, 1953).

Dans ses réflexions sur le secteur vaudouisant en Haïti, le sociologue Hurbon (1991) écrit que le vaudou est « associé, quatre siècles après sa création, à des pratiques comme la magie noire ou la sorcellerie, allant jusqu'au cannibalisme et à l'utilisation de la force travail des morts-vivants appelés zombis » (p. 43), même si de son point de vue nuancé le vaudou remplit un rôle considérable dans la constitution de l'identité culturelle haïtienne. « Les *lwa* purement *Petra* forment une catégorie de démons qui sont principalement invoqués dans la magie nuisible », rapporte Gilles (2017, pp. 23-24) voyant dans le vaudou une sorte de mélange de cérémonies, de cultes et de rituels, aussi de médecine et de magie. Dans l'univers rural haïtien, écrit Métraux (1953), « les rapports humains sont largement conditionnés par l'atmosphère magique que le paysan respire de la naissance à la mort » (p. 198).

Dans son travail d'enquête empirique sur la zombification en Haïti, l'anthropologue Charlier (2015) identifie les zombis à des morts-vivants, c'est-à-dire des êtres entre deux mondes (mort-vie). Il informe avoir interrogé des prêtres du vaudou, assisté à des funérailles, observé des rituels et inspecté des cimetières, avant d'examiner avec ses collègues des patients considérés comme zombis (morts-vivants). Dans une sorte de monographie consacrée à l'étude du vaudou sur le terrain pratique, Métraux (1957) définit une personne zombifiée comme un individu dont un *houngan* (prêtre vaudouisant) a enlevé l'âme puis l'a réduit en servitude. Ces deux définitions d'une personne-zombie concordent bien, dans la mesure où enlever l'âme de la victime selon Métraux désigne sa mort d'après Charlier, et réduire la victime en servitude chez Métraux renvoie à la condition servile de vie de l'individu-zombi (mort-vivant) chez Charlier.

Dans une étude de terrain réalisée sur les rapports du vaudou avec la réussite ou l'échec scolaire en Haïti, Foley (2005) rapporte des témoignages et des faits en lien avec les croyances et les pratiques maléfiques dans le vaudou. « Les membres des sociétés secrètes (communément appelés *zobop*, *chanpwèt* ou *vetenhendeng*) possèdent des pouvoirs et sont dangereux. [Ils] circulent la nuit dans les villages. [Ils] peuvent ensorceler quiconque se trouve sur leur chemin la nuit » (p. 43). Parmi d'autres croyances et pratiques vaudouisantes retranscrites par l'auteure (pp. 39-42), il y a :

- Les croyances des vaudouisants à des puissances surnaturelles, des forces magiques ou des échecs divers (scolaires) en provenance des « *lwa* mal servis » ou des « morts mal honorés ».
- Les pouvoirs surnaturels des prêtres vaudouisants et des *lwa* d'agir, de punir, de venger, de châtier, de tuer, de rendre fou ou d'affecter la vie des gens.
- Les pratiques d'envoi de mauvais sorts par l'usage des forces surnaturelles et des puissances maléfiques représentées par des objets symboliques, des nains, des animaux ou des petits monstres.
- Les pratiques maléfiques des loups-garous qui tuent particulièrement des enfants : « des sorciers habités par des esprits insatiables et qui, transformés en animaux, sucent le sang des enfants » (p. 42).
- Les pratiques de la zombification : « Certains hougan[s] qui servent des deux mains (pratiquant la magie et la sorcellerie) peuvent administrer un poison qui tue une personne (en capturant son âme) pour ensuite la ramener à la vie. À ce moment la personne ne dispose plus de sa volonté pour agir et obéit à son maître » (p. 42).

La zombification consiste en des procédés maléfiques, mystiques et chimiques appliqués contre une personne pour la mettre dans un état pathologique léthargique (sommeil profond) et qui, à son éveil, se retrouve captive puis réduite en esclavage. C'est la faculté de faire perdre raison au zombi, écrit Poizat (2008), par l'usage de substances toxiques permettant une léthargie relativement longue et profonde de la victime. La personne victime « s'éveillant, se retrouve captive et, en quelque sorte, esclave » (p. 13). L'individu zombifié est empoisonné et maintenu d'une manière ou d'une autre dans un état cataleptique, expliquent Ackermann et Gauthier (1991). Ils considèrent le cas d'un homme nommé Clairvius Narcisse qui, en 1981, avait été empoisonné, enterré, sorti vivant de la tombe, puis réduit en esclavage par son maître, sans oublier des milliers d'autres zombis-esclaves dans les plantations de certains dignitaires du vaudou (Pradel et Casgha, 1983, cités par Ackermann et Gauthier, 1991).

Dans ses diagnostics de cas des morts-vivants (zombis), l'anthropologue et médecin légiste Charlier (2015) révèle le rôle clé d'un poison redoutable (extrait d'un poisson tropical) dans le processus de zombification ou de « fabrication » de ces êtres entre deux mondes. À partir du matériel informationnel empirique et anthropologique construit pareillement autour des pratiques du vaudou, Vonarx (2005) explique :

> Les travaux du praticien ont aussi comme finalité de donner la mort, d'envoyer la maladie, de rendre justice, de protéger une cour, de traiter une maladie, de rendre chanceux un consultant et d'autres choses encore. Ces activités sont beaucoup moins visibles. Moins visibles parce qu'elles sont privées, moins bruyantes, et que les participants y sont moins nombreux. Moins visibles aussi parce qu'elles commencent le plus souvent à la tombée de la nuit et qu'elles se poursuivent tard le soir, dans l'enceinte du badji et à l'extérieur, quand on ne distingue pas qui va là, et quand le moment est peu propice aux visites de voisinage. Car tout Haïtien des campagnes sait que le monde de la nuit est réservé au travail des oungan et des lwa, à l'activité de diables, de bandes de sorciers et de toutes autres manifestations semblables qui hantent les carrefours, les cimetières et les sentiers, au service des malfaiteurs et des oungan[s]. (p. 212)

Dans ses travaux retraçant des pratiques de zombification dans la tradition du vaudou et identifiant une personne zombifiée à un individu réduit en servitude, Métraux (1957) rapporte plusieurs récits dont les deux courts récits suivants :

Moi-même, à Marbial, j'ai bien pensé faire la connaissance d'une *zombi*. Les paysans, affolés, vinrent me chercher en pleine nuit pour m'en montrer une. Je trouvai une malheureuse folle, d'aspect farouche et qui gardait un silence obstiné. Ceux qui l'entouraient la contemplaient avec une terreur mal déguisée.

Puis :

Une jeune fille zombifiée, trop grande pour entrer dans le cercueil, dont il avait bien fallu plier le cou et dont on avait, par accident, brûlé la plante des pieds avec une cigarette. Elle fut retrouvée des années après sa mort, bien vivante, la tête penchée mais sans raison recouvrée, et portant les stigmates de sa blessure aux pieds.

Ramenée mystiquement à la vie, la victime zombifiée est privée totalement de sa liberté ; elle obéit, en toute circonstance, à son maître qui exerce sur elle une domination féroce, qui la torture et l'opprime impitoyablement en la fixant en permanence aux travaux les plus pénibles et dans des conditions les plus inhumaines (Poizat, 2008 ; Ackermann et Gauthier, 1991). Dans sa réflexion, Niame (2005) identifie la pratique de la zombification à une « méthode de contrôle social où la victime est totalement contrôlée, possédée puis forcée de travailler pour un autre (son maître), en reconstituant au présent les horreurs du passé esclavagiste colonial » (p. 117). Ainsi, s'élargit le système esclavagiste postcolonial avec les traditions du restavec et de la zombification, aussi connues dans le milieu culturel haïtien que répandues dans l'imaginaire collectif local. En d'autres termes, le système esclavagiste restavec postcolonial s'agrandit avec le phénomène de la zombification dans la mesure où la victime capturée et zombifiée reste avec une autre personne ou mieux appartient à une autre personne qui devient son maître. À l'instar du restavec, cette dernière victime zombifiée subit l'opération de dépersonnalisation et de déshumanisation par cette pratique infernale, cette affreuse « méthode de contrôle social » (Niame, 2005), avant d'être fixée en permanence aux travaux forcés soit dans des champs agricoles, dans des activités commerciales ou dans des travaux domestiques pénibles (Ackermann et Gauthier, 1991). La tradition de la zombification entraîne le mal et le deuil partout dans la mesure où, directement ou indirectement, elle fait des victimes incalculables chez les différentes couches sociales haïtiennes, chez les non-pratiquants et les pratiquants vaudouisants, chez les non-croyants et les croyants religieux, chez les citadins et les paysans, chez les riches et les pauvres, chez les intellectuels et les analphabètes, chez les femmes âgées et les hommes âgés, chez les petites filles et les petits garçons, donc chez « quiconque » (Foley, 2005 ; Métraux, 1953).

En contexte numérique des réseaux sociaux de communication et d'information de masse, sont enregistrés de plus en plus de traces audiovisuelles et de cas individuels de personnes victimes zombifiées qui – après s'être échappées occasionnellement [par marronnage] – racontent, dans un état mental affaibli, leur triste situation de zombification et de servitude chez leurs impitoyables maîtres vaudouisants. Également, sont recensés de plus en plus de traces audiovisuelles et de cas individuels de prêtres vaudouisants qui expliquent, eux-mêmes, leurs pratiques maléfiques de zombification et d'esclavagisation contre leurs prochains nègres haïtiens. Parmi les nombreuses traces écrites et audiovisuelles laissées sur les réseaux sociaux (Facebook, YouTube, WhatsApp), voici ce qu'affichent publiquement certains chefs vaudouisants qui, comme au passé esclavagiste colonial, annoncent [en créole haïtien] : « *nou achte moun nou vann moun* » (on achète et vend des gens). Pour ces transactions de zombification donc d'achat et de vente de leurs semblables nègres haïtiens, ils laissent leurs traces écrites et audiovisuelles, leurs références numériques et téléphoniques, leur identité numérique (ID) et leur image photo-audio-vidéographique (*Tableau 13*).

Tableau 13. Traces d'écrits et d'affiches publicitaires portant transaction de zombification d'achat et de vente de Nègres

ID	Date d'affichage	Traces téléphoniques	Traces écrites	Sources numériques
Manbo Julienne	13 septembre 2024	+ 509 [YYYY] 2391	« Nou vann moun nou achete moun nou bay boul bolet sakrifis dejou saki Antò a seli kap pase [...] »	https://www.facebook.com/search/top/?q=man bo achete moun vann moun
Ougan Selanis Bonmaji	13 septembre 2024	+509 [YYYY] 5487	« Mwen achete moun mwen vann moun espedisyon se 2jou Sak Antòr se li kap pase [...] »	https://www.facebook.com/profile.php?id=100 088569866376
Ougan Beloni	21 août 2024	+509 [YYYY] 7935	« Mwen achete moun mwen vann moun espedisyon se 2jou Sak Antòr se li kap pase [...] »	https://www.facebook.com/search/top/?q=vod ou%20vann%20moun%20achete%20moun
Ougan Gile	16 septembre 2024	+509 [YYYY] 7311	« Mwen achete moun mwen vann moun espedisyon se 2jou Sak Antòr se li kap pase [...] »	https://www.facebook.com/search/top/?q=ouga n%20vann%20moun%20achete%20moun
Lakou Jibile Sanpitye	13 septembre 2024	+509 [YYYY] 7034	« Mwen achete moun mwen vann moun espedisyon se 2jou Sak Antòr se li kap pase [...] »	https://www.facebook.com/groups/745142633 763696/user/61565646183683/
Ougan Zolan	11 septembre 2024	+509 [YYYY] 2677	« Mwen achete moun mwen vann moun espedisyon se Sak Antòr se li kap pase [...] »	https://www.facebook.com/search/top?q=ouga n%20achete%20moun%20vann%20moun
Ougan Titout	1ᵉ septembre 2024	+509 [YYYY] 1327	« Mwen achete moun mwen vann moun espedisyon se 2jou Sak Antòr se li kap pase [...] »	https://www.facebook.com/groups/744990017 178488/user/61560021924738
Ougan Oxylus	21 juillet 2024	+509 [YYYY] 0496	« Mwen achete moun mwen vann moun espedisyon se 2jou Sak Antòr se li kap pase [...] »	https://www.facebook.com/ougan.oxylus/video s/2164876270536841
Ougan Peral	5 septembre 2024	+509 [YYYY] 3152	« Mwen achete moun mwen vann moun espedisyon se 2jou Sak Anto se li kap pase [...] »	https://www.facebook.com/groups/382957014 3940129/user/100095263187947
Ougan Bobo	13 septembre 2024	+509 [YYYY] 9666	« Mwen vann moun mwen achete moun espedisyon se 2jou Sak Antòr se li kap pase [...] »	https://www.facebook.com/groups/121468627 9212452/user/61556155568761/
Ougan Kolo	30 août 2024	+509 [YYYY] 1612	« Mwen achete moun mwen vann moun espedisyon se 2jou Sak Antòr se li kap pase [...] »	https://www.facebook.com/groups/352617762 694347/user/61550779300589/
Ougan Jean Nan Bènwa	13 septembre 2024	+509 [YYYY] 3820	« Mwen achete moun mwen vann moun espedisyon se 2jou Sak Antòr se li kap pase [...] »	https://www.facebook.com/profile.php?id=615 56337265274
Manbo Vivi	24 août 2024	+509 [YYYY] 9090	« Mwen achete moun mwen vann moun espedisyon se 2jou sak antòr se li kap pase [...] »	https://www.facebook.com/search/top/?q=man bo%20achete%20moun%20vann%20moun
Manbo Timatante	5 septembre 2024	+509 [YYYY] 1737	« Mwen achete moun mwen vann moun espedisyon se 2jou Sak Antòr se li kap pase [...] »	https://www.facebook.com/search/top/?q=man bo achete moun vann moun
Manbo Founa	3 septembre 2024	+509 [YYYY] 5421	« Mwen achete moun mwen vann moun espedisyon se 2jou Sak Antòr se li kap pase [...] »	https://www.facebook.com/search/top/?q=man bo achete moun vann moun
Manbo Fafane	11 septembre 2024	+509 [YYYY] 4820	« Mwen achete moun Mwen vann moun espedisyon se 2jou sak antò seli kap pase [...] »	https://www.facebook.com/search/top/?q=man bo achete moun vann moun

Voilà, dans ce tableau de contenu à la fois sombre et révoltant,[14] les traces d'écrits et d'affiches publicitaires annonçant avec une facture langagière identique des transactions commerciales « *vann moun achte moun* » en 2024 ! Elles concernent donc des opérations courantes de vente et d'achat de nouveaux esclaves nègres zombifiés et asservis par des prêtres vaudouisants « qui servent des deux mains » (Foley, 2005). Ces traces d'écrits et d'affiches publicitaires « *nou vann moun nou achte moun* » laissées sur les réseaux sociaux par des chefs esclavagistes vaudouisants contemporains nous rappellent les pires souvenirs des anciennes pratiques esclavagistes coloniales de vente et d'achat de Nègres où les anciens maîtres pouvaient afficher publiquement sur le marché continental américain : *Negroes for sale*; *Nègres à vendre*; *Nèg pou vann*. À cet égard, ces chefs esclavagistes vaudouisants contemporains haïtiens font reproduire et retentir au pire les scandales d'asservissement perpétuel des Nègres provoqués depuis le XVᵉ siècle par les anciens chefs colonialistes-esclavagistes catholiques européens.

Si longtemps la culture démoniaque de zombification était une pratique secrète des sociétés secrètes du vaudou, aujourd'hui cette pratique esclava-

---

14. Les sources et les informations dans ce tableau sont publiques et accessibles sur les réseaux sociaux numériques. Toutefois, nous ne partageons pas les numéros complets de contacts téléphoniques ouverts à la vente et à l'achat des êtres humains haïtiens (*vann moun achte moun*).

giste « *vann moun achte moun* » n'est plus secrète à l'ère révolutionnaire des réseaux sociaux. Et, si auparavant la pratique esclavagiste du restavec était considérée comme la pire servitude contemporaine notamment en raison du statut des enfants et de la catégorie des petits serviteurs innocents fixés aux travaux forcés en permanence sous la domination directe de leurs maîtres, alors celle de la zombification, telle qu'elle est connue dans le milieu socioculturel haïtien et transmise dans l'imaginaire collectif local dans le sens d'une pratique diabolique horrible, semble être loin de toute comparaison possible. Car, la pratique d'esclavagisation endogène par la zombification infernale devient – non sans pléonasme – pire que la pire pratique de la servitude noire du système restavec postcolonial, aussi pire que la pire pratique de l'esclavage noir du système esclavagiste colonial.

Dans sa relecture du fait culturel-cultuel-vaudouisant, l'écrivain populaire Frankétienne dit constater des dérives et des maux en trop dans les pratiques maléfiques du vaudou. Né en 1936 dans un milieu rural de l'Artibonite où le vaudou reste un culte religieux dominant et s'identifiant pendant longtemps à la culture du vaudou, le romancier Frankétienne annonce aujourd'hui sa rupture avec le vaudou à cause de ces dérives et de ces maux en trop. Cette décision de rupture survient, dit-il, à la suite d'une récente rencontre tenue avec plus de 300 chefs vaudouisants (oungans et manbos) où il en profite pour leur demander par une question fondamentale en créole [en présence] : « *Poukisa moun vini lakay nou vini pran pwen, touye moun, anpwazonnen moun ?* » [Pourquoi vient-on chez vous pour prendre des engagements mystiques, tuer des gens, empoisonner des gens ?]

À cette question fondamentale de l'artiste de l'UNESCO pour la paix et du poète populaire Frankétienne (Le courrier de l'UNESCO, 2023), nous aimerions à notre tour ajouter d'autres questions connexes pour demander [à distance] à cette catégorie de vendeurs et d'acheteurs d'êtres humains :

Konbyen moun nou touye nou zonbifye deja ? Konbyen fanmi nou mete nan dèy ak dlo nan je san rete akòz zonbifikasyon ak esklavajizasyon pwòch paran-zanmi yo ? [Combien de personnes avez-vous déjà tué et zombifié ? Combien de familles avez-vous laissé en deuil avec des larmes aux yeux en permanence à cause de la zombification et de l'esclavagisation de leurs proches parents-amis ?]

Konbyen moun nou anpwazonnen, nou zonbifye, nou vann, nou achte chak

ane ? [Combien de personnes avez-vous empoisonné, zombifié, vendu
et acheté par année ?]

Kiyès pami nou ki vann, achte, posede plis travayè-zonbi-esklav ? [Qui
parmi vous vend, achète, possède beaucoup plus de travailleurs-
zombis-esclaves ?]

*Nan tout moun nou touye nou zonbifye nou vann nou achte, konbyen
timoun-zonbi-esklav* ? [Sur l'ensemble des personnes tuées, zombifiées,
vendues et achetées, combien y a-t-il d'enfants-zombis-esclaves ?]

*Konbyen ti òfelen nou kite dèyè, aprè nou fini pran vann zonbi-esklav-paran
yo* ? [Combien de petits orphelins laissez-vous derrière, après avoir
zombifié et vendu leurs parents-zombis-esclaves ?]

S'il y aurait environ un quart de million d'enfants-restavecs asservis en
contexte contemporain, il n'y a toutefois pas de statistiques ni d'estimations
sur la quantité de travailleurs-zombis en servitude en Haïti. Seulement, si l'on
reconsidère les traces écrites et audiovisuelles laissées sur les réseaux sociaux
avec des témoignages des prêtres vaudouisants avouant pouvoir posséder ou
avoir possédé chacun plusieurs travailleurs-zombis chez eux, alors serait très
nombreuse sur l'ensemble du pays la quantité de travailleurs-zombis-esclaves
nègres (hommes, femmes et enfants), capturés et fixés aux travaux forcés en
permanence dans des conditions inhumaines infernales. Et, si l'on reconsidère dans l'espace publicitaire des réseaux sociaux les traces d'affiches
commerciales « *nou vann moun nou achte moun* », alors on pourrait se
demander – non sans ironie – si cette catégorie de vendeurs et d'acheteurs
vaudouisants dispose d'un brevet à vie pour tuer, empoisonner, zombifier,
acheter et vendre des êtres humains en toute quiétude, considérant la culture
générale du silence sur cette forme traditionnelle d'esclavagisation endogène
par la zombification ravageant impitoyablement les familles haïtiennes. Pour
paraphraser l'ironie de Sixto (1977), les personnes morales des institutions
compétentes et des organisations de défense des droits humains, dans leur
silence, semblent ne pas voir les traces d'affiches publicitaires « *nou vann
moun nou achte moun* » ; du moins, elles semblent ne pas être au courant des
transactions de zombification donc d'achat et de vente d'êtres humains
haïtiens dans le vaudou. Les prêtres vaudouisants – ceux qui clament leur

contribution à la libération d'Haïti de l'esclavage colonial – semblent ne pas voir dans leur lutte pour la liberté les zombis et les restavecs en servitude ; du moins, ils semblent ne pas voir les zombis dans leur cour ni les restavecs dans leur discours moral de liberté.

Par-delà les croyances religieuses et les controverses autour des pratiques démoniaques de la zombification et de la domestication dans le vaudou, surgit par anticipation à notre esprit curieux une parole morale responsable, susceptible d'éveiller la conscience morale sur les conséquences sociales de telles pratiques maléfiques causant tort tant aux familles victimes qu'à la société en général. De même qu'en contexte abolitionniste postcolonial le catholicisme révise son ancienne position esclavagiste pour dénoncer aujourd'hui la pratique de l'esclavage contemporain, il demeure salutaire pour la société d'éveiller la conscience morale des familles haïtiennes et surtout des pratiquants vaudouisants « qui servent des deux mains » de se détourner des maux de la vengeance et de l'esclavagisation par la zombification ; ce qui manque à l'idéal de paix que revendiquent les Religions pour la paix et le vaudou. Voilà une conscience morale de ce qui manque au combat des acteurs vaudouisants et des autres acteurs sociaux moraux locaux pour sortir non seulement de l'esclavagisation et de la domination étrangère qu'entraîne la colonisation [du passé], mais aussi de l'esclavagisation et de la domestication endogène que génère la zombification [au présent]. Donc, une conscience morale de ce qui manque au projet du vivre ensemble pour le bien de la société en général, des familles victimes en particulier. Car, vaudouisants comme non-vaudouisants en sont victimes, soit directement par des sorts démoniaques de zombification ou de domestication subis en personne, soit indirectement par des sorts maléfiques de zombification ou d'esclavagisation subis par des proches parents (enfants ou conjoints, pères ou mères, frères ou sœurs, cousins ou cousines, oncles ou tantes).

À bien relire les travaux recensés sur le vaudou, certains chercheurs essaient d'établir des frontières entre le vaudou et la culture du mal de l'esclavagisation par la zombification liée à la sorcellerie et la magie noire. Mais, les traces analysées et les informations partagées sur cette tradition complexe de superstition, de zombification, de domestication et d'esclavagisation renvoient en conclusion à des praticiens (sorciers, magiciens, malfaiteurs, oungan et manbo) qui s'identifient eux-mêmes au vaudou, qui servent des deux mains et qui pratiquent le mal contre leurs semblables, soit de leur propre gré ou sur demande de vengeance d'autrui (Foley, 2005 ; Magloire,

2007). Donc, si frontière il y avait entre le vaudou et le mal de la sorcellerie, nul (Haïtien) n'ignore l'existence des pratiques maléfiques courantes de l'esclavagisation et de la domestication par la zombification dans la société haïtienne. Ces pratiques traditionnelles exercées par des agents locaux qui s'identifient eux-mêmes au vaudou font ressortir la forte tradition esclavagiste profondément ancrée dans la culture du vaudou. Elles explicitent les rapports esclavagistes contemporains des prêtres-maîtres vaudouisants avec les personnes zombifiées, domestiquées, emprisonnées, maltraitées et exploitées à outrance, à côté des rapports serviles construits par d'autres acteurs-maîtres vaudouisants ayant sous leur domination directe des enfants restavecs. On suppose que ces rapports esclavagistes démoniaques traditionnellement construits dans le vaudou s'élargissent avec d'autres religieux contemporains (pratiquants-vaudouisants assumés, protestants-vaudouisants en cachette ou catholiques-vaudouisants en catimini) ; car, reste considérable et significative la proportion de ceux qui se réclament du protestantisme mais qui s'associent secrètement aux pratiques vaudouisantes et de ceux qui s'identifient au catholicisme mais qui s'accrochent simultanément aux traditions du vaudou (Corten, 2014 ; Fontus, 2001 ; Métraux, 1957). En tout cas, ces derniers groupes de religieux vaudouisants-protestants et vaudouisants-catholiques connaissent mieux que quiconque leurs rapports secrets ou non avec les pratiques vaudouisantes secrètes du mal, de la vengeance, de l'esclavagisation, de la domestication ou de la zombification.

Par ailleurs, les pratiques de la zombification, de la magie noire et de la sorcellerie semblent être à la base des persécutions contre le vaudou (Hurbon, 1991 ; Métraux, 1953), exposé « aux luttes antisuperstitieuses de l'Église catholique et aux condamnations protestantes incessantes » (Vonarx, 2005, p. 208). Dans ses récentes déclarations, le cardinal catholique Chibly Langlois (2014) identifie le vaudou à une pratique de vengeance et à un mal social nourri par un grave problème d'éducation en Haïti. À son avis, « le vaudou est un grand problème pour Haïti » (The Guardian, tel que cité dans AlterPresse, 2014). À son tour, le pasteur Magloire (2007) écrit que, dans le vaudou, « la superstition entraîne toutes sortes de pratiques occultes, comme la magie noire ou blanche, la sorcellerie, la communication avec les esprits » (p. 87). Remontant à des moments de tensions religieuses locales, Métraux (1953, p. 213) explique que les protestants qui se sont convertis pour échapper à la persécution des esprits, passent pour être des ennemis irréconciliables du vaudou.

Procédons à la relecture d'un autre récit pertinent retranscrit par l'auteur soulignant les tensions incessantes existantes entre vaudouisants et protestants:

> Un pasteur, en tournée évangélique, arriva dans une case, au beau milieu d'une cérémonie vaudou que l'on célébrait pour délivrer une femme qui était possédée par un mauvais esprit. Son mari avait consulté, en vain, divers docteurs de Port-au-Prince qui, à ce qu'il affirmait, n'avaient trouvé aucun remède contre ce mal. La famille, connaissant l'intransigeance des protestants, ne voulait pas laisser entrer le pasteur, bien qu'il s'offrît à prier pour la possédée. Le mari, dans l'espoir que l'intervention du pasteur pourrait contribuer à la guérison de sa femme, insista pour qu'on lui permît au moins de jeter un coup d'œil sur la malade. Celle-ci était attachée nue sur un lit, les cheveux emmêlés ; avec des croix tracées à la farine sur la poitrine et des feuilles parsemées sur le reste du corps. Autour d'elle il y avait des poulets immolés, des aliments divers et un coupe-liane. Le houngan, à la vue du pasteur, ne cacha pas sa colère et voulut l'expulser, mais le pasteur lui fit face et dit : "Que faites-vous ici ? Vous exploitez la superstition de ces pauvres gens. Vous savez que vos pratiques ne valent rien." Le houngan donna toutes les apparences d'entrer en transe ; il se mit à trembler de tous ses membres, à crier, puis, sous un prétexte quelconque, il partit. Le pasteur rassura la famille, l'exhortant à mettre toute sa confiance en Jésus-Christ. Puis, prenant sa Bible, il lut à haute voix les passages concernant la possession et le pouvoir du Christ qui avait chassé les démons. Il exigea, ensuite, que tous les objets sacrés – récipients, plats des jumeaux, costumes des Iwa, pierres – fussent brûlés dans la cour. Il alla chercher d'autres frères, et avec eux il passa toute la journée à prier et à jeûner. Au fur et à mesure l'expression de la femme changeait : elle ne grimaçait plus, et lorsqu'on disait le nom de Jésus, elle ne blasphémait plus [...] Elle devint même si calme qu'on put la délier. Devant ce « miracle » le mari décida de se faire protestant. Lui et sa femme allèrent narguer le houngan qu'ils avaient appelé. Celui-ci menaça de leur envoyer une grave maladie, s'ils ne payaient pas ses honoraires. L'homme s'y refusa et le défia de lui faire quoi que ce fût. Six mois plus tard, constatant son incapacité de leur faire du mal, le houngan, à son tour, se fit protestant. (pp. 211-212)

Nos recherches documentaires agencées avec nos recherches archivistiques remontent aux traces historiques d'attaques politiques, de persécutions religieuses et de luttes antisuperstitieuses contre le vaudou, avant et après l'indépendance d'Haïti proclamée le 1er janvier 1804. En appui aux luttes antisuperstitieuses anti-vaudouisantes, plusieurs gouvernements haïtiens dont ceux de Dessalines (1804-1806), de Boyer (1818-1843), de Geffrard (1859-1867) et de Vincent (1930-1941) adoptent, soit de façon occasionnelle ou de manière structurelle, des dispositions répressives contre les pratiques vaudouisantes assimilées à des pratiques maléfiques. Dans ses travaux consacrés à l'histoire du vaudou en Haïti, Ramsey (2005) rapporte des situations de persécutions politiques et religieuses contre le vaudou durant les XIXe et XXe siècles, se référant notamment au régime pénal de 1835 et de 1864 pénalisant des pratiques vaudouisantes associées à des sortilèges (fabrications de sorts et de fétiches, pratiques sorcières et maléfiques). Dans ses recueils d'*Histoire d'Haïti* en huit tomes, Thomas Madiou rapporte des récits et des faits historiques concernant le massacre sous l'ordre de Dessalines d'un grand nombre de vaudouisants à cause de leurs pratiques identifiées à des pratiques sorcières (Madiou, 1847b, 1848).

Les luttes antisuperstitieuses (anti-vaudouisantes) de Boyer (1818-1843), de Geffrard (1859-1867) et surtout de Vincent (1930-1941) se révèlent permanentes et structurantes au travers d'un régime pénal fort, des dispositions répressives et des lois rigides réprimant les pratiques vaudouisantes associées à des pratiques superstitieuses et sorcières. Ce régime pénal est renforcé notamment sous la présidence de Sténio Vincent par le décret-loi de 1935 condamnant formellement et fermement les pratiques superstitieuses du vaudou. Voici les articles répressifs et les termes forts du présent décret-loi du 5 septembre 1935 de Sténio Vincent prévenant l'accomplissement de tous actes, pratiques ou autres susceptibles d'entretenir les croyances superstitieuses nuisibles à la renommée du pays (Le Moniteur, 12 septembre 1935, No 77) :

Article 1er : Sont considérées comme pratiques superstitieuses : 1) les cérémonies, rites, danses et réunions au cours desquels se pratiquent, en offrande à des prétendues divinités, des sacrifices de bétail ou de volaille ; 2) le fait d'exploiter le public en faisant accroire que, par des moyens occultes, il est possible d'arriver soit à changer la situation de fortune d'un individu, soit à le guérir d'un mal quelconque, par des procédés ignorés par la science médicale ; 3) le fait d'avoir en sa

demeure des objets cabalistiques servant à exploiter la crédulité ou la
naïveté du public.

Article 2 : Tout individu convaincu des dites pratiques superstitieuses
sera condamné à un emprisonnement de six mois et à une amende de
quatre cents gourdes, le tout à prononcer par le tribunal de simple
police.

Article 3 : Dans les cas ci-dessus prévus, le jugement rendu sera exécutoire, nonobstant appel ou pourvoi en cassation.

Article 4 : Les objets ayant servi à la perpétration de l'infraction prévue
en l'article 3 seront confisqués.

Article 5 : Le présent décret abroge toutes lois ou dispositions de lois
qui lui sont contraires, et sera exécuté à la diligence du Secrétaire
d'État de la Justice.

À l'avis de Ramsey (2011), les luttes antisuperstitieuses suivies de persécutions politiques et religieuses s'inscrivent dans des processus de marginalisation et des moments de pénalisation du vaudou en Haïti par les premiers
gouvernements haïtiens, avant sa réhabilitation dans l'espace artistique et
scientifique au tournant du XXe siècle. Dans sa réflexion anthropologique sur
la question, Price-Mars (2009) rejette la thèse de la superstition à la base des
persécutions politiques et religieuses contre le vaudou, tout en proposant en
guise de persécutions d'amener dans les milieux ruraux marginalisés des
services sociaux d'éducation et de santé, susceptibles d'aboutir aux changements souhaitables dans les pratiques, les rapports et les comportements des
paysans vaudouisants. Le cardinal catholique Chibly Langlois (2014) partage
avec nuance une telle proposition lorsqu'il avance le grave problème d'instruction en Haïti, avant de soutenir que

si une personne est bien éduquée, elle ira voir un médecin, à la place
d'un hougan, ou elle irait devant un tribunal pour trouver justice, au
lieu d'un péristyle pour consulter et se venger des erreurs commises
par les autres à son égard (Cardinal Langlois, tel que cité dans Alter-
Presse, 2014).

Cette proposition initiale issue de la réflexion anthropologique de Price-Mars et partagée en partie par d'autres intellectuels contemporains confronte à un double problème généraliste et réaliste en contexte actuel. D'une part, elle bute quant à la tendance à généraliser, notamment à identifier les vaudouisants aux paysans en général, sachant que tous les vaudouisants ne sont pas des paysans et qu'en milieux ruraux il y a une très grande majorité de paysans qui se convertissent et s'identifient au christianisme. D'autre part, la réalité montre que les vaudouisants restent toujours attachés aux pratiques superstitieuses maléfiques anciennement réprimées par les autorités politiques haïtiennes, après les nouvelles offres significatives en milieux ruraux des services sociaux basiques, des cliniques et des dispensaires communautaires, des écoles privées et publiques, des centres d'alphabétisation et de formation andragogique, au cours des dernières décennies.

En fin de compte, les mesures politico-juridico-légales et les stratégies répressives utilisées au passé par les gouvernements de Dessalines (1804-1806), de Boyer (1818-1843), de Geffrard (1859-1867) et de Vincent (1930-1941) se révèlent donc inefficaces. Car, elles ne conduisent pas à un abandon des pratiques occultes du vaudou ni à un renoncement à soi chez les vaudouisants pratiquants s'adonnant continuellement aux pratiques esclavagistes maléfiques « *vann moun achte moun* ». Et, n'aboutissent pas non plus à des résultats escomptés les solutions longtemps proposées par Price-Mars au tournant du XXe siècle plaidant pour une offre significative des services sociaux de base en milieux ruraux en guise de faire usage des forces répressives contre les pratiques superstitieuses du vaudou. Car, le monde rural est largement couvert aujourd'hui par des services sociaux de base. Donc, les offres des services sociaux basiques comme stratégies préventives et les mesures politico-juridico-légales comme stratégies répressives ne conduisent pas à un abandon des pratiques de superstition et de zombification. Au contraire, pendant que se renforcent au passé les mesures répressives et se multiplient au présent les services sociaux de base dans les milieux ruraux, s'intensifient parallèlement les pratiques superstitieuses et les opérations esclavagistes « *vann moun achte moun* », en passant de pratiques secrètes à pratiques diffuses visibles laissant des traces écrites, audiovisuelles et publicitaires massives sur les réseaux sociaux.

Maintenant, puisque les stratégies des forces répressives [du passé] et des offres des services sociaux basiques [au présent] ne conduisent pas à un abandon des pratiques de superstition et de zombification, que faire ? Faut-il fermer les yeux et garder le silence sur les pratiques maléfiques de zombification et d'esclavagisation « *vann moun achte moun* » ? Faut-il laisser faire et esclavagiser, laisser empoisonner et zombifier, laisser acheter et vendre des êtres nègres continuellement comme au passé colonial ? Faut-il renoncer à l'idéal du changement [souhaitable dans les rapports sociaux esclavagistes contemporains] que revendiquent les sciences sociales et humaines ? Les réponses sont dans les questions.

Sans ignorer le poids des services sociaux basiques et la force des mesures politico-juridico-légales contre les pratiques maléfiques superstitieuses, il faut en revanche une nouvelle révolution mentale tranquille, donc non-violente non-répressive, pour s'attaquer aux racines des maux endogènes de zombification et d'esclavagisation des Nègres haïtiens. Cette nécessaire révolution mentale tranquille s'inscrit dans une vision philosophico-théonomique logique orientée vers la puissance libératrice de la parole de l'amour du prochain (Tillich, 1994), vers la force émancipatrice du dialogue entre nous (Buber, 1959), donc un dialogue entre nous et avec nous plutôt qu'une communication occulte suicidaire avec des esprits démoniaques qui poussent à la haine, à la méchanceté, à la vengeance, à la malfaisance, à la zombification et à l'esclavagisation des semblables nègres. Elle se veut, en outre, une démarche stratégique pédagogique dialogique visant à toucher aux multiples dimensions médicales, sociales, culturelles, cultuelles et spirituelles de ce mal phénoménal, car il s'agit d'un problème sociétal multidimensionnel d'ordre médico-socio-culturel-cultuel-spirituel assis sur des pratiques démoniaques de communication occulte avec des loas et des esprits maléfiques (Foley, 2005 ; Magloire, 2007), assis aussi sur des pratiques maléfiques mystiques et chimiques d'empoisonnement, de zombification, de domestication et d'esclavagisation (Charlier, 2015 ; Poizat, 2008).

En cela, le nécessaire dialogue inter-haïtien demeure l'arme véritable susceptible de propulser en force cette révolution en douce pour une conscientisation morale et une rupture vitale avec les pratiques mortuaires d'empoisonnement, de zombification et d'esclavagisation des Nègres haïtiens. En d'autres termes, dans une quête de solution rationnelle à ce problème sociétal complexe, il faut nécessairement un dialogue sincère inter-haïtien pour l'aborder dans ses dimensions d'ordre médico-socio-culturel-cultuel-spirituel, l'attaquer dans ses racines historiques profondes et, le cas échéant, l'éradiquer, en faisant bousculer et basculer les valeurs démoniaques existantes assises sur la culture du mal traité par le mal. Si dans le vaudou le mal

est traité par le mal comme stratégie suicidaire renouvelant le mal en permanence dans la société haïtienne, il faut, dans cette quête de réponse au mal
phénoménal de la zombification et d'esclavagisation, traiter ce mal par le
bien, de même que la haine par l'amour, la vengeance par la justice, le
problème en question par le dialogue. Un dialogue vrai et sincère entre nous.
Un dialogue inter-haïtien pour un nouveau contrat de liberté.

Répétons-le de vive voix jusqu'à ce que les sourds l'entendent : pour le
changement envisageable tant dans les rapports esclavagistes domestiques du
système restavec que dans les pratiques esclavagistes maléfiques du système
de zombification, il faut le nécessaire dialogue sincère inter-haïtien, puisqu'il
s'agit d'une construction endogène de marque de fabrique haïtienne. Dans la
quête particulière de solution rationnelle à la situation problématique spécifique de l'esclavagisation par la zombification, il faut un dialogue structurant
avec le Nègre vaudouisant, puisqu'il s'agit d'une construction endogène de
marque de fabrique du vaudou.

> *Nèg vodouizan ki nan aktivite vann moun achte moun nan se yon moun.*
> *Antanke moun nan sans ontolojik, li ka byen dyaloge, byen tande epi byen*
> *konprann pou li byen aji nan sans enterè sosyete a. Yon dyalòg konstriktif ka*
> *byen fè li renonse ak pratik malefik zonbifikasyon vann moun achte moun*
> *nan. Nan dyaloge, li ka byen asepte soti nan esklavaj mal vanjans lespri*
> *malefik yo pou li vini esklav byen ak lajistis ki leve yon nasyon.* [L'homme
> vaudouisant qui s'adonne à l'activité de « vente et d'achat de
> personnes » zombifiées est un être humain. En tant que personne, au
> sens ontologique du terme, il est capable de dialoguer, d'écouter et de
> comprendre afin d'agir dans l'intérêt de la société. Un dialogue
> constructif peut l'amener à renoncer aux pratiques maléfiques de
> zombification – ces formes de marchandisation humaine que sont la «
> vente et l'achat de personnes ». Par le dialogue, il peut accepter de
> sortir de l'esclavage du mal et de la vengeance des esprits maléfiques,
> pour devenir l'esclave du bien et de cette justice qui, selon l'Écriture, «
> élève une nation ».]

7.3.1. Bataille du vaudou pour la sortie de la religion hors la loi

Dans le contexte haïtien, l'expression de la religion hors la loi est utilisée
pour faire allusion au vaudou non dans le sens d'une religion minoritaire –

sachant qu'une majorité de la population haïtienne s'identifie culturellement au vaudou (Corten, 2014; Hurbon, 2006a, 2006b; Fontus, 2001) – mais dans le sens d'une entité religieuse qui, malgré ses pratiques cultuelles et culturelles, ses rites et son système de croyances, reste pendant longtemps une religion non reconnue légalement par l'État haïtien. Jusqu'au milieu du XXᵉ siècle, les pratiques du vaudou, considérées par l'État haïtien comme des pratiques superstitieuses et nuisibles à la renommée du pays, étaient répréhensibles, condamnables et punissables (Décret-loi du 5 septembre 1935, Le Moniteur, no 77).

En outre, l'expression de religion hors la loi traduit pendant longtemps la situation du vaudou en Haïti, considérant le catholicisme comme religion officielle protégée tant aux temps coloniaux par la législation coloniale qu'aux temps postcoloniaux par le concordat de 1860 et les constitutions haïtiennes de 1801 à nos jours, ainsi que le protestantisme comme religion longtemps connue par la législation coloniale et reconnue par le nouvel État depuis la présidence de Pétion à nos jours, malgré les restrictions et les persécutions temporelles subies par des protestants d'un gouvernement dictatorial à l'autre.

Le vaudou, comme religion, c'est-à-dire système de croyances et vecteur socioculturel d'identité, arrive en Haïti depuis l'époque coloniale, si bien que les vaudouisants clament sans cesse leur contribution dans la rude bataille pour la décolonisation et l'indépendance nationale d'Haïti. Cependant, pour sa reconnaissance officielle, les vaudouisants ont mené leur bataille sur différents terrains socioreligieux, intellectuel et politique. Il ne s'agit pas d'une bataille facile, sachant que l'État haïtien officialise le catholicisme comme sa religion, avant d'en faire la religion de la majorité des Haïtiens. Sur le terrain socioreligieux, l'agir de l'acteur du vaudou touche à l'imaginaire collectif haïtien. Il est interprété soit dans le sens de la pratique du mal, soit dans le sens du traitement des maladies par l'usage de la médecine naturelle. En tout cas, que ce soit dans l'un ou l'autre sens interprété, la présence du vaudou n'est pas moins ressentie dans la société haïtienne. Sur le terrain intellectuel, les vaudouisants doivent beaucoup à Jean Price-Mars pour ses premiers apports intellectuels à la reconnaissance du vaudou, des valeurs de la négritude et des cultures identitaires noires. Ils poursuivent leur combat sur le terrain politique jusqu'à ce que le vaudou soit finalement accepté comme religion à part entière en 2003 par l'État haïtien.

Dans son essai anthropologique *Ainsi parla l'oncle* (2009), Price-Mars identifie le vaudou à une religion partageant un ensemble de croyances et de rites associés à des pratiques cultuelles et culturelles catholiques ; une définition reprise et partagée en des termes similaires par Métraux (1957). À bien des égards, les réflexions anthropologiques de Price-Mars apportent un élan significatif avec une orientation scientifique dans la lutte multiforme des vaudouisants pour la sortie de la religion hors la loi et la liberté de religion en Haïti, contribuant ainsi à la réhabilitation du vaudou dans l'espace artistique, scientifique et politique haïtien au tournant du XXe siècle. Cette bataille vaudouisante pour la sortie de la religion hors la loi aboutit, sur le plan politique, à la reconnaissance officielle du vaudou comme religion à part entière en 2003, sous la présidence de Jean-Bertrand Aristide.

Voici, à ce sujet, un extrait de l'arrêté présidentiel, publié le 14 avril 2003 dans le journal officiel (Le Moniteur, no 28) :

Article 1 : En attendant une loi relative au statut juridique du vodou, l'État haïtien le reconnaît comme religion à part entière, devant remplir sa mission sur le territoire national en conformité avec la Constitution et aux lois de la République.

Article 2 : Tout chef de culte vodou, responsable de temples, de hauts lieux sacrés, d'organisations ou d'associations, est habilité à faire une demande de reconnaissance auprès du Ministère des Cultes.

Article 3 : La reconnaissance accordée par le Ministère des Cultes a pour effet particulier de solliciter de toute autorité constituée aide et protection.

Article 4 : Les temples, hauts lieux sacrés, organisations ou associations du vodou, jouissant des droits et prérogatives attachés à leur fonctionnement, peuvent obtenir un soutien qualitatif de l'État.

Article 5 : Le chef de culte vodou, responsable d'un temple ou d'un haut lieu sacré, peut être invité à prêter serment par-devant le doyen du Tribunal Civil de son ressort. Une fois assermentés, les chefs de culte vodou peuvent être habilités à célébrer baptêmes, mariages et funérailles.

Sortant dorénavant de la religion hors la loi par l'arrêté présidentiel de 2003 de Jean-Bertrand Aristide, les vaudouisants sont libres de pratiquer la religion de leur choix, sans avoir à s'inquiéter pour les pratiques secrètes et superstitieuses pénalisées par l'ancien décret-loi de 1935. Finalement, leur bataille conduit non seulement à la sortie de la religion hors la loi, mais aussi à l'abrogation du décret-loi de 1935 pénalisant les pratiques superstitieuses, donc à la fin de la pénalisation et de la marginalisation (Ramsey, 2011). Au contraire, dans un sens libertaire, les vaudouisants usent de leur liberté de religion jusqu'à arriver aujourd'hui à annoncer sur les réseaux sociaux des transactions marchandes de vente et d'achat d'êtres humains (*nou vann moun nou achte moun*) en toute quiétude et en toute liberté, exposant ainsi les pratiques dites secrètes du vaudou, longtemps considérées comme des pratiques sorcières et superstitieuses par les gouvernements de Vincent (1930-1941), de Geffrard (1859-1867), de Boyer (1818-1843) et de Dessalines (1804-1806).

7.3.2. Contribution du vaudou dans la lutte pour la liberté de religion

Pendant longtemps, la bataille des vaudouisants a été non seulement pour la sortie du vaudou de la religion hors la loi, mais aussi pour la liberté de religion, c'est-à-dire la liberté de pratiquer la religion de leur choix, la liberté d'exprimer leurs croyances sans contrainte, persécution, répression ni pénalisation. Elle se décline, en contexte moderne de libéralisme dominant, en une bataille pour le pluralisme religieux, voulant jouir d'une égale liberté ou, mieux, des mêmes libertés de croyance et de conscience que les autres religions concurrentes en présence (Habermas, 2008). Le combat vaudouisant sur différents terrains anthropo-sociologique, politique, artistique, culturel et religieux conduit à l'aménagement d'une place non négligeable pour le vaudou dans le paysage culturel et religieux haïtien, donc sa place à côté du catholicisme et du protestantisme ; ce qui traduit le sens du combat du vaudou pour le pluralisme religieux en Haïti.

Le vaudou apporte une contribution significative dans la lutte pour le pluralisme religieux ou la liberté de religion en Haïti en sortant de la religion hors la loi depuis 2003, au-delà de son apport dans la constitution de l'identité culturelle haïtienne (Hurbon, 1991; Price-Mars, 2009; Béchacq, 2014), dans l'accouchement des femmes enceintes et le traitement des maladies par l'usage de la médecine naturelle et des savoirs thérapeutiques (Damus, 2021), dans la bataille contre l'esclavage colonial, puis contre la dictature postcoloniale (Gilles, 2017 ; Ramsey, 2011 ; Vonarx, 2008 ; Métraux, 1953).

Étant reconnu officiellement comme religion à part entière par l'État haïtien et jouissant d'une égale liberté ou, mieux, des mêmes libertés de croyance et de conscience que les religions catholique et protestante, le vaudou s'évertue en toute liberté à intégrer aisément la structure de Religions pour la Paix. En effet, les acteurs vaudouisants rejoignent ceux du catholicisme et du protestantisme au sein de la structure de Religions pour la Paix pour – d'un langage commun – intégrer dans leurs discours les idéaux de paix, de libertés et de droits humains en essayant de s'adapter, comme d'autres et avec d'autres acteurs mondiaux, au nouveau contexte culturel mondial.

Si en Haïti les protestants apportent une contribution exceptionnelle à la liberté de religion en bravant les dangers des persécutions politico-religieuses des anciens régimes dictatoriaux en faveur du catholicisme (Desroches, 2017), les vaudouisants à leur tour participent d'emblée à la lutte pour sortir de la religion hors la loi et, du coup, aboutir à la liberté de pratiquer leur propre religion, donc à la liberté de religion. Cette liberté de religion s'ouvre ainsi au pluralisme religieux où, dans l'univers culturel religieux pluriel haïtien, le vaudou est finalement accepté au sein de Religions pour la Paix, en dépit des tensions historiques affectant de manière récurrente les relations de ces religions pour la paix.

7.3.3. Apport du vaudou dans le développement de la médecine naturelle

Même si les dérives et les maux sont en trop dans le vaudou comme dans d'autres religions du monde, on ne saurait ignorer la contribution du vaudou dans le développement de la médecine naturelle traditionnelle en Haïti. Certains travaux contemporains recensés sur le vaudou considèrent non seulement les batailles du vaudou pour la liberté de la religion et pour la sortie de la religion hors la loi, mais aussi les apports significatifs des acteurs vaudouisants dans le développement de la médecine naturelle. Ils mettent en valeur l'offre des services de soins naturels et médico-thérapeutiques des acteurs vaudouisants aux paysans marginalisés des milieux ruraux dénudés et le rôle des sages-femmes vaudouisantes dans l'accouchement des femmes paysannes enceintes ; ils mettent en exergue les aides de ces acteurs locaux du vaudou dans le traitement des maladies par l'usage des ressources médicales naturelles, des plantes médicinales naturelles et des savoirs médico-thérapeutiques traditionnels expérientiels (Vonarx, 2008; Damus, 2021).

L'usage traditionnel de la médecine naturelle par des sages-femmes et des acteurs vaudouisants paysans se comprend aisément, car la majorité de la population haïtienne vit dans l'univers rural haïtien (60 %), d'une part ; d'autre part, l'offre de services sanitaires dans cet univers rural, quoiqu'en nette augmentation au cours des dernières décennies, reste encore insuffisante par rapport à la forte demande de la population paysanne majoritaire. Toutefois, rien de tout ce qu'apportent les acteurs du vaudou, particulièrement dans le développement de la médecine naturelle et l'accouchement des femmes enceintes, les savoirs médico-thérapeutiques et les soins médicaux naturels traditionnels expérientiels, ne couvre les maux d'esclavagisation, de domestication, d'oppression, de déshumanisation et de dépersonnalisation par la zombification des Nègres haïtiens, de même que les bienfaits des acteurs institutionnels du catholicisme et du protestantisme dans les domaines de l'éducation, de la santé et du développement local ne voilent pas leurs rapports historiques avec l'esclavagisme du passé au présent.

En outre, d'autres travaux recensés sur le vaudou considèrent, en termes d'apports, la présence significative du vaudou dans la constitution de l'identité culturelle haïtienne (Hurbon, 1991; Price-Mars, 2009) ou même le perçoivent comme la colonne vertébrale de l'identité culturelle haïtienne (Béchacq, 2014). Enfin, d'autres auteurs rappellent la contribution du vaudou dans la bataille d'abord contre l'esclavage colonial puis contre les persécutions religieuses et les dictatures postcoloniales (Métraux, 1953; Gilles, 2017). En appui à la question de l'apport du vaudou dans la révolution haïtienne contre l'esclavage colonial (1789-1803), ils font allusion à la cérémonie du Bois-Caïman, dans la nuit du 14 août 1791, qui allait déboucher sur le premier grand soulèvement collectif des esclaves noirs contre l'esclavage colonial, environ une semaine plus tard, soit dans la nuit du 22 au 23 août de la même année (Béchacq, 2006; Geggus, 1992). Et c'est cette date du 23 août que l'UNESCO consacre comme Journée internationale du souvenir de la traite négrière et de son abolition. Toutefois, la relecture des récits et faits historiques rapportés par Madiou (1847a, (1847b, 1848), père pionnier de l'histoire d'Haïti, remet en doute les rôles revendiqués par le vaudou dans la révolution haïtienne et la constitution de l'identité culturelle haïtienne. Nous revenons plus loin sur ces récits et faits historiques susceptibles de mettre en dialogue-choc ou, mieux, de croiser à un carrefour historique des vérités d'une histoire haïtienne pionnière avec des contre-vérités d'une histoire haïtienne imaginaire.

7.4. Réexamen historique des rôles revendiqués par le vaudou dans la révolution haïtienne et la constitution de l'identité haïtienne : vérités et contre-vérités croisées

Nul n'ignore que la révolution haïtienne aboutissant à la décolonisation et à la proclamation de l'indépendance nationale le 1er janvier 1804 demeure le résultat de 14 années de guerres meurtrières des anciens esclaves noirs contre les colons et les soldats français (1789-1803) ; ce qui fait d'Haïti la première République noire indépendante du monde, « l'exception, la leçon de la première décolonisation noire et de l'abolition de l'esclavage » (Boutang, 1998). Jusque-là, il n'y a pas de statistiques officielles révélant l'identité religieuse de ces anciens vaillants combattants de la liberté ; ce qui empêche en toute vérité de les répartir statistiquement par appartenance religieuse soit au catholicisme, au protestantisme ou au vaudou. Si telle est la vérité, qu'est-ce qui peut faire chapeauter par une religion quelconque la révolution haïtienne, l'indépendance nationale et l'identité haïtienne ? Si par ailleurs Dessalines se livre à une bataille contre les pratiques vaudouisantes au moment de mener la révolution contre la colonisation et l'esclavagisation des Noirs, qu'est-ce qui peut faire reconnaître au vaudou des rôles décisifs dans cette révolution ? Si en outre environ 80 % de la population haïtienne s'identifient au christianisme, qu'est-ce qui peut faire imaginer que la culture du vaudou représente l'identité culturelle haïtienne ? De là peut donc jaillir la lumière, c'est-à-dire du croisement des vérités et contre-vérités, du choc des idées conçues et reçues que suscitent ces questions en contexte des débats actuels et des combats vaudouisants pour la reconnaissance des rôles décisifs du vaudou dans la révolution haïtienne et la constitution de l'identité culturelle haïtienne.

L'institution religieuse demeure non seulement un acteur puissant et influent dans les processus décisionnels, mais aussi un marqueur et un vecteur d'identité par son multiple rôle dans la construction et la transmission des valeurs, des croyances, des pratiques, des sens et des signes identitaires. C'est en général tout ce qui fait identifier les catholiques, les protestants et les vaudouisants, avant de les distinguer les uns par rapport aux autres. S'il y a environ 80 % d'Haïtiens qui s'identifient eux-mêmes au christianisme (catholicisme et protestantisme) – même si une proportion d'entre eux s'attachent en même temps aux pratiques du vaudou en catimini (Corten, 2014; Hurbon, 2006a, 2006b; Fontus, 2001) – alors s'annonce ici une vérité : la constitution de l'identité socioculturelle haïtienne ne porte pas en soi la marque de fabrique du vaudou, mais plutôt celle d'un univers identitaire socioculturel pluriel représentatif des différents groupes sociaux et religieux en Haïti. Donc, les récentes données sociodémographiques actuelles basculent la vision ethnocentrique globale cherchant – par défaut (en l'absence d'autres marqueurs identitaires significatifs et représentatifs) – à associer l'identité socioculturelle haïtienne à celle du vaudou. Voilà, à partir d'un premier constat sociodémographique contemporain, un peu de tout ce qui renverse d'entrée de jeu la revendication du vaudou voulant à dessein confondre l'identité socioculturelle transmise aux adeptes vaudouisants avec celle des êtres haïtiens en général. Une revendication sectaire soutenue par une vision ethnocentrique déconnectée de la réalité dynamique du monde pluriculturel haïtien en évolution.

La reconsidération de la législation coloniale nous amène vers un deuxième constat historique. Conformément au Code noir de 1685 régissant les rapports esclavagistes dans l'ancienne colonie de Saint-Domingue (Haïti), « tous les esclaves qui seront dans nos Îles seront baptisés et instruits dans la religion catholique » (art. 2) ; ce qui fait référence à une présence considérable des victimes et des groupes catholiques tant parmi les constructeurs-porteurs des valeurs identitaires haïtiennes que parmi les combattants de la révolution haïtienne et de la liberté des Noirs haïtiens auxquels sont aussi transmises ces valeurs identitaires. La relecture de ce même code esclavagiste nous rappelle parallèlement l'interdiction aux sujets protestants d'apporter des troubles aux sujets catholiques (art. 5) ; ce qui fait également référence à une présence significative des victimes et des groupes socio-identitaires protestants dans le système postcolonial élevé sur les restes du système esclavagiste colonial. Le Code noir de 1685 n'a fait aucune mention du vaudou, longtemps interdit et considéré hors la loi. Donc, les Noirs s'identifiant à la culture du vaudou étaient, sans nul doute, parmi les victimes du système d'esclavage noir ayant pris part à la révolution haïtienne (Béchacq, 2014; Métraux, 1953; Gilles, 2017; Geggus, 1992).

En somme, les combattants et artisans de la révolution haïtienne contre la colonisation et l'esclavagisation des Noirs étaient des esclaves et des affranchis, des anciens et des nouveaux libres, des créoles et des bossales, des nègres et des mulâtres de différentes croyances religieuses (catholiques, protestantes, vaudouisantes). Cependant, ils étaient interpellés à se regrouper pour la liberté sous le leadership de Dessalines non en fonction de leur foi religieuse, mais en raison de leur soif de liberté et de leur bravoure à combattre pour cette liberté. Dans ses paroles célèbres, Dessalines les interpelle en ces termes forts : « Je ne veux garder avec moi que des braves. Que ceux qui veulent redevenir des esclaves français sortent du fort. Que ceux, au contraire, qui veulent mourir en hommes libres se rangent autour de moi. » Nous revenons plus loin sur la position de Dessalines qui, loin de reconnaître un quelconque rôle revendiqué par le vaudou dans la révolution haïtienne et la constitution de l'identité haïtienne, se livre dans une bataille parallèle contre les pratiques vaudouisantes qu'il assimile à des pratiques sorcières (Madiou, 1847a), à côté de la grande bataille révolutionnaire contre la colonisation et l'esclavagisation des Noirs.

Le réexamen des archives constitutionnelles et historiques nous conduit vers un troisième constat pertinent, remettant en doute également les rôles décisifs revendiqués par le vaudou dans la révolution haïtienne et la constitution de l'identité culturelle haïtienne. En effet, ces rôles revendiqués ne sont pas perceptibles dans les anciennes archives constitutionnelles et juridico-légales qui révèlent au contraire le statut hors la loi du vaudou, ni dans les archives historiques où restent gravés les discours officiels relatifs à la victoire finale de la bataille de Vertières (18 novembre 1803) et à la proclamation de l'indépendance d'Haïti (1er janvier 1804) qui ne font aucune référence au vaudou. Ces rôles revendiqués ne sont pas aperçus non plus dans la position de Dessalines qui n'admet pas de religion dominante dans la constitution impériale de 1805 (art. 50) et qui ne tolère pas les pratiques vaudouisantes associées à des pratiques maléfiques sorcières (Madiou, 1847a). Ces rôles réclamés ne sont pas retracés non plus dans le discours révolutionnaire et la prière solennelle de Boukman qui ne cite ni le vaudou ni aucun loa du vaudou :

> Le dieu qui créa la terre, qui créa le soleil, qui nous donne la lumière. Le dieu qui détient les océans, qui fait gronder le tonnerre. Dieu qui a des oreilles pour entendre. Toi qui es caché dans les nuages, qui nous observe où que nous soyons, tu vois que le blanc nous a fait souffrir. Le dieu de l'homme blanc lui demande de commettre des crimes. Mais le dieu en nous veut que nous fassions le bien. Notre dieu, qui est si bon, si juste, nous ordonne de nous

venger de nos préjugés. C'est lui qui dirigera nos armes et nous apportera la victoire. C'est lui qui nous aidera. Nous devrions tous rejeter l'image du dieu de l'homme blanc qui est si impitoyable. Écoutez la voix de la liberté qui chante dans tous nos cœurs.[15]

Même si n'y sont cités ni le vaudou ni aucun loa du vaudou, cette prière de Boukman est revendiquée par les vaudouisants lorsqu'elle fait allusion à l'image du dieu de l'homme blanc qui est si impitoyable, se référant ainsi à la cérémonie secrète organisée au Bois-Caïman dans la nuit du 22 au 23 août 1791 par un groupe d'anciens esclaves sous le leadership de Boukman. Cette même prière de Boukman est aussi récupérée par des chrétiens lorsqu'elle s'adresse au Dieu créateur (Genèse 1:1), qui fait gronder le tonnerre (Psaume 29:3), qui a des oreilles pour entendre (Psaume 115), qui nous observe où que nous soyons (Psaume 139). Les débats restent ouverts sur la représentativité sociodémographique de ce groupe d'anciens esclaves révoltés et sur l'identité socioreligieuse des participants à la cérémonie, également sur la présence ou l'absence à cette cérémonie des pères-leaders de la révolution haïtienne (Toussaint, Dessalines, Christophe, Pétion, etc.), aussi sur le poids véritable de la cérémonie du Bois-Caïman dans la révolution haïtienne aboutissant à la proclamation de l'indépendance nationale le 1er janvier 1804, soit environ 12 ans après la cérémonie.

Un quatrième constat pertinent résulte de la relecture des récits et des faits historiques rapportés par des historiens affranchis de l'école de FIC dont Thomas Madiou, considéré comme père pionnier de l'histoire d'Haïti. Dans son œuvre principale *Histoire d'Haïti* en huit tomes, Madiou (Madiou, 1847b, p. 71) rapporte le « massacre d'un grand nombre de sorciers appelés vaudoux par Dessalines », dans la bataille menée contre les pratiques maléfiques vaudouisantes parallèlement à la révolution réussie contre la colonisation et l'esclavagisation des Noirs. Et, poursuit l'historien : « Dessalines avait en horreur la franc-maçonnerie [...] Il confondait les francs-maçons avec les vaudoux (ou les sorciers de nos campagnes) qu'il faisait fusiller quand on les arrêtait. » (Madiou, 1848, p. 257)

À l'avis de plusieurs hommes de lettres et historiens contemporains,

---

15. Cette prière diffusée de Boukman est accessible en français, créole et anglais sur plusieurs sites officiels d'universités et de médias dont St. Thomas University. https://wp.stu.ca/worldhis tory/wp-content/uploads/sites/4/2015/08/Boukmans-Prayer-Bois-Caiman.pdf

Thomas Madiou demeure le premier grand historien haïtien du XIXe siècle, et son œuvre *Histoire d'Haïti* en huit volumes reste encore aujourd'hui la plus importante de l'historiographie haïtienne, quoique grandement asphyxiée par l'histoire de FIC enseignée aux écoliers haïtiens.

Né à Port-au-Prince le 30 avril 1814, Thomas Madiou a fait des études de droit en France, avant de réussir ses recherches en histoire, sa carrière de professeur d'histoire, de directeur du Lycée national de Port-au-Prince, de directeur du journal officiel *Le Moniteur*, suivie d'une fructueuse carrière politique et diplomatique. Après ses études à Paris et son retour à Port-au-Prince, il manifeste son désir de connaître l'histoire de son pays. Il demande alors à son père de lui fournir un manuel d'histoire d'Haïti ; celui-ci lui répond qu'il n'y a pas de livre d'histoire d'Haïti. Il dit alors : « Eh bien, c'est moi qui l'écrirai cette histoire d'Haïti ». En 1838, il publie ses premiers articles dans le journal *L'Union* sur quelques grandes figures historiques dont Makandal, Toussaint Louverture, Dessalines. En 1847, il publie les deux premiers volumes de son *Histoire d'Haïti* ; l'année suivante paraît le troisième tome. Devenu un historien très respecté, sa renommée dépasse alors les frontières haïtiennes. Le célèbre historien français Jules Michelet lui adresse une lettre le 20 mai 1854 pour lui témoigner son admiration. Pour réaliser son travail de recherche, Thomas Madiou a mis en œuvre des stratégies méthodologiques valorisées en sciences sociales et humaines, en disant :

> J'ai consulté des auteurs espagnols, français, anglais et américains qui ont écrit de 1492 à 1789, et, depuis cette époque jusqu'à nos jours, de nombreux mémoires, des correspondances, rapports officiels, bulletins, feuilles publiques. J'ai interrogé surtout les acteurs, les témoins des événements, enfin la plupart des vieux débris de notre gloire nationale [...] Je dois un tribut de reconnaissance à plusieurs de nos vétérans qui se sont fait un véritable plaisir de me raconter les événements qui s'étaient passés sous leurs yeux, et de me découvrir les causes de nos drames révolutionnaires[16].

Le dernier coup contre le vaudou est celui de Frankétienne, figure majeure de la littérature haïtienne et figure emblématique de l'intelligentsia

---

16. Voir l'introduction du premier tome (1847) ; aussi « Fabrique littéraire », Haïti Inter [en ligne]. https://www.haitiinter.com/thomas-madiou-le-pere-de-lhistoire-dhaiti/

haïtienne contemporaine, écrivain, poète, dramaturge, romancier, peintre, comédien, artiste de l'UNESCO pour la paix[17]. Il annonce publiquement sa rupture avec le vaudou, dit-il, à la suite d'une rencontre tenue avec plus de 300 chefs vaudouisants où il en profite pour les questionner sur les raisons fondamentales pour lesquelles on vient chez eux pour prendre des engagements mystiques, pour tuer les gens, pour empoisonner les gens, etc. Finalement, témoigne-t-il, « je suis devenu christique », c'est-à-dire un attaché à la personne du Christ, un disciple du Christ, mais non dans le sens du chrétien religieux occidental. En tout cas, on comprend aisément l'hésitation de Frankétienne de s'identifier au christianisme mais au Christ de préférence, considérant le poids de l'histoire des religions dans l'explication des maux sociaux moraux d'esclavagisation, de domestication, de zombification et d'oppression de l'homme par l'homme.

Dans les débats contemporains auxquels nous avons aussi pris part, les principaux argumentaires avancés par des vaudouisants pour embrasser le vaudou et rejeter le christianisme sont :

- Le vaudou désigne la colonne vertébrale de l'identité culturelle haïtienne
- Le vaudou aide à la révolution haïtienne et à l'indépendance nationale
- Le vaudou est une religion ancestrale d'origine africaine
- Le christianisme est une religion coloniale d'origine occidentale

Dans les paragraphes antérieurs, ont été mises en lumière les questions en lien avec la signification étymologique juive du vaudou [veau d'or] et l'origine coloniale africaine collée au vaudou ainsi que celles relatives aux rôles décisifs revendiqués par le vaudou dans la révolution haïtienne et la constitution de l'identité culturelle haïtienne, mais des rôles réfutés car non retracés dans les archives constitutionnelles et juridico-légales ni dans les récits et les faits historiques ni dans la position et l'action de Dessalines, père de la révolution haïtienne et de l'indépendance nationale. Maintenant, portons un regard succinct sur les contre-vérités trafiquées dans l'intention de faire considérer le christianisme comme une religion coloniale d'origine occidentale.

---

17. Le courrier de l'UNESCO (24 octobre 2023). https://courier.unesco.org/fr/articles/franke tienne-la-creation-est-une-odyssee-sans-escale

Si en contexte démocratique libéral du pluralisme religieux chacun est libre de choisir la religion de son choix, il importe toutefois de souligner que ne tiennent véritablement pas les principaux argumentaires prétextés par des vaudouisants pour embrasser le vaudou comme religion ancestrale d'origine africaine et rejeter le christianisme comme religion coloniale importée de l'Europe occidentale. Nous disons bien des « argumentaires prétextés », donc non fondés véridiquement, car, d'une part, les cultures occidentales sont démesurément consommées tant par les non-occidentaux en général que par les vaudouisants en particulier (écoles, langues, habitus, habits, jeux, musiques et chansons d'origine occidentale), en contexte d'uniformisation culturelle et de révolution numérique des réseaux sociaux culturels occidentalisés ; ce qui sous-tend que l'origine culturelle occidentale d'une religion ne saurait être, en effet, une condition préalable de rejet pour ces consommateurs de culture occidentale.

D'autre part, pour la vérité et pour l'histoire, le christianisme n'est pas une religion coloniale d'origine occidentale. Nous voulons alors parler du christianisme assis sur l'attachement véritable à la personne du Christ qu'aujourd'hui Frankétienne réclame être son disciple. Nous voulons ici parler du christianisme fondé sur l'Évangile du Christ prêché par le Christ lui-même avant sa crucifixion puis par les premiers disciples du Christ en Orient, appelés chrétiens pour la première fois à Antioche (Actes 11). Nous voulons donc parler de cette chrétienté du christianisme émergée au Ier siècle en Orient, marquée en essence par l'obéissance, la ressemblance et l'appartenance à part entière au Christ, également identifiée par la manière d'être et de vivre fidèlement en Christ, à l'instar des premiers disciples et apôtres du Christ en Orient (Israël). Nous voulons concrètement parler de cette chrétienté dans le christianisme appliquée à l'observation de la Parole divine du Christ, telle que révélée dans la Bible ou dans la nature, telle qu'expliquée dans la philosophie morale de Rousseau (1964), de Buber (1959), de Tillich (1992), de Ricœur (2004) et de Schleiermacher (2004).

Nous voulons certainement parler de cette « religion pure et sans tache [qui] consiste à visiter les orphelins et les veuves dans leurs afflictions, et se préserver des souillures du monde », telle qu'enseignée et expliquée dans l'Épître de Jacques (1:27). Nous voulons véritablement parler de cette « religion pure » c'est-à-dire non mélangée, non tachée, basée sur la vérité, la charité, la fraternité, la sincérité, la bonté, la piété, la justice, la repentance, le pardon et l'amour fraternel, telle que retracée et enseignée dans le pur Évangile du

Christ (Galates 1). Nous voulons librement parler de cette « religion pure » qui consiste à détacher les chaînes de la méchanceté, à dénouer les liens de la servitude et à rompre toute espèce de joug, telle que révélée dans la Parole divine et expliquée dans le livre prophétique d'Ésaïe (58:6-7), mais non d'une religion tachée par les scandaleux drames de la colonisation, de la traite et de la servitude perpétuelle des Noirs.

Nous voulons finalement parler du christianisme basé sur l'amour du Christ pour l'humanité dont l'histoire remonte au Ier siècle de l'ère chrétienne avec la prédication de l'Évangile du Christ par le Christ crucifié et par les premiers chrétiens persécutés en Orient, mais non du catholicisme qui émerge en force en Occident aux environs du IIIe siècle et qui autorise l'asservissement perpétuel des Noirs au XVe siècle, ni du protestantisme qui émerge en choc en Occident avec la protestation de Luther au XVIe siècle où, aujourd'hui, certaines branches protestantes se rassemblent avec le catholicisme dans l'œcuménisme pendant que d'autres entités protestantes s'associent avec le vaudou dans l'occultisme (Fontus, 2001; Corten, 2014).

Il faut répéter cette vérité jusqu'à ce que les sourds l'entendent et que les vaudouisants la comprennent bien : le christianisme n'est pas une importation de l'Occident. Au contraire, c'est l'Occident qui importe le christianisme de l'Orient, chez les Juifs et premiers disciples du Christ de l'Orient (Afrique), avant de le façonner à sa manière et à sa culture pour ensuite l'utiliser à des fins de colonisation, d'esclavagisation, d'exploitation et d'oppression des Noirs. En d'autres termes, le catholicisme occidental impose le colonialisme et l'esclavagisme au nom du christianisme (Gillard, 1929; Mpisi, 2008a), après avoir remodelé à sa manière le christianisme importé de l'Orient, chez les Israélites et premiers chrétiens orientaux d'Afrique.

N'importe quel enfant de 5 ans apprend et connaît par cœur les 5 continents du monde, à savoir : Afrique, Amérique, Asie, Europe et Océanie. Partageant des frontières terrestres avec l'Égypte, rappelons-le, Israël ne se situe pas géographiquement en Europe ni en Amérique ni en Asie ni en Océanie. Tout cela revient à rappeler également que les livres sacrés de la Bible (Ancien Testament et Nouveau Testament) enseignés dans le christianisme ne sont pas écrits par des auteurs occidentaux, mais par des auteurs orientaux d'Afrique (Moïse, Josué, David, Salomon, Ésaïe, Jérémie, Daniel, Zacharie ; Matthieu, Marc, Luc, Jean, Paul, etc.).

Moïse est né en Égypte. Pendant ses premiers 40 ans, il a grandi en Égypte, dans la famille royale égyptienne. Fait chair, Jésus-Christ est né en Israël en contexte de domination romaine du territoire israélien aux temps de César (empereur) et d'Hérode (roi). Il s'est temporairement réfugié avec ses parents israélites en Égypte pendant son enfance pour se protéger contre le plan meurtrier du pouvoir romain en Israël dirigé par le roi Hérode, avant d'être finalement crucifié sous l'ordonnance des chefs religieux juifs d'Israël et des chefs politiques occidentaux de Rome (Hérode, Pilate).

Les récits véridiques et les faits historiques ici ressuscités s'ouvrent au dialogue-choc d'une somme historique de vérités asphyxiées avec une somme significative de contre-vérités divulguées à dessein au travers de l'espace social et scolaire haïtien. Ils facilitent, à ce carrefour historique, le croisement-choc des vérités d'une histoire haïtienne pionnière avec des contre-vérités d'une histoire haïtienne imaginaire trafiquée au travers des manuels d'histoire (FIC) cachant certaines vérités, à l'instar de celles des bulles esclavagistes catholiques, et en maquillant d'autres, à l'instar de la position de Dessalines contre les pratiques maléfiques du vaudou. En effet, ces récits et faits historiques trahissent finalement la revendication ou le vœu du vaudou d'espérer faire reconnaître ses rôles décisifs dans la révolution haïtienne et la constitution de l'identité haïtienne, notamment lorsqu'ils retracent la bataille de Dessalines (père de la révolution haïtienne) et celle d'autres gouvernements haïtiens contre les pratiques occultes vaudouisantes assimilées à des pratiques maléfiques, sorcières et superstitieuses.

7.5. Religions pour la Paix : entre primauté catholique, tension historique et paix apparente

La structure de Religions pour la Paix est une organisation œcuménique regroupant, à l'échelle mondiale, les acteurs religieux traditionnels de diverses confessions religieuses dont le but est de travailler à la rencontre entre religions, ainsi que de collaborer avec d'autres acteurs de la société civile, dans un objectif de paix, de solidarité, de vivre ensemble et de meilleure connaissance mutuelle.[18] Cette vaste structure ramifiée à travers le monde organise périodiquement sa conférence mondiale et son assemblée générale avec des représentants confessionnels des religions membres venus de différentes régions géographiques du monde. Elle fait partie des structures de domination de la société moderne libérale basée sur la liberté de religion,

---

18. Religions pour la Paix – France (14 juillet 2022). http://religionspourlapaix.org/

de foi et de conscience (Habermas, 2008). En Haïti, des factions religieuses du catholicisme, du protestantisme et du vaudou usent de cette liberté de religion non seulement pour exercer la religion de leur choix, mais aussi pour s'associer au sein de Religions pour la Paix.

À l'échelle nationale, la structure de Religions pour la Paix se compose des acteurs haïtiens représentants des institutions religieuses du catholicisme, du protestantisme et du vaudou. Ces trois principales religions compteraient environ 90 % d'Haïtiens qui s'identifient à l'une ou l'autre d'entre elles contre seulement 10 % qui se disent non religieux (Corten, 2014; Hurbon, 2006b). Dans cette grande majorité de 90 % de religieux, certains se sont éparpillés dans les Églises évangéliques et les Assemblées religieuses protestantes locales, d'autres dans les Églises catholiques locales, d'autres dans les péristyles du vaudou, d'autres dans deux religions à la fois. Dans un commentaire en lien avec les religieux haïtiens qui pratiquent au moins deux religions, Gilles Danroc (cité dans Corten, 2014, p. 126) considère qu'il y aurait 80 % de catholiques, 90 % de vaudouisants et 40 % de protestants. Ce commentaire ironique s'appuie sur le fait que beaucoup de vaudouisants se réclament aussi du catholicisme. De plus, dans le vaudou, il y a un ensemble de croyances et de rites étroitement associés à des pratiques cultuelles catholiques (Métraux, 1957). Dans ce méli-mélo, il y a également une proportion de protestants qui pratiquent le vaudou en catimini ou qui consultent des prêtres du vaudou de manière circonstancielle. Cette proportion serait d'environ 13,5 %, rapporte Fontus (2001) associant un tel détour à une sorte d'inculturation.

Religions pour la Paix désigne une structure organisationnelle interreligieuse et interconfessionnelle autonome dont les décisions et les positions n'engagent que ladite organisation. Constituée de factions vaudouisantes, protestantes et catholiques, elle ne représente ni n'engage toutes les organisations et églises protestantes locales ni toutes les organisations catholiques et vaudouisantes subsidiaires ayant chacune leur propre autonomie. Elle devient une structure organisationnelle dominante et puissante par sa grande influence dans les processus décisionnels nationaux et sa représentativité sociopolitico-religieuse dans la société haïtienne, également par ses embranchements géopolitiques et relationnels avec les autres structures régionale et mondiale de Religions pour la Paix.

Cette structure œcuménique est si influente qu'elle participe habituellement et légalement à la composition du Conseil électoral chargé de l'organisation des élections pour la prise du pouvoir politique et le renouvellement périodique du personnel à la tête de l'État. Elle arrive à faciliter des accords politiques entre le pouvoir et l'opposition à des moments de crises politiques intermittentes.[19] À cet égard, la structure de Religions pour la Paix met d'un côté son influence au service des pouvoirs étatiques et des forces politiques, et de l'autre côté son silence au mépris de la cause des abandonnés du système restavec. Ce type de comportement à l'égard des oubliés et des opprimés du système restavec exprime donc une sorte de contradiction entre l'agir compétent de ces autorités religieuses et le discours moral de paix, de solidarité, de vivre ensemble, véhiculé et retracé dans l'objectif de Religions pour la Paix. Du moins, ces acteurs religieux regroupés au sein de Religions pour la Paix semblent oublier d'inscrire dans leur discours de paix et de vivre ensemble les enfants asservis du système restavec, considérant l'ampleur des pratiques déshumanisantes et démoralisantes de la servitude domestique dans la société haïtienne.

S'agissant des tensions religieuses, les travaux de Price-Mars (2009), de Métraux (1953), de Vonarx (2005) et de Ramsey (2005) mettent en exergue les rapports belliqueux et les luttes antisuperstitieuses incessantes marquant l'histoire des religions en Haïti. La structure œcuménique de Religions pour la Paix ne fait pas disparaître totalement ces tensions historiques persistantes. En témoignent, par exemple, les récentes déclarations du cardinal catholique Chibly Langlois (2014) selon lesquelles « le vaudou est un grand problème pour Haïti » (tel que cité dans AlterPresse, 2014).

En réalité, les tensions entre le catholicisme, le protestantisme et le vaudou demeurent, en dépit de leur réunion apparente au sein de Religions pour la Paix. Déjà, cette réunion œcuménique part d'une base inégale, considérant la primauté du catholicisme et la place réservée encore aux acteurs catholiques dans le système postcolonial, les privilèges et les moyens qui leur sont exclusivement attribués par le concordat de 1860 en vigueur. En outre, à côté des privilèges octroyés par l'État aux acteurs catholiques mais refusés aux acteurs protestants et vaudouisants, les pratiques maléfiques secrètes de

---

19. Il y a, par exemple, l'accord politique dit accord d'El Rancho entre les représentants de l'Exécutif, du Parlement et des partis politiques, sous les auspices de la Conférence épiscopale de Religions pour la Paix. Cet accord qui contient quatre parties et 14 articles [a été] signé le 14 mars 2014 par le président Joseph Michel Martelly, les présidents du Sénat et de la Chambre des députés, Desras Simon Dieuseul et Stevenson Jacques Thimoléon, le facilitateur principal, le cardinal Chibly Langlois (Haïti-Référence, 22/03/2014). https://www.haiti-reference.com/pages/2014/03/22/accord-el-rancho/

la magie noire et de la sorcellerie dans le vaudou paraissent à la base des tensions entre les religions de Religions pour la Paix (Vonarx, 2005; Hurbon, 1991; Métraux, 1953).

Et, par-delà ces éléments générateurs de conflits (pratiques maléfiques secrètes du vaudou et base inégale en faveur du catholicisme sur laquelle se construisent les rapports religieux contemporains), le protestantisme s'élève et s'édifie même sur des tensions historiques continuelles allant d'abord des protestations de Luther contre le catholicisme, passant par les protestations des protestants wesleyens, méthodistes et quakers contre l'esclavagisme soutenu par le catholicisme, jusqu'aux tensions associées aux luttes antisuperstitieuses opposant les acteurs religieux du protestantisme, du catholicisme et du vaudou.

Les tensions religieuses incessantes font identifier à la structure organisationnelle de Religions pour la Paix une collectivité d'acteurs liés par des intérêts qu'ils partagent en commun, mais non une communauté au sens bubérien du terme. Selon Buber (1959), la collectivité s'oppose à la communauté en ce que la première (collectivité) désigne un ensemble d'individus poussés à former un groupe fondé sur une organisation extérieure de la vie personnelle, tandis que la seconde (communauté) résulte de la volonté d'une multitude d'hommes d'être les uns avec les autres. La communauté véritable repose, à son avis, sur le dialogue véritable entre ses membres. Et le danger pour toute religion organisée, dit-il, consiste à ne plus être suffisamment communauté et à n'être plus que collectivité.

Conclusion

Nos recherches en archivistique et nos recherches empiriques apportent beaucoup d'éclairage sur les rapports historiques du catholicisme, du protestantisme et du vaudou avec l'esclavagisme du passé au présent, tout en décelant la place prédominante réservée au catholicisme tant dans le système de domination coloniale que dans le système de domination postcoloniale. Par-delà la place prépondérante réservée au catholicisme suivi des tensions historiques marquant ses rapports avec le protestantisme et le vaudou, ces trois forces religieuses arrivent quand même à trouver le compromis minimal, d'une part, pour se regrouper en Haïti au sein de la structure organisationnelle œcuménique Religions pour la Paix et, d'autre part, pour partager ensemble un discours moral orienté vers les idéaux de paix et de droits humains.

Si en contexte abolitionniste postcolonial les autorités religieuses enchevêtrées avec les autorités politiques canalisent leur discours moral vers les idéaux de paix, de liberté et de dignité de la personne humaine en général, elles gardent toutefois, dans une proportion majoritaire, le silence sur la pratique traditionnelle de la servitude domestique du système restavec en Haïti. Et dans une proportion considérable, certaines autorités religieuses locales s'érigent en autorités patriarcales traditionnelles ayant sous leur domination directe des domestiques ou des restavecs ; ce que révèlent nos recherches empiriques et nos recherches en archivistique.

Les mêmes recherches nous font identifier, parmi la catégorie des serviteurs domestiques, une sous-catégorie de travailleurs domestiques bien traités et une autre sous-catégorie de serviteurs restavecs maltraités par leurs maîtres dont certains de ces maîtres sont des chefs religieux. En cela, les conditions de travail et de traitement réservées à chaque serviteur domestique dépendent d'abord du caractère du maître, puis de la pluriactivité professionnelle de ce propriétaire. Car certains domestiques sont placés chez des familles dont les charges de travail sont moins lourdes, ou cédés à des maîtres de portrait moins abusif, de caractère moins sévère où ces domestiques sont apparemment bien traités ou traités moins sévèrement.

D'autres restavecs sont cédés à des propriétaires de caractère très sévère (tyrannique) où ces restavecs sont maltraités et exploités à outrance, ou placés chez des familles menant parallèlement des activités agricoles ou commerciales où ils travaillent dans des conditions extrêmement difficiles, voire dangereuses pour leur santé et leur vie. Dans les différents cas analysés (bien traités ou moins bien traités, maltraités ou très maltraités, exploités ou surexploités), il s'agit dans l'ensemble d'enfants qui restent avec d'autres personnes ou qui restent chez des familles de placement qui ne partagent pas avec eux des liens biologiques de parenté ni des liens juridico-légaux d'adoption.

HUIT
« CELA » QUI RETIENT ENCORE LE SYSTÈME RESTAVEC EN HAÏTI

Le « Cela », emprunté au philosophe et pédagogue Buber (1959) pour le contextualiser et le ramener à l'étude du restavec, renvoie à un monde disparate de personnes, d'intérêts, de sujets, d'objets ou de choses.[1] Dans le monde du « Cela » qui retient encore le système restavec sont archivés les comportements et les expériences de l'homme de l'arbitraire, conscient de lui-même, concentré sur son « Moi » : son amour-propre, sa valeur personnelle, son statut social, son clan d'appartenance, sa relation, sa religion, sa position, son opinion, son pouvoir, son autorité, son charisme, sa dignité, sa qualité, son utilité, son individualité. Concerné par son « Moi », l'homme de l'arbitraire ne pense finalement qu'à son intérêt, sa famille, son enfant, sans aucun souci de l'autre, particulièrement l'autre enfant domestique de l'autre famille de l'autre pays en dehors. Dans ce monde du « Cela » qui garde jusque-là le système restavec, nous portons un regard conclusif sur les intérêts particuliers des groupes sociofamiliaux dominants qui profitent du travail restavec gratuit, la force de la tradition esclavagiste à laquelle ils se raccrochent et les empreintes politico-idéologico-religieuses dans cette tradition. Par le même regard conclusif, nous tâchons de reconsidérer la culture du silence des autorités morales locales dans « Cela » qui fait tenir et retenir

---

1. Martin Buber (1878-1965), philosophe juif, est reconnu comme précurseur du personnalisme et de la philosophie du dialogue ayant substitué le couple « Je-Tu » au « Je pense [donc Je suis] » de Descartes.

fermement cette tradition d'esclavage noir dans la société haïtienne, avant d'ajouter un dernier mot moral public vulgarisable pour un système non restavec.

8.1. Intérêts des groupes sociofamiliaux dominants qui profitent du travail restavec

Les analyses antérieures des déclarations et des discours des autorités charismatiques dénonçant en contexte abolitionniste postcolonial les pratiques de traite et d'esclavage dans la société montrent que ces acteurs n'ont plus d'intérêt dans de telles pratiques. Si dans les sociétés modernes tournées vers le machinisme les acteurs sociaux et moraux ne montrent pas d'intérêt dans les pratiques de traite et de servitude en prenant position publiquement contre ces pratiques, dans la société haïtienne de fort héritage colonial et de forte tradition esclavagiste, certains acteurs sociaux et moraux locaux restent encore attachés à ces pratiques esclavagistes. Ils ne considèrent pas la servitude domestique des enfants comme une pratique répréhensible, mais comme une « pratique profondément ancrée et culturellement acceptée » (Borysthen-Tkacz *et al.*, 2015, p. 4). Logiquement, les acteurs dominants qui profitent du travail restavec ou qui restent accrochés à la servitude domestique trouvent quand même là-dedans leurs intérêts ou leurs avantages. Car, en tant qu'acteurs rationnels (March, 1991 ; Crozier et Friedberg, 1977), ces groupes dominants locaux renonceraient à de telles pratiques esclavagistes s'ils n'en tiraient aucun intérêt, aucun avantage. En cela, les intérêts des factions sociales dominantes (Poulantzas, 1972) constituent des éléments déterminants faisant partie de « Cela » qui retient encore le système restavec dans la société haïtienne.

Dans la quête d'informations empiriques relatives à « Cela » qui retient le système restavec ou qui cultive la tradition du restavec dans la société haïtienne, nos participants à la recherche évoquent, à répétition, trois principaux groupes d'éléments causaux gardant ce système restavec. Les premiers éléments évoqués sont les problèmes économiques liés à la situation de pauvreté des familles d'origine des enfants restavecs : sous-développement, misère, famine, vulnérabilité des parents des enfants domestiques, condition misérable des familles d'origine (informateurs 2, 4, 5, 9, 10, 12, 13, 17, 19, 20, 21, 23, 26, 28, 29, 30). Les seconds éléments avancés sont des problèmes liés à l'héritage colonial et à la force de la tradition du restavec, au manque d'éducation, de connaissance vulgarisée, de conscientisation et de sensibilisation sur le restavec (informateurs 6, 11, 18, 24, 27). Les derniers éléments en cause sont l'incompréhension des acteurs locaux et l'irresponsabilité de l'État (informateurs 7, 8, 14, 16, 22, 25). Par-delà tout « Cela » qui, à leur avis, fait garder le système restavec, ils s'accordent en général à reconnaître l'avantage des services domestiques pour les familles de placement (avantages économiques, gratuité des services restavecs, économies de salaire). En contexte capitaliste, l'avantage ou l'intérêt des familles bénéficiaires de ces services domestiques gratuits témoigne donc de leur rationalité pour préserver continuellement le système restavec en Haïti.

L'intérêt est un terme polysémique. Il résonne aussi bien en études religieuses qu'en études sociologiques, notamment dans leurs rapports respectifs à l'économie. Dans bien des cas, les faits économiques, y compris ceux qui apparaissent les plus puissants pour déstructurer les relations sociales et fraternelles (monnaies, crédits, dettes, intérêts), sont tout autant modelés par les faits sociaux et religieux (Steiner, 2001). Par exemple, un intérêt non versé, une usure non honorée ou une dette non payée (fait économique) suffit pour briser des relations sociales, amicales et fraternelles (faits sociaux et religieux). La dette peut parfois conduire à une situation de sujétion et d'esclavage dans le cas où le créancier arrive à se saisir du débiteur pour en faire son esclave. Les études historiographiques bibliques rapportent des récits en lien avec l'esclavage pour dette, dont le récit d'une famille débitrice où la mère raconte au prophète Élisée (2 Rois 4) : « Ton serviteur, mon mari est mort, et tu sais que ton serviteur craignait l'Éternel ; or le créancier est venu pour prendre mes deux enfants et en faire ses esclaves ». La suite concluante du récit fournit les détails sur le miracle d'huile opéré par le prophète Élisée pour payer la dette et, du coup, éviter le mal de la servitude pour dette planant sur cette famille débitrice. Cette forme antique d'esclavage pour dette persiste encore dans plusieurs sociétés contemporaines, comme au Vietnam et au Bangladesh (Fontenay, 2006 ; OIM, 2017a, 2017b). Dans de telles conditions de modelage, ces faits économiques, sociaux et religieux pris avant en exemple sont parfois difficiles à dissocier pour les étudier séparément.

Dans l'intérêt de préserver les liens socio-fraternels, il est écrit, à maintes fois, dans des textes bibliques et des lois mosaïques relatives à la propriété :

Tu n'exigeras de ton frère aucun intérêt ni pour argent, ni pour vivres
[...] (Deutéronome 23:19).

Tu ne tireras de ton frère ni intérêt ni usure [...] (Lévitique 25:36).

Tu ne lui prêteras ton argent à intérêt, et tu ne lui prêteras tes vivres à usure (Lévitique 25:37).

Tu ne seras point à son égard comme un créancier (Exode 22:25).

Tu n'exigeras de lui point d'intérêt (Exode 22:25).

Pour le bien et le besoin de préserver les liens socio-fraternels susceptibles d'être rompus en raison d'un quelconque intérêt ou usure contre son frère, il est aussi archivé dans les psaumes de David et les discours prophétiques relatifs à la droiture et à la justice :

L'homme juste [...] ne prête pas à intérêt et ne tire point d'usure (Ézéchiel 18:5-9).

Il n'accepte point d'intérêt de son argent (Psaume 15:5).

En effet, l'intérêt suffit à lui seul pour briser des liens sociaux amicaux et fraternels. Comme fait économique, synonyme de profit, d'usure ou de dette, le terme « intérêt » ne constitue pas ici un objet d'étude sous-jacent à la problématique du restavec étudié, donc il n'est pas pris en compte dans le cadre de notre étude. En passant, il a été introduit aux paragraphes précédents d'abord pour faire ressortir brièvement ses incidences historiques sur la déstructuration des liens socio-fraternels et l'esclavage (pour dette), puis pour éviter de le confondre avec l'intérêt des groupes sociaux dominants comme fait social, synonyme d'attachement, d'ardeur ou de ferveur. Ce dernier type d'intérêt qui nous intéresse se décline en études sociologiques en avantage : intérêts ou avantages personnels ; intérêts ou avantages sociaux ; avantages matériels ou immatériels.

À partir de notre *journal de bord* contenant des contenus recensés sur la servitude domestique contemporaine, est aménagé le tableau signalétique suivant, en guise de synthèse et de réponse en lien avec les intérêts ou les avantages qui font en sorte que des factions sociales dominantes locales restent continuellement attachées à la tradition de la servitude enfantine du système restavec en Haïti.

No	Description	Nature
	Tableau 14. Avantages/intérêts des parents-fils-maitres des familles bénéficiaires du travail restavec	
1	Avantages considérables des services gratuits bénéficiés par les propriétaires des enfants restavecs pendant de longues périodes indéterminées	Matérielle et immatérielle
2	Valeurs significatives ajoutées du travail restavec gratuit au patrimoine familial et au développement de l'économie domestique familiale	Matérielle et immatérielle
3	Économies de dépenses épargnées pour la non-scolarisation des enfants restavecs, leur entretien au rabais avec des vêtements usagés, des restes de nourriture, des vivres destinés aux restavecs	Matérielle et immatérielle
4	Libération totale des parents-fils-maitres de toute tâche ménagère assignée exclusivement aux domestiques pour jouir du plein repos et du plein loisir	Matérielle et immatérielle
5	Liberté totale des maitres pour s'occuper des activités professionnelles ailleurs sans inquiétude pour la maison gardée par les domestiques pendant leur voyage ou leur absence temporaire	Matérielle et immatérielle
6	Jouissance de plaisirs sexuels des domestiques abusées par les parents-fils-maitres considérant la sexualité ou l'exploitation sexuelle comme faisant partie du travail domestique	Matérielle et immatérielle
7	Révérence, déférence, obéissance, honneur, estime, respect, crainte, soumission des domestiques à l'égard des parents-fils-maitres	Immatérielle
8	Titre honorifique de Monsieur/Madame adressé avec respect et déférence par les domestiques aux fils-maitres comme aux parents-maitres	Immatérielle
9	Qualités de serviabilité, de docilité, d'assiduité et de disponibilité exploitées en tout temps des enfants restavecs qui n'osent jamais dire à leurs maitres ni les regarder dans les yeux	Immatérielle
10	Position hiérarchique de domination des parents-fils-maitres ayant des serviteurs domestiques attachés en permanence à leur service et à leur disposition	Immatérielle
11	Logique de pouvoir de domination sur autrui et de grandeur à différents niveaux économique, politique et social voulant toujours se faire une place de plus en plus grande dans la société	Matérielle et immatérielle
12	Absence de recours pour les enfants réduits en esclavage, plaçant les maitres dans une situation confortable de manière à faire retenir voire perpétuer ce système esclavagiste restavec	Matérielle et immatérielle

Voilà, dans ce tableau récapitulatif et explicatif, un ensemble d'intérêts particuliers et d'avantages personnels qui intègrent « Cela » qui retient solidement le système restavec. À part les autres avantages particuliers mentionnés, il y a une incitation financière aux profiteurs pour maintenir la pratique du restavec en Haïti (Borysthen-Tkacz *et al.*, 2015,p. 4).

Dans sa réflexion, Pétré-Grenouilleau (1996, p. 390) souligne trois logiques dans la construction durable des rapports esclavagistes d'asservissement et de domination de l'homme par l'homme : la première est une logique économique poussant les maîtres à être entreprenants pour réussir à s'imposer dans la société ; la seconde est d'ordre social les conduisant à conserver leur influence sur le corps social ; la dernière est une logique de pouvoir les incitant, sur la base de leurs capitaux économiques et socioculturels, à poursuivre leur longue marche vers les sommets de la société. À bien relire le tableau ci-dessus, se faufile ce trio logique (économique, social, domination) dans la répartition des intérêts matériels et immatériels des groupes dominants qui profitent de la servitude domestique enfantine contemporaine.

L'analyse des intérêts des acteurs dominants locaux qui profitent du travail restavec gratuit confirme bien l'hypothèse selon laquelle le restavec haïtien, inscrit dans les filières contemporaines d'échange et de trafic de main-d'œuvre domestique locale, persiste en raison des intérêts des factions sociales dominantes des familles de placement qui en profitent. Elle est également en nette cohérence avec notre cadre théorique de référence mettant en évidence la rationalité des acteurs sociaux politiques et religieux axée avant tout sur leurs intérêts (Jones, 2001) ou sur la défense de leurs intérêts (Allison, 1971) ou sur la protection des intérêts que les factions sociales dominantes locales partagent en commun (March, 1991 ; Olson, 1978 ; Poulantzas, 1972).

En outre, cette analyse fait ressortir l'expérience de l'homme de l'arbitraire, c'est-à-dire d'un individu ou d'un groupe d'individus qui ne regarde pas les autres comme des personnes vraies, uniques, ayant valeur en elles-mêmes et par elles-mêmes (Buber, 1959). Distinguant la personne de l'individu, Buber identifie dans le « Je » (sujet) du « Je-Cela » (sujet-objet) un individu conscient de lui-même, son expérience, son utilité, son individualité, son intérêt, son avantage. Un individu concerné par son « Moi », c'est-à-dire son enfant, son statut, sa création, son génie. Un individu dépourvu de sens de personne humaine, de partage avec autrui, ses semblables. Selon l'auteur, aucun homme n'est purement personne ou purement individualité. Mais, ajoute-t-il, certains hommes sont tellement personnes qu'ils peuvent être appelés personnes ; d'autres assis tellement sur l'individualité qu'ils ne peuvent qu'être appelés individus. Parmi les individus dépourvus de sens de personne donc d'humanité, il y a évidemment ceux qui ne sont concernés que par leurs enfants héritiers, et qui voient dans les pauvres enfants domestiques déshérités des objets, des choses ou des marchandises à exploiter, à en profiter.

Sur cette question d'intérêt, voici davantage ce que nous retenons d'abord du discours prophétique d'Ésaïe puis de l'épître de Paul aux Philippiens :

Tous suivent leur propre voie, chacun selon son intérêt, jusqu'au dernier. (Ésaïe 56:11)

Tous, en effet, cherchent leurs propres intérêts, et non ceux de Jésus-Christ. (Philippiens 2:21)

Relus et repris textuellement en contexte capitaliste-esclavagiste postcolonial, ce discours d'Ésaïe et de Paul – de fond identique – nous fait identifier dans l'agir compétent des autorités morales locales un agir par intérêt circonscrit dans « Cela » qui garde ou fait garder la servitude domestique enfantine dans la société haïtienne. Leur agir par intérêt trahit leur discours moral. Car, cet agir par intérêt des autorités charismatiques s'oppose aux valeurs morales judéo-chrétiennes revendiquées voulant :

Que chacun de vous [d'eux], au lieu de considérer ses propres intérêts, considère aussi ceux des autres. (Philippiens 2:4)

Que personne ne cherche son propre intérêt, mais que chacun cherche celui d'autrui. (1 Corinthiens 10:24)

Dans sa première épître aux Corinthiens (13:5), Paul reprend en écrivant :

La charité ne fait rien de malhonnête, elle ne cherche point son inté-rêt, elle ne s'irrite point, elle ne soupçonne point le mal.

Les comportements des acteurs religieux contemporains ne sont pas diffé-rents de ceux de l'époque de Paul dans la mesure où, du passé au présent : « Tous, en effet, cherchent leurs propres intérêts ». Pour reprendre la maxime moraliste de La Rochefoucauld (2004), « les vertus se perdent dans l'intérêt comme les fleuves dans la mer ». L'intérêt devient à la fois un moyen et une fin en soi, notamment pour les acteurs socio-politico-religieux locaux qui cherchent leur propre intérêt et non celui d'autrui (opprimé), pour les auto-rités locales qui s'identifient à la morale, mais qui s'écartent de la morale par leur agir par intérêt. En cela, leurs œuvres trahissent la morale revendiquée (Coutant, 2005), en gardant ou laissant garder injustement des enfants sous le joug de la servitude domestique contemporaine. Cet intérêt semble être plus fort que les principes moraux enseignés (Salifou, 2006) par ces autorités morales locales associées avec les groupes sociaux dominants présentant habituellement leurs intérêts particuliers comme les intérêts de la société, avant d'être défendus par l'État (Morin, 2013), implicitement ou explicitement. En ce qui concerne la défense par l'État des intérêts liés au travail restavec, elle est plutôt implicite, sachant qu'en contexte postcolonial le rapport restavec est régi pratiquement par la tradition, mais non formellement par la loi.

8.2. Gratuité du travail domestique dans « Cela » qui retient le système restavec

Déjà, les études religieuses et sociologiques antérieures montrent l'impor-tance, voire l'obligation, pour l'homme de travailler pour répondre à ses besoins pratiques et essentiels. D'un point de vue religieux, il est question pour l'homme de tirer sa nourriture du sol à force de peine, de manger son pain à la sueur de son visage (Genèse chapitre 3, versets 17-19). D'un point de vue sociologique, au lieu de travailler, l'homme en position de domination force d'autres hommes à travailler à sa place en devenant par là le maître de ces personnes qui travaillent pour lui. En régime capitaliste-esclavagiste, rappelons-le, l'homme-propriétaire, détenteur de richesses et de moyens de production, ne travaille pas ; il vit de la valeur du travail d'autres hommes qui travaillent pour lui et à sa place. C'est, à proprement parler, la situation des petits serviteurs domestiques qui ne travaillent que pour les maîtres des familles de placement. Dans le rapport du travail domestique et l'organisation de la production polyvalente, le restavec travaille et produit ; le propriétaire récolte et jouit du produit de ce travail. Comme facteur d'échange et de production, le restavec fournit le travail ayant une valeur marchande, donc un travail-marchandise à vocation productive (Vatin, 2014, p. 30). Et le maître s'approprie la valeur de production résultant de ce travail restavec, du moins l'entreprise familiale se charge de la production issue du travail assimilé à une marchandise (Stroobants, 2010, p. 12).

Les analyses sociologiques qualitatives considèrent la valeur substantielle du travail restavec comme un ensemble d'activités et ressources humaines assurant une production polyvalente et contribuant au développement du patrimoine familial, ce qui fait en sorte que les nouveaux maîtres trouvent qu'il est logique d'en profiter. Les avantages inestimables issus du travail restavec gratuit justifient déjà sa mise en facteur ou en valeur par ces proprié-taires bénéficiaires. Dans leur rationalité, ils n'entendraient jamais entre-prendre de telles opérations d'échange et de trafic restavec s'ils ne trouvaient pas là-dedans leurs propres intérêts, leurs avantages particuliers.

La toute importance du travail restavec pour les familles de placement réside surtout dans la gratuité des services fournis par les enfants domes-tiques aux parents-fils-maîtres. Pendant 12 mois et 52 semaines par an, ces enfants restavecs assurent la production polyvalente et domestique ajoutée au patrimoine familial, sans rien gagner en retour pour eux et leur avenir. Ils sont donc contraints de travailler gratuitement pour d'autres sans pouvoir disposer de leur destin ni rien exiger pour leur travail (Grandet, 2003). Sans salaire ni congé, ces travailleurs dociles, pour reprendre Brient (2007), doivent obligatoirement travailler en permanence pour produire, produire encore, et produire plus pour leurs maîtres. Cette gratuité témoigne du sens réel de l'ap-propriation effective des travailleurs restavecs et de leur travail par les maîtres des familles de placement. En termes d'intérêt, d'avantage, d'importance ou de valeur, elle pèse beaucoup sur « Cela » qui fait maintenir ou retenir le système restavec dans la société haïtienne.

Qu'adviendrait-il si le travail payable des enfants domestiques était payant et payé ? Qu'arriverait-il si une injonction formelle était faite aux maîtres des familles de placement d'offrir à ces enfants restavecs les mêmes conditions de travail existant pour les domestiques sur le marché domestique formel (hôtels, restaurants, maisons des aînés) ? Les réponses sont dans ces questions faisant ressortir la valeur ou le poids de la gratuité du travail domestique enfantin dans « Cela » qui retient le système esclavagiste restavec. Que cette valeur soit estimée en nature ou en espèce, qu'elle soit de subsistance ou marchande, qu'elle soit matérielle ou immatérielle.

Étant gratuit, le travail domestique informel – caractéristique d'un rapport d'esclavage vécu de façon générale par l'ensemble des domestiques – la production polyvalente et vivrière ainsi que la valeur productive marchande résultant de ce travail gratuit ne sont pas prises en compte formellement dans la comptabilité nationale, déplore Bawin-Legros (1996, p. 131). Ce travail domestique qui, selon l'auteure, était fourni par la femme qui appartenait (elle et son travail) à son mari, est un travail productif assuré, dans la société haïtienne, par le restavec qui appartient (lui et son travail) à son maître. Il s'agit d'un travail d'une valeur considérable et significative certes, mais non considéré ni signifié juridiquement, c'est-à-dire un travail servile non saisi ni réglementé par le droit positif haïtien, car aboli (*de jure*). Il est quantifiable et comptabilisable, mais non quantifié ni comptabilisé par la comptabilité nationale. Il est valable et payable, mais non valorisé ni payé par les maîtres des familles qui en jouissent, mais qui, au contraire, traitent avec tout le mépris le restavec qui fournit ce travail productif.

Par analogie aux critiques féministes, les différentes tâches domestiques non rémunérées qui étaient, au passé, le lot de toutes les femmes (Bawin-Legros, 1996 ; Cicchelli-Pugeault et Cicchelli, 1998) sont, au présent, la charge de tous les domestiques. Chargés d'une production polyvalente, les domestiques haïtiens n'ont pas de tâches limitées chez les familles de placement. Ils exécutent non seulement le travail domestique qui produit des produits vivriers consommés sur place (autoconsommation), mais aussi des produits variés vendus sur le marché (valeur productive marchande) dans le cas des familles menant parallèlement des activités à vocation productive et marchande. Dans l'ordre des services domestiques, ceux que rend un esclave

domestique sont considérables, analyse Guillen (2018, p. 34). L'auteure
souligne, en termes d'économie financière, la valeur d'échange de l'esclave
comme captif placé dans une temporalité ouverte à la servitude ; et en termes
d'économie de services, les corvées d'eau et de bois, le savonnage et les
lessives, le pétrissage des pâtes à pain, la cuisine et le ménage, les travaux de
ravaudage et de couture de la maisonnée, les soins aux animaux de bât et de
monte, à ceux de basse-cour, leur abattage, l'évacuation des déchets et des
déjections familiales, toutes sortes de courses et de transmission de messages,
les soins aux jeunes enfants et aux malades, aux anciens et aux mourants.

Étant donné qu'il s'agit d'un marché domestique informel non transparent, il est difficile de préciser, de manière chiffrée, tout ce que représente le
travail restavec pour l'économie domestique familiale. Priorisant une analyse
qualitative dans le cadre de notre recherche, les données comptables chiffrées
indisponibles importent peu dans l'appréciation heuristique de ce que vaut le
travail restavec gratuit à la valorisation du patrimoine familial. En aucun cas
ne saurait être ignorée la part active des travailleurs domestiques dans les
activités de production polyvalente faisant accroître le patrimoine familial.
Certaines données d'analyse probabiliste des études sociologiques féministes
servent quand même à apprécier cette part significative de production polyvalente des enfants domestiques ajoutée au patrimoine économique familial.

Les analyses sociologiques féministes contemporaines usent des
démarches comparatives et analogiques pour documenter la valeur du travail
domestique des femmes non payées pour les services fournis à la maison au
quotidien (Guillen, 2018 ; Segalen, 1993). En guise d'alternatives aux données
comptables publiques manquantes, elles procèdent à la comparaison des
travaux domestiques gratuits effectués par les femmes à la maison avec les
travaux domestiques salariés effectués sur le marché domestique formel
(hôtels, restaurants, maisons des aînés). Pour y parvenir, les méthodes utili-
sables ou utilisées sont : celle du coût de remplacement du personnel domestique (1) en multipliant le nombre total d'heures presté en travail domestique
effectué par une population de domestiques donnée par le coût moyen d'un
travailleur salarié de maison ; celle des coûts alternatifs/gains potentiels (2) en
cherchant l'équivalence pour ce travail domestique par rapport au prix sur le
marché formel ; la méthode comparative proprement dite (3) pour déterminer
l'équivalence de la production domestique par rapport aux salaires et aux
conditions de travail pour les mêmes services domestiques dans le secteur
marchand (Bawin-Legros, 1996).

Finalement, tenant compte du manque de données comptables et de l'impossibilité par ce défaut d'en faire une évaluation avec exactitude, Segalen (1993, p. 98) estime en milliards la valeur des services gratuits fournis par les domestiques. S'il est difficile d'évaluer le montant des aides informelles des domestiques invisibles frisant un caractère de travail au noir, dit-elle, on peut cependant estimer qu'elles constituent une masse considérable qui se chiffrerait en milliards s'il fallait obtenir ces mêmes services dans les mêmes conditions (nombre d'heures de travail et multiplicité de tâches) sur le marché domestique formel sur plusieurs années de travail non rémunéré. Non archivés formellement dans les cahiers comptables nationaux mais pratiquement ajoutés à l'économie domestique familiale, ces milliards générés pendant des années de travail non payé des enfants domestiques représentent des valeurs nouvelles importantes contribuant *grosso modo* à la valorisation du patrimoine familial des propriétaires qui disposent de ces domestiques et de leur travail gratuit.

Dans l'ensemble, demeure considérable tout ce que rapporte le travail gratuit des enfants domestiques comme valeur ajoutée à l'économie domestique familiale (Bawin-Legros, 1996 ; Guillen, 2018). Dans son analyse, Segalen (1993, p. 84) écrit que ces domestiques maintenus au foyer permettent de compenser la faiblesse des salaires. Grands bénéficiaires du travail restavec non rémunéré, les maîtres des familles de placement accumulent pendant plusieurs années des économies de salaires énormes faisant prospérer le patrimoine familial. Ne faisant pas de dépenses dans l'éducation et la santé, l'alimentation normale et le vêtement neuf, le confort et le logement décent des enfants domestiques, ces propriétaires font des économies de dépenses importantes en épargnant plus, en accumulant plus, en s'enrichissant plus.

8.3. Force de la tradition esclavagiste à laquelle se raccrochent les nouveaux maîtres

En général, les Haïtiens n'oublient jamais de rappeler de vive voix au monde entier qu'ils sont le premier peuple libéré de l'esclavage, de la colonisation et de la domination des puissances colonialistes européennes, et qu'Haïti est la première République noire libre et indépendante du monde. En effet, ils gardent toujours en mémoire les grands exploits des aïeux haïtiens, à savoir : la révolution haïtienne de 1803 soldée par la victoire contre l'armée française pour sortir du joug esclavagiste et colonialiste français, à un moment où s'intensifient les pratiques de traite négrière et d'esclavage dans le monde (1) ; la contribution décisive d'Haïti en 1816 à la libération des peuples latino-américains (Vénézuéliens, Équatoriens, Péruviens, Boliviens) de la colonisation et de la domination européenne (2) ; l'abolition de l'esclavage en République dominicaine en 1822 (3) ; bien avant, entre 1775 et 1783, la contribution des braves Noirs d'Haïti, sous le nom de *Chasseurs volontaires* de Saint-Domingue (environ 500 soldats haïtiens), dans la bataille décisive pour la décolonisation et l'indépendance des États-Unis d'Amérique du Nord contre les Anglais du Royaume-Uni d'Europe (4). En 2008, le Congrès américain a voté à l'unanimité une résolution introduite par le représentant démocrate de Miami, Kendrick Meek, commémorant l'acte héroïque des soldats haïtiens qui sont morts en combattant dans la guerre pour l'indépendance américaine à Savannah (U.S. House of Representatives, 2008). Cependant, ils n'arrivent pas à rompre avec la tradition colonialiste-esclavagiste de la servitude domestique qui caractérise les rapports sociaux locaux contemporains. En cela, paraît-il, ils préfèrent abolir l'esclavage colonial pour pratiquer un esclavage traditionnel endogène calqué au moyen du système restavec.

Le restavec, comme tradition héritée de l'esclavage imposé en Haïti depuis le XVe siècle, s'enracine profondément dans les pratiques culturelles haïtiennes. Transmise de génération en génération, la tradition restavec est ancrée tant dans les rapports sociaux domestiques que dans les discours populaires haïtiens. Cette tradition restavec régit non seulement les rapports sociaux domestiques contemporains, mais aussi elle explique la persistance de ces rapports esclavagistes dans la société haïtienne. La représentation traditionnelle de ce rapport esclavagiste est calquée au moyen d'une violence structurelle perpétuée contre les victimes d'âge en âge où les héritiers du système trouvent l'occasion de profiter le plus longuement possible des services des domestiques même au-delà de la mort du maître (Guillen, 2018, p. 33).

Élevé depuis le XVe siècle au pieu traditionnel de l'esclavage, l'esclavagiste haïtien y reste attaché au-delà de la révolution haïtienne de 1803 et de la sortie de l'esclavage colonial, au-delà des mesures abolitionnistes et des conventions internationales relatives aux libertés et droits humains ratifiées par Haïti. Cette vieille tradition esclavagiste à laquelle il reste encore attaché nous rappelle la fable de l'éléphant enchaîné depuis tout petit. Devenu grand, l'éléphant n'est plus enchaîné, mais il reste toujours attaché au pied de l'arbre qui tenait la chaîne. Alors, se demande-t-on en passant : qu'est-ce qui le retient ?

Pourquoi ne s'échappe-t-il pas ? Est-il dressé pour rester toujours attaché là ? Mais, s'il est dressé, pourquoi a-t-il été enchaîné par son maître ? La réponse : l'éléphant ne se détache pas parce que, dès tout petit, il a été attaché à un pieu semblable.[2] La leçon pour l'esclavagiste haïtien : un peu comme l'éléphant, il reste attaché au pieu habituel qui fait priver autrui de la liberté ; il vit avec la mentalité qu'il ne peut pas se débarrasser de ce vieux pieu par le simple fait qu'il a été élevé là, donc élevé avec cette manière d'être et d'agir déterminant ainsi ses comportements esclavagistes traditionnels actuels.

La servitude domestique pénètre si profondément dans la culture haïtienne qu'elle n'est même pas considérée par une majorité d'acteurs locaux comme une pratique condamnable, au point de garder le silence face à cette pratique déshumanisante. Comme manière d'agir mal envers autrui, elle est tellement ancrée dans la tradition haïtienne qu'elle donne l'impression d'être inséparable des rapports de nombre d'êtres haïtiens en position d'autorité et de domination. Or, pour réadapter à notre étude la réflexion de Bourdieu (1980) sur l'habitus, ceux qui oppriment les enfants domestiques ne sont pas génétiquement nés avec l'ADN du mal dans leur sang. À leur naissance, ils ne sont pas venus au monde non plus avec des cellules contaminées de haine et d'oppression contre leur semblable. Acquises depuis les temps coloniaux et transmises au cours des processus de socialisation, ces manières caractéristiques d'être et d'agir mal sont si incorporées dans les comportements des oppresseurs esclavagistes qu'elles sont, semble-t-il, devenues naturelles. Ces dispositions semblent être indissociables de leur être, à un point tel qu'ils donnent l'impression d'être nés avec de tels sentiments de haine et de malveillance contre les victimes, les enfants asservis et opprimés.

Pour paraphraser les propos de Césaire (1987) ne croyant pas que les Nègres arrivent aux Amériques le cerveau vide comme ils y arrivent les mains vides, nous n'avons jamais pu nous faire à l'idée que des milliers d'enfants restavecs descendants de Nègres ont pu, aux temps modernes, n'avoir aucune importance tant aux yeux des parents-fils-maîtres qui les oppriment impitoyablement qu'aux yeux des autorités étatiques et religieuses qui n'expriment pas à leur égard ni solidarité publique ni solidarité morale. La tradition restavec devient si forte qu'elle étouffe toute forme de solidarité envers les victimes. En outre, les dispositifs juridiques deviennent, paraît-il,

---

2. Fable « L'éléphant enchaîné » (2016), interprétée par la psychologue Antonia Genova. https://www.antonia-genova-psychologue.fr/lelephant-enchaine/

trop faibles pour ébranler cette tradition esclavagiste et, le cas échéant, éradiquer la pratique du restavec dans la société haïtienne. Car, si persiste l'esclavagisme en Haïti, ce n'est pas parce qu'il n'y a pas de dispositifs juridiques ni de références morales à l'appui pour s'y attaquer, mais en raison de la force de la tradition esclavagiste associée à la complicité et au laxisme des autorités compétentes établies.

La force de la tradition esclavagiste est telle qu'elle empêche carrément l'application des innombrables instruments juridiques nationaux et internationaux relatifs aux libertés et droits des enfants descendants en servitude domestique. Si forte, elle pousse les acteurs sociaux et moraux locaux à l'admettre comme tradition, donc leur tradition, mais non comme pratique répréhensible, condamnable, inadmissible ou intolérable. Ainsi, elle les pousse à répudier les valeurs et les règles morales de justice, de pitié, de charité, de fraternité et de solidarité pour s'attacher continuellement à cette tradition restavec.

8.4. Poids de l'héritage esclavagiste colonial avec ses traces politico-idéologico-religieuses

L'esclavage comme système ou mode d'exploitation ne peut s'expliquer que dans la continuité des rapports esclavagistes, selon Meillassoux (1986). Ces rapports peuvent se produire organiquement et institutionnellement d'une manière telle qu'ils préservent l'organisation sociopolitique esclavagiste ; ils peuvent mettre en relation des groupes sociaux dans un rapport spécifique et sans cesse renouvelé de domination (p. 73). C'est, à proprement parler, dans la continuité de pareils rapports esclavagistes hérités des anciens rapports coloniaux et périodiquement renouvelés de domination que s'explique la réalité historique de l'esclavage imposé en Haïti depuis le XVe siècle. En parlant de la continuité des rapports esclavagistes structurellement renouvelés de domination dans la société haïtienne, Breyer (2016, p. 8) voit dans cette ancienne colonie d'exploitation une nation d'esclaves à l'origine qui, après avoir aboli l'esclavage colonial, laisse développer des pratiques esclavagistes avec des traits similaires à la domination coloniale.

L'esclavage en Haïti s'assimile à une vieille pratique des temps anciens. Il se poursuit aux temps contemporains au travers des structures de domination et des mécanismes traditionnels agencés par des factions dominantes locales attachées à la tradition d'esclavage. Longtemps mis en place et sans cesse

renouvelés par les acteurs-opérateurs du marché esclavagiste local, ces mécanismes traditionnels opérationnels sont disposés de manière à maintenir le
statu quo, à prolonger les rapports domestiques de domination du passé colonial au présent postcolonial. Après le décrochage forcé des anciens maîtres-
colons européens par la révolution haïtienne de 1803, les nouveaux maîtres-
héritiers du système se raccrochent aisément à cette tradition esclavagiste en
gardant des enfants descendants d'esclaves sous le joug de la servitude
domestique.

Pour mieux saisir le poids de l'héritage esclavagiste colonial avec ses
empreintes politico-idéologico-religieuses dans « Cela » qui fait perdurer l'esclavage dans la société haïtienne, il suffit de procéder à un bref rappel historique diachronique et chronologique dans lequel réapparaît la force pesante
de la tradition esclavagiste à laquelle restent attachés les héritiers du système
et bénéficiaires du travail restavec gratuit. À la suite de la publication de la
bulle catholique en 1454 ordonnant l'asservissement perpétuel des Noirs, les
Espagnols puis les Français s'engagent respectivement à la mise en application de cette bulle colonialiste et esclavagiste. Les uns après les autres, ils
partent d'abord à la conquête et à la colonisation des Amériques à la fin du
XVe siècle, puis se lancent dans l'opération du commerce triangulaire et de la
traite négrière dès le début du XVIe siècle. Haïti a reçu sa première cargaison
d'esclaves venus d'Afrique en 1503, sous Nicolas Ovando, gouverneur d'alors
de l'île baptisée *Hispaniola* (1502-1509). Donc, elle a été d'abord une colonie
espagnole puis une colonie française d'exploitation durant environ trois
siècles, au total. Déjà, ces trois longs siècles d'esclavage laissent présager à
quel point l'héritage esclavagiste colonial s'avère très pesant pour les générations des temps anciens aux temps contemporains (Placide, 1959).

L'héritage colonial d'esclavage en Haïti s'acquiert et s'impose pendant une
très longue période (1503-1803). Ce n'est pas pendant trois ans, mais pendant
trois siècles que les Nègres capturés vivent continuellement dans l'esclavage.
Ces trois siècles d'esclavage semblent si longs qu'ils imprègnent les Haïtiens
d'une tradition esclavagiste si forte tirée d'un héritage colonial si lourd qu'ils y
restent encore attachés pendant deux autres siècles additionnels (1803 à nos
jours). Loin de rompre définitivement avec l'esclavage pratiqué depuis trois
longs siècles, le mode de sortie systémique de l'esclavage colonial en 1803
remplit une fonction d'entretien et de reproduction du système esclavagiste
(Pétré-Grenouilleau, 2008). Au-delà de ces trois siècles d'esclavage, la pratique
du restavec qui perdure jusqu'aux temps modernes devient la manifestation

d'une violence structurelle parmi les plus subtiles (Wagner, 2008, p. 3), aussi les plus difficiles à déstructurer pour, le cas échéant, l'éradiquer. En d'autres termes, pour la sortie structurelle et définitive de l'esclavage pratiqué en Haïti depuis plus de cinq siècles (1503 à nos jours) dont trois siècles de domination coloniale et deux siècles de domination postcoloniale, ce n'est pas une chose facile, mais pas impossible non plus, étant donc une vieille construction humaine.

L'étude diachronique et synchronique du système d'esclavage en Haïti met en évidence le lourd poids de l'héritage colonial sur les comportements traditionnels des acteurs sociaux et moraux locaux qui, à leur tour, influencent les processus décisionnels facilitant la reproduction des rapports esclavagistes domestiques des temps coloniaux aux temps postcoloniaux. Attachés à la vieille tradition de la servitude domestique apprise à l'époque de domination coloniale, ces acteurs locaux arrivent aisément à transmettre cet héritage esclavagiste colonial dans les rapports domestiques postcoloniaux. Dans cet héritage colonial, restent gravées les empreintes politico-idéologico-religieuses dans « Cela » qui garde continuellement l'esclavage dans la société haïtienne, nous référant à la teneur même de la bulle pontificale de 1454 imposant non un asservissement temporel partiel mais une servitude perpétuelle des peuples asservis et de leurs descendants.

8.5. Culture du silence sur la pratique du restavec : un mot moral public de ce qui manque

La culture du silence figure parmi les causes explicatives de la persistance de la pratique du restavec dans la société haïtienne, à côté du poids de l'héritage esclavagiste colonial, de la force de la tradition de la servitude domestique, des intérêts des factions sociales dominantes qui profitent du travail domestique gratuit, du laxisme des autorités morales compétentes et de leur complicité avec ces groupes sociaux dominants. Devenu une culture, le silence est cultivé autant chez les groupes sociaux dominants qui profitent du travail restavec que chez les autorités charismatiques enchevêtrées avec les autorités politiques et les autorités traditionnelles ayant sous leur domination directe des domestiques. Il est aussi cultivé dans le monde universitaire chez les intellectuels des différents quadrants de savoirs instrumentaux et réflexifs qui ne font pas de ce phénomène une préoccupation dans le cadre de leurs travaux. En témoigne la rareté de recherches académiques, de productions et de connaissances scientifiques vulgarisées sur le phénomène du restavec en Haïti.

En outre, la culture du silence s'explique par l'oubli du restavec tant dans le droit positif et le code du travail haïtien de 1961 que dans le projet du catholicisme réorienté vers les droits humains et dans le bilan des deux siècles du protestantisme en Haïti. Cette culture générale du silence sur la tradition du restavec ressort aussi dans les données empiriques obtenues des participants à la recherche où – lorsque nous cherchons à connaître si la position partagée avec nous contre la pratique du restavec est une position publique déjà exprimée afin de déduire s'ils gardent le silence sur cette pratique – les autorités morales et religieuses interviewées répondent, dans leur grande majorité (plus de 76 %), se souvenir d'avoir véhiculé un discours moral public sur l'amour pour Dieu et pour le prochain, sur la justice et la liberté en Christ, les droits humains et la dignité de la personne humaine en général, mais non spécifiquement sur le restavec, oublié. Même si elles reconnaissent qu'il est de leur responsabilité, en tant qu'autorités morales et ecclésiales, de prendre position sur des questions de société et surtout de dénoncer le mal dans la société, ces autorités morales majoritaires gardent paradoxalement le silence sur la pratique du mal du restavec en Haïti.

En outre, il faut rappeler qu'il y a quand même une minorité d'autorités morales et religieuses qui, dans leur discours moral et leur agir compétent, exprime une certaine position contre la pratique du restavec et intervient parfois en personne soit pour dénoncer cette pratique déshumanisante, soit pour empêcher la maltraitance des cas d'enfants domestiques observés par le passé. Parmi les positions partagées de cette minorité contre la pratique du restavec, sont ici retranscrites celles qui sont, à notre avis, les plus tranchantes : « On ne devrait même pas appeler un enfant restavec » (informateur 4), car « cette appellation a un sens péjoratif » (informateur 9) ; « il faut condamner cette pratique inhumaine » (informateur 17) ; « il faut éradiquer ce système restavec » (informateur 24). Si toutefois il y a un faible reste ou une minorité d'acteurs intervenant contre la pratique démoralisante du restavec, cette tradition de la servitude domestique enfantine semble être si forte que les efforts de ce dernier groupe minoritaire d'acteurs moraux locaux paraissent insignifiants pour ébranler, voire renverser le système restavec. Pour nous, ce qui reste encore préoccupant jusque-là n'est pas le faible écho d'un *faible reste* qui n'arrive même pas à ébranler le système restavec, mais le silence de la majorité d'acteurs sociaux et moraux locaux qui conduit en conséquence à la forti-

fication dudit système. Face au silence de la majorité des acteurs sociaux et
moraux locaux stimulant par leur mutisme et leur laxisme l'esclavagisation
des enfants dans le système restavec, il convient, par un examen conclusif, de
placer un dernier mot moral public de ce qui manque. Ce dernier mot moral
public participe non seulement de la productivité de la présente entreprise de
recherche, mais aussi de son utilité sociale et scientifique (Bonneuil, 2006 ; de
Singly, 2004 ; Châtel, 2002).

La culture du silence ne fait pas progresser la science : que le silence soit
du côté des acteurs compétents concernés dont les discours publics serviraient d'éléments informationnels contribuant à la compréhension des
phénomènes sociaux étudiés ; qu'il soit du côté des scientifiques appelés à
donner du sens à ces phénomènes sociaux à partir des théories explicatives.
C'est, entre autres, dans cette perspective sociologique stratégique de vouloir
briser cette culture du silence qui ne fait pas progresser la science ni stimuler
le changement envisageable dans les rapports sociaux domestiques contemporains qu'a été accordée la parole aux acteurs sociaux moraux locaux ayant
pris part à la recherche, à l'entretien, au dialogue. La parole accordée à ces
acteurs concernés avisés ayant participé à la recherche s'inscrit non seulement dans une démarche de coproduction du savoir sur le phénomène du
restavec, mais elle participe d'un processus de dialogue productif et
constructif susceptible de faire briser le mutisme sur ce mal de la servitude
enfantine contemporaine dans la société haïtienne. Certes, les interactions
verbales et les propos recueillis, les connaissances empiriques et les savoirs
épistémiques, les expériences et les récits véridiques partagés par ces acteurs-
informateurs locaux enrichissent notre entreprise scientifique en données
qualitatives abondantes et pertinentes récentes sur le phénomène du restavec.
Elles contribuent d'emblée à la production d'un savoir co-construit et au
développement de la connaissance sur le phénomène en question (Savoie-
Zajc, 2016 ; Morrissette, 2013 ; Imbert, 2010 ; Angers, 1992).

Se mêlant du savoir, la pratique de terrain au travers de l'entretien ou du
dialogue peut demeurer le centre autour duquel s'organise la co-construction
du savoir, d'après Frere *et al.* (1981), en faisant briser le silence habituel et
permettant ainsi l'acquisition réciproque de connaissance pour le chercheur
et les participants à la recherche. Elle se veut, selon Paillé *et al.* (2012), intégra-
trice des acteurs dans le protocole et le processus de recherche, suivant un
rapport de complémentarité et d'équivalence entre les différentes connaissances et expériences en présence. Elle favorise, en effet, un contact personnel

avec le sujet de la recherche, par le moyen d'entretiens avec des informateurs concernés par le phénomène du restavec étudié. Elle permet d'entendre les points de vue des acteurs concernés par la problématique de la servitude domestique dans la société haïtienne, aussi de sortir du biais lié au manque d'informations en leur provenance, de jouer au renforcement de la crédibilité et de la légitimité du travail de recherche, de poursuivre l'idéal d'émancipation par la rupture du mutisme habituel qui empêche toute mobilisation dans le sens de l'innovation sociale ou du changement possible des conditions critiques existantes (Becker, 1967). Elle conduit à l'avancement des connaissances sur le phénomène du restavec en Haïti, à l'éducation mutuelle du chercheur et du public informateur sur ce phénomène social par l'établissement d'un rapport dialogique et productif entre eux (Burawoy, 2009).

Assise sur un partenariat entre chercheur et acteurs de la société, la stratégie de recherche participative par l'entretien ou le dialogue avec les acteurs sociaux locaux devient un levier de mobilisation, d'émancipation ou de changement d'une situation jugée problématique, selon Guay *et al.* (2016). À leur avis, cette stratégie méthodologique participative peut apporter une contribution au bien-être des groupes sociaux, à la transformation des comportements des acteurs concernés, à l'innovation sociale ou à l'amélioration possible des rapports sociaux existants ainsi qu'à l'évolution du système dans lequel ils évoluent. Dans la même lignée, soutient Franck (1981, p. 160), « lier la théorie à la pratique, c'est une bonne chose ». Car, dit-il, cette liaison nécessaire contribue à transformer les comportements des acteurs individuels et des groupes sociaux, à améliorer les relations sociales existantes en assurant une meilleure adaptation d'eux à leur environnement de manière plus cohérente, en leur offrant par l'invitation et la participation à la recherche une occasion de réflexion personnelle et empathique sur la servitude des enfants domestiques et de contribution individuelle à l'avancement de la connaissance sur ce phénomène social persistant dans la société haïtienne.

Dorénavant, dit Pfefferkorn (2014, p. 91), les scientifiques ne sont plus tenus par discrétion, paresse ou prudence à rester dans l'implicite ou à passer leur engagement sous silence. Selon lui, le non-engagement est une illusion : le chercheur ne peut pas se retrancher du monde ; son esprit comme son corps y sont inscrits. D'après Pontoizeau (2019, p. 40), le non-engagement traduit une attitude déshumanisante où l'intellectuel en tant qu'humain entend se rendre étranger à lui-même par dénégation de son humanité. Dans toute entreprise de construction de savoirs diffus, soutient Kane (2019), il existe une dimension publique d'engagement. En effet, pour s'attaquer à la force du silence associé à « Cela » qui retient encore le système restavec dans la société, il faut, de ce qui manque, une parole publique vulgarisée des scientifiques des savoirs instrumentaux ou réflexifs, du moins un mot moral public des intellectuels des savoirs religieux ou humanisés, des savoirs experts ou publics, des savoirs académiques ou critiques (*Fig. 19*).

Fig. 19. Complémentarité des savoirs : dimension publique du travail avec une parole publique

	Savoir instrumental [Savoirs & pathologie]	Dimension académique [Pairs & auto-référentialité]	Dimension experte [Clients, financements & servilité]
Complémentarité des savoirs	Véridiction	Correspondance Normes scientifiques	Intervention Concrète
	Légitimation	Intérêts de la profession Programme/projet de recherche	Pragmatique Efficacité
	Évaluation	Questionnement, problème de recherche, hypothèses, théories, concepts et argumentation	Déontologie *Congressional briefings*
	Orientation	Défense des conditions de réalisation de la science	Défense de la recherche disciplinaire
Interdépendance &	**Savoir réflexif** [Savoirs & pathologie]	*Dimension critique* [Intellectuels critiques & dogmatisme]	*Dimension publique* [Publics & superficialité]
	Véridiction	Fondationnalisme Vision normative	Dialogue public Parole publique
	Légitimation	Vision morale Discussions	Vulgarisation Communication
	Évaluation	Débats internes Critiques constructives	Publication Enseignement
	Orientation	Controverses internes à la discipline entre les programmes de recherche	Rédaction de manuels Consensus Pertinence Défense de l'image extérieure de la discipline

La reproduction de cette figure sous forme d'un tableau à plusieurs quadrants est inspirée de la division du travail sociologique de Burawoy (2009) mettant en évidence les dimensions académique, critique, experte et publique que contient ce travail. En effet, le rapport de complémentarité permet l'incorporation des savoirs scientifiques instrumentaux aux savoirs réflexifs humanisés pour un travail plus productif, plus utile socialement et scientifiquement. Interdépendant, aucun d'entre ces savoirs n'est en mesure de revendiquer une autosuffisance quant à la production de connaissances nouvelles et la progression de la discipline scientifique. Ayant chacun sa pathologie interne (académique : auto-référentialité ; critique : dogmatisme ; expert : servilité ; public : superficialité), aucun d'entre eux ne peut s'enorgueillir d'un état de perfectionnement pour prétendre se replier sur soi-même et faire briser ce rapport d'interdépendance, d'incorporation, de complémentarité et de communicabilité jouant à une plus grande productivité du travail scientifique.

La division en question s'applique bien à notre travail assis sur la base de la dimension académique, sans toutefois ignorer ni rejeter les dimensions critique, experte et publique qui l'entourent. Sans entrer dans les détails en lien avec les processus de véridiction, de légitimation, d'évaluation et d'orientation de chacun des savoirs élucidés par Burawoy (2009), essayons de mettre brièvement en lumière ces dimensions rendant plus prospère ce travail de production scientifique. Évidemment, la dimension académique se définit à travers les normes scientifiques mises en vigueur, la correspondance des pairs cités en référence, le problème de recherche soulevé, les hypothèses formulées, les matériaux théoriques et méthodologiques mobilisés. La dimension critique apparaît lorsqu'il faut, à partir d'une lecture disciplinaire normative et morale, analyser, voire critiquer la discordance entre l'agir compétent et le discours moral des autorités morales compétentes sur la question de l'esclavagisme contemporain. La dimension experte apparaît surtout lorsqu'il faut défendre la recherche interdisciplinaire orientée notamment vers les études sociologiques et religieuses. La dimension publique, quant à elle, émerge lorsqu'il faut rendre public ce qui est privé (Burawoy, 2009), c'est-à-dire présenter une parole publique à communiquer, publier, vulgariser. C'est au travers de cette dimension publique qu'il devient finalement possible de sortir du silence pour formuler une parole morale publique de ce qui manque à la relation humaine « Je-Tu » (personne-personne) en remplacement de l'autre relation servile « Je-Cela » (personne-objet, maître-esclave) qui prévaut dans les rapports domestiques traditionnels haïtiens.

Si du côté des autorités morales des institutions politiques et religieuses persiste la culture du silence sur la question du restavec, il revient en revanche aux acteurs sociaux moraux du monde scientifique de briser leur mutisme pour porter une parole morale publique dans une perspective de vulgarisation scientifique et surtout de changement social que revendiquent les sciences sociales et humaines (Pujol, 2015), y compris celle du changement envisageable dans les rapports esclavagistes domestiques contemporains. Les scientifiques d'horizons disciplinaires divers sont dotés chacun de l'autorité morale que leur confère leur autorité intellectuelle pour intervenir et placer un mot moral public sur ces pratiques démoralisantes et déshumanisantes. À l'appui, répétons-le, l'autorité intellectuelle dote le scientifique d'une autorité morale pour exercer son métier dans son champ disciplinaire respectif en toute légitimité, de manière autonome et responsable (Burawoy, 2009). Argumentée donc fondée, la parole publique du scientifique comme acteur moral disposant d'une autorité morale reconnue a un poids réel dans l'orientation des débats publics et des comportements sociaux influencés par cette parole publique responsable de référence (Abbott, 2018). Car l'attention accordée au discours de chacun est liée au pouvoir ou au poids social qui lui est attribué, selon Storrie (2005). Pour reprendre les propos de Lebaron et Mauger (1999), les chercheurs disposent des ressources, des expertises, des aptitudes, des capacités, des stratégies, des intelligences et des compétences spécifiques leur permettant de pratiquer rigoureusement leur métier de scientifique et d'intervenir efficacement dans la sphère politique publique. Cette rigueur scientifique s'applique aux travaux d'une pléiade d'intellectuels de disciplines et d'horizons divers portant à leur manière des paroles morales publiques utiles sans enfreindre les normes scientifiques ni les principes éthiques d'honnêteté, d'intégrité et de responsabilité.

S'il faut sortir du silence pour aller porter une parole publique susceptible d'éveiller la conscience morale de ce qui manque (Habermas, 2008), d'ébranler les fondements du système restavec et d'aider à briser, le cas échéant, le joug de la servitude enfantine, c'est « maintenant ». Il s'agit, selon la pensée de Buber (1959), du « maintenant éternel », c'est-à-dire un présent qui n'est pas un point abstrait situé entre passé et futur, mais une vie réelle qui existe dans la relation « Je-Tu » (sujet-sujet) au travers du dialogue inter-humain comme sphère dans laquelle une personne en rencontre une autre, dans le sens réel du vivre ensemble. C'est ainsi que les hommes doivent s'aider à se réaliser, dit-il, sans s'imposer les uns aux autres, sans s'assurer de la domination des uns sur les autres. C'est dans cette nouvelle relation « Je-Tu » (personne-personne) assise sur les valeurs d'entraide et de vivre ensemble qu'émerge l'idée soulevée antérieurement, celle de la reconstruction possible d'une autre société où la pratique du restavec serait en sursis (arrêt). Étant une construction sociale, le restavec peut subir l'effet de l'opération humaine d'une déconstruction possible à une reconstruction opportune pour une autre société où la tradition du restavec serait en répit (interruption), en commençant d'abord par briser le silence qui contribue au renforcement du système restavec.

La renaissance de la notion de public dans l'activité intellectuelle est vitale, dit Burawoy (2009). Elle joue à rendre public ce qui est privé, et visible ce qui est invisible. Elle contribue à rendre la science sociale plus productive, plus prospère, donc plus utile (McAdam, 2008). Dans cette perspective utilitariste, par exemple, les chercheurs intéressés à l'étude de l'esclavage contemporain s'invitent à cerner ce problème social non seulement au niveau

académique, critique et expert pour le comprendre et l'expliquer théoriquement, mais aussi sur le terrain public pour le débattre et l'adresser concrètement en contribuant par une parole publique à combattre ce mal social et
moral. Contribuer à adresser les problèmes sociaux et à réaliser les objectifs
de la société liés au bien-être social par des moyens réflexifs est aussi utile au
progrès de la science sociale que de questionner ces problèmes et ces objectifs
par des moyens instrumentaux.

Pour paraphraser Durand (2017), favorable à une parole publique des
intellectuels dans le travail scientifique, c'est en rendant publique l'information sur le restavec qu'il deviendra intolérable aux yeux des contemporains.
En effet, affirme-t-il, c'est en construisant une problématisation et des prises
analytiques sur les enjeux en question que les sciences sociales pourront se
hisser vers l'idéal émancipateur qu'elles aiment à revendiquer. Sur la situation esclavagiste éclatée récemment en Libye, par exemple, elle n'a pas été
sans résultats l'information massivement partagée, diffusée, relayée, divul-
guée, vulgarisée, et surtout analysée publiquement par des intellectuels d'horizons disciplinaires divers jusqu'à devenir insupportable aux yeux et oreilles
des acteurs décisionnels concernés.

Sur la situation du restavec pour laquelle il faut de ce qui manque une
parole publique également, il est question avant tout des êtres humains
maltraités et opprimés, des enfants réduits en esclavage aux temps modernes.
Il s'agit de pratiques démoralisantes et déshumanisantes qui continuent de
faire des ravages humanitaires et des dégâts considérables dans la société, de
causer des dommages irréparables et inoubliables aux victimes en particulier,
à l'humanité en général. Parmi ces victimes, il y a des familles séparées et
dévastées, des enfants torturés et méprisés sans secours. Et parmi ces enfants,
il y a des fillettes violées, condamnées au silence sous les menaces de leurs
oppresseurs. Dans la société haïtienne, écrit Damus (2019), « à cause de la loi
ou de la culture du silence, le viol demeure un mal endémique dans la société
haïtienne. » (para. 2) Comment les chercheurs, à leur tour, peuvent-ils moralement garder le silence, lorsqu'ils documentent le viol, l'oppression et la
maltraitance que subissent ces enfants domestiques ! C'est dans un tel
contexte que des scientifiques apportent leur utile soutien à l'humanité par
leur mot public ou leur engagement public défini comme nœud privilégié du
nécessaire dialogue entre sciences et sociétés (Bonneuil, 2006). Ainsi, ils s'invitent à placer leur parole publique – dans un sens pratique et stratégique
(Berger-Douce, 2007) – par la vulgarisation de leurs écrits scientifiques

calqués au moyen des savoirs humanisés. Par là, ils arrivent à exposer publiquement les conséquences néfastes des pratiques déshumanisantes du restavec sur l'avenir des enfants victimes et sur la société, de manière à décourager de telles pratiques démoralisantes, à l'instar des sociologues de l'ASA usant à bon escient de leur autorité morale que leur donne leur autorité scientifique pour ajouter leurs mots publics utiles dans des débats publics, des situations et des contextes donnés.

L'exemple de l'intervention de l'*American Sociological Association* (ASA) a beaucoup contribué au développement épistémique de la notion de public dans le travail scientifique, lorsqu'elle a rendu un rapport d'experts à la Cour Suprême dans une affaire de discrimination positive dans le Michigan. Dans ce rapport de recherches sociologiques, elle affirme l'existence de racisme dans la société, en mettant en lumière ses origines et ses conséquences. Au début des années 2000, elle a aussi prononcé une parole publique pour protester officiellement contre la détention du sociologue égyptien Saad Ibrahim, également lorsque ses membres ont voté une résolution dénonçant la guerre en Irak.[3] Malgré les critiques déferlées à l'encontre de l'ASA pour ses pratiques d'intervention et ses paroles publiques, elle se renforce au contraire avec l'adhésion de milliers de nouveaux membres, séduits par la portée et les retombées sociales de sa tradition d'engagement public, de ses actions concrètes et de ses travaux pratiques (McAdam, 2008, p. 426). Par ses résolutions et ses votes habituels, l'ASA ne se substitue pas au personnel politique du Congrès américain. Mais les intellectuels collectifs et associatifs se regroupant au sein de cette association de sociologues interviennent librement et publiquement, comme d'autres et avec d'autres acteurs, dans des affaires politiques qui les concernent avec leurs propres ressources politiques (Dahl, 1971), quand il leur semble possible, nécessaire et utile de le faire (Lebaron et Mauger, 1999).

Au tournant du XVIIIᵉ siècle, à un moment où l'esclavage battait son plein et devenait la norme dans le monde, des intellectuels religieux, des théologiens, des philosophes, des scientifiques, des économistes, des juristes et des

---

3. Informations rapportées par Burawoy (2009) : Invités en 1968 à se prononcer sur l'opportunité de l'adoption, par l'ASA, d'une résolution dénonçant la guerre au Vietnam [...], 54 % d'entre ses membres exprimaient leur opposition personnelle à la guerre. Trente-cinq ans plus tard, la même question a été posée aux membres de l'ASA, à propos de la guerre en Irak. Cette fois, deux tiers des votants ont soutenu l'adoption d'une telle résolution. Plus significatif encore, 75 % d'entre eux déclaraient leur opposition à la guerre dans un sondage afférent (en mai 2003).

gens de lettres se sont engagés à porter une parole publique contre les pratiques de l'esclavage (Salifou, 2006 ; Dockès, 1989). Parmi les paroles publiques les plus résonnées ébranlant le système esclavagiste, il y a celle du théologien John Wesley (1703-1791) suivi des wesleyens, des méthodistes et des quakers, mobilisés contre les pratiques démoralisantes de l'esclavage. La parole morale publique qu'ils véhiculent reclasse le discours religieux de soumission dans son contexte précis, au profit du choix cultuel pratique qui privilégie le véritable potentiel émancipateur de la Parole divine. Contrairement aux autres religieux conformistes-esclavagistes, ces derniers groupes protestants (wesleyens, méthodistes, quakers) interviennent avec leur parole émancipatrice publique puisée dans la Parole divine pour changer le monde dans lequel ils vivent, et non pour le contempler avec tous les problèmes de traite et d'esclavage, de méchanceté et d'injustice qui le rongent.

Influencés par les wesleyens et les méthodistes, plusieurs philosophes anglais, tels que James Ramsay et William Wilberforce, se sont mis à leur tour à placer leur parole publique en dénonçant la chosification de l'homme que représentent l'esclavage et la traite (Salifou, 2006, p. 134-135). En outre, il y a une pléiade d'autres intellectuels ayant pris position publique en faveur de l'abolition de l'esclavage, soit par des interventions personnelles ou collectivement au sein de la *Société des Amis des Noirs* ou du mouvement de l'*International abolitionniste* (David, 2008) dont : la femme de lettres Marie Gouze (1748-1793) considérée comme une des pionnières du féminisme ; le juriste Robespierre Maximilien (1758-1794) ; l'écrivain Comte de Mirabeau (1749-1791) ; le philosophe Louis-Sébastien Mercier (1740-1814). Dans la même lignée, un collectif de philosophes des Lumières dont Voltaire, Rousseau, Diderot et Condorcet ont collaboré à la rédaction de l'*Encyclopédie* (1755) dénonçant, au sujet de l'esclavage, un droit fondé sur la force, lequel droit rend un homme tellement propriétaire d'un autre homme qu'il est le maître absolu de sa vie, de ses biens et de sa liberté. Et on doit à Condorcet (cité par Dockès, 1989) ses mots publics les plus résolus et les plus forts contre l'esclavage, disant : « Réduire un homme à l'esclavage, l'acheter, le vendre, le retenir dans la servitude, ce sont de véritables crimes. »

La parole morale publique contre le mal de l'esclavagisme, initialement portée par des intellectuels anglais, a également fait écho aux États-Unis au cours des années 1840-1860 avec des anthropologues pensant que leur science, par sa double portée scientifique et sociale, puisse permettre une meilleure gouvernance des hommes. Liées aux mouvements abolitionnistes, les sociétés d'ethnologie avec au noyau les polygénistes anti-esclavagistes (Squier, Morton, Nott et Gliddon) laissent déployer, autour des années 1850, une anthropologie dissociée de la pure philanthropie ou du désintéressement, en travaillant parfois conjointement avec des acteurs américains qui cherchent des appuis scientifiques (Forest, 1998).

Par-delà l'abolition de l'esclavage aux États-Unis à la suite des mouvements abolitionnistes suivis de la guerre de Sécession (1861-1865) et surtout l'implication de ces sociétés d'ethnologie à ces mouvements sociopolitiques non sans succès, d'autres scientifiques ont apporté de nouveaux messages publics d'espoir, cette fois-ci, pour les droits des minorités noires et des femmes. Parmi les plus connus, il y a : Martin Luther King Jr. (1929-1968), prix Nobel de la paix en 1964 ; la sociologue Addams (1860-1935), prix Nobel de la Paix en 1931 ; le sociologue Du Bois (1868-1963), premier Noir à recevoir son doctorat de Harvard en 1895. C'est le mouvement des droits civiques qui a transformé la conception du monde qu'avaient les scientifiques, rappelle Burawoy (2009, p. 133), dans ses propos incitatifs à l'intégration du mot public dans le travail scientifique. Et dit-il, ce sont des intellectuels soutenant ces mouvements et y participant qui ont permis que les sciences sociales et humaines intègrent ces nouvelles idées.

Dans son travail sociologique, Du Bois (2007) aménage une place importante pour une parole publique. Victime de discrimination en raison de sa couleur de peau, il a quitté temporairement le monde académique, après avoir créé et dirigé l'*Atlanta Sociological Laboratory* à l'Université d'Atlanta (1897-1910). De plus en plus déçu par l'université et marginalisé en son sein du fait de son origine ethnique, il a fondé la *National Association for the Advancement of Colored People* (NAACP), et est devenu le rédacteur de son magazine *Crisis*. À travers ses déplacements stratégiques et ses interventions publiques, il a mené des débats, des combats et des campagnes en faveur de l'égalité socio-ethnique qui étaient des sommets de la sociologie publique, éventuellement du changement. En 1934, il est revenu à l'université pour diriger le département de sociologie d'Atlanta, où il a achevé une autre monographie devenue classique, *Black Reconstruction*, avant de la quitter une fois de plus pour s'engager publiquement en faveur des Noirs victimes de discrimination en multipliant des conférences publiques à travers le pays et le monde après la Seconde Guerre mondiale.[4]

Porteur pareillement d'un message public plein d'espoir contre la discrimination à l'égard des minorités noires aux États-Unis, Martin Luther King Jr. parvient à relier convenablement sa parole publique avec son agir moral. Voici deux de ses paroles publiques qui résonnent encore en contexte de domination postcoloniale : « Celui qui accepte le mal sans lutter contre lui coopère avec lui » et « Ce qui m'effraie, ce n'est pas l'oppression des méchants, c'est l'indifférence des bons » (King, 1958).[5] Einstein (1879-1955) dit : « Le monde ne sera pas détruit par ceux qui font le mal, mais par ceux qui les regardent sans rien faire. »

Dans la longue liste incalculable d'intellectuels de savoirs humanisés porteurs d'une parole morale publique contre la pratique du mal dans la société, tirons deux exemples : celui de Tillich en faveur des minorités juives discriminées par le régime nazi, puis celui de Gramsci en faveur des prolétaires et des paysans italiens.

Chargé d'un discours moral public contre le *démonique* du régime nazi, le philosophe Tillich sort de son mutisme pour défendre les étudiants juifs opprimés et molestés par les nazis. Théologien protestant ayant développé la théologie systémique, ses discours publics et ses écrits vulgarisés ont fait long feu pendant la période de 1919 à 1935. C'est dans cette période contextualisée par la montée en force des nazis qu'il a publié ses textes engagés dont *Écrits contre les nazis* (1932). Comme le titre l'annonce, son engagement public dans ses écrits contre les nazis était clair. En 1933, il a publié un autre texte de philosophie politique intitulé *La Décision socialiste*, ce qui conduit à son renversement de son poste à l'université de Francfort, puis à son exil aux États-Unis.

Pour sa part, Antonio Gramsci (1891-1937) s'est chargé d'une parole publique en faveur des prolétaires et des paysans italiens. Proche des mouvements autonomistes de la paysannerie pauvre du sud de l'Italie, il intervient dans le conflit opposant paysans sardes au monde industriel du nord, prolétaires au patronat. En 1914, il adhère au parti socialiste italien, avant de devenir par la suite l'un des plus fervents fondateurs du parti communiste

---

4. Extrait de la biographie de Du Bois présentée par Brent H. Edwards, dans *The Souls of Black Folk* (2007).

5. Martin Luther King Jr., récipiendaire du prix Nobel de la paix en 1964 pour son engagement en faveur des droits civiques. Voir Perspective Monde. https://perspective.usherbrooke.ca/bilan/servlet/BMEve/1806

d'Italie (1921), échelonné dans son parti comme militant, délégué, secrétaire général, jusqu'à devenir parlementaire (député de Turin, 1924-1926). Il met sa science, son intelligence et son influence au service d'un public marginalisé en multipliant des déplacements dans toute la péninsule italienne pour des rencontres de sensibilisation, d'éducation et de formation. En octobre 1926, peu avant son arrestation par les fascistes (8 novembre 1926) en dépit de son immunité parlementaire, il rédige son essai sur la question méridionale la vulgarisant dans diverses interventions. Dans sa prison pour conspiration pendant onze années, il écrit les *Cahiers de prison* (plus de 30) et développe sa théorie de l'hégémonie et d'autres théories critiques et éducatives.

Malgré les embûches derrière les paroles publiques responsables comme celles rencontrées par Tillich (renversé, exilé), King (emprisonné, tué) ou Gramsci (arrêté, emprisonné), il faut sortir du mutisme qui couvre le mal ou qui ne fait pas progresser la science. « Il faut sortir de la loi du silence », pour reprendre Damus (2019) sortant de son mutisme pour critiquer la banalisation du viol des femmes en Haïti, la culture du silence et l'inefficacité de la justice locale par rapport à ce drame social.[6] Le moment n'est plus au silence de la science ni au mutisme du scientifique, surtout à un moment où sont en hausse les maux sociaux de l'esclavagisme et du viol, du racisme et de la discrimination, de la criminalité et de l'insécurité, de l'injustice et de l'oppression.

À l'idée d'une parole morale publique de ce qui manque souscrit la pensée de Châtel (2002) établissant sciemment le rapport de l'activité de penser à l'activité de connaître. Il s'agit d'un rapport de complémentarité reliant l'activité de penser à celle de connaître où le chercheur s'invite non seulement à connaître à partir des études épistémologiques distanciées, des théories et des méthodes scientifiques éprouvées, mais aussi à penser en toute liberté, à porter une parole publique responsable à partir de sa faculté intellectuelle, de son vécu en lien avec l'environnement socio-politico-religieux qui l'entoure. Ce double exercice complémentaire de connaître et de penser expose le scientifique à une double responsabilité envers la science et la société, en cohérence avec l'épistémologie même de cette science sociale qui revendique une double utilité sociale et scientifique (de Singly, 2004).

---

6. Voir aussi Marie Desnos citant le chercheur Damus, dans son article « Viol en Haïti : il faut sortir de la loi du silence » (2015/02/22). https://www.parismatch.com/Actu/International/Il-faut-sortir-de-la-loi-du-silence-714246

À l'heure du génie génétique et avec le poids de l'histoire, questionne Châtel (2002), le scientifique peut-il encore dire : « Moi je ne fais que chercher, à vous citoyens du monde d'utiliser ou non ce que j'ai trouvé » (p. 344) ? C'est, selon l'avis de Bonneuil (2006), une erreur de soumettre aux profanes des questions complexes que seuls des collègues compétents peuvent convenablement traiter. En réponse à la dernière question soulevée, Châtel (2002) soutient qu'il est de la responsabilité du scientifique de ne plus être qu'un homme de science, mais d'être aussi un homme de pensée. Et, poursuit-elle, « l'homme de science n'est donc pas cet homme passif qui se contente de décrire des phénomènes mais plutôt cet homme qui, par questionnements, par tâtonnements, par essais et erreurs, par réfutabilité, va tenter de formuler des propositions scientifiques » (p. 336). Il n'est pas cet observateur qui se contente d'observer seulement les phénomènes sociaux, ni ce spectateur qui est là pour contempler la société bouleversée par ces phénomènes, sans rien faire ni rien proposer. Il s'est chargé de connaître certes, mais aussi de penser pour changer le monde.[7] Donc, le scientifique fait la science et intervient pour changer le monde dans lequel il vit, et non pour le contempler avec tous les problèmes sociaux qui le rongent, y compris les problèmes d'oppression et d'esclavage.

Dans le sens d'une parole publique responsable associée au socioconstructivisme, les théories scientifiques sont construites et influencées par le contexte social, culturel, politique et religieux dans lequel évoluent les scientifiques, aussi par leurs habitus et leurs conditions matérielles d'existence et de travail. D'après Proulx (2020, p. 292), la connaissance – telle qu'elle est produite à partir des stratégies méthodologiques puis présentée sous forme de données – n'est pas politiquement neutre. Il s'agit, dit-il, d'un construit épistémique encastré dans des choix apparemment techniques correspondant à certains besoins particuliers des organisations et des infrastructures de production. Selon Mathieu (2015), l'injonction classique adressée au scientifique de rester neutre est vaine. Cette injonction, d'après Brière *et al.* (2019), est incohérente notamment par rapport aux questions socio-écologiques vives impliquant nécessairement tout être humain en tant que partie d'une trame de vie et d'une communauté politique. Et soutiennent-ils, non seulement la

---

7. Extrait de « Marcel Fournier : la sociologie pour changer le monde ! » de Sauvé (24 février 2017). https://socio.umontreal.ca/departement/nouvelles-evenements/marcel-fournier-la-sociologie-pour-changer-le-mo-40196/

recherche scientifique ne peut être neutre, mais elle doit être engagée dans le sens de soutenir les réflexions et les actions sociales dans des perspectives solidaires. Dans la même lignée, écrit Pontoizeau (2019), il y a une intentionnalité orientant le travail scientifique de manière répétitive. Ainsi, se demande l'auteur : est-il possible en effet d'être dénué d'intention ? En pensant se libérer de toute intention, cette négation d'intention n'est-elle pas une sorte d'intention, privative ou négative ? En réponse, dit-il : « j'ai toujours constaté que les scientifiques ont déjà l'intention de faire science, d'avoir un projet, un désir, des convictions, au point de se battre dans des controverses » (p. 41). De plus, formuler une hypothèse, à son avis, c'est déjà préjuger que les choses ont un ordre et qu'il pourrait être celui-ci plutôt que celui-là ; et l'hypothèse fait toujours le choix très intentionnel de privilégier certains ordres à d'autres.

D'hier à aujourd'hui, ils sont de plus en plus nombreux les intellectuels (publics, humanistes, critiques, marxistes, féministes, collectifs, religieux) participant activement à la vie sociale de la sphère publique, en sortant de leur mutisme pour faire briser le silence des sciences sociales sur des questions d'intérêts collectifs et communautaires. De nos jours, certains scientifiques des sociologies féministes, des mouvements sociaux et des études écologistes se livrent publiquement dans la lutte pour de nouvelles politiques publiques en contexte de changements climatiques et dans le combat contre les viols des femmes, les discriminations, les inégalités et les injustices sociales (Damus et Luhahe, 2022 ; Langouët et Groux, 2018 ; Touraine, 1978 ; Brière *et al.*, 2019). D'autres chercheurs des études historiques décoloniales sortent de leur mutisme pour s'engager publiquement dans la lutte pour la décolonisation des savoirs locaux ancestraux et dans le combat contre l'esclavagisme contemporain et l'ingérence étrangère postcoloniale (Damus, 2020 ; Kleiche-Dray, 2017 ; Oruno, 2006 ; Fassassi, 2002). En tant qu'intellectuels, leurs rôles ne se limitent pas à questionner et expliquer les problèmes de la société, mais aussi à les commenter, à conscientiser et sensibiliser le public sur ces problèmes sociaux ainsi que les causes qui les ont engendrés, à proposer des solutions réalisables au travers d'une parole publique scientifiquement fondée, moralement responsable et socialement utile, capable d'influencer les processus décisionnels et par là traduire ces solutions proposées en actions concrètes (Châtel, 2002 ; Lebaron et Mauger, 1999).

Enfin de compte, considérant la toute force de tout « Cela » qui retient encore le système restavec (poids des intérêts des groupes dominants, force de la tradition de la servitude domestique, gratuité du travail restavec, culture du silence sur la pratique du restavec), il n'est pas facile de détruire totalement ce système esclavagiste restavec hérité du système d'esclavage perpétué en Haïti depuis le XVe siècle. Mais il n'est pas impossible non plus de s'y attaquer à partir d'une parole morale publique à la fois raisonnée (fondée) et résonnée (vulgarisée) pour, le cas échéant, le détruire. Car il s'agit avant tout d'un système de rapports esclavagistes socialement construits, donc susceptibles d'être déconstruits puis reconstruits sur les bases humaines d'un nouveau système non restavec.

Conclusion

La servitude enfantine du passé au présent – telle qu'elle est documentée à partir de la trousse de ressources documentaires et disciplinaires, d'outils méthodologiques et de matériels informationnels mobilisés – désigne un esclavage intergénérationnel perpétué en Haïti depuis le XVe siècle. Elle est connue ou observée, aux temps contemporains, sous l'étiquette du restavec où sont assujettis des enfants descendants d'esclaves. Le restavec comme tradition est un mal social et moral, une pratique déshumanisante et démoralisante, à notre avis, condamnable et blâmable, intolérable et inacceptable. Sa persistance s'explique en raison du poids de l'héritage esclavagiste colonial (1), de la force de la tradition de la servitude domestique dans la société haïtienne (2), des intérêts des factions sociales dominantes qui profitent du travail restavec gratuit (3), du laxisme des autorités morales compétentes et de leur complicité avec ces groupes sociaux dominants (4), également de la culture générale du silence des acteurs sociaux et moraux locaux sur cette pratique du restavec (5).

En réponse à la culture générale du silence à l'égard des victimes du système restavec, s'ajoute au besoin un mot moral public de ce qui manque à l'idéal du vivre ensemble et à l'objectif d'innovation sociale envisageable dans les rapports sociaux domestiques contemporains. L'ajout d'un dernier mot moral public participe donc de la productivité de la présente entreprise de recherche, de son utilité sociale et scientifique, aussi de la contribution à l'innovation sociale souhaitable dans les rapports domestiques contemporains. Il participe également de la responsabilité morale du chercheur invité en toute liberté – à l'instar d'autres pairs porteurs d'une parole morale publique contre l'esclavage ou l'injustice au passé – à briser son mutisme pour placer un mot moral public contre la pratique déshumanisante du restavec pour ne pas consentir ce mal social et moral qui ronge encore notre société.

Qui tacet consentire videtur. (Qui ne dit mot consent.)

Cette maxime d'origine latine traduit l'accord implicite de celui qui garde le silence face à un mal identifié ou à une injustice localisée. À cet égard, déduisons-le, la culture du silence face au mal du restavec traduit une position voilée des autorités morales et religieuses consentant, implicitement, à ce que prédomine encore ce mal dans la société haïtienne. Ce silence complice ou consentant ouvre la voie à la perpétuation des pratiques déshumanisantes et démoralisantes du système restavec gardant des enfants sous le joug de la servitude domestique contemporaine. À nouveau, surgit un problème de philosophie morale lorsque les autorités morales et légitimes, établies pour s'attaquer aux fléaux sociaux et aux maux moraux dans la société comme le mal de l'esclavage des enfants, ont paradoxalement choisi de se taire. Leur silence devient donc à la fois une arme offensive stimulant l'oppression contre les victimes du système restavec, et une arme défensive couvrant la méchanceté des oppresseurs qui oppriment en toute quiétude ces enfants innocents en servitude.

Objet d'interprétations diverses, le silence exprime implicitement une position stratégique des acteurs qui se mettent en mode silencieux. C'est une arme stratégique puissante et efficace. En psychologie ou psychanalyse, la réponse par le silence, teinté de mépris, traduit une forme de manipulation ou de punition. En diplomatie ou gestion de conflits, la position par le silence est parfois plus épouvantable, voire plus dangereuse qu'on ne le pense, dans la mesure où cela provoque plus d'inquiétude chez la personne méprisée. La stratégie du silence reste une arme redoutable pour l'acteur qui sait l'utiliser efficacement pour atteindre son but et arriver à sa fin. L'herméneutique du silence juif face à l'armée égyptienne antique devant la *mer Rouge* donne du sens à cette arme stratégique dont il est question. Moïse dit au peuple : « L'Éternel combattra pour vous ; et vous, gardez le silence » (Exode14: 14). Nous connaissons la suite de tout ce qui est arrivé à l'ennemi d'Israël, englouti dans la *mer Rouge* à la suite de ce silence méthodique et stratégique révélé. Plus loin, lors de la prise de Jéricho, pratiquant la même stratégie du silence contre l'ennemi, Josué (successeur de Moïse) avait donné cet ordre au peuple : « Vous ne crierez pas, vous ne ferez pas entendre votre voix et il ne sortira pas un mot de votre bouche jusqu'au jour où je vous dirai : poussez des cris ! Alors vous pousserez des cris » (Josué 6:10). Toujours est-il, le silence comme arme stratégique efficace n'est pas à l'avantage de la personne adverse ou de la catégorie sociale oubliée contre laquelle il est pratiqué.

En regard de la leçon morale tirée de la première épître de Pierre concernant les responsabilités morales des autorités établies parmi nous de réduire au silence ceux qui pratiquent la méchanceté (2:13-16), il revient donc aux autorités morales compétentes – nouvellement émergées et éprises de force morale véritable – de réduire au silence les oppresseurs qui pratiquent le mal, l'injustice et la méchanceté contre des enfants restavecs, en sanctionnant le mal par le bien et l'injustice par la justice, mais non à elles de garder le silence qui couvre l'esclavage, l'oppression, la méchanceté, l'injustice, l'abus sexuel et la maltraitance dont sont victimes ces enfants domestiques.

Imbu de la responsabilité morale du scientifique et de l'utilité sociale et scientifique du travail intellectuel, est finalement ajouté dans les débats contemporains un mot moral public comme contribution au changement dans les rapports sociaux domestiques contemporains ; ce changement qu'envisagent les sciences sociales et humaines. L'ajout d'une parole morale publique vulgarisable correspond bien à l'un des objectifs du présent travail scientifique voulant : Contribuer à l'innovation sociale dans les rapports sociaux domestiques par la production et la vulgarisation de connaissances nouvelles et enrichies sur le restavec, par le questionnement et la quête scientifique de sens et de réponses à ce problème social, par la recherche et le développement de nouveaux savoirs élucidant la position des autorités morales et religieuses sur cette question du restavec.

Ainsi, viennent en appui à la parole morale publique prononcée contre la pratique du restavec les multiples exemples illustrés de pairs prédécesseurs porteurs de mots moraux publics contre des pratiques d'injustice et d'oppression au passé. Ces mots moraux publics nous stimulant à sortir de notre mutisme pour à notre tour porter notre propre parole morale publique par la vulgarisation scientifique sont assez significatifs et incitatifs pour conduire à l'éveil d'une conscience morale de ce qui manque au projet du vivre ensemble dans une autre société où le restavec serait en répit (interruption). Premièrement, ils confèrent à la parole publique ou à l'engagement public son ancrage épistémologique, sa culture épistémique et son sens pratique tant au travers des expériences des scientifiques influencés par leur environnement qu'au travers des savoirs scientifiques vulgarisés de ces pairs, leurs déplacements et leurs démarches stratégiques, leurs discours et leurs écrits engagés ainsi que leurs paroles publiques contre l'injustice, l'ostracisme, le racisme ou l'esclavagisme. Deuxièmement, ils nous enseignent, entre autres, la flexibilité à l'inté-rieur de la discipline où le scientifique peut sans cesse passer d'un quadrant à l'autre, sans être esclave enfermé à jamais dans un seul savoir normatif et rigide. Cette flexibilité confère à l'intellectuel se trouvant devant divers parcours possibles la liberté de s'engager publiquement dans des trajectoires d'activités combinées. Troisièmement, ils incitent donc à de nouveaux enga-gements publics pour le changement que revendiquent les sciences sociales et humaines, en constituant des références et des modèles pour des chercheurs contemporains qui voudraient faire des problèmes d'esclavage contemporain les leitmotivs de leurs préoccupations ou porter de nouveaux mots moraux publics contre l'asservissement des enfants aux temps modernes.

CONCLUSION GÉNÉRALE

L es recherches documentaires et archivistiques, les recherches comparatives et empiriques, comme principales stratégies méthodologiques sciemment exploitées dans le cadre de la réalisation de la présente entreprise scientifique, nous permettent, en conclusion, de réussir à documenter le phénomène de l'esclavage noir imposé en Haïti depuis le XVᵉ siècle et les aspects socioreligieux entourant ce phénomène historique. Si, par des recherches documentaires et archivistiques, nous arrivons à reconstruire la mémoire sombre de la traite et de l'esclavage perpétuel des Nègres en général, nous réussissons, par des recherches comparatives et empiriques, à documenter en particulier la situation critique des enfants descendants nègres gardés encore sous le joug de la servitude contemporaine du système restavec en Haïti. Ainsi, ces recherches priorisées et agencées facilitent l'étude synchronique et diachronique des comportements des autorités morales et religieuses envers l'esclavagisme du passé au présent. En outre, les cadres théoriques mobilisés autour des acteurs sociaux (acteurs religieux enchevêtrés avec acteurs politiques) et l'approche interdisciplinaire privilégiée valorisant les études sociologiques et religieuses comblent les objectifs du présent travail scientifique cherchant, dès le début, à comprendre la réalité dynamique du phénomène du restavec, observable et explicable, puis à analyser les comportements des autorités morales et religieuses envers cette pratique de la servitude noire en Haïti. Cet esclavage noir devient, selon les termes forts de la bulle *Romanus Pontifex* (Nicolas V) de 1454, une servitude perpétuelle, du moins en termes synonymiques, un esclavage intergénérationnel, un esclavage héréditaire ou un esclavage traditionnel persistant dans la société haïtienne.

Pour l'analyse en profondeur des rapports historiques des institutions religieuses avec l'esclavagisme du passé au présent, les études sociologiques et religieuses valorisées passent évidemment par l'histoire remontant à la mémoire de l'esclavage noir en Amérique en général et en Haïti en particulier, ainsi qu'aux traces de l'ancienne position colonialiste-esclavagiste des autorités cléricales laissant de lourds héritages et de vives répercussions sur les peuples anciennement colonisés, spoliés et asservis (autochtones et nègres) ; ce que reconnaît et confesse l'autorité pontificale contemporaine demandant pardon pour ce drame humain du passé, en dénonçant au présent les pratiques de l'esclavage contemporain par l'adoption d'une position stratégique adaptative en contexte abolitionniste postcolonial. Le recours à l'histoire nous fait retracer les évolutions et les manifestations récurrentes de l'esclavage noir du passé au présent, avant de déceler la position des autorités morales et religieuses locales sur la question spécifique de la servitude domestique enfantine en Haïti.

Si l'histoire du monde est aussi celle de l'esclavage, il n'en demeure pas moins vrai que l'histoire d'Haïti – d'abord colonie espagnole (1492-1697) puis colonie française (1697-1803) – est également celle de l'esclavage, précisément celle de l'esclavage noir. En effet, l'histoire de l'esclavage noir en Haïti remonte au XVe siècle, soit après la publication de la bulle *Romanus Pontifex* (Nicolas V) de 1454 ordonnant la colonisation des Afriques et des Amériques, la traite et la servitude perpétuelle des Nègres. Dès lors, se synchronisent continuellement les faits socioreligieux avec les faits historiques relatifs à la colonisation, à la traite négrière et à l'esclavage noir, particulièrement en Haïti. De même que dans l'Antiquité les puissances égyptienne, babylonienne, perse, grecque et romaine se fortifiaient avec la culture de l'esclavage, les grandes métropoles capitalistes et les puissances colonialistes-esclavagistes européennes en profitent pendant plusieurs siècles pour s'enrichir, se fortifier et s'imposer à l'échelle planétaire. C'est à proprement parler dans cette perspective, liée au besoin du marché colonialiste-capitaliste en expansion, que l'institution catholique, après maintes hésitations à se définir doctrinalement par rapport à ce phénomène historique existant depuis l'Antiquité, décide finalement de prendre position pour la traite et l'esclavage perpétuel des Nègres rebondissant sur l'Haïti d'aujourd'hui.

Par ailleurs, l'appel à l'histoire répond également à un besoin de connaissance (par les informations pertinentes générées et archivées notamment sur le rapport historique de l'institution catholique avec l'esclavage noir) certes, mais aussi à un besoin de mémoire. Car il est susceptible de faire répéter, voire perpétuer, les pratiques esclavagistes à cause d'une absence de mémoire du passé. Ainsi, l'absence de connaissance et de mémoire du passé profite sûrement à la perpétuation de l'esclavagisme du passé au présent, à côté d'autres facteurs internes (intérêts des groupes dominants attachés à la tradition esclavagiste, gratuité du travail restavec et culture du silence). À côté de ces facteurs endogènes, nous ne pouvons pas ignorer le poids inquiétant de l'absence de connaissance et de mémoire dans la perpétuation de la servitude du passé au présent dans la société haïtienne, nous référant par exemple aux discours de Salomon ainsi qu'à ceux de Santayana et de Camara :

On ne se souvient pas de ce qui est ancien ; et ce qui arrivera dans la suite ne laissera pas de souvenir chez ceux qui vivront plus tard. (Ecclésiaste 1:11)

Ceux qui ne peuvent pas se souvenir du passé sont condamnés à le répéter. (Santayana, 1905)

Un peuple qui ignore son histoire est un peuple qui ne sait pas où il va. (Nangala, 2002)

En contexte haïtien, ces discours rappellent l'importance pour ce peuple nègre anciennement colonisé et asservi de garder en souvenir la mémoire de son passé historique. Ils viennent en soutien au choix de l'étude synchronique et diachronique privilégiée pour l'examen, dans la société haïtienne, des rapports esclavagistes des temps coloniaux aux temps postcoloniaux. Si le souvenir d'un passé regrettable empêche de répéter ce passé, il faut donc s'en souvenir. En termes plus précis, il faut se souvenir du passé de la traite négrière et se rappeler l'autorisation de l'asservissement perpétuel des Nègres par la bulle pontificale de 1454 dont les traces et les effets restent vifs dans l'Haïti contemporaine. Malgré nos efforts pour tenter de réactiver la mémoire du passé déplorable de l'esclavage noir légué par cette bulle colonialiste-esclavagiste pour ne plus le répéter, nous devons reconnaître la susceptibilité des générations contemporaines de ne pas se souvenir de ce passé douloureux jusqu'à le répéter aujourd'hui au travers des mêmes structures de domination.

Pour la mémoire, rappelons-le, Haïti réussit l'exploit historique héroïque de briser le joug de l'esclavage colonial par la révolution de 1803, après environ trois siècles de colonisation, d'exploitation et de domination européenne. Mais cet exploit ne conduit pas à la sortie définitive de « l'esclavage perpétuel » des Nègres imposé en Haïti depuis le XVe siècle. Cet esclavage intergénérationnel se profile dans son évolution, allant de l'ancienne génération de Nègres asservis des temps coloniaux à la nouvelle génération de descendants nègres réduits en servitude aux temps postcoloniaux. En d'autres termes, cet esclavage traditionnel se faufile, dans son involution, en se reproduisant amplement du système esclavagiste colonial (avec colons européens) au système esclavagiste restavec postcolonial (sans colons européens), sous l'influence des autorités charismatiques traditionnelles enchevêtrées avec les autorités étatiques et les factions sociales dominantes attachées à la tradition de la servitude domestique.

L'influence des autorités cléricales enchevêtrées avec les autorités politiques remonte au IIIe siècle, à la suite de l'irruption et l'immixtion de l'empereur Constantin dans les affaires doctrinales internes de l'Église. Cette force d'influence et de domination excelle tout au long du Moyen Âge où, à l'époque médiévale plus particulièrement, la vie sociopolitique était rythmée et façonnée par le catholicisme. C'est à cette époque d'influence démesurée du catholicisme que l'autorité pontificale (Nicolas V) ordonne l'asservissement perpétuel des Nègres préjugés « infidèles » et « ennemis du Christ », tout en brandissant comme menace l'arme psycho-idéologique du « rachat des péchés » de manière à stimuler la stricte application de la bulle colonialiste-esclavagiste de 1454. Cette lourde influence catholique apparaît tant dans la teneur incitative des édits pontificaux de 1454 et de 1493 imposant la colonisation et la servitude perpétuelle des Nègres que dans celle des édits royaux de 1685 et de 1724 régissant les rapports esclavagistes coloniaux et assurant la primauté continuelle de l'autorité catholique dans le système. Les effets pervers de ces puissants édits colonialistes-esclavagistes font retentir la longue portée et ressentir le lourd poids d'une telle influence de l'institution catholique dans les processus décisionnels en lien avec l'institutionnalisation et la perpétuation de l'esclavage noir en Amérique et en Haïti depuis le XVe siècle. Cette influence continuelle de l'autorité charismatique enchevêtrée avec l'autorité politique s'étend aux temps postcoloniaux avec les préséances réservées coutumièrement à la nonciature apostolique dans les processus décisionnels diplomatiques et internationaux, également les avantages octroyés à l'autorité catholique dans les relations bilatérales dont le concordat de 1860, actualisé en 1984, renouvelant l'autorité de domination catholique dans l'espace haïtien aux temps contemporains.

À la suite de la montée en force du protestantisme au début du XVIᵉ siècle, l'influence du catholicisme est partagée avec le protestantisme où des acteurs protestants sont aussi devenus des riches propriétaires capitalistes et des maîtres d'esclaves dans les espaces colonisés. Dès lors, le système capitaliste-esclavagiste connaît de nouveaux essors, d'une part, par l'offre d'une main-d'œuvre protestante plus abondante ; d'autre part, par l'éthique protestante incitant au travail et à l'obéissance aux autorités hiérarchiques. Devenus riches par le travail, des protestants se libèrent du travail pour, dans leur rationalité, ramener d'autres serviteurs à travailler à leur place, en devenant ainsi leurs maîtres. Parallèlement, d'autres groupes protestants (Méthodistes, Wesleyens et Quakers) exercent une influence considérable sur les mouvements abolitionnistes en Grande-Bretagne et en Amérique du Nord, à partir du XVIIIᵉ siècle. Ils luttent activement contre l'esclavage au travers des œuvres charitables corroborées avec des discours fraternels mettant de l'avant la vérité sur le potentiel libérateur et émancipateur des Saintes Écritures. Les Méthodistes et les Wesleyens poursuivent jusqu'à nos jours leurs œuvres en Haïti. Ils se regroupent avec d'autres groupes protestants au sein de la Fédération Protestante d'Haïti qui, elle-même, intègre la structure de domination de Religions pour la paix constituée à l'échelle nationale des factions socioreligieuses des institutions catholiques, protestantes et vodou. Cette structure œcuménique influente demeure très active dans la vie politique et socioculturelle en Haïti tant par leur agir compétent que par leur prise de position sur des questions de société. Mais elle reste silencieuse face au mal social et moral de la servitude enfantine du système restavec, ce qui va dans le sens de la rétention de la tradition esclavagiste de la servitude domestique dans la société haïtienne.

Par-delà la force du silence des autorités morales politiques et religieuses dans « Cela » qui retient encore le système restavec, il y a, en résumé : le caractère perpétuel de l'esclavage noir imposé depuis le XVᵉ siècle par l'autorité cléricale ; la force de la tradition esclavagiste à laquelle restent attachées viscéralement les factions sociales dominantes locales qui profitent du travail restavec gratuit ; les comportements complices et laxistes des autorités compétentes guidés par des intérêts particuliers liés à ceux des groupes sociaux dominants qui s'adonnent aux pratiques déshumanisantes et démoralisantes du système restavec. Dans de telles conditions, nous devons enfin reconnaître que le changement envisageable dans les rapports sociaux domestiques existants paraît extrêmement difficile, mais pas impossible. C'est à cette idée de changement social envisageable revendiqué par les sciences sociales et humaines que souscrit la posture d'une parole morale publique associée à une conscience morale éveillée de ce qui manque pour un système non-restavec.

RÉFÉRENCES

Abbott, A. (2018). Durkheim, acteur moral. In C.-H. Cuin (dir.), *Durkheim aujourd'hui* (pp. 123–145). Presses Universitaires de France.

Ackermann, H.-W., & Gauthier, J. (1991). The ways and nature of the Zombi. *The Journal of American Folklore*, 104(414), 466–494.

Adiele, O. P. (2017a). The bull *Romanus Pontifex* and the transatlantic enslavement of Black Africans. In *The popes, the Catholic Church and the transatlantic enslavement of Black Africans 1418–1839* (pp. 318–336). OLMS.

Adiele, O. P. (2017b). *The popes, the Catholic Church and the transatlantic enslavement of Black Africans 1418–1839*. OLMS.

Allison, G. (1971). *Essence of decision: Explaining the Cuban missile crisis*. Pearson Publishing.

Alt, J.-C. (2013). L'esclavage en Mauritanie. Enquête menée par Amnesty International. *ILCEA*, (16). https://journals.openedition.org/ilcea/1735

AlterPresse. (2014, 17 juillet). Haïti-Religion : Dénonciation des propos anti-vodou, prononcés par le Cardinal Langlois. https://www.alterpresse.org/spip.php?article16743

Althusser, L. (2015). Idéologie et appareils idéologiques d'État. In *Positions (1964–1975)* (pp. 67–125). Les Éditions sociales. (Œuvre originale publiée en 1976)

Angers, M. (1992). Choisir une méthode ou une technique de recherche. In *Initiation pratique à la méthodologie des sciences humaines* (4e éd., pp. 41–46). CEC.

Annequin, J. (2008). Les esclaves et les signes oniriques de la liberté : l'Onirocriticon d'Artémidore. In *La fin du statut servile ? Affranchissement, libération, abolition* (Vol. 1, pp. 89–93). Presses Universitaires de Franche-Comté.

Apostolidis, T. (2005). Représentations sociales et triangulation : enjeux théorico-méthodologiques. In J.-C. Abric (dir.), *Méthodes d'étude des représentations sociales* (pp. 13–35). Érès.

Ardouin, B. (2005). *Études sur l'histoire d'Haïti (1789–1846)*. Fardin.

Arendt, H. (1958). *The human condition*. University of Chicago Press.

Aspilaire, R. (2014). L'économie informelle en Haïti : un impact contracyclique sur le PIB ? *Mondes en développement*, (166), 101–112.

Atlasocio. (2021). *Classement des États et territoires du monde par nombre d'adhérents au protestantisme*. Atlas sociologique mondial. https://atlasocio.com/classements/religions/christianisme/classement-etats-par-adherents-protestantisme-nombre-monde.php

Babassana, H. (1978). *Travail forcé, expropriation et formation du salariat en Afrique noire*. Presses Universitaires de Grenoble.

Ban Ki-Moon (2009, 25 mars). Message du Secrétaire général : Journée internationale de commémoration des victimes de l'esclavage et de la traite transatlantique des esclaves. https://www.un.org/fr/events/slaveryremembranceday/2009/sg_message.shtml

Banque mondiale. (2019, 22 mars). *Haïti face au défi de l'accès à l'eau potable* [Article en ligne]. https://www.banquemondiale.org/fr/news/feature/2019/03/22/haiti-face-au-defi-de-lacces-a-leau-potable

Banque mondiale. (2020, 11 mai). Haïti – Présentation. https://www.banquemondiale.org/fr/country/haiti/overview

Barbier, J., & Mandret-Degeilh, A. (2018). Les archives numériques et numérisées. In J. Barbier & A. Mandret-Degeilh (Eds.), *Le travail sur archives. Guide pratique* (pp. 195–222). Armand Colin.

Barrier, J. (2008). Marks of oppression: A postcolonial reading of Paul's stigmata in Galatians 6:17. *Biblical Interpretation*, 16, 336–362.

Barthélémy, G. (1991). *L'univers rural haïtien. Le pays en dehors.* L'Harmattan.

Bastide, R. (1952). Le suicide du Nègre brésilien. *Cahiers Internationaux de Sociologie*, (12), 79–90.

Bawin-Legros, B. (1996). *Sociologie de la famille. Le lien familial sous question* (coll. J.-F. Stassen). De Boeck Université.

Beaud, M. (1987). *Histoire du capitalisme – de 1500 à nos jours* (3e éd.). Seuil.

Beaugrand-Champagne, A. (1949). La découverte de Terre-Neuve. *Les Cahiers des Dix*, (14), 243–289.

Beauvois, F. (2009). L'indemnité de Saint-Domingue : « Dette d'indépendance » ou « rançon de l'esclavage » ? *French Colonial History*, 10, 109–124.

Beazley, C. R. (1910). Prince Henry of Portugal and the African crusade of the fifteenth. *The American Historical Review*, 16(1), 11–23. Oxford University Press.

Béchacq, D. (2006). Les parcours du marronnage dans l'histoire haïtienne : entre instrumentalisation politique et réinterprétation sociale. *Ethnologies*, 28(1), 203–240.

Béchacq, D. (2014). Le secteur vodou en Haïti. Esthétique politique d'un militantisme religieux (1986–2010). *Histoire, monde et cultures religieuses*, (29), 101–118.

Becker, H. S. (1967). Whose side are we on? *Social Problems*, 14(3), 239–247. https://doi.org/10.2307/799147

Becker, H. S. (2006). Sur le concept d'engagement (trad. Soulet *et al.*). *SociologieS*, Découvertes / Redécouvertes. https://doi.org/10.4000/sociologies.1143 (*Œuvre originale publiée en 1960*)

Bélanger, P. (2018). La Net-amorphose des médias traditionnels. In J. Tannous *et al.* (Eds.), *Évangéliser dans l'espace numérique ?* (pp. 101–112). Novalis.

Bénot, Y. (2003). L'abolitionnisme. In Y. Bénot (dir.), *La modernité de l'esclavage. Essai sur la servitude au cœur du capitalisme* (pp. 187–209). La Découverte.

Berger-Douce, S. (2007). Les stratégies d'engagement sociétal des entrepreneurs. *Revue de l'Entrepreneuriat*, 6(1), 53–71.

Berger, P., & Luckmann, T. (2003). *La construction sociale de la réalité.* Armand Colin.

Biezunska-Malowist, I., & Malowist, M. (1989). L'esclavage antique et moderne. Les possibilités de recherches comparées. *Anthropologie et société*, 2, 17–31.

Boeve, L. (2003). La définition la plus courte de la religion : interruption. *Vie consacrée*, (1), 10–36.

Bolduc, C. (2017). La conservation des archives numériques. *Cap-aux-Diamants*, 131, 21–23.

Bonneau, C. (2020). La collecte manuelle des traces d'usage par la découverte progressive de mots-clics. In M. Millette *et al.* (Eds.), *Méthodes de recherche en contexte numérique. Une orientation qualitative* (pp. 225–242). Presses de l'Université du Québec.

Bonneuil, C. (2006). Cultures épistémiques et engagement public des chercheurs dans la controverse OGM. *Natures Sciences Sociétés*, 14(3), 257–268.

Bormans, C. (1996). Esclavage moderne et idéologie antique. *Tiers-Monde*, 37(148), 787–802.

Borysthen-Tkacz, T., Zack, A., Zumbach, J., & Akram, S. M. (2014). *Curriculum juridique sur les enfants restavèk en Haïti.* Boston University School of Law. https://www.bu.edu/law/files/2015/08/frenchcurriculahaitian.pdf

Botte, R. (2000). L'esclavage africain après l'abolition de 1848. Servitude et droit du sol. *Annales. Histoire, Sciences Sociales*, (5), 1009–1037.

Boullier, D. (2020). Les traces numériques et le pouvoir d'agir des réplications. In M. Millette *et al.* (Eds.), *Méthodes de recherche en contexte numérique. Une orientation qualitative* (pp. 39–58). Presses de l'Université du Québec.

Bourdieu, P. (1974). Les fractions de la classe dominante et les modes d'appropriation de l'œuvre d'art. *Sociologie et sociétés*, 13(3). https://doi.org/10.1177/053901847401300301

Bourdieu, P. (1980). *Le sens pratique*. Éditions de Minuit.

Bourdieu, P. (1998). *Raison d'agir*. Éditions Libre.

Bourdieu, P., & Passeron, J.-C. (1964). *Les héritiers. Les étudiants et la culture*. Éditions de Minuit.

Boutang, Y. M. (1998). *De l'esclavage au salariat. Économie historique du salariat bridé*. Presses Universitaires de France.

Boyer, C. (2014). Marx et les droits de l'homme. *L'Enseignement philosophique*, 64a(3), 54–59.

Brander, M. L. (2023). Archives numériques et mémoire culturelle aux Caraïbes : de l'homogénéisation à la diversité. *Revue Romane*, 58(1), 42–64. https://doi.org/10.1075/rro.00081.bra

Bresc, H. (Ed.). (1996). *Figures de l'esclavage au Moyen Âge et dans le monde moderne*. L'Harmattan.

Breyer, S. (2016). *Using the Organization of American States to end the abuse of Restaveks* [Master's thesis, ProQuest, University of Michigan].

Brient, J.-F. (2007). *De la servitude moderne* [Livre], & Victor, L. F. (2009) [Documentaire, 52 min].

Brière, J.-F. (2006). L'emprunt de 1825 dans la dette de l'indépendance haïtienne envers la France. *Journal of Haitian Studies*, 12(2), 126–134.

Brière, L., Lieutenant-Gosselin, M., & Piron, F. (Eds.). (2019). *Et si la recherche scientifique ne pouvait pas être neutre ?* Science et bien commun.

Browne, C., *et al.* (2004). Chronologie de l'histoire religieuse et de l'histoire de la laïcité au Québec. *Collectif d'animation urbaine, L'autre Montréal*, (3).

Brunet, P., *et al.* (2013). Les juristes et la hiérarchie des normes. *Revus*, (19). https://doi.org/10.4000/revus.2593

Buber, M. (1959). Je-Tu. Le Toi éternel. In M. Buber, *La vie en dialogue* (J. Loewenson-Lavi, Trad., pp. 57–89). Aubier/Montaigne.

Burawoy, M. (2009). Pour la sociologie publique (Hauchecorne & Ollion, trad.). *Actes de la recherche en sciences sociales*, 176–177(1), 121–144. https://doi.org/10.3917/arss.176.0121

Butsch, J. (1917). Catholics and the Negro. *The Journal of Negro History*, 2(4), 393–410.

Cadet, J.-R. (2002). *Restavec : Enfant-esclave en Haïti. Une autobiographie* (Blanchard, Trad.). Éditions du Seuil.

Camara, N. (2000). *Le printemps de la liberté*. Le Serpent à Plumes.

Campbell, J. L. (2004). *Institutional change and globalization*. Princeton University Press.

Campisi, T. (2020, 26 mars). *1,3 milliard de catholiques dans le monde, la tendance à la hausse se poursuit*. Vatican News. https://www.vaticannews.va/fr/eglise/news/2020-03/statistiques-eglise-catholique-monde-2018-baptises-pretres.html

Casemajor, N. (2020). L'analyse visuelle du Web : une approche forensique des métadonnées d'images. In M. Millette *et al.* (Eds.), *Méthodes de recherche en contexte numérique. Une orientation qualitative* (pp. 243–258). Presses de l'Université du Québec.

Cauna, J. de. (2013). Patrimoine et mémoire de l'esclavage en Haïti : Les vestiges de la société d'habitation coloniale. *In Situ. Revue des patrimoines*, (20). https://doi.org/10.4000/insitu.10688

Célius, C. A. (1998). Le contrat social haïtien. *Pouvoirs dans la Caraïbe*, (10). http://journals.openedition.org/plc/542

Césaire, A. (1987). *Le discours sur la Négritude* [Conférence prononcée à l'Université internationale de Floride, Miami, PDF].

Césaire, A. (2005). *Nègre je suis, nègre je resterai. Entretiens avec Françoise Vergès*. Albin Michel.

Charlier, P. (2015). *Zombis : Enquête sur les morts-vivants* (Vol. 1). Tallandier.

Châtel, V. (2002). Réconcilier activité de penser et activité de connaître. *Sociedade e Estado*, 17(2), 333–348.

Cicchelli-Pugeault, C., & Cicchelli, V. (1998). *Les théories sociologiques de la famille*. La Découverte.

Cius, F. de Hoog. (2017). *The complicity of women in child slavery: A gender analysis of Haiti and the Restavèk system* [PhD thesis, University of Hull].

Clouet, J. (2013). La domesticité juvénile en Haïti : Une vision à travers la lentille du pluralisme juridique. *Lex Electronica*, 18(1). https://www.lex-electronica.org/files/sites/103/18-1_clouet.pdf.

Commission Épiscopale de l'Éducation Catholique (CEEC), Catholic Relief Services (CRS), & Université de Notre Dame. (2012). *Résultats de l'enquête sur les écoles catholiques en Haïti. Rapport final*. Juin 2012.

Cornu, M., Fromageau, J., & Müller, B. (2014). *Archives de la recherche : Problèmes et enjeux de la construction du savoir scientifique*. L'Harmattan.

Corten, A. (2011). *L'État faible : Haïti et République Dominicaine*. Mémoire d'encrier.

Corten, A. (2014). Pentecôtisme, baptisme et système politique en Haïti. *Histoire, monde et cultures religieuses*, (32), 119–132.

Côté-Lapointe, S. (2019). Les documents audiovisuels numériques d'archives. *Documentation et bibliothèques*, 65(3), 39–57.

Coutant, I. (2005). À la recherche d'une autorité morale. In *Délit de jeunesse* (pp. 234–274). Éditions du Seuil.

Crozier, M., & Friedberg, E. (1977). *L'acteur et le système. Les contraintes de l'action collective*. Seuil.

Dahl, R. A. (1971). *Qui gouverne ?* (Birman *et al.*, Trad.). Librairie Armand Colin. (Œuvre originale publiée en anglais)

Damus, O. (2019). Les viols en Haïti : aspects psychologiques et sociologiques des crimes sexuels. *Études Caribéennes*, (42). https://doi.org/10.4000/etudescaribeennes.15478.

Damus, O. (2020). *Les futurs de l'éducation au carrefour des épistémologies du Nord et du Sud*. HAL. https://hal.archives-ouvertes.fr/hal-02561174

Damus, O. (2021). *Anthropologie de l'accouchement à domicile. Les mères, les matrones et les sages-hommes traditionnels d'Haïti prennent la parole*. Presses Universitaires des Antilles.

Damus, O., & Luhahe, P. (Eds.). (2022). *Le viol : un crime contre l'humanité de l'autre*. L'Harmattan.

Davenport, G. F. (2010). *European treaties bearing on the history of the United States and its dependencies to 1648*. Kessinger Publishing. (Œuvre originale publiée en 1917)

Davenport, G. F. (2010a). The bull *Inter Caetera* (Alexander VI), May 3, 1493. In *European treaties bearing on the history of the United States and its dependencies to 1648* (pp. 56–63). Kessinger Publishing. (Œuvre originale publiée en 1917)

Davenport, G. F. (2010b). The bull *Romanus Pontifex* (Nicholas V), January 8, 1455. In *European treaties bearing on the history of the United States and its dependencies to 1648* (pp. 9–26). Kessinger Publishing. (Œuvre originale publiée en 1917)

Davenport, G. F. (2010c). *European treaties bearing on the history of the United States and its dependencies to 1648*. Kessinger Publishing. (Œuvre originale publiée en 1917)

David, T. (2008). L'internationale abolitionniste : les Suisses et l'abolitionnisme français, 1760–1840. In *Abolir l'esclavage : une utopie coloniale (1790–1840)* (pp. 115–131). Presses Universitaires de Rennes.

De Largy Healy, J. (2022). Archives numériques aborigènes, parenté et création. *Les ateliers de l'anthropologie*, 51. https://doi.org/10.4000/ateliers.15632

de Singly, F. (2004). *Sociologie de la famille contemporaine* (2e éd.). Armand Colin.

Debien, G. (1980). Les esclaves des plantations Mauger à Saint-Domingue (1763–1802). *Bulletin de la Société d'Histoire de la Guadeloupe*, (43–44), 31–164.

Defois, G. (1984). L'Église, acteur social. In *L'Église : institution et foi* (pp. 57–90). Presses de l'Université Saint-Louis.

Delisle, P. (2003). *Le catholicisme en Haïti au XIXe siècle. Le rêve d'une « Bretagne noire » (1860–1915)*. Karthala.

Delisle, P. (2006). *Catholicisme, esclavage et acculturation dans la Caraïbe francophone et en Guyane au XIXe siècle*. Ibis Rouge.

Demero, V., & Regulus, J. (Eds.). (2017). *Deux siècles de protestantisme en Haïti (1816–2016). Implantation, conversion et sécularisation*. Éditions Science et Bien Commun.

Derby, C. (2003). *A conceptual framework for understanding contemporary child slavery* [Master's thesis, Florida International University].

Derocher, L. (2008). *Vivre son enfance au sein d'une secte religieuse. Comprendre pour mieux intervenir*. Presses de l'Université du Québec.

Desroches, R. (2017). Le protestantisme, une force de transformation pour la communauté haïtienne. In V. Demero & J. Regulus (Eds.), *Deux siècles de protestantisme en Haïti (1816–2016)* (pp. 141–154). Éditions Science et Bien Commun.

Dessens, N. (2021). Les réfugiés de Saint-Domingue à la Nouvelle-Orléans. *Amériques/Americas*. https://heritage.bnf.fr/france-ameriques/refugies-saint-domingue-nouvelle-orleans

Diakité, T. (2008). *La traite des Noirs et ses acteurs africains du XVe au XIXe siècle*. Berg international.

Dignat, A. (2019, septembre 23). 2 mars 1807 : L'Angleterre interdit la traite. *Herodote*. https://www.herodote.net/2_mars_1807-evenement-18070302.php

Dockès, P. (1989). Condorcet et l'esclavage des nègres ou esquisse d'une économie politique de l'esclavage à la veille de la Révolution française. In J.-M. Servet (dir.), *Idées économiques sous la Révolution (1789–1794)* (pp. 85–123). Presses Universitaires de Lyon.

Dorel, F. (2006). La thèse du « génocide indien » : guerre de position entre science et mémoire. *Revue d'études des sociétés et cultures contemporaines Europe-Amérique*, (6).

Dorléans, M. H. (2021). *Change-toi toi-même et change ton pays*. AFPEC.

Dorlin, E. (2006). Les espaces-temps des résistances esclaves : Des suicidés de Saint-Jean aux marrons de Nanny Town (XVIIe–XVIIIe siècles). *Tumultes*, 27(2), 37–51.

Dortier, J.-F. (2000). *La sociologie, histoire et idées*. Éditions Sciences Humaines.

Du Bois, S. G. (1953). *Jean Baptiste Pointe de Sable: Founder of Chicago*. J. Messner.

Dube, B. (2020). Postcolonial religious hope as stratagem to achieve political enslavement in Zimbabwe: A decoloniality approach towards an uncaptured theology of hope. *Verbum et Ecclesia*, 41(1), a2007. https://doi.org/10.4102/ve.v41i1.2007

Duhamel, M. (2023, 8 février). *Traite : les jeunes appelés à être des missionnaires de la dignité humaine*. Vatican News. https://www.vaticannews.va/fr/pape/news/2023-02/traite-pape-jeunes-missionnaires-de-la-dignite.html

Durand, C. (2017). Engagements (et) publics. Éléments pour une sociologie publique de la prison. *Criminocorpus, Revue Hypermédia*, 8. https://doi.org/10.4000/criminocorpus.3558

Durkheim, É. (1967). *Les règles de la méthode sociologique* (16e éd.). Presses Universitaires de France.

Durkheim, É. (2008). *De la division du travail social* (8e éd.). Presses Universitaires de France.

Easton, D. (1953). *The political system*. Alfred A. Knopf Inc.

Elbl, I. (2009). The bull *Romanus Pontifex* (1455) and the early European trading in sub-Saharan Atlantic Africa. *Portuguese Studies Review*, 17(1), Trent University; The Free Library.

Embassy of the Republic of Haiti. (2023). Jean Baptiste Pointe du Sable (1745–1818). https://www.haiti.org/dt_team/jean-baptiste-pointe-du-sable/

Estivalèzes, M. (2005). Les attentes des acteurs sociaux. In M. Estivalèzes (dir.), *Les religions dans l'enseignement laïque* (pp. 57–73). Presses Universitaires de France.

Euronews. (2017, 11 avril). Des marchés aux esclaves en Libye. https://fr.euronews.com/2017/04/11/des-marches-aux-esclaves-en-libye

Fage, J. (1981). Traite et esclavage dans le contexte historique de l'Afrique occidentale. In S. Mintz (dir.), *Esclave = facteur de production. L'économie politique de l'esclavage*. Bordas.

Fallope, J. (1987). Les occupations d'esclaves à la Guadeloupe dans la première moitié du XIXe siècle. *Revue française d'histoire d'outre-mer*, 74(275), 189–205.

Fassassi, A. (2002). *Le péché du pape contre l'Afrique*. Al Qalam.

Fichter, H. J. (1957). *Sociology* (2nd ed.). University of Chicago Press.

Fiume, G. (2018). Esclaves et franciscains. L'accès dans les ordres mendiants et l'affranchissement. In D. Dominique *et al.* (Eds.), *Sortir de l'esclavage. Europe du Sud et Amériques XIVe–XIXe siècle* (pp. 79–101). Karthala & CIRESC.

Flick, U. (2018). *Doing triangulation and mixed methods*. Sage.

Foley, M. (2005). *Les croyances vaudou influencent-elles la réussite et/ou l'échec scolaire en Haïti ?* [Mémoire de maîtrise, Université de Sherbrooke].

Fonds des Nations Unies pour l'enfance. (1997). *La situation des enfants dans le monde 1997 : Les enfants au travail*. https://doi.org/10.18356/1096235f-fr

Fontan, A. (2001). La morale judéo-chrétienne. Fondements et origines. *Pardès*, (30), 85–101. https://doi.org/10.3917/parde.030.0085.

Fontenay, M. (1996). L'esclave galérien dans la Méditerranée des Temps Modernes. Dans H. Bresc (dir.), *Figures de l'esclave au Moyen Age et dans le monde moderne*. L'Harmattan.

Fontenay, M. (2006). Routes et modalités du commerce des esclaves dans la Méditerranée des temps modernes (XVIe–XVIIIe siècles). *Revue historique*, 640(4), 817–845.

Fontus, F. (2001). *Les Églises protestantes en Haïti : Communication et inculturation*. L'Harmattan.

Forest, L. (1998). De l'abolitionnisme à l'esclavagisme ? Les implications des anthropologues dans le débat sur l'esclavage des Noirs aux États-Unis (1840–1870). *Revue française d'histoire d'outre-mer*, (320), 85–102.

Fourez, G., *et al.* (2002). *Approches didactiques de l'interdisciplinarité*. De Boeck.

Franck, R. (1981). Recherche-action, ou connaissance pour l'action ? Quelques points de repère et trois positions de principe. *International Review of Community Development*, (5), 160–165.

François. (2018, 1er juin). *Méditation matinale : Dans ce monde d'esclaves*. Libreria Editrice Vaticana. https://www.vatican.va/content/francesco/fr/cotidie/2018/documents/papa-francesco-cotidie_20180601_dans-ce-monde-d-esclaves.pdf

François. (2019, 11 avril). *Discours du pape François aux participants à la conférence internationale sur la traite des personnes, organisée par la section migrants et réfugiés du Dicastère pour le service du développement humain intégral*. Le Saint-Siège. https://www.vatican.va/content/francesco/fr/speeches/2019/april/documents/papa-francesco_20190411_conferenza-trattadipersone.html

François. (2022, 8 février). *Message vidéo du pape François à l'occasion de la 8e journée mondiale de prière et de réflexion contre la traite des êtres humains* [Message vidéo]. Le Saint-Siège. https://www.vatican.va/content/francesco/fr/messages/pont-messages/2022/documents/20220208_videomessaggio-contro-trattapersone.html

François. (2023, 20 septembre). *Audience générale*. Le Saint-Siège. https://www.vatican.va/content/francesco/fr/audiences/2023/documents/20230920-udienza-generale.pdf

François. (2024, 8 février). *Message de Sa Sainteté le Pape François pour la 10e journée mondiale de prière et de réflexion contre la traite des personnes : Cheminer pour la dignité : écouter, rêver, agir*. Le Saint-Siège. https://www.vatican.va/content/francesco/fr/messages/pont-messages/2024/documents/20240208-messaggio-tratta-persone.html

Frankétienne (2024). *Conversation sur sa vie, sa mission et la spiritualité* (avec Hugline Jérome). https://www.youtube.com/watch?v=0feI3zpMzrQ

Frazil, T. (2020). *Examiner la pratique du restavèk en Haïti à travers une perspective postcoloniale* [Mémoire en service social, Université d'Ottawa]. https://doi.org/10.20381/ruor-25407

Frère, J.-P., *et al.* (1981). Quand la pratique se mêle de savoir. *International Review of Community Development*, (5), 141–152. https://doi.org/10.7202/1034888ar

Friedrich, K.-P. (2012). Le massacre des Juifs par les nazis vu par la presse polonaise, 1942–1947. *Revue d'Histoire de la Shoah*, 197(2), 555–605.

Gatbois, E., & Annequin, D. (2008). Prise en charge de la douleur chez l'enfant d'un mois à 15 ans. *Journal de Pédiatrie et de Puériculture*, 21(1), 20–36. https://doi.org/10.1016/j.jpp.2007.11.009

Geertz, C. (1972). La religion comme système culturel. In M. Bradbury *et al.* (Eds.), *Essais d'anthropologie religieuse* (pp. 19–66). Gallimard.

Geggus, D. (1992). La cérémonie du Bois-Caïman. *Chemins critiques*, 2(3), 59–78.

Gélinas, C. (2003). Les missions catholiques chez les Atikamekw (1837–1940) : Manifestations de foi et d'esprit pratique. *Études d'histoire religieuse*, 69, 83–99.

Gilder Lehrman Institute of American History. (2012). *The Doctrine of Discovery, 1493*. https://www.gilderlehrman.org/history-resources/spotlight-primary-source/doctrine-discovery-1493

Giles, P. (1997). Catholic ideology and American slave narratives. *U.S. Catholic Historian*, 15(2), 55–66.

Gillard, J. T. (1929). *The Catholic Church and the American Negro*. St. Joseph's Society Press.

Gilles, C. (2017). *Oralité primaire et transmission des savoirs : Étude de cas sur les pratiques du vodou haïtien à Montréal-Nord* [Mémoire de maîtrise, Université du Québec à Montréal].

Goffman, E. (1973). *La mise en scène de la vie quotidienne. La présentation de soi*. Éditions de Minuit.

Gollac, M., Volkoff, S., & Wolff, L. (2014). *Les conditions de travail* (3e éd.). La Découverte.

Gorbatchev, M. (1987). *Perestroïka – vues neuves sur notre pays et le monde*. Flammarion.

Gorbatchev, M. (2011). Préface. Dans M. Ruby (dir.), *Le pari d'un gouvernement mondial*. A2C Medias.

Gorbatchev, M. (2019). *Le futur du monde global*. Flammarion.

Goudou, J. N. (2022, 6 août). Repentigny/mort de J-R-J Olivier : « Est-ce parce qu'il était Noir? ». Intexto. https://www.intexto.ca/repentigny-mort-de-j-r-j-olivier-est-ce-parce-quil-etait-noir/

Goudreault, P. (2018). Devenir une paroisse évangélisatrice dans le monde numérique. In J. Tannous *et al.* (Eds.), *Évangéliser dans l'espace numérique ?* (pp. 59–70). Novalis.

Goumma, A. (2018). L'Église et l'esclavage : Une relation ambiguë. *L'encre noire*, 12 avril. https://lencrenoir.com/leglise-et-lesclavage-une-relation-ambigue/

Gourd, A. (1885). *Les chartes coloniales et les constitutions des États-Unis*. Imprimerie nationale.

Gouvernement du Canada. (2017, 9 juin). *Le travail des enfants*. https://www.international.gc.ca/world-monde/issues_development-enjeux_developpement/human_rights-droits_homme/child_labour-travail_enfants.aspx?lang=fra

Graille, P., & Curran, A. (2016). Un apologiste abolitionniste : L'abbé Bergier et les nègres (1767–1789). *Société Française d'Étude du Dix-Huitième Siècle*, (1), 48, 517–532.

Grandet, P. (2003). Sous le joug des pharaons. *L'Histoire*, (280), 10.

Gravatt, P. (2003). *L'Église et l'esclavage*. L'Harmattan.

Graz, J.-C. (2008). *La gouvernance de la mondialisation*. La Découverte.

Gu, A. (1968). Pollaud-Dulian Marcel. *Aujourd'hui l'esclavage. Servitude et esclavage contemporain* (Compte rendu). *Population*, 23(1), 180.

Guay, M.-H. (2004). Méthodologie. In *Proposition de fondements conceptuels pour la structuration du champ de connaissances et d'activités en éducation en tant que discipline* (pp. 16–38) [Thèse de doctorat, Université du Québec à Montréal].

Guay, M.-H., *et al.* (2016). La recherche-action. In B. Gauthier *et al.* (Eds.), *Recherche sociale. De la problématique à la collecte des données* (pp. 539–576). Presses de l'Université du Québec.

Guidi, A. (2007). La sagesse de Salomon et le savoir philosophique. Matériaux pour une nouvelle interprétation des dialogues d'amour de Léon l'Hébreu. *Revue des sciences philosophiques et théologiques*, 91(2), 241–264.

Guillen, F. (2018). Normes et rites juridiques de l'affranchissement. In D. Dominique *et al.* (Eds.), *Sortir de l'esclavage. Europe du Sud et Amériques XIVe–XIXe siècle* (pp. 25–58). Karthala et CIRESC.

Habermas, J. (2008). L'espace public et la religion. Une conscience de ce qui manque. *Études*, 409(10), 337–345.

Hans, G., & Joost, K. (2008). Modern-day child slavery. *Children & Society*, 22, 150–166.

Hayes, G., & Ollitrault, S. (2013). Des origines au XXe siècle. In G. Hayes & S. Ollitrault (Eds.), *La désobéissance civile* (pp. 15–54). Presses de Sciences Po.

Hebbinckuys, N. (2011). Marc Lescarbot, premier commentateur d'un épisode clé de l'Histoire de la Nouvelle-France : la Relation de voyage du capitaine Verrazano en 1524. *Revue interdisciplinaire en études acadiennes*, (20–21), 53–79.

Hegel, G. W. F. (1975). *La société civile bourgeoise* (J.-P. Lefebvre, Trad.). Éditions François Maspero.

Hodan, F. (2005). *Enfants dans le commerce du sexe. État des lieux, état d'urgence*. L'Harmattan.

Houtart, F. (1980). *Religion et modes de production précapitalistes*. Éditions de l'Université de Bruxelles.

Houtart, F. (1986). Introduction : Sociology of Indian religions – Sociologie des religions en Inde. *Social Compass*, 33(2–3), 155–157.

Hurbon, L. (1991). Vodou et modernité en Haïti. *Iberoamericana*, 15(1), 43–60.

Hurbon, L. (2004). *Religions et lien social. L'Église et l'État moderne en Haïti*. Cerf.

Hurbon, L. (2006a). Fritz Fontus, *Les Églises protestantes en Haïti. Communication et inculturation* (compte rendu). *Archives de sciences sociales des religions*, 147–299.

Hurbon, L. (2006b). André Corten, *Diabolisation et mal politique. Haïti : misère, religion et politique* (compte rendu). *Archives de sciences sociales des religions*, 147–299.

Imbert, G. (2010). L'entretien semi-directif : À la frontière de la santé publique et de l'anthropologie. *Recherche en soins infirmiers*, Association de Recherche en Soins Infirmiers, 23–34.

Institut Haïtien de Statistique et d'Informatique. (2005). *4e Recensement Général de la Population et de l'Habitat de 2003. Résultats définitifs*. IHSI.

Jean-Paul II. (2002, 15 mai). Lettre à S.Exc. Mgr Jean-Louis Tauran à l'occasion de la Conférence internationale « L'esclavage du vingt-et-unième siècle : La dimension des droits de l'homme dans la traite des êtres humains ». *Le Saint Siège*. http://www.vatican.va/content/john-paul-ii/fr/letters/2002/documents/hf_jp-ii_let_20020515_tauran.html

Jesuits. (s. d.). *Slavery, history, memory and reconciliation*. https://www.jesuits.org/our-work/shmr/

Jones, B. (2001). *Politics and the architecture of choice: Bounded rationality and governance*. University of Chicago Press.

Julg, J. (1990b). *L'Église et les États : Histoire des concordats*. Nouvelle Cité.

Kane, O. (2019). La neutralité pour quoi faire ? Pour une historicisation de la rigueur scientifique. In L. Brière *et al.* (Eds.), *Et si la recherche scientifique ne pouvait pas être neutre ?* (pp. 27–38). Éditions Science et Bien Commun.

Kapita, K. O. (2009). *Jean-Paul II et l'Afrique : Analyse du discours sociopolitique*. Publibook.

Kayayan, E. (2013). Calvin on slavery: Providence and social ethics in the 16th century. *Koers*, 78(2), 1–13. http://dx.doi.org/10.4102/koers.v78i2.2119

Ki-Zerbo, J. (1994). *Histoire de l'Afrique noire, d'hier à demain*. Hatier.

King, M. L., Jr. (1958). *Stride toward freedom: The Montgomery story*. Harper & Row.

Kleiche-Dray, M. (2017). Les savoirs autochtones au service du développement durable. *Autrepart*, 81(1), 3–20.

Koussens, D., Robert, M.-P., Gélinas, C., & Bernatchez, S. (Eds.). (2016). *La religion hors la loi. L'État libéral à l'épreuve des religions minoritaires*. Bruylant.

La Rochefoucauld, F. de. (2004). *Réflexions ou sentences et maximes morales* (J.-M. Goulemot, Éd.). Garnier-Flammarion. (Œuvre originale publiée en 1678)

La Vella, G. (2022, 20 mai). *Face à la traite, le cardinal Nichols demande un engagement renouvelé*. Vatican News. https://www.vaticannews.va/fr/vatican/news/2022-05/cardinal-nichols-vatican-groupe-sainte-marthe-traite-esclavage.html

La Vidéo du Pape. (2019, 7 février). *Février 2019. La Vidéo du Pape : Il y a des sujets sur lesquels il faut prendre parti, comme la traite des personnes* [Vidéo]. YouTube. https://www.youtube.com/watch?v=gMpoIasNUlo

Lacourse, M.-T. (2010). *Famille et société* (4e éd.). Chenelière Éducation.

Lacroix, A., Marchildon, A., & Bégin, L. (2017). *Former à l'éthique en organisation : Une approche pragmatiste*. Presses de l'Université du Québec. https://dx.doi.org/10.1353/book50505

Lacroix, A., Marchildon, A., & Bégin, L. (2021). Les contraintes à l'éthique en organisation. In *Former à l'éthique en organisation*. Presses de l'Université du Québec.

Lampron, L.-P. (2012). *La hiérarchie des droits : Convictions religieuses et droits fondamentaux au Canada*. Diversitas, (12). Bruxelles, P.I.E. Peter Lang.

Langouët, G., & Groux, D. (2018). *Réveillons-nous ! Pour un monde plus juste*. L'Harmattan.

Lapassade, G. (2002). Observation participante. In J. Barus-Michel (dir.), *Vocabulaire de psychosociologie* (pp. 375–390). Érès.

Larquié, C. (1996). L'esclavage dans une capitale : Madrid au XVIIe siècle. In H. Bresc (dir.), *Figures de l'esclavage au Moyen Âge et dans le monde moderne*. L'Harmattan.

Le courrier de l'UNESCO. (2023, 24 octobre). *Frankétienne : La création est une odyssée sans escale*. https://courier.unesco.org/fr/articles/franketienne-la-creation-est-une-odyssee-sans-escale

Le Saint-Siège. (s.d.). *Pontifes*. https://www.vatican.va/content/vatican/fr/holy-father.html

Lebaron, F. & Mauger, G. (1999). Raisons d'agir : un intellectuel collectif autonome. Journal des anthropologues, 77-78(2), 295-301. https://doi.org/10.4000/jda.3089.

Léger, D. (1976). Pour une sociologie marxiste du politique : itinéraire de Nicos Poulantzas. *Revue française de sociologie*, 17(3), 509–532. https://doi.org/10.2307/3321026

Lemieux, R. (1990). Le catholicisme québécois : une question de culture. *Sociologie et sociétés*, 22(2), 145–164.

Lendaro, A. (2012). Revisiter l'analyse sociétale aujourd'hui. Comparer la construction et les usages sociaux des catégories de l'immigration. *Terrains & Travaux*, (21), 109–124.

Levillain, L. (1932). Le couronnement impérial de Charlemagne. *Revue d'histoire de l'Église de France*, 18(78), 5–19.

Lindblom, C. E. (1965). *The intelligence of democracy: Decision making through mutual adjustment*. The Free Press.

Livi, R. (2020). L'esclavage domestique au Moyen Âge et son importance en anthropologie (Œuvre originale publiée en 1909). *Bulletins et Mémoires de la Société d'anthropologie de Paris*, 10, 438–447.

Lubin, I. (2002). Un regard sur la domesticité juvénile en Haïti. *Revue canadienne sur les réfugiés (Refuge)*, 20(2), 45–51.

Lundahl, M. (2013). My Stone of Hope: From Haitian Slave Child to Abolitionist. Jean-Robert Cadet with the assistance of Jim Luken. *New West Indian Guide*, 87, 360–362.

Lundahl, M. (2014). *Peasants and poverty (Routledge revivals): A study of Haiti*. Routledge.

Luret, W. (2007). *Vilamègbo : Enfants d'Afrique en esclavage*. Éditions Anne Carrière.

Madiou, T. (1847a). *Histoire d'Haïti : Tome 1 (1492-1799)*. Imprimerie de J. Courtois.

Madiou, T. (1847b). *Histoire d'Haïti : Tome 2 (1799-1803)*. Imprimerie de J. Courtois.

Madiou, T. (1848). *Histoire d'Haïti : Tome 3 (1803-1807)*. Imprimerie de J. Courtois.

Magloire, L. (2007). *Le vaudou à la lumière de la Bible*. Le Béréen.

March, J. G. (1991). *Décisions et organisations*. Éditions d'Organisation.

Marchessault, G., *et al.* (2018). Le Web, défi aux Églises chrétiennes. In J. Tannous *et al.* (Eds.), *Évangéliser dans l'espace numérique ?* (pp. 13–40). Novalis.

Maroy, J.-L. (2018). Zombies et post-humains : figures de disjonction corps/esprit. In M.-R. Tannous *et al.* (Eds.), *Évangéliser dans l'espace numérique ?* (pp. 167–176). Novalis.

Martineau, A.-C. (2020). Les débats sur la légitimité de la traite négrière transatlantique au tournant du XVIe siècle : une illustration des « luttes d'articulation » entre experts ? *Revue générale de droit*, 50, 17–55.

Masotti, A. (2020, 2 décembre). *Esclavage moderne : l'appel du Pape à ne pas rester indifférents*. Vatican News. https://www.vaticannews.va/fr/pape/news/2020-12/esclavage-moderne-l-appe-du-pape-a-ne-pas-rester-indifferents.html

Mathieu, L. (2015). Sociologie des engagements ou sociologie engagée ? *SociologieS*, Dossiers, Pour un dialogue épistémologique entre sociologues marocains et sociologues français. http://jour nals.openedition.org/sociologies/5150

Maury, J.-P. (2004). Le système onusien. *Pouvoirs*, 109(2), 27–39.

Maxwell, J. F. (1975). *Slavery and the Catholic Church: The story of Catholic teaching concerning the moral legitimacy of the institution of slavery*. Barry Rose Publishers.

Mbaye, O. (2004). John Tolan. *Les Sarrasins : l'Islam dans l'imagination européenne au Moyen Âge* (Compte rendu). *Bibliothèque de l'École des chartes*, 162(1), 242–243. https://doi.org/10.3406/bec.2004.464198

McAdam, D. (2008). From relevance to irrelevance: The curious impact of the sixties on public sociology. In C. Calhoun (dir.), *Sociology in America: A history* (pp. 411–426). University of Chicago Press.

McAll, C. (2009). De l'individu et de sa liberté. *Sociologie et sociétés*, 41(1), 177–194.

McCurdy, J. (2019). *Behind the mask of morality: (E)urochristian bioethics and the colonial-racial discourse* [PhD thesis, University of Denver]. ProQuest.

Meillassoux, C. (1986). *Anthropologie de l'esclavage. Le ventre de fer et d'argent* (dir. Balibar & Lecourt). Presses Universitaires de France.

Meslin, M. (2006). Simples variations sur le thème religion. *Recherches de science religieuse*, 94(4), 523–546.

Metellus, J. (1990). Les enjeux de l'alphabétisation des enfants en Haïti. *Enfance*, 43(1–2), 187–189.

Métraux, A. (1953). Vodou et protestantisme. *Revue de l'histoire des religions*, 144(2), 198–216.

Métraux, A. (1957). Histoire du Vodou depuis la guerre d'indépendance jusqu'à nos jours. *Présence Africaine*, (16), 135–150.

Mialaret, G. (2004). L'observation armée. Questionnaires et tests. In G. Mialaret (dir.), *Méthodes de recherche en sciences de l'éducation* (pp. 75–97). Presses Universitaires de France.

Millard, É. (2013). La hiérarchie des normes. Une critique sur un fondement empiriste. *Revus*, (21). http://revus.revues.org/2681

Miller, R. M. (1999). The failed mission: The Catholic Church and Black Catholics in the Old South. In R. M. Miller & J. L. Wakelyn (Eds.), *Catholics in the Old South: Essays on Church and Culture* (pp. 149–170). Mercer University Press.

Millette, M., Millerand, F., Myles, D., & Latzko-Toth, G. (dir.). (2020). *Méthodes de recherche en contexte numérique : Une orientation qualitative*. Presses de l'Université de Montréal.

Mills, E. S., & Mills, G. B. (1993). Missionaries compromised: Early evangelization of slaves and free people of color in North Louisiana. In G. R. Conrad (dir.), *Cross, crozier, and crucible: A volume celebrating the bicentennial of a Catholic diocese in Louisiana* (pp. 30–47). The Archdiocese of New Orleans/Center for Louisiana Studies.

Ministère de l'Europe et des Affaires Étrangères. (2024, 25 novembre). *Présentation de Haïti*. France Diplomatie. https://www.diplomatie.gouv.fr/fr/dossiers-pays/haiti/presentation-de-haiti/

Mintz, S. (Ed.). (1981). *Esclave = facteur de production. L'économie politique de l'esclavage*. Bordas.

Morin, J.-F. (2013). Les acteurs sociaux. In J.-F. Morin (dir.), *La politique étrangère. Théories, méthodes et références* (pp. 137–168). Armand Colin.

Morrissette, J. (2013). Recherche-action et recherche collaborative. Quel rapport aux savoirs et à la production de savoirs ? *Revue des sciences de l'éducation*, 25(2), 35–49. https://doi.org/10.7202/1022197ar

Morse, F. (1981). *Esclavage antique et idéologie moderne* (Fourgous, Trad.). Éditions de Minuit.

Mpisi, J. (2008a). *Les papes et l'esclavage des Noirs. Le pardon de Jean-Paul II*. L'Harmattan.

Mpisi, J. (2008b). *Traite et esclavage des Noirs au nom du christianisme*. L'Harmattan.

Mudimbe, V. Y. (1995). Romanus Pontifex (1454) and the expansion of Europe. In *Race, discourse, and the origin of Americas. A new world view* (pp. 58–65). Smithsonian Institution Press.

N'Diaye, J. (2006). *Il fut un jour à Gorée : L'esclavage raconté à nos enfants*. Éditions Michel Lafon.

Natal, F. (2022, mai 4). Un jour, une histoire..., Le 4 mai 1493. *Dynastie*. https://www.dynastie.ci

Nations Unies. (2015, 23 août). L'ONU rend hommage aux victimes de la traite négrière. https://news.un.org/fr/story/2015/08/317162

Ngol, J., SJ. (2023, 17 février). *Le Saint-Siège et les USA s'accordent pour lutter contre la traite des personnes*. Vatican News. https://www.vaticannews.va/fr/vatican/news/2023-02/le-saint-siege-et-les-nations-unies-dans-un-elan-d-eradication-d.html

Niame, A. (2005). Haitian Vodou possession and zombification: Desire and return of the repressed. *A Journal of Social Theory*, 14, Article 11.

Olson, M. (1978). *Logique de l'action collective* (Levi, Trad.). Presses Universitaires de France.

Organisation internationale du travail, Walk Free, & Organisation internationale pour les migrations. (2022). *Estimations mondiales de l'esclavage moderne : Travail forcé et mariage forcé*. https://www.ilo.org/sites/default/files/wcmsp5/groups/public/%40ed_norm/%40ipec/documents/publication/wcms_854796.pdf

Organisation internationale du travail. (1993). *Le travail dans le monde*. OIT.

Organisation internationale du travail. (1999). *Convention n° 182 concernant l'interdiction des pires formes de travail des enfants et l'action immédiate en vue de leur élimination*. https://www.un.org/sites/un2.un.org/files/2020/08/convention_182.pdf

Organisation internationale du travail. (2004). *Coup de main ou vie brisée ? Comprendre le travail domestique des enfants pour mieux intervenir*. https://webapps.ilo.org/public/libdoc/ilo/2004/104B09_138_fren.pdf

Organisation internationale pour les migrations. (2017a, 12 avril). *L'OIM découvre des « marchés aux esclaves » qui mettent en péril la vie des migrants en Afrique du Nord*. https://www.iom.int/fr/news/loim-decouvre-des-marches-aux-esclaves-qui-mettent-en-peril-la-vie-des-migrants-en-afrique-du-nord

Organisation internationale pour les migrations. (2017b, 20 septembre). *Plus de 40 millions de personnes sont victimes d'esclavage moderne et 152 millions de travail des enfants à travers le monde*.

https://www.iom.int/fr/news/plus-de-40-millions-de-personnes-sont-victimes-desclavage-moderne-et-152-millions-de-travail-des-enfants-travers-le-monde

Oruno, L. (2006). Colonisation, liberté et second esclavage. *Africultures*, (67).

Paillé, P., *et al.* (2012). Choisir une approche d'analyse qualitative. In P. Paillé *et al.* (Eds.), *L'analyse qualitative en sciences humaines et sociales* (pp. 13–32). Armand Colin.

Pan American Development Foundation & United States Agency for International Development. (2009). *Lost Childhoods in Haiti: Quantifying child trafficking, Restavèk & victims of violence (Final report)*. PADF & USAID.

Panzer, S. J. (2005). *The popes and slavery.* Saint Pauls/Alba House Publisher.

Parsons, T., & Bales, R. (1956). *Family, socialization and interaction process.* Routledge and Kegan Paul.

Patrignani, A. (2022, 19 mai). *Le Pape invite à persévérer dans la lutte contre la traite des êtres humains.* Vatican News. https://www.vaticannews.va/fr/pape/news/2022-05/pape-francois-discours-groupe-sainte-marthe-traite-esclavage.html

Paulais, T. (2021). *De l'abolitionnisme au colonialisme. Province of Freedom. Naissance de la Sierra Leone.* Éditions Nouveau Monde.

Pelckmans, L., & Hardung, C. (2015). La question de l'esclavage en Afrique : Politisation et mobilisations. *Politique africaine*, 140(4), 5–22.

Pétré-Grenouilleau, O. (1996). *L'argent de la traite. Milieu négrier, capitalisme et développement : un modèle.* Aubier.

Pétré-Grenouilleau, O. (1998). *L'argent de la traite : Milieu négrier, capitalisme et développement : un modèle.* Aubier Histoires.

Pétré-Grenouilleau, O. (2003). L'Église, le marchand et l'esclave. *L'Histoire*, (280), 10.

Pétré-Grenouilleau, O. (2008). Modes de sortie de l'esclavage. In *La fin du statut servile ? Affranchissement, libération, abolition* (Vol. II, pp. 511–540). Presses Universitaires de Franche-Comté.

Pétré-Grenouilleau, O. (2010). Le siècle des abolitionnistes. *L'Histoire*, (353). https://www.lhistoire.fr/le-si%C3%A8cle-des-abolitionnistes

Pétré-Grenouilleau, O. (2012). *Esclaves. Une humanité en sursis* (dir.). Presses Universitaires de Rennes.

Pfefferkorn, R. (2014). L'impossible neutralité axiologique. Wertfreiheit et engagement dans les sciences sociales. *Raison présente*, (191), 85–96.

Piché, G. (2015). *À la rencontre de deux mondes : Les esclaves de Louisiane et l'Église catholique, 1803–1845* [Thèse de doctorat, Université de Sherbrooke].

Pierson, P. (1994). *Dismantling the welfare state? Reagan, Thatcher, and the politics of retrenchment.* Cambridge University Press.

Pintaric, P. (2017). Sécuriser ses archives numériques. *I2D – Information, Données & Documents*, 54(3), 40. https://doi.org/10.3917/i2d.543.0040

Placide, D. (1959). *L'héritage colonial en Haïti.* Langa.

Pluen, O. (2015). Le crime de réduction en esclavage. Ou l'incrimination du « cœur de l'esclavage moderne » en droit pénal interne par la loi du 5 août 2013. *Revue de science criminelle et de droit pénal comparé*, 1(1), 29–48.

Poizat, D. (2008). Le vodou, la déficience, la chute. *Érès | Reliance*, (3), 29, 9–17.

Pontoizeau, A. (2019). De l'impossible neutralité axiologique à la pluralité des pratiques. In L. Brière *et al.* (Eds.), *Et si la recherche scientifique ne pouvait pas être neutre ?* (pp. 39–45). Éditions Science et Bien Commun.

Poulantzas, N. (1972). Les classes sociales. *L'Homme et la société*, (24–25), 143–172. Paris, Éditions Anthropos.

Poulantzas, N. (2013). *L'État, le pouvoir et le socialisme*. (Œuvre originale publiée en 1976). Éditions Prairies ordinaires.

Preux, R. (2022). Perspectives inappropriées et significations inattendues. Corps, lieux et théories autochtones face à la colonialité du genre : Introduction. *Les Cahiers du CIÉRA*, (20), 5–21.

Price-Mars, J. (2009). *Ainsi parla l'oncle* (Œuvre originale publiée en 1928). Suivi de *Revisiter l'Oncle*. Mémoire d'encrier.

Protière, G., *et al.* (2016). Fiche 9. La hiérarchie des normes. In *Les indispensables du droit constitutionnel* (pp. 57–62). Ellipses.

Proulx, S. (2020). Une nécessaire politique des méthodes pour la transition numérique. In M. Millette *et al.* (Eds.), *Méthodes de recherche en contexte numérique. Une orientation qualitative* (pp. 291–302). Presses de l'Université du Québec.

Pujol, S. (2015). Rousseau et la parole publique. *Rue Descartes*, 84(1), 110–127.

Quenum, A. (1993). *Les Églises chrétiennes et la traite atlantique du XVe siècle au XIXe siècle*. Karthala.

Ramsey, K. (2005). Prohibition, persécution, performance. *Gradhiva, Revue d'anthropologie et d'histoire des arts*, (1).

Ramsey, K. (2011). *The spirits and the law: Vodou and power in Haiti*. University of Chicago Press.

Regulus, S. (2017). Religion, politique et développement en Haïti : Du chrétien aliéné au chrétien libéré. In V. Demero & S. Regulus (Eds.), *Deux siècles de protestantisme en Haïti (1816–2016)* (pp. 93–108). Éditions Science et Bien Commun.

Reinhard, P. (2011). *Presse et pouvoir : Un divorce impossible*. Odile Jacob.

Remplacer par Du Bois (2007). Et dans la biblio. Du Bois, W. E. B. (2007). *The Souls of Black Folk*. Oxford University Press. (Œuvre originale publiée en 1903)

Restavek Freedom. (2011). *Restavèk: The persistence of child labor and slavery* [Submission to the United Nations Universal Periodic Review]. https://ijdh.org/wp-content/uploads/2011/03/Haiti-UPR-Restavek-Report-FINAL.pdf

Rice, M. H. (1944). *American Catholic opinion in the slavery controversy*. Columbia University Press.

Ricœur, P. (1969). La liberté selon l'espérance. In *Le conflit des interprétations. Essais d'herméneutique* (pp. 393–415). Seuil.

Ricœur, P. (2004). *Le mal. Un défi à la philosophie et à la théologie*. Labor et Fides.

Rocher, G. (1969). *Introduction à la sociologie générale*. Éditions Hurtubise HMH.

Roginsky, S. (2020). Les terrains de recherche en ligne et hors ligne : proposition pour une triangulation des méthodes. In M. Millette *et al.* (Eds.), *Méthodes de recherche en contexte numérique. Une orientation qualitative* (pp. 119–136). Presses de l'Université du Québec.

Rollins, J. (1990). Entre femmes [les domestiques et leurs patronnes]. *Actes de la recherche en sciences sociales*, 84, 63–77.

Rothman, A. (2021). The Jesuits and slavery. *Journal of Jesuit Studies*, (8), 1–10.

Rousseau, J.-J. (1964). Du contrat social. In *Écrits politiques, œuvres complètes* (Vol. IV). Gallimard.

Rousseau, J.-J. (2002). *Discours sur l'origine et les fondements de l'inégalité parmi les hommes* [Édition numérique, Tremblay]. Université du Québec à Chicoutimi. (Œuvre originale publiée en 1754)

Ruano-Borbalan, J.-C. (2003). L'esclavage, un crime contre l'humanité. *Sciences Humaines*, 135(2), 34-34.

Russell, B. (1918). *Proposed roads to freedom: Socialism, anarchism and syndicalism*. George Allen & Unwin.

Russell, P. (1992). *Spain: A history*. Oxford University Press.

Salamito, J.-M. (2009). Pourquoi les chrétiens n'ont-ils pas aboli l'esclavage antique ? *Droits*, 50(2), 15-42. https://doi.org/10.3917/droit.050.0015

Salifou, A. (2006). *L'esclavage et les traites négrières*. Nathan-VUEF.

Salvat, C. (2008). Autorité morale et autorité. *ResearchGate*. https://www.researchgate.net/publica tion/5089848

Santayana, G. (1905). *The life of reason*. Charles Scribner's Sons.

Savoie-Zajc, L. (2016). L'entrevue semi-dirigée. In B. Gauthier *et al.* (Eds.), *Recherche sociale. De la problématique à la collecte des données* (pp. 337–361). Presses de l'Université du Québec.

Schabas, W. (2023). La genèse de la Déclaration universelle des droits de l'homme : voix de la décolonisation. *Droits fondamentaux*, (21). https://www.crdh.fr/revue/n-21-2023/la-genese-de-la-declaration-universelle-des-droits-de-lhomme-voix-de-la-decolonisation/

Schleiermacher, F. D. E. (2004). *De la religion. Discours aux personnes cultivées d'entre ses mépriseurs* (B. Reymond, Trad.). Van Dieren. (Œuvre originale publiée en 1799)

Schmidt, N. (1984). Suppression de l'esclavage, système scolaire et réorganisation sociale aux Antilles : les Frères de l'Instruction Chrétienne, témoins et acteurs, instituteurs des nouveaux libres. *Revue d'histoire moderne et contemporaine*, *31*(2), 203-244. https://doi.org/10.3406/rhmc.1984.1272

Schmidt, N. (2005). *L'abolition de l'esclavage : Cinq siècles de combats : XVIe-XXe siècle*. Fayard.

Schoell, F. (1837). *Histoire abrégée des traités de paix entre les puissances de l'Europe depuis la paix de Westphalie de Christophe Guillaume Koch* (Tome 1). Meline, Cans et Compagnie.

Schreiber, M., & Fischer, G. (1956). Convention supplémentaire relative à l'abolition de l'esclavage. *Annuaire Français de Droit International*, *2*(1), 547–557. https://doi.org/10.3406/afdi.1956.1270

Segalen, M. (1993). *Sociologie de la famille* (3e éd.). Armand Colin.

Sixto, M. (1977). *Ti Sentaniz* [Enregistrement sonore]. Port-au-Prince, Haïti.

Steiner, P. (2001). Une histoire des relations entre économie et sociologie. *L'Économie politique*, (12), 4.

Stella, A. (1996). Herrado en el rostro una S y un clavo : l'homme animal dans l'Espagne des 15e-18e siècles. Dans H. Bresc (dir.), *Figures de l'esclavage au moyen-âge et dans le monde moderne*. L'Harmattan.

Storrie, T. (2005). La transformation du discours public pour l'action collective : l'association Action by Differently Abled People in Tynedale (ADAPT). *Espaces et sociétés*, *123*(4), 113–127.

Stroobants, M. (2010). *Sociologie du travail : Domaines et approches* (3e éd.). Armand Colin.

Swarns, R. L. (2021, 15 mars). Catholic order pledges $100 million to atone for slave labor and sales. *The New York Times*. https://www.nytimes.com/2021/03/15/us/jesuits-georgetown-repara tions-slavery.html

Sweet, J. H. (2003, novembre). *Spanish and Portuguese influences on racial slavery in British North America, 1492-1619* [Communication]. Fifth Annual Gilder Lehrman Center International Conference: Collective Degradation: Slavery and the Construction of Race, Yale University, New Haven, Connecticut. https://macmillan.yale.edu/sites/default/files/files/events/race/Sweet.pdf

Szoniecky, S., *et al.* (2017). *Intelligence collective et archives numériques : vers des écosystèmes de connaissances* (Systèmes d'information, web et société, série outils et usages numériques, 2). ISTE Éditions.

Taylor, C. (2011). *L'âge séculier*. Boréal.

Thoër, C., *et al.* (2020). Les pratiques de visionnement connecté des jeunes : méthodes traditionnelles, virtuelles et numériques. In M. Millette *et al.* (Eds.), *Méthodes de recherche en contexte numérique. Une orientation qualitative* (pp. 137–152). Presses de l'Université du Québec.

Tillich, P. (1990). *La dimension religieuse de la culture. Écrits du premier enseignement (1919–1926)*. Presses de l'Université Laval.

Tillich, P. (1992). *Christianisme et socialisme : Écrits socialistes allemands (1919-1931)* (N. Grondin & L. Pelletier, trad.; J. Richard, intro.). Cerf/Labor et Fides/Presses de l'Université Laval.

Tillich, P. (1994). *Écrits contre les nazis* (Trad. Pelletier). Labor et Fides.

Tiroyabone, O. (2016). Reading Philemon with Onesimus in the postcolony: Exploring a postcolonial runaway slave hypothesis. *Acta Theologica*, *36*(Suppl. 24). https://journals.ufs.ac.za/index.php/at/article/view/2794

Toppé, G. (2015). *Éducation aux archives : théorie, pratique et valorisation*. L'Harmattan.

Tosseri, O. (2014, 30 janvier). Le partage du Nouveau Monde dans une bulle. *Historia*. https://www.historia.fr/histoire-du-monde/europe-de-l-ouest/le-partage-du-nouveau-monde-dans-une-bulle-2059376

Touraine, A. (1978). Théorie et pratique d'une sociologie de l'action. *Sociologie et sociétés*, 10(2), 149–188.

Trudel, M. (1960). *L'esclavage au Canada français : Histoire et conditions de l'esclavage*. Presses de l'Université Laval.

Trudel, M. (1961). L'attitude de l'Église catholique vis-à-vis l'esclavage au Canada français. *Report of the Annual Meeting / Rapports annuels de la Société historique du Canada*, 40(1), 28-34. https://doi.org/10.7202/300579ar

Turmel, A. (1996). Le retour du concept d'institution. In A. Turmel (dir.), *Culture, institution et savoir* (coll. CEFAN). Presses de l'Université Laval.

U.S. House of Representatives. (2008, 12 février). *Commemorating the courage of the Haitian soldiers that fought for American independence in the Siege of Savannah* [Résolution]. Congressional Record, 154(24), H834. https://www.govinfo.gov/content/pkg/CREC-2008-02-12/html/CREC-2008-02-12-pt1-PgH834.htm

UNESCO. (2023, 23 août). *Journée internationale du souvenir de la traite négrière et de son abolition*. https://www.unesco.org/fr/days/slave-trade-remembrance

Valadier, P. (2007). *Détresse du politique, force du religieux*. Seuil.

Vatin, F. (2014). *Le travail : Activité productive et ordre social*. Presses universitaires de Paris Nanterre. https://doi.org/10.4000/books.pupo.7496

Vaz, C. G. (2006). *La traite des êtres humains : Réalités de l'esclavage contemporain*. La Découverte.

Vidal, C., & Ruggiu, F.-J. (2009). *Sociétés, colonisations et esclavages dans le monde atlantique : Historiographie des sociétés américaines des XVIe-XIXe siècles*. Les Perséides.

Vignaux, H. (2009). La justification de l'esclavage et de la traite. Dans *L'Église et les Noirs dans l'audience du Nouveau Royaume de Grenade* (p. 33-83). Presses universitaires de la Méditerranée.

Vilaire, E. (2011). Les dix hommes noirs. *Les classiques des sciences sociales*. (Œuvre originale publiée en 1901)

Vonarx, N. (2005). Vodou et production des savoirs : la place du terrain anthropologique (Note de recherche). *Anthropologie et Sociétés*, 29(3), 207-221.

Vonarx, N. (2008). Vodou et pluralisme médico-religieux en Haïti : du vodou dans tous les espaces de soins. *Anthropologie et Sociétés*, 32(3), 213-231.

Wagner, L. R. (2008). *When the one who bears the scars is the one who strikes the blow: History, human rights, and Haiti's restavèks* [Mémoire de maîtrise, University of North Carolina at Chapel Hill]. https://doi.org/10.17615/74ms-ft42

Wallerstein, I. (1981). L'esclavage américain et l'économie-monde capitaliste. In S. Mintz (dir.), *Esclave = facteur de production. L'économie politique de l'esclavage*. Bordas.

Wallerstein, I. (2006). *Comprendre le monde. Introduction à l'analyse des systèmes-monde* (Horsey, Trad.). La Découverte.

Weatherford, W. D. (1957). *American churches and the Negro: An historical study from early slave days to the present*. Christopher Publishing House.

Weber, M. (2002). *L'éthique protestante et l'esprit du capitalisme* (J. Chavy, trad.). Les classiques des sciences sociales. https://classiques.uqac.ca/classiques/Weber/ethique_protestante/ Ethique.html (Œuvre originale publiée en 1904)

Weber, M. (2014a). Les trois types purs de la domination légitime (E. Kauffmann, Trad., avec la collab. de J. Gauthier). *Sociologie*, 5(3), 291–302.

Weber, M. (2014b). Problèmes de sociologie de l'État (I. Kalinowski, Trad.). *Sociologie*, 5(3), 303–306.

Zanca, J. K. (1994). *American Catholics and slavery: 1789-1866. An anthology of primary documents*. University Press of America.

À PROPOS DE L'AUTEUR

Beguens Théus, PhD, spécialiste de l'interdisciplinarité en études sociologiques et religieuses, est professeur et chercheur en sciences humaines et sociales. Originaire de l'Île de La Gonâve, il a reçu une formation universitaire multidisciplinaire en science politique, administration publique, population et développement à l'Université d'État d'Haïti, puis en politiques publiques et internationales, enrichissement des compétences en recherche et éducation ainsi qu'en sociologie et études du religieux contemporain (PhD interdisciplinaire) à l'Université de Montréal et à l'Université de Sherbrooke. Auteur d'une thèse doctorale interdisciplinaire sur les rapports historiques des autorités morales et religieuses avec l'esclavagisme du passé au présent, il a également publié une douzaine d'ouvrages dans les domaines des sciences sociales et humaines. Depuis juin 2024, il coordonne les programmes de maîtrise et de doctorat en sciences humaines et sociales à l'Institut universitaire de formation des Cadres (INUFOCAD) en partenariat avec l'Agence universitaire de la Francophonie (AUF).

DU MÊME AUTEUR

Coopération nord-américaine au-delà du mur. Le visage de la bête derrière le mur (2018)

Étude comparée de la SDN et de l'ONU. Contexte et enjeux (2017)

Le conflit haïtiano-dominicain au-delà de l'arrêt 168-13. Le massacre physique de 1937 et le massacre civil de 2013 (2016)

Mon boulot parlementaire. Quid de la 49e Législature (2014)

Procès des droits de la femme (2013)

De la politique d'éducation massive à l'éducation politique de masse (2011)

ONG et pauvreté en Haïti (2008)

Une collectivité autonome pour dynamiser la section communale (2004)

État de l'État. Aba Viv. Énigme d'un peuple en lutte (Tome 5, 2018)

État de l'État. La stabilité de l'instabilité et la démocratie de la médiocratie. L'effet record de 32 coups d'État en Haïti (Tome 4, 2017)

État de l'État. De la politique de crise à la crise politique (Tome 3, 2013)

État de l'État. L'endurcissement de Préval et les 10 plaies d'Haïti (Tome 2, 2012)

État de l'État. Un état des lieux sur l'état de l'État après le séisme du 12 janvier (Tome 1, 2010)